현대의 조직이론

안희남 저

대구대학교출판부

[저자 약력]

안희남

저자 안희남은 연세대학교 행정학과를 졸업하고 동대학원에서 행정학 박사학위를 취득하였다. Visiting Scholar로 미국 University of North Carolina at Chapel Hill에서 수학하였으며, 1985년 대구대학교 행정학과에 교수로 부임해와 현재 까지 재직 중이다. 한국행정학회 이사, 행정고시 및 외무고시 출제 및 채점위원, 정부 부처의 각종 위원회 위원 등을 역임했으며, 대구대학교에서 교무부처장, 행정대학 학장, 행정대학원 원장 등을 지냈다. 주로 조직이론과 관련한 내용을 강의 및 연구하고 있다.

발행일 | 2013년 2월 25일
지은이 | 안희남
펴낸이 | 홍덕률
펴낸곳 | 대구대학교출판부
경북 경산시 진량읍 대구대로 201
전화 053) 850-5661~3 | 팩스 053) 850-5669
http://press.daegu.ac.kr/
찍은곳 | 남경기획
ISBN 978-89-7794-603-3-93350
정가 | 17,000원

서문 Preface

우리가 조직이라는 사회현상에 관심을 가져야 하는 이유는 조직을 이해하지 않고서는 사회생활의 많은 측면을 이해할 수 없기 때문이다. 조직은 인간으로서 혹은 사회나 국가로서 우리에게 많은 영향을 미친다. 인간으로서 우리는 조직에서 일정한 일을 하고, 부여된 역할을 수행한다. 그리고 그것을 통해 자신의 정체성을 수립한다. 사회에서 발생한 많은 불평등도 실상 따지고 보면 조직에서 그 사람이 받는 수입이나, 차지하고 있는 지위 및 권위 차이에 서 생긴 것이다. 사람들이 지니는 권력도 조직과 밀접히 관련된다. 권력이란 조직에서 사람들이 차지하는 지위나 조직의 소유여부, 혹은 조직의 통제 유무에서 생겨난 것이기 때문이다. 정치적 권력을 추구하는 사람들은 조직을 이용하고, 조직의 자원을 동원하고자 한다. 국가간 관계도 다국적 기업이나 국제기구라는 조직의 행동에 의하여 크게 영향을 받는다. 결국 우리가 살아가는 모든 곳에 조직이 존재하고, 그 조직이 사회구조나 사회적 변화에 중요한 영향을 미치기 때문에 우리는 조직을 좀더 정확하게 이해해야 한다는 것이다.

인간은 누구나 자신의 삶 대부분을 조직에 살다 조직에서 죽는다. 그러한 점에서 조직과 인간은 뗄레야 뗄 수 없는 불가분의 관계에 있다. 인간이 태어나서 성장해 직장을 얻고, 가정을 이루며, 삶을 마감하는 곳도 조직이다. 이러한 이유로 우리는 조직이라는 추상적인 생각과 개념, 그리고 이론들을 우리의 경험에 비추어 판단한다. 우리가 조직을 좀더 이해함으로써 조직에서 일어난 일들에 대한 시행착오를 줄일 수 있고, 필요한 지혜를 얻을 수 있기 때문이다. 우리가 조직을 이해하고, 조직과 관련한 글을 쓰고자 하는 이유도 여기에 있다. 그러나 조직을 이해하는 것은 생각 만큼 간단한 일이 아니다. 조직이라는 현상이 복잡하고, 따라서 그것을 학문적으로 규명하기가 쉽지 않기 때문이다. 우리가 조직에 대해 이야기 하고, 그것이 어떻게 작동하는지 이해하기 위해서 우리는 다른 많은 학문의 도움을 필요로 한다. 심리학, 정치학, 경제학, 지리학, 역사학, 심지어는 생물학의 통찰력이 조직이라는 현상을 연구하는데 사용되어져 왔다. 그러한 점에서 조직이론은 고유한 성격을 지녔다기 보다는 종합학문적이고, 따라서 이해가 결코 쉽지않은 영역이라는 것이다.

인간을 이해하기 위해 조직이론은 심리학의 통찰력을 빌려왔고, 그것을 통해 조직속의 인간의 본질을 규명해왔다. 마찬가지로 사회학의 통찰력을 통해 조직이론은 조직 속에서 인간의 지위나 역할 및 규범을 규명하고자 한다. 인간은 이러한 지위나 역할의 차이에 의하여 서로 다른 행동을 하며, 규범의 차이를 보이기도 한다. 조직이론은 정치학을 통해 조직을 정치의 장으로 규정하기도 한다. 조직 속의 많은 사람들은 조직내에 존재하는 희소한 자원과 권력 및 지위를 두고 다툼을 벌인다. 그러한 점에서 조직은 다툼의 장소인 것이다. 정치학은 이것과 관련한 많은 통찰력을 조직이론에 제공해주고 있다. 조직이 정치의 장이라면 그것은 관리되고 통제되어야 하는 대상이다. 그러한 점에서 조직이론은 현대의 많은 관리사상과 밀접히 연관된다. 다양한 관리이론들은 20세기 초의 공장조직에서 현대의 다양한 조직에 이르기 까지 그것들을 효과적으로 관리하는 방법과 기법들을 조직이론에 제공해주고 있다. 조직에는 역사적 차원도 있다. 단순한 조직형태에서 복잡한 조직에 이르기 까지 조직은 발전에 발전을 거듭하며 오늘에 이르고 있다. 이 점과 관련하여 역사학은 조직발전의 역사가 어떠한 과정을 거쳐 현재에 이르게 되었으며, 앞으로 어떻게 진전될 것인지를 말해주고 있다. 마지막으로 생물학은 조직을 유기체로 보고, 주어진 환경에서 그것에 적응하고 발전하는 방법을 조직이론에 제공하고 있다. 결국 조직의 실체를 정확히 이해하기 위해서는 한가지 학문의 능력으로는 어렵고 다양한 학문의 도움이 있어야 한다는 것이다. 그러한 점에서 조직이론은 종합학문적 성격을 지니지만 그만큼 이해도 어렵다는 것이다.

교수로서 대구대학교에서 조직이론 강의를 시작한지 30여년의 세월이 흘렀다. 그러나 앞서 조직이론의 학문적 성격을 규정한 것이 어려운 만큼 강의도 결코 쉽지않았다. 강의가 어려운 이유는 앞서 지적한 조직이론이 지니는 학문적 속성, 특히 조직이론의 범위와 내용을 확정짓기가 매우 어렵다는데 있다. 먼저 조직이론의 범위를 정하기가 매우 어렵다는 것이다. 범위란 이론의 시작과 끝을 말하는데, 조직이론은 특히 시작이 문제된다. 이 점과 관련하여 조직이론에는 범위가 없다는 것이 정답일 것 같다. 정확한 것은 아니지만 우리가 현재 조직이론이라 부르는 학문적 실체에 영향을 미친 많은 선구자들이 있었다. 막스베버, 에밀 뒤르껭, 아담 스미스, 칼 맑스 등이 그들이다. 그러나 이들의 주장을 조직이론의 처음이라 말하기는 뭔가 석연치 않다. 그렇다고 관리이론인 과학적 관리법을 조직이론의 출발점으로 삼기에도 어딘가 불편하다. 그러한 이유로 조직이론의 시점을 잡는 것이 매우 어렵다. 시작을 잡지 못한다는 것은 조직이론의 학문적 실체를 규명하는데 그만큼 문제가 있다는 반증이다.

조직이론의 내용이 무엇인지를 밝히는 것은 더욱 어렵다. 앞서 지적한 바와 같이 다양한 학문이 조직이론에 영향을 미쳤고, 그 과정에서 조직이론의 고유한 것이 무엇인지에 대한 합의가 사라져버렸다. 조직이론은 조직현상을 정확히 이해하기 위해 다양한 학문의 통찰력을 받아들였지만, 결과적으로 자신만의 고유한 정체성을 상실해버렸다. 그러한 이유로 조직이론은 실체없는 학문이 되고 말았다. 실제 조직이론을 연구하는 학자마다 주장하는 내용이 다르기 때문에 조직이론의 내용은 무한대로 뻗어나가고 있는 실정이다.

이러한 이유로 많은 학자들은 조직이론의 실체를 규명할 때 카테고리 방식을 사용한다. 즉 조직이론을 몇가지 카테고리로 구분하고 그 속에 조직이론의 내용을 담으려는 시도이다. 일반적으로 조직이론의 카테고리는 크게 네가지이다. 개인, 구조, 집단, 환경이 그것이다. 그러나 현실적으로 조직이론의 그 많은 내용을 이 네가지 카테고리에 전부 넣는다는 것은 매우 어렵다.

본 저서는 이러한 이유로 조직이론의 내용에 대한 카테고리화 보다는 중요한 주제를 중심으로 한 서술 방식을 택하고자 한다. 본 저서가 택한 조직이론의 중요 주제는 다음과 같다. 능률, 인간, 관료제, 기술, 환경, 조직간 관계 등이 그것이다. 본 저서는 이러한 주제를 중심으로 한 논의를 전개하고 있다. 나아가서 본 저서는 조직이론의 범위와 관련된 조직이론에 영향을 미친 선각자들의 생각을 정리하는 것 부터 논의를 전개하고 있다. 지난 30년간 조직이론은 적어도 내용에 있어서 엄청난 발전을 이룩해왔다. 탈관료제 이론이 탄생하였고, 상징적-해석주의 및 포스트모더니티 영향으로 조직문화가 각광을 받게 되었다. 글로벌화는 조직간 관계의 발전을 가져와 네트워크 조직의 탄생을 이루어냈다. 또한 포스트모던 시대를 맞이하여 유연성 조직이나 가상조직 등이 등장하고 있다. 본 저서는 이러한 것들을 주제에 맞게 정리하여 제시하고자 한다.

조직은 매우 흥미롭고 자극적인 주제이다. 또한 우리가 현재 살아가고 있는 현상학적 실체이다. 그러한 점에서 본 저서는 조직과 관련한 다양한 생각들을 정리하여 주제별로 학생들에게 소개하는 것을 목적으로 한다. 또한 가능한 최근의 새롭고 현대적인 조직에 관한 생각들을 전달하고자 한다. 이 저서를 통해 학생들이 일상적인 조직에서의 사건들 뿐만아니라 조직이 우리사회에 미친 커다란 사건들에 대한 통찰력을 지녔으면 하는 바람이다.

2012년 12월 저자 씀

목차 Contents

조직정의와 조직이론

chapter 1

Section 1 조직을 연구하는 이유

조직이론은 조직이라는 현상을 학문적으로 탐구하려는 노력이다. 조직이라는 사회적 현상은 인류가 탄생하면서부터 존재해왔다. 이 현상을 학문적으로 규명하고자 하는 것이 조직이론이다. 그렇다면 우리는 왜, 그리고 어떤 이유에서 조직을 연구하고자 하는가? 거기에는 다음과 같은 이유가 있다(Hall,1996:1-4).

첫째, 조직은 인간사회와 불가분의 관계가 있기 때문이다. 조직은 인간이 있는 곳이면 어디에나 존재한다. 먼저 개인적으로 인간은 조직을 벗어날 수 없다. 인간은 태어나면서 죽을 때 까지 조직을 결코 벗어날 수 없다는 것이다. 인간은 병원이라는 조직에서 태어나며, 죽을 때도 사법기관이라는 조직이 사망 판단을 해야 비로서 죽은 것이 된다. 집합적으로 인간의 위대한 역사(로마제국의 건설, 기독교의 전파, 신대륙 발견, 자본주의·사회주의의 성장과 발전, 그리고 인간의 달 착륙 등)는 전부 조직을 통해서 이루어졌다. 개인의 혼자 힘으로 이들을 결코 달성할 수 없다는 것이다. 앞으로 인류가 직면한 많은 문제들(환경파괴, 기후온난화, 테러리즘, 세계적 금융위기, 그리고 빈곤 등) 또한 조직을 통해서 해결될 것이다. 이러한 점에서 조직과 인간은 뗄레야 뗄 수 없는 불가분의 관계에 있는 것이다.

인간은 태어나면서부터 조직과 밀접한 관계를 갖는데, 인간이 자연발생적으로 형성한 가족 및 부족이 바로 조직이다. 이러한 점에서 조직은 자연발생적이다. 그러나 조직은 자연발생적으로만 탄생한 것이 아니다. 때로는 생존을 위해, 혹은 자연 재해 및 외부의 적으로 부터 자신을 보호하기 위해 인간은 조직을 만든 것이다. 이러한 점에서 조직은 인위적이다. 즉 인간은 필요에 의해 인위적으로 조직을 만든 것이다. 결국 조직은 자연발생적, 혹은 인위적 필요에 의해 생겨났으며, 그러한 방식으로 인간과 관계를 맺게된다(Jaffee,2001:1-2).

우리가 조직을 연구해야 하는 두 번째 이유는 조직이 이 세계를 질서화하고 체계화시키는 방식을 말해주기 때문이다. 앞서 언급한 바와 같이 조직은 그것이 자연발생적이든 인위적이든 자신을 유지하기 위한 질서가 필요하다. 질서 없는 조직은 와해될 수 밖에 없고, 조직과 관련한 정당성을 유지할 수 없다. 질서를 만드는 가장 기본적인 방식은 규율과 신분을 정하는 것이다. 규율은 대개 신을 숭배하는 방식에서 나왔고, 이를 통해 신분이 정해졌다. 그리고 그렇게 정해진 방식이 전통과 관습을 통해 그 다음 세대로 전달된다. 전통과 관습이라는 자연발생적인 방식을 통해 조직은 질서를 유지할 수 있게 된 것이다. 그러나 이것만으로 조직의 질서를 유지할 수는 없다. 따라서 사람들은 인위적으로 규율을 만들기 시작했고, 여기에서 문서화된 규칙이 탄생하게 된다.

신분을 정하는 방식은 신을 숭배하는 방식에 따라 이루어지게 되는데, 신을 관장하는 사람들이 대개 최상위 신분을 차지하게 된다. 그 다음에 통치자가 위치하며, 그 통치자를 보조하는 신분이 그 다음에 자리에 위치하게 된다. 이것이 수천년간 인간사회를 지배한 조직질서이다. 그리고 이 방식은 인간사회에서 '당연히 인정된 것'(Goffman,1961)으로 받아들여졌다. 물론 현대사회에서 이 방식이 조직에 그대로 적용되지는 않는다. 그럼에도 불구하고 조직은 인간 사회가 어떻게 체계화해야 하는 지를 우리에게 보여주고 있는 것이다. 결국 인간사회는 조직이라는 질서에 의해서 결정된 사회라 할 수 있다(Hall,1991:1-2).

우리가 조직을 연구하고자 하는 세 번째 이유는 조직이 가져다주는 순기능 및 역기능을 보다 면밀히 살펴 조직과정에서 나타난 시행착오를 줄이기 위해서이다. 조직은 분명히 인간의 삶과의 관계에서 순기능적 역할을 한다. 조직은 개인의 한계를 극복하여 우리의 삶을 연장하거나 윤택하게 하고(가령 초고층 건물 건설, 과학기술의 발전), 재화와 용역의 생산 및 배분을 효율적으로 하며, 문화와 전통을 유지해 그 다음 세대로 전달한다. 아울러 교육을 통해 지식을 배급·확대하기도 한다. 그러나 조직에는 권력 독점, 전문가에 의한 우리의 삶의 지배, 개인의 자유 침탈, 그리고 소외 등의 문제가 있다. 우리가 조직을 연구하고자 하는 것은 조직이 지니는 이러한 순기능과 역기능을 보다 자세히 앎으로써 우리의 삶을 보다 풍요롭게 하기 위함이다(이창원·최창현,2006).

이상의 이러한 이유들 때문에 우리는 조직을 연구해야 하며, 이러한 목적을 위해 탄생한 학문이 조직이론이다. 그러나 문제는 조직이론이 생각하는 것 만큼 쉽게 이해되는 학문이 아니라는 것이다(Jo Hatch,2006:3). 조직이론은 수많은 추상적 개념으로 이루어져 있기 때문이다. 따라서 이러한 추상성을 극복하지 못한다면 우리는 조직이라는 현상에 접근 조차할 수 없을 뿐만아니라, 조직과 관련된 실질적인 문제도 해결할 수 없다. 그러나 추상성을 극복한다 해도 우리는 조직이론이 우리에게 묻고자 하는 다른 많은 문제에 직면하게 된다. 가령 능률을 높이기 위해서는 필연적으로 인간적 요인을 희생해야 하는데, 그것을 어떻게 극복할 수 있을 것인지? 혹은 조직이 확대되면 분권화될 수 밖에 없는데, 이는 필연적으로 통합의 문제를 낳게되는데 그것을 어떻게 해결할 것인지다 등이 그것이다. 그럼에도 불구하고 앞서의 이유들 때문에 우리는 이처럼 복잡하고 어려운 조직이론이라는 주제를 연구할 수 밖에 없는 것이다.

조직이라는 현상이 복잡한 만큼 그것을 보는 시각도 다양하다. 즉 조직을 보는 관점에는 다양한 렌즈가 존재한다는 것이다. 따라서 조직을 연구하는 첫 출발점은 이러한 렌즈의 실체를 밝히는 것이다. 이들은 조직을 바라보는 시각에서, 그리고 주장하는 조직의 핵심내용에서 분명한 차이를 보인다. 그럼에도 불구하고 이들의 생각과 주장을 통합할 필요가 있으며, 이렇게 통합한 것이 바로 조직이론이다. 따라서 조직이론과 관련하여 우리가 규명해야할 사실은 크게 세가지이다. 첫째는 이론이 무엇인가 하는 것이고, 둘째는 그렇다면 조직이론이란 무엇인가 하는 것이다. 그리고 셋째는 다양한 조직이론이 존재할 가능성이 있는데(우리는 이것을 조직관점이라 한다), 그것의 실체를 밝히는 것이다.

이 모든 작업의 시작은 조직이 무엇인지를 밝히는 데서 출발한다. 즉 조직의 정의를 내리는 것이다.

Section 2 조직정의

조직 현상에 대한 연구에서 가장 중요한 것은 조직을 정의하는 것이다. 문제는 조직이론 마다 조직을 정의하는 방식이 다르다는 것이다. 관점의 차이일 수도 있고, 조직을 규명하는 연구방식의 차이일 수도 있다. 이러한 이유로 많은 조직이론은 조직을 한 마디로 정의하지 않는다. 대신 다양한 접근법을 제시한다. 좀더 구체적으로 조직에 대한 한 마디의 정의를 내릴 수 없는 이유는 다음과 같다. 첫째, 조직은 다양한 구성요소로 이루어져 있고, 그것을 보는 관점도 다양하기 때문에 이것을 전부 충족시키는 정의를 내린다는 것은 거의 불가능하다는 것이다. 앞서 언급한 바와 같이 조직이론은 다관점 혹은 다양한 연구 패러다임으로 이루어져 있어(Burrell and Morgan,1979; Schultz and Jo Hatch,1996), 조직의 중심(핵심)요소에 접근하고, 그것을 이해하는데 다양한 방식이 존재한다. 따라서 조직을 규정하고 개념 지우는 방식도 다양할 수 밖에 없다는 것이다. 실제 우리가 조직을 정의할 때는 거기에 따른 다양한 수준(level)과 장소를 살펴보아야 한다. 그러나 아무리 정확한(확실한) 정의를 내린다해도 이렇게 다양한 분석적 앵글을 전부 포함시킬 수는 없는 것이다.

조직 정의를 내리지 못하는 두 번째 이유는 너무 많은 정의가 이미 존재하고 있기 때문이다. 조직 및 관리 이론에 관한 많은 저서에는 수많은 정의가 담겨져 있다. 조직에 관한 너무 많은 정의가 존재하다 보니 어떤 조직 정의가 더 정확한지 판단이 서지 않는다. 그 결과 통일된 조직정의를 내리는 것은 거의 불가능에 가깝다. 그렇다고 조직이 마치 존재하지 않는 것처럼 결론짓는 것도 잘못이다. 분명히 많은 학자들은 조직의 정의와 관련하여 많은 노력을 기울여왔고, 우리는 이것으로부터 조직정의에 대한 단초를 얻을 수 있다. 다음은 이러한 조직정의의 대표적인 예이다.

1. W. Richard Scott의 조직정의

W. Richard Scott(2007)은 조직에 관한 하나의 정의를 제시하기 보다는 조직에 관한 중심(핵심)요소를 제시함으로써 조직에 대한 이해를 돕고자한다. 사회적 구조, 조직구성원, 목표, 기술, 그리고 환경이 그러한 핵심요소이다.

사회적 구조(social structure)란 일정한 방식으로 이루어진 조직활동, 조직구성원의 관계 및 상호작용 등을 말한다. 즉 조직내의 조직과 관련한 활동을 조정하는 방식의 총합이다(Mintzberg,1979). 대부분의 조직에는 매일 반복되는 조직운영과 관련된 표준기법, 절차, 방법 등이 있고, 조직구성원사이의 유형화되고 반복되는 인간상호작용이 있다. 사회적 구조란 바로 이들을 가리킨다. 일반적으로 사회적 구조는 크게 두가지로 구분된다. 하나는 공식적으로 규정된 사회적 관계로 우리는 이것을 공식구조라 한다. 다른 하나는 주로 사람 사이의 비공식적 상호작용을 통해 규정된 관계로 우리는 이것을 비공식 구조라 한다. 공식구조는 직무기술과 조직강령에 명확히 규정된 구조로, 주로 특별한 조직임무를 달성하기 위해서 공식적으로 설계되는 구조를 말한다. 반면 비공식적 구조는 자연발생적으로 조직구성원들이 창조한 유형화된 활동과 관계로서 문서화된 서류, 조직강령, 혹은 직무기술에 나타나지 않는 구조를 말한다. 따라서 사회적 구조는 공식구조와 비공식구조로 구성되며, 이들은 조직의 근본적인 기둥이 된다. 결국 사회적 구조는 사람들의 자발적이고 임시적인 집합과, 특정한 목적을 위한 규칙적 기반으로 생겨나는 실제적인 조직속성 등 두가지의 구조에 의하여 결정된다고 할 수 있다.

Scott이 제시한 두번째 조직요소는 조직구성원(participants)이다. 이것은 조직에 참여하는 사람들을 말한다. 사람없는 조직도 가능하다는 주장(즉 기계나 로봇에 의해서 움직이는 조직)도 있지만, 대부분의 조직은 인간적 요인에 크게 의존한다. 인간없는 조직이란 실제 상상하기 어렵다. 인간적 요인은 조직이론과 관리실제에 독특한 방식으로 영향을 미친다. 조직은 인간 노동력에 의존하지만, 인간은 조직에 들어설 때 자발적으로 노동을 행사하지 않기 때문에 조직과 조직의 소유자들은 이러한 인간 에너지를 어떻게 추출할 것인가를 고안하기 위해 끊임없는 노력을 한다. 조직관리의 핵심 요체가 바로 이 점이다.

조직의 목표(goals)는 조직의 바람직한 최종상태를 말한다. 즉 조직이 달성하고자 하는 그 무엇이다. 그것은 신뢰할만한 제품의 생산일수도 있고, 높은 수준의 고객서비스, 사회봉사의 능률적 전달일 수도 있다. 흔히 사람들은 "이것이 우리 조직의 목표"라는 말을 자주한다. 그러나 조직에 목표, 목적, 의도란 없다. 조직은 살아있는 실체가 아니기 때문이다. 따라서 조직목표는 실상 인간(조직구성원)의 목표이다. 일단 이러한 사실을 받아들인다면 조직목표에 대한 보다 복잡한 측면을 이해하기 시작한 것이다. 목표는 인간에 의해서 형성되기 때문에 조직 소유주의 목표와 관리자, 생산노동자, 혹은 조직 참모들의 목표가 다르다. 목표는 조직구성원 사이에서 일치할 수 있지만 일치하지 않는 것이 대부분이다. 인간이 이처럼 서로 다른 목표를 지니고, 이로인해 목표 갈등이 일어난다는 것은 조직의 중요한 문제가 된다.

기술(technology)은 조직의 물리적, 정보적, 인간적 원료를 최종 산출물로 변형시키기 위해 조직이 사용하는 수단이다. 모든 조직은 자원과 물자를 변형시키기 위해 방법, 기계, 하드웨어, 소프트웨어, 컴퓨터 등과 같은 물리적 기술을 사용한다. 그러나 노동과정, 사회적 구조, 조직구성원 등과 같은 사회적 기술도 물리적 기술 못지않게 중요한 기술이다. 이러한 점에서 기술은 조직에 매우 중요한 의미를 지닌다.

환경(environment)은 특별한 조직에 영향을 주고, 그것으로부터 영향을 받는 조직경계 밖의 모든 것이다. 환경적 요인에는 조직이 상호작용(공급자, 배급자 등) 하거나 경쟁하는 다른 조직, 그리고 조직에 영향을 미치는 정치적 · 법적 규제 등이 포함된다.

이상의 Scott의 조직요소는 조직의 기본 분석을 수행하기 위해서 사용된다. 〈표 1-1〉은 이 기본요소를 설명하기 위해 Modparts라는 가설적 기업을 제시한 것이다. 이 기업은 자동차 부품을 생산하여 완성차 공장에 납품하는 기업이다. 〈표 1-1〉에는 각 조직요소의 예가 구체적으로 명시되어 있다.

〈표 1-1〉 조직의 요소 : Modpart 기업의 예

요소	예
사회구조	의사결정과정, 권위구조, 조립자와 근로자 사이의 관계
조직구성원	일선 생산의 감독관, 중간관리자, 생산직근로자
목표	비용절감, 자동차 부품 품질향상
기술	팀제의 작업라인
환경	자동차 부품 공급자, 완성차 공장

조직이론 마다 중요하게 보는 조직요소가 다르다. 어떤 조직이론은 참여자 사이의 관계를 중시하고, 다른 이론은 어셈블리 생산기법(기술)을, 그리고 또 다른 이론은 Modparts와 완성차 사이의 관계(환경)를 중시한다. 참여자 사이의 관계를 중시하는 이론을 인간관계론이라 하고, 어셈블리 생산방식을 중시하는 이론을 조직에 대한 능률적 관점이라 한다. 반면 조직 사이의 관계를 중요한 것으로 보는 이론을 조직환경 이론이라 한다.

이처럼 조직요소는 그것을 강조하는 입장에 따라 다양한 조직관점으로 분리된다. Scott은이것을 비교적 명확하게 체계화한다. 앞서 제시한 조직요소를 근거로 세가지의 중요한 조직 관점을 제시한 것이다. 합리적 체계관점, 자연체계적 관점, 그리고 개방체계적 관점이 그것이다. 합리적 체계관점은 조직의 공식구조를 강조한 것이고, 자연체계는 구성원을, 그리고 개방체계적 관점은 환경을 강조한 것이다.

1) **합리적 체계관점**(the rational system perspective)은 조직분석, 특히 조직관리 분야에서 가장 널리 사용된 접근법이다. 이 관점에서 조직은 비교적 특정한 목표를 추구하고, 공식적인 사회구조를 구현하고자 하는 집합체로 본다. 목표와 공식적 사회구조는 이 관점에서 강조된 핵심적인 조직요소이다

2) **자연체계적 관점**(the natural system perspective)에서 조직은 참여자들이 체계의 생존에 대한 공동의 관심을 공유하고, 이러한 목적을 달성하기 위해 비공식적으로 구조화된 집합적 활동에 참여하는 집합체로 간주된다. 이 관점은 조직구성원의 비공식적 활동, 조직구성원의 행동이 공식적 규칙과 구조에서 이탈되는 방식, 그리고 조직의 가치와 문화를 창조하는데 조직구성원이 수행하는 역할을 강조한다.

3) **개방체계적 관점**(the open system perspective)에서 조직은 협상에 의해서 목표를 발전시키는 이익 집단 사이의 연합으로 본다. 그리고 이러한 연합의 구조, 활동, 그리고 결과는 환경적 요인에 의하여 강력한 영향을 받는 것으로 본다(Scott,1987:23). 개방체계라는 말이 암시하듯이 이 관점에서의 조직은 감추어진 속성이 아니라 환경적 요인과 자원에 의하여 영향을 받고, 그것에 의존하는 집합체이다. 환경적 요소에 대한 강조는 조직이 다른 조직 및 환경적 요소와 협상해야 한다는 것을 의미한다.

2. Richard H. Hall의 조직정의

앞서 언급한 바와 같이 조직에 대한 한 문장으로된 정의는 많지않지만 Richard H. Hall(1999:30)은 이것을 시도한다. Hall의 한 문장으로된 조직정의는 많은 학자들에 의해 인용되고 있고, 널리 회자된다.

> "조직은 비교적 확인 가능한 경계, 규범적 질서(규칙), 권위체계(계층제), 의사전달체계, 구성원 사이의 조정체계로 이루어진 집합체이다. 이 집합체는 환경에서 비교적 지속적인 기반으로 존재하고, 일련의 목표를 달성하기 위해 일반적으로 관련된 활동에 참여한다. 이 활동은 조직구성원들, 조직 그 자체, 그리고 사회에 결과(영향)를 낳는다."(Hall,1999:30).

Hall 자신도 인정하다시피 이 정의는 Hall 자신에게도 부담이 되고 있고, 널리 인정받을 수 없는 정의이기도 하다. 그럼에도 불구하고 조직의 실체를 확인하는데 유용하기 때문에 이 정의를 자세히 분석할 필요가 있다.

Hall은 조직을 하나의 집합체로 규정한다. 집합체(collectivity)가 되기 위해서는 조직구성원 사이의 목표의 공동성이 전제되어야 한다. 그러나 조직 구성원의 목표와 조직의 목표 사이에 언제나 일정한 긴장이 있기 마련이고, 통일된 목표를 구하기 어렵다는 점에서 조직을 집합체로 규정하는 것은 문제가 있다. Hall은 이것을 해결하기 위해 조직의 추가적 특징인 경계, 규범, 권위, 의사전달, 조정 등을 제시한다. 이들은 조직의 집합적 이익과 개인적 이익 사이에 발생하는 잠재적 갈등을 조정하는 메카니즘이고, 조직을 집합체로 보는데 기여한다.

집합체라는 개념과 관련하여 경계는 특히 중요한 의미를 지닌다. 경계는 조직의 안과 밖에 있는 사람을 구분한다. 경계는 우리가 공동체라는 구성원 의식을 형성하는데 기여한다. 이것은 집합체가 똑같은 조직공간을 차지하고 있는 개인의 단순한 집합이 아니라 공동의 이념을 지닌 사회집단이라는 것을 의미한다. 권위, 의사전달, 조정체계도 개인을 결속해 조직목표 달성에 기여하는 역할을 한다.

집합체는 규칙적이고 지속적인 기반으로 존재하기 때문에 사회적 구조이다. 집합체는 일련의 목표와 관련된 활동을 통해 조직과 그 구성원에게 방향을 제시한다. 여기에서 중요한 것이 지속적 기반이라는 개념이다. 이것은 조직구성원들이 목표를 거듭해서 달성한다는 것을 의미한다. 따라서 일시적으로 모인 군중은 조직이 될 수 없다.

조직이 형성되기 위해서는 일정한 활동이 있어야 하는데, 이것을 조직과정이라 한다. 조직과정은 조직구성원을 형성하는 방법, 조직 그 자체를 변형시키는 방법, 그리고 조직 및 보다 큰 사회에 영향을 미칠 수 있는 방법을 제시한다.

이 정의는 세가지의 분명하지만 서로 관련된 조직 현실의 측면을 규명하고자 하는 Hall의 노력을 반영한다. 첫째 조직은 구조적 요소(경계, 규범, 계층제, 의사전달, 조정 메카니즘)를 지닌다는 것, 둘째 조직은 목표지향적이라는 것, 그리고 셋째, 조직은 조직 구성원, 조직 그 자체, 그리고 사회에 영향을 미치고 일정한 결과를 도출한다는 것이 그것이다.

3. Gareth Morgan의 조직정의

조직 정의와 관련한 세 번째 접근은 조직을 메타포(metaphors, 은유혹은 비유)로 보려는 입장이다. 즉 조직을 어떤 사물이나 형상에 빗대어 보려는 것이다. Gareth Morgan(1997)은 우리가 조직을 어떻게 규정, 이해, 개념화할지의 여부는 조직의 본질적 모습에 대한 우리의 정신적 이미지에 달려있다고 한다. Morgan은 조직에 대한 대부분의 개념정의는 특별한 조직 메타포와 관련있다고 한다. 가장 대표적인 메타포는 조직을 기계, 유기체, 두뇌, 문화, 정치체계, 정신병동, 그리고 지배 수단으로 보는 것이다. 우리는 이 각각의 메타포를 통해 조직이 어떻게 형상화되는지를 알 수 있다.

1) **기계 메타포**. 기계 메타포는 조직을 어떤 산출을 내기 위한 수단으로 보는 것이다. 기계 메타포는 조직을 특별한 목표를 달성하기 위해 인간을 포함한 다양한 요소를 기계적으로 움직여 능률성을 극대화하고자 하는 사회적 구조로 본다. 다음의 정의는 이 메타포를 잘 설명해 준다.

> "조직은 바라고 귀하게 여기는 어떤 것을 달성하기 위해 자신들의 활동을 조정하는 사람들이 사용한 도구이다."(Jones,1997:4)

> "조직은 일반적으로 특정한 목표를 달성하기 위한 수단으로 발전한다는 사실에 어떤 합의가 있다."(Bedeian,1984:2)

이 각각의 정의는 조직을 "도구" 혹은 "수단"으로 본다는 점에서 합리적 체계관점과 같은 맥락이다. 현대 경영학의 주류교과서가 추구하는 관점이기도 하다. 조직을 관리하는 사람들이 가장 필요로 하는 조직에 대한 가장 정통적이고, 광범위한 정의이다. 조직은 우연히 혹은 비공식적으로 나타나지 않는다. 목표를 달성하기 위해 의식적으로 구축되는 것이다. 이것이 바로 기계적 메타포의 규정적 특징이다.

2) **유기체 메타포**. Morgan이 제시한 두 번째 메타포는 유기체로서의 조직이다. 즉 조직은 살아서 번성하기 위해 자원을 필요로 하는 살아있는 생물체라는 것이다.

> "조직에 관한 대부분의 책들은 조직이 어떻게 활동하는 지를 기술한다. 조직의 존재는 당연한 것으로 받아들여진다. 이 책들에서 조직은 생존하기 위해서 어떻게 관리되는 지를 논의한다. 조직의 존재와 생존은 끊임없이 의문시되고, 문제가 있는 것으로 받아들여진다. ....조직 생존의 핵심은 자원을 획득하고 유지하는 능력이다."(Pfeffer and Salancik,1978:2)

생물체로서의 조직의 생존은 생태계에서의 경쟁과 자원 수준에 크게 의존한다. 따라서 유기체 메타포를 사용하는 사람들은 환경적 조건을 관리하고 대처하는 조직의 능력을 강조한다. 조직이 자원에 접근하고 이용할 수 있는 적절히 복잡한 구조를 지니고 있는 한 생존에 필요한 영양물을 획득할 수 있다는 것이다. 유기체 메타포는 Scott의 자연체계 및 개방체계적 관점이 혼합된 특징을 지닌다.

3) **두뇌 메타포**. 조직은 두뇌로도 개념화 된다. 즉 조직은 정보처리 과정, 의사결정, 혹은 학습적 속성으로 정의된다는 것이다. 이 메타포의 핵심은 학습, 의사결정, 평가를 위해 조직의 정보에 어떻게 접근하고, 그것을 이용하며, 처리할 수 있을 것인가 하는 것이다.

> "조직은 결정을 한다. 개인이 결정하는 것과 같이 조직도 결정을 한다. 대체적으로 조직은 조직의 구성원들이 전체 조직에 의미있는 목적을 투입하도록 할 수 있는 중앙통제 및 조정체계가 존재한 것 처럼 행동한다."(Cyert and March,1992)

이 메타포에서 조직의 성공여부는 정보를 향상된 조직과정으로 변환시킬 수 있는 조직의 의사결정구조, 자료수집 장치, 분석도구, 집합적(사고)해석 방식 등을 조직이 과연 지니고 있는지의 여부이다.

4) **문화 메타포**. 넷째는 조직을 문화로 보는 것이다. 즉 조직은 문화적 체계라는 것이다. 조직은 행동하고 상호작용하는 인간의 집합체로서 이 과정에서 어떤 공유된 가치와 신념의 틀이 생겨난다. 문화 메타포를 사용할 때 조직의 모습은 다음과 같다.

"조직은 공통의 언어와 일상생활의 사회적 상호작용을 발전시키고 사용함으로써 유지되는 상호 주관적으로 공유된 의미의 네트워크이다."(Walsh and Ungson,1991:60)

"조직은 자신의 행동과 다른 사람의 행동에 대한 해석을 양방적으로 보강할 수 있는 신념, 가치관, 가정을 공유한 일련의 사람들로 구성된다."(Smircich and Stubbart, 1985:727)

이 정의에서 조직은 측정 가능한 목표를 달성하기 위해 설계된 객관적 구조가 아니라 공유된 의미와 가정으로 현실을 구축하는 인간의 집합체이다. 이 메타포는 Scott의 자연체계관점과 많은 가정을 공유한다. 조직이 작동하기 위해서 조직구성원들은 해결해야할 문제를 규정한다. 이 문제를 해결하기 위한 가장 좋고 적절한 방법은 상호 합의된 이해를 통한 방법이다. 즉 사람들이 행동하고 조직이 기능하기 위해서는 현실에 대한 공동의 정의나 구축이 필요하다는 것이다.

5) **정치체계 메타포**. 다섯번째는 정치체계 메타포이다.

"조직은 갈등이 자연적 현상인 개인과 집합이 경쟁하고 협력하는 복잡한 네트워크이다. 정치 모델의 핵심변수는 권력이다. 권력의 본질과 결과를 이해하는 것이 조직의 신비를 벗겨내는 필수사항이다."(Lee and Lawrence,1991:42-43)

"모든 조직에서 개인과 집단은 자원, 관심(attention), 영향을 두고 경쟁한다. 달성해야될 우선순위와 목표에 대해서 의견의 차이가 있다. 가치관과 신념의 충돌은 조직에서 흔히 일어나는 일이다. 이러한 모든 요인이 압력집단, 기득권, 개인적 경쟁, 성격충돌, 감추어진 쌍방 사이의 거래와 유대감을 낳는다."(KaKabadse,1983:3)

이 메타포는 조직을 조직가치관, 이익, 우선순위가 다른 집단과 자원을 획득하기 위해 갈등하고 경쟁하는 것으로 본다.

6) **정신병동 메타포**. 조직은 그들의 규칙과 방법을 통해 우리의 심리를 형성하고 정신적 과정을 통제하기 때문에 정신병동으로 비유되기도 한다. 정신병동에 대한 이러한 유추는 우리가 창조하고, 참여하는 조직이 도리어 우리의 정신을 규제하고, 사상의 자유를 제한한다는 것을 의미한다.이러한 이유로 이 메타포는 모든 조직을 급진적으로 비판한다. 조직은 우리의 효과적인 조직학습과 성과를 방해하는 방식을 제시하는데 사용된다는 것이다.

“조직은 인간이 만든 환경이다. 조직은 업무를 수행하기 위해 서로 관련된 특별한 방법으로 사람들집단에 의해 생산되고 재생산된다. 이를 위해 조직은 수단적 방법을 동원한다. 이렇게 강구된 권위주의와 전체주의적 행동은 조직적, 사회 심리적, 정치적 현상이다. 그러나 이러한 억압의 형태는 심리적으로 특정한 가치관, 규범, 이념을 지지하는 일련의 무의식적 감정을 낳고, 집단 합의없이 존재한다.......조직이 일방적 의사결정을 하는 곳에서 이러한 가치는 복종적 통제와 강압적 지배를 생산하고, 그것을 강화한다.”(Diamand,1993:57)

"우선 복잡한 조직이 우리 삶의 대부분에 영향을 미치기 때문에 우리가 현실을 구축하는 방식은 조직에서의 이러한 경험과 훈련에 의하여 결정된다……

이러한 사회화 과정의 결과, 우리는 특별한 관점, 즉 일종의 조직 윤리라는 광범위한 가정을 갖게된다. 따라서 우리는 독립성, 표현력 및 창조성과 대조된 가치규율, 규제, 복종을 받게 된다……

특히 중요한 것은 이러한 새로운 조직윤리가 조직에서의 우리의 활동을 자율적으로 이끌어주지 않는다는 것이다. 오히려 조직의 힘이 너무 커 일반적으로 우리는 조직으로부터 삶의 똑같은 사고유형과 행동을 권고받고 있다.“(Denhardt,1981:3-5)

결국 조직은 강압적-강요적 행동을 낳고, 규율과 복종을 강제하는 일반 성향을 낳는다는 것이다.

7) **지배수단 메타포**. 마지막으로 조직은 지배의 수단으로 볼 수 있다. 이것은 도구로서의 조직이라는 기계 메타포와, 경쟁과 권력에 대한 정치적 메타포의 이미지를 섞어놓은 것이다. 조직은 어떤 집단을 희생해서 다른 집단의 이익을 도모하는 수단이 된다는 것이다. 조직을 소유, 통제, 관리하는 사람들은 다른 사람에 대한 지배와 권력을 행사한다. 이 관점에서 조직은 합리적 의지나 일반적 이익을 발전시키지 않는다. 특별한 이익만 발전시킬 뿐이다. 조직은 인간을 통제하고, 착취하며, 지배하고, 탈 인간화 시킨다. 특히 이 메타포는 관료제와, 다국적 기업을 급진적으로 비판하는데 사용된다.

“관료제가 자본주의 산업의 필수품인 한 관료제는 생산적 삶에 대한 노동자들 스스로의 통제를 계속 부정하고, 자본주의 체제에 대한 독점적 경향을 강화시켜 그 결과 세계적으로 거대한, 비교적 중앙 집중적 기업을 낳게 된다."(Goldman and Van Houten,1988:62)

“자본가들은 관료제를 자신들이 본질적으로 원하는 것으로 보지 않는다. 노동자들이 저항하지 않는다면, 그리고 행복하고 복종적으로 완전히 사회화 된다면 자본가들은 관료제라는 거대하고 복잡한 장치를 필요로 하지 않는다. 더군다나 착취를 불러일으키는 모든 노동 과정을 왜곡할 필요도 없다.……만약 노동자들이 주인이 원하는 것을 항상 하고자 한다면 관료제는 필요없을 것이다."(Clawson,1980: 24)

이상의 메타포에 대한 Morgan의 심층적 논의에도 불구하고 이 논의에서 빠진 여덟 번째 메타포가 있다(Jaffee,2001:9). 그것은 유동성과 정보로서의 조직이다. 이 메타포가 추구하는 가장 중요한 가정은 조직은 끊임없이 변화하는 흐름의 상태에 있다는 것이다. 최근의 스마트머신 사회의 등장은 이 메타포의 중요성을 그대로 보여준다. 새로운 시대적 흐름과 변화는 근본적인 조직긴장이나 모순을 낳고 조직에 새로운 처방을 요구한다. 유동성과 정보로서의 조직은 이러한 시대적 흐름을 반영한 메타포인 것이다.

Section 3 조직이론의 탄생과 발전

1. 이론이란?

사람들은 일상생활에서 자연스럽게 이론을 사용한다. 말을 물가로 데려갈 수는 있어도 말에게 물을 먹일 수는 없다는 격언이 있다. 이 격언에는 상식이 담겨있는데, 이 상식이 삶을 이해하는 이론인 것이다. 일반적으로 자신의 생각을 전달하거나 다른 사람을 이해하기 위해서는 사물, 감정, 이념, 경험, 가치관, 그리고 기대 등을 개념화해야 한다. 그렇게 함으로써 자신의 세계를 설명할 수 있게 되는데, 이것이 바로 이론화이다. 조직이론가들도 조직의 개념을 명확히 하고, 그것을 바탕으로 조직현상에 대한 정교한 설명을 만들어냄으로써 이론화 작업에 참여한다. 이를 통해 조직이론가들은 조직에서 나타난 다양한 현상과, 그곳에서의 경험을 살펴볼 수 있는 새로운 방식을 고안한다. 앞서의 격언과 같은 상식적인 이론(혹은 이론화)과 학문적 이론은 다르다. 상식적 이론과 달리 학문적 이론은 실제를 규정하고, 그것이 지니는 오류를 교정하며, 다른 사람과 이론을 공유하는데 있어 학문적 고려를 추가하기 때문이다. 그렇게 함으로써 학문적 이론에서는 체계적인 지식구축이 가능해진다.

이론은 개념이라 불리우는 추상성으로부터 구축된다. 개념(혹은 관심 현상)은 이론화를 위한 핵심이지만 하나의 개념만으로 이론화가 되지않기 때문에 관련된 개념이 도입된다. 즉 개념은 관련 개념과 결합하여 하나의 현상을 설명하게 된다. 가령 Albert

Einstein의 $E=mc^2$라는 이론을 살펴보자. E는 에너지로서 아인슈타인이 규명하고자 하는 현상이다. 아인스타인은 에너지라는 현상을 설명하기 위해 m(질량)이라는 개념과 빛의 속도(c)라는 개념을 도입한다. 즉 질량(m)과 빛의 속도(c^2)를 곱한 값이 에너지가 된다는 것이다. 따라서 이것은 에너지와 질량사이의 관계에 관한 아인슈타인의 이론이 된다. 결국 이론은 일련의 개념과 그 개념들 사이의 관계를 통해 자신이 규명하고자 하는 현상을 설명하는 것이라 할 수 있다.

그러나 수학공식과 같은 정확한 기술로도 설명할 수 없는 복잡한 현상이 있다. 인간행동을 포함한 사회적 현상이 그것이다. 인간행동이란 심리학자들이 구조화한 실험실 같은 엄격히 제한된 조건으로도 예측할 수 없다. 이러한 이유로 인간이 활동하고 있는 조직을 설명하는 데에는 정밀한 공식보다는 통계적 확률을 사용한 경우가 많다. 반면 앞서 살펴본 것 처럼 어떤 연구자들은 조직현상을 설명하기 위해 메타포, 혹은 비유를 사용하기도 한다. 조직이론가들 중에는 조직현상을 아예 설명하려 하지 않으려는 사람도 있다. 대신 이들은 조직에 대한 이해 및 해석을 발전시키거나 실질적인 지침을 제시한다.

2. 조직이론의 탄생과 발전

1) 조직이론의 탄생

조직이론은 생각보다 양이 많고 다양하다. 따라서 조직이론을 한마디로 정의하는 것은 쉽지 않다. 조직이론은 하나만 존재하는 것이 아니라 많은 조직이론이 존재하고, 이들 사이에 공통점도 많지 않기 때문이다(Jo Hatch,2006:3-24). 이러한 다양성 때문에 조직이론을 실체가 없는 학문으로 부르기도 한다. 그것은 조직이론이 제공하고자 하는 것에 대한 합의가 없어 실제로는 아무것도 제공하지 못하기 때문이다. 반면 어떤 사람들은 조직이론이 아직 젊기 때문에 그런 것이라고 한다. 그럼에도 불구하고 이들은 조직이론이 궁극적으로 차이점을 극복하고 하나의 관점으로 수렴하여 결국 성숙한 학문분야가 될 것이라고 주장한다.

조직이론은 사회과학의 한 탐구영역이면서 종합과학이라는 특징을 지닌다. 조직이론이 언제 탄생했는지 정확한 시점을 잡는 것은 불가능하다. 그러나 대체적으로 조직이라는 현상이 독자적인 탐구영역으로 인정받기 시작한 1940년대로 보는 것이 정설이다. 조직이론이 탄생하기 이전에도 조직이론의 선구자들이 있었다. 그러나 이들의 사상과 생각에서 조직이론과의 분명한 연관을 찾기란 어렵다. 조직이론과 연관된 뚜렷한 특징을 찾을 수 없기 때문이다. 범죄학자들은 감옥, 정치학자들은 정당, 그리고 산업심리학자들은 공장과 노조를 통해 조직에 대한 실증적 연구를 수행했다. 그러나 이 학자들은 자신들이 연구한 조직을 뛰어넘어 조직이론을 일반화 시키지 못했다. 이들이 연구한 것은 감옥이나 정당 혹은 공장이었지 결코 조직이 아니었다. 마찬가지로 정치학, 경제학에서도 의회의 기능이나 기업이론 등이 연구되고 있었지만 일반화 까지는 가지 못했다.

산업심리학자들은 여러 조직 상황에서의 조직구성원의 사기, 피곤도, 이직율 등을 연구하여 그러한 일반화를 시도했다. 그러나 이러한 특징들이 여러 조직의 구성원의 반응에 어떠한 영향을 미치는지를 체계적으로 규명하지는 못했다. 20세기 초 Taylor(1911), Fayol(1949), 그리고 Gulick과 Urwick(1937) 등의 행정 및 관리 이론가들이 조직관리에 관한 일반이론을 발전시키고자 했다. 그러나 이들의 이런 시도는 실증적 이라기 보다는 처방적이라는 점에서 일반화하고는 거리가 멀었다. 즉 이들의 시도는 조직이라는 현상을 연구하고 설명하기 보다는 능률과 생산성을 높이기 위해서 조직을 어떻게 만들어야 하는지에 더 관심을 두고 있었던 것이다. 나아가서 이들은 조직이라는 광범위한 현상 보다는 그것을 어떻게 관리하고 운영할 것인가에 더 초점을 맞추고 있었던 것이다.

조직이론이 독자적 학문영역으로 자리를 잡게하는데 기여한 두가지 중요한 흐름이 있다. 첫째는 업무에 대한 합리적 접근, 즉 조직의 기술 및 행정 설계를 강조한 엔지니어들의 역할이다. 둘째는 이것을 비판하면서 조직의 인간적 및 사회적 특징을 강조한 사회심리학자와 사회학자로 구성된 인간관계론자들이다. 따라서 이제 조직은 기술적, 수단적, 합리적 측면을 강조한 입장과, 인간적, 사회적, 자연적 체계를 강조한 입장 두 가지의 관점에서 규명되기 시작한다.

본격적인 조직이론의 등장은 Max Weber와 Michels의 저서들이 영어로 변역된 1946년(Michels의 경우 1949년)으로 거슬러 올라간다. 이 저서들이 미국에서 출간되자 마자 콜럼비아 대학의 Robert Merton과 그의 제자들이 조직의 여러 측면에 대한 이론적, 실증적 연구를 통해 조직이론의 범위를 규정한다. 그 이후 머튼의 주도하에 다양한 조직에 대한 사례연구가 진행된다. 대표적 연구로는 Selznick의 TVA 연구(1949), Gouldner의 석회광산 연구(1954), Blau의 연방 감찰조직 연구(1955), 그리고 Lipset, Trow, Coleman의 노조 연구(1956) 등이 있다. 역사상 처음으로 많은 사회학자들이 소위 말하는 조직이라는 현상에 대해(주로 조직의 구조와 기능) 일반화 수준에 이르는 경험적 연구를 하게된 것이다.

이와 거의 동시에 카네기 멜론대학(그 당시에는 Carneige Institute of Technology)에서도 중요한 학제적 연구가 진행되고 있었다. 행정학자인 Hebert Simon이 1949년

이 대학 산업경영학과 학과장에 부임하자 마자 자신의 학과를 정치학, 경제학, 공학, 심리학 등이 결합된 연합학과로 만들고자 한다. 이것을 바탕으로 Simon은 행태적 행정과학을 정립한다. 행태적 행동과학에서 강조한 것이 조직내 의사결정과 선택방법이다(Simon,1997). 개인(주로 조직의 장)이 합리적이어서 모든 것을 알고 있다는 경제적 합리성의 가정이 합리적이고자 하지만 인지적으로 한계로 인해 결코 합리적일 수 없다는 현실적인 가정으로 대치되게 된다(March and Simon,1958). 그 이후 이 주장은 조직내 개인의 목표가 여러 가지 이고, 그것도 서로 상충된다는 주장으로 확대되게 된다(Cyert and March,1992). 이제 행정행태에 대한 경제적 가정이 심리학자나 정치학자의 통찰력에 의해 수정되고, 그 내용도 풍부해지게 된다.

이러한 여러 가지의 학문적 시도에 의하여 조직이론의 범위는 더욱 확실해지고, 정체성도 증가하게 된다. 먼저 조직은 이론적 추상성이라는 측면에서 확실한 영역으로 자리잡게 된다. 즉 모든 조직은 활동범위는 달라도 형태와 기능에서는 유사성을 지닌다는 것이다. 또한 조직은 경험적으로 탐구할만한 충분한 다양성과 복잡성을 지닌 연구주제라는 것이다.

조직이론의 탄생 뒤에는 그것의 발전에 기여한 많은 지적 선구자들이 있었다. 마키아벨리(. 셍시몽, 맑스(K.Marx), 그리고 베버(Weber)가 그들이다. 그 뒤를 이어 테일러(F.W.Taylor), 메이요(E.Mayo), 폴렛(M.P.Follett) 등과 같은 사람들이 등장한다. 공장능률화 운동을 주도한 길브레스(Gilbreth) 부부도 여기에 해당한다.

이러한 실증적 연구와 이론이 발전한지 10년 후 조직이론에 관한 세권의 저서(March and Simon, Etzioni, Blau and Scott의 저서)가 발간된다. 이들은 조직이론에 대한 사회과학의 학문적 관심을 이끌었고, 조직이론을 통합하는데 기여하였다. 1956년 발간돼 오늘에 이르고 있는 조직이론에 관한 가장 중요한 저널인 *Adnministrative Science Quarterly*도 조직이론의 학제적 연구에 크게 기여하였다.

2) 조직이론의 발전

이상의 과정을 거쳐 조직이론은 발전에 발전을 거듭한다. 〈그림 1-1〉은 지금까지 발전한 조직이론을 일목요연하게 제시한 것이다. 〈그림 1-1〉에서 볼 수 있는 것처럼 조직이론은 크게 네단계를 거쳐 발전했다(이하의 논의는 주로 Jo Hatch,2006:3-20에 의존한다). 조직이론이 탄생하기 이전단계. 조직이론이 독자적 학문영역을 구축한 시점, 그리고 새로운 요소(상징과 포스트모던)를 받아들여 발전한 기간 등이 그것이다. 이러한 발전단계에 따라 그것에 영향을 미친 학문 분야도 다양하다. 그림 상단부분은 조직이론에 영향을 미친 학문들이다. 반면 하단 부분은 이 학문분야를 대표한 중요한 사상가들이다. 이들의 생각이 조직이론을 발전시킨 것이다.

〈그림 1-1〉의 조직이론 탄생이전(prehistory)은 조직이론을 독자적인 학문분야로 인정하기 이전에 생겨난 조직에 관한 여러가지 생각 및 이념에 관한 것이다. 따라서 여기의 주창자들은 조직을 하나의 관점으로 이론화하지 않았을 뿐만 아니라 조직이론이라는 분야를 만들려고 하지도 않았다. 이들은 그림 상단부분의 학문분야에서 볼 수 있는 것 처럼 자신들이 속하고, 그것을 바탕으로 글을 썼던 고유한 학문적 커뮤니티에 속해 있었다. 그러나 이들은 아직 성숙하지 않은 개념으로 조직이론을 구상했으며, 그러한 점에서 그들의 생각은 그 이후 조직이론 발전의 준거기준이 되었다. 조직이론에서 이들의 이름은 널리 회자된다. 그러한 점에서 이들은 오늘날 조직이론의 많은 개념과 이론에 영향을 미쳤다.

〈그림 1-1〉의 박스가 좌측에서 우측으로 옮겨지는 것은 시간이 흘러감에 따라 조직이론이 발전하고 있다는 것을 의미한다. 그러나 새로운 관점이 과거의 관점을 대체했다고 보는 것은 잘못이다. 즉 대체한 것이 아니라 조직이론의 관점이 축적된 것이며, 서로에게 영향을 미친 것이다.

조직이론가들은 이러한 관점이 제공한 다양한 생각들을 받아들였다. 여기에서 관점이란 영화의 장르와 같은 것이다(즉 드라마, 로맨틱 코미디, 호러 등). 이러한 장르가 예술가들의 어떤 표현방식을 고무하는 것처럼 이론적 관점도 생각하고 말하는 어떤 방식을 고무한다. 그리고 영화의 장르와 마찬가지로 그 관점의 기본가정이 인정받는 것은 그 관점과 유사한 논리와 어휘를 사용하는 다수의 이론이 등장하고 난 이후이다. 가령 Max Weber, Emil Durkhein, 그리고 Karl Marx는 조직이론이라는 학문이 등장하기 이전에 권위에 관한 글을 썼다. 시기는 다르지만 이들은 권위라는 같은 주제를 다룬 것이다. 그리고 그들이 제시한 권위에 대한 생각은 서로 대응하며 발전해 간다. 이것이 권위 혹은 권력이라는 조직이론 내의 하나의 커뮤니티(관점)를 형성한다. 이들 커뮤니티 구성원들은 유사한 방식으로 생각하고 연구하며, 다른 구성원들과 구분된다.

조직이론의 관점은 상호작용을 통해 계속 분파한다. 이 때문에 조직이론을 특별한 한 가지 방식으로 구분 짓는 것은 어렵다. 그러나 분명하지는 않지만 어느 정도 질서는 있다. 조직이론의 관점은 크게 모더니티, 상징적-해석주의, 그리고 포스트모더니티 관점으로 분류된다.

Section 4 조직이론의 관점(Perspectives)

세상을 보는 방식은 한가지가 아니라 다양하다. 세상을 보는 방식이 다양하다는 것은 사람마다 자신의 독특한 개념과 이론이 있다는 것이다. 이로인해 자신만의 독특한 관점이 생겨난다. 조직이론도 마찬가지이다. 조직을 보는 방식이 다르고, 이로인해 자신만의 독특한 다양한 관점이 생겨났다. 그럼에도 불구하고 조직이론의 관점은 크게 세가지로 분류된다. 모던, 상징적-해석, 그리고 포스트모던 관점이 그것이다. 특별한 관점의 개념과 이론은 조직 및 조직화에 관한 생각을 분류하기 위한 독특한 사고의 틀이 된다. 자신의 의도에 따라 이루어진 특별한 관점은 그들 나름대로의 매력이 있다. 다양한 관점에 대한 지식이 많다는 것은 여러가지 상황에 대처할 유용한 방법이 그만큼 많다는 것을 의미한다.

Gibson Burrell과 Gareth Morgan은 1979년 출간된 그들의 저서 「Sociological Paradigms and Organizational Analysis」에서 최초로 조직이론의 다양한 관점을 제시한다. 그들에 따르면 지식은 다양한 패러다임에 근거하고, 이 패러다임에 따라 자신들만의 세계를 본다고 한다. 패러다임은 연구자들에게 자신만의 방식으로 현상을 연구하도록 한다. 그러나 패러다임이 다양하기 때문에 연구자들이 연구하는 방식도 다양하다. 패러다임은 학문적 차이만을 의미하는 것이 아니다. 실질적인 차이도 의미한다. 즉 패러다임은 바람직한 현실이 무엇인지, 혹은 보다 나은 조직방식을 창조하기 위해서 어떻게 해야 하는지에 대한 서로 다른 처방을 제시한다는 것이다.

조직이론에 다양한 관점이 있는 이유는 여러가지이다. 첫째, 오늘날 조직은 매우 복잡하고, 불확실하며, 모순된 경우가 많기 때문이다. 관리자와 노동자들은 보상에 대한 생각에서 차이가 있고, 조직의 소유주와 투자자들은 이익 및 투자를 인식하는 방식에서 차이가 있다. 이러한 모순된 상황에 대처하기 위해서 조직이론은 자신에 맞는 개념과 이론을 필요로 하며, 이에 따라 관점의 차이가 난다. 결국 다양한 관점의 조직이론을 배운다는 것은 이러한 복잡성, 불확실성, 그리고 모호성에 대처하는 능력을 습득하는 것이다. 둘째, Enron, FBI, 그리고 Parmalat(선정적 광고로 유명한 미국의 식품회사) 등 많은 조직에서 일어난 불미스러운 일들이 기존의 조직방식에 회의를 갖게해, 새로운 조직 처방책의 탄생을 갈구하기 때문이다. 현재의 조직문제는 기존의 방식으로 해결이 어렵고, 새롭고 다양한 관점을 이용해야 해결이 가능하다는 인식이 조직이론가들 사이에 팽배해 있다. 따라서 새롭고 다양한 관점을 배움으로써 자신의 이론 및 실천의 근간이 되는 가정 및 가치, 우리가 하는 일에 대한 정당성, 그리고 다른 사람들이 왜 그처럼 행동하는가에 대한 이유를 알 수 있게 된다. 또한 관점사이의 차이를 알게됨으로써 타당하다고 생각하는 것들에 대한 재평가를 내릴 수 있다. 셋째, 다양한 관점을 배움으로써 자신이 다른 사람에게 미치는 영향을 알 수 있게된다는 것이다. 이는 궁극적으로 자신의 조직을 관리하는데 있어서 보다 유능한 관리자가 될 수 있다는 것을 의미한다.

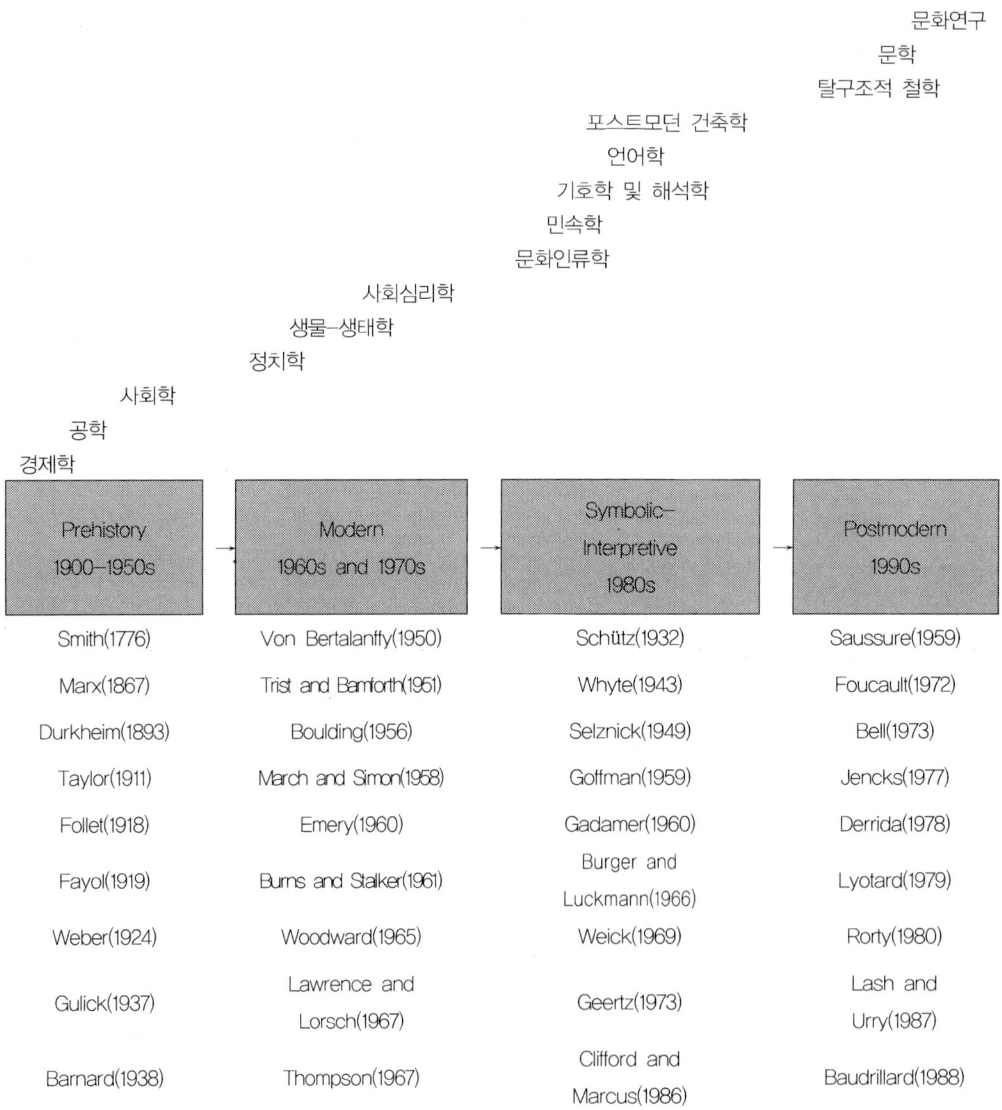

<그림1-1> 조직이론에 영감을 준 학문분야(Jo Hatch,2006:6)

조직이론의 세가지 관점인 모더니즘, 상징적-해석주의, 그리고 포스트모더니즘을 비교하기 위해서는 이들의 기본이 되는 가정을 검토할 필요가 있다. 출발은 존재론과 인식론이라는 중요한 철학적 사조이다. 존재론이란 실제가 무엇인지를 규정하는 것이고, 인식론은 그것을 평가하기 위해 지식과 척도를 어떻게 쌓고 마련할 것인가에 관한 것이다. 존재론과 인식론은 조직이론 관점 사이의 근본차이를 설명할 수 있다는 점 때문에 매우 중요하다. 이들은 어려운 철학적 논제이지만, 존재론과 인식론에 관심을 기울임으로써 우리는 다양한 관점이 조직을 어떻게 이론화했는지, 그리고 다양한 방식은 왜 나타났는지, 나아가서 모던, 상징적-해석적, 그리고 포스트모던 관점이 어떻게 조직이론에 독특하게 영향을 미쳤는지를 알 수 있다.

1. 존재론(Ontology)

존재론이란 현실에 관한 가정이다. 현실은 크게 두 가지이다. 객관적 현실과 주관적 현실이 그것이다. 객관적 현실은 우리의 의지와 상관없이 객관적으로 존재하는 현실이고, 주관적 현실은 우리의 마음에 존재하는 현실이다. 객관적 현실은 우리가 일상적으로 매일매일 부딪히는 현실이다. 따라서 우리는 이것을 어떠한 의심없이 당연한 것으로 받아들인다. 이것은 나의 의지와 관계없이 존재하는 것이다. 그러나 존재한다고 해서 모든 사람들이 똑같이 그것을 받아들이는 것은 아니다. 사람마다 그것을 마음 속에 받아들이는 것은 차이가 있다. 철학자들은 이것을 실존의 문제라 한다. 실존이란 객관적 현실과 관계없이 사람들의 마음속에 주관적으로 존재하는 것이다. 사람들은 자신의 관점에 따라 똑같은 현상도 다르게 본다.

존재론은 특히 사람(인간)에 관심을 기울인다. 존재론에서 보는 사람에 대한 가정은 크게 두가지이다. 객관적 가정과 주관적 가정이 그것이다. 객관적 가정은 인간이 상황 및 신에 의해서 결정된 것으로 본다. 현실은 이미 존재해 있고, 사람들은 자신의 의지와 상관없이 그것의 영향을 받는다는 것이다. 이 관점에서 인간은 자신의 주변에서 일어나는 일에 소극적으로 대응하는 존재일 뿐이다. 순응적이라는 것이다. 자신들의 행동은 자신이 살고 있는 세계의 일부이고, 그 세계의 원인과 결과에 의해서 결정된다는 것이다. 반면 주관적 가정은 사람들이 자유의지를 지니고, 자신의 행동에 전적인 책임을 지거나 그것에 따라 행동한다고 보는 가정이다. 주관주의자들은 자신이 경험하고 그것에 의미를 부여할 때에만 어떤 것이 존재한다는 신념을 지닌다. 주관주의자 관점에서 볼 때 사람들은 서로 다른 방식으로 현실을 창조하고 경험한다. 인간은 자신만의 가정, 신념, 인지를 지닌다는 것이다.

2. 인식론(Epistemology)

인식론은 인간이 알고자 하는 것을 어떻게 알아낼 것인가 하는 것과 관련된다. 인식론자들이 전형적으로 하는 물음은 인간이 지식을 어떻게 만들어내는가, 좋은 지식과 나쁜 지식을 구분하는 척도는 무엇인가, 그리고 현실을 어떻게 표현하고 기술할 것인가 하는 것이다. 인식론은 크게 실증주의와 해석주의로 구분된다.

실증주의 인식론자들은 조직에서 실제로 일어난 일들은 카테고리화 하고, 과학적으로 측정함으로써 알 수 있다고 한다. 실증주의자들은 또한 언어가 현실을 반영한다고 한다. 즉 현실은 의미의 손실이나 내재된 편견 없이 언어를 사용하여 기술할 수 있다는 것이다. 실증주의자들에게 좋은 지식이란 가설 및 전제를 개발하고, 자료를 수집·분석하며, 데이터에 나온 현실과 대조하여 가설 및 전제를 검증함으로써 이루어진다고 한다. 이러한 방법으로 실증주의자들은 한 가지 현실의 다양한 많은 측면을 설명하는 일반이론을 발전시키고, 이를 통해 미래를 예측한다.

실증주의 인식론은 이성, 진실, 그리고 타당성이라는 가치를 존중하는 기본원리에 근거한다. 실증주의 조직이론가들은 조직을 객관적 속성으로 보고, 물리학 혹은 자연과학적 방법을 도입하여 그것을 설명하고자 한다. 이들은 서베이 혹은 실험실 및 필드실험을 사용하여 데이터를 수집하고, 자신들의 가설이 검증(객관화)되도록 이들을 이용한다. 이러한 방법을 이용하여 수집된 자료를 통계처리하여 조직이 작동되는 방식을 실제적으로 설명한다. 그리고 그 설명방식으로 이론적 모델을 제시한다.

반면 해석적 인식론은 지식이 특별한 문화 혹은 개인 관점에서 만들어지고 이해된다고 한다. 해석주의자들은 우리의 행동은 상황에 따라 달리 나타난다고 한다. 그리고 상황에 대한 경험과, 기억 및 기대를 근거로 일어난 일들을 이해한다고 한다. 따라서 현실에 대한 이해와 해석은 사람에 따라 다를 수 밖에 없다. 다른 사람에 대한 우리의 이해는 우리의 경험이라는 필터를 통해 이루어지기 때문에 그것을 객관화하기 어렵다. 객관화가 어렵다는 점에서해석적 인식론은 반실증적이다.

해석주의자들이 할 수 있는 것은 자신의 현실을 만들어갈 때 다른 사람들과 함께 작업하는 것이다. 해석주의자들은 특별한 상황에 대한 다른 사람들의 해석과 상호작용을 연구함으로써 생산된 의미에 대한 상호주관적 이해와 인식을 할 수 있다. 연구자가 해석자가 되어야 한다는 것이다. 즉 연구자는 자신의 학문적 경험과 조직구성원의 경험 사이의 의미를 연결하는 가교역할을 한다는 것이다.

3. 모던, 상징적-해석적, 그리고 포스트모던 조직 관점

존재론과 인식론은 연구자 자신이 조직이론의 어느 장르에 속하는지에 대한 안목을 가져다준다. 모더니스트 관점은 오감을 통해 조직을 이해할 수 있다고 본다. 상징적-해석주의자들은 오감에 조직구성원의 조직에서의 경험적 현실을 추가한다. 이러한 주관적 경험 때문에 조직구성원의 행동은 복제되지 않는다. 상징적-해석주의자들은 이러한 특별한 상황에서 일어나는 의미와 이해에 초점을 둔다. 모더니스트들은 이것을 문제로 본다. 즉 연구를 복제할 수 없거나 다른 조직에 적용할 수 없다면 그것을 지식으로 볼 수 없다는 것이다. 상징적-해석주의자들은 오히려 이러한 일반화에 반대하며, 개인 마다 다른 경험을 이해의 근거로 삼는다.

가정의 차이 때문에 모더니스트와 상징적-해석적 연구자들은 끊임없이 방법론을 논쟁한다. 가령 모더니스트들은 주관성이 객관적 엄격성을 해친다고한 반면, 상징적-해석주의자들은 의미를 연구하기 위해서는 객관적 엄격성을 반드시 피해야 한다고 한다. 모더니스트들은 대개 주관적 이해는 편견을 야기하고, 이 편견은 과학이라는 근대의 합리적 이상을 추구하기 위해 피해야할 것으로 본다. 결국 상징적-해석주의자들은 의미 탐구를 중요한 것으로 보고, 모더니스트들은 과학적 객관성을 중요한 것으로 본다는 것이다. 이러한 차이는 모더니스트와 상징적-해석적 조직이론가들이 조직 개념을 서로 다르게 규정하고, 서로 다른 방법으로 조직을 연구하고 있는데서 발생하는 문제이다.

포스트모던 관점으로 넘어가면 문제가 더욱 복잡하다. 포스트모더니즘은 진실을 추구하려 하지 않는다는 점에서 앞선 두 관점과 차이가 난다. 모더니즘과 상징적-해석적 관점에서 보면 포스트모더니스트들은 이 철학에서 저 철학으로 옮겨 다니고 있는 철새처럼 보인다. 모더니즘과 상징적-해석적 관점은 포스트 모더니즘의 임시적인 철학적 입장을 반대한다. 왜냐하면 임시적이라는 것은 어떤 지식을 더 선호한다는 의미이고, 이것은 결국 포스트모더니티 가치관과도 맞지않기 때문이다.

많은 포스트모더니스트들은 자신들의 이론적 기반을 프랑스의 탈구조주의자인 Michel Foucault(1977)와 Jacques Derrida(1976)에 둔다. 가령 Foucault는 지식은 힘이기 때문에 어떤 사람들은 특정한 지식만을 선호하고 다른 지식은 무시하려 한다고 한다. Derrida는 이것을 근대사상의 이분법(이진법) 때문에 발생한 현상으로 본다. 이분법적 생각은 두 쌍 중 한 쌍만을 선호하고 다른 쌍은 무시하는 결과를 낳는다(가령 진실/거짓, 자연/문화, 현실/표현 등). 포스트모더니스트들에 따르면 지식의 발전과 사용은 결국 권력을 지니는 것과 권력을 지니지 못하는 것 사이의 싸움이라고 한다.

"이런 철저한 이분법적 사고는 그 자체가 병이다. 한 심리학 논문에서 편집증을 가진 사람이 자기를 인식하는 방법의 근저에는 이분법적 사고가 있다고 했다. 또 편집증 환자는 자신의 정서적 생존을 위하여 선한 것과 악한 것을 엄격하게 나누는데, 나쁜 것을 모두 외부로 돌린다고 했다"(정병설, 「권력과 인간」, 문학동네,2012:25).

많은 포스트모더니스트들은 당연한 것으로 받아들인 지배의 근원을 밝혀내기 위해 모든 형태의 권력(지식을 포함한)을 파헤친다. 이를 위해 이들은 기득권층을 비난하고, 이들과 이들의 생각을 억압의 그늘에서 벗어날 수 있는 곳 까지 추방한다.

모더니즘과 상징적-해석적 관점은 포스트모더니스트들이 제기한 도전을 무시하지 않는다. 오히려 이들은 자신들의 신념 및 언질의 범주 내에서 이 도전을 받아들인다. 그 결과 자신들의 관점을 보다 자기의식적으로 보고자 한다. 그리고 이것을 사회과학의 실제와 이론에 적용시키고자 한다. 자기의식적 비판의 대표적 예가 포스트모더니스트들의 문화인류학 비판이다. 포스트모더니스트들에 따르면 문화인류학은 처음 의도와 다르게 토착문화를 종속시키려는 서구정부를 도왔다고 한다. 정부로부터 연구비를 받고, 저개발 문화를 돕는다는 낭만적 비전의 유혹에 넘어간 문화인류학자들이 서구문명에 의한 토착민들의 식민지화를 원래 의도와 다르게 도왔다는 것이다.

이 세 관점을 적용함으로써 한 관점에 대한 이해를 보다 심도 있게 높일 수 있다. 모더니스트들은 개념의 각각의 측면을 강조한다(현실세계에 있는 물체의 개념). 상징적-해석주의자들은 한 문화 사람들 사이의 일치(영국은 개를 dog라 하고, 프랑스 사람들은 chien이라 한다)와, 그 사람들의 상호주관적 의미를 강조한다. 반면 포스트모더니스트들은 개념의 끊임없는 변화를 강조한다. 포스트모더니스트들에게 개념을 포함한 모든 단어는 현실세계의 사물과의 관계가 아니라 다른 단어와의 관계로 규정된다(개 대 고양이, 개 대 쥐, 개 대 말 등). 어떤 단어의 의미도 완전히 혹은 최종적으로 결정되지는 않는다. 왜냐하면 이들은 다른 단어와의 관계에서 그 의미가 생겨나고, 그 관계가 계속해서 변해 의미도 변하기 때문이다.

Section 5 조직현상의 두가지 딜렘마

일반적으로 조직이라는 현상을 분석하기 위해서는 두 가지의 차원의 개념적 틀을 사용한다. 하나는 조직이론의 분석수준으로서 조직 내부에 초점을 맞추느냐, 아니면 조직과 환경 사이의 상호작용에 초점을 맞추느냐 하는 것이다. 다른 하나는 조직이 조직

내, 혹은 환경 및 다른 조직과의 교환관계에서 발생하는 긴장과 변화를 어떻게 관리하느냐 하는 것이다. 조직현상에서 나타난 근본적인 딜렘마는 이 두가지 분석수준에서 발생한다. 첫 번째 딜렘마는 조직의 인간적 요인을 규정하는데서 발생하고, 두 번째 딜렘마는 분화와 통합 사이의 관계에서 발생한다.

조직분석과 관련한 두가지 차원은 조직 내 차원과 조직간 차원으로 구분된다. 조직 내 차원은 조직의 내부적 상호작용 및 특징에 관한 것이고, 조직 간 차원은 조직간의, 그리고 조직과 환경사이의 외부적 상호작용에 관한 것이다. 조직 및 관리에 관한 대부분의 문헌은 이 두가지 분석수준 중 한 가지를 택하고 있다. 대부분의 조직이론, 특히 조직행동과 공식구조를 논의하는 조직이론은 조직내 차원을 강조한다. 반면 다른 조직이론들은 조직이 다른 조직 및 기관과 맺고 있는 관계를 관리하는 방식, 그리고 이들이 다른 조직단위로부터 필요한 자원을 어떻게 획득하는지에 관심을 기울인다.

조직간 관계는 조직의 내부구조에 직접적인 영향을 미친다. 가령 고도로 경쟁적인 조직환경은 조직에 영향을 미쳐 조직의 내부적 관계를 재구조화한다. 반면 내부적 조직역동성이 조직간 관계에 영향을 미치기도 한다. 가령 노·사 갈등은 기업으로 하여금 외부기업이나 하청업체와의 아웃소싱 전략수립을 가속화시키게 된다.

조직차원에 논의에서 가장 중요한 개념이 거래(transaction)이다. 거래란 노동, 서비스, 공급자와 수혜자 사이의 교환관계를 말한다(Tilly and Tilly,1998:71). 조직차원에서 거래는 두가지 기본 유형으로 구분된다. 조직내에서 조직 소유주, 관리자, 노동자 사이의 거래와, 조직간 차원의 서로 다른 조직 사이의 거래가 그것이다(〈표1-2참조〉). 거래는 특히 모든 조직이 직면한 두가지의 지속적인 긴장이 생길 때 문제가 발생한다. 긴장은 첫째, 인간요인이 지닌 독특한 본질과, 둘째는 분화와 통합이라는 상반된 입장 때문에 생겨난다.

<표 1-2> 조직분석의 수준

	분석의 수준	
	조직내	조직간
개념정의	조직내	조직 사이
구조	관료제	기업조직간 관계의 네트웍
관계유형	노동자-관리자-동료노동자	공급자-제조업자-배급자-규제자
거래	고용계약	시장교환/하청

1. 인간 요인과 관련한 딜렘마

조직 내에서 발생하는 대부분의 거래는 고용관계이다. 즉 사용자와 노동자 사이의 관계이다. 사용자들은 임금이나 보수를 근거로 노동자를 고용한다. 문제는 사용자가 노동자로부터 상품을 구매하는 것이 아니라 정신적 및 육체적 노동력을 구매한다는 것이다. 노동력은 기술이나 원료와 달라 사용자가 구매하거나 소유할 수 없다. 이러한 이유로 사용자는 그것을 구매하기 위해서 노동자를 조직의 정규직원으로 고용할 수 밖에 없다. 그러나 노동자들이 자발적으로 일을 한다는 보장은 없다. 노동자들이 자신의 노동력과 관련하여 통제권을 행사하기 때문이다. 인간자원은 조직의 다른 자원과 비교하여 의식적, 반응적, 사유적이라는 특징을 지닌다. 이러한 점에서 노동력이라는 인간자원을 조직의 목표에 맞게 통제한다는 것은 결코 쉬운 일이 아니다.

많은 조직이론은 인간적 요인이 조직에 어려운 문제를 야기한다는 사실을 지적한다. 그 중 한 가지가 "개인 차이에 관한 법칙"(Davis,1981)이다. 이 법칙은 "모든 사람은 다르다"는 전제로 시작한다. 즉 첫째, 사람들은 그들이 지니는 독특한 배경, 경험, 지각, 기대 때문에 다르다는 것이다. 이것은 조직 내의 인간이 비록 같은 직업을 갖고 있어도 생산의 요인에 있어서 매우 다르다는 것을 의미한다. 나아가서 사람들은 자극이나 관리기법에 대해서 똑같게 반응하지 않는다는 것이다. 인간은 표준화되지도 않고 매우 다른 존재라는 것이다. 따라서 인간행동을 통제하는 방법은 보편적일 수 없고, 문제의 상황, 사람, 집단에 따라 수정, 변경, 고안, 폐기되어야 한다는 것이다.

둘째, 인간은 결코 全人格(the whole person)이 될 수 없다는 것이다(Davis,1981). 일부 조직이론가들은 인간에 관한 특별한 기술, 공식적 신념, 경험, 기술적 능력에 기반을 둔 표준 카테고리를 강조한다. 그러나 실제 이들은 全人格 중 극히 일부에 불과하다. 인간자원이란 가시적인 것이 아니기 때문에 노동자들은 엉뚱한 행동, 사적문제, 사회적 의무와 몰입 등과 같은 행동을 소리소문도 없이 조직에 이식하기도 한다. 이들은 육안으로 확인할 수 없다. 노동자의 성과 및 이들의 조직에의 기여에 부정적으로 영향을 미칠 수도 있다. 그러나 이렇게 "감추어진 요인"이 조직의 유효성을 증가시키는 경우도 많다는 것이다.

맑스주의는 조직에서의 인간적 요인이 지니는 이러한 독특한 특징을 강조한다. 이들은 노동은 시장에서 사고 파는 상품이 아니라 잠재적 상품이라고 한다(Storper and Walker, 1983). 첫째, 인간 노동은 집합적 혹은 개별적으로 자신의 환경에 대응한다는 것이다. 사람들은 고용관계가 수립된 이후에도 파업, 업무중단, 노조를 통해 자신의 값을 올릴 수 있으며, 사용자의 변화를 요구할 수 있다. 둘째, 사람들은 측정하기 어려운 다양한 창조성과 인지적 기술을 소유하고 있기 때문에 시장기반에 따라 이루어지는 임금과 보수는 그 사람의 조직에의 기여를 객관적으로 측정하지 못한다는 것이다. 셋째, 노동은 잠재적 상품이기 때문에 사용자들이 노동의 댓가로 노동자들에게 지불한 금액을 회수한다는 보장이 없다는 것이다. 마지막으로 노동자들은 하루일과가 끝나면 직장을 떠나 레저와 생활에 참여하고, 주변의 삶을 반추하며, 새로운 생각을 발전시키고, 지역사회와 문화에 참여하며, 자신의 노동의 댓가로 받은 돈으로 소비를 한다. 실제 이 과정들이 업무성향 및 성과에 큰 영향을 미친다는 것이다.

이처럼 인간은 의식적(conscious), 사유적(reflective) 특징을 통해 자신의 환경, 자신이 취급받는 방법, 자신이 살고 일하는 조건에 영향을 미치게 된다. 인간의 행동은 이러한 요인에 의하여 영향을 받고, 즐겁지 않은 조건을 변화시키거나 줄이고자 한다. 토지와 기계는 할 수 없는 일들이다. Walter Weisskopf(1971:19) 이러한 인간적 특징을 "실존적 소외"라 한다.

조직은 인간자원을 통제하고 규제하고자 한다. 그러나 인간자원의 정신적 영역 까지 통제할 수는 없다. 통제와 규제는 인간이 조직구조에 갇혀있다는 느낌을 갖게 한다. 이러한 상황이 일어나면 인간은 대안적 장치를 모색하고자 한다. 이것은 조직을 이해하고 이론화하려는 사람과, 그것을 운영하고 관리하려는 사람 모두에게 도전과 문제가 된다.

1920년대 말 수행된 호오손 실험은 이러한 도전과 문제의 사례가 된다. 이 실험은 원래 노동자들의 성과와 생산성에 공장의 물리적 작업조건이 어떠한 영향을 미치는지를 알아보기 위한 실험이었다. 이를 위해 작업조건을 변화시켰고, 여기에 따른 생산량 변화를 측정하였다. 밝혀진 바와 같이 생산성 및 산출량 증대에 가장 큰 영향을 미친 요인은 물리적 작업환경의 변화가 아니라 근로자에게 주어진 관심과 그들과의 상호작용이었다. 노동자들은 자신들이 지닌 의식적·사유적 특징으로 사람 사이의 상호작용에 반응하고 거기에 맞는 행동을 하였으며, 그들의 동료와 생산적 유대를 맺는다는 것이다. 이러한 사실은 조직에 관한 새로운 이론적 접근의 토대가 되었고, 인간관계이론이라는 새 지평을 열게 되었다.

이와 유사한 논리가 관료적 조직구조에도 작용한다. 분화, 전문화, 명령통일, 그리고 평가 및 책임시스템 등의 방법이 조직구성원들의 자유와 자율성을 제한한다는 것이다. 관리자들은 이러한 조직 시스템에 조직구성원들이 주관적·행태적으로 대응하는 것(낮은 사기, 불신, 소외, 결근, 최소한의 노력 등)이 능률과 생산성에 방해가 된다고 생각한다. 따라서 이를 극복하기 위해서 관리자들은 상징적 보상, 이념적 호소, 조직문화, 인간관계 전략, 혹은 참여 계획 등과 같은 조직에의 애착을 높을 수 있는 공식 및 비공식 메카니즘을 발전시키게 된다.

이러한 논의는 결국 구조와 기관(agency)[1] 관계 문제로 귀착된다. 조직구조가 인간의 행동을 통제하고 결정하느냐, 아니면 인간이 조직구조를 결정하고 통제하느냐의 문제인 것이다. 인간요인의 중요성을 강조한 대부분의 논의는 기관을 강조한다. 조직을 소유하고 통제하는 사람들이 인간자원을 통제하고자 하는 구조를 만들지만, 이 구조에 대한 인간의 대응과 저항이 사용자와 관리자로 하여금 이 구조를 수정시킨다는 것이다. Anthony Giddens(1984)는 이 관계를 "통제의 변증법"이라 한다. 즉 조직의 목표를 달성하고 성과를 높이기 위해 사용자와 관리자들이 설계한 조직구조가 결국에는 조직의 인적자원에 의존하게 되는 것을 말한다. 사용자와 노동자 사이의 관계에서 노동자는 사용자가 자신에게 의존하는 정도에 따라 사용자에 영향을 미칠 수 있다. Ira Cohen이 주장한 바와 같이 부하의 행동을 통해 일정한 목표를 달성하고자 하는 상사는 어떤 식으로든 부하에 의존하지 않고는 소기의 성과를 거둘 수 없다는 것이다(Cohen, 1989:152).

결국 조직의 딜렘마 중 하나는 조직이라는 장치에 인간자원이 주관적·행태적으로 어떻게 반응하느냐에 따라 생겨난다. 이 대응과 반응이 관리 전략과 조직이론의 변화를 촉진시킨다. 실제 조직 관리자와 집행가가 조직의 합리적, 능률적, 예측 가능적 통제 시스템을 발전시키고자 한다면 이러한 인간적 요인이 던진 문제에 적절히 대처할 수 있어야 한다. 이것이 대안적 관리 시스템을 만들고, 새로운 조직이론과 관리전략을 등장시키게 된다.

2. 분화와 통합의 딜렘마

또다른 조직의 딜렘마는 경제적 활동을 합리적으로 분화시키는 전략과, 이 활동을 조정하고 통합하는 전략사이에서 나타난 갈등 때문에 발생한다. 분화, 노동의 분업, 전문화는 조직원리의 근본이다. 조직이 모든 생산 활동을 수행하는 것은 아니기 때문에 다른 사람 혹은 집단에 의존하여야 하고, 이 과정에서 거래(교환)가 이루어진다. 이것은 필연적으로 통합의 문제를 낳는다. 고도로 분화되고 전문화된 노동의 분업은 공동의 목표를 달성하기 위한 작업을 방해한다. 이 문제가 조직이론 및 관리전략에 중대한 문제를 던지게 되는 것이다.

---

1) 여기에서 기관은 조직의 구성원, 즉 조직의 인간자원을 지칭한다. 구조를 강조한 입장에서는 조직의 구조가 인간의 행동을 강제, 결정, 통제한다고 한다. 반면 기관을 강조하는 입장은 인간의 행동이 조직구조를 결정한다고 한다.

이 문제와 관련하여 Émile Durkheim(1933)의 통찰력은 매우 놀랍다. Durkheim은 농업사회의 사회적 결속력의 기반은 산업화와 그것에 따른 복잡한 노동의 분업에 의하여 위협받고 있다고 주장한다. 농업사회에서의 결속력은 공동의 경제활동과 신념에 기반을 둔다. 그러나 사회가 점차 산업화되어감에 따라 사람들은 도시로 이주하게 되고, 경제활동을 전문화시키게 되며, 서로 다른 이해와 이념을 발전시키게 된다. 노동의 분업과 분화의 증대가 산업 근대화의 필수조건이지만 사회적 결속력을 약화시키는 요인으로 등장한다는 것이다.

일반적으로 노동의 분업은 두가지이다. 하나는 조직내 수준에서의 노동의 분업이다. 이것을 기술적 노동의 분화라 하는데, 수평적 분화와 수직적 분화로 구분된다. 둘째는 경제활동이 서로 다른 부서 사이에서 일어나는 조직간의 분업이다. 이것을 노동의 사회적 분화[2]라 한다. 이러한 두가지 노동의 분업 모두에서 조정과 통합의 문제가 발생한다.

첫째, 조직내 수준의 노동의 분업에 발생하는 분화와 통합의 문제이다. 이것은 조직내에서 발생하는 가장 흔한 문제이다. 대부분의 조직에서 노동의 분업과 업무의 전문화는 능률을 높이기 위한 방편으로 사용된다. 사람들은 서로 다르고 전문화 되어있는 영역에서 업무를 수행한다. 그러나 이러한 기술적 업무의 분화는 조직의 목표보다는 자신의 부서(처)의 목표에만 전념하도록 하는 문제를 야기 한다. 통합의 문제가 발생하는 것이다. 이러한 이유로 대부분의 조직은 조직의 사명(목표)에 전념하도록 하는 애정과 몰입을 강조하는 조직적 장치를 강구하고자 한다. 그러나 합리성을 높이기 위한 구조적 장치와, 결속과 통합을 강조하는 규범적 장치 사이에는 일정한 긴장이 있기 마련이다(Barley and Kunda,1992). Gareth Jones(1997:chap.2)는 조직설계의 가장 중요한 문제 중 하나는 분화와 통합 사이에 균형을 이루는 것이라고 주장한다.

분화는 사람들을 전문화시켜 생산적이 되게 하기도 하지만, 부서 사이의 의사소통을 제한하여 부서 사이의 친밀도를 약화시키기도 한다. 따라서 조직목표의 달성을 위해서는 Jones(1997:56)가 말하는 여러가지 업무기능, 분화를 조정해서 업무를 원활하게 하는 통합전략이 필요하다. 분화와 통합 사이의 관계에 대한 논의는 Paul Lawrence와 Jay Lorsch (1967)의 조직과 환경 사이의 관계 논의에서도 잘 나타난다. Lawrence와 Lorsch(1967:11)는 분화를 서로 다른 부처의 관리자 사이에 존재하는 인지적·감정적 성향의 차이로, 그리고 통합은 자신들의 노력을 통합하기 위한 부처 사이에 존재하는 협력의 상태라고 규정한다. 이들에 따르면 이 둘 사이의 긴장과 관련한 영향을 초기의 조직이론가들이 미처 인식하지 못했기 때문에 이들은 조직문제에 대한 올바른 처방책을

2) 기업 간의 투입과 산출의 교환, 수요와 공급, 판매와 구매 등이 여기에 해당한다.

제시할 수 없었다고 한다.

Talcott Parsons(1956)는 조직이 생존하기 위해서는 내부 메카니즘을 발전시키는 것이 필수적이라고 한다. 이 메카니즘에는 다음과 같은 세가지 의사결정이 포함된다. (ⅰ) 목표 달성을 위한 정책적(Policy)결정, (ⅱ)물리적·인간적 자원 및 책임 분배를 위한 배분적(allocative) 결정, (ⅲ)협력과 동기부여를 가속화시키는 통합/조정 결정 등이 그것이다. 그러나 Parsons는 배분적 결정과 통합/조정 결정 사이에 분명한 갈등이 있다는 사실을 지적한다. Parsons에 따르면 조직구성원의 성격과 이들이 처한 업무상황에 따라 조직의 부처 사이에 분리적 경향이 있다는 것이다. 따라서 관리자는 이러한 분리 경향을 차단할 실행 조치를 취해야 하고, 조직내 부서와 개인을 통합해야 한다는 것이다. 이러한 통합 문제를 관리하는데는 사회적 통제가 필요하다. Parsons는 그것으로 "제도화된 규범"을 제시한다. Andrew Sayer와 Richard Walker(1992:111))에게도 분화와 통합은 조직의 핵심문제이다. 이들은 산업경제에서 조직의 문제는 생산의 문제로 시작하였지만 결국에는 노동의 분업을 어떻게 조합할 것이냐의 문제로 귀착한다고 한다. 결국 노동의 분업은 노동의 통합으로 귀결된다는 것이다.

조직에서 통합의 문제는 두가지 서로 다른 구조적 상황에서 발생한다. 하나는 고도의 관료화된 구조에서 나오는 것으로서 노동과정을 분화, 분절, 부서화시키는 것을 말한다. 많은 조직은 이에 따른 문제를 해결하기 위해 조직의 사기, 결속력, 직무만족을 향상시키기 위한 인간관계 및 조직사명 전략 등의 광범위한 방안을 제시한다. 조직에서 통합과 관련한 두번째 문제는 조직구성원의 자유재량권과 자율성을 높이는 방안이다. "조직문화" 전략이 이를 위한 강력한 방법으로 제시되고 있다. 즉 관료적 통제를 약화시키는 동조성, 협력, 몰입 등의 규범적 방안이 그것이다.

둘째, 조직간의 관계에서 나타나는 분화와 통합의 문제이다. 조직간 관계는 생산단위 사이의 관계로서 노동의 사회적 분업[3])을 말한다. 노동의 사회적 분업은 전문성과 특수성의 원리에 기반을 둔다(가령 원청회사에 부품을 납품하는 부품제조회사). 그러나 조직내 분화와 통합의 경우와 마찬가지로 여기에도 반드시 통합의 문제가 발생한다. 가령 조직간의 시장교환과 계약을 통해 거래된 노동의 분업은 이러한 조정된 생산과정을 수행할 능력에 위협을 주기 때문에 언제나 불확실하다. 따라서 이러한 불확실성에 능동적으로 대처하는 것이 조직의 생존에 필수적이다. 생산의 연결고리를 수직적으로 긴밀히 통합하는 것이 불확실성에 대처하는 한가지 방안이다. 가령 기업은 납품업자를 사들

3) 노동의 사회적 분업이란 서로 관련되지만 분명한 영역이 있는 생산과정 사이의 거래를 지칭하는 것으로서 이에 따른 기능적 통합의 문제가 발생한다.

임으로써 생산과정을 수직적으로 통합할 수 있다. 이른바 인수합병(M&A)이다. 이를 통해 기업은 제품공급, 가격, 품질을 보다 용이하게 할 수 있다. 또 다른 방안으로 네트워크 관계를 생각할 수 있다. 생산과정 표준화를 공급자와 공동으로 개발함으로써 불확실성에 대처하는 것이다.

이처럼 필요한 자원을 사회적 노동의 분업에 의존하게 될 때, 한 개의 조직에 모든 과정을 통합시켜야할 때, 그리고 핵심 부품을 다른 기업과 협력을 통해 모색해야 할 때 긴장이 나타난다. 이것에 대처하는 과정에서 분화-통합에 따른 딜렘마를 생겨난다. 조직이론과 관리전략에 관한 논의의 상당부분은 바로 이러한 딜렘마를 해결하는데 집중되어 있다.

조직에 관한 관점과 핵심논제

chapter 2

관점이란 세상을 보는 시각이다. 세상을 보는 시각은 하나만 존재하는 것이 아니라 다양한 것이 존재한다. 앞장에서 언급한 바와 같이 이것은 영화의 장르와 같은 것이어서 다양한 관점을 전제로 한다. 세상을 보는 시각에 따라 다양한 관점이 존재한다는 것이다. 조직이론도 조직이라는 현상을 보는 시각과 관점에 따라 변화하고 발전했다. 제1장에서 주장한 바와 같이 조직을 보는 관점은 모더니즘, 상징적-해석적 관점, 그리고 포스트모더니즘으로 구분된다. 이들 관점은 강조하는 핵심 논제에서 서로 다르며, 그 시대를 반영하고 있다. 조직이론은 이러한 관점과 핵심논제를 체계적으로 통합한 것이며, 과거의 관점에 새로운 관점을 더해 발전해왔다.

조직이론에 관한 첫번째 논의는 조직이론이라는 학문이 탄생하기 이전에 등장한 학자들에 의해서 이루어진 논의이다. 이 논의를 주도한 학자들은 자신이 속한 학문적 커뮤니티에서 조직에 관한 주장을 전개했고, 그 이후 탄생한 모더니스트 조직이론에 큰 영향을 미쳤다. 이 학자들은 대부분 사회학과 고전적 관리이론을 주창한 사람들이다. 이들의 생각은 현재 조직이론에 상당부분 그대로 남아있다. 두 번째 논의는 조직이론에 가장 강력하게 영향을 미친 모더니스트 관점이다. 우리가 흔히 조직에 관한 정통이론으로 부르는 것이다. 이 관점의 핵심논제는 조직을 어떻게 하면 능률적으로 운영할 것인가 하는 것이다. 이를 위해 이 관점은 질서를 강조한다. 그리고 그 질서를 유지하기 위한 방안을 제시한다. 질서를 유지하는 방안은 다양하지만 조직의 체계성을 유지하는 것을 핵심으로 본다. 그러나 한 번 만들어진 질서가 그대로 유지된다는 보장이 없다. 어떤 계기에 의해 변하는데, 그 변화에 가장 크게 영향을 미치는 것이 기술과 환경의 변화이다.

세 번째 논의는 상징적-해석적 관점에서 나온 중요한 생각들이다. 조직을 공동의 집합체로 보고, 이곳에서 활동하는 조직구성원들의 공동의 이해와 해석을 강조하는 입장이다. 이 관점이 강조하는 핵심논제는 사회가 어떤 방식으로 구성되는지, 그 속에서 활동하는 사람들은 어떤 행동을 하는지, 그리고 그 행동이 다른 사람에게 어떠한 영향을 미치는지를 규명하는 것이다. 네번째인 마지막 논의는 조직이론에 침투한 일련의 포스트 모던 개념이다. 현대 조직의 현상을 비판적 시각으로 보고, 인간의 이성을 강조하는 모더니즘을 비판하는 관점이다(이종수·윤영진 외,2011:162). 이들은 조직에 대한 기존의 관점에서 크게 벗어나 조직을 담론으로 설명하고자 하며, 조직을 임의성, 불확실성, 그리고 과잉현실로 본다. 중요한 것은 이 세가지 관점 모두 학문적인 영역에만 머무는 것이 아니라 조직의 실제 관리에도 상당부분 영향을 미친다는 것이다.

Section 1 조직이론 탄생 이전의 조직관점

조직이론이 탄생하기 이전의 조직에 대한 사회과학의 선구자들의 생각은 그 이후 발전한 조직관에 많은 영향을 미쳤다. 조직이론이 본격적인 학문으로 자리잡기 시작한 것은 1960년대의 일이다. 이 조직이론에 초창기 사회과학의 선구자들의 생각이 많은 영향을 미쳤다는 것이다. 이러한 점에서 사회과학의 선구자들은 조직이론의 탄생과 밀접한 관계가 있다고 할 수 있다. 이들이 연구하고, 논문을 썼을 당시에는 조직이론이라는 학문이 없었다. 조직이론은 이들이 영감을 불러일으킨 여러 학문 중 하나에 불과했다. 이 학자들이 소속된 학문적 커뮤니티는 산업관계론, 산업 및 조직심리론, 조직사회학, 경영학, 행정이론, 그리고 조직행동론 등 다양했다. 어떤 사람들은 이들 학문적 커뮤니티를 통틀어 그것을 조직이론으로 부르기도 한다.

사회과학 선구자들은 주로 객관주의적 존재론에 입각해 연구를 수행했다. 그러나 실증주의와 해석적 인식론 두 가지의 입장을 동시에 취하고 있다. 이들은 학문적 배경과 실무경험을 겸비한 사람들이었고, 일부는 연역적 논거 (실무에서 이론을 추출하는 것), 그리고 다른 일부는 귀납적 방법(이론 검증 위주)을 사용하여 연구를 진행했다. 사회과학 선구자들이 중점적으로 하고자 한 것은 조직의 원리, 규칙, 유형을 발전시키는 것과, 가장 합리적인 방식으로 조직을 구조화하고 관리하는 방법을 모색하는 것이었다. 그 당시 대부분의 조직은 매우 비체계적으로 관리되고 있었기 때문에 이들 주장이 처음 제기될 당시에는 매우 혁명적으로 받아들여 졌다.

사회과학 선구자들의 학문적 배경은 크게 두가지로 구분된다. 사회학과 경영학(관리이론)이다. Emile Durkheim, Max Weber, 그리고 Karl Marx로 대표되는 사회학은 사회내의 공식조직의 형태와 역할, 그리고 산업화에 따른 노동의 본질과 그것이 노동자에 미치는 영향에 연구의 초점을 맞추었다. 반면 경영학은 조직을 어떻게 합리적으로 관리할 것인가에 연구초점을 맞추고 있다. 이것이 고전적 관리이론을 탄생시키는 배경이 되었으며, Frederick Taylor, Mary Parker Follet, Henri Fayol, Luther Gulick, Chester Barnard 같은 위대한 조직관리자들을 배출시킨 토대가 되었다. 고전적 관리이론은 당시 공·사조직의 관리자들이 당면한 실질적인 문제와 그것의 해결방안을 제시했다는 점에서 큰 의의가 있다. 그러나 사회학은 이론성이 강하고, 경영학은 실천성이 강하기 때문에 이 두 학문 사이에는 이론과 실제의 차이라는 문제가 있다. 그 이후의 조직이론은 이 두가지 학문에 근거하고 있기 때문에 조직이론에도 마찬가지로 이론과 실제 사이의 차이라는 문제가 존재한다.

사회과학 선구자들의 조직에 대한 생각은 정치경제학자인 Adam Smith의 사상에서 시작한다.

1. Adam Smith와 노동의 분화

노동의 분화라는 노동의 조직화를 통해 조직의 능률을 높이고자 시도한 최초의 사람은 Adam Smith이다. 이러한 점에서 많은 조직이론가들은 그를 조직이론의 지적기원으로 본다. Adam Smith는 자신의 저서 「An Inquiry into the Nature and Causes of the Wealth of Nation」(1776/1937)에서 노동의 분화가 어떻게 경제적 능률을 증진시키는지를 설명한다. 이를 위해 Smith가 제시한 예는 핀 제작방법이다. 한 사람의 노동자가 제조 공정 전체를 맡으면 하루에 스무 개 정도의 핀을 겨우 만들 수 있지만, 10명의 노동자가 제조 공정을 18단계로 나누어 작업하면 하루 4만8천 개의 핀을 만들 수 있다는 것이다. 이 예를 통해 Smith는 작업과 생산의 단순화, 시간과 동작 연구와 같은 중요한 산업관리 실제를 제시한다. 이들 관리실제가 경제적 능률을 향상시키는데 중요한 역할을 한다는 것이다. 업무의 분화와 노동의 전문화 같은 노동의 분화는 조직이론의 가장 핵심적인 개념이다. 그리고 그 이후 전개된 모더니스트 조직이론에 커다란 영향을 미쳤다. 그러나 이 책 전체를 통해 확인하겠지만 이 주장은 두고두고 조직이론의 논란이 된다.

2. Karl Marx와 조직구성원의 소외

Karl Marx와 조직이론 사이의 관계는 조직구성원의 소외와 관련한 논의이다. 특히 노동계급의 착취와 소외에 대한 Karl Marx의 생각은 인본주의 조직이론가들에게 중요한 조직암시를 남겼다. 노동계급의 착취 및 소외와 관련된 Marx의 사회갈등이론은 자본주의에 대한 초기 비판을 담음으로써 그 이후 비판이론의 지적 기반이 된다.

Marx(1973;1974)에 따르면 조직은 물리적 세계가 던진 위험을 극복(생존)하기 위해 인간이 고안해낸 것이라고 한다. 이 시도에서 경제적 질서가 생겨났다고 한다. 즉 인간은 환경적 위험을 극복하고 생존하기 위해서 집합적 노동을 이루고 그것을 능률화하고자 했다는 것이다. 이 때 중요한 것이 질서를 수립하는 것이다. 집합적 노동을 위해 인간은 사회적 역할과 구조를 발전시켰다는 것이다. 따라서 사회적 역할과 구조의 수립은 질서를 확보하기 위한 가장 중요한 수단이 된다. 그러나 질서는 아쉽게도 권력

관계를 통해 유지된다. 맑스는 이것을 경제적 질서로 설명한다.

경제적 질서를 통해 발전한 것이 자본주의이다. 자본주의는 경제적 질서라는 권력관계에 의하여 발전한 사회라는 것이다. 자본주의의 권력관계는 자본을 지닌 사람(즉 공장과 생산수단을 소유한 자본가)과, 노동을 소유한 사람(자신의 활동이 생산과정의 산출을 낳는 노동자) 사이의 관계로 구분된다. 이 권력을 놓고 두 계급 사이에 근본적인 갈등이 존재한다는 것이다. 이 갈등은 먼저 시장 교환에서 발생한 초과이익(생산비용 대비 이익)을 배분하는 방식을 놓고 발생한다. Marx에 따르면 이익은 노동과 자본 두 가지의 결합으로 발생하기 때문에 노동자와 자본가들은 당연히 초과이익이 자신의 몫이라고 주장한다고 한다. 노동자들은 잉여이익이 자신들의 노동 때문에 생겨난 것이라고 주장하고, 자본가들은 자본의 투자 없이는 잉여이익이 절대 발생할 수 없다고 한다. 따라서 자본주의 체제는 자본의 이익과 노동자의 이익 사이의 끊임없는 투쟁과 갈등의 연속이라는 것이다.

조직과 관련한 맑스의 주장은 주로 기업이윤 문제에 집중된다. 이윤이 없다면 기업과 자본주의의 생존은 어려워진다. 따라서 이윤을 확보하기 위해 노동활동을 어떻게 조직하고 통제할 것이냐의 문제가 발생한다. 생산비용의 상당부분은 노동 때문에 발생하기 때문이다. 따라서 자본가들은 이 비용을 줄이기 위해 노동자들을 통제하고자 하고, 이 과정에서 노동자들의 소외 문제가 발생한다. 소외는 노동자들을 자신의 노동의 결과에서 멀어지게 하는 것을 의미한다. 노동은 사회의 선을 위한 집합적 노력으로 간주되는 것이 아니라 생산비용으로 간주된다(능률적 관점). 따라서 노동은 시장에서 사고파는 상품이 된다. 이러한 생각은 사람들이 인간을 수단적 관계, 즉 경제적 가치로만 보게 하는 성향을 낳게된다. 그 결과 노동은 원료와 마찬가지로 경제적 가치로만 평가되어 착취의 대상이 된다. 노동자들이 이러한 착취에 대항하여 조직화(가령 노조)되어야 하고, 만약 이것이 이루어지지 않는다면 노동자들의 소외와 박탈감은 더욱 커지게 된다. 따라서 Marx에 따르면 자본주의 경제하에서 자본가와 노동자 사이의 적대감은 필연적이고, 통제와 저항이라는 형태로 제도화되며, 상시적인 것이 된다고 한다.

Marx의 이론에 근거하여 비판이론가들은 조직 갈등(자본가와 노동자사이의 이익갈등)을 억제하고 조직의 이익을 위해 다른 사람의 삶을 통제하고자 하는 사용자와 관리자들의 주장을 비판한다. 나아가서 이들은 맑스의 소외론에 근거하여 관리적 통제가 미치는 탈인간화 경향을 비판한다. 이들은 조직의 권력을 배분하기 위해서는 경제적·능률적 요인 보다는 구조적, 사회적 결정요인이 더 중요하다고 강조하고, 노동자의 해방과 이를 위한 민주적 구조 및 기업 거버넌스 수립을 제창한다. 그러나 포스트모더니스트들은 이러한 주장에 동조하지 않는다. 비판이론가들의 주장은 하나의 특권적 형태를 다른 것으로 바꾸는 것에 불과하다고 한다. 그럼에도 불구하고 포스트모더니스트들은 이데올로기와 조직(혹은 사회)에서 발생하는 다양한 형태의 지배를 논의할 때 비판이론가들의 주장을 원용한다.

3. 조직과 사회적 결속력

Adam Smith가 노동의 분업에 따른 많은 긍정적 결과를 제시한지 100년 후 Durkheim도 자신의 저서에서 이 문제를 언급한다. 1893년 발간된 「The Division of Labor in Society」(1984)에서 Durkheim은 산업혁명의 결과 사회의 형태가 농업사회에서 산업사회로 변화하고 있다는 Adam Smith의 논의를 확장한다. Smith의 논의에 따라 Durkheim은 이 변화를 전문화의 증대로 설명한다. Durkheim에 따르면 전문화의 증대는 필연적으로 계층제와 업무의 상호의존성을 강화한다는 것이다. 초기의 모더니스트 조직이론가들은 이 개념을 복잡한 조직을 규정하고 기술하기 위한 핵심차원으로 간주한다.

뒤르껭에게 가장 큰 관심은 산업사회의 전문화 증대가 가져온 사회적 분열과 이로 인한 부작용을 어떻게 극복할 것인가 하는 것이다. 이를 위해 뒤르껭은 사회의 질서와 유대감(결속력)을 형성하는 근원이 무엇인지를 밝히고자 한다(Durkheim,1933). 사회는 어떻게 연결되고 지속되는가 하는 것이다. 뒤르껭에 따르면 전통적인 농업사회에서 사회적 결속력은 공동의 생활에서 나오는 유사한 경험이었다고 한다. 이 사회는 공동의 신념과 감정을 공유한 사회이기 때문에 개인간의 차이나 사회적 갈등이 거의 없는 사회이다. 뒤르껭은 이 사회의 결속력을 기계적 결속력이라 명명한다.

그러나 농업사회에서 산업사회로 이전하면서 문제가 발생한다. 노동의 분업이 생기고 업무의 전문화가 증대된 것이다. 이제 농촌사회의 특징인 유사성은 사라지고, 노동의 분업에 따른 개인의 차이가 확대된다. 이는 필연적으로 농촌사회의 특징인 기계적 결속력을 무너뜨리고 사회적 통합을 해치는 결과를 낳게 된다. 뒤르껭에 따르면 이제 결속력은 상호의존성이라는 새로운 형태로 대치되게 된다는 것이다. 뒤르껭은 산업사회의 이러한 새로운 형태의 결속력을 유기적 결속력이라 한다. 이는 사회의 구성원이 자신의 욕구를 충족하기 위해 다른 사람에게 의존한다는 것을 의미한다. 따라서 산업사회의 핵심적 과제는 이러한 상호의존적 상황에서 사회적 통합과 결속력을 어떻게 이룰 것인가 하는 것이다(자세한 내용은 제1장 조직현상의 딜렘마 참조). 이에 대해 뒤르껭은 구성원 사이의 공동의 신념과 감정에 근거한 집합적 정신을 해결책으로 제시한다. 공동의 신념과 감정에 대한 뒤르껭의 주장은 그 이후 상징적-해석주의 조직관의 이론적 기초가 된다.

노동의 분화에 대한 논의 이외에 Durkheim은 객관적(계량적) 연구방법을 통해 사회과학을 과학으로 승화시키는데 중요한 공헌을 하였다. 객관적 측정방법과 통계적 분석방법을 강조한 「The Rules of Sociological Method and Suicide」(1982,trans. W.D.Halls)에서 Durkheim은 사회학뿐만 아니라 모더니스트 조직이론에서 활용될 수 있는 실증적인 방법론의 기반을 닦는데 기여하였다.

4. 합리성으로서의 조직

합리성은 조직이론의 가장 중요한 개념이면서, 가장 논란이 되고 있는 개념이다. 합리성은 경제학에서 처음 발전한 개념이지만 조직이론에도 광범위하게 사용되고 있다. 특히 조직속 인간의 행동을 정의할 때 첫 출발점으로 사용된다. 인간은 자신의 이익을 극대화하기 위해 합리적으로 행동한다는 것이다. 그러나 실제는 그렇지않다. 여러 가지 제약으로 인간은 결코 합리적이지 않으며, 합리적으로 행동할 수도 없다는 것이다. 이러한 조직 속 제약요인을 밝히는 것이 조직이론의 몫이다. 실제 많은 조직이론가들이 인간이 왜 합리적이지 못한지, 합리적이지만 합리적으로 행동할 수 없는지를 규명하고자 한다.

조직에서 합리성의 문제를 최초로 제기한 사람은 독일의 경제사회학자인 Max Weber(1946;1947)이다. Weber는 특히 권위를 통해 합리성의 실체를 밝히고자 한다. Weber가 제시한 조직에서의 권위는 크게 세가지이다. 전통적 권위, 카리스마적 권위, 그리고 합리적-합법적 권위가 그것이다. 이 중 합리적-합법적 권위가 말 그대로 합리성에 근거한 권위이다. Weber에 따르면 산업화 이전 사회는 전통적 혹은 카리스마적 권위로 형성된 사회였다. 전통적 권위는 과거의 방식으로 규정·유지되는 세습지위를 말하며, 카리스마적 권위는 리더가 소유한 개인적 자질을 통해 권위가 정당화되는 것을 말한다.

Weber에 따르면 산업화가 합리적-합법적 권위유형을 생산해냈다고 한다. 산업사회는 복잡한 관계를 특징으로 하는데 이것을 합리적으로 다루기 위해 새로운 권위관계가 필요했다. 그렇게 해서 탄생한 것이 관료적 권위에 따른 합리적-합법적 권위라는 것이다. 관료적 권위는 카리스마적 권위 및 전통적 권위 보다 우월한데, 그것은 관료적 권위가 규칙과 합법적 절차에 의해서 합리적으로 결정되기 때문이다. 이 권위는 법과 규칙에 의해서 정당성이 확보된다. 따라서 Weber가 제시한 합리성의 의미는 법과 규칙이다. 합리적-합법적 권위를 사용한다는 것은 그 사회가 더 이상 카리스마 리더 혹은 전통적 권위를 계승하지 않아도 된다는 의미이다. 즉 자격 혹은 능력이 없는 사람에게 권위를 세습하지 않아도 된다는 것이다.

합리적-합법적 권위 하에서 사회는 권위를 부여받을 수 있는 사람을 수없이 배출하게 된다. 그것은 현대사회에서 보편화된 교육 때문이다. 이제 많은 사람들은 교육을 통해 개인의 능력을 확보할 수 있게 된 것이다. Dreeben(1968)에 따르면 교육은 사람들을 가족이라는 울타리를 벗어나 대규모 조직 혹은 사회기관에 참여하는 기회를 확대시킨다고 한다. 그만큼 전문적·기술적 능력을 바탕으로한 권위가 증가하고 있는 것이다. 이것은 대단히 중요한 의미를 지닌다. 즉 합리적-합법적 권위는 민주주의의 신장과 밀접한 관계가 있는 것이다.

관료제는 이러한 합리적-합리적 권위를 근거로 이루어진 조직이다. 권위와 합리성을 핵심 논제로 한 Weber의 관료제 이론은 1924년 독일에서 출간되었고, 1947년 영어로 번역되어 전 세계에 알려지게 되었다. 영어로된 된 Weber의 관료제 이론은 「The Theory of Social and Economic Organization」에 수록되어 있다. 이 책에서 Weber는 기술이 경제적 질서에 합리적인 영향을 미친 것과 마찬가지로 관료제도 사회적 질서를 합리화시킬 수 있다고 주장한다. 이러한 생각이 1950년대와 1960년대 모더니스트 조직이론가들에게 관료적 합리화가 기술적 능력을 증진시킨다는 신념을 갖게 하였다. 이러한 신념은 많은 모더니스트 조직이론가들 마음속에 계속 유지되고 있으며, 조직이론에서 관료제 학파를 탄생시킨 계기가 된다.

Weber의 합리성을 형식적인 수준에서만 규명하고자 하지 않는다. Weber는 합리성을 형식적 합리성과 실체적 합리성으로 구분한다. 형식적 합리성은 계산에 근거한 것이다. 숫자상 플러스만 나오면 그것을 합리적이라고 보는 것이다. 반면 실체적 합리성은 사람들이 행동할 때 적용되는 바람직한 행동의 목적과 관련한 것이다. 실제 많은 사람들은 행동할 때 반드시 자신의 이익만 고려하여 행동하지 않는다. 사람들이 지켜야할 덕목도 고려하고, 사회가 요구하는 공동체적 질서에도 순응하고자 한다. Weber는 실체적 합리성에 대한 의식적 고려없이 형식적 합리성만을 사용할 경우 인간을 구속하고 기계로 만드는 문제가 발생할 수 있다고 경고한다. 이 생각은 많은 상징적-해석적 조직관을 견지하고 있는 사람들이 지니고 있는 생각이다. 따라서 실체적 합리성에 대한 Weber의 생각은 상징적-해석적 조직관을 형성하는 이론적 기초가 된다. 실체적 합리성을 규명하기 위해 베버는 문화, 신념, 관습, 도덕 등을 연구한다. 이러한 문화적 규칙, 신념, 관습, 그리고 도덕이 사회적 행동에 어떻게 영향을 미치는지에 대한 Weber의 관심은 그 이후 조직문화와 의미형성(sensemaking)을 연구하는 상징적-해석주의 연구자들에게 전달되었다.

5. 조직에 관한 과학적 관리

산업혁명과 더불어 20세기 초 등장한 대기업들에게 당면한 가장 시급한 문제는 노동자들을 체계적으로 관리하여 생산성을 극대화시키는 일이었다. 당시 이를 위한 다양한 관리 처방책이 제시되었으며, F.W. Taylor의 과학적 관리법은 이의 대표적 처방책이다(테일러의 과학적 관리법은 제3장에서 자세히 설명한다).

28세 때 Taylor는 미국의 Midvale Steel Company의 수석엔지니어가 된다. 여기에서의 경험과 그 이후 베들레헴 철강회사에서 수행한 실험을 바탕으로 테일러는 공장의 능률과 생산성을 높일 수 있는 절차를 발전시킨다. 그의 초기 노력은 Midvale 철강회사에서의 관리자로서의 경험이 바탕이 되었다. 이것이 그로 하여금 노동자들이 일을 하도록 설득·강제하는 표준적 관리 실제를 만들게 하였다. 그러나 테일러는 이러한 관리 실제를 노동자들이 따르지 않거나 싫어한다는 사실을 알게되었다. 따라서 Taylor는 관리자들은 노동자들이 지닌 노동의 기술적 측면을 알아야 한다고 주장한다. 이를 위해 테일러는 원료처리, 기계사용, 그리고 노동자들의 동기부여 등의 문제를 실험하게 된다. 이 연구를 통해 Taylor는 작업에 필요한 표준 방식을 개발하고, 이 방식으로 업무기준, 작업자 배치, 감독 및 인센티브 제공 등을 표준화시킬 수 있게 된다.

Taylor는 이 요소들을 과학적 관리법으로 통합한다. 노동에 과학적 방법을 적용시키면 공장의 이익은 물론 사회의 이익도 극대화시킬 수 있을 뿐만 아니라 노동자와 관리자 사이의 협력수준도 증대시킬 수 있다는 것이다. 과학적 관리법은 이를 위한 철학이다. Taylor의 체계는 올바른 조직관리에 필요한 기준, 원리, 과정을 찾기위해 관리자들이 끊임없이 연구·실험해야(즉 과학적 탐구를 해야) 한다는 것이다. 이러한 점에서 과학적 관리법은 과학이다. 결국 테일러가 말하는 과학이란 노동자와 사용자가 갈등 없이 이윤을 극대화하기 위해 사용하는 방식이다.

업무에 대한 과학적 탐구방식 이외에 Taylor는 과학을 관리연구에 적용한다. 그 당시 기업에서 연구·분석은 흔한 일이 아니었다. 그 당시 관리자들은 연구와 분석에 의존하면 직관과 창의성을 사용할 수 없다고 생각했는데, Taylor와 그의 추종자들을 이를 뒤집었다. 오늘날 조직관리에서 기술적 측면이 강조된 것도 이러한 Taylor의 영향 때문이다.

Taylor의 연구는 국제능률운동을 일으켰다. 이 운동의 대표인 Gilbreth 부부는 업무수행에 필요한 동작과 시간을 줄이기 위한 업무방식을 과학적으로 탐구하는데 생애를 바쳤다. 벽돌공이었던 Gilbreth는 인테리어 벽돌을 쌓는데 필요한 동작 수를 18개에서 2개로 줄이는 방법을 고안했고, 그 결과 시간당 벽돌을 120개에서 350개로 늘려 쌓을 수 있었다. 많은 국가 및 기업지도자들도 과학적 원리를 채택한다. Lenin, Stalin, Henry Ford는 Taylor의 생각을 자신들의 방식으로 이식하여 실행에 옮겼다. 오늘날까지 노동자의 투입과 산출을 계량화하려는 시도가 대부분의 국가 및 기업에서 사용되고 있다. 그러나 이러한 사실에도 불구하고 과학적 관리법은 당시 많은 노동자와 기업주들에게 위험하고 파괴적인 것으로 받아들여졌다. 노동자들의 권익이 역사적으로 잘 보장되고 있었던 영국, 프랑스, 스웨덴, 그리고 덴마크 등에서는 과학적 관리법이 받아들여지지 않았다.

과학적 관리법을 반대하는 사람들은 과학적 관리법의 엄격한 업무방식이 실제 현장에서 노동자들을 소외시킨다는 이유로 그것을 받아들이려하지 않았다. 그밖에 성과에 대해 차별적 임금이 노동자들의 유대감을 깨뜨린다는 비난도 있다. 기능장과 감독관을 관리자로 대체하려는 시도도 반대를 낳았다. 업무방식의 통제가 노동자와 관리자 사이의 신뢰와 협력을 무너뜨린다는 것이다. Taylor의 원리를 정부조직에 도입하려는 시도는 많은 반대와 파업을 초래하였고, 그 결과 과학적 관리법은 미 의회의 청문회 대상이 되었다. 이 논쟁은 최근 비판이론에서 다시 등장하고 있다. 그리고 포스트모더니티 조직이론에서는 어셈블리라인, TQM, 그리고 기업과정혁신(BPR)등과 관련한 테일러리즘을 비판하고 있다.

Taylor에 대한 가장 오랫동안 회자되는 이미지는 조직에서 합리성을 높이고자 했던 인물이라는 것이다. 합리적 조직관리를 위해 객관적인 측정방법과 업무능률 향상의 법칙을 발견 하고자 했던 그의 노력은 그 이후 모더니스트 조직이론에 그대로 전파된다. 그러나 비판자들은 Taylor의 시스템이 조직을 능률적으로 만들려는 수단이 아니라 관리자에게 권력을 주는 논리에 불과하다고 비판한다.

Section 2 모더니즘 조직 관점과 핵심논제

모더니즘은 데카르트, 로크, 칸트 등으로 대표되는 17-18세기 유럽의 계몽주의 철학에 뿌리를 둔 철학적 사조이다. 이성의 시대라 명명되는 계몽주의는 봉건제와 미신을 합리적 지식으로 대체하고자 한다. 그 당시의 신념은 과학적 지식과 기술적 수단을 통해 인간의 합리성이 증대되고, 이에따라 인간은 봉건제와 미신이 가져다준 환경과 공포로부터 해방될 수 있다는 것이다. 이러한 계몽주의가 던진 메시지가 중세 암흑기의 사람들에게 희망이 되었고, 인간은 진보에 대한 믿음을 갖게 되었다.

계몽주의는 과거의 지식에 새로운 지식을 추가함으로써 인간은 진보할 수 있다는 신념을 강조한다. 그러나 이러한 계몽주의 생각은 계몽주의자들이 생각하는 것보다 훨씬 강하고 빠르게 세상으로 전파되었다. 미국의 비교문학가인 Matei Culinescue에 따르면 진보라는 개념이 처음 등장하게 된 것은 중세라고 한다(Jo Hatch,2006:36). 진보의 의미는 근대(modern)라는 개념과 밀접한 관계를 갖는다. 그 당시 '근대'라는 말은 고대와 현재를 구분 짓는 개념이었다. '근대'는 15세기 말에도 등장하였지만 근대와 고대 사이의 구분에 대한 논쟁은 20세기에 들어와서 본격화되게 된다. 이 논쟁은 주로 진보의 의미를 둘러싸고 이루어졌다. 근대인은 고대인 보다 더 많은 것을 알고 있고, 이로인해 진보가 계속적으로 가능하다는 것이다. 따라서 20세기의 모더니스트들은 새로운 생각과 최신의 기법을 지지하며, 완전한 지식과 인간의 완전성이라는 이상을 향해 과학적 지식이 계속 축적되기를 바랬다. Calinescue는 이러한 모더니스트 생각의 가장 완벽한 상징으로 백과사전을 든다. 백과사전이 인간의 모든 지식을 집약하고 있기 때문이다.

오늘날 서구의 모더니스트들에게 가장 큰 영향을 미친 사람은 독일의 철학자 Kant이다. 칸트에 따르면 인간은 정의와 자유라는 이상을 통해 발전해왔다고 한다. 그리고 지구상의 어딘가에서 이 이상은 근대화의 의미로 재해석되고 있다. 즉 인간은 물질적 풍요를 얻기 위해 서구의 과학적 진보를 받아들여야 한다는 것이다.

모더니스트 조직이론가들은 조직에 관한 완전한 지식 창출을 목표로 한다. 이를 위해 이들은 조직을 능률적으로 작동하는 방법을 모색한다. 즉 이익과 풍요를 얻기 위한 보다 능률적이고 효과적으로 조직을 관리하는 방식을 제창하는 것이다. 능률을 높이기 위한 방식은 다양하다. 그러나 가장 핵심적인 것은 질서를 만드는 것이다. 질서란 체계화다. 조직에서 능력과 역할에 따라 서열을 매기고, 조직과정을 관장하는 규칙을 만드는 것이다. 나아가서 새로운 조직기술에 대처하고, 조직 내·외부로부터의 압력에 적응력을 높이는 것이다.

1. 조직질서로서의 체계

1950년대 생물학자는 Ludwig von Bertalanffy(1968)는 모든 과학적 현상을 설명할 수 있는 일반 이론을 제시하고, 이 이론을 자연현상은 물론 개인, 집단, 사회 등 모든 사회현상에 적용하고자 한다. Bertalanffy에 의하면 이 현상들은 계층을 이룬다고 한다. 사회에는 집단이 포함되고 집단에는 개인이 포함되며, 개인에는 인체기관, 인체기관에는 세포가 포함되는 것 같은 것이 그것이다. Bertalanffy는 이들 각각을 체계(system)라 명명했다. Bertalanffy는 이 계층에 상관없이 모든 체계를 총괄하는 핵심법칙과 원리를 찾아내고자 하며, 이렇게 탄생한 것이 추상성이 매우 높은 일반체계이론(general systems theory)이다.

일반체계이론은 과학의 모든 수준이 다양한 브랜치(branch)로 쪼개지는 것을 원치 않는다. 브랜치로 쪼개지면 필연적으로 자신의 관심 영역만을 탐구하기 때문이다. 따라서 일반체계이론에서 가장 강조하는 것은 질서와 규칙성이다. 이를 위해 체계는 두가지 사실을 강조한다. 첫째, 전체 질서를 이해하기 위해 하위체계의 중요성을 강조하는 것이다. 체계란 하위체계로 구성된 전체이다. 하위체계는 서로 영향을 주고받으면서 전체를 구성한다. 그러나 전체는 부분의 합 보다 크다(이것을 창발성emergence이라고 한다. 구성요소에 없는 새로운 특성이나 행동이 전체를 형성할 때 나타나는 것이다). 그러나 전체는 부분(하위체계)이 자신의 의미를 지닐 때 존재한다. 부분은 상호작용을 통해 전체를 결정한다. 하위체계의 상호의존성이 전체 체계의 특징과 성격을 결정한다는 것이다.

자동차가 그 예이다. 자동차의 하부체계(가령 연료장치 혹은 전자장치 등)에 대해 아무리 안다고 해도 그 부품들이 자동차 전체 성능에 어떠한 영향을 미치는지를 알기 위해서는 이들의 관련정도를 알아야 한다. 이를 알지 못한다면 차를 적절하게 조립할 수 없다. 다시말해서 체계는 전체적 관점에서 이해하여야 하지만 이를 위해서는 하부체계의 상호작용을 알아야 한다는 것이다. 결코 부품을 분석하는 것 만으로 자동차를 이해할 수 없다.

둘째, 체계로서의 조직은 분화를 전제로 한다는 것이다. 분화란 하위체계가 각자의 특별한 기능과 역할을 수행하는 것을 말한다. 분화는 필연적으로 전문화라는 혜택을 체계에 제공한다. 자동차가 최적의 연료장치를 갖는 것과 같다. 그러나 하위체계 수준에서의 전문화는 제1장에서 지적한 바와 같이 궁극적으로 통합과 조정의 문제를 낳는다. 이것을 극복하기 위해서 모더니스트 조직이론은 규칙이나 권력 같은 통제수단을 강구한다. 그러나 이 통제수단도 결국에 가서는 많은 조직 문제를 발생시킨다. 조직이 지니는 딜렘마인 것이다. 이러한 점에서 포스트모더티스트들은 질서를 설명하는 체계접근법을 결코 지탱할 수 없는 가정이라고 비판한다.

하위체계는 자신의 입장에서 보면 하나의 체계이다. 경제학자인 Kenneth Boulding (1956)은 체계를 가장 단순한 형태에서 가장 복잡한 형태까지 계층화(hierarchy of system)한다. 이 계층은 자신 입장에서 보면 하나의 체계이지만 전체적 관점에서 보면 하위 체계에 지나지않는다. 이것은 자신의 입장에서 전체를 보지 못한다는 문제가 있다. 가령 조직의 구조만 보면 그 조직이 속해있는 산업 혹은 사회의 특성이나 복잡성을 보지 못한다. 따라서 하위체계를 분석할 때는 분석수준을 신중하게 고려할 필요가 있다. 분석수준을 따져보기 위해서는 자신이 관심을 두는 특별한 체계를 살펴보아야 한다. 가령 어떤 조직이 전체로서 어떻게 작동하는지 연구하고자 한다면 분석수준은 조직 그 자체가 된다. 이때 부서나 부처는 하위체계가 되고, 환경은 슈퍼체계가 된다. 따라서 분석수준 사용법을 알게되면 연구하고자 하는 현상에 일반체계 이론을 융통성 있게 적용할 수 있다.

일반체계이론을 적용한 조직이론가들은 조직이 체계로서 어떻게 작동하는지, 즉 조직이 어떻게 질서를 잡아가는지를 알 수 있다. 조직은 네 개의 하위체계(기술, 사회구조, 문화, 물리적 구조)로 구성되며, 슈퍼시스템(환경)에 속한다.

2. 조직질서와 균형

질서와 관련한 모더니즘 조직관의 또 하나의 중요한 논제는 조직의 균형이다. 조직과정에는 조직 자체를 흔들 많은 특히 변화요인이 존재한다. 특히 새로운 기술의 도입과 환경의 변화는 중요한 변화요인이다. 새로운 기술의 도입은 조직구성원의 행태를 변화시키며, 환경의 변화는 조직의 전략적 결정과 조직의 내부구조를 변화시킨다.

1) 기술적 체계와 사회적 체계의 균형

새로운 조직기술의 도입이 조직구성원의 행태에 영향을 미친다는 사실이 1960년대 영국의 Tavistock 연구소에서 규명되었다. Tavistock 연구소에 따르면 기술과 인간행동은 서로 밀접한 관계가 있어 기술의 변화가 조직구성원의 사회적 관계, 업무태도 및 감정에 영향을 미친다는 것이다. 그 결과 기술의 변화는 조직을 변화시키며, 이는 결국 기술 그 자체도 변화시킨다는 것이다. 따라서 조직은 기술적 체계와 사회적 체계 사이에 균형을 이룰 필요가 있으며, 기술의 변화에 따른 인간 관리전략을 새로 짜야한다는 것이다. 우리는 이러한 주장을 사회-기술 체계이론이라 한다.

이 이론은 두명의 Tavistock 연구자들인 Eric Trist와 Ken Bamforth(1951)의 연구로부터 나온다. 이들은 1950년대 초 영국의 석탄광산에 새로 도입된 작업방식(조직기술)이 노동자들의 생산성, 동기부여, 사기, 그리고 스트레스에 어떠한 영향을 미치는지를 규명하고자 한다. 석탄광산은 전통적으로 long-wall 이라는 작업방식으로 진행돼왔다. 독립된 작업구간을 콘베이어로 연결시킨 방식이다. 이것을 포드주의라 한다. 석탄을 캐는 일은 매우 위험하고 단조롭다. 따라서 이 방식은 이것을 극복하고 생산성을 극대화시키는 매우 능률적인 방식으로 평가받았다. 그러나 실제 이 방식은 많은 문제를 안고 있었다. 자신만의 독립된 공간에서 일을 해야했기 때문에 광부들은 자신의 업무나 동료들의 업무를 서로 통제할 수 없었고, 업무와 관련하여 동료와 상호작용을 할 수도 없었다. 이 방식은 끊임없는 동료비난, 스트레스, 결근율, 이직, 생산성 저하 등의 문제를 야기했다.

그러나 Durham의 한 광산에서 새로운 작업방식이 도입되었다. 그것은 short-wall 방식이다. short-wall 방식이란 다양한 기술을 지닌 근로자들이 집단을 이뤄 자기들 방식으로 석탄채굴의 전체를 책임지는 방식이다. 일종의 독자적인 작업집단 방식이었다. 즉 광부집단에게 작업을 통제할 수 있는 자유재량권을 주는 방식이다. Trist와 Bamforth에 따르면 이 방식이 엔지니어들이 설계한 long-wall 방식보다 기술적으로 더 좋은 방식이 아니었음에도 불구하고 생산량도 높았고 조직구성원의 사기도 훨씬 높았다고 한다. 이러한 이유로 Trist와 Bamforth는 short-wall 원리가 생산성과 사기를 향상시키는 작업방식이라고 주장한다. 즉 short-wall 방식은 기술적으로 최고의 방식이 아니었음에도 불구하고 기술적 체계와 사회적 체계 사이의 균형을 이루게함으로써 최적의 작업방식이 되었다는 것이다.

Tavistock 연구소의 또 다른 연구원인 Fred Emery(1969)도 이 주장을 지지한다. 특히 Emery는 기술적·사회적 체계 사이의 균형을 위해 생산방식이 팀워크, 다중기술(multi-skilling), 그리고 자기관리를 향상시키기 위한 방식으로 재설계되어야 한다고 주장한다. Emery에 따르면 조직의 성공 여부는 결국 조직의 사회적 요소에 기술의 변화가 어느정도 적합한지의 여부에 달려있다고 한다. Emery의 생각은 현대의 자기조직화 체계이론과 복잡성 이론에 그대로 전달된다.

Tavistock 연구자들의 주장은 조직의 인본주의적 문제에 초점을 맞추고 있다. 이에 따라 많은 조직들은 자신의 조직을 보다 사회체계화 하고자 하고, 사회적·심리적 결과에 의거한 업무설계, 개인 보다는 집단강조, 다양성에 근거한 노동 분업 등을 실시하고자 한다. 계층제적 조직형태는 그 동안 조직관리의 지배적 형태였다. 그러나 Tavistock 연구자들은 이에 대한 확실한 대안과, 노동자들의 무기력을 극복할 수 있는 방안을 제시하고 있는 것이다. Tavistock 연구자들은 자신들의 연구를 인도의 Calico Mills, 노르웨이의 선박제조 및 비료공장, 미국의 광산회사, 그리고 영국과 캐나다의 Shell 정유회사를 포함한 세계 각국의 많은 조직에 적용하였다. 이러한 사회-기술적 체계 사이의 균형 생각은 현대의 매트릭스 구조, 네트워크 조직, 그리고 직장내 민주주의와 같은 새로운 형태의 조직의 기초가 되고 있다.

2) 적합성으로서의 질서

모더니즘 조직관의 또 하나의 핵심논제는 조직을 환경변화에 대응하여 질서를 이루고자 하는 실체로 보는 것이다. 우리는 이것을 환경변화에 대응하고자 하는 조직의 적합성이라고 한다. 적합성은 상황이론으로 불리우는 것으로서 조직관리의 'one best way'를 모색하고자 하는 고전적 관리이론에 도전장을 던졌던 1960년대에 주로 유행했던 조직관이다. 이것을 주장한 사람들은 조직을 설계하고 관리하는 가장 적절한 방법은 하나의 최고의 방법이 아니라 조직이 처한 상황에 맞추는 방법을 강구하는 것이라고 한다. 다시말해서 조직설계는 환경, 목표, 기술, 그리고 사람을 포함한 많은 요인에 달려있고, 유효한 조직은 이러한 여러가지 요인을 잘 배치한 조직, 즉 적합성의 조직이라는 것이다. 상황이론가들은 각 상황의 핵심적 요인을 확인하여 그들 사이에 최적의 조합을 찾고자 한다. 일반적으로 상황적 접근은 다음과 같은 말로 표현된다. "이런 상황에서는 이렇게 해야 한다." 가령 한 제조회사가 경쟁이 극심한 상황에 처해있고 많은 제품을 매일 매일 엄격한 품질기준에 맞춰 생산해야 할 때 최고의 적합한 전략은 생산과정의 엄격한 표준화라는 것이다.

지난 수십년 동안 상황이론은 조직관리 이론에서 큰 인기를 얻었다. 그렇게 된 것은 이들이 성공을 위한 유혹적인 처방전을 제시하고 있기 때문이다. 그럼에도 불구하고 대부분의 상황이론은 객관적인 입장을 취하고 있고, 실제 처방전도 기술적 합리성과 능률성에 의존한다.

Section 3 상징적-해석주의 조직관과 핵심논제

조직에 관한 상징적-해석주의 입장은 앞서의 모더니즘 조직관 만큼 관심을 끌지 못했지만 모더니즘 조직관이 지니고 있는 문제점을 비판하고 그것에 대한 대안을 제시했다는 점에서 조직이론 역사에서 중요한 위치를 차지한다. 상징적-해석주의 조직관은 1980년대 초 인류학자들의 자기반성에서 시작한다. 서구의 인류학자들은 서구의 정부들의 식민국가에의 강제적 문화이식 정책에 자신들이 일조했다는 점 때문에 자기반성을 한다. 즉 인류학자들의 학문적 원리가 원주민들을 대변했느냐에 대한 자기반성인 것이다. 문제는 원주민들을 인종적으로 서술하는데 있어 인류학자들은 자신들의 문화적 이해와 프레임워크로 이들의 문화(토착문화)를 설명하고자 했다는 것이다. 심지어 서구

정부의 입장을 앞장서 지지한 경우도 있었다. 토착민들은 자신들의 견해가 무시당했고, 자신들의 관심이 인류학자들의 논리 때문에 침묵을 강요받았다고 생각했다. 그들은 인류학자들의 대변이 오히려 서구 식민주의자들에 의한 자신들의 굴종과 착취에 기여한 것으로 본다. 인류학자들은 과학적 타당성에 따른 자신들의 주장이 토착민들의 관점을 이해하기 위한 것으로 생각했기 때문에 토착민들의 이러한 비판에 적잖이 놀라게 된다.

인류학의 방법을 둘러싼 논쟁은 표현의 위기로 알려져 있다. 이 개념을 포착한 유명한 지오그래픽 사진이 있다. 그 사진에는 인류학자 텐트 밖에 줄지어 늘어선 토착민들이 보인다. 이들은 유명한 인류학자인 Bronislaw Malinowski가 자신의 필드 노트에 타이핑하는 것을 물끄러미 바라보고 있다. Malinowski는 자신의 관찰기록에 집중한 나머지 토착민들이 자신을 바라보고 있다는 사실도 알지 못한다.

표현의 위기를 둘러싼 소용돌이 속에 문화가 세계적인 관심사가 된다. 한 사회 혹은 조직을 대표할(표현할) 사람이 누구냐 하는 것이다. 이에 대한 해답을 얻기 위해 조직문화가 관심을 끌게된다. 즉 조직을 대표할 사람은 조직구성원이고, 이들이 사회적으로 구축한 의미가 조직문화가 된다는 것이다. 이러한 문화관을 최초로 밝힌 사람이 미국의 문화인류학자인 Clifford Geertz이다. Geertz는 자신의 저서 「The Interpretation of Culture(1973)」에서상황과 심층서술을 통해 문화를 규명하고자 하며, 조직이론가들에게 조직에 대한 해석적 방법이 중요하다는 사실을 말해준다. 이러한 Geertz의 주장은 조직구성원들이 자신의 조직을 이해하고 해석하는 초석이 되었다.

상징적-해석주의의 논리는 조직구성원들의 조직에서의 활동이 사회적으로 구축된다는 것을 핵심내용으로 한다. 상징적-해석주의자들은 사람들이 특별한 상황에서 의미를 만들고 전달하는 방식을 연구한다. 의미란 인간이 상호작용 하는 과정에서 생겨난다. 사람들은 상호작용 과정에서 상징 및 아티팩트(artifacts, 인공물. 특히 조직표본이나 그림의 기록이 본래의 것이 아니고 사람들이 사용한 기술에 의해 야기된다는 것)를 통해 다른 사람들을 해석한다. 즉 의미를 부여하는 것이다. 그러나 그 의미는 그것을 경험한 사람들 따라 다르게 나타난다. 상황 및 사건을 해석하는 방식에 따라 의미가 달라지는 것이다. 이 때 중요한 것이 언어이다. 왜냐하면 언어를 통해 우리는 현실을 구축하고, 수정하며, 이해하고, 그것을 전달하기 때문이다. 따라서 상징적-해석적 조직이론가들은 일반적인 공동의 견해(common sense)와 경험적 이해에 초점을 맞추며, 자신의 연구주제를 연구할 때 자신의 이해와 해석을 반영한다. 특히 이들은 다음과 같은 것을 연구한다.

i) 다른 사람들의 말, 이야기, 의식, 상징, 행동, 상호작용 등을 해석함으로써 조직에서 의미를 만들어가는 것.
ii) 다양한 사람과 집단들이 생산한 다양한 의미를 자신의 문화적 상황에서 해석하는 것
iii) 개인과 하위문화에 대한 다양한 해석을 조직현실을 사회적으로 구축하기 위해서 사용하는 것

상징적-해석주의 조직관의 핵심논제는 크게 네 가지이다. 조직을 사회구성으로 보는 것, 이러한 사회적 구성 속에서 조직구성원의 행동이 어떻게 나타나는지를 규명하는 것, 일단 이루어진 행동은 제도화된다는 것, 그리고 상대방과의 상호작용 속에서 나를 해석하는 것 등이 그것이다. 상징적-해석주의 조직관의 첫 출발은 조직현실을 사회구성으로 보는 것이다.

1. 사회적 구성으로서의 조직

1) Berger와 Luckmann의 사회적 구성의 의미

상징적-해석적 조직관의 조직 인식에 대한 첫 출발은 조직을 사회적 구성으로 보는데서 시작한다. 사회적 구성은 독일의 사회학자인 Peter Berger와 Tomas Luckmann(1966)이 처음 제기한 개념이다. Berger와 Luckmann은 이 세계는 우리가 그것의 일상생활을 어떻게 해석하느냐에 달려있다고 한다. 여기에서 해석은 그 사회구성원들이 지닌 공유된 생각(intersubjectivity)에 의해 이루어진다. 사람들은 다른 사람과 공유한 생각에 의해서 자신의 세계를 묵시적으로 인정하고 이해한다는 것이다. 공유된 생각의 대표적인 예가 관습과 전통이다. 설날이나 추석 때 우리 대부분은 고향을 찾아가고, 조상께 차례를 지낸다. 이러한 전통은 한국인들의 마음 속에 공유된 생각이고 당연히 인정된 묵시적 이해이다. Berger와 Luckmann에 따르면 사회적 현실을 만들고 유지하는 것은 구조가 아니라 같은 언어와 대화와 같은 상징이라고 한다. 상징은 한 사회의 구성원이 상호주관적으로 의미를 공유하는 것이기 때문이다. 사회구성에 관한 이러한 법칙을 제시한 이론이 사회구성이론이다.

사회구성이론에 따르면 사회적 세계는 객관적 현실(즉 사회적 사실)로 나타난다. 이러한 점에서 사회구성이론을 객관적 관점으로 보는 사람이 많다. 물론 사회적 구성론자들 중에는 사회적 현실을 객관화할 수 없는 것으로 보는 사람도 있다. 그러나 객관성이란 안정적이어서, 쉽게 변하지 않는다. 물론 조직세계에는 안정적인 것은 물론 불안정

적인 것도 있다. 주관성이 존재하는 것이다. 불안정성이 있다는 것은 조직이 변한다는 의미이다. 가령 다른 사람과의 상호작용은 조직의 변화가능성을 말해준다. 그러나 조직은 공유된 생각을 지니는 집합적 속성이고, 과거의 행동을 되풀이 하려는 관성적 성향을 지니고 있기 때문에 상당부분 사회적으로 구축된 현실이다. 계속적인 재구축을 통하여 안정이 이루어지는 사회적 구축물인 것이다. 그 결과 사람들은 조직을 안정된 관점으로 보게되고, 조직 현실을 객관적으로 인식하게 된다. 이러한 점에서 사회구성이론은 변화 가능성을 매우 제한적으로 본다.

사회적 구성은 다음과 같이 작동한다. 인간은 자기 정체성을 지닌 존재이다. 이들은 이 정체성을 근거로 자신이 속한 세계의 다른 사람과 상호작용한다. 이 과정에서 이들은 사회적 세계라는 현실을 만들어 낸다. 사회적 구성 과정은 세 개로 구분된다. 외재화(externalization), 객관화(objectification), 그리고 내재화(internalization)가 그것이다. 이 세계에서 홀로 살아가는 사람은 없다. 사람들은 누구나 다른 사람과 상호작용하고, 이것을 통해 자신을 표현한다. 사회적 활동이라는 세계가 만들어지는 것이다. 이 과정에서 인간은 개인적 현실을 공유된 현실로 바꾸어간다. 자신의 의미를 외재화하는 것이다. 이것을 상호주관적 세계라 한다. 이것이 이루어지고 나면 이 세계에 대한 생각(인지)을 다른 사람과 상호작용을 통해 객관화한다. 객관화가 이루어지면 조직에 새로 참여한 사람들을 사회화시킬 수 있다. 이 사회화를 통해 사람들은 역할을 부여받고, 그 역할이 지닌 의미를 수용한다. 즉 조직 구성원으로서의 자신의 역할을 내재화하는 것이다. 일단 내재화가 이루어지면 새로운 구성원들도 다른 구성원들과 함께 권리를 외재화하거나 객관화하게 된다. 이 과정이 반복되면서 현실에 대한 공유된 사회적 구성이 이루어지게 되는 것이다. 일단 이러한 사회적 구성이 이루어지면 사람들은 그것이 요구하는 방식에 따라 행동하고 그 행동을 해석하게 된다. 이것이 바로 Geertz가 제시한 문화의 개념이다. 즉 인간은 자신이 만든 의미의 거미줄에 걸린 동물이라는 것이다. 변화는 구성원들이 다른 집단에서 새로운 것을 빌리거나, 새로운 것을 외재화할 때 나타난다. 이러한 이유로 변화는 쉽게 일어나지 않는다. 그러나 일단 변화가 일어나면 도입된 새로운 요소는 사회적 구성과정에서 다른 사람에게 강력하게 적용된다. 제도화하는 것이다.

그러나 실제 사회적으로 구축된 현실은 이러한 주장이 제시한 것 보다 훨씬 더 복잡하다. 왜냐하면 사회적으로 구축된 현실에는 하위세계(하위문화, 즉 사회적 제도와 조직)가 있고, 이들 각각에는 구성원들이 오래전 내재화한 사회-문화적 상황이 있기 때문이다. 가령 대학에 입학하거나 새로운 직장에 들어갈 때 사람들은 누구나 그 조직에서 어떻게 처신하고 행동해야 하는지(객관적인 현실) 안다(내재화). 그러나 막상 이 조직에 와서 부딪치는 현실은 그가 생각하는 것(객관적 현실)과 다를 수 있다. 그 조직내의 하위세계가 복잡하고, 객관적 현실과 다를 수 있기 때문이다. 따라서 사회적 구성 과정은 매우 복잡하고 내재화하기 어렵다. 이것을 규명하기 위해서는 Geertz가 제시한 심층기술과 같은 방법이 필요하다.

2) 상징과 해석으로서의 제도화

앞서 언급한 바와 같이 사회적 구성은 제도화한다. 사회적 구성이 강력한 객관적 사회적 사실로 받아들여지게 되면 누구나 인정하는 당연한 사실이 되고, 그것은 구성원의 합리적 행동을 제약하는 힘이된다. 이러한 사실을 조직이론에서 처음 제시한 사람이 Philip Selznick이다. 「TVA and The Grass Roots(1949)」라는 저서에서 Selznick은 Tennessee Valley Authority(TVA)의 문제점을 제시함으로써 조직의 제도화 논제를 발전시킨다. TVA는 미국 테네시주 농업중심지역에서 전기 공급과 홍수통제, 산림보호, 관광지 조성, 그리고 지역농민의 도움을 주기 위한 댐을 건설함으로써 테네시 계곡을 발전시키기 위해 만들어진 연방정부조직이다. 그러나 Selznick에 따르면 TVA는 당초 목적과 달리 사업성공을 위해 지역 대학, 시 산하단체 직원, 그리고 정치·기업 지도자들을 포함한 여러 이해관계인들을 TVA에 채용함으로써(포용전략) 원래 취지를 크게 벗어났다고 한다. 그리고 이 적응적 포용전략(co-optation)이 그 이후 사업성공을 위한 미국식 정부전략의 하나로 정착되게 되는데(제도화), 이로인해 정부조직은 업무의 능률이나 조정자 역할에서 점차 생존을 위한 참여자 역할로 변하게 되었다는 것이다. 즉 조직의 생존이 객관적 사회적 사실이 되고, 구성원의 합리성을 제한하는 방향으로 제도화했다는 것이다. Selznick은 TAV가 조직의 생존이라는 바람직한 목표를 달성했지만 원래의 목적을 상실한 결과를 초래했다고 한다. Selznick은 이것을 비판하기 위하여 제도화의 개념을 사용한다.

Selznick의 이러한 제도화 개념은 그 이후 조직연구에서 상징의 중요성을 설명하는 상징적-해석주의자들에 의해서 적극적으로 받아들여진다. W. Richard Scott, John Meyer, Paul Hirsch, Woody Powell and Paul DiMaggio 등 소위 말하는 조직이론의 신제도주의가 탄생하게 된 것이다. 또한 Selznick의 이론은 조직상징주의 운동을 이끈 Lou Pondy(미국), Barry Turner(영국), Pasquale Gagliardi(이탈리아), Per Olaf Berg (스웨덴/덴마크), 그리고 Peter Frost(캐나다)와 같은 조직이론가들의 중요한 자원이 되었다. 이들은 조직이론에상징적-해석주의 관점이 정착하는데 큰 역할을 했으며, 조직문화를 조직이론의 주류개념으로 승화시켰다.

2. 조직에서의 개인의 행동

조직이 사회적 구성이라면 그 속에서 활동하는 사람들의 행동은 모더니스트들이 주장한 행동과 다를 수 있다. 모더니스트들은 인간의 조직에서의 행동을 합리적인 것으로 규정하고 있기 때문이다. 이 문제에 대한 해답은 미국의 사회심리학자 Karl Weick(1979;1995;2003)에 의해서 주어진다. Weick은 사회구성으로서의 조직에서의 인간의 행동을 의미형성(sensemaking)으로 설명한다. 즉 조직에서 인간의 행동은 자기이익 추구와 같은 합리적 행동이 아니라 의미를 형성해가는 과정이라고 한다. 의미형성이란 조직구성원의 마음 속에 있는 조직에 대한 인지적 지도(map)나, 특별한 경험에 따른 이미지이다. 이것은 대개 인간이 조직에서 겪은 경험에 의하여 형성된다. 경험을 통해 사람들은 이 세계에 대한 질서를 그린다. 어떻게 행동해야 하는지를 인지한다는 것이다. 따라서 그 질서를 찾기까지는 정답이 존재한 것이 아니다. Weick은 의미형성이 조직에 관한 진리를 찾는 것이 아니라 우리가 지각하고 있는 것에 순위를 매김으로써 질서를 찾아가는 과정이라고 한다.

Weick은 의미형성과 지도제작법을 비교한다. 형이상학적으로 인간은 이 사회에서 살아가는데 도움을 얻기 위해 자신의 특별한 경험적 지도를 만든다. 물론 이 지도는 개별적으로 만들어지지 않는다. 사회적 상호작용의 결과 나타난 사회적 합의와 협력에 근거하여 만들어진다. 이것이 이루어지면 객관적 사실이 된다. Weick은 이것을 구상화(reification)라 한다. Beger와 Luckman의 객관화의 개념과 유사한 것이다. 즉 인간은 객관화 혹은 구상화를 통해 형성된 현실구축을 이용하여 자신의 행동을 이해하게 된다는 것이다.

Weick이 주장한 조직현실은 사회적으로 구축된다. 즉 조직구성원들이 조직에서 일어나는 일들을(그것이 현재이든 과거이든) 이해하고자할 때 다른 사람과 상호작용을 통해 그렇게한다는 것이다. 그리고 구성원들은 그러한 이해를 바탕으로 행동한다. Weick은 이것을 실행(enactment)이라고 한다. 즉 사회적으로 구축된 현실에 따라 행동하는 것이다. 최근 청소년 사회에서 유행하고 있는 노스페이스 패딩 착용 행위도 이러한 실행의 일환이라고 할 수 있다. 청소년들이 노스페이스를 입는 것은 그들이 구축한 세계에서 벗어난 행동을 하지않으려는 심리 때문이다. 여기에서 벗어난 행동은 일탈로 받아들여지고, 거기에 따른 제재가 가해지기 때문이다. 이것이 Weick이 주장하고자 한 실행의 의미이다.

사람들이 구축된 사회적 현실에서 행동하고자할 때는 거기에 따른 질서가 있다. 순위가 정해져 있고, 법칙이 존재한다. 과학적 관리법이 유행했던 시절에는 능률적 조직

관리가 사회적으로 구축된 현실이었고, 인간관계론이 유행했던 시절에는 민주적 리더십이 그러한 현실이었다. 최근 의사소통의 수단으로 SNS가 부각되고 있는 것도 같은 맥락이다.

의미형성에서 조직 환경은 매우 중요한 요소이다. 조직 환경은 사람들이 정보를 수집하고 분석하며, 그 분석을 바탕으로 결정 내지 행동을 취하는 사회적으로 구축되고 재구축되는 공간이기 때문이다. 사람들은 행동하기 위해서 환경적 특징을 객관화하고자 한다. 사회적 구축을 하는 것이다. 이 구축이 끝났을 때 실행이 이루어지며, 그 경우 시행착오를 줄일 수 있다. 그러나 잘못된 객관화가 이루어지거나 객관화된 사회적 구축을 따르지않을 시에는 강력한 제재가 따른다. 의회를 대상으로 실행이론을 적용한 Karl Weick에 따르면 법을 실행할 때 사람들은 환경의 범위를 정하기 위한 라인을 설정하고, 카테고리를 만들며, 라벨을 붙인다고 한다. 객관화된 사회적 구축을 하는 것이다. 이것을 근거로 의원들은 입법활동을 하고 자신의 행동을 정당화하게 된다.

Weick이 제시한 실행의 대표적 예가 주식거래이다. 어떤 주식거래자가 어떤 기업에 대한 고급정보를 지니고 있다고 소문이 나면 그 주식 거래자의 주식거래 행동이 실제 주식거래에 영향을 미치게 된다. 따라서 그 기업 주식거래는 증가되고 주가는 오른다. 그렇게 되면 더 많은 주식 거래자가 모이고, 주가는 더 오르게된다. 주가가 기업의 실적을 반영하는 것이 아니라 유행에 의해서 결정되는 것이다. 이것이 주식시장(사회)에서 일상화된 실행의 예인 것이다.

3. 재귀성(Reflexivity)으로서의 조직

재귀성이란 관찰자와 관찰대상자가 서로 영향을 주고 받는 상호침투관계를 가질 때 나타나는 현상이다. 모더니즘 관점에서 인간은 합리적으로 가정된다. 합리적인 인간의 관계는 균형을 전제로 한다. 사람들이 합리적이기 때문에 궁극적으로 합의를 모색한다는 것이다. 그러나 재귀성은 인간이 결코 합리적이지 않다는 점을 강조한다. 합리적이지 않는 인간들이 상호침투관계를 맺게되면 필연적으로 균형 보다는 불균형이 나타난다. 재귀성 입장에서 균형이 예외이고, 불균형이 오히려 정상이다. 이러한 불균형 상황에서 변화와 변동은 상시적으로 일어난다. 이 변화와 변동은 제도화되며, 하나의 추세로 자리잡는다.

재귀성의 의미는 다음과 같이 가설화할 수 있다. 첫째, 관찰자와 관찰대상자가 서로 영향을 미친다. 둘째, 이 둘 사이의 관계는 인간의 제한된 합리성으로 불균형이 나타나며, 변화가능성을 증폭시킨다. 셋째, 일단 변화가 발생하면 그것은 하나의 경향으로 자리잡는다. 제도화된다는 것이다.

조직이론에서 재귀성의 개념은 주로 문화인류학자와 사회학자들에 의하여 전개되었으며, 최근 포스트모더니즘과 탈구조주의에서도 사용되고 있다. 이들이 제시한 암시는 이 세계에 대한 우리의 설명은 결코 고정적이지 않다는 것이다. 사람 사이의 관계에 의해서 세계가 형성되기 때문이다. 관계를 어떻게 맺느냐에 따라 질서는 변한다. 이 세계는 상호침투적, 혹은 상호작용을 통해서 만들어지기 때문에 이 세계에 대한 우리의 설명은 언제나 유보적이다. 「Writing Culture: The Poetics and Politics of Ethnography」라는 저서에서 미국의 인류학자인 James Clifford와 George Marcus(1986)는 우리가 제시한 설명은 부분적으로 픽션이라고 한다. 작가가 자신의 편향된 관점에 따라 그 세계를 설명하기 때문이다. Clifford와 Marcus에 따르면 편향된 관점이란 연구자가 소속된 사회적 관점에서 자신의 세계를 이해하고 대화하려는 것을 말한다. 문제는 이러한 해석이 다른 사람 입장에서는 받아들이기 곤란할 수 있다는 것이다.

이 문제를 피하기 위해서 Clifford와 Marcus는 연구자들(작가들)이 어떤 연구를 수행하고, 그 연구의 의미가 무엇인지를 다른 사람 입장에서 규명할 필요가 있다고 한다. 연구자들이 자기 반사적, 즉 재귀적이 되어야 한다는 것이다. 즉 다른 사람 입장에서 자신을 보고, 그들이 무엇을 어떻게 연구하는지를 이해하는 것이다. 결국 재귀적이 된다는 것은 이 세계에 대한 우리의 설명이 달성되어가는 과정이다. 미완성의 상태에서 출발하여 다른 사람과 협상을 통해 다양한 의미와 해석을 더해가는 과정인 것이다. 이러한 의미에서 균형이란 결코 존재하지 않는다.

재귀성은 후술할 포스트모더니티의 상대성 및 불확정성의 개념과 유사하다. 그러나 상징적-해석적 관점에서 사용하는 재귀성의 개념은 포스모더니스트들이 사용하는 것과 다르다. 변화의 경향이 제도화한다고 보는 점에서 그렇다. 포스트모더니스트들은 이 경우에서도 고정된 최종의 상태는 없다고 한다.

Section 4 포스트모더니티 조직관과 핵심논제

포스트모더니스트들은 너무 많은 서로 다른 생각들을 받아들여 그들 사이에서도 합의점을 찾기가 어렵다. 그럼에도 불구하고 모더니스트 개념을 비판한다는 점에서 공통점을 지닌다. 포스트모더니스트들에게 객관적으로 규정된 사회적 실체란 없다. 우리가 알고 있는 모든 것은 현재의 우리 경험에 비추어 모두 상대적이다. 그리고 언어란 고정된 의미를 지니지 않기 때문에 우리의 세계를 정확히 설명할 수 없고, 우리 자신까지도 단언해서 이야기 할 수 없다. 프랑스의 탈구조주의 철학자인 Michel Foucault는 다음과 같이 이야기 한다. "내가 누구냐고 묻는 것이나 나에게 묻지 않는 것이나 같다."

포스트모더니스트 조직이론의 뿌리는 크게 두 가지이다. 첫째는 Adorno, Horkheimer, Marcuse 등으로 대표되는 프랑크푸르트학파에 뿌리를 둔 비판이론이다. 둘째는 특히 미국과 영국에서 문학이론으로 발전한 프랑스의 탈구조주의 철학운동이다.

비판이론은 계몽주의와 그것의 합리주의 숭상을 비판하는데 논의를 집중한다. 비판이론가들에 따르면 근대주의 사상은 인간을 미신으로부터 해방시키고, 계몽주의 프로젝트라는 보편적 지식을 탄생시킨 장본인이라고 한다. 계몽주의 프로젝트란 서구의 이데올로기를 다른 나라에 부과시키기 위해 계몽주의적 가치와 사상을 정당화하는 것이다. 이러한 계몽주의 프로젝트의 대표적 예가 Charles Darwin의 진화론이다. 비판이론가들은 이러한 진화론을 진보라는 미명하에 인간의 동기에 서구의 가치관을 이식시키는 술책으로 본다. Darwin의 진화론은 지구에 서식하는 수많은 종을 과학적으로 관찰하기 위해 세계를 일주한 Darwin의 여행기를 열거하고 있다. 신이 우주를 창조해했다고 믿는 사람들에 의하여 거세게 저항 받았던 진화론은 인간이 지구 상에서 가장 진보한 종이라는 근대적 사상을 강조한다. 계몽주의에 의해 이러한 Darwin의 이론은 거부할 수 없는 과학적 사실로 받아들여졌다.

그러나 진보는 비판이론가들에게 가장 매력적인 비판의 대상이었다. 비판이론가들은 진보를 무사유적인 것으로 본다. 즉 과학 및 기술의 진보를 진지한 성찰없이 최고의 가치로 보고 있다는 것이다. 비판이론가들에 따르면 이러한 진보 신념은 너무 확고한 것이어서 당연한 것으로 받아들여졌으며, 근대의 신화를 만들어 냈다는 것이다(비서구인들은 그것을 도그마라 부른다). 그러나 비판이론가들은 이 신화를 구시대적이고 매우 위험한 것으로 본다. 진보란 종국에 가서는 인간의 자유를 파괴하고, 삶에 위협을 주는 것으로 변질되기 때문이다. 가령 비판이론가들에 따르면 인간의 자유 추구는 합리성 및 과학성을 지나치게 강조함으로써 오히려 지배, 억압, 소외를 낳는다고 한다. 즉 인간이 세계를 지배한다기보다는 오히려 노예가 된다는 것이다. 최근 의사소통 수단으로서의 SNS의 무분별한 사용은 인간의 자유를 극대화하는데 기여하지만, 지나칠 경우 규제를 위한 국가의 개입을 불러일으켜 민주주의에 대한 위협으로 변질될 수 있다는 것이다.

비판이론가들이 모더니스트의 합리성 집착현상을 공격할 때 탈구조주의 문학이론가들은 구조주의(조직을 질서로 보고, 그것을 위해 규격과 시스템화를 강조하는 모더니스트 생각)를 비판한다. 탈구조주의는 1800년대 말 스위스 언어학자인 Ferdinand de Saussure가 제시한 신호이론에 근거하고 있다. Saussure는 언어가 현실을 반영하는 거울이라는 그 당시 지배적인 모더니스트 생각에 반기를 든다. 아직도 지배적인 이러한 모더니스트 언어관은 특정한 말은 특정한 사물을 그대로 반영하는 것이라고 한다. 왜냐하면 말과 사물 사이에는 본질적인 관계가 있기 때문이다. 따라서 언어의 역사를 연구하면 사물의 본질을 밝혀낼 수 있다는 것이다. 그러나 Saussure는 말과 사물 사이에는 본질적인 연결이 없다고 한다. 그 연결은 인위적이고, 따라서 언어는 사물과 관계없이 존재하는 것이라고 한다. 가령 사전에서 어떤 낱말을 찾을 때 그것은 단순히 말만 찾는 것이다. Saussure 자신은 구조주의자였다. 그리고 자신의 의미이론을 근거로 신호체계 학문인 기호학을 제시했다. 그러나 탈구조주의자들은 자신들의 주장을 전개하기 위해 Saussure의 언어의 인위성에 관한 통찰력을 받아들인다. 즉 관련된 것이 바뀜에 따라 말도 바뀌고, 그것 때문에 의미도 바뀐다는 것이다. 많은 포스트모던 생각은 이러한 급진적인 철학적 입장을 받아들임으로써 발전한다.

우리가 기술할 포스트모더니즘 조직관에 좀더 가까운 것은 두가지 포스트모더니즘 지적 뿌리 중 탈구조주의 철학이다. 포스트모던 조직관은 이것을 바탕으로 하며, 다음과 같은 세가지 핵심논제를 담고있다. 조직을 고정적인 것이 아니라 임의적인 것으로 보는 것, 이분법적 사고로 조직을 보는 것을 극복하는 것, 그리고 조직을 하이퍼리얼리티로 보는 것 등이 그것이다. 포스트모던 조직관은 Saussure의 이론에서 출발한다.

1. 임시성으로서의 조직

Saussure(1959)에 따르면 어떤 사물을 지칭하는 언어는 전부 임시적이라고 한다. 언어는 신호체계라는 수단(가령 말,편지 등)을 통해 의미를 전달한다. 의미를 전달할 때는 두 명의 행위자가 반드시 필요하다. 의미를 전달하는 행위자와, 그것을 받아들이는 행위자가 그것이다. 그러나Saussure에 따르면 이 두 가지 관계설정은 임의적이라고 한다. 전달하는 사람과, 그것을 받아들이는 사람 사이에 말의 의미에 대해 당연한 혹은 필요한 관계가 설정되어 있지 않기 때문이다. 가령 '실적'이라는 말은 기업, 정부조직, 법률회사 등에서 각각 다른 의미로 사용된다. 기업에서는 보너스를 주는 좋은 실적의 의미이지만, 정부조직에서는 공식규칙을 준수하는지의 여부이고, 법률회사에서는 사례비의 기준을 의미한다.

"사회주의 국가 중국의 경제지표는 자본주의 세계와 해석이 다르다. 중국에서 GDP는 고용지수이고, CPI(소비자물가)는 돼지소비지수이며, 은행의 지준율은 핫머니로 통한다."(조선일보,2012년 2월 13일자,B7).

결국 언어의 의미는 모든 조직에서 같은 것으로 사용되지 않고, 이러한 점에서 언어의 의미는 임시적이다. 언어가 이렇게 임시적이라면 우리는 그 언어의 의미를 어떻게 알 수 있을까? Saussure에 따르면 언어를 나타내는 단어를 조합할 때, 즉 문장이 될 때 비로서 의미가 나타난다고 한다. 그것이 우리가 살아가는 세계인 것이다. 우리의 세계는 분명 임시적이다. 그러나 단어를 조합하는 방식에는 분명한 규칙이 있다. 그것은 이 세계를 살아가는 사람들이 따라야 하는 신호체계로서 언어게임이다. 결국 언어(말)는 특정한 사회에서 사용된 규칙과 관련하여 의미를 얻게 된다. 가령 도서관에서는 사람들이 어떻게 행동해야 하는지에 대해서 묵시적인 규칙이 있다. 굳이 그것을 말하지 않아도 사람들은 어떻게해야 하는지를 안다. 언어도 마찬가지이다. 사람마다 자신이 속한 사회의 언어게임에 따라 언어의 속성이 달라진다. 따라서 사람들은 다른 언어게임을 하는 사람들과 대화하기 어렵다. 대화하는 동안 언어게임이 바뀌면 혼란은 더 커진다.

조직 상황에서도 마찬가지이다. 한 전공의 사람과 다른 전공의 사람이 이해의 공동영역을 설정하는 것은 어렵다. 교수들은 자신들의 의미에 따른 언어게임을 하기 때문에 설령 공동영역이 있다 해도 다른 언어게임을 하는 교수들과 소통하기 어렵다. 모던, 상징적-해석적, 혹은 포스트모던 조직 관점 사이도 마찬가지이다. 이들은 서로 다른 언어게임을 사용하기 때문에 서로 다른 생각을 지닌다. 이들은 서로 다른 언어게임을 통해서 배운 지식을 조직문제 해결에 이용하고자 한다. 따라서 해결방식이 다를 수 밖에 없다. 이들 사이에 공통점을 찾기 위해서는 서로가 속한 세계의 경계를 넘어선 언어게임을 배워야 한다. 그러나 그것은 생각처럼 결코 쉬운 일이 아니다.

2. 조직에 대한 이분법적 사고와 그것의 극복

1) Derrida의 탈구성으로서의 조직

알제리 태생 프랑스 탈구조주의 철학자인 Jacgues Derrida(1976)는 이러한 소쉬르의 언어의 임시성을 받아들여 조직을 탈구조성으로 규정한다. 탈구조성이란 조직을 고정된 실체로 인정하지 않는 것이다. 그것은 소쉬르의 언어의 임시성 논의와 같은 맥락이다. 말하거나 글로 표현된 어떤 것의 의미는 확정된 것이 없고, 다양한 해석 혹은 정반대의 해석이 가능하다는 것이다. Derrida의 주장을 확인하기 위해서 어떤 사람이 어떤 상황에서 어떤 말을 했다고 가정해 보자. Saussure가 주장한 것처럼 특별한 단어의 의미는 다른 단어와의 관계에서 그 의미를 얻게 된다. 이것을 근거로 Derrida는 상황은 언제든 바뀔 수 있기 때문에 어떠한 상황도 안정된 것이 없고, 따라서 그 상황에 맞는 의미도 정확할 수 없다고 한다. 우리가 할 수 있는 일은 새로운 상황이 자리 잡도록 하는 것 뿐이다. 이러한 Derrida 이론이 주는 암시는 어떤 상징을 둘러싼 환경을 바꿈으로써 의미도 바뀔 수 있다는 것이다. 탈구조주적이 되는 것이다.

탈구조란 상황이 지니는 근본적인 불확실성과 다양한 해석 가능성에 대응하기 위해서 여러 가지 상황을 이용하는 의미(상징)의 이해 방식이다. 이 이해는 의미(상징)를 읽고 또 읽음으로써 이루어진다. 여러가지 소설을 탈구조적으로 읽음으로써 Derrida는 언어가 본질적으로 지니는 모순 때문에 의미를 얻을 수가 없었다고 한다. 또한 상징이 역사적, 문화적, 정치적, 제도적 상황을 통해서 형성되기 때문에 의미를 정확하게 이해할 수 없다고 한다. 읽을 때 마다 새로운 상황이 나타나고, 따라서 의미가 결코 안정될 수 없기 때문이다. Derrida는 특히 포스트모더니스트들에게 진리와 지식은 언어의 서로 다른 요소이고, 따라서 안정된 것이 아니라고 한다. 상징을 탈구조화 시키는 목적은 궁극적인 의미를 찾기 위함이 아니라 그 의미가 지니는 모순과 배제를 밝히는 것이다. 그렇게 함으로써 본래의 의미를 찾는 것이 아니라 많은 청중들이 그것의 의미를 나름대로 해석하도록 하기 위함이다.

탈구성이란 이미 구축된 현실이 우리의 사고 및 행동 방식을 지배하고 있는 것에 대항하기 위함이다. Derrida는 이 생각을 확장한다. 구조주의는 이분법적 사고를 통해 언어의 의미를 이해하고자 한다. 그러나 이분법은 조직을 특권 층과 그렇지 않은 층으로 구분하는 모더니스트 시각이다. 따라서 그것은 타도의 대상이다. 모더니스트는 이러한 이분법을 통해 중심부를 설정하고, 경계를 만들며, 사회 권력과 그것의 생산, 변화만을 이야기 한다. 이러한 모더니스트 담론을 탈구조화 시키지 않고서는 진정한 조직의 민주주의를 획득하기 어렵다는 것이다.

인종차별을 소득, 주택소유, 의료보험, 그리고 교육의 차이로 설명할 수 있다. 이들에서 백인들은 유색인종 보다 더 많은 혜택을 받고 있다. 탈구조주의는 이것을 다른 방식으로 설명하고자 한다. 즉 백인들이 담론의 중심에 있고, 이로인해 백인들이 우월한 위치에 있다는 것이다. 따라서 유색인종과 비교한 백인들의 위치는 백인들이 담론의 중심에 가까운지에 의해 결정된다. 이 곳에서는 인종불평등이 정당하다는 담론이 중심이 된다.

Derrida는 탈구성 이외에 "디페랑스"(difference) 개념도 제시한다. 차이를 의미하는 프랑스어인 Differance는 차이와 유보를 의미한다. Derrida에 따르면 모더니스트에서 한 단어의 의미는 반대 단어와의 차이에서 생겨난다고 한다(가령 진리/허위, 좋음/나쁨, 남성/여성 등). 사물을 이분법으로 보는 것이다. 이분법에서는 한 단어의 의미에 그 반대의 의미가 묵시적으로 담겨 있다. 가령 모더니스트 조직이론가들의 조직에 대한 생각에는 묵시적으로 조직과 조직 아닌 것이 들어 있고, 이들 사이의 차이에 의하여 조직에 대한 개념이 형상화된다. 이러한 상황에서 탈구조화는 생각할 수도 없다. 그러한 생각이 모더니스트 조직이론을 정당화시켜주기 때문이다.

그러나 데리다의 생각은 다르다. 그것은 데리다가 제시한 디페랑스의 개념 때문이다. Differance와 관련하여 Derrida는 한 단어의 의미는 다른 단어로도 설명될 수 있기 때문에 확정된 것이 아니라 유보 혹은 유예된 것이라고 한다. 쓰고 말하는 과정에서 단어는 원래의 말 혹은 사물로부터 멀어지게 된다. 쓰고 말하는 과정에서 의미가 끊임없이 변하기 때문이다. 따라서 원래 의미의 단어란 없다. 데리다의 이 Differance의 개념은 의미가 어떻게 확산되고, 시간과 공간의 차이에 따라 출발점으로부터 어떻게 멀어지는지를 보여주는 중요한 예이다. 이것이 바로 포스트모더니스트들이 의미를 유동적으로 보는 이유이다.

2) Lyotard의 내러티브와 조직

미술가 Francesco de Goya가 그린 유명한 한 스케치에는 철학자가 자신의 책에 기대어 자고 있는 모습이 나온다. 그 그림에서 철학자의 머리 위 하늘에는 놀란 박쥐가 떼지어 날고 있고, 악몽에서 깨어난 듯 부엉이가 그를 덮치고 있다. 그 그림에는 이런 글귀가 쓰여 있다. “이성이 잠들면 악마를 만든다.” 이성을 상실한다는 것은 모더니스트 철학자들에게 두려움이자 악몽이다. 그들은 이성이 비이성이라는 악몽으로부터 인간을 구할 수 있을 것으로 보고 있다.

「The Postmodern Condition(1979)」에서 Lyotard는 그 반대 그림을 그린다. 그에게는 오히려 이성이 악몽이다. 왜냐하면 이성이 이 세계에 악몽을 가져다주기 때문이다. 그는 계몽주의 프로젝트가 가져다준 거대 내러티브(Grand Narrative)(가령 진보신화, 인간해방, 과학적 진보를 통한 부의 창조, 보편적 진리 및 정의 탐색 등)를 지적·정치적 전체주의라 비난한다. 리요타르가 이것을 내러티브라 말하는 것은 이성을 정당화하기 위해서 이성을 이야기식으로 말하기(즉 이성이 진보를 가져다주고, 부를 창조하며, 우리를 자유롭게 하고, 진리로 이끈다고 으로 말하기) 때문이다. Lyotard는 지식과 사회는 밀접히 연결되어 있다고 한다. 왜냐하면 학교, 기업, 그리고 정부와 같은 조직은 전문지식을 기반으로 만들어지고, 이것이 특별한 생각 및 행동방식을 정당화하기 때문이다. 가령 대학은 특별한 형태의 전문지식을 제공한다. 그리고 기업은 학생과 노동자들이 따라야 하는 지배적인 관리규범을 만든다. 이들은 자신만의 생각과 행동을 만들어냄으로써 거대 내러티브를 조장한다. 따라서 거대 내러티브는 다른 사람보다 자신의 이익을 보호하기 위해 지식과 조직을 만들려는 모더니스트들의 야심이라는 것이다. 문제는 이러한 야심을 모더니스트들이 교묘히 감추고 있다는 것이다.

Wittgenstein의 언어게임에 근거하여 Lyotard는 이성에 근거한 과학적 사실은 어떤 주장을 사실로 만들기 위해 과학자 사회가 단순히 합의한 것에 불과하다고 한다. 따라서 어떤 진리가 정답인지를 결정하는 사람들이 담론의 세계를 지배한다. 그러나 Lyotard에 따르면 이러한 진리 주장은 다른, 그리고 보다 광범위하게 합의된 주장이 제기되거나 혹은 다른 과학자 사회가 등장할 때 붕괴된다고 한다. 즉 어떤 진리도 영원한 것이 없다는 것이다. 왜냐하면 새로운 사회은 언제든 만들어지기 마련이고, 이들이 새로운 진리를 강제하기 때문이다. 이 지식을 규정하는 집단이 권력을 장악한다. 지식이 변하면 권리도 변한다. 지식이 곧 권력이다. 이러한 점에서 권력을 유지하려는 시도는 자신의 주장이 진리라는 것을 지키기 위한 욕망이라고 할 수 있다.

권력이 지식창조와 관련된다는 이러한 전제를 받아들이면 지식사회의 한 구성원을 침묵시키거나 제거하기 위해 권력을 사용한다는 Lyotard의 생각을 쉽게 이해할 수 있다. Lyotard는 반대파의 침묵을 전체주의 행동으로 본다. 따라서 전체주의란 한 사회가 다른 견해를 제시할 절차를 갖지 못하거나 그것을 수용하지 못했을 때 발생한다. 내러티브가 그러한 역할을 한다. 한 사회가 지배적 내러티브를 만들면 사람들은 어쩔 수 없이 따라야 한다는 것이다. 결국 내러티브가 전체주의인 것이다.

Lyotard는 생각이 다른 견해가 침묵한다면 그것은 한 사회가 생각하거나 행동할 새로운 방법을 찾지 못하는 것과 같다고 한다. 침묵을 분쇄하는 것이야 말로 전체주의에 대한 해독제가 된다. 그러한 이유 때문에 포스트모더니스트들은 민주주의를 지지하고 다원주의를 옹호하려고 한다. 그러나 많은 포스트모더니스트들은 전체주의를 뒤엎기 위해 만들어진 새로운 공동의 목표는 기득권층을 분쇄하는 것이 아니라 오히려 몇몇 집단에 특권을 주는 새로운 거대한 내러티브 탄생이라고 한다. 따라서 포스트모더니스트들은 이것을 단호히 거부하며, 대신 다양한 텍스트를 만들고, 다양한 견해를 수용하고자 한다. 거대 내러티브를 작은 내러티브로 만드는 것이다.

3) 지배적 담론으로서의 조직

프랑스 탈구조주의 철학자인 Michel Foucault의 생각도 리요타르의 생각과 같다. Foucault(1973;1977)에 따르면 승인된 지식은 그 자체로 힘을 갖고 있어 사람들을 담론에서 벗어나지 못하게 강제하는 강력한 권력을 지닌다고 한다. 승인된 지식은 누가 무엇을 이야기해야 하는지를 결정하는 도구이다. 따라서 이것에 따라 행동하는 것은 정상이 되고 그렇지 않은 경우 비정상이 된다. 이것을 따르지 않을 시 그 사람의 행동은 배척되고, 규제를 받으며 계도 대상이 된다. Foucault에 따르면 정신과 의사와 사회사업가들은 사회를 보호한다는 명목하에 어떤 사람은 통제하고 다른 사람은 교화시키는 방식으로 자신의 사회적 지위를 강화했다고 한다.

Foucault는 문학비판, 심리학, 사회학, 인류학, 범죄학, 정치학, 그리고 경제학의 역사를 연구하여, 현대의 서구 사회는 인간과학에 사회적 규범을 결정할 권한을 위임했다고 한다. 인간과학이 규범적인 문제를 제기하기 때문이다. 그 과정에서 인간과학은 권력을 강화하고 유지시켰다고 한다. 그 결과 인간과학은 사회의 힘없는 구성원을 따로 분류하고 통제하며, 때로는 그들을 가두었다고 한다. 결국 지식과 권력은 같은 것이 되었고, 따로 떼어내서 생각할 수 없는 권력이면서 지식(Power/Knowledge)이 되었다는 것이다. 이러한 권력이면서 지식은 규범성을 통제하는 담론(행동의 규범화)에서 발생한 광범위한 실제를 통해 행사된다. 지배적 담론이 그 시대 구성원의 행동을 지배하는 것이다. 푸코는 이러한 지배적 담론을 만연된 실제라 한다. Foucault에 따르면 만연된 실제는 학문세계에서 사용된 특수 언어, 혹은 기업 및 많은 정부조직에서 사용된 전문용어 등을 통해서 우리의 행동을 지배한다고 한다.

만연된 실제가 규범화되는 결과는 담론(discourse)이라고 규정한 상황에서 일어난다. 탈구조주의 언어학에서 담론은 규범성을 정하는 수단이다. 특히 담론은 사람들의 생각방식, 문화적 실제, 혹은 특별한 집단의 관점을 제공하는 제도적 프레임워크이다. Foucault에 따르면 담론은 기존의 권력관계에 따라 사회에서 역사적으로 구축된다고 한다. 권력을 행사하는 사람은 말하고 쓰고 생각하는 어떤 것을 허락받은 사람이다. 이들이 담론을 구축한다. 담론을 구축하지 못한 사람에게 권력이란 없다. 이들은 기존의 구축된 담론을 따를 뿐이다.

담론에 관한 Foucault의 생각과 만연된 실제의 결과가 주는 암시는 여러가지이다. 한 가지는 사람들이 특별한 담론에 속해있을 때 그들의 정체성은 담론 내에서 형성된다는 것이다. 다시 말해서 자신의 정체성을 갖는 것, 즉 자아(The self)는 자신이 속한 사회가 어떤 언어를 사용하느냐에 따라 결정된다는 것이다. 일반적으로 우리가 말을 할 때 그것은 자아 관련이 된다. 그리고 이 자아 관련은 다른 사람들이 우리에게 이야기하는 것과 결합하여 우리가 존재한다는 생각을 갖게 한다. 이러한 이유로 Foucault는 인간만이 현대에서 존재의 의미를 갖게 된다고 한다. 우리가 다른 사람과 말하는 것을 멈춘다면 사막에서 말라버린 식물처럼 사라지게 된다. 따라서 Foucault는 독일의 철학자 Martin Heidegger의 전제와 유사한 논리를 제시한다. “이 세계가 모습을 나타내게 되는 것은 전달되는 말을 통해서이다.” Foucault에 따르면 인간은 말을 하지 않으면 그로 인해 자신이 현재 처한 담론에서 사라지게 된다는 것이다.

담론이 조직에서 갖는 의미를 살펴보자. 현재 고객만족이라는 조직관리가 하나의 담론으로 자리잡고 있다. 고객만족이란 고객의 요구에 종업원들이 적극 대응하는 것이다. 이러한 담론 때문에 행정조직에서도 시민 중심의 행정이 자리잡고 있다. 행정절차의 중요성을 줄이고, 시민을 위해 무엇을 어떻게해야 하는지를 규범으로 삼는 것이다. 이러한 방식으로 행정에서 한때 지배적이었던 정체성(가령 통치 개념)은 사라지고, 대신 거버넌스라는 새로운 담론이 자리잡게 된다. 일단 담론이 자리잡게 되면 구성원은 좋든싫든 그것을 따라야 한다. 따르지않을 시 추방이라는 무시무시한 제재가 따르기 때문이다.

Foucault의 만연된 실제 개념은 한 담론의 숨겨진 요소, 혹은 억압된 요소를 강조함으로써 기존의 만연된 실제가 변하게 한다는 것이다. 이러한 점에서 고정된 담론(만연된 실제)이란 없다. 기존의 구축되고 유지된 담론은 언제든 변하게 되어있다. 세상에 영원한 것은 없다는 것이다. 가령 그동안 국가와 국민간의 의사소통은 주로 신문이나 방송 등을 통한 매스미디어에 의존했다. 매스미디어가 기존의 의시소통의 만연된 실제였다. 그러나 최근 등장한 SNS는 북아프리카의 민주화 투쟁에서 볼 수 있는 것 처럼 한 국가의 정권을 무너뜨릴 만큼 강력한 폭발력을 갖춘 의사소통 수단으로 등장하고 있다. 기존의 만연된 실제를 변화시킬 새로운 담론으로 등장하고 있는 것이다.

3. 하이퍼리얼리티(Hyperreality)로서의 조직

영화 Matrix에서는 인공지능이 이 세상을 정복하는 장면이 나온다. 기계가 번식하여 인간의 생각을 통제하고, 존재하지 않는 인간의 삶과 현실의 모습을 만들어 그것을 컴퓨터 재료로 사용하는 것이다. 영화에서 인간은 컴퓨터 프로그램인 매트릭스가 20세기말 이 세계를 조종한다는 사실을 알지못하고 현실을 살아간다고 생각한다. 그러나 영화의 주인공인 네오는 이 사실을 깨닫게 된다. 그는 컴퓨터로 조정된 현실로부터 자신을 일깨워 자신이 사실이라고 생각하는 모든 것이 사실이 아니라는 것을 알게 된다. 생존하기 위해서, 그리고 이 기계의 억압으로 부터 다른 사람들을 구하기 위해서 그는 핵현실 이후의 세계와 그 이전의 시뮬레이션 사이를 넘나든다. 네오의 힘은 이 세계가 가공된 현실에 불과하다는 사실을 아는데서 부터 생겨난다. 이것을 앎으로써 네오는 가상적 현실이 자신을 설득하는 것을 부정하고, 그것을 뒤엎음으로써 자유를 얻게 된다.

영화 매트릭스와 마찬가지로 현실과 가상의 혼돈이 포스트모던 시대인 현대에 광범위하게 확산되고 있다. 프랑스 사회철학자인 Jean Baudrillard(1994)이것을 시뮬라크라(Simulacura)라는 개념으로 설명하고자 한다. 「Simulacura and Simulation」라는 자신의 저서에서 Baudrillard는 가상적 현실이 실제를 능가할 만큼 빠른 속도로 현대 사회에 퍼져가고 있음을 지적한다. 이 가상적 현실이 시뮬라크라이다. 시뮬라크라는 원래 플라톤 철학에서 기원한 것으로 본질이나 이데아에 대응한 저급한 실체를 말한다. 그런데 보드리야르가 현대의 포스트모던 사회의 본질을 설명하기 위해서 시뮬라크라의 개념을 원용하고 있는 것이다. 보드리야르는 시뮬라크라를 오리지날이 없는 복제품으로 규정한다. 문제는 이 복제품이 진화 과정을 거쳐 무한대로 확산된다는 것이다. Baudrillard에 이것이 다음과 같은 단계를 거쳐 형성된다고 한다.

· 현실에 대한 뿌리깊은(profound) 인식
· 뿌리깊은 현실의 은폐
· 뿌리깊은 현실이란 없다는 것을 은폐
· 현실은 다른 어떤 것과도 관련 없음, 즉 자신만의 순수한 시물라크라(simulaerum)가 있다는 모습. 즉 실재와 동떨어진 이미지가 현실을 압도하는 기만적 이미지.

Baudrillard에 따르면 포스트모던 시대에는 복제품이 현실을 반영하는 것으로 수정된다. 지도(이미지)가 실제 지형(현실)을 반영하는 것과 같다. 문제는 현실과 복제품 사이의 차이가 현대에 와서 점차 사라지고 있다는 것이다. 대량생산으로 많은 오리지널(원본)의 복제품이 확산되고 있기 때문이다(명작 복제, 명품 복제 등). 현대인들은 복제품이 현실을 은폐할 수 있다는 것, 혹은 현실이란 존재하지 않는다는 사실 조차도 은폐할 수 있다는 것을 알게 되었다. 가령 영국의 화가인 David Hockney는 원작 명화의 복제품이 복제 기계에 나타나는 이미지를 그렸다. 여기에서 원본은 없다. 정부가 선전물을 배포하거나 혹은 역정보를 흘릴 때 그것은 현실이 없다는 사실을 감추는 것이다.

포스트모던 시대는 복제품을 통해 이미지로부터 현실이 창조되는 시대이다. TV는 실제와 전혀 관계없는 편집된 복제물을 내보내면서 그것이 마치 오리지날인 것 처럼 가장한다. 디즈니랜드도 마찬가지이다. 실제 배우가 만화 주인공처럼 행동한다. 그리고 관객은 미시시피강으로 가공된 곳에서 실제 보트를 탄다. 시물라크라는 복제품이 작동된 것을 말한다. 그러나 그 속에 깊은 의미나 근본 구조는 담겨있지 않다. 시물라크라는 의미나 본질과 같은 이상이 포스트모던 사고에 의해 언제든지 뒤집어질 수 있다는 것을 보여준다. 보이는 것은 그 때뿐이고, 언제든 변할 수 있다는 것이다.

Baudrillard는 이렇게 복제품이 넘치는 세계를 하이퍼리얼리티(Hypeyyeality)라고 한다. 현실이 복제품으로 인해 너무 많아진 것이다. 여기에 본질은 없다. 실제가 없기 때문이다. 하이퍼리얼리티에서는 복제품이 넘친다. 그러면서도 그들은 그것을 사실이라고 말한다. 그러나 그것은 허상에 불과하다. 존재하지도 않은 광우병에 대해 TV는 조작된 내용을 반복적으로 보여줌으로써 실제 광우병이 존재하는 것처럼 위장(시뮬라크라) 했고, 그것을 보고 놀란 국민은 촛불을 들고 광장에서 미국산 소고기 수입을 반대하는 시위를 벌였다. 위장된 허상에 우리 모두가 분노한 것이다. 결국 우리는 좋든 나쁘든, 원하든 원치않든 과잉현실에서 살아갈 수 밖에 없다.

Baudrillard에 따르면 TV프로그램과 같은 시뮬라크라가 우리의 삶의 경험을 만든다고 한다. 가령 Baudrillard는 디즈니랜드를 전형적인 시뮬라크라로 묘사한다. 왜냐하면 디즈니랜드는 지금까지 존재한 적이 없는 전형적인 미국 가정과 사회를 만들어내고 있기 때문이다. Baudrillard는 디즈니랜드가 상상 속의 것이고, 그 나머지는 사실이라 해도 매스미디어, 정부, 기업, 그리고 기타 현대의 조직들이 제공한 것과 디즈니랜드가 우리에게 가져다준 이미지 때문에 우리는 어쩔 수 없이 그것에 맞춰 살아야 한다. 영화 매트릭스가 인간이 살고 있는 모습을 가장해서 우리에게 보여준 것처럼 우리도 우리의 모습을 규정하기 위해 사용된 복제품에 의해 우리의 삶을 살아가는 것이다.

Baudrillard의 생각은 언뜻 보면 조직이론과 아무런 관계가 없는 것처럼 보일지 모른다. 그러나 매일매일 우리 주위를 떠도는 복제품이 우리가 소속된 조직에 의해서 만들어진 것이라는 것을 알게될 때 비로서 허구적 현실이 어떤 것이라는 것을 알게된다. 가령 대부분의 고객중심 기업들은 광고를 통해 얻게 되는 이미지 때문에 소비자들이 제품을 살 것이라고 생각한다. 과거 Enron은 수십억 달러에 달하는 부채를 감추고 파트너를 속이며, 회계 장부를 조작하고, 있지도 않은 부서가 있는 것처럼 가장 했다. 가령 월가의 분석가들이 신용도를 조사하기 위해 1998년 Enron을 방문했을 때 75명의 종업원이 에너지 계약을 체결하는 것처럼 보이기 위해 이들을 빈 층과 거짓 거래 사무실에 배치했다. 전화기가 울리고 책상에는 가족사진이 붙어있는 등 시뮬라크라가 있었다. 시뮬라크라는 역사상 어느 때나 일어날 수 있다. 그러나 현재 일어나고 있는 시뮬라크라는 예외가 아니라 규칙(일반화)이 되고 있다. 윤리적 행동에 대한 우리의 규범을 시급히 바꿔야 하는 이유가 여기에 있다.

조직에 관한 과학적 관리와 능률

chapter 3

Section 1 서 론

조직을 관리하고 운영하는 사람들에게 당면한 가장 중요하고 핵심적인 과제는 조직의 능률이다. 따라서 능률은 조직과정의 가장 중요한 사항이고, 정통 조직이론(모더니즘 조직관)의 핵심논제이다. 능률의 의미는 경제학에서 처음 시작되었다고 보는 것이 정설이다. 경제학에서 말하는 능률이란 투입(input) 대 산출(output)의 비율을 말한다. 이 때 산출이 투입 보다 산술적으로 많으면 능률이 된다. 그러나 경제학과 달리 조직이론에서 능률의 의미는 이보다 훨씬 광범위하다. 조직은 다양한 요소로 구성되어 있고, 사람이 중심을 이루기 때문이다.

조직에서 능률의 의미는 적재적소에 사람을 배치하는 것과 밀접한 관련이 있다. 업무를 배분하고, 거기에 맞는 적절한 사람을 배치하는 것이다. 이를 위해서는 두가지의 조건이 충족되어야 한다. 첫째, 뼈대를 만드는 것이다. 조직이론에서는 이것을 구조화라 부른다. 관료제는 이와 관련하여 중요한 원리를 제시한다. 우선 규칙을 세우고, 그 규칙에 따른 적절한 위계질서를 만들어야 한다는 것이다. 여기에 배치될 사람들은 전문성에 입각하여 적절한 역할이 주어져야 한다. 그리고 조직의 안정을 위해 일정한 기간 동안 그 역할을 보장해주어야 한다. 실제 능률을 위해 현대의 많은 조직들은 이 원리를 따르고 있다. 이에 관한 자세한 사항은 5장에서 다루기로 한다.

둘째, 합리적 배치와 관련한 것이다. 사람들을 어떻게 합리적으로 배치할 수 있을 것인가 하는 것이다. 이와 관련하여 과학적 관리법은 중요한 암시를 한다. 사람들을 과학적으로 선발하고, 과학적으로 교육하여 거기에 맞는 배치를 하여야 한다는 것이다. 과학적 선발과 교육을 통하게 되면 조직구성원이 전문화하게 되는데, 이를 통해 작업산출의 양과 질이 모두 향상된다는 것이다. 이를 위해서는 사람과 일에 대한 연구가 필수적이다. 과학적 관리법은 그 연구에 대한 방안을 제시하며, 그 결과 탄생한 것이 동작연구와 시간연구이다.

이러한 논의에도 불구하고 능률은 조직연구에서 가장 큰 논란의 대상이다. 그 중에서도 인간과 관련한 논란이 가장 많다. 능률을 강조하다 보면 필연적으로 인간을 일로부터 멀어지게 한다. 지나친 능률의 추구는 인간을 소외시키며, 인간없는 조직을 정당화한다는 것이다. 이는 1장에서 제시한 조직의 필연적 딜렘마이기도 하다. 많은 조직관은 이 문제와 관련한 해결방안을 제시하고자 하지만 아직 속시원한 해결책은 없다.

조직을 능률의 관점으로 보려는 생각은 과학적 관리법과 관료제에서 시작한다. 그리고 이들 논의가 조직이론의 첫 출발점이라고 해도 과언이 아니다. 실제 그 이후의 많은 조직이론들은 과학적 관리법과 관료제의 원리를 수용하거나 비판하는데 많은 시간을 보내고 있다. 본장에서는 조직능률의 첫 출발점인 과학적 관리법에 대해 논의하고자 한다.

Section 2 산업혁명과 노동계급의 탄생

1. 노동계급의 탄생

현대적 의미의 조직의 탄생은 산업혁명과 밀접한 관련을 갖는다. 그동안 자신의 독자적인 생산수단으로 생계를 이어나갔던 농민, 농장주, 장인, 수공업자 등은 산업혁명 과정에서 점차 자신의 생산 수단에 대한 통제력이나 접근을 잃게 되어, 자본에 종속이라는 미증유의 과정을 겪게 된다. 이로인해 이들은 자신의 생산수단을 싼 값에 팔게되고, 자본가들과 힘겨운 경쟁을 벌이게 된다. 이 과정에서 농민들은 토지로부터 추방되게 된다[4]) 이러한 일련의 과정을 프로레타리아화라고 한다. 즉 많은 사람들이 돈을 벌기 위해 자본가에게 자신의 노동력을 노동시장에서 팔게되는 것이다. 이것을 노동의 자본에의 공식적 종속이라고 한다. 프로레타리아 혹은 노동계급은 이렇게 하여 탄생하게 된다. 물론 노동의 공식적 종속이 산업자본주의의 거의 모든 과정에서 일어났던 것은 아니다. 그러나 노동의 공식적 종속은 산업자본주의 발전의 본질적 단계이다. 이제 기업주(부르조아)와 생산의 인간적 요인(노동자) 사이에 길고 힘든 투쟁이 시작된 것이다.

생산수단과 분리됐다고 해서 곧바로 사람들이 노동계급의 지위를 받아들이고 공장으로 들어간 것은 아니었다. E.P. Thompson (1963:241)이 영국 노동계급에 대한 역사적 설명에서 기술한 것처럼 공장에 들어가기까지 많은 중간단계가 있었다. 인간의 역할과 정체성이 재규정되는 단계와, 삶의 전통적 방식이 파괴되는 과정이 있었던 것이다. 이것은 생산에 대한 새로운 조직방식에 대한 강력한 저항과 갈등이 있었음을 의미한다. 공장 및 임금 노동체계의 수립은 자본과 노동 사이의 전투의 끝을 뜻하는 것이 아니라 전투영역의 변경에 불과하였다. 일단 노동력이 공장으로 집결하자 기업주와 관리자들은 노동을 실질적으로 종속화 내지 제도화하고자 하였다. 노동을 통제하고 추출하기 위한

---

4) 인클로져 운동은 이것의 대표적 예이다. 보다 많은 양모를 생산하기 위해서 지주들은 소작농들을 자신의 농토에서 추방한다. 일자리를 잃게 된 농민들은 도시로 몰려들고, 따라서 이들이 첫 번째 노동자 공급원이 된다.

여러가지 관리전략을 모색하고자 했던 것이다. 그러나 이러한 목적을 달성하기 위한 최종 해결책이나 최선의 방법은 없었다. 따라서 갈등과 시행착오가 지속되었다. 조직이론과 관리전략 발전의 상당한 부분은 노동의 실제적 종속을 위한 방법과 기법을 개발하는데서 발생한 시행착오의 연속이었다.

본 장은 20세기초 실제적으로 종속되지 않은 인간 자원을 어떻게 통제하고 관리할 것인가에 대한 공장 소유주 및 기업가가 직면한 문제와 그것을 해결하기 위한 관리전략을 중점적으로 논의하기 위한 것이다. 이 논의는 조직이론의 발전에 결정적 영향을 미친 초기의 관리전략을 중심으로 이루어지게될 것이다. 이 논의에는 공장시스템의 등장, 노동자의 집합적 저항, 산업자본주의 초기의 노동규제 및 통제, 그리고 과학적 관리를 포함한 여러가지 관리전략 등이 포함된다.

산업자본주의가 어떻게 전개되었는지를 기술한 글들은 많다. 그러나 가장 일반적인 방식은 자본주의 이전의 장인과 자본주의하의 노동자를 비교하는 것이다. 그러나 이 방식은 다음과 같은 비교 역사적 관점에서 볼 때 문제가 있다. 즉 과거는 좋은 것이고, 현재는 나쁘다는 것이다. 알다시피 자본주의 이전의 모든 노동자들이 다 수공업자도 아니었고, 자본주의하의 모든 사람들이 전부 어셈블리라인에서 일한 것도 아니었다. 그럼에도 불구하고 자본주의의 등장은 분명히 작업생활의 기존방식에 위협을 가했고, 그것을 파괴했다. 흥미로운 것은 이러한 과정에서 많은 사람들이 좋은 과거의 체제가 나쁜 새로운 체제로 대체되었다고 본 것이 아니라, 새로운 체제가 이것을 반대한 사람들에게 위협을 가했다고 보았다는 것이다. 이것이 산업자본주의의 핵심특징인 공장체제로의 이전을 어렵게 하고 갈등을 불러일으키게 한 장본인이 되었다.

노동자 관점이나 새로운 자본가 관점에서 논의해야할 적어도 두가지 사실이 있다. 첫째, 산업화의 공격에 대항하여 일어난 전례없는 집합적 반응과 투쟁을 이해하기 위해서는 노동자의 문화와 이해(익)를 이해해야 한다는 것이다. 둘째, 조직 및 관리전략은 자본가 관점에서 볼 때 당연한 것이라는 것이다. 노동자와 자본가 사이의 투쟁의 강도는 두 당사자 사이의 전술과 그들이 사용할 수 있는 가용자원에 의하여 결정된다. David Montgomery(1979:113)와 같은 노동 역사가는 양측의 행동입장을 통합하려는 시도를 한다.

"한쪽에서 장인들(노동자들)은 업무규칙을 통해 공개적으로, 그리고 직업에 대한 윤리적 행동이라는 강제적 집단 규범을 통해 묵시적으로 자신들의 작업을 집합적· 공식적으로 규제하려 한다.

다른 쪽에서 기업주와 관리자들은 그들 기업의 생산측면을 보다 직접적이고 체계적으로 통제하고자 한다."

새로운 공장체제(Perrow는 이것을 공장관료제라 한다. 이것에 관해서는 Perrow, 1986:49참조)가 통제하고자 하는 인간자원은 생산의 다른 요인처럼 구매, 매집, 통제될 수 있는 대상이 아니다. 인간은 물건이 아니기 때문이다. 대신 인간은 오랜기간 동안 형성된 대체할 수 없는 전통, 정체성, 유대감, 관례 등을 지닌다. 이러한 이유로 인간은 필요한 경우 언제든지 집합적 투쟁을 벌일 수 있다. 따라서 이러한 상황에서 공장 소유주들은 인간의 노동력을 충원하고 일을 시키기 위해서 그들을 통제하기 위한 관리전략을 수립할 수 밖에 없다.

그러나 자본주의 등장에 따라 이러한 관리전략에 대응한 노동자들의 투쟁이 상시화 되어있었다. 그리고 그것은 다음과 같은 두가지의 방식으로 이루어졌다. 첫째는, 노동의 공식적 종속에 대항하기 위한 투쟁이다. 이는 주로 "임금의 노예"가 되기를 원하지 않는 기능공과 장인에 의해서 이루어진 투쟁방식이다. 두 번째 투쟁은 공장에 들어왔지만 공장규율을 따르지 않으려는 사람들에 의한 노동의 실제적 종속에 대항한 투쟁이다.

영국에서의 산업혁명에 대한 역사적 설명은 E.P.Thompson 의 「영국 노동계급의 형성」(1963)에서 주로 이루어진다. Thompson은 공장시스템의 등장에 인간들이 어떻게 대응하는지에 대한 중요한 통찰력을 제시한다. Thompson의 분석은 본질적으로 파괴된 문화적 전통에 초점을 맞춰 이루어진 노동의 공식적 종속에 대항한 투쟁과, 이를 위한 18세기 말과 19세기 초 사용된 정치적 전술에 집중하고 있다.

> "일반적 폭동은 계급착취로 인해 발생한 일련의 고통을 극복하기 위하여 일어났다. 계급착취는 분명히 그 이전세대가 경험하지 못한 다음과 같은 문제를 낳고 있었다. 즉 전통적 권위나 의무가 없는 지배계급의 등장, 주인과 신하 사이의 간격증대, 새로운 부와 권력원에 의한 명백한 착취, 노동자의 지위와 독립성 상실, 지배계급의 생산수단에 노동자들이 전적으로 의존함, 법의 불공평성, 전통적 가족경제의 붕괴, 노동의 규율, 단조로움, 노동 시간과 조건, 여가와 즐거움의 상실, 인간이 수단의 지위로 전락 등이 그것이다"(Thompson, 1963:202-203).

산업자본주의 등장과 이에 따른 새로운 체제에 노동자들이 대항한 것을 기록한 Thompson은 계급형성, 계급의식, 계급행동 이론을 발전시켰다. 많은 점에서 그의 핵심 주장은 공동의 주관적 경험, 정체성, 이익을 강조한 사회계급이라는 새로운 개념이 그 당시 등장했다는 것이며, 이것이 확실한 개념으로 자리잡았다고 하는 것이다. 노동계급이 그것이다. Thompson에 따르면 산업혁명은 근로계급(laboring class)을 통합하고, 이들을 "노동계급"(working class)으로 바꾼 일련의 조건을 만들어 냈다는 것이다.

계급과 계급형성에 대한 Thompson의 분석은 노동의 주관적 본질을 지적한 것이다. 공장소유주들의 의도에도 불구하고 형성된 것은 객관적 실체로서의 노동이 아니라 감정과 정서를 지닌 주관적 실체로서의 노동이다. 따라서 Thompson이 강조한 것은 전통과 문화의 파괴를 평가하고, 공유된 이익을 전달하며, 사회적 장치에 대한 대안적 개념으로 작용하는 노동의 능력이었다. Thompson이 지적한 바와 같이 노동은 원료도 아니지만, 수집, 통제, 프로레타이라로 형성되는 단순한 상품은 더욱 아니라는 것이다.

새로운 조직 형태에 대한 집합적 반대는 수공업자와 장인들의 집합적 힘에 그 기반을 두었다. 이것은 그들의 집합적 행동에 힘과 응집력을 갖게하였고, 상호작용, 쌍방적 사회적 관계라는 전통적 관례와 공동의 유형에 기반을 둔 유대감을 발전시키게 된다. 이것은 Thompson이 명확하게 밝힌 노동운동의 투쟁 자원이 된다. Calhoun (1982:220)에 따르면 이 문제는 집합문제가 아니라 사회조직의 문제라고 한다. 유사한 행동으로서가 아니라 사회적 조직일 때 이 사회적 조직은 노동과 다른 생산요인을 구분 짓는 중요한 기준이 된다.

2. 노동계급의 통제 문제

자본주의 등장과, 노동의 공식적 종속에 의해서 유발된 정치적 투쟁과 운동은 궁극적으로 노동의 실질적 종속을 놓고 벌이는 노동자와 사용자 사이의 갈등으로 표면화하게 되었다. 한 개의 공장내에서 수많은 노동자들을 조정하고 통제하는 문제는 그 공장 수준에서 해결될 수 있는 문제가 결코 아니었다. 많은 점에서 노동에 대한 보편적이면서 합리적인 방법론적 관리가 필요했으며, 이것이 산업혁명의 중심 문제일 수 밖에 없었다. 또한 이것은 과거로부터 근본적으로 벗어나는 것을 의미하였다(Pollard,1965:160).

이러한 관리 문제에 대한 손쉬운 기술적 해결책은 없었다. 왜냐하면 문화적 전통과 습관은 기계적 해결책이 아니라 사회적 해결책을 필요로 하는 사회적 장애물이었기 때문이다. 산업적 규제(율)의 개념은 당시 노동자들에게는 생소한 것이었고, 따라서 그 시대의 기술적 혁신만큼 많은 혁신을 필요로 한 것이었다(Pollard,1965:185). 인간적 요인을 관리하는 것이 당면한 어떤 기술적 장애물보다도 더 가공스러운 도전이라고 생각하는 사람이 점차 늘어나게 되었다.

과거의 사회적 습관과 생활방식은 시대가 변하였다고 해도 쉽게 사라지는 것이 아니다. 새로운 공장시스템은 많은 노동자들이 보다 큰 자유와 독립을 누렸던 과거의 경제활동 방식과는 전혀 다른 방식이었다. 공장시스템 도입 이전에 성장한 사람들이 새로운 규율에 적응하는 것은 쉽지 않았다. 일종의 관성(inertia)이 작동하기 때문이다. 이것은 아동 노동이 자본가 입장에서 관리하기가 훨씬 쉬운 이유이기도 하다. 젊은 노동자들은 강제하고 통제하기 쉽다. 이들은 나이든 노동자만큼 과거의 생활양식에 젖어있지 않아 그 이전의 노동 전통을 따르지 않기 때문이다. 따라서 과거의 노동이나 여가 습관에 물들지 않은 새로운 세대의 노동자들은 그만큼 그 이전 세대 보다 관리하기가 쉬웠던 것이다.

관리자와 기업주들은 노동자들이 지닌 문화적 규범체계를 쉽게 깨뜨릴 수 없다는 사실을 깨닫기 시작하였다. Wilbert Moore(1963:174)는 노동자들의 조직에 대한 몰입 문제와 관련하여 "노동자들의 조직몰입은 규칙과 합리적 근거를 기반으로 이루어진 규범체계와, 적절한 행동에 따른 성과 등 두가지에 의해서 이루어진다. 그러나 이것들은 기존의 노동자들에게 적용시키기 어려운 내용이다. 따라서 몰입이 한 세대가 가도 달성될 수 있을지 의심스럽다"고 주장한다. 자본가 1세대들은 불행하게도 이러한 노동자 세대와 겨뤄어야만 했다. 기꺼이 하고자 하는 의지는 없고, 능력과 기술력만 갖춘 노동자들과 힘겨운 투쟁을 해야했던 것이다.

> "체제가 완벽하게 조직되고, 노동자들이 매우 현명한 현대에서 조차 과거의 사람을 새로운 사람으로 개조하는 것은 거의 불가능하다"(Ure,1861:15-16; Bendix, 1956:59에서 인용).

Reinhard Bendix (1956)가 지적한 바와 같이 가장 일반적인 문제는 전통주의, 즉 자본주의 이전의 풍습, 규범, 관례, 작업습관 등의 이념적 생활방식을 노동자들이 여전히 지니고 있다는 것이었다. 이것이 공장내 "새로운 규율"(가령 능률과 성과)을 실시하는데 중요한 장애가 되었다. 미국 노동 역사가인 David Montgomery(1979)와 Herbert Gutman(1975)은 전통적 문화가 지속된 상황에서 산업갈등과 투쟁의 원인이 어디에 있는지를 찾고자 한다. 미국의 경우 끊임없는 이민자 유입에 의해 노동력의 이질성이 증대되었고, 이는 결과적으로 새로운 산업조직과 잘맞지 않은 다양한 문화적 규범을 만들어 냈다는 것이다. 이것은 관리자에게 다음과 같은 과제를 던진다. 전통적 작업습관과 이국적 문화적 장벽을 극복하기 위해서는 관리자의 통제가 필수적이라는 것이다.

조직의 역동성에는 다양한 세력 사이의 복잡한 상호작용을 필요로 한다. 그러나 전통적 업무습관, 새로운 공장시스템, 전통을 타파하고 규율을 부과하기 위한 관리전략, 노동에 대한 대응과 저항 등은 상호작용 보다는 심각한 갈등의 원인이 된다. 이 당시 인간적 요인이 지닌 특수성 때문에 이러한 어려움은 가중되었다. 인간이 지닌 문화적 인습이 쉽게 바뀌지 않기 때문이다.

농촌이나 어촌으로부터 전달된 문화적 규범 이외에 공장내에서 발전한 규범도 있었다. 노동자들이 공장으로 들어가서 공식적 규칙과 규제에 따라 장시간 작업을 할 때도 여전히 생산과 산출을 제한하는 개인적, 집합적 힘이 있었다는 것이다, 이러한 문제는 Harvey Gantt와 같은 그 당시 산업 엔지니어들도 인지하고 있었던 문제였다. 모든 작업장에는 하나의 패턴, 즉 업무습관이 있었고, 새로운 노동자들 조차도 그 패턴을 따르고 있었다는 것이다. 이것이 바로 궁극적으로 통제에 대한 과학적 관리법을 탄생시킨 계기가 된다.

그러나 초창기의 중요 관리전략은 전통적 문화와 일치된 전략을 구사하는 것이었다. 그것은 주로 온정적 관리전략이다. Montgomery는 이러한 온정적 성향에 근거한 전략을 "기업복지"(corporate welfare)라 명명한다. 이것은 가족같은 환경으로 노동의 고용, 충원, 통제를 행사하는 개인적 시스템이다. 이것은 비개인적· 계약적 노예형태를 지양하는 것으로서 궁극적으로는 공장시스템으로의 이전을 쉽게 하였다.

많은 새로운 공장과 가게에서 온정주의 시스템은 도급계약(subcontracting) 시스템으로 바뀌게 된다(Littler,1982;Clawson,1980). 도급계약은 노동자와 도급계약자 혹은 브로커 사이에 가족같은 관계를 유지하는 데 기여하였다. 이 시스템이 도입된 것은 당시의 사용자와 관리자들이 생산기법과 노동과정을 전문적으로 다룰 지식이 충분치 않았기 때문이다(Clawson,1980). 따라서 친구, 친척, 같은 민족, 혹은 같은 교인들을 고용했던 도급계약자들이 조직과 동기부여에 대한 관리업무를 맡게 된다. 도급계약 시스템은 노동통제에 대한 보다 관료적 시스템으로 나가기 위한 일종의 중간 단계이다. 도급계약 시스템은 생산통제를 유지하기 위한 관리자들의 바람과 노동관계에 대한 준 전통적 시스템을 용인한 기업주의 생각의 결합에 의하여 탄생하였다. 일반적으로 이 시스템은 노동자가 소유한 지식에 기업주가 의존함으로써 생겨나게 된 것이다.

공장규율 문제를 극복하기 위해서는 덜 온정적 방법도 사용되었다. 어린이들을 때리거나노동자들을 해고시키는 것, 혹은 해고의 위협을 가하는 것, 그리고 게으름, 결근, 불복종에 대해 경제적 제재를 가하는 것 등이 그것이다(Pollard,1965). 또한 결과와 성과에 대해 금전지급을 하는 것이 노동자들의 노력을 극대화 시키는 수단으로 사용되었다. 이 시스템의 논리는 비교적 최근 논의되고 있는 인간행동에 대한 특별한 견해와 같은 내용이다. Pollard(1965)와 Bendix(1956)는 인간 동기부여에 관한 가정의 변화와, 이것이 관리 시스템의 변화에 미치는 영향을 강조한다. 전통적 견해는 노동자들의 노력을 이끌어내는 최선의 방법은 생계수준의 임금을 지급하는 것이라고 한다. 이러한 시스템에서 노동자들은 생존에 필요한 재정적 수단을 확보하기 위해서 공장 시스템의 엄격성을 따를 수 밖에 없다는 것이다. 벌어들일 소득이 생계유지 수준을 넘어섰을 때에야 노동자들의 근무의욕이 생길 것으로 기업주들은 생각했다.

그러나 이것과 다른 견해도 있다. 즉 인간은 생계수단에 대한 만족 보다는 탐욕과 욕심을 통한 계속적 보상을 얻기위해 노력을 지속한다는 것이다. 생계수준이 일정한 수준까지 올라갔음에도 불구하고 사람들은 여전히 보다 많은 상품을 사기 위한 돈을 벌기 위해 노력한다. 따라서 열심히 일을 하느냐의 여부는 생계 임금의 지불 여부에 관계없이 이루어진다는 것이다.

인간 동기부여에 관한 이러한 새로운 가정을 현실에 적용하면 자본주의에 대한 근본적인 경제적 딜렘마가 생기게 된다. 즉 수요와 공급의 균형을 맞추는 것이다. 공급측면에서 돈에 대한 유인책은 상품의 생산을 자극한다. 수요측면에서 늘어난 임금은 재화의 소비를 촉진시킨다. 이러한 점에서 인간에 관한 가정은 자본주의 시스템의 발전과 관련한 이념 및 필요조건의 변화와 관련된다. Weisskopf(1971:60)가 지적한 바와 같이 "초기 자본주의의 도덕적 문제는 개인의 이기심이 비경제적 목적을 추구하는데 있었던 것이 아니라 경제적 이익을 추구하는데 있었다"는 것이다.

다른 이념적 가정은 공장에서의 새로운 권위관계와 관련한 것이다. 이것에 관한 논의는 Bendix의 「Work and Authority in Industry」(1951)의 이념적 관리전략에 가장 잘 나타나 있다. Bendix는 위에서 언급한 노동의 지속적인 "전통주의"와 노동자의 비규칙 업무습관 태도를 제거하기 위해 관리자들이 사용한 전략을 언급한다. 나아가서 전통적 문화를 제거시키는 과정에서 새로운 시스템이 정당화되어야 한다는 것을 지적한다. 이를 위해 Bendix(1956:13)는 "관리적 이념"이라는 새로운 개념을 도입한다. 관리적 이념은 초기의 관리적 노력뿐만 아니라 현재까지 사용되고 있는 새로운 관리적 노력까지 규정한다.

> "관리적 이념이란 보다 효과적으로 권위를 사용할 때 나타나는 소수와 다수 사이의 갈등을 중재하거나 제거하기 위한 권위와 복종의 이념이다. 이를 위해서 권위의 사용은 소수가 다수가 원하는 것을 단순히 명령한다는 근거로 부정되기도 하고, 소수가 다수의 이익을 실현시킬 수 있는 자질을 지니고 있다는 근거하에 정당화 되기도 한다."

생산과정을 사회적으로 조직화하는데 필수적인 것이 인간 노동이다. 노동자들은 생산이 이루어지기 위해 어느정도 동기부여되고 설득되어야 한다. Bendix는 노동자와 관리자 사이의 권위의 차이는 관리자와 노동자 사이의 내재된 본질, 즉 그들의 욕구, 기술, 바람 등과 관련한 가정에서 화합할 필요가 있다고 한다. 이러한 점에서 새로운 공식적 관료적 권위구조도 하나의 이념적 메시지를 수반해야 한다.

"관리자들은 전형적으로 물질적 유인책과 조직개선의 대안책으로서가 아니라 그들이 일하는 조직 환경에서 가능한한 종업원의 협력을 높이기 위한 수단으로서 이념적 호소에 의존하여야 한다"(Bendix,1956:248).

광범위한 의미에서 Bendix는 조직장치와 정당한 권위사이의 관계를 강조한 Weber의 이론적 틀에 나타난 산업조직의 발전단계를 진단하고 있다. 여기에서 강조해야 할 점은 예측 가능한 통제 조차도 공식적 구조와 권위체계로는 확인될 수 없다는 것이다. 주관적· 행태적 저항에 대한 인간의 능력문제가 여전히 남아 있기 때문이다. Bendix가 지적한 바와 같이 " 어떤 명령이 작동하고, 어떤 복종이 이루어지며, 어떤 유인책과 처벌이 작용하는지를 떠나서 비교적 천한 업무에서 조차 중요한 인간의 자유재량권이 존재한다"는 것이다. 자유재량권을 행사할 수 있는 능력이 있다는 것은 노동자들이 언제나 자신의 정신적·신체적 에너지의 행사를 어느정도 통제할 수 있다는 것을 의미한다. 이것은 조직이론과 관리전략의 끊임없는 딜렘마이다. 19세기말 사용자와 관리자들에게 바람은 부정적 결과없이 사용되고 만들어질 수 있는 "인간적" 요소였다. 즉 인간을 완벽한 기계의 부품으로 보는 것이다. 그러나 인간적 요인은 결코 그렇게 될 수 없다. 이러한 사실은 그 당시 상공회의소가 출간한 잡지인 「The Review」에도 잘 나타나 있다.

"우리가 기계를 구입하여 그것이 우리의 요구에 맞지 않을 때 우리는 그것의 생산을 변경시킬 수 있다. 왜 그럴까? 기계는 결코 민감하지 않아 완고하거나 고질적이거나 실망스러운 것이 아니기 때문이다. 만약 인간이라는 기계가 물리적 기계 활동을 통제하는 규칙과 같은 방식으로 통제 된다면 그것은 전혀 다른 문제가 된다"(Bendix,1956:271).

기계의 부품 처럼 사용되고 관리되는 것, 그것은 초기관리자 계급에게 이상적 바람이었다. 그러나 그것을 실현시키는 것은 결코 쉬운 일이 아니다. 그럼에도 불구하고 Frederick W.Taylor와 그의 동료들은 그러한 인간적 기계를 엔지니어링과 과학적 방법의 원리로 작동시키고자 시도한다.

Section 3 과학적 관리법의 탄생

1. 탄생 배경

과학적 관리법(혹은 테일러리즘이라고도 한다)은 노동문제를 다루기 위한 시도 중 최초이고 가장 잘 알려진 이론이다. Taylor(1911)는 베들레헴 철강회사를 비롯한 여러 대규모 조직의 생산부문에 종사했던 엔지니어였다. 그의 중심 신조는 모든 작업수행에는 최선의 한가지 방법이 존재한다는 것이다. 그는 작업방법과 절차를 집중적으로 연구하면 특정 작업을 위한 가장 효율적인 방식을 정확하게 알 수 있다고 한다. 작업자가 앉거나 서 있는 장소 및 위치, 행동방향, 작업도구의 위치, 행동의 순서 등 작업과 관련한 많은 것들을 효율적으로 정할 수 있다는 것이다. 이들을 정할 수만 있다면 그것은 표준화되고, 이것이 가장 능률적인 작업이 이루어지게 하는 지름길이 된다고 한다.

과학적 관리법의 근본 목적은 업무를 가장 작은 단위로 세분하고, 인간이라는 기계의 능력을 면밀히 관찰해 이 두가지를 가장 능률적으로 결합하는 것이다. 즉 과학적 방법으로 업무와 인간을 결합하는 것이다. 오늘날 우리가 말하는 적재적소의 개념이 여기에 해당한다. 지금 생각하면 매우 유치한 수준이지만 과학적 관리법은 이러한 적재적소의 개념에 과학을 사용한다. 이러한 점에서 이들은 자신들의 관리방식을 과학적 관리법이라 부른다. 과학적 관리법은 크게 두 개의 개념으로 분리된다. 첫째는 인간의 능력을 극대화하기 위해 업무를 재설계하는 것이고, 둘째는 그러한 업무수행을 극대화하기 위해 인간을 훈련시키는 것이다.

과학적 관리법은 여러가지 점에서 혁명적 특징을 지닌다. 그러나 그 중 가장 중요한 것은 과학적 관리법이 노동자들로부터 기술의 독점권을 빼앗아 관리자들에게 주었다는 것이다. 이것은 결과적으로 기업주의 노동자에 대한 의존성을 줄여주게 된다. 특히 이것은 권위행사와 관련하여 많은 시사점을 던져준다. 첫째, 과학적 관리법은 업무수행의 전통적 방식 보다는 과학을 도입함으로써 전통적 권위를 분쇄하고 있다는 것이다. 그리고 이러한 경향은 현대의 대부분의 대규모 조직에서도 나타나고 있는 현상이다. 둘째, 이러한 과학적 작업은 관리자들이 노동자들의 개인적 발전 가능성을 탐구하여 결과적으로 노동자들의 이익에 기여하도록 한다는 것이다. 셋째, 조직(여기서는 주로 공장조직)이 성공하는 비결은 결국 노동자와 자본가의 협력이라는 것이다. 만약 이것이 이루어진다면 노조란 필요없다. Bendix는 이것을 관리자 차원에서의 임의적 권력의 종말이라고 한다. 권력의 유무는 계급이 아니라 결국 과학이 결정한다는 것이다.

산업혁명이 가져다 준 새로운 공장 시스템하에서 노동은 다음과 같은 두가지의 독특하면서 논란이 되는 특징을 지닌다. 첫째, 생산방법의 지식을 누가 소유하고 통제할 것인가의 문제와, 둘째 작업을 하는데 있어서의 노동자의 자유재량권을 어떻게 규제할 것이냐의 문제가 그것이다. 사용자 관점에서 이러한 두 가지 문제는 Frederick W. Taylor와 그의 동료들에 의하여 정립된 과학적 관리법으로 해결할 수 있었다.[5)]

베들레헴 철강회사에서 관리자로서의 테일러의 초기 노력은 주로 노동자들이 일을 하도록 설득, 강제하는 관리실제를 만드는 것이었다. 그러나 테일러는 이러한 관리실제를 노동자들이 따르지 않거나 싫어한다는 사실을 알게 되었으며, 이로 인해 관리자들도 노동자들 처럼 노동의 기술적 측면을 알아야 한다는 것이다. 따라서 테일러는 원료처리, 기계사용, 그리고 노동자들의 동기부여 같은 문제에 대한 실험을 실시하였다. 이 연구는 테일러에게 작업표준을 개발하도록 하였으며, 이 작업표준 방식이 업무기준, 노동자 배치, 감독 및 인센티브 제공방식을 등을 표준화하여 획기적인 업무의 능률성을 가져다 준다는 것이다.

테일러에 따르면 노동자들이 생산지식과 노하우에 대해 통제권을 행사하는 것은 기업주에게는 엄청나게 불리하게 작용한다는 것이다. 그 당시 많은 공장에서는 기업주보다 숙련된 노동자와 감독관이 조직과 생산 속도를 결정했는데, 기업주는 자신이 원하는 가장 능률적 방법으로 생산을 조직하기 위해서는 이들에게 의존할 수 밖에 없었다. 최적 수준까지 생산이 도달할지를 가늠할 수 있는 독자적이고 신뢰할 수 있는 수단이 기업주에게는 없었다는 것이다. 이러한 상황에서 노동자들의 지식은 곧 권력의 주요 원천이었다. 노동자들이 고용을 기업주에게 의존하고 있었음에도 불구하고 기업주들은 계속적인 생산을 위해서는 노동자들의 기능적 지식에 의존해야만 했다. 기업주 입장에서 이러한 권력균형을 바꾸기 위해서는 노동자들의 지식에 대한 의존을 줄여야 할 필요성이 있었다. Taylor 는 이것을 과학적 관리법의 근본 목표 중 하나로 본다.

> "주먹구구식 혹은 전통적 지식은 모든 노동자들의 중요한 자산이다.... 이것은 관리자(혹은 기업주)가 소유하지 못한 자산이다. 그럼에도 불구하고 노동자들의 지식과 기술은 그들 부하의 지식과 기술에 미치지 못한다. 관리자들은 바로 이렇게 못미친 부분을 충족시킬 준비를 하여야 한다."(Taylor, 1911:26,33)

---

5) 앞서 언급한 바와 같이 Taylor는 공장 엔지니어 출신이다. 테일러는 28세 때 Midvale 철강회사의 수석 엔지니어가 된다. 여기에서의 경험과 그 이후 베들레헴 철강공장에서 수행한 실험을 바탕으로 테일러는 공장의 능률과 생산성을 높일 수 있는 절차를 발전시킨다.

권력의 원천으로서 지식을 사용할 수 있는 능력은 노동자들이 지닌 첫 번째 능력이다. 과학적 관리법은 이것을 공격하고자 한다. 이것이 과학적 관리법의 첫 번째 문제이다. 일단 관리자들이 노동자들이 지니는 생산지식과 맞붙어 싸우자 두 번째 문제가 등장한다.

> "따라서 관리자 앞에 놓인 문제는 모든 노동자들이 가장 좋은 제안을 하도록 하는 것이다....그러나 노동자들은 가장 좋은 제안을 사용자에게 제시하는 것이 자신들의 이익에 반한 것이라고 생각한다. 사용자들을 위해 가능한 가장 많은 일을 하고, 가장 질 좋은 제품을 만들려는 대신 그들은 가능한 느리게 일하고자 한다" (Taylor,1911:33).

여기에서 Taylor는 노동자의 "꾀병부림" 즉, 실제 놀면서 일하는체 하려는 것을 언급한다.

따라서 Taylor의 도전은 노동을 생산과정의 대상으로 환원시키는 것이다. 노동이 생산조직이나 작업속도를 결정하도록 하는 것 보다는 과학적 관리의 원리에 따라 이루어지도록 하는 것이다. 이것은 독자적 행동기반, 혹은 좀더 구체적으로 노동자들이 지닌 기능적 지식의 힘을 깨뜨림으로써 달성될 수 있다. 이러한 권력의 원천을 봉쇄함으로써 노동을 생산의 다른 통제 가능한 요인으로 바꿀 수 있다. 노동을 하나의 객체로 성격을 바꿈으로써 노동은 조직화와 순응의 대상이 되는 것이다.

Taylor에게 과학의 적용은 이러한 목적을 실현시키기 위해서이다. 과학은 생산방법의 특징을 이루는 예외성과 불확실성을 제거시켜, 주어진 임무를 완수하기 위한 "하나의 최선의 방법"이다. 예외가 많이 생기는 것은 노동자들을 고용할 때 사용하는 노동자들의 습관, 배경, 훈련량 때문이다. 표준방법 대신 노동자들이 견습생 기간 동안 익힌 다양한 기법과 주먹구구식 관례 및 시행착오 등이 작동하기 때문이다. 이것을 기능지식이라 한다. 기능지식은 인간의 표준화 되지 않은 가변적 속성을 그대로 반영한 것이다. 기계와 같은 통일성과 예측성을 선호하는 Taylor와 같은 사람들에게 이것은 커다란 문제였던 것이다.

> "우리 공장의 근로자들은 자신의 주변에 있는 것들을 관찰함으로써 세세한 일을 하도록 교육받아왔다. 그와 같은 일을 하기 위해서는 공동으로 사용해야 할 많은 방식이 필요하다.... 각각의 작업 요소에 사용된 여러 가지 방법과 실행 중 더 빠르고 더 좋은 한가지 방법과 한가지 실행이 있다. 그리고 이러한 한가지 최선의 방법과 실행은 과학적 연구와 분석을 통해 발견되거나 발전될 수 있다. 그 방법은 정확하고 세밀한 동작과 시간 연구이다. 이것은 기계적 기술을 통한 주먹구구식 방법을 과학으로 점차 대체시키는 것을 의미한

다"(Taylor,1911:15).

한가지 최선의 방법이란 부품이 기계로 바뀌는 것 처럼 노동의 요소가 생산과정으로 투입되도록 하는 것이다. 이를 위해서는 기존 작업을 재편하여야 한다. 부품이 기계설계를 결정하지 않는 것처럼 노동도 생산활동을 결정해서는 안된다. 노동은 이미 작동하고 있는 기존의 과학적으로 결정된 업무에 따르면 된다.

과학적 관리의 원리는 본질적으로 생산을 사회적으로 조직하고자 하는 공학의 원리이다. Taylor는 이러한 자신의 특별한 공학적 지식(기계적 설계)을 통해 귀찮고 의심스러운 부품인 인간을 공장 시스템에 적응시키고자 하였다. 인간은 엔지니어가 보기에 가장 매력없는 속성이다. 성급하고, 저항적이며, 갈등만 일으키고, 따르려하지 않는다는 것이다. Taylor의 과학적 관리법은 이렇게 변덕스럽고 예측불가능한 생산요인이 던진 문제를 최소화하고자 한 것이다.

2. 과학적 관리법의 원리

Taylor시스템의 중심요소는 다음과 같은 4가지 기본단계로 구성된다.

i) 노동자의 동작을 포함한 노동과정에서의 모든 요소와 업무조건을 표준화 함
ii) 노동자를 과학적으로 선발, 훈련, 그리고 발전시킴
iii) 관리자와 노동자의 협력을 도모함
iv) 관리자와 노동자 사이의 업무와 책임을 균등히 배분함

첫 번째 단계는 모든 사람의 동작을 포함한 노동과정의 모든 요소를 과학화하고, 업무조건의 표준화와 완벽성을 기하는 것이다. 시간과 동작연구는 이러한 단계의 중요 구성요소이다. Taylor에 따르면 노동자의 모든 물리적 행동은 과학적 분석의 대상이며, 이들 행동을 수행할 최선의 방법을 과학적으로 규명해야 한다고 한다. 이것은 현재의 모든 형태의 육체노동에도 적용된다. Taylor는 다음과 같이 주장한다.

> "모든 노동자의 하나하나의 행동은 전부 과학의 대상이다.... 이 과학이 바로 기초 중의 기초인 것이다."(Taylor,1911:64-65)

일단 업무가 과학적으로 분석되고 수행되면 그 다음은 노동자들을 과학적으로 선발,

훈련, 발전시키는 것이다. Taylor는 노동자들이 무슨 일이든 할 수 있다고 생각하지 않았다. 그에 따르면 노동자는 능력과 재능에 있어서 차이가 있게 마련이고, 관리자는 이 차이를 탐지해서 그들에게 가장 적합한 업무를 맡겨야 한다는 것이다. 이러한 점에서 Taylor는 "모든 일에는 거기에 맞는 도구" 가 있다는 진리의 확고한 신념자였다. 인간은 생산과정에 맞추어야 하는 도구, 수단, 부품이다. 문제는 노동 부품의 차원을 결정해서 기계에 가장 맞는 위치를 찾아내는 것이다. 반응시간, 신체적 특징, 지적 능력 등과 관련된 인간의 특징을 측정하는 것이 Taylor가 말하는 과학의 임무였던 것이다. 가령 Taylor는 생리적 실험과 행동의 반응을 인지하는 지수인 "개인계수" 의 측정을 언급한다(Taylor,1911:89). 이 실험을 근거로 관리자들은 특별한 업무에 대한 가장 적절한 근로자를 선발할 수 있게 되었다.

훈련과 노동자들의 발전에 대해서 언급하고 있지만 Taylor의 주요 관심사는 시간과 동작 연구를 근거로 업무를 비교적 단순화 시켜 거기에 적절한 사람을 배치하고 그것을 바탕으로 성과를 높이는 것이다. 결국 노동과정에 대한 과학적 분석은 모든 업무를 단순하고 반복적인 동작을 계속하도록 만드는 것이다. 눈에 보이는 반복적 업무로 바꾸는 것이 과학적 관리법의 중요한 목표였던 것이다. 만약 노동자가 이런 업무에서 뛰어난 성과를 내는 경우 그것은 과학적 선발절차가 잘됐기 때문에 그렇게 된 것이라고 보았다. 노동자들이 높은 성과를 내거나 승진을 하는 경우에도 그것은 관리자의 힘이라기보다는 과학적 분석의 힘으로 생각했다. 결국 과학적 분석만 잘되면 나머지 모든 것은 다 잘 된다는 논리였던 것이다.

Taylor시스템의 세번째 중요한 원리는 협력의 개념과 관련된 것이다. 관리자들은 과학적으로 결정된 지침에 따라 업무가 수행되는지 여부를 알기 위해서 노동자들과 협력해야 한다는 것이다. Taylor는 이것을 "과학을 따르고 그 다음에 노동자를 하나로 뭉치게 해야 한다"는 말로 정의한다.

과학적 관리법의 마지막 단계는 관리자와 노동자 사이의 업무와 책임의 균등한 분배이다. 모든 문제가 전적으로 노동자의 몫이었던 과거의 관리시스템과 반대로 지금의 관리자는 과학적 원리에 따라 문제의 절반을 책임져야 한다. 50 대 50의 균등한 책임배분이다. 관리자와 노동자 사이에 정신적, 육체적으로 분명한 질적 차이가 있기 때문이다. 관리자는 인식하고 노동자들은 실행에 옮기는 차이이다. 과학적 관리법은 이것을 근거로 균등한 배분이 이루어져야 한다는 것을 강조한다.

3. 과학적 관리법에 대한 평가

생산에 대한 이러한 분석과 재편의 결과 길게 늘어져 있던 노동과정을 노동자들이 반복할 수 있는 구체적 활동으로 줄일 수 있게 되었다. 즉 노동의 분업이 가능해진 것이다. 바로 이렇게 전문화된 업무로 노동자들의 업무를 분리시키는 것이 과학적 관리법의 특징이다. 이것은 5장에서 언급하게 될 관료적 조직모델의 핵심 구성요소이기도 하다. 노동의 분화는 수평적(상호 연관된 일련의 업무를 중심으로 노동자를 나누는 것)인 것과 수직적(관리자는 지적 노동과 육체적 노동자로 나누는 것)인 것으로 구분된다.

과학적 관리법은 또한 조직의 기계적 metaphor의 가장 대표적 예이다(Morgan, 1997). 앞서 언급한 바와 같이 Taylor가 사용한 공학적 모델은 인간의 업무를 기계의 서로 다른 부품의 행동으로 유추시킨 기계적 모델이다. 손목시계가 이의 가장 단순한 예이다. 손목시계는 보다 큰 장치를 구성하는 부품으로 업무를 분화시킨 기계이다. 시계의 부품들은 반복적 행동으로 전문화되어 있다. 특별한 부품의 반복적 운동은 동시에 작동해 시계를 움직인다. 이것이 바로 인간 노동과정의 모델이 된 가장 능률적이고 단순한 metaphor인 것이다.

Taylor의 이러한 조직에 대한 개념 규정은 생산과정에서 나타난 불가피한 불확실성을 통제하기 위한 것이다. 그가 말하는 과학이란 이러한 불확실성을 줄이기 위해서 설계되었다. 공학원리를 적용함으로써 인간행동에 나타난 자유재량권과 가변성을 제한하기 위한 것이다.

관리자에 대한 근본적 도전에 대한 여러가지 언급 중 Taylor는 인간노동의 독특한 지위와 관련된 다양한 사회학적·생리적 문제를 언급한다. 가령 노동자들의 빈둥거림을 논의하는 자리에서 새로운 집합적 행동의 본질을 기술한다. 그는 "자연적" 빈둥거림과 "체계적" 빈둥거림을 구분한다 (Taylor,1911:30-34). 자연적 빈둥거림이란 쉽게 살아가려는 인간의 자연스러운 본능이나 성향과 관련된 것이다. Taylor는 인간이란 본질적으로 게으르기 때문에 적극적으로 변하게 하기 위해서는 강제, 동기부여, 설득되어야 한다고 한다. 이것은 인간본성에 관한 주장이다. 반면 체계적 빈둥거림은 노동자들이 집단 업무를 수행할 때 다른 사람들과의 관계에서 발생한 미묘한 생각과 이유로부터 발생한 빈둥거림이다. Taylor는 이러한 형태의 빈둥거림을 가장 사악한 것으로 보았다,

> "또 다른 설명으로서 야심과 혁신의 결여는 노동자들이 별개의 개인으로서 활동할 때보다는 집단의 일원으로 활동할 때 더 많이 나타난다. 따라서 가능한 모든 노동자들은 분리된 개인으로서 업무를 수행하여야 한다"(Taylor,1911:72-73).

Taylor는 인간이 지닌 자연스러운 게으름을 체계적 빈둥거림을 강조함으로써 각하한다. 그러나 보다 중요한 것은 체계적 빈둥거림이다. 이것은 인간이 노동력의 공급자이기도 하고 통제자이기도 하다는 사실로부터 생겨난다. 조직의 다른 요소와 달리 노동자들은 자신들의 노동을 공급함으로써 존재한다. 이것이 생산제한과 "할당량 초과자"에게 규제를 포함한 규범과 기대로써 전달된다. 혼자 떨어져 있는 개인은 관리자들이 쉽게 관리할 수 있는 사람이다. 이들은 다른 사람과는 다른 동기를 지닌다. 따라서 개개 노동자들이 집단 규범 및 기술을 발전시키지 못하도록 하는 것이 핵심이다. Taylor에 의하면 새로운 집합적 속성이 조직의 효율성과 능률성을 가로막는다는 것이다. 따라서 관리자는 노동력을 쪼개 집합적 근거가 아니라 개인적 근거로 노동자들과 협상해야 한다.

> "개인적 야심은 언제나 일반적 복지욕구 보다 실행하기 더 강력한 유인책이다. 빈둥대면서도 협력이라는 미명하에 이익을 다른 사람과 동등하게 나눠 가질려는 잘못된 몇사람의 게으름뱅이들 때문에 우수한 사람까지도 그 게으름뱅이 수준으로 떨어질 가능성이 높다"(Taylor,1911:95).

개인적 야심은 자연스러운 빈둥거림과 관련된 게으름과는 상반된다.

노동자들을 분리시키려는 Taylor의 입장은 그 이후의 연구자들 특히 인간관계론자들에 의하여 크게 비판받는다. 비판의 근거는 크게 세가지이다. 첫째는 공동의 도덕적 목적이고(가령 Chester Barnard), 둘째는 비공식 집단 문제이며(가령 F. Roethlisberger와 W.J. Dickson), 셋째는 시너지 문제이다.

인간 동기부여 문제에 대해서 모순된 주장이 있음에도 불구하고 Taylor는 노사관계에 대한 개인주의적 성향과 일치한 보강모델에 크게 의존하고 있다. Taylor는 여러 곳에서 동기부여의 가장 중요한 법칙은 "업무이념"이라고 밝히고 있다.

> "노동자들에게 빠른 속도를 요하는 업무가 매일 주어졌을 때 이 업무이념은 절대적으로 필요하다. 완수될 때 마다 거기에 따른 높은 임금이 주어져야 한다. 업무와 보너스(인센티브), 이 두 가지 요소는 과학적 관리법이라는 메카니즘의 가장 중요한 요소이다"(Taylor, 1911:121-122).

결국 테일러가 주장한 업무이념이란 다름아닌 성과에 따른 금전적 보상이었던 것이다. 금전적 보상은 대표적인 외재적 보상이다. 그런데 Taylor는 업무 그 자체에서 나오는 잠재적인 내재적 보상은 전적으로 무시했다. 앞서 언급한 바와 같이 그는 노동자 사이의 협력으로부터 나온 동기를 의심했다. 보너스가 Taylor 모델에서 나온 유일한 당근

이었던 것이다. 물질적 보너스는 확실히 노동자들의 신체적 행동을 되풀이 하게 하는 중요한 보상이라는 것이다.

Taylor는 이 원리를 직시하고, 이것을 반사회적인 노동과정에 적용한다. 노동자들을 개별 부품으로 본 것이다. 업무는 쪼개고 분리시켜야 한다는 것이다. 통합과 응집력은 권고되지 않았다. 의사전달은 관리자와 개별노동자 사이의 상호작용에 국한되었다. 물질적 보너스를 얻기 위해서만 에너지가 사용되었다. 과학적 관리법은 또한 단결, 충성심, 몰입 등과 같은 사회적 규범을 무시했다. 조직에는 개인의 발전의 기회가 없었다. 지적 능력, 기술향상, 양심전달 등을 향상시킬 기회가 허락되지 않았다.

이상의 Taylor의 처방적 원리가 제시한 과학적 관리법의 기본 메시지를 정리하면 다음과 같다.

· 주먹구구식이 아니라 과학
· 불일치가 아니라 화합
· 개인주의가 아니라 협력
· 산출의 제한이 아니라 산출의 극대화
· 최대한의 능률과 번영을 이루는 선까지 인간을 발전시킴

앞서 언급한 바와 같이 협력과 발전은 과학적 관리법의 중요 요소가 아니다. 그럼에도 불구하고 과학적 관리법은 인정받고 광범위하게 채택되기 위해서 자신만의 방식을 제시하고자 하였다. 그러나 이러한 메시지에도 불구하고 과학적 관리법은 실제 적용에 있어서 많은 문제와 논란을 낳았다.

Section 4 과학적 관리법의 실제적용

1. Hoxie 연구에 의한 과학적 관리법의 평가

과학적 관리법에 대한 주목할 연구는 1915년 Robert Hoxie에 의해서 실시된 연구이다. 1915년 미국 산업관계 위원회의 특별 조사관에 임명된 Hoxie는 과학적 관리법과 관련된 폭넓은 연구를 실시하게 된다. 이 Hoxie의 연구는 Taylor의 공장관리 시스템에 관한 1911년 실시된 미 하원 조사 및 청문회와 연결되어 있다. Hoxie는 과학적 관리

절차를 사용하고 있는 관리자들을 인터뷰했으며, 과학적 관리법의 적용실태를 조사하기 위해서 직접 공장을 방문하기도 하였다. 그의 연구의 목적은 과학적 관리법 주창자들이 주장한 내용과, 과학적 관리법 적용결과에 관한 반대론자들의 의견을 동시에 평가하기 위한 것이었다.

과학적 관리법의 지지자들은 이 시스템이 낭비를 줄이고, 생산방법을 향상시키며, 생산의 결실을 분배하기 위한 과학적 기반을 발전시킴으로써 노동자, 기업주, 관리자, 나아가서 사회의 이익에 기여한다고 주장한다(Hoxie,1966:7-13). "과학적"이라는 말은 첫째, 그것이 인위적이고 편파적인 관리 실제의 가능성을 줄여주는 중립적·가치배제적 시스템이기 때문에 매우 중요하다는 것이다. 과학적 법칙이라는 규칙이 강압과 변덕이 행사되는 것을 사전에 배제시켜 준다는 것이다. 이것은 보다 공정하고 보편적 원리를 심어주기 때문에 노동자에게 유리하다는 것이다.

"과학적" 이라는 말이 지니는 두 번째 의미는 가장 생산적이고 능률적인 조직 시스템과 노동의 분화를 결정하는 균형잡힌 경험적 기반이라는 것이다. 따라서 이러한 의미에서 과학적 관리법은 과학적이면서 민주적이라는 것이다(Hoxie,1966:9). 과학적 관리법의 지지자들은 과학적 관리법이 현대 사회의 가장 신성한 가치에 존경을 표하기 때문에 그러한 점에서 노동자들이 이것을 받아들이도록 촉구하고 있다는 것이다.

과학적 관리법의 지지자들이 제시한 이러한 과학적 관리법에 대한 옹호는 조직 시스템과 생산의 인간적 요인 사이의 관계에 관한 중요한 사실과 관련된다. 종업원들의 복종을 얻기 위해 조직은 원칙적으로 어떤 규범적 가치와 이념을 따라야 한다. 과학과 민주주의는 산업의 중심 목표가 아니지만 과학적 관리법의 지지자들은 이것이 광범위하게 공유된 가치관이라는 것을 깨닫고 있었다. 아이러니칼하게도 이러한 정당한 원리를 사용하는데 있어서 과학적 관리법은 조직 시스템이 측정할 수 있는 척도를 제공했을 뿐만 아니라 대안적 조직형태에 대한 추상적 생각도 제공했다. 과학과 민주주의를 언급했다는 것은 이들에 충실해야 한다고 주장하는 현대 조직에서도 실현되지 못한 조직의 가능성을 그 당시 이미 언급하고 있었다는 것을 말해준다. 이 사실은 과학적 관리법을 반대하는 노조의 입장에도 그대로 반영되고 있다(Hoxie,1915). 과학적 관리법의 의미에 대해서 노조는 다음과 같이 받아들이고 있는 것이다.

"조직화된 노동은 그들이 규정한 "과학적 관리"와 "관리에 있어서의 과학" 사이에 명확한 구분을 짓고 있다. 조직화된 노동은 낭비를 줄이는 것, 기계성능의 향상과 능률적인 관리로부터 생겨난 생산의 증대를 반대하지는 않는다. 따라서 조직화된 노동은 "관리에 있어서의 과학"과 이것의 목적에 따르려는 것이지, 소위 말하는 과학적 관리 시스템을 따르려하는 것은 결코 아니다(1915)."

이러한 진술은 능률과 생산을 증대시킬 수 있는 진보적 힘으로서의 과학적 이상을 노동자들이 초기에 따르려고 했다는 사실을 보여준다. 노동자들은 과학 그 자체를 부정한 것이 아니었다. 다만 새로운 관리계층의 특별한 과학적 생각을 반대하고 있었던 것이다. 따라서 과학적이라는 말 그 자체는 그것을 따르려는 광범위한 지지가 있었다. 그러나 노동자들은 과학적 관리법이 과학적 원리에 충실한지에 대해서는 회의적 이었다. 과학이라는 이념의 힘은 생각하는 것 만큼 그렇게 잘못된 것이 아니었다. 1915년 과학적 관리법이 발전시킨 원리에 대해서는 거의 이의가 없었다. 다음은 이에 대한 노조의 입장이다.

· 그들이 규정한 과학적 관리법은 생산과 이익을 증대시키기 위해 사용된 장치이다. 그러나 과학적 관리법은 노동자들의 성격, 권리, 복지에 대한 고려를 배제시키려는 경향이 있다.

· 과학적 관리법은 노동자들을 생산의 단순한 수단으로 본다. 그리고 이들을 기계에 반자동적으로 부속되는 것으로 만들었다.

· 과학적 관리법은 모든 요소를 고려대상에 넣지 않는다. 그러나 인간을 생명없는 기계처럼 다룬다(Hoxie,1966:15,18).

이처럼 노동자들은 과학적 관리법이 주장한 과학적이라는 말에 거부감을 갖고 있었다. 과학적 관리법이 주장한 민주주의적이라는 말도 마찬가지이다.

"과학적 관리법은 비민주적이다. 과학적 관리법은 산업적 자율성과 반대되는 개념이다. 과학적 관리법은 사용자들이 정한 룰에 노동자들이 의존하게해 노동자들의 민주적 안전장치를 제한한다. 과학적 관리법은 노동자들이 고용과 해고, 업무설정, 임금률 결정, 일방적인 고용조건에 관해 목소리를 내는 것을 못하게 한다"(Hoxie,1966:17).

노동자들은 민주주의의 정당한 규범을 과학적 관리법과 매우 다르게 규정하고 있었던 것이다. 반면 과학적 관리론자들은 과학과 민주주의 사이에 밀접한 관계가 있다고 본다. 생산 시스템의 민주적 본질은 개인의 권위에서 나오는 것이 아니라 객관적·경험적 분석에 기반을 둔 업무와 관례를 조직화하는데서 나온다는 것이다. "하나의 최선의 방법"이 과학적으로 결정되면 여기에 참여하는 모든 당사자들은 이 절차를 따름으로써 이익을 얻게 된다는 것이다. 조직참여자 사이의 공동의 혹은 일반적 이익에 대한 가정은 과학과 민주주의 사이의 관계를 바탕으로 이루어진다. 전문훈련을 받고 교육수준이 높은 관리자들은 과학적 방법을 통해 생산성을 높일 수 있는 수단을 결정할 수 있다. 만약 조직의 절차가 과학적 탐구라는 중립적 방법을 통해 수립된다면 거기에 따른 과학적 관리 시스템은 공정적, 비개인적, 그리고 궁극적으로 민주적이 된다는 것이다. 민주주의에 대한 과학적 관리법의 시각은 과학에 대한 가치중립과, 노동자와 사용자 사이의 이익의 조화라는 통일적 개념에 근거한다(Fox,1971).

과학적 관리법을 비민주적이라고 보는 노동자들의 입장은 노동자와 기업주 사이의 관계가 적대적이라는 가정에 근거한다. 이러한 상극적 입장에서 관리자들이 제시한 조직 시스템(그것이 과학적 기반을 두든 그렇지 않든)은 의심받을 수 밖에 없다. 진정한 의미의 조직 민주주의란 노동자들의 참여와 대표성이 관리자들의 의도로부터 보호될 때 이루어질 수 있다는 것이다.

노동자와 과학적 관리법 옹호론자 사이의 상반된 입장에 대한 Hoxie의 설명은 과학적 관리시스템에 대한 노동자들의 즉각적 대응과, 과학, 민주주의, 이해의 조화를 호소함으로써 이 시스템을 정당화하고자 하는 관리자들의 노력에 집중되어 있다. 그러나 과학적 관리의 실제 의도는 과학적 정확성이나 민주적 업무절차가 아니라 생산과정의 단순화와 관례화였다. Hoxie는 이것을 과학적 관리시스템의 부분적 성공으로 기술하고 있지만 이것은 실제 과학적 관리 시스템의 중요한 업적 중 하나이다. 그러나 Hoxie도 지적한 바와 같이 과학적 관리법의 진정한 실패는 노동자의 개념을 정확히 파악하지 못했다는 것과, 이 시스템에 대한 노동자들의 반응을 미리 예견치 못했다는 것이다. Hoxie 보고서에서 가장 주목할 부분은 과학적 관리법의 실제 집행과, 이론과 현실 사이에 어쩔 수 없는 괴리가 있다는 내용이다.

이론과 현실 사이에 괴리가 있었다는 것은 전적으로 관리자와 노동자에게 존재하는 인간적 요인의 결과이다. 관리자들은 과학적 이상에 따라 행동하는데 실패하였고, 노동자들은 과학적 관리법이 주장한 정확한 측정과 통제를 따를 수 없었다.

Hoxie의 보고서가 거의 모든 부분에서 과학적 관리법의 주장에 손상을 입히고 있다는 사실에 주목할 필요가 있다. 관리적 관리법의 원리가 실제 수행되었는지에 대한 책임 문제에 대해, 그리고 실제 사용되었다면 그들이 노동자에게 어떤 영향을 미쳤는지에 대해 그 결과는 거의 부정적이라는 것이다. 과학적 관리법이 전체적으로 사용된 것도 없고, 사용되었다 해도 그 결과는 노동자에게 이익적이거나 온정적이 결코 아니었다는 것이다. 결국 노동자와 과학적 관리론자 사이의 상반된 주장을 검증한다는 측면에서

Hoxie의 연구는 노동자의 입장을 대변하는 것으로 보아야 한다.

과학적 관리법이 실제 적용되는데 있어서 왜 실패했는지를 살펴보는 것은 매우 중요하다. Hoxie는 과학적 관리법이라는 모델을 적용하는 데에는 실질적인 한계가 있었다는 점을 지적한다. 나아가서 관리자들은 빠른 결과와 계속적인 생산이라는 두가지 상반된 목표를 놓고 갈등했다는 것이다. 따라서 거의 모든 경우에 과학적 관리의 원리를 적용하는데 혼란이 있을 수 밖에 없었다는 것이다. 생산과정을 재편하는데는 많은 시간이 걸리는데 이것은 단기간의 성과에 대한 압력과 충돌할 수 밖에 없다. 이 시스템의 특별한 요소를 적용하는 과정에서 과학적 관리법의 정신과 원리가 훼손되고 폐기처분되는 경우가 많았다.

과학적 관리시스템이 문자 그대로 혹은 그 정신에 있어서 완전히 실행되었는지의 문제와 별개로 과학적 관리법이 인간관리에 관한 "과학"에 과연 접근하고 있었는지에 대한 보다 근본적인 문제도 제기되었다. Hoxie에 따르면 관리자들은 그들이 감독하는 노동자들과 마찬가지로 주관적 편견과 비합리적 성향의 영향을 받고 있었다고 한다.

앞서 지적한 바와 같이 모든 과학적 관리법의 정당성은 그것의 과학적 특성에 있다. 관리적 수준에서의 인간적 요인이 객관적인 과학적 탐구의 실현을 막는다면 과학적 관리시스템은 문제에 봉착하지 않을 수 없다. 가장 중요한 과학적 관리법인 노동자 선발, 시간과 동작 연구, 업무설정 등에서 인간의 주관성은 과학적 관리법을 비과학적으로 만드는 중요한 요인이었다.

> "과학적 관리법은 그것이 구상한 불변의, 그리고 객관적 문제를 이루기는 커녕 실제 적용에 있어서 인간적 요인이 지니는 문제로 인하여 개인 판단, 다양성, 부정확성, 부당성에 빠지고 말았다"(Hoxie, 1966:40).

관리자들을 노동자에 비해 특별한 능력을 소유하고 있는 것으로 추정한 그 당시의 지배적인 관리 이데올로기와 반대로 Hoxie는 관리자를 노동자와 같은 계급으로 본 진정한 사회학적 분석을 시도한다. 인간으로서 관리자들은 인간의 잠재성을 제한하면서도 동시에 신장시키는 이익, 감정, 욕구를 지니는 존재라는 것이다. 이 경우 인간적 요인은 과학적 수준에서 조직방법을 과학적으로 적용하는 것을 방해한다. 비과학적임에도 불구하고 인간적 요인에 따른 의도적 이거나 강제된 시스템이 여전히 존재하고 있다는 것이다. 과학적 관리법은 실제 적용되고 있는 시스템의 요소에 인간적 요인이 어떻게 적용하는지를 고려하여야 했다.

Hoxie의 연구는 노동자들이 과학적 관리법에 반대하여 취한 행동에 대해서는 언급하지 않는다. 그러나 Hoxie는 과학적으로 측정, 탐지, 보상되는 대상으로서의 노동에 대한 과학적 관리법의 개념에 대해서 비판을 가한다. “과학적 관리법의 실제 적용의 원인과 문제점” 이라는 제목의 이 보고서의 결론 부분에서 Hoxie는 이 시스템의 중요한 문제가 본질적으로 무엇인지를 밝히고 있다. Hoxie에 따르면 과학적 관리법은 인간관리 문제를 기술적으로만 접근하고자 하였고, 사회조직에 내재한 복잡한 문제를 간과했다는 것이다. Hoxie에 의하면 과학적 관리법이 노동자들의 광범위한 반대에 부딪쳤을 때 그 지지자들은 이미 이러한 약점을 알고 있었다는 것이다.

이직, 결근, 태업, 의사소통의 결여, 그리고 집단적 저항 등에서 나타난 과학적 관리 시스템에 대한 노동자들의 저항은 관리적 수준에서의 통제 전략을 수정하게 하였다. Hoxie가 지적한 바와 같이 이 수정은 인간 요인에 관한 서로 다른 개념과 가정을 요구한다. 4장에서 살펴보겠지만 전혀 다른 가정이 인간요인을 통제하기 위한 서로 다른 전략을 만들어낸다. 그러나 공장시스템을 수립하기 위한 초기의 시도에서 분명히 나타난 바와 같이 인간의 능력과 조직의 통제 시스템 사이의 동적인 긴장은 모든 역사적 시점에서 강하게 대두되는 문제 중 하나이다. 현대 관리(경영)의 기원을 연구한 Pollard(1965:208)는 현재의 사회 및 산업 구조의 상황에서도 이러한 딜렘마가 지금까지 해결되지 않은 채 그대로 남아 있다고 한다.

2. 과학적 관리법의 현실 적용

테일러의 과학적 관리법은 베들레헴 철강회사의 선철 취급자에게 적용되었다. 선철은 저장과 선적을 위해 용광로에서 여러 형태의 틀로 부어지는 원철이다. 1898년 베들레헴 철강회사에는 약 92파운드(약 42킬로그램)의 선철을 생산하기 위한 5개의 용광로가 있었다. 회사는 이 선철을 다루기 위해 75명의 노동자(작업자)들을 고용하고 있었다. 그리고 작업은 전부 수작업으로 이루어졌다. 노동자들은 앉아서 땅바닥에서 선철을 집어들고 몇야드 걸어서 철도차량이 있는 곳으로 그것을 옮겨야 했다. 이들은 선철을 다루는데 능숙한 사람들이었고, 다른 곳의 선철을 다루는 사람들 못지않게 효율적으로 빠르게 작업하는 사람들이었다. 평균적으로 그들은 매일 한 사람 당 12.5톤(약 28.000파운드)의 선철을 날랐다.

그러나 테일러에 따르면 “과학적”으로 신중하게 연구하면 선철작업자는 적절한 휴식을 취하면서도 하루에 47.1톤 내지 48톤의 선철을 옮길 수 있다고 한다. 이것은 기존 작업량의 약 4배에 달하는 수치이다. 과학적 연구결과를 바탕으로 테일러는 선철작업자의 작업을 매우 신중하게 조정했다. 작업할 때와, 쉴 때를 작업자에게 맡기지 않고 관리자들이 결정하도록 했다. 관리자들은 과학적으로 계획된 작업스케쥴에 따라 선철을 언제 집어들어야 할 지, 언제 옮기고 언제 쉬어야 할지를 결정했다. 이 과정은 매일 반복됐고, 그 결과 모든 작업자가 하루에 47.5톤의 선철을 다룰 수 있게 되었다. 선철작업자들의 하루 업무의 표준이 정해지게 된 것이다. 선철 작업자들은 이 증가된 작업 할당에 반대하지 않았다. 왜냐하면 임금을 더 많이 받을 수 있기 때문이다.

앞서 우리는 과학적 관리법을 노동자와의 투쟁에서 자본가가 사용한 전술로 주로 기술했다. 그러나 과학적 관리법은 이처럼 산업공학훈련으로 발전했다는 것이다. 과학적 관리법은 정확한 작업시간과 동작 연구를 통해 과학적 작업을 수행할 수 있다는 것을 보여준다(가령 Konz,1983). 이에 따라 과학적 관리법은 업무와 작업 상황에서 있을 수 있는 거의 모든 유형을 연구하게 된다. 근무연장과 작업부서의 업무계획에 관한 연구, 작업부서간의 부품과 용구의 교류에 관한 연구 등이 그것이다. 기계제조 회사. 대형 백화점, 은행과 보험회사의 사무실에서 행하는 작업에 초점을 맞춘 연구도 수행되었다. 이 모든 연구에서 다수의 계획원리가 도출된다. 이 원리들은 작업전문화, 업무분담, 동일한 조작을 동일 시점에서 수행할 것 등을 제시한 원리이다. 작업이 전문화될수록 작업산출의 질과 양이 모두 향상될 것으로 보는데, 전문가가 자신의 업무를 훨씬 효율적으로 수행할 것으로 기대되기 때문이다. 이러한 과학적 관리법의 생각은 국제능률운동을 일으켰다. 이 운동의 대표인 Gilbreth는 업무수행에 필요한 동작과 시간을 줄이기 위한 업무방식을 연구하는데 생애를 바친 사람이다. 벽돌공이었던 Gilbreth는 인테리어 벽돌을 쌓는데 필요한 동작 수를 18개에서 2개로 줄이는 방법을 고안하였고, 그 결과 시간당 벽돌을 120개에서 350개로 늘려 쌓을 수 있었다. 실제 당시 과학적 관리법은 다음과 같은 다양한 사회적 사실에 영향을 미쳤다.

첫째, 과학적 관리법이 시도한 생산과정에 대한 기술적 통제가 비단 자본가 계급만 시도했던 것은 아니라는 것이다. 러시아 혁명 초기 볼세비키 지도자들은 과학적 관리법에 매력을 느꼈다. 레닌 자신도 러시아에서 테일러 시스템의 연구와 교리를 조직하여 그것을 체계화하고 자신들의 욕구에 적용해야 한다고 지적하고 있다. 소위 말하는 "스타하노프"(Stakhanovite) 운동(성과에 따라 임금을 지불하는 시스템)이 소련과 중국에서 노동분화, 작업할당량, 도급제 등의 업무과정을 합리화하기 위해 사용되었다. 이것은 능률성을 추구하기 위한 과학적 관리기법의 이용이 조직의 노동과 자본 사이의 관계 및 이윤추구 체계 보다 우선시된다는 것을 의미한다.

둘째, 과학적 관리법의 원리는 행정학에 영향을 미쳤으며, 행정학에서 광범위하게 사용되었다. 개혁시대 미국에서는 정치와 행정을 분리하고, 시정부에서 "보스"정치를 폐지하려는 시도가 있었다. 따라서 당시 많은 개혁가들은 과학적 관리법과 관련된 객관성과 능률성의 정신을 포용한다(Schiesl,1977). 이것은 고용, 예산, 전문성, 업무 분화, 공공서비스 전달 등과 같은 공적 업무에 영향을 미쳤다. 이 경우 과학적 관리법의 매력은 노동을 사회적으로 통제하고 생산적 능률을 높이려는 능력에 있는 것이 아니라, 정치적 고려로부터 벗어난 순수한 행정절차를 수립하는데 있다.

셋째, 과학적 관리법과 관련된 세밀한 업무와 일의 배분은 미국의 산업 노조에 의해서 받아들여졌고 옹호되었다는 것이다(Sullivan,1987). 얼핏보기에 역설적으로 보이는 이러한 사실은 노조가 자신의 노동자들을 보호하기 위해서 업무규칙, 직무분류, 각 지위에 대한 고참제 적용 등을 수립할 수 밖에 없었다는 사실을 말해준다. 이것은 작위적으로 책무를 재설정하거나 노동자들의 보직을 수시로 변경시키는 것, 그리고 숙련 노동자를 비숙련 노동자로 대체하는 것으로부터 노동자를 보호하기 위한 조처였다. 따라서 과학적 관리와 통제 전략에 대한 노동자들의 반대는 자신들의 이익을 위해 과학적 관리법을 받아들일 수 밖에 없다는 역사적 사실로 상쇄된다.

결국 테일러의 과학적 관리법은 어떤 작업이든 거기에는 반드시 한가지 최선의 방법이 있다는 것, 작업을 하기 위한 최선의 방법은 과학적 연구를 통해서만 이룰 수 있다는 것, 그리고 사람들은 일차적으로 금전적 자극에 의하여 동기부여되고, 적절한 임금을 받는 한 전문화된 작업을 수행할 것이라는 것을 핵심 내용으로 한다.

테일러의 과학적 방법은 사용한 사람들이 자신들의 방식대로 이식하여 실행에 옮겼다. 오늘날 까지 과학적 관리법의 원리는 많은 국가에서 노동자들의 투입과 산출을 평가 및 통제하기 위한 목적으로 계량화하여 사용되고 있다. 그러나 이러한 사실에도 불구하고 과학적 관리법은 많은 노동자와 사용자에게 위험하고 파괴적인 것으로 받아들여졌다. 노동자들의 권익이 역사적으로 잘 보장받고 있었던 영국, 프랑스, 스웨덴, 그리고 덴마크 등에서는 과학적 관리법이 받아들여지지 않았다.

과학적 관리법을 반대하는 사람들은 그것이 지닌 장점에도 불구하고 과학적 관리법이 지닌 여러 가지 문제 때문에 그것을 반대한다. 우선 엄격한 업무방식이 노동실제에서 노동자들의 통제를 잃게하여 결과적으로 노동자들을 소외시키고, 권력을 기술자에게 집중시키는 결과를 초래한다는 것이다. 또한 성과에 대한 차별적 임금을 지급함으로써 노동자들의 유대감을 깨뜨린다고 한다. 장인과 감독관을 관리자로 대체하려는 것도 반대를 낳았다. 업무방식의 통제라는 과학적 관리법의 생각이 노동자와 관리자 사이의 신뢰와 협력을 깨뜨린다는 것이다. 이것을 극복하기 위해 1920년대 개별기업 노조가 설립되었고, 각종 복지제도가 속속 도입되었다. 또한 소유와 경영이 분리되어 자본가, 관리자, 그리고 노동자라는 세가지 자본주의 계급 축이 형성되었다. 이제 노동자를 하나의 인격체로 보려는 가치관이 정립된 것이다.

여러가지 논란에도 불구하고 과학적 관리법은 조직의 합리성을 높이고자 시도한 최초의 관리기법이라는 점에서 의미가 크다. 객관적인 측정방법과 업무능률을 높이기 위한 법칙의 발견 등에 대한 과학적 관리법의 신념은 관리통제 시스템을 근거로 이루어졌다는 점에서 모더니스트 조직이론에 그대로 전파된다. 그러나 비판론자들은 과학적 관리법이 조직을 능률적으로 만들려는 수단이 아니라 관리자에게 권력을 주는 논리에 불과하다고 한다.

관료제 이론

chapter 4

조직이론의 지배적 이론이 한가지가 있다면 그것은 단연코 관료제 이론이다. 조직을 연구하는 학자 중 이것을 부인하는 사람은 없다. 좀더 정확하게 말하면 조직이론의 발전은 관료제 이론을 옹호하거나 비판하는 데서부터 시작한다는 것이다. 관료제 이론은 Morgan(1997)의 조직에 관한 기계적 Metaphor에 해당한다. 조직을 기계로 보고, 조직 내의 지위를 기계의 부품으로 유추하는 조직관이다. 관료제 이론은 업무를 능률적으로 수행하기 위해서 조직내 지위를 고안한다. 따라서 관료제 이론은 조직의 목표나 목적달성을 위해서 조직이 명확한 구조적 장치나 행정적 절차를 구비할 것을 주장한다. 이를 위해서는 인간의 노동을 조정하고 통제하는 공식적 지위와 절차가 필요하다. 관료제 이론은 Max Weber의 관료제 논의로부터 시작한다.

Section 1 Max Weber의 관료제 이론

1. Max Weber 관료제의 핵심요소

Max Weber의 관료제 이론은 조직이론과 관리실제에 큰 영향을 미쳤다. Peter Blau와 Marshall Meyer(1971)는 Weber의 관료제 모델과, 이것이 조직실제에 주는 의미를 자세히 분석한다. 〈표4-1〉 은 그 내용이다.

Weber가 주장한 관료제의 핵심요소는 전부 6가지이다. 첫째, 노동과 권위의 명확한 배분, 둘째 계층제적 조직구조(이것을 hierarchy라 한다), 셋째 성과척도의 기준으로서의 문서화된 지침, 넷째 전문성과 자격에 따른 공직에의 충원, 다섯째 공직을 평생직업으로 삼음, 그리고 여섯째 사람이 아니라 지위에 따른 의무와 권위 등이 그것이다.

이 요소들은 조직내에서 인간을 충원하고, 배분하며, 통제하는 관료적 방법을 구체화한 것이다. 이 요소들을 바탕으로 관료제적 조직은 다음과 같은 방식으로 업무를 수행한다.

i) 조직의 업무는 관련 자격(전문지식)이 있는 사람에게 맡긴다.
ii) 이들에게는 특정한 의무, 책임, 권한이 부여된다.
iii) 의무, 책임, 권한은 지위에 따라 부여되지 다른 요소에 의하여 부여되는 것이 아니다. 지위는 계층적 구조의 일부이며, 이것에 따라 상하관계가 이루어진다.
iv) 문서화된 법이나 규칙, 규제 등이 업무수행의 지침이 된다.

v) 공직은 평생직장이며, 안정된 업무을 전제로 한다.

vi) 이상의 요소들은 조직전체의 목표를 위해 개인의 행동을 규제하고 지도하는 역할을 한다.

〈표 4-1〉 Weber의 관료제 모델과 조직에 대한 암시

Weber의 관료제 모델	조직구조와 과정에 대한 암시
조직의 목적달성을 위해 필요한 규칙적 활동이 공식의무로서 일정하게 배분된다.	공식적 직무기술과 직무타이틀 : 전문화, 수평적노동의 분업
조직의 업무는 계서제의 원리에 따라 수행된다. 즉 상사의 통제와 감독하에 부하의 업무가 수행된다.	계층적 구조 ; 수직적 업무 분화
조직에서의 업무는 추상적 규칙체계로 수행되고, 이 규칙은 특별한 경우에 적용된다.	보편주의 ; 조직의 모든 구성원에게 적용되는 규칙과 규제
가장 이상적 관료는 사적 감정을 배제하고, 형식적 정신으로 임무를 수행하는 사람이다.	비개인성 ; 파벌도 없고, 감정도 없으며, 공평무사한 의사결정
공직에는 경력이 필요하다. 승진은 고참제, 업적 등의 방법으로 이루어진다.	자격과 능력, 성취를 근거로 충원, 고용, 승진
조직에서의 업무는 능률을 최대한 달성하기 위한 방식으로 이루어진다.	능률을 높이기 위한 지위와 업무의 수단 - 목적 구조가 필요

이러한 Weber의 관료제가 조직에 주는 암시는 다음과 같다. 첫째, 조직에는 명확히 규정된 목표가 있어야 한다. 그리고 이것은 공식조직을 통해 달성된다. 관료제 조직에서 명확히 규정된 목표는 반드시 있어야할 필수적인 존재이다. 실제 이 목표를 달성하기 위해 공식적 구조가 필요하고, 구체화된 조직과정이 필요하다. 중요한 것은 관료제 조직에서 목표는 반드시 공식성을 전제로 한다는 것이다. 둘째, 조직내 행동은 공식구조를 통해 이루어진다. 관료제 조직에서 비공식 구조의 비중은 매우 낮다. 좀더 정확히 말하면 관료제 조직에서 비공식적 구조는 인정되지 않는다. 관료제 조직은 그만큼 업무수행과 조직과정에서 공식성을 강조한다. 전술한 바와 같이 이 공식성도 조직 목표달성을 지향한다. 셋째, 관료제 조직에서 능률이 지상과제이다. 그리고 이 능률은 조직구성원들이 조직의 공식 규칙과 정책을 따를 때 달성된다. 넷째, 관료제는 보편주의를 지상과제로 한다. 즉 관료제는 법과 규칙에 의한 업무수행을 강조하기 때문에 사적 감정을 배제하고, 파벌을 제거해 공평무사한 업무수행을 가능하게 한다. 법앞의 평등은 관료제

가 내세우는 중요한 가치이다. 이로인해 능률의 손상도 막을 수 있고, 성과하락도 방지할 수 있다.

2. Max Weber 관료제의 특징

이상의 논의를 통해 확인할 수 있는 Max Weber의 관료제의 특징은 세가지이다. 첫째, 관료제는 조직의 구조와 기능을 강조한다는 것이다. 둘째, 관료제는 노력에 대한 보상을 제공하는 수단이라는 것이다. 셋째, 관료제는 개인을 보호하는 조직이라는 것이다.

첫째, 관료제는 구조와 기능을 강조하는 조직이라는 것이다. Weber는 조직이라는 실체가 이루어지기 위해서는 지속성이라는 속성이 필요하다고 한다. 이를 위해서는 상사가 부하를 통제하는 기제가 필요하고(가령 계층제), 전문성과 능력에 바탕을 둔 체계적인 노동의 분화가 갖추어져야 한다. 노동의 분업은 능력과 책임을 나누는 방식인데, 권위관계도 이것에 의하여 결정된다. 그리고 이 모든 것은 공식적 절차에 의하여 이루어진다. 우리는 이것을 관료조직의 공식화라 한다. 공식화란 업무가 문서화된 규칙, 절차, 규제 등에 의해서 수행되는 정도이다. 따라서 공식화는 관료제의 핵심이다. 문서화는 조직업무의 결정, 조직구성원의 행동, 의사소통 등을 어느정도 공식화 할 수 있는지를 결정한다. 문서화는 대개 조직구성원이 조직에 들어오기 이전에 결정된다. 이 문서화에 따라 조직구성원은 행동하고, 규칙의 적용을 받는다.

조직의 수직적· 수평적 업무분화, 명령하달, 의사소통의 방법 등은 대표적인 공식화의 예이다. 조직 편제내의 지위에는 이에따른 의무와 권한이 규정되어 있다. 이 규정이 재직자의 행동을 결정한다. '자리가 사람을 만든다' 라는 말이 있다. 그것은 공식구조의 힘을 말하는 것이다. 이 말은 자격있는 어떤 사람이 일정한 지위를 차지하면 그의 행동이 공식화된다는 것이다. 그러나 반대로 사람이 업무를 결정하면 그것은 비합리적인 관료적 장치이다. 즉 사람의 성격이나 특이한 행동이 업무를 결정하여 공식성은 사라지고 불확실성이 증대되는 것이다.

관료제의 공식성과 관련하여 중요한 개념이 합리적-합법적 권위이다. 합리적-합법적 권위는 전통이나 카리스마에 근거해서 명령을 내리는 것이 아니라, 공식적 지위(합법성)를 근거로 해서 명령을 내린다. 합리적-합법적 권위는 사람들의 복종을 얻어내기 위한 가장 능률적이고 합리적인 수단이다. 앞서 언급한 바와 같이 관료제 조직의 구성원들은 성격, 개인적 관계, 타고난 자질 보다는 능력과 자격에 의하여 충원된 사람들이다. 바로 이 점이 권위행사에 큰 정당성을 부여해 준다.

둘째, 관료제는 노력에 대한 보상을 제공하는 수단이라는 것이다. 관료들은 서열에 따라 고정된 보수를 받고, 생산수단을 소유하지 않는다. 그들은 직위를 무단 사용하지 않으며, 조직의 재산과 개인의 재산을 엄격하게 구분한다. 나아가서 공직에 대한 무한한 자부심을 지닌다. 고정된 보수를 받는다는 것은 관료제가 전통적 혹은 카리스마적 조직체계와 확실히 다르다는 것을 보여주는 것이다.

노력에 대한 보상을 제공하는 수단을 수단주의(instrumentalism)라 한다. 관료제는 수단주의를 특징으로 한다. 수단주의란 조직이 특별한 목적을 달성하기 위해서 도구나 기계와 같이 되는 것을 말한다. 어떤 것이 수단적이라는 것은 목적에 대한 방법을 지칭할 때 쓰는 말이다. 관료제 조직은 어떤 목표를 달성하기 위해서 고안된 수단이다. 즉 관료제 조직의 내부 공식구조, 즉 지위, 절차, 규칙, 상호작용 패턴 등은 조직의 목표를 달성하기 위한 수단이다. 앞서 언급한 합리적-합법적 권위가 여기에도 적용된다. 사람들이 합리적-합법적 권위를 따르는 것은 이것이 조직의 목표를 달성하기 위한 가장 좋은 수단으로 여겨지기 때문이다.

셋째, 관료제는 개인을 보호하는 조직이라는 것이다. 개인의 권리는 Weber의 관료적 모델에서 가장 확실하게 보호된다. 개인의 권리 보호는 유능한 인재를 확보하기 위해서도 필요하고, 권력의 남용으로부터 개인을 보호하기 위해서도 필요하다. 관료제는 개인을 보호하기 위해 여러 가지 장치를 마련하고 있다. 고참제나 능력에 의한 승진을 실시하고, 복종은 사람이 아닌 직위에 근거해서 하도록하고 있다. 권위행사에는 반드시 의무를 명시하고 있으며, 명확한 근거하에서만 강제가 이루어지도록 규정하고 있다.

이상의 논의에서 볼 수 있는 것 처럼 Weber는 이상적이면서 완벽하게 작동하는 관료제의 조건을 제시한다. 우리는 이것을 "이상형"(ideal type)이라고 한다. 이것은 현실세계의 관료제를 평가하는 기준이 된다. 즉 실제의 조직을 이것과 관련시켜 평가할 수 있는 것이다. 그럼에도 불구하고 이상형은 어디까지나 이상이고 현실에서는 존재하지 않는다. 그것은 다음과 같은 세가지 이유에서 이다(Perrow,1986:3-4). 첫째, 사람들이 아무리 노력해도 그것에 도달할 수 없기 때문이다. 이상형 관료제는 조직구성원들이 조직의 이익을 위해서만 움직이는 존재로 본다. 그러나 현실적으로 이것은 불가능하다는 것이다. 실제 조직구성원의 대다수는 조직을 위해서 보다는 자신의 이익을 위해서 움직이는 경우가 더 많다. 둘째, 조직업무에 급격한 변화가 일어날 때 이상형은 작동하기 어렵다는 것이다. 관료제는 능률을 위해 안정되고 루틴한 업무를 강조한다. 이를 위해 노동을 분화시키고, 계획과 조정을 마련한다. 그러나 변화가 일어나는 경우 관료제는 그것에 쉽게 대처할 수 없다. 셋째, 이상형은 조직구성원이 선견지명이 있고, 모든 것을 다 안다는 전지전능을 전제로 하는데, 실제로 이러한 일이 있을 수 없다는 것이다.

결국 Weber의 이상형 관료제는 많은 문제를 낳는다. 즉 과연 이상형에 접근하는 조직이 있을까? 이상형에 근접한 조직은 과연 능률적일까? 이상형을 실현하는 과정에서 합리성과 능률성을 저해하는 전혀 예기치 않은 문제가 발생할 때 어떻게 대처해야할까? 등의 문제이다. 이 논의는 다음의 현대조직의 관료적 현상과 관료제 학파의 탄생에서 자세히 다루고자 한다.

3. Max Weber 관료제 이론을 둘러싼 몇가지 논쟁

1) 권위행사의 딜렘마

Weber의 관료제 이론과 관련하여 가장 광범위하게 논의되고 있는 내용 중 하나가 상사의 전문성과 부하의 전문성 사이의 괴리 문제이다. 즉 상사가 부하 보다 전문성이 떨어지면서도 부하에게 권위를 행사하는 경우이다. Weber의 관료제의 정당한 권위는 기술적 자격을 갖춘 사람들의 공식적 지위에서 나온다. 문제는 공식적인 지위를 차지하는 사람들이 기술적으로 반드시 유능하지 않을 때이다. 이것과 관련된 가장 대표적인 사례가 조직에서 소위 말하는 전문가들을 다룰 때 발생하는 문제이다. Talcott Parsons(1947)와 Alvin Gouldner(1954)는 이것과 관련하여 문제를 제기한다.

Parsons(1947:58-61)는 Weber가 두가지 권위를 혼동하고 있다고 주장한다. 즉 기술적 능력에 근거한 권위와, 합법적-공식적 권위에 근거한 권위를 혼동하고 있다는 것이다. 이 둘 사이에 과연 차이가 없는 것일까? Parsons는 이들이 실제 일어나고 있는 일이라고 한다. Parsons는 첫 번째 사례를 설명하기 위해 권위가 근본적으로 환자에 의해 결정되는 의사의 경우를 제시한다. 환자가 의사의 권위를 인정하는 것은 의사라는 공식적 타이틀 때문이 아니라 질병을 치료할 수 있는 의사의 능력(전문성) 때문이라는 것이다. 따라서 공식적 지위에 따른 권위와, 능력에 근거한 권위는 차이가 있다는 것이다. Parsons는 두 번째 사례와 관련하여 법을 따르지않았을 때 강제력을 사용한 기업회계 담당자 사례를 제시한다. 기업회계 담당자의 경우 불법적 대규모 자금 지출을 적발하라는 권한을 부여받았는데, 이 권한은 그가 전문적 능력이 있기 때문이 아니라 기업회계 담당자라는 직위에 있기 때문에 받은 것이라고 한다. 따라서 Parsons에 따르면 전문성이 없어도 얼마든지 권위행사가 가능하다는 것이다. 결국 Parsons는 권위는 공식성에 의해서 이루어지지만, 전문성에 의해서도 이루어진다는 것이다. 공식성 없이도 권위행사가 가능하고, 전문성 없이도 권위행사가 가능하다는 것이다.

Weber는 관료적 권위형태는 안정되고, 명확하며, 분명하게 규정되어 있어야 한다고 한다. 그러나 Parsons는 정당한 권위의 근거가 두 개 이상 존재하는 경우가 많고, 이로 인해 조직의 불안정성과 모호함은 상시화되어 있다고 한다. Weber는 유능하지 않은 상사가 권위적 결정을 내릴 때 능률성은 손상된다고 본다. 왜냐하면 능률성은 자격 있는 사람이 거기에 맞는 지위를 차지할 때 생겨나기 때문이다. Weber는 이 경우 부하가 명령을 따르려 하지 않는다고 한다. 왜냐하면 상사가 부하보다 우월한 지식을 소유해야 한다는 권위행사의 규범적 기준이 위반되었기 때문이다. Parsons는 Weber의 이러한 생각을 정면 부인하고 있는 것이다.

Gouldner(1954:22-23)는 Parsons와 다른 관점에서 권위의 괴리 현상을 설명한다. 그러나 관료적 권위가 합리적이고 공식지위를 근거로 하기 때문에 정당하다는 Weber의 주장을 근거로 한다.

> "첫 번째 강조할 점은 복종은 수단 대 목적을 근거로 이루어진다는 것이다. 즉 사람들은 규칙과 명령이 목표를 달성하는데 가장 좋은 방법이라는 것을 알고 있기 때문에 그것을 따른다는 것이다. 둘째, 사람들은 명령을 내리는 사람들이 차지하고 있는 지위 때문에 그 명령을 따른다는 것이다. "

Gouldner는 복종을 (ⅰ) 목표를 능률적으로 달성하기 위한 복종과, (ⅱ) 상사의 명령에 따라야 한다는 의무로 인한 복종 등 두가지로 구분한다. 첫 번째 복종은 명령이 조직목표 실현과 관련된다고 부하들이 믿기 때문에 발생하는 복종이다. 여기서의 복종은 방법, 절차, 명령이 공식적으로 합리적인가의 판단으로 결정된다. 따라서 복종은 특별한 목적을 달성하기 위한 가장 좋은 수단으로 인식되기 때문에 이루어진다. 두 번째 복종은 무조건적인 복종이다. 명령이 어떤 목적을 달성하기 위한 합리적 수단으로 간주되느냐의 여부에 상관없이 공식적인 상사의 명령은 무조건 따라야 한다는 것이다.

후술하겠지만 목표를 능률적으로 달성하기 위한 복종이 이루어지는 관료적 조직을 대표관료제라 한다. 즉 합의에 의하여 수립된 규칙을 근거로 한 전문성을 바탕으로한 관료제이다. 이곳에서 규칙은 전문 자격을 갖춘 구성원이 업무를 수행한다는 것과, 자발적 복종이다. 반면 상사의 명령에 따라야 한다는 의무에 기반한 관료적 조직을 Gouldner는 처벌중심의 관료제라 한다. 이것은 공식적 규칙과, 복종을 위한 복종에 근거한 관료제이다. 결국 Gouldner도 Parsons와 마찬가지로 권위의 형태를 두가지로 구분하고 있는 것이다. 전문성에 근거한 권위와, 복종이 목적인 권위가 그것이다.

과연 권위가 이처럼 두가지 유형으로 명확히 구분되는 것일까? 원시사회의 조직을 연구한 Stanley Udy(1959:591-595)와, 건설산업의 조직을 논의한 Arthur Stinchcombe ((1959:168-187)의 연구에 따르면 조직은 전문적·합리적 조직과, 관료적 조직으로 명확하게 구분된다고 한다. 그러나 이들의 주장을 현대의 대규모 조직에 적용했을 때는 이런 구분이 가능하지 않다. Peter Blau(1968)에 따르면 현대의 전문화된 조직은 오히려 Weber의 관료제 이상형과 가깝다고 한다. 전문화될수록 관료화된다는 것이다. 그럼에도 불구하고 전문적 조직과 관료적 조직을 구분하는 것이 대세이다. 관료화될수록 생산성과 사기는 낮아지고, 전문적 가치관과 관료적 가치관은 상충된다는 것이다.

Parsons와 Gouldner의 논의는 모든 형태의 조직에 나타난 Weber의 관료제 이론의 모순을 지적하기 위한 것이다. 조직은 업무와 권위를 규정하는 구조와 지위로 구성된다. 공식구조에서 권위는 조직계층제 상의 공식지위에서 나온다. 반면 많은 조직이론가들은 이것만으로 인간의 복종을 이끌어내는데 충분치 않다고 한다. 따라서 이들은 권위 행사에 기술적 전문성이나 공식적 합리성 같은 권위 행사의 다른 기반을 포함시킨다. 즉 맹목적이고 기계적인 공식적 지위로부터 발생하는 복종은 규범적으로 정당한 권위의 보완을 받아야 한다는 것이다. 따라서 고도로 전문적인 사람들이 권위적 결정을 하면 할수록 이것은 목표달성을 위한 최선의 수단이 된다. 단순한 지위에서 나온 권위와 달리 이 권위가 권위 행사의 적절성과, 거기에 따른 결정의 규범적 척도가 되기 때문이다.

Weber의 관료제 이론은 인간을 객체와 주체로 개념화한 조직이론의 중요한 예가 되고 있다. 관료제의 순수한 공식적 측면을 기술한 Weber의 이론에서 사람들은 문서화된 업무설정 및 권위관계에 따라 지위를 부여받는다. 문서화된 업무설정 및 권위관계는 명백한 노동의 분업에 따라 이루어진다. 즉 어떤 사람은 명령하고, 어떤 사람은 따른다는 것이다. 조직의 공식적 개념은 인간을 문서화된 규칙과 규제에 의하여 통제받는 객체로 취급한다. 그러나 지식과 지위에 근거한 권위를 행사하는 과정에서 인간은 주체로 취급된다. 즉 상사의 의도를 따를 것이냐 말 것이냐를 판단하는 주관적 의식과 평가적 능력을 소유한 존재로 간주된다는 것이다. 이러한 점에서 정당한 권위란 과연 무엇인가 하는 문제가 제기된다. "정당한 권위"란 복종하면서 잠재적 저항과 반대를 하는 인간의 능력을 인정한 것이다. 가령 노동자들은 자신들의 사장이 기술적으로 능력 없고, 사장이 행사하는 특별한 방법이 목표를 달성하는데 최선의 방법도 아니며, 조직의 목표가 자신의 목표와 충돌한다는 것을 판단할 수 있는 존재라는 것이다. 객체로부터 주체로 권위기반이 확장된 것은 결국 Weber 자신이 관료제가 암시한 기계적 합리성에 문제가 있다는 것을 인정한 것이다. 즉 인간의 주관적 힘을 강조한 것이다.

Parsons와 Gouldner가 권위를 통해 관료제를 구분하고자 한 것은 관료제가 지닌 보다 덜 합리적고, 인간적인 측면을 강조하기 위한 것이다. 즉 인간적 요인이 합리적 · 관료직 조직의 활동을 형성, 수정, 변경하고, 이에 따라 조직이론은 더욱 풍요로워지고, 복잡해졌다는 것이다.

2) 보편주의 대 특수주의 논쟁

Weber의 관료제 이론은 보편주의 대 특수주의 논쟁을 불러일으킨다. 특수주의란 능률적 척도에 상관없이 개인이 지닌 특수한 성격에 따라 조직과정이 이루어지는 것을 말한다. 인종, 종교적 신념, 지역, 특정 조직에의 가입 여부 등이 이러한 특수성을 결정하는 요인이다. 일반적으로 관료제는 이러한 특수성을 배격하려는 시도에서 발전해왔다. 그러나 조직이라는 것 자체가 사회적 속성을 지니기 때문에 이러한 특수성을 완벽히 제거하기란 사실상 불가능하다. 조직에는 언제나 정실주의나 파벌주의가 존재하기 마련이기 때문이다. 이러한 문제의 대처에는 사회적 해결을 필요로 한다. 조직은 객관적인 근거가 아니라 사회적 근거하에 차별을 행사한다.

문제는 이러한 차별이 평등이라는 민주주의 이념에 맞지않다는 것이다. 실제 차별을 불러일으키는 것은 관료적 속성이 아니라 정치적 속성이다. 관료제는 특수주의가 능률과 생산성을 저해한다는 이유에서 이것을 반대한다. 특수성은 일반적으로 능률의 척도가 아니다. 은행의 중간관리층에 유색인종을 임명해서는 안된다는 것은 관료제의 교리가 아니다. 정당에의 충성심으로 관직에 임용하는 것도 관료제의 핵심 내용에서 벗어나는 것이다. 이 모든 것이 보편주의에 어긋난다. 분명한 것은 사람을 고용하고 승진시키는데 적용되는 사회적 척도와, 조직업무 수행의 성과 척도 사이에 거의 아무런 관계가 없다는 것이다. 오히려 특수성의 척도는 성과에 부정적 영향을 미친다. 특수성의 척도가 사용될수록 성과는 떨어진다. 더 심각한 것은 특수성만을 인정할 경우 세상을 보는 눈이 한쪽으로만 치우칠 가능성이 높다는 것이다. 넓고 보편적인 척도를 사용함으로써 다른 관점과 새로운 생각을 수용할 가능성이 높아진다. 특수성은 파벌주의와 동의어로 사용되는데, 이 경우 부패의 가능성도 높아진다.

19세기는 이러한 부패가 만연된 시기였다. 이를 방지하기 위해 실적주의 인사제도와 직업공무원 제도가 도입되었다. 그러나 이러한 인사제도 또한 많은 문제가 있음이 곧 밝혀졌다. 신분보장이 능력없는 공무원을 제거시키는데 걸림돌로 작용하였기 때문이다. 조직이 변하고 새로운 지식과 기술이 도입되어도 한번 임용된 공무원이 능력이 없다는 이유로 퇴출되지 않는다. 이러한 점에서 관료제는 분명히 문제를 안고 있다. 그러나 관료제는 구성원들이 조직에 평생 몸담아야 한다는 것을 교리로 한다. 신분보장을 강조하고 있는 것이다. 이것은 한번 임용되면 평생에 걸쳐 새로운 지식을 계속해서 습득할 필요가 없다는 것을 의미한다. 실제 미래에도 이러한 변화가 계속해서 일어난다면 그것에 대처해 모든 지식을 습득하려고 하는 것은 낭비일수 있다. 이러한 점에서 관료제는 모호한 지식으로부터, 그리고 통치자의 작위성으로부터 직원을 보호하는 수단이 된다.

조직에서 보편주의가 적용되기 위해서는 조직의 실질적 목표를 알아야 한다. 실제 보편주의에 대한 해석은 조직 마다 다르다 가령 국방 산업의 경우 직원채용은 대개 전직 군 출신으로 이루어진다. 또한 국방산업에서 국방부와의 정치적 유대는 보편주의의 척도이다. 따라서 우리는 일방적으로 특수주의를 비난할 수는 없다. 그러나 분명한 사실은 Weber의 관료제 모형은 특수주의가 지닌 문제점을 지적하고, 그것을 보편주의라는 보다 이상적 상태로 나아가도록 했다는 것이다. 특수주의의 문제는 보편주의로 나아가지 않았다는 것이 아니라, 조직의 리더가 특수주의를 잘못 사용하고 현실을 제대로 인식하지 못했다는데 있다.

조직은 권력을 낳는다. 이 권력의 사용과 통제는 조직의 중요한 문제이다. 특수주의는 이 권력을 사용하고 통제하기 위한 전략이기 때문에 제거하기가 쉽지않다. 조직은 사람들이 자신이 원한대로 이 세계를 형성하기 위한 도구이다. 조직을 통제하는 사람은 그렇지 못한 사람 보다 훨씬 많은 권력을 소유한다. 부자의 권력은 재화와 서비스를 살 능력에 있는 것이 아니라 조직의 대규모 자원이 지향하는 목표를 통제할 수 있는 능력에 있다. 따라서 이러한 권력을 둘러싸고 그것을 쟁취하고자 하는 다툼이 있다. 사람들은 권력을 얻기 위해서 조직을 통제하고자 한다. 권력을 쟁취하거나 장악하는 것은 언제나 어려운 일이다. 다툼이 있고, 그 다툼은 능력이나 생산성의 척도로 이루어지는 것이 아니기 때문이다. 다툼의 척도는 검증가능하지도 않고, 일반적이며 모호하다. 관료제의 원리는 이러한 다툼과 관계가 없다. 현실세계에서는 관료제의 원리가 아니라 충성심 같은 비관료적 원리가 더 중요하다. 그러나 이 충성심 보다 더 심각한 것은 종속성이다. 한 개인이나 집단이 다른 개인이나 집단에 종속되는 것이다. 충성심이나 종속성은 비능률이라는 역기능을 낳는다. 비능률이란 조직이 더 많은 비용을 치러야 한다는 것을 의미한다. 관료제가 강조하는 조직을 도구로 본다는 것은 이러한 비능률들을 제거해야 한다는 의미이다. 이러한 점에서 관료제는 우리가 알고 있는 것 처럼 결코 비능률의 화신이 아니다. 오히려 관료제는 단기적으로는 몰라도 장기적으로 비능률을 제거하는 도구이다.

3) 관료제의 규칙과 관련한 논쟁

관료제에 대한 비판 중 하나는 관료제에 너무 많은 규칙이 있다는 것이다. 규칙과 규제는 관료제의 핵심이다. 이로인해 관료제는 “red tape”로 인한 비판을 받는다. 규칙이 모든 것을 지배한다는 의미이다. 재직자의 모든 업무는 규칙에 정해놓아 전혀 독자성이 없다는 것이다. 규칙을 바꿀려고 해도 다른 규칙과의 연계성 때문에 매우 어렵다. 이를 바꾸기 위해서는 추가적인 규칙이 필요하다. 규칙이 필요하다는 것은 맞지만 관료제에는 너무 많은 규칙이 있어 문제라는 것이다. 그렇다면 그 규칙을 어떻게 제거할 수 있을 것인가?

규칙을 제거할 수 있는 방법은 많다. 하나는 가능한 많은 것을 자동화하는 방법이다. 자동화는 표준화를 통해 이루어진다. 자동화될수록 사람들은 필요없게 되고, 사람 사이의 관계를 규정할 규칙도 필요없게 된다. 자동화된다는 것은 문서화된 규칙이나 규제가 필요없다는 의미이다. 규칙을 줄이는 또 다른 방법은 조직구성원의 균일성을 기하는 것이다. 구성원 사이의 차이를 줄여 규칙을 감소시키는 것이다. 문제는 조직의 복잡성이 증가할 할수록 규칙은 더 필요하다는 것이다. 조직이 복잡해지면 구성원들이 자기 방식대로 일을 처리하게 내버려둘 수가 없다. 규칙에 따라 대처하는 것이 훨씬 효율적이다. 문서화된 규칙의 수를 줄이는 수단 중 하나가 복잡한 규칙을 알고 있는 전문가를 고용하는 방법이다. 많은 규칙이 그 사람의 머릿속에 내장되어 있는 경우이다. 전문가를 통하게 되면 복잡한 상황에 효율적으로 대처할 수 있게 된다. 조직에서 규칙을 줄이는 재미있는 방식 중 하나가 조직의 목표와 개인의 목표를 통합하는 것이다. 조직구성원의 몰입을 유도하는 것이다. 조직의 목표를 마치 자신의 목표인 것 처럼 받아들이고 실천하는 것이다.

규칙의 문제는 전체 조직 차원은 물론 부처 사이의 관계에서도 문제가 된다. 여기에서 규칙은 자기보호, 예측력, 그리고 독자성의 기반이 된다. 가령 대학생들이 여러 학과의 과목을 들어야 한다는 규칙은 학생들의 다양성을 높이는데 기여한다. 이 경우 규칙을 바꾸는 것이 어렵다. 이미 많은 매몰비용이 담겨있거나, 복잡한 이해관계가 얽혀있기 때문이다. 규칙은 조직의 모든 기술적, 사회적 측면을 엮는 보이지않는 실타래이다. 조직의 많은 부문이 서로 협의하고, 조정하며, 댓가를 주고 받는 상호의존성의 산물이 규칙이다. 따라서 규칙을 바꾸는 일은 언제나 점증적이다. 조직의 모든 구조는 고통스러운 점진적인 절차를 거쳐 천천히 시간에 따라 바뀌어가는 실체이다. 결국 규칙은 그것을 따르는 사람을 보호한다. 규칙은 집단의 독자성과 자유를 수호하는 수단이다. 따라서 규칙의 수를 줄인다는 것은 조직을 점차 인간미 없고, 융통성없으며, 표준화시킨다는 것을 의미한다. 이러한 점에서 규칙의 문제는 일반적인 것이 아니라 변화를 필요로한 부분적인 문제이다.

규칙은 조직의 많은 문제의 희생양이 되고 있다. 너무 많은 규칙, 혹은 나쁜 규칙을 불평하는 것은 규칙변화로는 해결할 수 없는 뿌리깊은 문제가 조직에 있다는 것을 보여주는 것이다. 이런 규칙으로는 조직의 문제를 해결할 수 없다. 가령 고객 접촉에서 문제가 있는 기업이 문제해결을 구성원에 대한 규칙부과로 해결하는 경우이다. 중요한 사실은 우리가 규칙에 대해서 이야기 할 때 이러한 나쁜 규칙만 이야기 한다는 것이다. 실제 좋은 규칙은 거의 주목받지 못한다. 뉴욕 공립학교에 대한 연구에서 Rogers (1968)는 이러한 좋은 규칙에 대한 논의를 전개한다. 이 학교는 규칙에 따라 전문가들이 장악하고 있었으며, 따라서 힘 있는 정책결정자(가령 교육위원이나 시장 등)들이 영향을 행사할 수 없었다. 나쁜 규칙과 관련하여 가장 큰 문제는 환경의 변화에 이 규칙이 효과적으로 대처할 수 없다는 것이다. 이러한 이유로 많은 학자들은 규칙없는 조직을 제시한다. 그러나 규칙없는 조직이란 완전히 자동화된 조직이거나 전문화된 조직, 혹은 비용이 많이 드는 조직이다. 이러한 조직이란 있을 수 없다. 따라서 규칙과 관련하여 우리가 이야기해야 할 사항은 그것의 필요성을 인정하고, 보다 좋은 규칙을 만드는 것이다.

4) 계층제를 둘러싼 논쟁

관료제의 비판가들에게 참을 수 없는 관료제의 문제는 규칙이 아니라 계층제이다. 계층제의 원리는 모든 사람에게 상사가 있고, 그로부터 지시나 명령을 받아야 한다는 것이다. 조직은 피라밋 형태로 구조화되고, 피라밋의 최상층에 있는 사람이 모든 것을 지배한다. 권력이 집중되는 것이다. 관료제의 모든 측면이 비판을 받지만 그 중 가장 큰 비판을 받는 것이 계층제이다. 계층제는 인간의 자율성, 자유, 자발성, 창조성, 존엄성, 그리고 독립성을 부정한다는 것이다.

우리가 조직을 정교한 계층제로 볼 때 가장 먼저 떠오르는 조직이 정부관료제, 혹은 대기업 조직이다. 물론 전문가 조직이라 불리우는 대학이나 종합병원 등은 계층제적 요소가 약할지 모른다. 그러나 정도의 차이만 있지 이들 조직도 계층제의 원리에 따라 구조화된다. 따라서 노동의 분업이 이루어지는 조직은 그것이 전문 조직이든 아니든 계층적으로 질서화된 조직이다. 이것은 어떤 결과를 낳을까?

관료제를 비판하는 사람들에게 계층제는 조직구성원들이 자기성취하는 것을 막아, 유아의 로봇으로 만든다는 것이다. 계층제는 엄격성과 소심함을 낳기 때문이다. 부하들은 상사에게 변화와 관련한 나쁜 소식을 전하는 것을 두려워한다. 상사는 익숙한 상황을 좋아하지 새로운 상황을 좋아하지 않는다. 계층제는 이처럼 지체와 부진을 낳는다는 것이다. 계층제는 권위적, 독단적, 엄격한 의사결정을 낳는다. 이러한 상황에서 부하의 창의성이나 독립성은 생각할 수도 없다. 부하들은 끊임없는 감시하에 있고, 상상력을 발휘하는 것은 애초부터 어려워 왜곡된 정보가 만연한다는 것이다. 계층제하에서는 모든 것이 채널을 통해 전달되어야 하기 때문에 같은 레벨에 있는 사람들 조차 협력해서 일을 하는 경우가 드물다. 이들은 먼곳에 있는 상사에게 보고해야 하는 의무만 지게된다.

그러나 이 모든 것은 명확한 권위의 계층이 없음으로 해서, 명확한 권위 행사를 못하거나 책임성이 결여된 조직의 근원적 문제 보다 더 심각한 것은 아니다. 한 조사결과 Perrow(1970)에 따르면 관리자들은 명령체계, 규칙, 의무, 구체적 절차 등이 불명확함으로써 발생한 문제를 더 심각한 것으로 받아들이고 있었다는 것이다. 구조가 명확하고, 권위가 체계적으로 분화될 때 조직은 더 원활하게 작동한다는 것이다. 특히 조직의 변화와 변동이 극심할 때 계층제는 더 큰 힘을 발휘할 수 있다. 조직의 문제는 계층제 그 자체에서 발생하는 것이 아니다.

통솔의 범위는 계층제와 관련한 문제 중 하나이다. 통솔의 범위란 한 사람의 상사가 적절이 통제할 수 있는 부하의 수를 말한다. 상사가 소수의 사람만 통제하면 통솔의 범위가 좁게되고 계층제의 수는 늘어난다. 지난 수십년간 많은 사회과학자들과 조직이론가들은 적정한 통제의 범위가 무엇일까에 대해 논의해왔다. 여기에 깔려있는 생각은 적정한 통솔 범위만 안다면 부하들을 면밀히 감독할 필요가 없고, 따라서 독자성이 커질 것이라는 것이다. 그러나 이것에 대한 반론도 만만치않다. 가령 통솔할 부하의 수가 많으면 권력을 집중할 수 있어 상사는 결코 부하를 포기하지 않을 것이라는 것이다.

이러한 논란의 해법을 제시하기 위해 Peter Blau(1968:453-457)는 한가지 기준을 제시한다. 156명의 직원이 근무하는 한 공공기관에 대한 연구에서 Blau는 직원들이 전문적인 경우 감독이 필요없고, 이 경우 통솔의 범위는 넓어지고, 계층제는 낮아진다고 한다. 그러나 이 주장은 잘못된 것으로 판정났다. 즉 직원들의 전문성이 높은 경우에도 통솔의 범위는 낮았다는 것이다. 결국 통솔의 범위는 조직의 유형과 상황에 따라 달라질 수 밖에 없고, 감독과 관련된 것은 아니라는 것이다.

통솔의 범위는 계층제의 수, 혹은 감독의 수준과 밀접한 관계를 갖는다. 통솔의 범위가 넓으면 조직은 평평한 조직이 되고, 권위 계층의 수는 낮아진다. 반면 통솔의 범위가 작아지면 조직은 키큰 조직이 되고, 권위계층의 수도 늘어난다. 그러나 평평한 조직과 감독의 정도는 비례한다고 말할 수 없다. 감독의 정도를 결정하는 요인에는 여러가지가 있다. 루틴한 업무인지의 여부, 관리자의 전문성과 부하의 전문성 사이의차이, 부서간의 상호의존성 정도, 규칙의 문서화 정도, 환경의 변화에 대한 조직의 대응 정도 등이 그것이다. 감독의 정도를 결정하는 것은 이러한 요인이지 결코 통솔의 범위가 아니라는 것이다.

이러한 관점에 따라 Marshall Mayer(1968:211-228)는 조직이 환경의 변화에 대처하는 전략을 두가지로 구분한다. 하나는 통솔의 범위를 사용하는 직접적 감독을 통한 통제방식이고(이것은 관리자가 일을 빠르게 변화시킬 수 있기 때문에 대응의 유연성을 기할 수 있다), 다른 하나는 낮은 통솔의 범위, 즉 계층적 수준을 높임으로써 규칙, 규제, 혹은 전문성을 강조한 통제방식이다. Blau는 전자를 현대조직의 방식이라 하고, 후자를 과거의 관료제 방식이라고 한다. 중요한 것은 이 두가지가 서로 반대되는 것이 아니라는 것이다. 일반적으로 계층제는 권위의 집중을 의미하지만, 이 방식은 그렇지않다. 계층제가 높아도 얼마든지 분권화될 수 있다는 것이다. 결국 조직의 계층제가 심할수록 조직이 집권화된다는 가정은 성립되지 않는다.

키큰(계층제 수가 많은) 조직과 관련된 또 한가지 사실은 이 조직의 구성원들이 소심하고 걱정이 많다는 것이다. 이러한 태도가 관료제에 많다는 것은 사실이다. 그러나 그것은 계층제에서 수반되는 어쩔수 없는 현상이다. 후술하겠지만 정부기관 두곳을 연구한 Peter Blau(1973)에 따르면 이곳에서는 이러한 행동이 거의 나타나지 않았다고 한다. Dalton(1959)의 성공한 관리자에 대한 연구 결과도 마찬가지이다. 따라서 보수주의나 자기보호 행동은 관료제 뿐만아니라 모든 조직활동에서 일어나는 자연스러운 행동이다. 이러한 점에서 소심증이나 자기보호 본능은 계층제의 소산이 아니라 조직과정의 산물로 보아야 한다.

Section 2 현대조직의 관료적 현상

관료제는 현대 조직의 어디에서나 볼 수 있는 가장 흔한 현상이다. 복잡한 현대조직을 운영하는데 가장 적합한 조직으로 인정받고 있기 때문이다. 그것은 관료제가 지향하는 능률 숭상 철학 때문이다. 목표를 설정하고, 그 목표를 달성하기 위한 수단과 방법을 명확하게 제시하고 있기 때문이다. 이러한 이유로 관료제는 조직을 운용하는 사람들에게 많은 찬사를 받았지만, 실제 운영하는 과정에서 예기치않은 결과를 낳았다. 지나친 규율 엄수는 환경의 변화에 대처하지 못한다는 비판을 받았으며, 조직목표달성을 위해 공식성을 강조한 것은 인간을 수단으로 전락시키는 결과를 낳았다. 결국 현대 조직이론의 발전은 이러한 관료제를 둘러싼 찬사와 반대가 교차한 과정이라고 해도 과언이 아니다.

1. Alvin Gouldner의 관료제 이론

현대조직의 관료적 현상을 설명하는 대표적 사실은 관료제가 하나가 아니라 여럿이라는 점이다. 이것을 실증적으로 규명한 대표적 사람이 미국의 사회학자 Alvin Gouldner(1954)이다. 1950년대 미국 중서부지방 회석광산 및 제조기업을 대상으로한 일련의 연구에서 Gouldner는 관료적 조직의 유형이 여럿있다는 사실을 확인하였다. Gouldner는 Weber의 관료제 연구에서 나타난 해결하지 못한 몇가지 사실을 해결하고자 한다. 특히 그 중 Gouldner가 해결하고자 한 것은 Weber가 주장한 복종의 근거에 대한 것이었다. Gouldner는 종업원의 복종이 규칙 및 절차, 혹은 상사의 권위적 명령에 대한 합의에 근거하고 있는지에 대한 Weber의 입장이 명확하지 않다는 사실에 주목한다. Gouldner는 이것을 관료제 분석의 중요한 요소로 본다. 관료제가 권위체계를 근거로 이루어진 조직이기 때문이다. Gouldner는 규칙에 대한 복종은 공식적 규칙 그 자체로부터 나오는 것이 아니라 규칙이 형성된 방식에서 나온다고 한다. 즉 Gouldner는 "우리의 문화에 중립적이란 것은 없다. 그러나 문화는 부과된 규칙에 의해서만 이루어지는 것이 아니라 합의된 규칙에 의하여 이루어진다"라고 한다.

1) 관료제의 유형

관료제 규칙에 대한 Gouldner의 분석은 모든 조직 구성원들이 똑같은 이해나 목적을 지니고 있는 것이 아니라는 가정에 따른다. 구체적으로 노동자들은 업무와 관련해서 관리자들 보다 훨씬 다양한 이해를 지닌다는 것이다. 따라서 관료적 규칙이나 규제는 조직내의 서로 다른 이해 당사자의 이익을 반영하는지 아니면 이들과 충돌하는지를 면밀히 검토해야 한다는 것이다. 이러한 전제를 바탕으로 Gouldner는 관료제를 사이비(mock)관료제, 대표 관료제, 처벌중심 관료제로 구분한다.

사이비 관료제는 조직내의 어떤 당사자도 직접적인 이해 관계가 없는 규칙을 부과하려는 관료제이다. 이 규칙은 실행되는 경우도 거의 없고 위반도 일상적이다. 금연과 같은 규칙이 대표적인 사이비 관료제이다. 관리자나 노동자 둘 다 흡연금지에 대해서는 관심이 없다. 이 규칙은 외부의 제3의 기관, 가령 보험회사의 이익을 충족시키기 위해서 존속할 뿐이다.

대표관료제는 모든 당사자에게 이해가 걸려있는 규칙에 관한 것이다. 이 규칙은 긴밀하게 따라야 하며 강력하게 시행된다. 석회광산에서 광산내의 안전수칙과 관련된 규제는 문서로 규정되어 있고, 모든 노동자들은 이것을 따르도록 되어 있다. 노동자나 관리자 양쪽 다 작업 중 부상에 관심을 기울여야하는 이해관계를 지니기 때문이다.

처벌중심 관료제는 한 당사자가 다른 당사자에게 이행을 강요할 수 있는 규칙에 관한 것이다. 이 규칙은 대개 관리자들이 노동자들에게 부과한다. 노동자들은 이 문제에 관심이 없다. 이런저런 이유로 가끔 그 규칙을 어길 수 있다고 생각한다(가령 지각이나 결근 등). 예상대로 이 관료제가 가장 큰 긴장과 갈등을 낳고 저항도 일으킨다. 우리가 흔히 말하는 관료제가 바로 이 관료제이다.

Gouldner의 분석은 다음과 같은 가장 중요한 조직문제 중 하나를 제기한다. 즉 (처벌중심) 관료제의 규칙이 어디에서 오는가 하는 것이다. Gouldner에 따르면 이 규칙은 조직의 공식적 근거에 의하여 생긴 것이 아니라 조직구성원들이 자신의 역할 의무를 이행하지 않았을 때 생긴다고 한다. 즉 규칙은 신뢰의 결여 때문에 생긴다는 것이다. 조직의무를 이행하지 않는 것이 단순한 무지이거나 경솔함 때문이라면 대표관료제가 생겨날 수 있다. 그러나 그것이 한 집단의 고의적 회피에 기인한 것이라면 처벌중심 관료제가 탄생할 수 밖에 없다는 것이다. 따라서 이익갈등이 심화된 조직이 가장 관료적 조직이 된다.

Gouldner는 관료적 규칙의 안정 여부는 결국 규칙을 따르는 사람들이 그것을 당연히 따르려하는지의 정도에 의하여 결정된다고 한다. 기꺼이 따르려할 때는 안정적 규칙이 부과되지만, 그렇지않은 경우 강력한 규칙이 부과된다. 이 경우 관료제는 처벌중심의 관료제로 나아갈 수 밖에 없다. 관료적 절차에 대한 저항은 Gouldner 분석에서 중요한 비중을 차지한다. 이것은 관료제에 대한 새로운 시각이다. 즉 관료화의 정도는 규칙에 조직구성원들이 얼마나 저항하는지의 인간투쟁의 함수라는 것이다. 관료제를 원하는 사람과 원하지 않는 사람 사이의 투쟁인 것이다. 이러한 이유로 Gouldner는 관료제는 결코 승리를 거둔 것이 아니라고 한다. 사람들은 관료제의 규제와 지침을 따르지만, 개혁하고, 저항하려는 속성도 지니고 있기 때문이다.

2) 조직긴장과 관료적 현상

Gouldner는 관료적 규칙이 조직 생활의 근본적인 모순을 감추는데 기여한다고 한다. 조직은 한편으로조직의 목표를 달성하기 위해 생산의 물리적· 인간적 요인을 통제하고, 다른 한편으로 서로 다른 이해를 갖는 조직구성원의 협력과 에너지를 필요로 한다. Gouldner는 이것을 조직의 "제1차 긴장"이라고 한다. 이러한 점에서 제1차 긴장은 조직목표달성을 위해 조직이 구성원(노동자)들을 여러가지 형태로 감독, 조정, 통제하면서, 다른 한편으로 협력을 구할 때 발생한다. 그러나 이것이 조직의 "제2차 긴장"을 불러일으킨다. 즉 제2차 긴장은 제1차 긴장, 즉 노동자들을 관리, 탐지, 통제하는데서 발생하는 긴장이다. 이 제2차 긴장은 문서화된 관료적 요구와 규칙을 사용함으로써 관리될 수 있다. 관료적 절차를 통한 제2차 긴장 관리에서 제1차 긴장은 고려되지 않는다. "관료적 규칙이 정밀감독으로 인해 발생한 긴장을 줄일 수 있다면, 조직은 긴장을 해결하기 위한 조치를 그만큼 줄일 수 있게된다. 그렇게되면 그 긴장을 오히려 보호할 수도 있다"(Gouldner,1954:241). 여기에서 정밀감독의 문제가 매우 중요하다. 왜냐하면 정밀감독은 조직목표달성과 반대되는 행동을 하는 인간의 능력을 관리하는 실제이기 때문이다.

Gouldner가 말하는 제1차 긴장은 일반적으로 대리인 문제(agency problem)이다. 이것은 주인(Principal)과 대리인 사이의 거래에서 발생하는 문제이다. 주인(가령 기업주)은 자신을 대신해 활동해줄 사람을 필요로 한다. 따라서 이를 위해 대리인(가령 노동자)의 서비스를 산다. 그러나 대리인의 목적과 이해는 주인의 것과 다르다. 따라서 주인이 시키는 대로 대리인이 행동한다는 보장이 없다. 대리인은 자신의 책임을 회피하고, 심지어 주인 이익에 반대되는 입장에 서기도 한다. 주인이 대리인의 행동을 탐지, 통제, 감독하는 것 말고 이러한 근본적인 문제에 대처할 방법이 없다. Gouldner의 분석에서 이러한 통제전략은 제2차 긴장을 낳고, 이것이 다시 관료적 규칙의 강화를 낳는다는 것이다. 관리자와 노동자 사이의 이익의 경쟁은 제1차 긴장을 낳고, 이것을 통제하기 위한 관리전략은 제2차 긴장을 낳으며, 이것을 해결하기 위해서 관료적 규칙이 사용될 수 밖에 없다는 것이다. 이것이 조직의 관료화를 가속화시킨다. 이러한 점에서 관료화는 현대조직의 불가피한 현상이다.

현대조직의 이러한 관료화 현상은 공공조직에 응용된다. 합리적· 관료적 행정조직은 진보주의 시대 행정개혁가들에 의해 도입되었다. 이들에 의하면 행정은 사적· 정치적 이익을 위해 존재하는 것이 아니라 국민의 요구에 따라 존재해야 한다는 것이다. 따라서 Gouldner의 주장을 그대로 받아들이면 행정에서 정책 결정을 하는 사람(대리인)에 대한 불신이 높으면, 이들을 통제·감독해야 하고, 이는 곧바로 규칙, 규제, 관료제의 팽창으로 이어진다는 것이다. 이러한 논리를 정부 예산 및 공공지출 분야에 적용한 사람이 행정학자인 Marshall Meyer(1985)이다. Meyer에 따르면 시정부 예산에서 관료(대리인)의 행동을 통제하기 위해 더 많은 규칙이 필요했고, 이는 결국 행정의 관료화를 증대시키는 결과를 낳았다고 한다. Meyer에 따르면 관료화 증대 현상은 다음과 같은 두가지 단계를 거쳐 이루어진다고 한다. 첫째, 문제의 해결책으로 공식조직을 구축할 필요성, 둘째 공식조직의 증가로 인한 관료적 성장이 그것이다(Meyer,1985:62). 문제가 조직을 낳고, 조직이 문제를 낳으며, 이 문제가 다시 조직을 낳는다는 것이다. 실제 이

싸이클은 미국 주요도시의 예산과 지출에서 상당부분 그대로 나타났다. 결국 통제는 보다 큰 수준의 계층제 및 관료제와 연결된다. 예상과 다르게 통제와 책임성 사이에는 깊은 관계가 있다. 따라서 통제는 절약, 그리고 어떤 상황에서는 능률과 정반대되는 개념이다(Meyer,1985:68). 분권화된 재정시스템은 통제가 없다는 의미이며, 일종의 부패 및 사기를 낳을 수 있다. 이를 방지하기 위해 통제는 집권화(관료화)를 낳고, 이로 인해 책임성이 높아진다는 것이다. 즉 통제와 책임성 사이에 밀접한 관계가 있다는 것이다. Meyer(1985:76)는 이러한 사실을 다음과 같이 요약한다.

> "모든 통제 메카니즘에는 어떤 식으로든 통제 메카니즘이 없으면 존재하지 않을 조직 카테고리의 구축을 포함한다. 새로운 카테고리에는 조직이나 예산으로 표시된 조직 단위가 있다. 그러나 여기에는 규칙과 업무 관례와 같은 것이 포함된다."

3) 관료적 방관유형

모든 조직의 긴장이 관료적 규칙을 필요로 하는 것은 아니다. Gouldner에 따르면 인간적 요인으로 인해 발생한 긴장은 비관료적 방식으로 해결할 수 있다고 한다. Gouldner가 제시한 "구조적 적응"과 "방관유형"이 그러한 비관료적 방식이다. 비관료적 방식이란 감독권을 선택적으로 행사하는 것, 그리고 규칙을 비강제적으로 행사하는 것을 의미한다. Gouldner에 따르면 감독관들은 가끔 부하들이 조직규칙과 절차를 따르지 않도록 내버려 둔다고 한다. 석회광산에서 노동자들은 습관적으로 느리게 일하고, 커피타임을 가지며, 잡담도 즐긴다. 이러한 행동들은 분명히 공식규칙이나 절차를 어긴 것이지만 감독관들은 이것을 내버려 둔다는 것이다.

Gouldner에 따르면 감독관들은 엄격한 규율집행이 오히려 역효과를 낼 수 있다는 사실을 알고 있었다고 한다. 끊임없는 감독권 행사가 노동자들의 분노와 불만을 가중시킨다고 보기 때문에 감독관들은 아량과 방관 등의 태도를 견지한다는 것이다. 지나친 규율 적용은 필요할 때 노동자들의 협력을 구하지 못하는 사태를 발생시킨다. 따라서 감독관들은 노동자들로부터 필요한 협력을 구하기 위해서 노동자들을 유연하게 대한다는 것이다. 노동자들의 유연성은 특히 노동자들이 "규칙대로 일한다"는 전략을 구사할 때 힘을 발휘한다. 규칙대로 일한다는 것은 공식적 직무 기술에 나와있는 대로만 일한다는 의미이다. 이것은 노동자들이 관리자에 대항할 수 있는 강력한 무기이다. 어떤 조직이나 할 것 없이 관리자들은 구성원들이 공식적인 직무기술에만 매달리지 말고 예견치 않은 문제에 유연하게 대처해 주기를 바란다. 그렇게 하기 위해서 방관유형을 자주 사용한다.

2. Peter M. Blau의 관료제 역동성

연방 및 주 정부기관에 대한 Peter M. Blau(1973)의 연구는 Gouldner의 관료제에 대한 주장과 유사하다. Blau는 관료적 행동과 관례의 결과에 촛점을 맞춘 기능적 분석을 시도한다. 그는 관료적 절차가 기관의 목표를 달성하는데 기여하는지, 그리고 조직 구성원의 예견된 행동을 낳는지에 관심을 기울인다. Blau에 따르면 관료적 절차는 예견되지 않는 결과를 낳고, 심지어는 혁신적인 결과를 낳는 경우 까지 있었다고 한다.

주정부 산하의 고용기관을 대상으로한 사례연구에서 Blau는 규정된 규칙과 절차를 벗어난 여러 가지 혁신과 구조 조정이 관료적 조직에서 나타나고 있다는 사실을 지적한다. 이 기관에서 직장을 구하고자 하는 '고객'은 접수원을 통해 상담자와 상담을 하도록 되어 있다. 이때 상담 순서는 접수 순서으로 해야한다는 것이 규정이다. 상담자는 고객의 기술소지 여부와 교육수준 등을 고려해 그에게 맞는 일자리를 주선한다. 그런데 고객이 일자리를 쉽게 찾을 가능성이 있는 경우에는 접수순서에 관계없이 상담자와 인터뷰가 빨리 이루어지도록 하는 것이 합리적이다. 그러나 이것은 규정에 어긋나는 것이다. 규정대로 한다면 접수원들은 당연히 합리적 업무과정에 관심을 두지않을 것이다. 상담약속을 빨리잡든 늦게 잡든 그것은 접수원의 관심사항이 아니다. 그러나 문제는 그로인해 고객들이 이 기관에 대한 나쁜 인상을 갖게된다는 것이다. 즉 이 기관이 고객에게 관심이 없거나 실업을 방치한다는 인상을 갖게 한다는 것이다. 이러한 이유 때문에 접수원들은 직장을 잡기 쉬운 사람부터 상담원에게 보내는 합리적인 조치를 취했다. 물론 이것은 규정에 어긋나는 일이다.

Blau는 접수원의 이러한 행동유형을 서비스 조직이 지니는 구조적 특성 때문에 발생한 것으로 본다. 실제 상담이 갖는 대면적 속성 때문에 합리적 인터뷰 시간 설정 규칙이 적용되기 어렵다. 이러한 상황에서 사람들은 공식적 규칙 보다는 사람 사이의 상호작용에 더 의존한다. 이 경우 사람들은 비록 공식 규칙을 위반한다해도 상호작용이라는 비공식적 규칙에 따라 행동을 하고자 한다는 것이다. 위 사례에서 접수원들은 규정을 수시로 무시했다. 그것은 이 규칙이 조직의 목적과 상징적으로 맞지 않고, 고객의 존중에도 해가 된다고 생각했기 때문이다. 접수원의 대안적· 비공식적 행동이 고객의 요구에 상징적으로 더 부합했던 것이다. 이러한 역동성은 관료조직에서 흔히 나타나는 역동성의 예이다.

그러나 이러한 접수원의 행동이 가장 크게 영향을 미친 곳은 상담원의 업무였다. 상담자 수에 따라 상담원을 평가하는 방식 때문이다. 상담원에 대한 평가는 직장 주선의 실적에 따라 이루어졌다. 따라서 접수원의 행동이 상담원의 업무를 가중시켰지만, 다른 한편으로는 실적을 증대시키는 기회를 가져다주었다. 이러한 이유로 상담원과 접수원 사이에 비공식적인 상호작용이 빈번하게 일어났다. 이것 또한 공식성을 강조하는 관료조직의 목적과 부합하지 않는 것이다.

상담원의 성과를 평가하는 방법은 Blau 연구의 핵심이다. 직장주선 실적은 성과를 측정하는 가장 객관적이고 합리적인 수단이다. 그러나 실제 이것은 많은 역기능을 낳았다. 가령 직장주선 실적을 최대한 높여 좋은 평가를 받고자한 상담원은 직장에 관한 정보를 독점하고, 다른 상담원과 직접적으로 경쟁하며, 주선실적을 위조하는 역기능 까지 낳았던 것이다. 주선실적은 순전히 숫자상으로만 계산되기 때문에 고객들에게 적절하지 않은 직업을 주선하는 일까지 있었다. 이것도 주선실적으로 계산되어 상담원의 평점을 높이는 결과를 낳게된다. 심지어는 고객들이 해고당하고 난 이후 원래 직장으로 복귀하는 것까지 상담원들은 이것을 자신의 실적에 넣었다. Blau에 따르면 이러한 모든 것이 "목표의 대치" 현상에 해당하는 것이라고 한다. 조직의 목표보다 통계적 실적을 극대화하는 것이 더 우선적이라는 것이다. 통계 실적은 원래 상담원의 책임을 높이고 자극하기 위해서 만든 것이었다. Blau에 따르면 상담원들은 이것이 경쟁은 유발하고 협력은 감소시킨다는 이유로 싫어했다고 한다. 그 결과 이 평가체제는 여러 가지로 수정되고 혁신되게 된다. 즉 관료조직에는 언제든 혁신적 속성이 존재해 있다는 것이다.

Blau는 기업금융거래와 회계를 규제하는 연방기관의 한 부처에서 있었던 혁신과 적응 유형에서도 이와 유사한 패턴을 찾아낸다. 이 부처의 직원들은 자료의 정확성과 법을 준수하고 있는지의 여부를 알기 위해서 기업의 회계장부를 조사할 권한을 갖고 있었다. 이들은 공식 절차에 따라 금융거래와 기재에 의문이 있는 경우 해당 당사자를 조사하게 되어 있었다. 그러나 실제 직원들이 당사자를 조사하는 경우는 거의 없었다. Blau는 이것을 두가지 이유로 설명한다. 첫째는 업무의 성격 자체가 너무 복잡했기 때문에 금융거래와 기재에는 의문과 문제가 상시 제기되고 있었다는 것이다. 따라서 직원들은 해당 당사자들을 조사할 시간을 갖는 것 보다는 유사한 문제에 대해 과거 경험있는 동료에게 자문을 구하는 것이 더 편리했다. 동료들이 해당 당사자 보다 물리적으로 더 가까이 있었기 때문에 능률적 차원에서도 이 행동이 더 바람직했다. 둘째, 해당 당사자를 상시로 조사하는 것은 오히려 감독기관 직원들의 무지를 탄로나게 할 수 있고, 따라서 자신들의 근무평가에도 악영향을 미칠 수 있었다는 것이다. 그러나 보다 중요한 것은 직원들이 회계당사자들과의 관계를 해쳐 보다 중요한 문제를 놓치게될 가능성이다.

이처럼 직원들 사이에 정보와 충고를 공유하고, 상호작용 한다는 것은 업무환경을 협력적, 수평적으로 만드는데 기여한다. 이러한 비공식적 관계의 증대와 공식적 절차의 타파는 오늘날의 조직에서 널리 권장된 조직의 장치이다. 그런데 이상의 예에서 볼 수 있는 것처럼 관료조직에서 이러한 일들이 상시적으로 일어나고 있었다는 사실이다.

이러한 사실은 Blau에게 다음과 같은 결론에 이르게 하였다. 즉 관료조직의 구성원들은 공식적 절차가 주는 즐겁지 않은 측면은 피하고자 하며, 대신 자신들의 이익과 부합한 대안적· 이용가능한 행동은 추구한다는 것이다. 그리고 여기에서 나타난 행동은 조직전체의 가치라는 입장에서 정당화될 수 있다는 것이다. 조직구성원의 행동이 비록 공식 절차를 위반했다 할지라도, 그것이 조직전체의 목적에 부합한다면 얼마든지 정당화 될 수 있다는 것이다. 위의 사례에서 보듯 직원들의 혁신적 행동은 대부분 자신들의 이익에 근거를 두고 있었다. 그러나 그것이 능률성과 합리성을 높여 조직의 가치에 기여한다면 그것은 얼마든지 정당화될 수 있다. 이것은 인간의 가치가 다른 사람들이 자신을 어떻게 평가하는지에 대한 인간의 사유적 능력에 근거를 두고 있다는 논리에 기인한다. 이러한 이유로 현대조직에서는 규정된 절차로 부터의 일탈하고자 하는 것이 새로운 규범이 되고 있다. 직원들 사이에서 발전한 비공식 관계가 중요한 유대적 기능을 하며, 상호정보 교환의 형태로 작용한다. 그리고 이것이 오히려 더 능률적일 수 있다.

Blau의 관찰은 관료적 조직이 반드시 규칙과 규제를 기계적으로 따르지 않는다는 견해를 제시한 것이다. Gouldner와 마찬가지로 Blau도 많은 관료적 절차와 관례는 종업원이나 관리자 할 것 없이 따르기 위한 지침이 아니라 피해야할 귀찮은 존재라고 한다. Blau는 관료제 규칙을 엄격하고 융통성 없게 따르는 사람을 보지 못했다. 더군다나 Blau는 관료적 조직이 과잉동조(overconformity), 의식주의, 혹은 변화에 대한 저항을 낳는다는 주장에도 동의하지 않는다.

Blau의 관료제에 대한 이러한 시각은 몇번 강조해도 지나치지 않는다. 왜냐하면 관료제에 대한 부정적 시각이 보편적인 상황에서 관료제를 옹호하고 있기 때문이다. 관료조직에 대한 비판은 관료조직이 인간을 지배하고, 인간은 이 힘에 대항할 능력이 없다는 가정에 근거한다. 그러나 Blau와 Gouldner의 연구에서 보듯 인간은 이 상황에서도 얼마든지 자유로울 수 있다. 관료조직 하에서도 인간은 혁신적, 저항적일 수 있기 때문이다. 관료적 조직하의 노동자들도 얼마든지 목표를 성취할 수 있는 대안적 수단을 지니며, 감독관들의 복종전략을 수정시킬 수 있는 능력을 갖는다. 노동자들의 이러한 행동이 관료적 절차를 개혁하려는 성향을 낳는다.

Section 3 관료제의 역기능과 예견치 못한 결과

1. Robert K. Merton의 관료적 성격(The Bureaucratic Personality)

관료적 조직은 운영과정에서 역기능과 예견치 못한 결과를 낳는다. Robert K. Merton(1957)은 이러한 사실을 통해 관료제를 강력하게 비판한다. Merton은 관료제가 발생시킨 예견치 못하고 역설적인 결과를 "의도하지 않은 결과"(unintended consequences)라는 개념으로 설명한다. 의도하지 않은 결과라는 Merton의 개념은 관료제와 밀접한 관련이 있는데, 그것은 조직구성원들의 행동이 목표달성과 관련하여 예견치않은 결과를 낳기 때문이다. 관료제에서 조직의 행동은 규정된 목적을 달성하기 위한 수단이다. 그런데 조직의 행동이 예견치 못한 결과를 낳는다면 조직의 합리성은 의심받지 않을 수 없다.

Merton은 예견치 못한 결과가 조직을 유지하고 재생산하는데 "잠재적 기능"(latent function)으로 작용한다고 한다. 문제는 그 결과가 "역기능"적이라는데 있다. 역기능이 생기면 조직의 목적은 손상된다. 조직의 잠재적 기능 혹은 역기능이 있다는 것은 관료제의 구조적 · 규범적 절차가 부정적 결과를 낳는다는 것을 의미한다. "관료적 성격"이란 이러한 관료제의 역기능 결과에 따라 발생하는 현상으로서 조직구성원들의 공식규칙과 규제에 대한 규범적 집착을 말한다. 조직구성원들이 절차적 복종에 집착하는 것이다. 관료적 성격은 목표달성이나 조직의 능률에 상관없이 조직구성원들이 조직의 규칙과 절차에 무조건적으로 동조할 것을 요구한다. 규칙이 목표를 달성하는 수단이 아니라 목표 그 자체가 되는 것이다. 이 경우 조직은 합리적 특성이 아니라 의례적 특성을 지니게 된다. Merton은 이것을 목표의 대치현상, 즉 조직의 목표를 희생해서 방법과 절차에 집착하는 것이라고 한다. 사람들이 지나치게 공식 목표와 절차에 집착하게 되면 조직의 실제 목표는 잊혀지게 된다. 그 결과 조직은 역기능적이고, 비생산적이 된다. Merton은 관료제가 궁극적으로 (ⅰ)개인의 성격과, (ⅱ)목표를 달성하기 위한 조직의 능력에 영향을 미친다고 한다. 여기에서 조직의 핵심적 패러독스가 나타난다. 공식적 절차를 엄격히 준수하는 것이 목표를 대치하고, 조직목표 달성을 저해하는 전혀 예기치 못한 결과를 낳는다는 것이다.

관료적 역기능에 대한 Merton의 생각은 관료제를 비판하는 많은 조직연구를 낳았다. 그러나 이 연구들은 대부분 성격-관료제 사이의 관계에 대한 Merton의 주장에 동조하지 않는다. Merton의 제자인 Alvin Gouldner, Peter Blau, 그리고 Philip Selznick

등이 수행한 사례연구에 따르면 (이 연구들은 조직이론에서 매우 가치있는 연구들로 평가됨) 관료조직에서 많은 역기능들이 나타나지만, 이들이 전부 조직구성원들이 규칙에 집착하기 때문에 발생한 것은 아니라고 한다. 실제 현대조직에서 나타난 많은 역기능들은 인간저항, 갈등, 반대, 그리고 혁신으로 부터 생긴다.

2. 제도로서의 관료제

관료제의 예견치못한 결과 중 관심을 끈 또 하나의 주장은 관료제를 제도로 보는 것이다. Philip Selznick(1949)는 Tennessee Valley Authority(TVA)라는 조직연구를 통해 이러한 사실을 지적한다. 이 연구에 따르면 인간행동은 조직의 공식적 · 합리적 목표를 달성하는데 장애요인으로 작동한다는 것이다. 관료적 조직은 이러한 인간적 요인 때문에 의도적으로 조정된 비개인적 체계에서 사회적 욕구와 압력에 대처하려는 자연적 체계로 성격이 바뀌게 된다(1957:5). Selznick는 이것을 설명하기 위해서 "위임"(delegation)이란 용어를 사용한다. 위임이란 조직이 지닌 인간적 속성 때문에 조정과 통제의 공식적 메카니즘을 지속적으로 교란하는 불안정한 시도이다[6]. 이것은 앞서 지적한 대리인 문제(agency problem)의 또 다른 형태이다. 조직은 목표달성을 위해 조직구성원에 대한 공식적인 통제를 하고자 한다. 그러나 다른 한편으로 이를 위한 행동의 자유와 자율성을 위임해야 한다. Selznick에 따르면 이러한 현상은 현대조직이면 누구나 겪는 딜렘마라고 한다. 따라서 Selznick는 공식구조를 다음과 같이 규정한다.

> "공식구조 만으로 조직행동의 비합리적 차원을 결국 극복하지 못한다. 조직행동의 비합리적 측면 때문에 어느 조직이나 할 것 없이 공식적 통제와의 알력, 딜렘마, 의심, 파괴 등이 발생한다. 합리적 행동체계는 비합리적 상황이라는 제도적 매트릭스에 어쩔 수 없이 배태되어 있을 수 밖에 없고, 이것이 조직의 근본적 패러독스가 된다"(1948:25).

조직에서 행동의 비합리적 측면은 Selznick가 말하는 "행동의 까다로운 도구"이다. 이 까다로운 도구는 규제 보다는 제도라는 비합리성에 더 영향을 받는다. 조직이 규정한 합리적 목적과 충돌하는 까다로운 도구가 조직에 있는 한 그 조직의 합리적 운영은

6) 이것을 일명 포섭, 혹은 적응적 흡수(cooptation)이라 한다. 즉 조직의 안정을 유지하고, 그 조직의 존립에 위협이 되는 요소룰 제거하기 위해 다른 조직의 유력자를 자기 조직의 고위관리층이나 정책결정기구에 포섭하는 것을 말한다.

결코 쉽지않다. Selznick에 따르면 인간은 공식적 역할의 점유자로서가 아니라 전체의 일원으로서 더 행동하려 한다고 한다. 즉 비합리적 측면이 인간의 행동에 더 큰 영향을 미치는 것이다. 문제는 이 비합리적 역할과 성격이 공식적 관료구조와 일치하지 않기 때문에 공식적 합리성을 달성하는데 장애요인이 된다는 것이다. Selznick는 이것을 극복하기 위해서 관료적 조직을 시급히 제도로 변화시켜야 한다고 한다. 제도로서 조직은 이러한 까다로운 도구의 욕구와 몰입에 귀를 기울이기 때문이다. 그렇게 할 때 조직은 유능해지고 발전할 수 있다.

3. 세습적 관계로서의 관료제

인간이 관료제라는 습지를 뚫고 어떻게 항해하는지에 대한 최근의 조직분석은 Robert Jackall의 「Moral Mazes:The World of Corporate Managers(1988)」라는 저서에 잘 나타나 있다. Jackall은 이를 위해 대규모 섬유기업, 재벌그룹의 화학부서, 그리고 공공기관의 관리자들을 인터뷰하고, 그들의 행동을 관찰하였다. 이 연구의 목적은 관료제가 도덕적 의식과 관료적 윤리를 만드는 방식을 알아보기 위한 것이다. Jackall은 이 연구를 통해 Gouldner, Blau, 혹은 Selznick 보다 훨씬 강력한 관료적 영향을 목격한다.

> "관료적 업무는 사람들이 직장 밖이나 개인적으로 따르고자 하는 도덕성과, 직장에서의 도덕성을 구분하여 직장의 지배적인 도덕성만을 따르도록 한다...... 일상생활에서 중요한 것은 개인적·구조적 제한하에 자신의 조직에서 생긴 도덕적 규칙이다"(1988 : 6).

앞서 지적한 바와같이 Weber는 명령이 근거하는 합리적 · 합법적 권위의 원리와, 조직구성원들은 그것을 합리적으로 우월한 장치라고 생각한다는 논리를 발전시켰다. 그러나 Jackall이 연구한 조직에서 권위는 Weber가 생각하는 것처럼 먼 추상적인 것이 아니라 상사와 일상적으로 맺는 개인적 관계의 경험에서 생겨나는 것이다. 실제 조직구성원들의 행동은 이러한 관계를 근거로 일어나며, 이것이 조직생활의 실질적 규칙이 된다. 이러한 점에서 현대조직은 세습적 관료제의 특징을 지닌다고 할 수 있다. 개인적 충정이 관리자의 가장 중요한 행동규칙이라는 것이다. 이것은 수단적 · 합리적 행동 상황을 기반으로 행동이 일어난다고 보는 Weber의 이론과 반대되는 주장이다. 세습적 관료제는 상사가 베푸는 특전을 기대로 부하들이 상사에 대한 복종과 의무를 기꺼이 수용하는 관료제이다(1988:19).

여기에는 분명한 계산, 즉 수단과 목적이 있다. 그러나 능률과는 거리가 멀다. 조직행동은 조직목표를 달성하기 위해서 움직여야 하고, 이 목표를 달성한 사람에게 보상을 해야 한다는 합리적 관료제 원리와 달리, Jackall의 연구는 상징적 대안이 보상 배분을 결정한다는 Offe(1976)의 연구를 지지한다. 차별적 행동이 유효성, 능률성, 능력 등과 같은 척도의 대안으로 사용된다는 것이다. 조직에의 개인의 기여를 정확하게 그리고 객관적으로 측정할 수만 있다면 문제가 없다. 그러나 Jackall(1988:64)에 따르면 판단력, 의사결정력, 창조성, 리더십, 의사전달, 다른 사람과 어울릴 수 있는 능력 등과 같은 관리평가 척도는 매우 주관적이고 다양한 해석이 가능해 그것을 객관적으로 측정할 수는 없다는 것이다. 따라서 합리적 행동 보다는 상징적 행동이 상사의 이익에 더 기여한다. 실제 Jackall이 연구한 조직에서는 이러한 세습적 관계로부터 혜택을 받은 관리자가 많았다.

세습적 관계는 일종의 제휴(affiliation)관계이다. 기업내의 이러한 제휴 혹은 네트워크는 조직의 강령에 나타난 합리적-합법적 의사전달 고리와 일치하지 않는다. Jackall(1988:39-41)에 따르면 이러한 세습적 관계의 특징은 비공식적 승인 척도를 사용하고, 명확하게 규정되어 있지 않으며, 수시로 변한다는 것이다. 성공과 실패를 결정하는 이러한 비공식 척도는 개인의 생산성과도 관계가 없다. 어쩌면 이 관계가 조직의 실질적 관계일지도 모른다.

4. 맥도날드화의 원리

합리적 관료제가 모든 조직의 근본 특징이고, 우리가 이러한 조직에서 삶의 대부분을 여기에서 보내야 한다면 우리는 알게모르게 관료제 매몰되어있다고 보아야 한다. George Ritzer는 이것을 맥도날드화(McDonaldization)로 설명한다. 「The McDonaldization of Society(1993)」라는 저서에서 Ritzer는 패스트푸드 레스토랑의 원리가 우리사회 곳곳에 퍼져있는 현상을 설명한다. 맥도날드화가 다이어트, 교육, 가정, 의료보험, 레져, 정치, 여행, 일, 그리고 사회의 거의 모든 부문에 영향을 미치고 있다는 것이다(1993:1). 맥도날드화는 4가지 서로 관련된 원리를 중심으로 이루어진다. 이 원리는 Weber의 관료제 이상형과 밀접히 관련되는데, 능률성, 계산성, 예측성, 통제력이 그것이다. 패스트푸드 산업은 이러한 조직원리가 적절하고 성공적으로 사용된 유일한 곳이다(Morgan,1997:Chap.1).

능률성은 특정한 목표를 달성하기 위한 가장 좋고 가장 빠른 수단을 사용하는 것을 말한다. 패스트푸드는 배고픈 사람이 배고픈 상태에서 배부른 상태로 바뀌는데 가장 좋은 수단을 제공할 때 능률적이 된다. 이러한 능률성을 높이기 위해 맥도날드는 식당을 빵을 굽고, 어셈블리라인을 가동하며, 테이블에서 기다리지 않고, 현금으로 음식값을 지불하며, 팁도 없고, 셀프 청소하는 것으로 바꾸었다. 이 시스템은 잘 훈련된 종업원 뿐만 아니라, 잘 훈련된 고객을 통해서도 실현될 수 있다.

계산성(calculability)은 조직과정과 생산의 모든 측면을 측정, 계산, 계량화하는 것이다. 패스트푸드 레스토랑에서 음식을 준비하는 모든 요소는 계량단위로 측정된다. 햄버거의 무게는 1.6온스이며, 크기는 정확하게 직경 3.875인치이다, 햄버거는 미리 구워지며, 직경 3.5인치의 빵에 맞도록 제작되어 있다. 또한 햄버거의 크기와 양은 Big Mac, Whopper, Whaler, Big Bite, 그리고 Super Big Gulp 등의 메뉴에 맞게 제작되어 있다. 양이 질 보다 우선한다. 즉 낮은 질을 양으로 보상하는 것이다.

예측성은 음식을 미리 준비하고 전달하며, 카운터에서의 고객과 종업원 사이의 상호기대라는 의미로 이루어지는 맥도날드화의 과정이다. 이것은 고객이 식당에 들어설 때 자신이 무엇을 원하는지 알고 있으며, 제한된 몇가지 메뉴에서 선택하게 될 것이라는 것을 가정한다. 거래는 대단히 예측가능한 사회적 의식이다. McDonald 모델의 성공여부는 정확하게 사람들이 무엇을 기대하고 무엇을 얻게 될지를 안다는데 근거한다. 많은 고객들에게 놀라움을 주는 것은 맥도날드화의 특징이 아니다.

공식적 통제는 맥도날드화의 마지막 특징이다. 통제는 음식제조에서 종업원과 고객의 행동에 이르기까지 다양하게 이루어진다. 비예측성과 불확실성의 주요원인이 인간요인에서 비롯되기 때문에 종업원의 자유재량권을 줄이기 위한 노동과정이 모색된다. 스캐너와 자동음료기 사용, 고객과의 대화, 심지어는 혁신까지도 제한되거나 미리 규정되어 있다.

Ritzer가 지적하고자 하는 핵심 논제는 맥도날드화의 원리가 우리 사회의 구석구석에 적용되고 있다는 것이다. 언론의 경우 CNN과 USA Today가 그렇고(Mc News), 은행의 24시간 현금지급기가 그렇다(Mc Money). 의료보험은 자동의료센터에서 제공되고(Mc Health), 관리실제는 일분 관리자에 의해서 이루어진다(Mc Management). 대학 학위과정은 집에서 편안하게 온라인으로 들을 수 있다(Mc College).

Section 4 관료제 학파의 탄생

1. 행정과학(원리)학파

관료제적 논리를 조직관리 및 행정 실제에 접목하려는 시도가 주로 행정학 분야에서 시도되었다. 많은 사람들은 그러한 시도를 행정과학 혹은 행정원리학파라고 부른다. 행정원리학파는 관료제 이론을 조직관리의 실제에 접목시키려는 최초의 시도로 평가받고 있다. 조직구조와 실제를 구체화하기 위해 합리적 관료제의 논리를 적용한 것이다. 그 이유는 역시 조직업무를 합리화하고, 능률성을 높이기 위한 것이다.

1) Henri Fayol

Henri Fayol(1919:책 출간은 1949)은 조직설계(구조화)와 관련하여 명확한 지침을 제시한 최초의 인물이다. 조직관리를 기획, 편성, 명령, 조정, 통제 등 5가지 기능으로 정의한 Fayol은 광물야금 기업의 엔지니어 겸 감독관으로서의 경험을 살려 조직을 운영하는데 필요한 일련의 행정원리를 제시한다. 이 원리에는 업무의 분화와 전문화, 권위행사와 명령을 내리는 권한, 규율, 명령통일, 감독통일, 개인이익 보다 조직목표의 우선, 보상, 직장안정, 명령체계, 물질적·사회적 질서의 성취, 공평, 창의성 발휘의 기회, 집단정신 등의 원리가 포함된다. 이 원리는 그 후 행정원리학파들(Gulick and Urwick,1937;Mooney and Reiley, 1939)에 의하여 보다 정교화되었고, 지금까지도 관리훈련의 일환으로 적용되고 있다. 특히 Gulick과 Urwick은 Fayol의 원리를 7가지로 정리하여 "POSDCORB"이라는 신조어를 만들어 냈다.

2) James Mooney and Allen Reiley

합리적 행정원리와 인간통제 방법은 서로 긴장관계에 있다. 이것을 극복하기 위해 Mooney와 Reiley는 「The Principles of Organization(1939)」라는 저서에서 조직관리의 핵심적 원리를 제시한다. 이것은 여러 가지 업무를 통합내지 분화시키기 위한 공식절차이며, 계층적 통제의 원리(조정과 계층제의 원리)이다. 그들은 행정을 집행하는데 따른 여러 가지 문제를 해결하고자 한다. "현대산업 조직의 내부 문제"라는 제목하에 Mooney와 Reiley는 산업엔지니어(관리자)들이 노동자와 기업주의 공동의 이해, 충성심, 의무와 책임의 면제 등을 달성해야 하는 상황 때문에 이러한 원리를 적용하는데 어려움을 겪고 있다고 한다. 즉 관리자들이 처한 조직상황은 한편으로 조정, 다른 한편으로 조직구성원의 자율성을 동시에 달성해야 하기 때문에 딜렘마 상황이라는 것이다. 이러한 문제를 해결하기 위해서 Mooney와 Reiley는 관리자가 다음과 같은 역할을 수행해야 한다고 한다.

> "관리자들은 인간의 알력과 기계적 다양성을 연구하고, 그것을 해결하기 위해 노력해야 한다. 이 문제를 다루는최선의 방법은 가치관을 주입시키는 것이다. 즉 공동의 이해를 모색하고, 역사상 가장 강한 규율을 부과하는 것이다. 그리고 믿음의 힘을 심는 것이다. 노동자와 사장이 공동의 목적에 대해 공동의 이익으로 하나가 될 때 규율 사용의 정당성이 확보되는 것이다"(1939:173-178).

앞서 언급한 바와 같이 적절한 조직활동을 하기 위해서는 공식적 · 구조적 처방만으로는 부족하다. 조직구성원 사이의 갈등을 해결하고, 의무, 책임, 규율을 부과하기 위해서는 이념적 혹은 규범적 윤활유가 필요하다. 이러한 생각은 Mooney와 Reiley가 근무한 GM자동차에서의 실제 경영 경험에서 나온 것이다.

2. Hebert A. Simon의 조직연구

Hebert A. Simon과 그의 동료들은 합리적 모델의 추상적 원리를 구체적인 의사결정 과정으로 연결시킴으로써 관료적 조직을 한단계 더 업그레이드 시켰다는 점에서 높은 평가를 받는다. 이러한 공로로 Hebert A. Simon은 노벨 경제학상을 받았다. 특히 Simon은 주요 행정원리가 실제 조직에 적용되는데 많은 문제가 있음을 지적하고, 그것을 신조로 삼은 행정원리학파를 비판한다.

1) 행정원리 학파에 대한 비판

"The Proverbs of Administration"(1946)라는 논문에서 Simon은 행정원리 학파가 제시한 거의 모든 원리에서 타당하고 수용 가능한 원리를 찾을 수 없고, 대개 모순된 원리만 찾을 수 있었다고 지적한다. 가령 명령통일의 원리는 부하가 한 사람의 상관으로부터 명령을 받아야 한다는 것인데, 이것은 특정 전문 분야에 대해서 전문가의 입장을 수용해야 한다는 전문화의 원리와 상충된다. 왜냐하면 특정 분야의 전문가가 다양하면 그들로부터 다양한 견해와, 이에 따른 다양한 지시가 나올 수 밖에 없기 때문이다.

두 번째 사례는 통솔범위의 원리에 관한 것이다. 통솔의 범위 원리는 한 사람의 상사가 통솔하는 부하의 수가 비교적 적절하거나 관리 가능해야 한다는 것이다. 이 원리가 적용되기 위해서는 부하의 수를 적절하게 맞춰야 하기 때문에 계층의 수는 늘어날 수 밖에 없다. 이는 결국 조직을 비능률적으로 설계하는 결과를 가져온다. Simon은 행정원리 학파와 관련된 이러한 일반적 문제를 여러 가지 사실로 설명한다. 즉 행정원리 학파는 현실을 피상적으로 보고, 그것을 지나치게 단순화시켰으며, 현실감각이 결여되어 근본적으로 모순이라는 것이다. 또한 행정원리 학파는 권위에 지나치게 집착한 결과 조직행동에 영향을 미치는 다른 중요한 요인들을 파악하지 못했다는 것이다(1984:64).

Simon은 이러한 문제가 발생한 것은 행정원리 학파가 조직의 여러 가지 상황에서 인간이 의사결정을 한다는 사실을 미쳐 깨닫지 못했기 때문이라고 한다. 단순한 원리에 따른 구조적 명령은 그것이 조직행동에 어떠한 영향을 미치는지 명확히 깨닫지 못하는 한 조직에 적용될 수 없다. Simon은 조직행동의 영향을 정확히 볼 수 있게 하는 것은 개인의 의사결정이라고 한다. 이러한 생각은 Simon으로 하여금 조직을 다른 각도에서 바라보게 하는 계기가 되었다.

2) 제한된 합리성(Bounded Rationality)

인간의 의사결정과 관련하여 가장 중요한 사실은 인간이 과연 합리적으로 의사결정을 할 수 있을 것인가 하는 것이다. 경제학을 비롯한 많은 의사결정이론은 인간이 합리적 의사결정을 할 수 있다는 전제하에서 출발한다. 인간은 합리적이라는 것이다. 그러나 Hebert A. Simon과 James G. March(1958)는 이러한 사실을 부인한다. 인간은 결코 합리적일 수 없다는 것이다. 인간의 능력과, 인간이 처한 상황이 제한적이기 때문이다. Simon과 March는 이것을 인간의 제한된 합리성(Bounded Rationality)이라고 한다. 즉 인간은 의사결정을 할 때 (ⅰ) 접근 가능하고 이용할 수 있는 정보의 양, (ii) 제시할 수 있는 대안의 수, (iii) 행동결과를 예측할 수 있는 능력에 있어서 제한적이라는 것이다. 따라서 Simon과 March는 인간 합리성에 대한 가정은 인간능력에 관한 보다 현실적 개념으로 대체해야 한다고 한다. 이를 위해 Simon과 March는 최적의 결정을 가정하는 합리적 · 경제적 인간을 만족한 결정을 내리는 행정인으로 대체한다. 여기에서 만족한 결정이란 조직목표 달성과 활동에서 제한된 능률적인 의사결정을 하는 것을 말한다.

합리적 의사결정의 한계에 대한 논의는 행정학의 주요 관심사이다. March와 Simon

이 제시한 합리적 의사결정의 장애요인 이외에 Carl Lutrin과 Allen Settle(1967:95)은 다른 요인을 추가한다.

· 의사결정을 하지 않으려 하거나 할 수 있는 능력이 안되는 경우
· 불완전한 정보나 피상적인 정보로 인해 결정을 내릴 수 없는 경우
· 가장 쉽게 해결할 수 있는 단기적 해결책만을 받아들이려는 경향
· 과거의 경험과 새로운 경험 사이의 잘못된 유추, 혹은 과거의 경험에만 의존하려는 경향
· 지나친 단순화
· 미리 정해진 가정에 의존하는 것
· 집단사고(group think)

이러한 논의를 근거로 행정학자인 Harold Gortner(1977:115-116)는 관료제(공공기관) 의사결정의 특징을 다음과 같이 제시한다.

> "의사결정의 합리성에 한계가 나타날 때 가장 먼저 고려해야할 사항은 의사결정자의 개인적, 심리적 요인이다. 이 요인에는 다섯 가지가 있다. 결정자의 결단력, 가치와 태도, 지나친 단순화, 인지적 단견, 외부 집단에의 동조 등이 그것이다."

그러나 합리적 행동을 할 수 없다는 것이 단점만 되는 것은 아니다. 오히려 조직구성원의 결정과 행동에 통제권을 행사한다는 장점도 있다. Simon의 모델에서 조직은 구성원의 의사결정 과정을 단순화하고 지지하는 상황이다. 대부분의 합리적 모델과 마찬가지로 Simon의 모델에서도 목표는 조직의 핵심 요소이다. Simon에게 있어서 목표는 조직구성원의 활동을 제한하는 메카니즘이다. 이 목표는 "가치전제"와 "사실전제"로 구분된다. 가치전제란 조직구성원이 선호하는 목적 혹은 바람직하다고 여기는 목표이다. 이것을 목표의 설정(goal specificity)이라 한다. 사실전제는 바람직한 목표를 달성하기 위한 수단이다. 이것은 공식적 방법이다. 목표는 조직구성원들이 '이미 주어져 있다'고 인정한 것이기 때문에 매우 중요한 의미를 지닌다. 가령 중학교에서 고등학교에 진학하는 학생들은 대학입시를 이미 주어진 목표로 받아들인다. 따라서 본인들에게는 괴로운 일이지만 대학입시와 관련된 보충수업이나 방과 후 자습시간을 이들은 당연한 것으로 받아들인다. 즉 목표는 사람들이 당연하게 받아들이는 것으로, 이것을 바탕으로 사람들은 자신의 능력과 노력을 투입하며, 의사결정을 한다. 조직의 목표가 수립됨으로써 조

직은 비로서 인간적 요인을 통제할 수 있게 되는 것이다.

> "완전한 가치와 사실적 전제가 주어질 때 합리성과 일치하는 결정은 하나만 존재한다. 즉 주어진 가치 체계와 특정한 대안 중 우선할 수 있는 대안은 하나만 존재한다는 것이다...... 따라서 자신의 결정의 근거로 삼는 가치와 사실적 전제가 합리적 사람에게 적용된다면 그 사람의 행동은 통제될 수 있다"(Simon,1997).

그러나 이러한 의사결정 모델은 공공부문의 정책결정에 적용시키기 어렵다. 행정을 연구하는 조직이론가들은 합리적 의사결정은 물론 만족적 의사결정의 가정도 거부한다. 공공부문의 정책결정은 많은 논란의 대상이 되고, 다양한 여론의 심판을 받기 때문이다. 따라서 정책결정의 가치와 사실적 전제가 끊임없이 검증된다. 이러한 이유로 공공정책의 의사결정은 점증주의(incrementalism) 과정이다. 하나의 최종적인 해결책은 없으며, 언제나 타협되어야 하는 협상의 대상인 것이다(Lindblom,1959 ;Downs,1967). 현상유지나 기득권에 근본적 문제를 제기하지 않는 방향에서 합의를 볼 수 있는 작은 조처들이 취해지는 것을 말한다. 이것과 관련하여 Gotner(1997:109)는 다음과 같이 말한다. "공공정책을 결정하는데 있어서 목표에 대한 합의는 거의 이루어지지 않는다. 많은 합의를 이루는 것도 어렵다. 따라서 공공정책의 의사결정은 점증적으로 이루어질 수 밖에 없다"는 것이다.

이와같이 의사결정과 문제해결이 민간분야 보다 공공부문에서 어려울 수 밖에 없다는 입장은 Horst Rittel과 Melvin Webber(1973)의 "길들여진"문제와 "사악한"문제 사이의 구분에서도 나타난다. 길들여진 문제란 문제를 해결하고 성공을 거둘 수 있는 기술적 수단을 포함한 중요 도전을 쉽게 규정할 수 있는 문제이다. 반면 사악한 문제는 합의된 정의를 내리기 어렵고, 성공적 해결책의 전망도 밝지 않은 문제이다. 정부영역은 사회불평등이나 범죄와 같은 사악한 문제를 해결하는 정책을 수립해야 하고, 여기에는 언제나 논란이 있기 때문에 이러한 문제의 정의, 해결, 성공척도는 언제나 갈등의 대상이 된다.

3) 행정행태이론

Simon의 제한된 합리성 주장과 이에 따른 의사결정의 만족모형은 인간의 행태를 전제로 한다는 점에서 행정행태이론으로 부른다. 특히 Simon의 행정행태 이론은 적절한 구조적 장치만 갖추면 조직구성원들의 바람직한 행동이 저절로 이루어진다는 행정원리학파의 주장을 시정하기 위한 것이다. 행정원리학파들이 제시한 원리들은 모순적이며, 조직의 구조적인 제약으로 합리적 조직행동이 실제로 이루어지기 어렵다는 것이다. 따라서 Simon은 의사결정의 보다 현실적 모델인 제한된 합리성 모델을 발전시키게 된다. 가치전제와 사실전제는 인간의 행동을 유화적으로 통제하는 강력한 수단이다(Perrow,1986). 조직은 자신의 결정을 추진하기 위해 전제, 하위목표, 하위수단, 그리고 관례절차를 수립하기 때문이다.

그러나 조직이 합리적 수단이라고 생각하는 Simon은 개인을 도구 혹은 객체로 간주하며, 따라서 제한된 인간행동 모델을 구축한다. 이것은 조직의 복잡성을 이해하기 위해 개인행동 모델을 단순화 시킨 어쩔수 없는 작업으로 평가할 수 있다(Perrow,1986:122). 그러나 인간행동의 단순화 작업은 조직이론의 표준이고, 피할 수 없는 경향이긴 하지만 조직속의 인간행동을 지나치게 개인수준로만 본다는 비난을 면하기 어렵다. 이러한 점 때문에 Simon의 행정이론과 인간요인에 관한 가정이 행정원리학파들이 제시한 원리를 속담에 불과하다고 비판한 것과 마찬가지로 Simon의 주장 또한 비판을 받게 된다.

이 문제를 해결하기 위해서 Simon은 그 이후의 연구(1997)를 통해서, 그리고 그의 동료였던 Richard Cyert와 James March는 자신들의 연구를 통해서 조직을 다양한 이익과 목적을 지닌 개인과 집단의 연합체로 보고자 한다. Cyert와 March는 조직의 새로운 구성원이 다른 조직과 사회영역에서 만들어진 이익과 목표를 조직에 이식시킴으로써 발생한 결과에 대해서도 논의한다. 조직합리성에 대한 이러한 수정은 인간요인의 복잡성과 조직의 역동성에 기여한 인간의 힘을 새롭게 발견하는 계기가 되었다.

Section 5 관료적 합리성과 지배의 문제

1. 고전적 사회이론과 비판이론에 의한 관료제 비판

관료제는 인간 정신을 질식시키고, 조직구성원의 자유와 존엄성을 빼앗는 존재라는 비판이 많은 학자들에 의해서 제기되었다. 특히 관료적 조직이 지배적 권력을 행사함으로써 인간의 사회적 결과에 부정적 영향을 미친다는 비판이 고전적 사회이론가들인 Weber, Marx, 그리고 Durkheim 등에 의해서 강하게 제기되었다. Weber에게 관료제의 등장은 능률성을 높여 합리성을 증대시켜야 한다는 현대사회의 흐름을 반영한다. 그러나 Weber는 관료제가 감성적 인간관계를 억누른다고 비판한다. Marx에게 자본주의의 관료조직은 인간이 자신의 잠재적 능력을 완전히 발휘할 수 없게 하는 "감추어진 주거지"이다. 반면 Darkheim은 수단적 사회관계의 등장과 노동의 분업은 해체, 무규범, 아노미라는 현상을 탄생시킨 주범이라고 한다. 이 세사람의 논의 내용은 다르지만 확실한 공통점은 관료 조직이 인간결과에 부정적 영향을 미친다는 것이다.

이 세 이론가 중 자본주의의 근대화, 합리화, 그리고 관료화 사이의 관계에 가장 주목한 사람은 Weber이다. 관료적 원리에 대한 이상형 구축에도 불구하고 Weber는 관료적 조직방식이 개인에게 미친 영향에 관해 가장 비관적인 견해를 제시한다.

> "자본주의가 환영한 관료제의 특성은 관료화될수록 탈인간화되고, 탈인간화될수록 조직구성원의 사랑, 증오, 순수한 개인적, 비합리적, 그리고 감성적 요소를 빼앗는다는 것이다. 이것이 관료제의 특성으로 널리 추앙받은 미덕이다"(Weber,1946:215-216).

관료조직에 대한 Weber의 이러한 평가는 비판이론에 오랫동안 영향을 미쳤다. 비판이론의 핵심 관심사 중 하나는 현대 합리적 관료조직이 과학적 방법(수단적 이성)과 기술을 통해 자연의 힘을 지배하려는 시도이다. 기술기반 합리성은 원래 희소성, 무지, 비합리성, 비능률성 등의 문제로부터 인간을 해방시키는 수단이었다. 그러나 비판이론가들(Horkheimer and Adorno,1976; Marcuse,1964)은 인간발전을 위해 고안된 이 수단들이 오히려 인간억압의 핵심원인이 된다고 한다. 과학과 기술을 통한 자연의 통제는 사회조직의 관료적 형태를 통한 인간 지배의 문제로 확대된다. 기술적 합리성이 이제 조직적 · 이념적 사회통제의 도구가 되었다는 것이다. 인간은 합리적 존재로 억압되도록 사회화되고 가치주입되고 있다는 것이다.

조직이론과 실제 사이의 이러한 관계와, 합리성의 문제는 Robert Denhardt의 「In the Shadow of Organization(1981)」의 중심논제이다. Denhardt에 따르면 조직은 과학과 마찬가지로 자연을 통제하고, 정복하기 위해서 발전해 왔다는 것이다. 그리고 그 과정에서 자연에 대한 지배로부터 인간에 대한 지배로 급속히 옮겨가고 있고 한다 (Denhardt,1981:89). 기술적 합리성은 자연과 인간의 속성을 객체로 본다. 과학의 논리가 행정의 영역으로 퍼져나감에 따라 인간이라는 주체는 모두 관리 가능한 객체로 취급되게 된다. 합리적-관료적 조직 모델에서 가장 강조하고 있는 사항은 특별한 목적을 달성하기 위한 수단과 방법이다. 기술적 합리성에 대한 이러한 특징은 행정가들이 주로 선호하는 데, 그것은 수단적 합리성이 합리적 노력에 방해가 되는 감정과 같은 인간의 특징을 귀찮고, 비능률적인 것으로 봄으로써 그것을 제거하기 때문이다

(Denhardt,1981:28). Denhardt는 조직에서 인간을 감정이 없는 존재로 본다는 것은 궁극적으로 우리의 정체성에 영향을 미쳐 우리의 삶을 자기성찰 없는 삶으로 만들며, 업적과 성과에만 집착하게 하는 것이라고 한다. 이러한 점에서 "행정의 합리적 모델로부터 나온 인간의 특성과 행동은 궁극적으로 자기검열을 받아야 한다"는 것이다.

Denhardt는 비판이론 관점에서 기술적 합리성의 문제를 집중적으로 논의한다. 지배의 형태로서 기술적 합리성은 인간의 특성과 능력을 억누르려 한다. 실제 합리적-관료적 조직은 생산의 인간적 요인을 통제하는데 성공을 거두고 있다는 것이다. 그러나 Denhardt에 따르면 기술적 합리성에 대한 일정한 저항이 있다고 한다. 그것은 조직의 "그림자"이다. 조직의 그림자는 Carl Jung의 미처 이용하지 못했고, 소홀히 다룬 인간의 충동과 욕망이라는 개념에서 나온 것이다. 합리적-관료적 조직은 인간의 "비합리적" 충동과 욕망을 바람직하지 않은 것으로 보지만, 수단적 합리성에 도전하고 그것을 부정하는 잠재적 반대형태가 조직의 그림자에 남아있다는 것이다. Denhardt는 기술적 합리성의 논리적 결론을 따르지 않는다. 기술적 합리성이 인간의 행동과 조직의 원리 사이에 끊임없는 긴장과 갈등을 발생시키기 때문이다. 이로인해 조직에는 조직장치에 대한 반대, 수용, 변화라는 끊임없고, 미묘한 변증법적 방식이 나타나게 된다.

Denhardt를 비판하는 사람들은 Weber의 "철창"(iron cage)공식을 받아들인다. 동시에 이들은 인간의 저항과 반대능력을 최소화하고자 한다. Gouldner(1955)는 이러한 경향을 가리켜 관료조직 이론에 퍼져 있는 "형이상학적 pathos"(연민의 정)라 한다. 이것은 현대 조직이 엄격한 노동의 분업, 비개인적 규칙과 규제, 내재된 과두지배체제, 그리고 부하에 대한 효율적 통제 등으로 나아가는 것을 용인하는 것이다. 그러나 이 논리에는 심각한 문제가 있다. 이 논리는 기술적 합리성의 목적 및 의도와, 현대 자본주의하에서 당연시된 인간을 객체와 수단으로 다루고자 하는 가정을 기본으로 하기 때문이다. 나아가서 이 논리는 사회통제를 위한 지배 계급과 관리자 계층을 관료제의 핵심요인으로 인식한다. 반면 이 논리는 인간의 사유성, 초월성, 기관으로서의 역할, 그리고 인간의 저항과 반대 능력은 무시한다. 물론 이 능력들이 모든 사회의 특징인 구조적 통제, 계급지배, 그리고 이념적 가치 주입을 자동적으로 막아주는 것은 아니다. 그러나 분명한 한가지 사실은 이 능력들이 관료적 지배를 어렵게해, 사회적 통제가 한가지 절대적 방법(가령 공식적 통제)으로만 이루어질 수 없다는 사실을 분명하게 말해준다는 것이다.

2. 관료적 지배와 맑시스트 이론

관료적 지배 관점은 Weber의 조직 모델을 넘어 노동과정에 대한 Marxist 이론으로 확대된다. 인간요인을 지배하고 종속시키는 조직의 능력을 강력하게 평가하려는 경향은 조직에 관한 맑스주의의 연구에서 흔히 볼 수 있는 현상이다(Clawson,1982; Marglin,1974). 그 중 가장 대표적인 것이 Harry Braverman의 저서 「Labor and Monopoly Capital(1974)」이다. 이 책에서 Braverman은 모든 조직의 가장 중요한 특징으로 생산의 인간적 요인의 통제와 노동자의 노동의 힘을 든다.

Braverman의 통제와 지배에 대한 강조는 비판이론의 주장과 같다. Braverman (1974:6)에 따르면 과학과 기술을 적용시키는 것은 사회의 계급 분열을 창조, 영속화, 심화시키는 "지배의 무기"라고 한다. 이를 위해 Braverman은 Frederic Taylor의 과학적 관리법을 철저히 분석한다. 여기에서 Braverman은 과학적 관리법이 노동자들이 지닌 권력과 지식을 감소시키는 관리전략을 채택하고 있다고 주장한다.

Braverman은 과학적 관리법과 노동의 분업에 대한 분석을 20세기로 확대한다. 20세기에도 여전히 과학적 관리법의 원리를 모든 형태의 노동에 적용시키려는 경향이 끊임없이 이루어지고 있다고 한다. Braverman에 따르면 과학적 관리법과 노동의 분업 원리가 모든 형태의 직업에서 탈 기술화를 가속화시켰으며, 정신노동과 육체노동을 계속 분리시켰다고 한다. 따라서 이 과정에서 화이트칼라 혹은 블루칼라에 상관없이 모든 직업에서 "프로레타리아화"가 진행되었다는 것이다. 즉 모든 형태의 직업은 반복적이고, 단조로운, 그리고 정신적 개념의 기술을 사용할 기회도 없는 블루칼라 노동의 특징을 띠게 되었다는 것이다. 합리적 · 관료적 원리를 사용하여 생산수단을 사유화하고, 생산과정을 조직할 수 있는 관리자들의 능력이 자본가들에 의한 노동자들의 지배를 허락한 핵심여건이 된 것이다. 조금 더 구체적으로 말하면 노동과정을 단순하면서 고도로 분화된 업무로 쪼개고 쪼갬으로써 생산성은 높아졌을지 모르지만 임금은 낮아졌으며, 이는 결국 노동계급에 대한 통제로 이어졌다는 것이다. 이 주장을 새로운 조직이론으로 연장하면 결국 현대조직에서 모든 업무는 더 전문 분화되지만, 탈 기술화 현상이 생겨 기술 전문성은 오히려 더 낮아졌다는 것이다.

그러나 조직업무의 분화와 편성을 연구하는 많은 연구는 Braverman의 이러한 주장에 동의하지 않는다(Form,1987;Howell and Wolff,1991). 변화과정을 겪고 있는 특정 직업을 대상으로 한 연구에 따르면 분야에 따라서는 Braverman의 주장처럼 탈 기술화가 이루어진 곳도 있지만, 노동의 분화에 따라 기술혁신이 이루어진 곳도 많았다는 것이다. 또 업무에 따라 전문화가 증대되고, 기술능력이 낮아지는 곳도 있지만, 재직자의 책임의 폭이 육체적으로나 정신적으로 확대한 곳도 있었다는 것이다. 미국에서 1960년부터 1985년 사이 기술 구성의 변화를 가장 엄격하게 분석한 연구(Howell and Wolff, 1991)에 따르면 이 기간동안 노동자의 인지적 특성과 상호작용이 오히려 증가했다고 한다. 이는 노동의 분화 증대가 노동자들 사이의 상호작용 가능성을 근본적으로 배제할 것이라고 보는 Braverman의 주장을 뒤엎는 것이다. 이러한 사실에 대해 여러 가지 설명이 가능하지만 분명한 것은 현대조직의 모든 업무에서 탈 기술화와 프로레타리아화는 일어나지 않았다는 것이다. 따라서 관료조직을 보다 정교하고 막강한 통제의 수단으로 본 시각은 사회통제에 관한 다른 메카니즘으로 눈을 돌려야 한다.

결국 긴장, 모순, 그리고 인간적 요인을 통제하는 문제는 관료제를 반대하는 사람들이 주장하는 것과 다른 예견치않은 결과를 낳고 있다. 첫째, 탈 기술화와 노동의 분업은 자본가 관점에서 볼 때 경제적 이유 때문에 추진되었만, 이들은 전혀 예견치 못한 결과를 낳고 있다는 것이다. 모든 조직에 걸쳐 노동의 동질화는 노동자의 결속을 촉진하였고, 이는 결국 자본가의 힘에 반대하는 집합적 행동으로 이어졌다. 둘째, 조직계층제 상의 다른 지위나 분야로 이동하는 기술도 있다는 것이다. 주로 감독관이나 중간관리자 층으로 이동이 그것이다. 이 경우 능률은 손상을 입을 수 밖에 없고, 조직의 비용구조는 크게 증가한다. 1970년대와 1980년대 경제위기 때 조직은 노동자들을 통제하고 감독하기 위한 "감독노동"으로서 중간관리자들을 크게 증가시켰다(Gordon,1996). 이것은 결국 관리층의 증대를 가져와 조직의 비용을 증가시켰다. 그리고 결과적으로 조직의 생산성과 이윤증대를 가로막는 위기의 주범이 되었다. 이것은 분명히 경제적으로(능률적으로) 합리적 의사결정이 지닌 예견치 못한 결과이다. 셋째, David Gordon의 예에서 볼 수 있는 것처럼 탈 기술화와 프로레타리아화 전략에 대한 노동자들의 주관적 · 행태적 대응으로 자본가들이 예상한 경제적 이익을 얻지 못했다는 것이다. 노동자들은 자신들에 대한 프로레타리아 전략에 대응해 조직에 대한 노력, 몰입, 충성 등을 회피했으며, 이직과 결근을 상시화했다. 이러한 상황에서 기업주는 프로레타리아 전략 보다는 생산성과 이익 극대화를 위해 노동자들의 업무관장과 책임범위를 확대하려는 전략을 구사한다. 실제 이러한 전략이 경영혁신으로 트랜드가 되었다.

신 맑스주의자인 Richard Edwards(1979)도 노동과정을 Braverman과 마찬가지로 사회계급의 통제 개념으로 분석한다. 그러나 Braverman과 달리 Edwards는 생산의 인간요인이 쉽게 지배되거나 종속될 수 없다는 사실을 인정한다.

> "노동자와 사용자 사이 존재하는 분명하고 적대적인 이해관계 때문에 관리통제 전략을 세울 수 밖에 없지만, 통제는 언제나 문제가 된다. 생산에 포함된 다른 소모품과 달리 노동

> 력은 언제나 자신의 욕구와 이해를 지니고, 자신이 소모품 처럼 취급되는 것을 거부할 능력을 지닌 인간에게 귀속되어 있기 때문이다"(Edwards,1979:12).

Edwards는 한가지 수단 혹은 통제 논리보다는 기업활동의 '갈등심화'와 '모순이 만들어내는 관리통제 전략의 역사적 발전을 제시한다. Edwards에 따르면 기업이 그동안 사용한 노동자에 대한 통제전략은 세가지였다고 한다. 직접적 통제, 기술적 통제, 관료적 통제가 그것이다. 직접적 통제는 기업주가 직접 노동자에 대해 개인적인 권한을 행사하는 것을 말한다. 기술적 통제는 어셈블리라인과 같이 노동과정의 속도를 통제하는 기술을 적용하는 것을 말한다. 우리의 논의와 관련하여 가장 중요한 통제는 세 번째인 관료적 통제이다. 이것은 관료조직의 공식구조와 사회적 관계를 노동자의 통제에 연결시키는 것을 말한다. Edwards(1979:21)에 따르면 관료적 통제가 현대조직의 가장 중요한 특징이라고 한다.

> "관료적 통제의 특징은 계층적 권력의 제도화이다. 이것을 "법의 규칙"이라 한다. 법의 규칙이란 감독관 명령이라는 규칙을 업무지시, 노동자의 성과 평가의 절차, 그리고 기업의 제재와 보상 실시에 적용하는 것을 말한다. 감독자와 노동자는 공히 회사정책의 명령대상이다. 업무는 계층화되고, 각 업무에는 거기에 맞는 타이틀이 주어진다. 비개인적 규칙이 승진을 결정한다. '회사를 위해 전력투구하라. 그러면 출세할 수 있을 것이다'라는 구호가 노동자들에게 전달된다. 회사는 노동자들의 직업안정을 보장한다."

3. 관료제의 양면성

앞서 지적한 바와 같이 비판이론과 맑시스트 문헌은 관료제가 인간통제와 조작의 수단으로 사용되는 방식을 지적한다. 항상 성공을 거두고 있는 것도 아니고, 예견치 않은 결과를 낳기도 하지만 관료제는 분명히 지배의 도구나 전략으로 사용된다. 이것은 관료제의 어두운 측면이고, 그러한 이유로 많은 사람들이 비판하고 있는 부분이기도 하다. 그러나 앞서의 논의에서 지적한 것 처럼 거의 모든 조직은 어쩔 수 없이 어느정도의 공식화된 규칙과 절차를 사용할 수 밖에 없다. 이것이 관료제의 또다른 측면이다. 그렇다면 모든 형태의 관료제적 절차가 정말 사악하고 소외적인 것일까? 이 문제와 관련하여 관료제를 사이비, 처벌중심, 대표관료제로 구분한 Gouldner(1954)의 주장을 참고할 수 있다. 즉 관료제는 형태에 따라 그 규칙이 모든 구성원들에 의해서 지지되는 경우도 있고 그렇지 않은 경우도 있다는 것이다. 다양한 성격의 관료제가 가능하다는 것이다.

이와 유사한 논의는 Paul Adler와 Bryan Borys(1996)에 의해서도 이루어진다. 이들은 공식화의 유형을 두가지로 구분한다. 강제적 공식화와 권능적(enabling)공식화가 그것이다. 이들은 관료적 절차가 억압적이고, 대부분의 조직구성원들의 이익에 반한다는 일반적인 믿음에 제동을 건다. 이 믿음에는 뭔가 빠져있다는 것이다. 즉 공식화에 대한 조직구성원들의 태도는 그들이 속한 조직의 공식화 유형의 속성에 따라 차이가 난다는 것이다. 따라서 Adler와 Borys(1996:69-71)는 좋은 규칙과 나쁜 규칙을 구분하는 방안을 제시한다. 그들에 따르면 권능적 관료제는 조직구성원들이 문제를 해결하고, 의사결정을 스스로 할 수 있게 힘을 실어주는 관료제이다. 이러한 관료제에서 사용하는 권능적 규칙은 가장 좋고 효과적인 실제와 관례를 공식화하고, 실질적인 업무관련 요구에 적절히 대응하는 절차를 발전시키는 규칙이다. 따라서 권능적 관료제란 조직 구성원들이 선호할 뿐만 아니라, 스스로 요구하는 관료제라 할 수 있다. 실제 조직의 문제를 해결하기 위해서 조직구성원들 스스로가 문서화된 지시를 요구한다는 것이다. 이 문제와 관련하여 Perrow(1986:26)는 다음과 같이 지적한다.

> "규칙이 있어야 한다는 말은 여기에 너무 많은 규칙이 있다는 말 만큼이나 타당한 것이다. 규칙은 조직에서 많은 역할을 한다. 구성원을 보호하기도 하고 규제하기도 한다. 조정하기도 하고 차단하기도 한다. 노력을 전달하기도 하고 제한하기도 한다. 사회과학자들은 이 규칙을 곧잘 비난하며, 규칙없는 조직을 제안한다. 그러나 규칙없는 조직이란 완전히 자동화된 조직이거나, 완전히 전문화된 조직 둘 중 하나이다. 이러한 조직에서는 조그만 알력도 용납되지 않는다."

관료적 규칙과 절차는 모든 조직에 존재한다. 따라서 모든 관료적 규칙 및 절차가 조직에 해로운 것이 아니다. 중요한 것은 관료적 규칙이 지닌 권능적 특징과 강압적 특징을 가려낼 수 있는 능력이다.. 권능적 관료제는 일이 이루어지도록 조직구성원에게 능력을 부여하며, 부하가 상사에 대응한 전략적 무기를 사용할 수 있게 한다. 반면 Gouldner의 처벌중심 관료제는 기본적으로 부하의 능력을 제한하는 것을 목표로 하는 강압적 관료제이다. 이러한 상황에서 규칙 대로만 일한다(The work-to-rule)는 전략은 능력있는 노동자들이 자신의 이익을 도모하기 위한 전략적 무기로 사용될 수 있다. 이러한 공식적 수단이 오히려 부하의 목표실현에 기여한다는 '파괴적 합리화'의 개념도 많은 사람들의 관심을 끌고 있다(이에 관해서는 Hodson,1995; Fantasia,1988 참조). 이처럼 관료제는 두가지 얼굴을 지니고 있는 것이다.

Section 6 관료제에 대한 일반적 비판

지금까지 우리는 관료제 모델에 대해 균형된 시각을 제시하고자 노력했다. 이를 위해 우리는 이러한 관료적 장치의 장점, 단점, 모순 등을 제시했다. 그럼에도 불구하고 관료제에 관한 현대 문헌들의 대부분은 관료제에 대해 매우 비판적이다. 관리 및 조직 이론가들은 관료제의 단점을 지적하는데 많은 힘을 쏟고 있으며, 새롭고 덜 관료적인 조직시스템을 개발하고자 한다. 현대의 많은 조직이론들이 탈 관료적 조직을 포함한 대안적 조직형태를 제시하고자 한 이유도 여기에 있다.

이곳에서는 관료제에 대해서 이루어진 일반적이지만 중요한 비판들을 논의하고자 한다. 이 비판들은 주로 관료제가 대안적 · 탈 관료적인 형태 보다 훨씬 비능률적이고 비생산적이라는 가정에 근거한다. 또한 관료제는 경제적 여건의 변화로 인해서 더 이상 유효한 조직이 아니라는 것이다. 대부분의 경우 관료제에 대한 부정적 평가는 예견치 못한 결과라는 일반적인 조직 패러독스로 분류된다. 관료제는 능률성과 생산성을 위해 탄생하였지만 조직운영 과정에서 많은 구조적 특징들로 인해 사악하고 자기패배적인 결과를 낳았다는 것이다. 여기에서 검토할 많은 비판들은 조직생활의 이러한 역설적 패턴을 보여준다.

관료제에 대한 첫 번째 비판은 관료제가 변화하는 환경에 적절히 대처할 능력이 없다는 것이다. 관료제의 핵심원리인 공식화는 고정되고 체계화된 지위와 과정을 수립하기 위한 것이다. 이것은 조직목표를 달성하기 위한 수단이다. 만약 조직이 갑자기 혹은 점차 서로 다른 목표, 상황, 요구에 직면한다면 공식적 구조는 유연하게 움직이지 못하고 굳어져 있어 오히려 조직목표 달성에 장애가 된다는 것이다. 이 문제를 해결하는 방법은 공식구조를 재편하거나 구조조정(resturcturing)하는 것이다. 그러나 이것은 시간도 많이 걸리고 쉽지 않은 작업이다. 공식구조란 행동과 과정을 규칙화하고 제도화하기 위해서 설계된 것이기 때문이다. 공식구조와 조직행동 사이의 이렇게 긴밀한 관계를 수립하는데 성공하면 할수록 대안적 조직구조로 바꾸기는 더욱 어렵다. 다시 말해서 합리적 관료제 조직은 본질적으로 유연하지 않기 때문에 그 구조와 목적을 신속하게 바꾸기가 쉽지 않다는 것이다. 구조조정 보다는 변화하는 상황에 쉽게 적응하는 조직체계를 발전시키는 것이 훨씬 더 바람직해 보인다.

두 번째 비판은 전문화된 지위와 부서라는 공식적 구조와 관련된 비판이다. 업무를 그러한 식으로 분화시키는 것은 업무를 조직하기 위한 가장 합리적 방법이다. 그러나 이것이 오히려 허약한 결과를 낳고 있다는 것이다. 관료적 분화는 노동자들이 자신의 업무만 관심을 두려는 경향을 낳게 된다. 이것은 조직 전체의 사명이라는 보편적 관점을 보지 못하고 하위목표, 이익갈등, 제한된 충성심만 양산하는 편협주의를 낳게한다는 것이다. 또한 업무와 기능의 분화는 필연적으로 이해의 갈등을 낳는다. 결국 이것을 해결하기 위해서는 조직사명의 전파, 조직문화, 그리고 규범적 호소와 같은 통합적 메카니즘이 필요하다.

셋째, 관료적 분화는 조직에서 지식의 동원과 적용을 제한한다는 것이다(Heckscher, 1994). 사람들이 자신의 고유한 업무에만 관심을 쏟게되면 자신의 지식을 다른 "독립된" 조직 임무나 과정에 확장할 수 없다. 제한된 업무수행은 조직구성원의 지식을 체계적으로 이용할 기회를 제한한다. 조직 또한 조직구성원의 능력의 일부(파편)만을 이용할 수 있을 뿐이다(Heckscher,1994:20). 이 경우 조직구성원의 지식은 지위와 사람을 망라한 공유된 활동보다는 제한된 범위의 활동에만 적용된다. 이것은 결국 다양한 지식의 동원을 제한한다. 관료적 조직은 집합적 노력, 팀워크, 다양한 기술, 독자성 증진, 결과 및 성과에 대한 평가 등과 같은 새로운 업무 개념에 적절히 대처할 수 없다는 것이다.

넷째, 합리적 관료제 모델은 비공식 조직을 소홀히 다룬다는 것이다. 호오손 연구, Gouldner, Blau, 그리고 그 이후의 연구는 지금은 당연하게 받아들이고 있는 다음과 같은 전제들을 확인시켜 준다. 즉 비공식적 조직과정이 없다면 조직도 없다는 것이다. 다시말해서 공식적으로 규정된 양상으로부터 조직행동과 상호작용이 이탈하는 것은 예외가 아니라 규칙이라는 것이다. 인간의 행동을 공식적으로 통제하려는 능력을 제한하고, 비공식적 행동을 통해 조직의 기능을 향상시키려는 것은 합리적 관료제 모형의 기본원리를 침해하는 것이다.

관료제의 많은 문제는 Max Weber가 제시한 근본적 패러독스와 연결되어 있다. 우리는 관료제의 수호자이자 비판자인 사회이론가들의 주장을 참조함으로써 관료제의 비판에 대한 결론을 내리고자 한다. 이 패러독스는 공식적 합리성과 실질적 합리성 사이의 구분에 대한 Weber의 논의에 집중되어 있다.

공식적 합리성이란 조직목표를 능률적으로 달성하기 위해 고안된 방법의 발전과 집행에 관한 것이다. 관료적 조직과 조직의 관료적 요소는 공식적으로 합리적인 체계를 반영한다. 반면 실질적 합리성이란 조직이 궁극적 가치를 실현할 수 있는 정도와 관련된다. 여기에는 자유, 창의성, 개인주의, 독자성, 그리고 민주주의가 포함된다. 관료적 조직의 가장 큰 패러독스는 구조적으로 형식적 합리성을 구현하는 방식이 다른 한편에서는 실질적 합리성을 방해한다는 것이다. 형식적 합리성, 즉 전문화, 권위, 공식화 등을 구성하는 관료적 행정의 방법이 창의성, 자유, 민주주의의 실현을 가로막는다는 것이다. 공식적으로 합리적 원리를 사용하는 체계는 구조적 가치를 기반으로 조직상황을 평가하는 인간적 요인으로부터 저항을 받는다. 공식적으로 합리적인 관료체제가 지닌 실질적 비합리성이 개인적 및 집합적 반대와 저항을 낳는다는 것이다. 이 문제와 관련한 또 다른 시각은 모든 조직이 직면한 두 가지 도전과 관련한 것이다. 이것은 노동의 주관적 대응(실질적 합리성)을 수용할 수 있는 객관적 조정구조(형식적 합리성)를 발전시킨 것과 관련된다. 생산과정을 가능한 많이 합리화시키려는 노력은 인간의 협력을 이끌어내는 시도와 부딪치게 된다. 합리적 관리전략과 규범적 관리전략을 통합하고자 하는 시도는 바로 이러한 딜렘마에 대처하기 위한 것이다.

이러한 딜렘마에 대한 한 가지 해석은 Evan(1976)의 조직계층제 결과에 대한 논의이다. 재화와 서비스를 생산하는 대부분의 대규모 조직은 공식지위를 계층적으로 분류한다. 이러한 계층적 장치는 합리적 관료체제에 없어서는 안되는 것이며, 모든 대규모 조직의 불가피한 현상이다. 이 때 우리가 지닌 신념은 계층적 구조가 조직의 능률성을 높일 것이라는 것이다. 조정에 대한 계층적 · 공식적 구조를 수립하는 것은 인간이 생산적이지 못해 인간이라는 장치에 일을 전적으로 맡겨서는 안된다는 추론적 가정에 따른 것이다. 이것은 객관적 선호 가정이다. 그러나 이것과 정반대되는 선호가정이 있다. 조직구성원은 대안적, 비공식적 활동에 참여하기를 더 선호한다는 주관적 가정이다. 따라서 관료적 통제 및 조정구조는 이러한 가정에 따라 세워질 필요가 있다. 인간은 공식지시에 기계적으로 따르지 않는다. 인간은 주관적 · 사유적 능력을 지니기 때문이다. 문제는 통제구조에 대한 인간의 주관적 대응을 어떻게 관리할 것이냐 하는 것이다. Evan은 계층적 구조로부터 생겨난 자원배분의 불균형, 즉 기술, 지식, 보상, 그리고 권위의 불균형을 지적한다. Evan에 따르면 이들은 축적적이어서 소외, 불만, 그리고 이러한 자원이 부족한 사람 사이의 조직에 대한 애착 결여를 낳게 한다는 것이다. 따라서 이러한 계층적 장치에 대한 노동자들의 주관적 대응을 적절히 하는 것이 관리자들의 사명이다.

분화, 전문화, 명령통일, 평가체제 등을 포함한 합리적 방법은 조직구성원의 자유와 자율성을 제한한다. 주관적 대응이 능률과 생산성의 잠재적 향상을 방해한다면 조직관리자들은 조직구성원을 즐겁게 하고, 이들의 조직에 대한 애착을 높일 수 있는 체제를 발전시키기 위한 노력을 해야 한다. 여기에는 상징적 보상, 이념적 호소, 인간관계 전략, 혹은 조직구성원의 통제 체제가 포함된다. Stephen Barley와 Gideon Kunda(1992:386)가 지적한 바와 같이 기업을 운영하는 사람들에게 닥친 가장 시급한 문제는 조직합리화(관료조직)로부터 이익을 얻게되지만, 그 합리화로 인해 발생하는 조직구성원의 몰입의 결여를 어떻게 극복할 것이냐의 문제이다. 규범적 요구는 공식적 합리성으로 이루어진 기계적 메타포 조직에 잘맞지 않는다. 결국 핵심은 조직이 규범적 능력을 지닌 인간들로 채워지는 한 합리적 메카니즘을 초월한 장치를 어떻게 마련할 것인가 하는 것이다.

chapter 5

조직과 인간

산업혁명은 생산의 인간적 요인을 실질적으로 통제하기 위한 많은 방법과 기법, 그리고 이와 관련된 관리시스템을 발전시켰다. 과학적 관리법은 이러한 노력의 대표적 시도이다. 그러나 과학적 관리법은 생산의 인간적 요인이 지니는 독특한 특성을 정확히 파악하지 못했고, 그 결과 노동자들의 진실한 복종 내지 종속을 이끌어내지 못했다. 노동자들은 과학적 관리법이 작업현장에서 노동자들의 작업에 대한 통제를 잃게하여 결과적으로 노동자들을 소외시키고, 권력을 관리자에게 집중시키는 결과를 초래했다고 주장한다. 과학적 관리법은 또한 성과에 대한 차별적 임금을 지급함으로써 노동자들의 유대감을 떨어뜨린다는 것이다. 업무방식의 통제라는 과학적 관리법의 생각이 노동자와 관리자 사이의 신뢰와 협력을 깨뜨리기 때문이다. 따라서 노동자들은 과학적 관리법이라는 새로운 형태의 관리실제에 다양한 형태로 저항과 반대를 했으며, 이로 인해 과학적 관리법은 상당한 부분 적용과 실제에서 한계에 부딪쳤다. 따라서 과학적 관리법과 다른 형태의 조직실제와 관리전략이 필요했으며, 그러한 시도로 인간관계론이 탄생하게 된다. 본 장에서는 인간관계론과, 그것이 그 이후 발전시킨 다양한 조직의 실제들을 살펴보고자 한다.

Section 1 호오손 실험과 인간관계의 중요성

1. 호오손 실험과 사회적 요인

1) 조명도 실험과 호오손 효과

호오손(Hawthorne) 실험은 관리실제와 이론 사이의 복잡한 관계를 가장 극적으로 설명한 대표적인 사회과학 실험이다. 특히 호오손 실험이 조직이론에 미친 영향은 다른 어떤 실험 보다 크고 막강했다. 그럼에도 불구하고 호오손 실험은 다른 위대한 실험과 마찬가지로 끊임없는 논란의 대상이 되고 있다. 또한 호오손 실험에 대한 해석에 있어서도 다양한 견해가 존재한다. 따라서 호오손 실험이 갖는 이러한 중요성과 관련하여 호오손 실험의 의미를 살펴보는 것은 매우 중요한 일이라 할 수 있다.

호오손 실험의 연구, 해석, 통찰력과 관련하여 가장 중요한 인물은 Elton Mayo이다. 하바드 대학 산업연구소의 연구원이었던 Elton Mayo와 그의 동료들은 시카고 근교의 「서부전기회사」의 호오손 공장에서 일련의 실험을 실시한다. 호오손 공장은

AT&T의 자회사인 서부전기회사 소속의 한 공장이다. AT&T는 그 당시 가장 혁신적인 기업이었다. 당시 AT&T는 노동자의 생산성을 증대시킬 방안을 찾고 있었는데, 그 방법으로 생산라인의 속도를 높이는 방안과, 거기에 따른 성과급 지급방안을 도입한다. 이 방안의 일환으로 AT&T의 관리자들은 1924년과 1927년 사이 조명도 개선과 같은 물리적 작업환경의 개선을 실시한다. 이 회사의 관리자들은 처음 조명도, 작업배치, 작업속도 등과 같은 물리적 작업조건이 산출 및 생산성에 어떠한 영향을 미치는지에 관심을 두었다. 즉 이들은 물리적 작업 조건을 개선하면 생산성도 따라서 올라갈 것이라고 생각했다. 가령 조명을 높이면 생산성도 기대한 만큼 올라간다는 것이다. 그러나 알려진 바와 같이 생산성 및 성과는 물리적 작업조건의 향상과 관계없이 높아졌다. 한 집단은 조명도를 바꾸고, 다른 집단은 바꾸지 않았다. 이 경우에도 양 집단 모두에서 생산성이 증가했다. 연구자들은 이러한 사실이 일어난 원인을 처음에는 알지 못했다. 그러나 수년이 지난 후에야 그 원인을 찾을 수 있었다. 사람들은 그 원인을 "호오손 효과"(Hawthorne effect)라 한다. 즉 조명도 실험에 참여한 이 두 집단에 보여준 연구자들의 관심이 생산성을 증가시키는데 기여했다는 것이다. 이러한 점에서 호오손 효과는 일종의 사회 심리적 과정이라고 할 수 있다.

실험대상 노동자들은 두가지 점에서 연구자들의 특별한 관심을 받았는데, 하나는 이들이 선발되었다는 사실(엘리트 정신)이고, 다른 하나는 연구자들의 배려이다. 이로인해 이들의 사기가 매우 높았던 것이다. 이것은 노동자 입장에서 보면 매우 행복한 것이다. 행복했기 때문에 이들의 생산성이 높았다. 즉 행복한 노동자가 생산성도 높다는 것이다.

중요한 것은 연구자와 실험대상 노동자 사이에 있었던 일종의 상호작용이었다. 즉 연구 진행기간 동안 연구자와 노동자들은 의사소통 및 상호작용, 그리고 노동자들의 성과에 대한 연구자들의 배려를 통해 관심을 공유하게 되었다는 것이다. 따라서 다른 사람들과의 관계를 통해 자기 자신의 행동을 수정하고 적응하는 사회 심리적 과정인 호오손 효과가 생산성 향상에 큰 영향을 미쳤던 것이다.

2) 그밖의 다른 실험과 사회적 요인

이러한 결과에 고무된 연구자들(특히 하버드 대학의 산업심리학자인 F.J. Roethlisberger와 서부전기회사 관리자인 W.J.Dickson)은 다른 변수에 눈을 돌렸다. 이 때 하버드 경영대학원 교수인 Elton Mayo가 연구팀에 합류했다. 산업문명의 위기에 관심이 많았던 Mayo는 노동자들의 생산성에 장애가 되는 요인으로 노동자들의 휴식 중단을 꼽고 있었다. 따라서 연구변수에 휴식과 작업시간 등이 도입된다.

이렇게 하여 시작된 연구가 1927년 수행된 계전기 조립 실험실 연구(the Relay Assembly Test Room Study)이다. 이 연구를 위해 연구자들은 여섯명의 여공을 선발하였다. 이 때 선발기준은 친구관계이다. 즉 매우 친한 관계인 여섯명의 여공을 선발하여 작업을 시키게 된다(이것이 소위 말하는 작업집단의 개념이다). 이들은 특별한 작업장에서 일하게 되었는데, 연구자들은 이들의 대화와 상호작용 관계를 일일이 기록하였다. 여공들을 감독하는 감독관도 없었고, 이들에게는 다른 여공들과 차별화된 집단 인센티브제가 도입되었다. 이들은 자신들이 실험의 대상이라는 것을 알았으며, 따라서 잘 보이기 위해서 열심히 일했다. 휴식이 도입됨에 따라 생산성은 올라갔다. 그러나 생산성 증대는 휴식의 증감이나 업무시간의 증감에 상관없이 지속되었다. 여공들은 서로의 친구관계를 긴밀히 유지했으며, 비협조적인 사람은 그들이 선택한 다른 사람으로 대체되었다.

계전기 조립실에서 가장 강조된 것은 연구자들의 감독관으로서의 역할, 여공들에 대한 관심, 그리고 작업장에서의 잡담허용 등의 세가지 사회적 조건이었는데, 그 중에서도 가장 중요한 것이 연구자들의 감독관으로서의 역할이었다.

호오손 연구의 마지막 단계는 1931년 시작된 배선 조립실 관찰실험(Bank Wiring Observation Room)이다. 이 실험은 주로 집단이 생산성에 미치는 영향을 알아보기 위한 실험이었다. 이 실험은 특히 앞서의 실험보다 훨씬 정교하게 이루어졌는데, 이를 위해 관찰실에 전부 14명의 남자 종업원들이 선발 배치되었다. 이들은 전부 배선조립자, 납땜자, 검수자 등 세 그룹으로 구분된 전기 스위치 생산업무를 담당한 종업원들이었다. 관찰방법은 그 이전의 실험보다 훨씬 유화적이었는데, 유화적 방법이 훨씬 더 높은 생산성을 낳을 것이라는 이전 실험에서 얻은 결론 때문이다. 그러나 실험결과는 예상과 달랐다. 즉 작업집단이 능률과 생산성을 향상시키기는 커녕, 오히려 미리 결정된 수준으로만 생산이 이루어지도록 하는 압력수단이 되었다는 것이다.[7)]

7) 실험결과는 예상한 것과 크게 달랐다. 생산성은 증가하지 않고 오히려 약간 감소한 것이다. 이 실험은 방법론적으로 이전의 실험과 달랐기 때문에 결론이 다른 이유를 명확하게 설명할 수는 없다. 그러나 한가지 사실만은 명확한 것으로 밝혀졌다. 즉 모든 작렵집단에는 그 구성원의 행동을 규율하는 비공식적 규범이 존재한다는 것이다. 그리고 집단은 결정된 작업량을 초과하거나 미달하는 것을 방지하기 위하여 구성원에게 이 규범을 지키도록 압력을 가한다는 것이다.

2. 호오손 실험의 결론

이 세가지 실험을 통해 밝혀진 사실은 다음과 같다. 첫째, 조직은 개인의 단순한 합 그 이상의 것이라는 것이다. 이러한 점에서 조직은 사람들이 희망, 두려움, 바람 뿐만아니라 적과 친구도 갖게 하는 사회적 시스템이다. 둘째, 조직의 생산성은 관리적 표준이 정한 것 뿐만아니라 집단이 설정한 비공식적(사회적) 규범에 의해서도 영향을 받는 다는 것이다. 셋째, 비경제적 보상은 경제적 보상 못지않게 중요하다는 것이다. 친구와 대인관계 같은 사회적 요인은 중요한 비경제적 보상이다. 넷째 조직의 구성원들은 언제나 개인적으로만 행동하는 것이 아니라는 것이다. 오히려 집단이 개인의 행동에 영향을 미치는 경우가 많다.

그러나 이 네가지 실험 결론 중 가장 중요한 것은 배선조립실 관찰실험에서 밝혀진 내용이다. 즉 작업집단 내에 비공식적인 사회적 관계가 존재하고, 이것들이 구성원에게 산출을 제한하는 강력한 규범이 된다는 것이다. 이 규범은 구성원의 성과를 무효화시킬 수 있는 일종의 정치체제이다. 이 점과 관련하여 Delbert Miller와 William Form(1964:667)은 다음과 같은 중요한 사실들을 제시한다.

첫째, 노동자들의 산출(생산성)은 작업집단이 수립한 비공식적 기준에 의하여 결정된다.

둘째, 작업집단이 수립한 기준에 영향을 미치는 것은 관습, 의무, 관례, 의식(례) 등의 사회적 규범이다.

셋째, 관리자의 기준(회사의 기준)과 작업집단의 기준이 충돌할 때 우선적으로 영향을 미치는 것은 작업집단의 기준이지 결코 관리자의 기준이 아니다

이러한 사실에서 볼 수 있는 것처럼 호오손 실험의 결과는 조직이론에 인간집단과 관련한 중요한 사실을 제시한다. 그것은 비공식집단의 존재이다. 즉 인간의 집단에는 대면적 관계, 의사전달, 공유된 경험 등과 같은 공동의 정신으로 조직화된 비공식집단이 존재한다는 것이다. 사회학자인 Charles Cooley(1962)는 이러한 사실은 상세하게 분석한다. 즉 비공식 집단은 개인의 사회적 본질과 이념을 형성하는데 핵심적 역할을 하기 때문에 중요하다는 것이다. 개인은 누구나 자신의 목적을 달성하고자 한다. 그러나 자신의 목적을 달성하는데 있어 다른 사람의 생각을 고려하여 갈등없이 그 목적 달성하고자 한다는 것이다(Cooley, 1962:23-24). 비공식집단에서 사람들은 다른 사람들과 상호작용 및 의사소통하며, 명확하게 규정되지 않은 규범을 공유한다. 그리고 자신

의 행동을 이것에 맞추려 한다. 이것을 유대감(혹은 공감대라 한다)이라 한다. 이러한 유대감은 시너지를 낳고, 기대된 생산성에 영향을 미친다. 그러나 이러한 비공식적 유대감은 배선 조립실 관찰실험에서 볼 수 있는 것 처럼 관리자의 이익과 상반되는 경우가 많다(Katz and Kahn,1966). 결국 비공식집단은 어느 조직에나 존재하고, 이것이 조직구성원들의 행동이나 조직성과에 어떤 식으로든 영향을 미치기 때문에 많은 조직이론 문헌들은 이러한 비공식집단의 역동성을 비중있게 다루고 있는 것이다

반면 과학적 관리법의 창시자인 F.W. Taylor는 비공식집단을 능률성을 저해하는 요인으로 보며, 따라서 이것을 부정적으로 받아들인다. 테일러에 따르면 능률성을 위해서 관리자와 노동자는 분리되어야 하고, 각각의 분리된 개념으로 보아야 한다고 한다. 테일러는 비공식 집단 과정의 결과를 신뢰하지 않으며, 이것을 조직관리의 최하위 수준으로 본다. 그러나 호오손 연구 이후 비공식 집단에 대한 이러한 과학적 관리법의 태도는 많은 비판에 직면하게 되는데, 그것은 비공식집단이 지닌 긍정적 측면을 과학적 관리법이 무시하고 있기 때문이다. 이러한 이유로 비공식 집단에 대한 생각이 호오손 실험 이후 매우 긍정적으로 바뀌고 있다. 비공식 집단이 조직에 잠재적인 긍정적인 힘이 되므로 관리자들은 이것을 결코 무시해서는 안된다는 것이다.

호오손 효과와 관련하여 또 한가지 주목할 사실은 연구자들(일종의 관리자)의 행동이 노동자들의 생산성 향상에 실제 영향을 미쳤는지의 여부이다. 분명한 것은 노동자와 연구자(관리자) 사이의 상호작용이 조직에서 자신의 입장을 규정하고 해석하고자 하는 노동자들의 방식에 어떤 식으로든 영향을 미쳤다고 하는 것이다. 계전기 조립 실험에서 볼 수 있는 것 처럼 연구자(관리자)는 매우 융통적이고 관용적이었다. 이러한 사실은 작업에 대한 동기와 생산성은 단순히 경제적 원칙에 따라서만 이루어지는 것이 아니라고 하는 것이다. 다른 많은 사회적 요인이 노동자들의 생산성에 영향을 미친다는 것이다. 이러한 주장의 논리적 근거는 인간이란 자신의 환경을 반영, 평가, 대응하며, 이 결과를 다른 동료들(사람)과 공유하고자 한다는 것이다.

호오손 연구의 결과는 분명하게 인간요인의 복잡성을 새롭게 인식하고, 노동을 공식적 구조 관점에서만 보아서는 안 된다는 새로운 사실을 조직이론 및 관리전략가들에게 알려주고 있다. 그러나 호오손 연구결과 중시된 비공식 구조 또한 조직 전체의 성과 및 생산성에 전혀 생각지 못했던 부정적 영향을 미친다는 사실이다. 그럼에도 불구하고 호오손 실험에 대한 결과는 그 이후 많은 사람들에 의하여 체계화된다. Fritz Roethlisberger와 W.J.Dickson, 그리고 Elton Mayo가 대표적이다. 이들에 의하여 소위 말하는 인간관계론이 탄생하게 된다.

Section 2 인간관계론 탄생

1. Rosethlisberger와 Dickson의 인간관계론

「Management and the Worker(1939)」라는 저서를 통해 Roethlisberger와 Dickson은 소위 말하는 인간관계론을 탄생시킨다. 이 책의 마지막 장에서 Rosethlisberger와 Dickson은 호오손 연구가 지니는 이론적 및 실제적 의미를 자세하게 기술한다.

호오손의 테이타를 철저히 분석한 이들은 조직을 하나의 사회체계로 규정한다. 이들에 따르면 사회체계로서의 조직은 두 가지의 도전에 대응하여 두 가지의 기능을 수행한다는 것이다. 첫째, 능률과 비용절감이라는 조직원리로 제품을 생산(제조)하는 기능이다. 이 기능은 주로 조직과, 수요· 공급· 경쟁 등의 시장요인 사이의 균형을 통하여 이루어지게 된다. 두 번째 기능은 조직 구성원의 만족 배분 기능이다. 이 기능은 구성원의 욕구와 조직의 욕구 사이의 내부적 균형을 이루는 것을 의미한다. Roethlisberger와 Dickson에 따르면 지금까지의 조직은 이러한 내부적 균형 문제에 충분한 관심을 기울이지 않았다고 한다. 대신 능률이라는 경제적 과정에만 과학적·기술적 에너지를 집중시켰다는 것이다.

이러한 문제를 극복하기 위해서 Rosethlisberger와 Dickson은 사회적 · 내부적 요인에 관심을 기울일 것과, 감정의 개념으로 조직에서 개인의 행동을 이해하는 모델을 개발할 것을 제안한다. Vilfredo Pareto의 저서 「The Mind and Society:A Treatise on General Sociology (1963)」에 크게 영향을 받은 이들은 감정과 논리를 구분 짓는 이론적 틀로 조직행동에 대한 분석에 착수한다. 여기에서 감정이란 주관적 가치가 전제된 성향으로서 인간이 조직에 참여할 때 지니는 개인적 배경이나 경험을 말한다. 조직에서의 개인의 의미와 행동은 이 감정에 의하여 결정된다고 Roethlisberger와 Dickson은 생각한다.

그러나 감정의 분석은 개인수준에만 국한되는 것이 아니다. Hawthorne 연구자들과 마찬가지로 Roethlisberger와 Dickson은 비공식집단 수준에서의 감정분석을 시도한다. 감정은 개인 수준에서 조직 전체의 차원에 영향을 미칠 수 있다. 그러나 개인이 다른 구성원과 교류하게되면 감정의 영향이 달라져 조직 전체에 미치는 영향도 달라지게 된다.

결국 감정은 조직 내 여러 집단 사이의 인간관계의 가치이다(1939:564). Roethlisberger와 Dickson은 이것을 감정의 논리라 한다. 따라서 이들은 새로운 규범적 가이드라인의 탄생을 제시한다. Roethlisberger와 Dickson은 이 감정의 중요성에 대해서 그 이후의 연구를 통해 자세히 밝히고 있다. 이들은 조직 리더십과 카운셀링에 관한 연구에서 "체감적 불공정 신드롬"(the felt injustice syndrom)이라는 용어를 사용한다.

> "집단규범은 공정하게 취급받고 있다고 생각될 때 생겨난다.... 이것은 사회와 공유하고 있는 감정이다. 이것은 보상의 배분을 공정하게 하는지를 결정하는 중요한 준거틀이다."(1966:133)

Roethlisberger와 Dickson의 논의는 분명히 생산의 인간적 요인이 던진 문제를 해결하고자 한 것이다. 이들이 강조한 만족의 배분, 내부적 균형, 감정, 집단과정 등은 전부 조직의 사회적 본질을 설명하기 위한 것이다. 조직의 인간적·사회적 본질을 논의하는데 있어서 Roethlisberger와 Dickson은 인간적 요인이 지니는 독특한 성격을 다음과 같이 제시한다.

첫째, 이들은"개인 차이의 법칙"을 강조한다. 사람들은 개인적·사회적 경험이 다르기 때문에 업무와, 다른 사람에 대한 태도 및 감정도 다르다는 것이다.

둘째, Roethlisberger와 Dickson에 따르면 감정의 형성과 업무에 대한 태도는 평생 지속되는 상호작용과 교류를 포함한 사회적 과정이라고 한다(1966:554). 감정의 형성과 업무에 대한 태도는 경험, 사회적 행동, 상호작용을 기반으로 인간의 정체성을 형성하는 중요한 요인이다. Roethlisberger와 Dickson은 인간적 요인은 결코 표준화할 수 없는 것이라 한다. 따라서 이것을 조직에 적용하기 위해서는 적절한 시스템이 필요하다. 인간적 요인은 또한 개인의 차이를 인정하지 않은 보편적 임금체계와 정반대의 입장에 있는 것이다. Roethlisberger와 Dickson에 따르면 감정과 업무에 대한 태도는 결국 조직내의 사회적 과정에 의하여 이루어지고, 끊임없이 변하는 것이기 때문에 인간정체성 형성과정도 끝이 없는 것이라고 한다. 인간의 정체성이 이처럼 변하기 때문에 인간적 과정은 기존의 사회적 균형을 깨뜨리는 역할을 한다. 이것은 관리자에게 언제나 문제가 된다.

셋째, Roethlisberger와 Dickson은 감정과 의미를 논의하는데 있어서 해석적 관점의 초기원리를 따르고 있다는 것이다. Hawthorne 연구를 면밀히 검토해 보면 인간관계론은 조직의 구조적 접근 뿐만아니라, 조직생활의 주관적 특징을 강조하는 입장도 견지하고 있다. 조직의 관심 대상은 실제적 구조이다. 그러나 노동자들이 그 구조에 부여하는 의미는 사회적 상황과, 그 상황에 따른 사회적 가치에 의하여 달라진다. Roethlisberger와 Dickson의 이론적 입장은 기본적으로 체계적 접근법을 근간으로 한다. 그러나 이들은 인간적 요인을 크게 강조함으로써 이 입장과 결과적으로 정반대에 서게 된다. 이러한 점에서 그들의 이론적 틀에는 근본적인 긴장이 담겨 있다고 할 수 있다.

2. Elton Mayo의 인간관계 접근

호오손 실험과 관련하여 가장 영향력 있는 분석은 Elton Mayo(1933)에 의해서 이루어진 분석이다. 많은 점에서 Elton Mayo의 분석은 Roethlisberger와 Dickson의 연구를 보완하고 있다. 이들과 마찬가지로 Mayo도 생산의 인간적 요인(노동자)과, 산업조직의 구조적 요인 사이의 불균형을 기술하기 위해서 체계라는 언어를 사용한다. 심지어 Mayo는 호오손 연구자들이 제시한 전혀 예견치 않은 사실들을 설명하기 위해서 이 언어를 사용하기도 한다. 인간은 복잡한 요인으로 이루어진 유기체라는 것이다.

그러나 Mayo 분석의 범위는 뒤르껭의 아노미 및 사회적 결속력의 개념과 연결됨으로서 확대된다. Mayo에 따르면 산업사회는 불행한 개인과, 다른 집단과 진심으로 협력하지 않으려는 집단을 양산함으로서 갈등과 분열을 조장한다고 한다. 구체적으로 Mayo는 산업사회의 문제를 사회적 기술과 윤리적 기술 사이의 불균형의 문제로 규정하고, "사회적 기술이 물리적 기술과 보조를 맞추지 못하면 또 다른 유럽전쟁이 일어날 것"이라고 주장한다.

이러한 논제가 조직에 주는 암시는 다음과 같다. 첫째, 인간적 요인은 기술의 발전만큼 논리적이거나 합리적이지 않다는 것이다. 따라서 조직은 노동자들의 인간적 요인인 사회적·심리적 욕구와 감정에 관심을 기울어야 한다는 것이다. Mayo는 감정을 Roethlisberger와 Dickson이 주장한 방식으로 정의한다. 즉 비합리적이고 비논리적인 인간정서라는 것이다.

Mayo에 따르면 이러한 인간정서가 작업조건과 적절하게 결합되지 않는다면 거기에는 반드시 고통이 따르게 된다고 한다. 일종의 "염세적 공상"이 나타나는데, Mayo는 이것을 제거하고자 한다. Mayo는 또한 비공식 조직을 비논리적 감정의 원천으로 본다. 자신의 동료와 잘 지내고 싶은 욕망, 즉 인간의 집합적 본능이 과학적 관리법의 원리가 근거로 삼고 있는 단순한 개인적 이익이나 논리적 합당성 보다 훨씬 더 중요하다는 것이다.

여기에서 Mayo는 조직이론의 지속적인 문제, 즉 합리적 구조와 과정이라는 조직원리와, 주관적·규범적 능력이라는 생산의 인간적 요인 사이에 나타난 괴리를 언급한다. Mayo에 따르면 이 문제는 엘리트주의와 이념의 문제라고 한다. 보통의 노동자들은 기술적·관리적 합리화라는 현대의 흐름에 뒤쳐진 감정과 정서를 지니고 있다. 반면 관리자들은 적절한 개입(관리)을 통해 노동자들의 욕구를 충족시키고 협력을 이끌어낼 수 있는 유능한(합리적, 논리적인) 사람들이다. 따라서 이들 사이에는 언제나 괴리가 있고, 이것이 바로 산업사회의 문제가 된다는 것이다.

관리적 개입에 대한 Mayo의 처방책은 관리이론에 엄청난 영향을 미쳤으며, 인간관계론의 탄생을 알리는 서곡이 되었다. 산업문명에 대한 분석과 인간적 요인을 비논리적·정서적으로 평가한 Mayo의 입장은 산업을 사회적 붕괴를 막을 수 있는 전략적 통합제도로 보게하는 계기가 되었다. 따라서 관리자는 의사전달, 상호작용, 집단가입 등을 촉진하는 조직적 장치를 만들어야 하는 막중한 책임을 지게된다. 이 장치를 통해 노동자들의 정서적 열망을 충족시키고, 균형을 되찾아야 한다. Mayo에게 이것은 조직성공의 핵심일 뿐만 아니라 사회적 안정의 지름길이기도 하다. Mayo는 비공식집단의 과정을 사회적 통합을 촉진하는 핵심 메카니즘으로 보고 있는 것이다.

과학적 관리법을 발전시키는데 있어서 Taylor가 그렇게 반대했던 인간집단이 Mayo 이론에서 다시 부활하고 있는 것에 주목할 필요가 있다. 실제 Mayo는 과학적 관리법의 실패를 직접 언급한다. 즉 비공식적 집단 형성의 실패가 조직구성원의 이직율, 결근율, 불만의 직접적 원인이 된다는 것이다. 이를 해결하기 위해 인간은 집단을 만들고자 하며, 이 욕망이 인간의 근본적인 욕망이라는 것이다(1945:111)

Mayo 그리고 Roethlisberger와 Dickson의 조직이론에서 나타난 가장 중요한 특징은 초기의 조직이론에 없는 인간요인에 대한 강조이다. 앞서의 이론들이 인간이 지닌 주관적, 그리고 산만한 특징들을 부정적으로 보고 있지만, 호오손 연구 이후 인간적 요인의 특징들이 오히려 조직행동에 긍정적 영향을 미친 것으로 받아들여지고 있는 것이다.

3. Chester I. Barnard의 조직 및 인간행동이론

Chester I. Barnard는 조직이론 역사에서 가장 흥미롭지만 소홀히 다루어진 인물 중 하나이다. 1930년대를 화려하게 장식했던 Barnard는 최고 경영자로 활동하면서(뉴저지주 Bell Telephone Company 회장), 매우 정교한 조직 및 인간행동이론을 전개하였다. 즉 이론과 실무를 겸비한 것이다. Barnard는 리더십과 의사전달 문제에 대해 경영진과 관리자들에게 보다 실질적인 충고를 한다. 그러나 Barnard에게서 가장 중요한 것은 조직체계 내에서의 인간행동의 본질과 관련한 문제이다. 인간적 요인을 부정하고, 그것을 교환 가능한 부품으로 본 과학적 관리법과 달리 Barnard는 개인의 특징과 공식조직의 엄격성 사이에 근본적인 갈등이 있다는 사실을 지적한다. Barnard의 조직이론은 철학적, 그리고 이론적으로 정교하게 이 갈등문제를 해결하려는 것이다. 비록 이러한 해결책이 만족스럽지 않다 해도 Barnard는 조직 및 관리이론이 당면한 이 문제를 정면에서 맞서 싸우고자 했다.

앞서 지적한 바와 같이 Barnard의 조직관은 크게 주목 받지 못했다. 조직이론에 관한 많은 저서들은 Barnard의 이론을 간단히 언급하고 있을 뿐이다. 전형적인 예가 Hodge와 Anthony(1984)의 저서이다. 조직이론의 발전을 개관하는 자리에서 이들은 Barnard의 이론을 조직이론의 "행태학파"로 분류하고 있다. 이들은 Barnard의 대표적 저서 「The Function of the Executive(1938)」를 조직문헌의 고전으로 다루고 있지만, 자신들의 책 600페이지 중 딱 한군데에서만 Barnard를 언급하고 있다. 그것은 Barnard의 이론이 산만하고 추상적이며, 지나치게 철학적 뉘앙스를 풍기기 때문이다.

Barnard는 분명히 많은 개념을 제시하고, 조직이론과의 연관성을 언급하고 있지만, 자신의 핵심주장으로 내세울만한 직접적인 이론적 근거는 제시하지 못하고 있다. 또한 대부분의 조직에 관한 문헌들은 한 사람을 제외하고는(가령 Perrow,1986) Barnard의 기여를 거의 무시하고 있다.

1) 조직과 개인

우리가 Barnard의 연구에 관심을 기울이는 이유는 크게 두 가지이다. 조직에서 인간적 요인이 어떠한 역할을 수행하느냐 하는 것과, 이것이 가져오는 딜렘마 때문이다. 과학적 관리법은 업무수행을 위해 인간적 요인을 쪼개고(노동의 분업), 물리적 보상으로 인간을 움직일 수 있다고 본다. 그러나 Banard는 이것을 타당하지 않는 것으로 본다. 인간적 요소에는 근본적으로 규범이라는 사회적 요소가 존재하기 때문이다. 따라서 능률적 관점으로 인간적 요소를 분해하는 것은 불가능할 뿐만 아니라 그렇게해서도 안된다는 것이다. 인간에 대한 통제는 과학적 관리법이 제시한 통제가 아니라 사회통제 방식과 전략으로 해야 한다는 것이다.

Barnard의 이론적 모델은 업무의 조직화에서 시작하여 개인의 기본적 본질 분석으로 전환한다. Barnard에 따르면 과학적 관리법은 이러한 점에서 실패했다고 한다. 즉 인간적 요인을 제대로 고려하지 못했고, 이로 인해 노동의 복종 및 협력을 효과적으로 얻어내지 못했기 때문이다. 바로 이 점이 Barnard에게 생산의 인간적 요인을 새롭게 조망하고, 과거와 다른 가정을 갖게 하였던 것이다.

Barnard의 저서 「The Function of the Executives」는 개인과 조직 사이의 긴장을 강조하는 것으로 시작한다. Barnard에 따르면 조직은 특별한 목적을 위해 만들어졌지만 그것을 사용하는 것은 다양한 목표와 욕구를 지닌 개인이라는 것이다. 따라서 조직에 대한 탐구는 개인에 대한 일련의 이론적 전제로부터 시작하여야 한다고 한다.

Barnard는 개인을 하나의, 유일한, 주체적, 그리고 고립된 전체로 본다. 따라서 이들은 신체적, 생물적, 사회적 요인이 통합된 수많은 힘과 물질을 사용한다(1938:12). 개인에 대한 이러한 정의는 고전적 조직이론에서는 볼 수 없었던 것으로 개인은 조직의 다른 참여자와 비교해서 독특한 존재이고, 따라서 조직의 다른 기본요소와 차별된다는 것이다. Barnard에 따르면 개인은 선택하고, 목표를 지닌다는 것이다. 이것이 인간이 조직의 다른 요인과 차별화되는 특징이다.

Barnard는 조직을 "협동체계"(cooperative system)로 본다. 협동체계로서의 조직은 개인이 신체적 혹은 생물적 한계로 인하여 자신의 목적을 개별적으로 달성할 수 없기 때문에 등장한 것이라고 한다. 협동체계로서의 조직은 개인의 목적을 만족시키기 위해 필요한 수단이다. 그러나 조직에 의존하고 협력한다는 것은 조직 내 개인 사이의 진실한 협력을 실현시키기 위한 필요조건에 불과하다. 개인이 조직에 참여하기로 결정해서 충원되고, 교육받으며, 업무를 부여받고 난 이후에도 여전히 인간행동에 관한 불확실성이 존재한다. 복종이 당연히 일어나지 않기 때문이다. 과학적 관리법은 과학적 선발, 업무부여, 공직구조, 보상만 이루어지면 복종이 저절로 이루어질 것이라고 본다. 그러나 Barnard는 이것은 극히 잘못된 생각이라고 한다. 그 경우에도 여전히 사람들은 자유재량권을 행사하고자 하며, 협력하려 하지 않기 때문이다.

2) 도덕적 조직

Barnard에 따르면 경영자의 핵심 기능 중 하나는 개인(조직 구성원)의 선택에 영향을 미치는 것이라고 한다. 개인은 자신의 의도, 바람, 대안을 근거로 선택(의사결정)을 하는 존재이다. 조직은 이 개인을 통제하거나 그것에 영향을 미침으로써 조직의 목표를 달성하고자 한다(1938:17). 그러나 Barnard에 따르면 그것은 물리적 강제가 아니라 규범적 강제에 의하여 이루어져야 한다고 한다. 즉 사회통제의 궁극적 목적은 조직 참여자 사이에 공동의 도덕적 목적을 설정하여, 그것을 실현하는 것이라고 한다.

최고 경영자(the executive)와 조직이 개인의 행동을 수정하고, 협력을 이끌어내며, 공동의 도덕적 목적을 달성하는 방법과 관련하여 Barnard는 다음과 같은 두가지 명확한 주장을 한다. 첫째, 보다 사회학적인 관점으로서 뒤르껭주의이다. 즉 조직화된 집합적 활동의 속성은 본질적으로 도덕적이어야 한다는 것이다. 개인이 어떤 목적달성을 위해 조직에 참여할 때에 거기에는 그 개인이 자신의 이익과 욕구를 버리고, 보다 큰 조직의 목적을 추구해야 한다는 도덕적 명령이 담겨 있어야 한다는 것이다. Barnard는 이를 논의를 전개하기 위해 개인(개인의 내부적, 개인적, 주관적 요인)과 비개인(외부적, 비개인적, 객관적 요인)으로 구분되는"두가지 성격"(dual personality)을 제시한다(Barnard,1938:77). Barnard에 따르면 비개인은 조직의 협력과 목표 달성을 쉽게 하는 성격이다. 이 성격은 개인의 이기적 목표 보다 공동의 도덕적 목적 추구를 더 용이하게 하여 협력을 이끄는 것이다. 그리고 그것이 하나의"사회적 사실"(social facts)로 정착된다. 공동의 도덕적 목적은 개인의 자발성을 촉진하며(조직몰입), 이로인해 경영자의 개입을 필요없게 한다.

그럼에도 불구하고 Barnard의 조직이론에는 경영자의 개입을 암시하는 조직협력에 관한 주장도 있다. 이것이 Barnard의 도덕적 조직과 관련된 두 번째 주장이다. 조직 활동은 본질적으로 도덕적 특성 및 비개인적 성격을 띠지만 협력을 지속시키기 위해서는 상당한 인센티브가 필요하다는 것이다. 이것은 복종과 협력에 대한 바나드의 논의가 도덕적 언질에 대한 근거로부터 외부적 보상의 근거로 옮겨 갔다는 것을 의미한다.

Barnard 저서의 많은 부분이 인센티브(혹은 유인책)와 기여 사이의 관계, 그리고 이 둘 사이에 균형을 수립할 필요성에 대해 논의하고 있다. 사회통제에 관한 도덕적 틀에서 계산적 틀로 이전하고 있는 것이다. 이것은 Barnard 이론의 중요한 모순이다. 또한 이것은 공동의 도덕적 목적을 촉진하는 힘이 개인적 성격을 압도하지 못한다는 것을 암시한다. 따라서 Barnard는 개인의 욕구와 바람을 충족시키고, 이들로부터 협력(기여)을 이끌어 낼 수 있는 유인책의 실행이라는 현실을 지지하고 있는 것이다.

그러나 이것이 실현되기 위해서는 협력적 행동과 개인 욕구의 충족 사이에 중간 메카니즘이 필요하다. Barnard는 이것을 "배분"(distribution) 이라고 한다. Barnard의 이론에서 배분은 중요한 의미를 지니는데, 그것은 배분이 조직 내에서의 개인의 협력을 결정짓는 중요한 척도가 되기 때문이다. Barnard는 또한 인간에게 나타난 독특한 목적, 욕구, 욕망의 변화 문제도 지적한다. 한 시점에서 충분한 배분이 다른 시점에서는 충분하지 않을 수도 있어 협력적 행동의 안정이 위험해질 수 있다는 것이다. 따라서 경영자의 중요한 기능은 이러한 상황과 목적의 변화에 적절히 대처하는 것이다. Barnard는 또한 마음의 상태를 변화시켜 동기를 깨닫게 하는 "설득의 방법"도 기술한다. 유인의 방법과 설득의 방법 모두가 경영자의 핵심기능이라는 것이다(1938:87).

Barnard는 또한 협력적 행동 이후 개인에게 영향을 미치는 사회적 · 심리적 요인도 고려한다. 그는 인간관계론의 기반이 되는 사회적·심리적 격언을 잘 알고 있었다. 즉 사회적 상황이 인지와 동기에 영향을 미치기 때문에 생산적 자산을 소유하고 있는 사람이라도"잘못된"사회적 환경에 처하게 되면 비생산적이 되고, 아무런 자극도 받지 못하게 된다는 것이다. 따라서 조직은 상황의 변화에 따라 일어날지도 모르는 개인의 심리적 특성이나 동기부여의 변화를 면밀히 살펴보아야 한다(1938:42). 개인의 심리적,

동기부여적 특성의 변화는 협력체계를 발전시키는 정도에 따라 우호적일 수도 있고 비우호적일 수도 있다.

Barnard는 분명히 조직 내에서 인간적 요인이 문제가 있다는 점을 지적한다. 개인이 조직에 참여해서 지위와 역할을 부여받고 난 이후에도 불확실성은 여전히 남아있다는 것이다. Barnard는 복종을 당연한 것으로 받아들이지는 않지만 조직이 직면한 가장 큰 문제로 복종을 본다. 과학적 관리법이 주장한 선발, 업무부여, 공식적 구조만으로 조직의 활동이나 협력적 노력의 실행을 보장받기 충분하지 않기 때문이다.

Barnard는 분명히 협력체계 혹은 조직의 유지와 생존에 가장 큰 관심을 보이지만, 조직이 사람들로 구성되어 있다는 사실을 결코 간과하지 않는다. 따라서 Barnard의 이론적 분석은 언제나 집합적 수준과 개인적 수준을 넘나든다. 이를 통해 Barnard는 개인적 분석수준과 조직적 분석수준을 비교할 때 나타나는 많은 이분법을 제시한다. 가령 사회적· 심리적 집단 역동성의 경우 이것이 개인에게 미치는 영향과 조직에 미치는 영향으로 구분된다. 그러나 이 둘 사이에는 언제나 긴장관계가 존재한다. 이것이 Barnard 이론의 핵심적 문제이다.

Barnard의 조직 및 관리이론에 등장한 모순은 인간적 요인을 충족시키려는 노력과 관련된 긴장에서 나타난다. 조직차원에서 Barnard는 인간적 요인을 수용하는 가장 능률적 방법이 실제 적용과정에서 현실과 맞지않음으로 해서 발생하는 긴장을 해결하고자 한다. Barnard에 따르면 그 경우 조직의 목표를 규범적으로 따름으로써 협력하는 것이 가장 좋다고 한다. 이것은 강제도 필요 없고 경제적 보상도 최소로 한다는 점에서 역설적으로 가장 능률적인 복종 방법이다. 이것은 과학적 관리법에는 없는 방법이다. Barnard는 협력체계를 유지하는데 있어서 금전적· 물질적 유인책을 사용하는 것을 거부한다. 공리적, 물리적, 보강적 유인책 보다는 도덕적, 규범적, 인지적 사회적 통제가 조직구성원의 협력을 이끌어내는 최적의 조직적 장치라는 것이다.

반면 조직생활의 현실은 노동의 분업, 계층제, 불평등한 권위와 경제적 수입, 반복적 업무수행, 그리고 생계수단으로 조직에의 참여 등으로 이루어져 있다. 이러한 상황에서 인간이 순수한 도덕적 애착만으로 조직생활을 영위하는 것은 어렵다. Barnard는 이러한 사실을 잘 알고 있었고, 이것을 해결하기 위해 개인의 욕망, 이기심, 설득을 통한 사회화로 나가게 하는 추가적인 동기부여의 방식을 제시한다. 그것은 과학적 관리법 논자들이 간과한 조직협력을 위한 도덕적 명령이다.

4. 인간관계론에 대한 비판

인간관계론은 조직구성원들이 정교한 규범과 습관을 지닌 집단을 형성하고, 이 집단에는 사회적 규범이 존재하며, 이 규범이 경제적 보상 뿐만 아니라 사회적 보상, 그리고 조직의 성과에도 영향을 미친다는 사실을 제시했다는 점에서 확실히 이전의 과학적 관리법과 차별화된다. 그럼에도 불구하고 인간관계론은 많은 점에서 비판을 받는다. 그 비판의 선봉에 선 사람은 Landsberger(1958)이다. 그리고 비판은 주로 Elton Mayo를 겨냥해서 이루어진다.

인간관계론에 대한 첫 번째 비판은 갈등의 역할과 관련한 것이다. 인간관계론은 갈등을 지나치게 부정적인 것으로 보고 있으며, 협력과 균형만을 강조한다는 것이다. 이러한 주장의 근저에는 관리자는 합리적인 사람, 노동자는 비합리적인 사람이라는 전제가 깔려있다. 이러한 전제는 인간관계론도 과학적 관리법과 마찬가지로 결국은 관리자 중심 논리에서 크게 벗어나지 못하고 있다는 것을 보여주는 것이다.

두 번째 비판은 노동자들의 부정적 태도의 원인을 지나치게 사회적 집단에서 찾고 있다는 것이다. 부정적 태도의 원인은 매우 다양하다. 이해관계 일수도 있고, 권력의 차이일 수도 있다. 또한 보다 큰 제도가 원인일 수 있다. 제도가 원인인 경우 갈등은 오히려 건강한 것이 된다. 갈등해결 방법으로 인간관계론이 제시한 노사의 대면적 접촉이나 카운셀링 방법도 문제가 있다. 노동자에 대한 조작 가능성이 있기 때문이다. 특히 이 해결방법은 이해관계 갈등이나 권력 불평등에서 오는 갈등에는 적절치 않다.

인간관계론은 그것이 근거한 호오손 실험과정에서 사용한 자료수집 방법이나 실험결과의 해석에서도 비판을 받는다. Michael Argyle(1953)에 따르면 사회적 요인은 유사한 부서 사이의 생산성 차이를 결정하는 중요한 변수가 아니라고 한다. Alex Carey(1967)도 유사한 결론을 내린다. 인간관계론의 결론은 자신이 주장하는 것과 달리 금전적 인센티브, 주도적 리더십, 그리고 규율 중시라는 과거의 세계관과 놀라울 정도로 닮아 있다는 것이다. Carey에 따르면 사기와 생산성 사이의 관계, 그리고 좋은 리더십과 생산성 사이의 관계는 분명하지도 않고 강하지도 않다고 한다.

인간관계론은 분명 인간의 본질을 의사전달과 상호작용을 하는 사회적 동물로 보고 있다는 점에서 의미가 있다. 호오손 실험을 통해 비공식집단을 확인하고, 이 집단내에서의 사람들 사이의 상호작용이 협력을 촉진하는 조직의 핵심요소가 되고 있다는 것이다. 그럼에도 불구하고 현대에 와서 인간관계론이 주장한 많은 내용들이 변했고나, 의미가 달라지고 있다. 가령 상호작용의 의미도 현대에 와서 크게 복잡해지고 있다는 것이다. 즉 노동자들 끼리의 비공식집단을 통한 단순한 상호작용에서 노동자들과 관리자들 사이의 전략적 · 의도적 상호작용으로 그 의미가 바뀌고 있다는 것이다. 의사소통도 마찬가지이다. 관리자들에 의한 업무수행과 역할부여라는 단순한 의사소통에서 조직의 사명과 목표에 관한 정보의 전달로 그 의가 바뀌고 있다는 것이다.

이처럼 인간관계론에 대해서는 비판도 있고, 그 의미가 바뀐 것도 있지만 인간관계론이 지향하는 바는 언제나 한가지이다. 즉 인간의 감정이 조직강령이나 규칙, 지시 보다 더 중요하다는 것이다. 따라서 인간관계론은 조직을 바라보는 시각에 있어서 눈에 보이는 확실한 것 보다는 보이지 않는 불확실한 것에 의존하며, 인간문제의 해결에서도 최종적이거나 고정적인 것을 요구하지 않는다. 그럼에도 불구하고 인간관계론이 지닌 이러한 기조는 특히 모더니스트 조직이론 등장 이후 많은 비판에 직면한다. 그것은 주로 인간을 어떻게 볼 것이냐에 대한 문제(이에 대한 새로운 시각이 요구됨)와, 이러한 인간에 맞춰 조직을 어떻게 설계할 것인지의 문제인 것이다.

인간관계론은 확실히 그 이전에 존재한 과학적 관리법 보다 진일보한 이론이다. 인간은 경제적 동물이 아니라 그 보다 훨씬 복잡한 사회적 존재라는 가정을 강조하기 때문이다. 그러나 조직의 본질과 인간적 요인에 관한 인간관계론의 가정은 관리실제에 있어서 여전히 단순하고 환원적인 속성을 지닌다. 인간의 행동을 하나 혹은 소수의 몇 가지 원인이나 동기에 의해서 설명하기 때문이다. 그럼에도 불구하고 인간관계론은 그 이후 집단, 동기부여, 그리고 리더십과 관련된 연구를 촉진하고, 그 연구들의 이론적 초석이 되었다는 점에서 조직이론에 획기적인 기여를 한 것으로 평가할 수 있다.

Section 3 집단

1. 집단의 정의

인간관계론이 촉발시킨 연구 중 가장 대표적인 것이 집단, 특히 소집단(small group)연구이다. 일반적으로 소집단이란 영향을 주고 받으면서 상호작용하는 두명 이상의 개인으로 정의된다. 보통 3~7명으로 구성된 집단을 소집단이라 하지만 15~20명으로 구성된 것도 있다. 그러나 20명 이상이면 보통 소집단이라 하지않고, 대집단으로 분류하며, 집단연구의 대상에서도 제외하는 경우가 많다. 집단구성원은 집단을 단순한 개인의 집합체로 보기 보다는 자급자족하는 능력을 지닌 하나의 단일체로 생각한다. 이러한 점에서 운동경기 관람객이나 광장에 모여 있는 단순한 대중은 집단이 아니다.

모든 조직에는 공식집단과 비공식 집단이 존재한다. 공식집단은 조직이 공식적으로 규정하는 집단을 말한다. 따라서 공식집단에는 조직이 지정하는 지위와 역할이 존재한다. 대학 학생회, 교수회 등은 대표적 공식집단이다. 반면 비공식집단은 필요에 의해서 자발적으로 만들어진 집단을 말한다. 사람들은 공통의 관심, 우정, 사회적 욕구 충족, 그밖의 여러 가지 사회적 요인을 위하여 자발적으로 집단을 만들고 그곳에 가입한다. 대학에 존재하는 각종 동아리, 혹은 고등학교 동문회, 지역 향우회 등은 대표적인 비공식집단이다.

사람들은 집단을 만들고자 하는 이유는 여러 가지이다.첫째, 다른 사람들하고 친밀하게 지내고자 하는 욕구 때문이다(Robbins,1986). 즉 다른 사람과 함께 하고자 하는 사회적 욕구를 충족시키기 위해서이다. 둘째, 집단을 비교의 중요한 근원으로 삼기 위해서 사람들은 집단을 형성한다. 즉 집단은 외부세계와 자신을 비교할 수 있는 정보원이 될 수 있다는 것이다. 셋째, 집단은 보상의 근원으로 작동한다는 것이다. 집단의 일원이 됨으로써 우리는 우정, 지위, 금전적 혜택, 표창 등의 각종 보상을 얻게된다는 것이다. 넷째, 집단은 구성원 혼자 할 수 없는 목표성취를 가능하게 한다. 즉 사람들은 혼자서 할 수 없는 일을 집단구성원들과 함께 함으로써 그것을 이룰 수 있다. 다섯째, 우리는 상사의 지시로 집단에 가입하기도 한다. 즉 집단압력에 순응해서 집단에 가입하는 경우가 있다는 것이다.

2. 개인행동에 영향을 미치는 집단의 힘

집단은 여러 가지 방식으로 집단구성원의 행동에 영향을 미친다. 집단과 구성원 개인의 행동 사이의 관계에 대한 논의의 상당 부분은 집단이 개인 보다 더 효과적인지의 여부와 관련된다. 일반적으로 집단은 개인의 자유로운 생각을 제한하는 역할을 수행한다. 집단 구성원 모두가 집단 토론 시 아이디어를 내고 토론에 참여하는 것은 아니다. 몇몇 사람이 집단을 지배하고 토론을 독점하는 경우가 많다. 집단은 대개 그 구성원의 제안된 의견을 평가하려는 경향을 갖고 있다. 이것이 자유로운 생각의 발전을 방해한다. 이처럼 집단은 자유로운 생각의 교환, 자발성, 창조성을 방해한다(McGrath,1974). 그러나 집단은 다른 사람이 제시한 아이디어를 통해 새로운 생각을 낳게하는 원동력이 되기도 한다(테렌스 R.미첼·제임스 R.라슨 공저,임정민 외 옮김,2000:249-283). 브레인스토밍(brainstorming)은 이를 위한 중요한 기법이다. 브레인스토밍은 아이디어를 비판 없이 이야기 하고, 사람들이 자신의 생각을 자극하기 위해서 다른 사람의 아이디어를 이용하는 환경을 만드는 것이다.[8] 결론은 최종적인 아이디어가 나올 때 까지 보류된다.

일반적으로 집단은 다음과 같은 방식으로 개인의 행동에 영향을 미친다.

1) 사회적 조장

집단은 단지 존재한다는 그 자체만으로도 개인의 행동에 영향을 미친다. 이것을 사회적 조장(social facilitation)이라 한다. 즉 집단의 한 구성원의 행동을 보고 자신도 같은 생리적 기분이 되어 행동이 촉진되는 것을 말한다. 집단의 사회적 조장과 관련한 최초의 연구는 Triplett의 연구이다(테렌스 R.미첼·제임스 R.라슨 공저,임정민 외 옮김,2000:251-252). Triplett에 따르면 사이클 선수가 자신의 기록갱신을 위해 특정코스를 단독으로 달렸을 때와, 치열한 경쟁 속에서 달렸을 때 기록은 큰 차이를 보였다는 것이다. 즉 특정코스를 단독으로 달렸을 때 보다 치열한 경쟁 속에서 달렸을 때 기록이 휠씬 좋았다는 것이다. 그 차이는 다른 경기자의 유무이다. 즉 다른 사람의 존재가 개인의 행동에 영향을 미친다는 것이다. 사회적 조장은 모방과 다르다. 동물의 경우 집단의 1마리가 먹이를 먹기 시작하면 다른 동물들은 이미 먹어 배가부르더라도 따라서 먹기 시작한다는 것이다.

일반적으로 사람들은 타인이 있을 때와 없을 때 다르게 행동한다. 타인으로 부터의 평가에 신경을 쓰기 때문이다. 따라서 다른 사람들이 단순히 있다는 그 자체만으로도 행동은 영향을 받게된다. 그러나 집단이 개인의 행동에 영향을 미치기 위해서는 두가지 사실이 전제되어야 한다. 첫째, 개인간의 직접적인 경쟁이 없어야 한다. 둘째, 익숙하지 않거나 초보적인 일에서는 다른 사람의 존재 그 자체가 개인의 행동에 영향을 미치지 않는다는 것이다. 오히려 정반대의 현상이 일어날 수도 있다. 즉 익숙하지 않는 일, 혹은 새로운 일에서는 사회적 조장이 일어나지 않는다는 것이다.

2) 사회적 태만

집단 구성원들이 집단의 과정에 참여할 때 불균형적으로 참여하는 경우가 많다는 것이다. 일반적으로 집단내 상호작용은 소수의 사람들이 지배하는 경우가 많다. 가령 4~5명으로 이루어진 집단의 경우 두 사람이 특정 시간의 70~80%를 독점적으로 이야

---

8) 최근 기업에서 유행하고 있는 품질관리서클(quality circle)은 대표적인 브레인스토밍 기법이다. 품질관리서클은 집단구성원들이 속한 집단의 문제를 해결하기 위해서 자발적으로 참여하는 정기적 모임을 갖고 여러 가지 아이디어를 제시하여 문제의 해결방안을 모색하려는 품질기법을 말한다.

기 한다. 즉 집단의 모든 구성원들은 공평하게 참여하는 것이 아니라 차별적으로 참여한다는 것이다. 이야기를 독점하는 사람들이 명석하고 유능한 경우라면 큰 문제가 없다. 그러나 이야기를 독점하는 사람들이 언제나 명석하거나 유능하지 않다는 것이다. 이 경우 언제나 집단의 효율성의문제를 야기한다. 이러한 사실을 사회적 태만(social loafing)이라 한다.

사회적 태만은 대개 집단 구성원의 개별적 성과가 잘 측정되지 않는 곳에서 나타난다. 이 경우 사람들은 혼자 일 할 때 보다 집단의 구성원으로 일할 때 더 열심히하지 않는다. Reingmann의 연구는 이러한 사실을 잘 보여준다. Reingmann은 작업집단을 둘, 셋, 여덟명의 구성원 이루어진 집단으로 구분짓고, 이들이 로프를 힘을 다해 당기게 한 다음 그 힘을 측정했다. 물론 집단의 규모가 클수록 전체적으로 당기는 힘은 커졌다. 그러나 규모가 커질수록 당기는 개인당 평균의 힘은 낮아졌다는 것이다. 두사람으로 이루어진 집단의 경우 개인당 평균의 힘은 93%였고, 세사람의 집단의 경우는 75%, 그리고 여덟사람의 집단의 경우는 49%에 불과하였다. 결국 집단의 규모가 크면 집단에 참여한 사람들의 사회적 태만은 증가한다는 것이다(테렌스 R.미첼·제임스 R.라슨 공저, 임정민 외 옮김,2000:253-254).

집단은 특히 개인의 성과를 측정할 수 없는 경우 사회적 태만을 불러일으켜 집단구성원의 행동을 차별화시킨다. 이것은 집단의 행동에 무임승차의 결과를 불러와 결국 집단의 성과를 저하시키는 원인이 된다.

3) 태도의 양극화

집단이 구성원의 행동에 영향을 미치는 또 다른 요인은 태도의 양극화(attitude polarization)이다. 태도의 양극화란 집단 구성원이 어떤 문제에 대한 집단토의에 참여한 이후 그들의 태도와 의견이 토의 전 보다 더 극단적으로 변하는 것을 말한다. 특히 토의 전에 가져던 견해와 같은 방향에서 더욱 극단적으로 변한 것을 말한다. 가령 집단 구성원이 토의 전에 반대하는 아이디어를 가졌다면 토의 후 더욱 반대 입장을 취하게 되고, 찬성 입장이었다면 더욱 찬성입장으로 흐르게 된다는 것이다. 따라서 집단 토의는 태도의 중립적 입장에서 양극단으로 흐르게 하는 효과를 지닌다.

태도의 양극화가 생기는 이유는 두가지이다. 토의의 형태와 구성원의 수이다. 즉 토의가 설득적일수록, 그리고 구성원의 수가 많을수록 사람들은 토의 전의 태도를 토의 후에도 더욱 강하게 견지한다는 것이다. 그것은 토의 전의 생각이 타당해서라기 보다 설득적이거나 구성원 수가 많으면 집단 토의에서 발표될 가능성이 많기 때문이다. 즉 집단 구성원이 처음 마음이 쏠린 견해를 지지하는 설득적 논쟁을 하였기 때문이다.

결국 집단 토의에는 언제나 체계적 편견이 존재한다. 특히 지지하지 않는 주장을 배제하기 위해서 결정 전에 집단이 표명했던 입장을 계속 지지할 가능성이 높다. 이것은 여러 가지로 집단의 성과에 악영향을 미친다. 즉 집단 결정과 관련한 중요한 사항을 빠뜨릴 가능성이 높고, 토의 전의 잘못된 생각을 그대로 가져갈 가능성이 높으며, 이런 결과로 얻은 결정이 다른 방법으로 얻은 결정 보다 낫다고 할 수 없다는 것이다.

3. 집단의 행동에 영향을 미치는 변수

1) 집단구성원의 개인적 특성

집단의 행동에 영향을 미치는 구성원의 개인적 변수가 있다. 집단구성원의 개인적 특성과 구성원의 동질성 유무이다. 집단 구성원의 개인적 특성이 집단행동에 미치는 영향에 대해서는 비교적 일관된 연구결과가 보고되고 있다. 첫째, 집단구성원이 젊거나, 덜 지성적일수록, 그리고 권위에 추종하는 성향이 강할수록 집단규범에 순응하는 정도가 높다는 것이다. 둘째, 남성 보다는 여성이 훨씬 더 집단의 규범에 순응한다는 것이다. 셋째, 지배적이고 단호하며, 다른 사람의 마음을 잘 움직이는 사람, 정서적으로 안정된 사람, 그리고 전문화된 업무능력을 소유하고 있는 사람이 비공식 집단의 지도자가 될 가능성이 높다는 것이다. 넷째, 집단에 많이 참여하는 사람일수록 집단규범에 대한 순응하고, 집단의 지도자가 될 가능성이 높다는 것이다. 다섯째, 업무의 특성과 그것에 대응하는 성의 차이에 따라 집단규범에 순응하는 정도는 차이가 있다는 것이다. 가령 남성형 업무의 경우(가령 토목·건축직) 여성이 남성 보다 집단의 규범에 더 순응하고, 여성형 업무(가령 바느질, 뜨개질 등)의 경우 남성이 여성 보다 집단규범에 더 순응적이라는 것이다. 이러한 차이는 업무의 숙련도와 밀접한 관계가 있다. 즉 남성형 업무의 경우 여성이 업무숙련도가 떨어지고, 여성형 업무의 경우 남성이 업무숙련도가 떨어지기 때문이다.

집단구성원의 동질성 여부도 집단의 행동에 영향을 미친다. 동질성이란 집단의 구성원들이 기술과 능력, 민족, 성, 연령, 재직기간 등에서 매우 유사성을 가질 때이다. 일반적으로 집단의 동질성은 집단의 행동에 다음과 같은 영향을 미친다. 첫째, 다른 조건이 동일할 때 집단구성원의 능력 및 기술이 동질적인 집단이 그렇지않은 집단 보다 업무성과가 낮다는 것이다. 둘째, 인종적으로 동질적인 집단은 이질적인 집단 보다 새로운 소수 집단을 받아들이는데 있어서 매우 소극적이라는 것이다. 반면 인종의 동질성

여부와 집단 성과 사이의 관계는 아직 명확한 결론이 내려지지 않고 있다. 동질적 인종이 집단 성과를 높인다는 주장도 있고, 이질적 집단이 성과를 높이는데 더 기여한다는 주장도 있다. 셋째, 연령 및 재직기간과 집단의 행동 사이의 관계이다. 1976년부터 1980년 사이 미국 500대 기업의 최고경영자 집단을 조사한 연구에 따르면 연령과 재직기간의 이질성이 높은 최고경영자 집단에서 이직율이 매우 높았다는 것이다. 그러나 이 연구결과는 소집단에만 적용된다. 규모가 매우 큰 집단의 경우 이 결과는 적용되지 않는다. 이 집단에서 연령과 재직기간의 큰 다양성이 오히려 이직율을 낮추고 있었다는 것이다.

2) 상황적 변인

집단의 행동에 영향을 미치는 상황변인으로는 집단의 규모, 결속력, 영역, 그리고 업무특성이 있다. 집단규모는 집단구성원의 수를 말한다. 규모는 집단의 상호작용, 집단구성원의 만족감. 그리고 집단의 생산성에 영향을 미친다. 집단은 규모가 커질수록 구성원의 긴장도를 낮추고, 제안과 정보를 잘 제공하는 것으로 나타났다. 집단의 규모가 작으면 구성원들간의 접촉이 직접적이다. 그 경우 구성원 사이의 긴장도는 증가하게 되고, 구성원 사이에 의견을 구하는 경우가 자주 발생한다. 그밖에 집단의 구성원이 짝수인 경우가 홀수인 경우 보다 구성원들의 긴장감, 적대감, 불일치 정도가 훨씬 크게 나타난다는 것이다. 규모는 집단구성원의 만족에도 영향을 미친다. 일반적으로 집단의 규모가 클수록 구성원들의 만족도는 낮아지는 것으로 되어 있다. 그러나 Slater의 연구에 따르면 집단구성원의 수가 5명인 경우에 구성원들의 만족도가 최고에 달했다는 것이다(테렌스 R.미첼·제임스 R.라슨 공저,임정민 외 옮김,2000:277). 집단의 규모는 집단성과와도 밀접한 관계에 있다. 일반적으로 집단구성원 사이의 상호의존성이 낮은 경우 집단규모가 커지게 되면 생산성은 높은 것으로 되어 있다. 반면 집단구성원 사이의 상호의존성이 높은 경우 규모가 커지면 오히려 집단의 생산성은 낮은 것으로 보고되고 있다.

집단의 행동은 집단 결속력의 유무에 의해서도 영향을 받는다. 집단 결속력이란 집단구성원이 그 집단에 소속되는 정도를 말한다. 일반적으로 결속력은 다음과 같은 경우에 높아진다. 먼저 집단구성원 사이의 상호작용이 활발한 경우 집단결속력은 높아진다는 것이다. 따라서 많은 집단들은 집단의 결속력을 높이기 위해 구성원들을 물리적으로 가깝게 작업배치한다. 둘째, 업무에 성공한 집단의 경우 결속력이 매우 높다는 것이다. 그리고 공동목표를 지니고 있거나, 의사결정에의 참여정도가 높은 경우, 그리고 구성원의 인종, 배경, 태도, 가치관 등이 유사한 경우에도 집단의 결속력은 매우 높다. 이렇게 결속력이 높아지면 집단의 의사소통 능력은 신장되고, 집단규범에 구성원들이 순응하는 정도도 높아지며, 구성원들의 직무만족 수준도 높아지게 된다. 그리고 일반적으로 집단의 결속력이 높으면 높을수록 집단의 성과도 높은 것으로 되어 있다.

집단의 영역과 집단행동 사이의 관계이다. 영역이랑 개인이나 집단이 어떤 물체나 물리적 공간에 대해 권리를 자지고 있다고 느끼는 정도를 말한다. 그리고 그것이 우리의 신체와 관련될 때는 그것을 개인적 공간으로 부른다. 사람들은 자신의 영역이 위협을 받거나 침범 당하면 그것을 방어하는 행동을 취하게 되고, 그것을 잃었을 때는 다시 되찾으려고 한다(Sommer,1969). 사람들은 영역이나 개인적 공간을 침해 받으면 불쾌하게 생각한다. 이로 인해 집단내 갈등과 불편한 인간관계가 형성된다. 일반적으로 친한 친구 사이가 보통 친구이거나 낯선 사람 보다 개인적 거리가 가깝다. 그리고 나이나 지위의 차이가 나지 않는 경우가 그렇지않는 경우 보다 개인적 거리가 훨씬 가깝다. 물론 이 거리는 상황이나 문화의 차이에 따라 달라진다.

영역이나 개인적 공간에 따라 자리를 배치하는 것을 공간배치라 한다. 일반적으로 협력을 원하는 사람들은 나란히 앉는 것을 선호하고, 독립적으로 일하는 사람들은 거리를 두고 멀리 마주보고 앉는 것을 선호한다. 반면 경쟁적인 사람들은 얼굴을 마주 보고 앉거나, 서로 모서리에 앉으려 한다. 연구에 따르면 책상과 같은 물체로 공간을 두는 배치나, 멀리 떨어져 앉아있는 경우 상호작용을 할 의사가 없는 것으로 받아들여지고, 덜 우호적이고 형식적인 교류가 이루어진다고 한다.

상황적 변인과 집단행동 사이의 관계에 대한 마지막 논의는 업무특성과 집단행동 사이의 관계이다. 일반적으로 집단의 업무특성은 세가지로 분류된다. 호혜적 상호작용(reciprocal interdependence), 연속적 상호작용(sequencial interdependence), 그리고 총합적 상호작용(pooled interdependence)이 그것이다. 호혜적 상호작용은 집단 사이의 밀접한 상호작용을 요구하는 업무를 말한다. 신제품 출시를 위해 연구부서, 생산부서, 마케팅 부서가 밀접한 상호작용을 하는 경우이다. 이 업무형태는 집단행동에 많은 영향을 미친다. 가령 보수구조의 경우 이 형태의 업무체계를 갖고 있는 집단은 차별적 임금체계를 갖추어서는 안된다는 것이다. 연속적 의존성은 집단 사이의 업무가 연속적인 방식으로 이루어진 경우를 말한다. 일종의 어셈블리 라인이다. 여기에서 집단의 행동은 가장 느린 속도로 일하는 집단에 의해서 결정된다. 총합적 상호의존성은 집단간 상호작용을 전혀 요구하지 않는 업무에서 나타나는 상호작용이다. 이 때 집단의 성과는 집단 구성원 성과의 합이다. 이 경우 집단간의 상호작용이 오히려 업무를 방해하고 집단의 행동을 역기능적으로 이끌 수 있다.

Section 4 동기부여

인간의 동기에 관한 이론(이하 동기부여 이론이라 함)은 인간관계론을 근거로 인간관계에 대한 역동성과 인간요인의 복잡성을 규명하기 위한 이론이다. 이러한 점에서 동기부여 이론은 인간관계론을 바탕으로 인간관계론의 영역을 넘어 인간의 복잡성을 보다 정교하게 규명한 이론이라고 할 수 있다. 동기부여 이론은 크게 욕구이론, 기대이론, 목표설정 및 공정성이론 등으로 구분된다.

1. 욕구이론

욕구란 인간이 생존하기 위해서 필요한 어떤 것을 얻으려하는 상태를 말한다. 따라서 욕구는 부족함을 전제로 그것을 채우려 하는 행동을 일컫는다. 중요한 것은 인간의 이 욕구가 매우 다양하다는 것이다. 욕구이론은 이러한 인간의 욕구나 충동을 조직의 전면에 내세움으로써 인간성 회복을 부르짖고 있다. Kae Chung과 Leon Megginson(1981)은 “인간욕구의 만족”이라는 제목으로 욕구만족이 조직에 주는 암시를 다음과 같이 제시한다.

> “사람들은 다양한 욕구를 지닌다. 그리고 이러한 욕구를 만족시키는 것은 사람들이 평생 추구하는 목표이다. 인간의 욕구를 연구하는 것은 조직행동을 이해하는데 매우 중요하다. 그것은 인간의 욕구가 인간행동의 내면적 이유가 되기 때문이다.....그렇다면 관리자들은 행동에 대한 욕구이론을 왜 연구해야 하는가?“

이 물음에 대한 해답을 그들은 다음과 같이 제시한다.

i) 조직내의 인간의 행동을 관리, 지시, 조정하기 위해서 그것을 예측할 필요가 있기 때문이다.

ii) 행동을 예측하기 위해서 행동과 관련된 인과관계를 이해할 필요가 있기 때문이다.

iii) 이러한 관계를 이해하기 위해서는 통제된 조건하에서 검증 가능한 가설을 만들어, 그것을 입증하기 위한 충분한 연구를 수행하여야 한다(Chung and Megginson,1981)

1) Maslow의 욕구계층이론

인간의 욕구가 다양하고, 중요도의 순서에 따라 계층을 형성한다는 사실을 실증적 연구를 통해 최초로 밝힌 사람이 Abraham Maslow(1943)이다. 이것을 Maslow의 인간욕구 계층이론이라 한다. Maslow의 인간욕구 계층이론은 그 이후 조직이론 및 조직 관리 전략과 연계되며, 심리학의 성격이론에 강력한 영향을 미치게 된다. 호오손 실험이 관리 실제에 영향을 미친 가장 강력한 연구라면, Maslow의 욕구계층제는 성격이론에 영향을 미친 가장 영향력 있는 연구라 할 수 있다.

심리학자인 Maslow는 인간의 행동을 유발하는 인간욕구는 5가지가 있으며, 이들은 계층을 형성하고 있다는 이론적 모델을 제시한다. 욕구계층제는 동기부여이론과 인간발전 모델을 섞어 놓은 것이다. 인간의 행동은 평생을 걸쳐 처음에는 단순하면서 하위 순위인 욕구에서 점차 복잡하고 상위순위인 욕구로 나아가려 한다는 것이다. 즉 하위욕구가 상당부분 충족되었을 때 사람들은 차상위 욕구를 충족시키고자 한다는 것이다. 하위순위의 욕구는 생리적 욕구와 안전의 욕구(먹고, 잠자고, 안전을 위한 욕구)이다. 일단 하위순위의 욕구가 충족되면 인간은 더 높은 순위의 욕구를 추구하려 한다. 여기에는 사회적 욕구(소속, 집단결속, 집단승인 등의 욕구)와 자아(ego)욕구(인정감, 자기존중의 욕구)가 포함된다. 마지막으로 달성하가 가장 어려운 최종 욕구는 자기실현의 욕구, 즉 인간으로서의 잠재성과 역량을 완전히 실현하는 욕구이다.

Maslow의 주장이 인간의 욕구와 관련한 많은 분야에 큰 영향을 미쳤지만 집고 넘어가야할 사항도 있다. 첫째, Maslow는 자신의 이론이 정상적인 모든 사람들에게 보편적으로 적용된다고 주장하지만, 실제 사람에 따라 욕구계층이론을 일률적으로 적용하기는 어렵다는 것이다. 둘째, 하위욕구의 충족이 상위욕구 충족의 전제가 된다고 주장하지만 이것 또한 받아들일 수 없는 전제라는 것이다. 셋째, 대부분의 나라에서 생리적 욕구는 이제 더 이상 중요한 욕구로 받아들여지지 않는다는 것이다.

Maslow의 이러한 성격발전과 동기부여 이론은 조직에서의 인간행동에 대한 기본가정을 더욱 복잡하게 만들었다. Maslow의 욕구계층이론은 이러한 복합한 인간의 행동을 통제하기 위한 관리전략을 더욱 복잡하고 세밀하게 수립해야 한다는 과제를 조직연구자들에게 남겨놓게 된 다. Maslow는 인간의 복잡한 욕구에 따른 관리문제를 소홀히 다루고 있기 때문이다.

2) McGregor의 X이론과 Y이론

Maslow의 이론에 대한 조직의 암시는 Douglas McGregor의 논문 "The Human Side of Enterprise"(1966)에서 가장 잘 나타나 있다. McGregor는 이 논문에서 인간의 본질과 관련하여 발생하는 문제와, 예견치 못한 결과에 대처하는 관리이론 및 전략을 제시한다. McGregor는 이 과정에서 기존의 관리이론과 실제는 수정되어야 한다는 사실을 강조한다. McGregor의 논의는 전통적 관리방식을 소개하는 것으로 부터 시작되는데, McGregor는 이것을 "X이론"이라 한다. 이 이론은 다음과 같은 일련의 실제적 전제를 담고 있다. 즉, 관리자는 생산 요인을 조직하는 책임을 진다는 것이다. 관리자는 인간의 행동을 지시, 통제, 동기부여, 수정해야 한다. 이러한 관리적 개입이 없다면 사람들은 소극적이 되고, 조직목표와 목적에 잠재적으로 저항하게 된다. McGregor는 이러한 가정이 성립할 수 있는 것은 인간이 지니는 다음과 같은 고유한 특성 때문이라고 한다. 즉 인간은 본래부터 게으르고, 책임지기 싫어하며, 자기중심적이고, 변화에 저항적이며, 쉽게 속는 얼간이이기 때문이라는 것이다. McGregor는 관리 실제와 관련하여 이러한 X이론은 매우 잘못된 것이라고 한다.

> "관리자들은 흔히 반문한다. 사람들은 왜 생산적이지 못할까? 충분한 보수도 주고, 작업조건도 개선하고, 연금혜택과 고용보장까지 해주었는데 말이지. 그럼에도 불구하고 사람들은 최소한의 노력 이상은 기꺼이 하지않으려고 하니 말이야"(1966:12).

McGregor는 이러한 영속적인 조직문제에 대한 두가지 해답을 제시한다. 첫째, X이론이라는 인간요인의 가정이 자기충족 예언으로서 의도하지 않는 결과로 인해 생겨난 것은 아니라는 것이다. 즉 조직에서 나타난 인간행동의 비생산적 측면은 인간의 고유한 특성의 결과가 아니라는 것이다. 오히려 이것은 산업조직, 관리철학, 정책, 그리고 관리실제 등의 결과로 생겨난 것이라는 것이다. X이론이라는 전통적 접근은 인과관계에 대한 잘못된 개념에 근거하고 있다는 것이다. 둘째, X이론 및 그것과 관련된 가정은 하위수준의 욕구에 초점을 맞추고 있고, 현재 동기부여의 핵심으로 인정받고 있는 상위수준의 욕구는 무시하고 있다는 것이다. 이러한 Malsow의 관점에서 비생산적 조직행동은 "질병의 징후," 즉 사회적· 자아욕구가 박탈된 것으로 간주된다. 따라서 McGregor는 X이론식 관리스타일에 대한 사람들의 대응을 분석하고, 새롭고 차별화된 욕구를 발전시키고자 하는 독특한 인간의 역량을 관찰하여 인간본성과 인간 동기부여에 관한 보다 적절한 가정에 근거한 전혀 다른 관리전략을 제시한다(1966:15).

McGregor는 그것을 "Y이론"으로 명명한다. 이것은 작업장을 조직하는 관리적 책임을 강조하지만 인간에 대한 보다 확장된 견해를 피력하는 새로운 접근법이다. McGregor는 인간 이 지니는 본질적 수동성과 저항의 가정을 인간발전의 잠재성, 책임능력, 조직목표를 달성하려는 욕구로 대체하였다. McGregor는 보다 큰 조직의 목표와 개인의 목표를 통합하는 조직 환경을 만듦으로써 인간의 역량을 발전시키는 것이 새로운 조직관리의 목표라고 한다. 그리고 그 몫은 관리자의 것이라는 것이다.

Y이론의 전제가 암시하는 것처럼 Maslow의 욕구계층제에 기반을 둔 조직구조 변화 전략은 인간관계론자들이 생각하는 것 보다 훨씬 강력하다. Maslow의 이론적 생각을 조직에 적용함으로써 생길 수 있는 전략으로는 구조개혁, 직무재설계, 그리고 조직구성원의 다양성, 독자성, 참여 등을 높이기 위한 권위구조의 변화 등이다. 가령 McGregor는 이러한 예로 분권화, 권한위임, 직무신장, 참여적 관리, 조직구성원 위주의 성과 목표 등을 들고 있다.

3) Herzberg 2요인론

Herzberg(1966)의 2요인론은 일명 동기부여-위생요인 이론이라 불리우며, 특히 관리자들로부터 광범위한 지지를 받고 있는 주장이다.

이 연구는 원래 200명의 엔지니어와 회계사를 대상으로 인터뷰한 내용을 분석한 것이다. 즉 업무에 대한 좋은 감정은 업무의 내용과 관련되며, 나쁜 감정은 상황요인과 관련된다는 것이다. Herzberg는 이 중 첫 번째를 만족요인(동기부여요인), 두 번째를 불만족요인(위생요인)으로 명명하였다. Herzberg가 밝힌 자신의 연구의 결과는 다음 두 가지이다.

(i) 존재하지 않을 때는 조직구성원들의 직무불만족을 낳는 외재적 업무조건이 있다. 이 조건은 존재한다고 해서 조직구성원을 동기부여 시키지는 않는다. 이 조건은 최소한의 '불만족 없음'(no dissatisfaction)의 상태를 유지하기 때문에 불만족요인, 혹은 위생요인이라 한다. 이 요인은 업무의 환경과 관련되는데, 이 요인에는 ① 직업안정성, ② 보수, ③ 근무조건, ④ 지위, ⑤ 회사정책, ⑥ 감독, ⑦ 대인관계, ⑧ 연금 등이 포함된다.

(ii) 동기부여를 낳고, 직무성과와 관련된 요인이 있는데, 이를 내재적 업무조건이라 한다. 이 조건은 존재하지 않아도 불만족을 낳지는 않는다. 이 조건은 업무의 내용과 관련되는데 이것을 만족요인이라 한다. 이 조건에 해당하는 것으로는 ① 성취감, ② 인정감, ③ 업무 그 자체, ④ 책임감, ⑤ 승진, ⑥ 개인의 성장 및 발전 등을 들 수 있다.

이 결론에서 볼 수 있는 것처럼 동기부여요인과 위생요인은 반대되는 개념이 아니라 전혀 별개의 개념이라는 것이다. 또한 직무성과와 관련을 맺고 있는 것은 동기부여요인이기 때문에, 만약 조직의 성과를 높이고자 하는 관리자는 동기부여요인의 충족에 보다 많은 관심을 기울여야 한다는 것이다. 반면 위생요인은 조직구성원의 불만족을 해소시키는 데만 기여할 뿐 직무성과와는 아무 관련이 없다.

Herzberg의 2요인론은 동기부여에 대한 매우 단순한 전략을 제시하고 있어 특히 조직의 관리자들에게 환영을 받았지만, 노조로 부터 비난의 대상이 되었다. 2요인론에 대한 비판은 다음과 같다. 첫째, 연구방법론에 대한 비판이다. 즉 Herzberg는 주로 조사대상자들의 과거에 대한 연상을 연구에 활용하고 있는데, 대부분의 조사대상자들은 자신에게 유리한 것은 자신의 탓, 유리하지 않는 것은 외부환경의 탓으로 응답했다는 것이다. 둘째, 연구대상 집단(표본집단)에 관한 것이다. 즉 엔지니어와 회계사만을 연구대상으로 했는데, 이들은 전형적인 화이트칼라 집단이다. 따라서 이들로부터 나온 결과를 다른 집단, 특히 노동자 집단에 적용할 수 있느냐 하는 것이다. 셋째, 동기부여와 직무만족을 동일한 개념으로 보고 있다는 것이다. 즉 동기부여는 목표지향의 행동이고, 직무만족은 목표지향의 결과 발생하는 직무와 관련된 태도인데도 Herzberg는 이들을 구분하지 않고 동일한 개념으로 보고 있다는 것이다. 넷째, 이요인론은 개인의 차이를 전혀 설명하지 못하고 있다는 것이다.

2. 기대이론

기대이론의 기본적 내용은 인간이 행동을 선택한다는 데 있다. 즉 이 이론에 따르면 인간은 여러 가지 행동대안을 평가하여, 자신이 귀하게 여기는 보상을 가져다주는 대안을 선택한다는 것이다.

기대이론은 Tolman, Lewin, Atkinson에서 시작하여 수단성(instrumnentality)이론이라 불리우는 Vroom의 동기부여 과정이론으로 발전하였다. 또한 Vroom(1964)의 이론은 보다 정교한 Porter와 Lawler(1968)의 이론으로 더욱 확대 되었다.

기대이론에서 동기부여는 두 가지 구성요소에 의해서 결정된다. 즉 기대(expectancy)와 유의성(valence)이 그것이다. 기대란 어떤 행동이 어떤 결과를 가져올 것이라고 생각하는 신념을 말한다. 기대는 행동의 결과 아무런 결과도 낳지 못할 것이라는 정도인 '0'부터, 100% 결과가 나타날 것이라는 정도인 '1'까지 분포된다. 유의성은 개인이 보상을 평가하는 값을 의미한다. 유의성은 결과에 대해 개인이 평가하는 정도에 따라 +1.0부터 -1.0까지 분포된다.

기대는 다시 두 가지로 구분된다. 노력-성과 기대(Effort-Performance:E→P기대)와, 성과-결과 기대(Performance-Outcome:P→O기대)가 그것이다. E→P 기대는 노력하면 성과를 낳을 것이라는 개인의 신념을 의미하며, P→O기대는 개인이 주어진 상황에서 성과를 내면 어떤 바람직한 결과가 주어질 것이라는 신념을 말한다.

다음 〈그림 5-1〉은 이 세 가지 변수가 다양한 방식으로 개인의 동기부여에 미치는 영향을 표시하고 있다. 그림에서 나타난 바와 같이 개인의 동기부여는 E→P기대, P→O 기대, 그리고 유의도에 의해서 결정된다. 그러나 동기부여 됐다고해서 곧바로 직무성과가 나타나는 것은 아니다. 즉 개인의 능력이나 역할의 명료성, 성과를 낼 수 있는 기회 등이 합쳐져야 성과를 낼 수 있다.

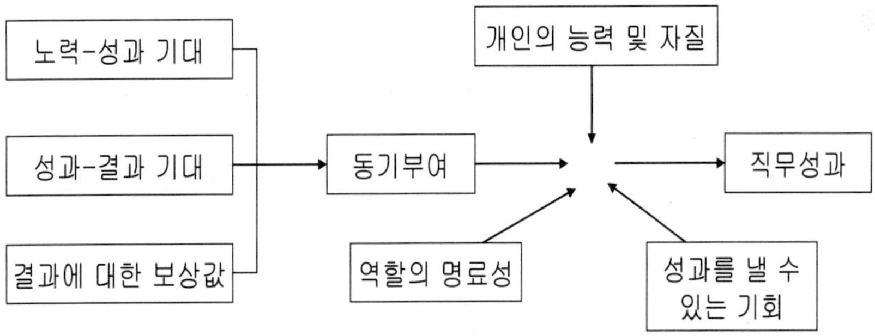

<그림5-1> 동기부여에 관한 기대 및 성과이론

직무성과는 개인이 성공적으로 임무를 완수할 수 있는 정도를 의미한다. 여러가지 점에서 성과는 관리적 유효성을 평가하는 최종 척도가 된다.

기대이론은 개인의 차이를 인정하고, 복잡한 상황에서 개인이 동기부여되는 방식을 제시하며, 특히 동기부여가 직무성과와 연결되는 과정을 설명하고 있다는 점에서 대단한 장점이 있지만, 비판도 만만치 않다. 첫째, 기대이론은 너무 복잡하여 그것을 측정하기 위한 도구가 부족하다는 점이다. 따라서 이론의 타당성을 검증하기 어렵다. 둘째, 실제 개인의 행동은 기대이론이 제시한 것처럼 다양한 상황을 고려하여 이루어지지는 않는다는 것이다. 이러한 문제점에도 불구하고 기대이론은 보상을 전제로 하여 인간의 행동이 이루어지고, 이러한 행동은 다양한 기대 및 유의성을 근거로 한다는 것을 제시했다는 점에서 동기부여이론을 한 차원 높였다는 평가를 받고 있다. 실제 기대이론을 검증하기 위한 70편 이상의 많은 연구들이 이루어졌다. 그리고 이들 연구에서 기대이론은 매우 의미있게 지지되고 있다. 실제 사람들은 열심히 일하면 언젠가 일한 만큼의 열매가 열릴 것이라고 기대하고 살아간다는 것이다.

3. 목표설정이론과 공정성 이론

조직구성원의 목표를 중심으로 동기부여이론을 설명한 이론이 있다. Edwin Locke(1978)의 목표설정이론이다. Locke(1968)에 따르면 사람들은 누구나 목표를 지니고 있고, 그 목표달성을 위해 움직인다는 것이다. Locke가 제시한 목표설정이론의 핵심 내용은 다음과 같다. 첫째, 사람들은 쉬운 목표 보다는 어려운 목표를 달성하기 위해 더욱 동기부여된다는 것이다. 둘째, 사람들이 목표설정 과정에 참여하면 할수록 동기부여의 정도는 높아진다는 것이다. 셋째, 목표가 명확하면 할수록 동기부여의 수준은 높아진다는 것이다. 실제 많은 연구에서 이 내용들은 상당 부분 지지되고 있다. 목표가 없는 상황 보다는 목표가 있는 상황이, 그리고 명확하고 어려운 목표가 쉽고 불분명한 목표 보다 훨씬 동기부여의 강도가 높았다는 것이다. 그러나 이들이 조직의 성과를 높이는데 기여할 것이냐의 문제는 아직까지 명확하지 않다.

Locke가 목표설정으로 동기부여의 문제를 탐구하고자 할 때 John S. Aams(1965)는 공정성으로 동기부여를 논의한다. Aams에 따르면 인간은 경제적 합리적 존재라고 한다. 따라서 이것을 근거로 행동할 때 무엇인가를 계산하는 내면적 균형상태, 즉 공정한 교환이 이루어져야한다는 심리상태를 지니고 있다고 한다. 사람들은 경제적 합리적 존재이기 때문에 공정한 교환이 이루어지는 행동대안을 선택하고자 한다는 것이다. 선택의 기준이 되는 요소는 세가지이다. 첫째, 산출이다. 즉 인간의 욕구만족에 기여하는 최종 결과물이다. 보수,승진 등이 대표적인 최종결과물이다. 둘째, 투입이다. 즉 산출을 얻기 위해 들어가는 비용으로 노력, 시간, 능력, 경험, 교육, 스트레스 등이 여기에 해당한다. 셋째, 비교대상이다. 교환이 공정한지의 여부를 확인할 수 있는 실체로 자기와 유사한 수준에 있는 동료가 여기에 해당한다.

Aams에 따르면 사람들은 자신과 비교대상이 되는 다른 사람의 투입과 산출을 비교하여 여기에서 불공정성이 확인되면 그것을 시정하기 위해 행동한다고 한다. 불공정성이 일어나는 경우는 두가지이다. 첫째, 과소보상(underreward)이다. 다른 사람에 비해 자신의 투입 대비 산출이 너무 적은 경우이다. 이 경우 사람들은 투입을 줄이거나 산출을 늘리는 등의 방법으로 이 문제를 해결하고자 한다. 둘째, 과대보상(overreward)이다. 즉 다른 사람에 비해 자신의 투입 대비 산출이 너무 많은 경우이다. 이 경우 사람들은 투입을 늘리거나 산출을 줄임으로써 불공정성을 해소하려 한다. 실제 사람들은 보수조건에서 과소보수를 받는 불공성성을 체험하게 되는 경우 노력을 줄이고, 그 결과 생산량과 질이 떨어지는 결과를 낳는다. 반대로 과대보상을 받는 불공정성을 경험하는 경우 생산량과 질은 증가한다. 그러나 현실적으로 과대보상에 의한 동기부여는 과소보상에 의한 동기부여 보다 많이 나타나지 않는다.

이러한 논의에도 불구하고 공정성이론은 치명적인 약점을 지니고 있다. 첫째, 비교대상을 선정하는 것이 매우 어렵다는 것이다. 둘째, 투입과 산출을 객관적으로 측정하기가 결코 쉽지않다는 것이다. 셋째, 투입과 산출을 결합시키는 것 또한 쉽지않다는 것이다. 결국 공정성 이론의 문제는 객관적인 측정의 문제로 귀착된다. 그러나 이러한 문제에도 불구하고 공정성 이론은 종업원을 공정하게 다루어야 한다는 사실을 우리에게 일깨워주고 있다는 점에서 조직관리와 관련하여 매우 중요한 의미를 지니고 있다고 할 수 있다.

4. 인간자원 발전을 위한 조직 개혁

1960년대와 1970년대 교육수준이 높은 젊은 노동자들이 조직에 전면적으로 유입되기 시작했다. 이들은 높은 교육수준을 바탕으로 물질적 보상을 위해 의미 없는 일을 수행하는 과거의 업무시스템을 버리고자 하며, 대신 일과 보상은 본질적으로 일치되어야 한다고 생각한다. "탈물질주의자"(Inglehart,1977), 혹은 "신흥노동계급"(Aronowitz,1973)으로 불리우는 이들은 과학적 관리법에 근거한 조직관을 거부하고, 자신들의 지적능력과 기술을 존중하는 직장을 요구하게 된다. 이제 조직의 인간자원은 그 특성부터 변하기 시작한 것이다. 이에 따라 조직의 업무성향도 그것에 맞춰 변하기 시작하였으며, 업무설계 및 인간자원에 대한 개혁을 서두르게 하는 계기가 되었다. 이러한 흐름을 제시하는 새로운 인간관을 인간자원론이라 한다.

인간관계론과 인간자원론은 질적으로 다르다. 인간관계론은 여전히 생산의 과학적 관리법적 요소를 그대로 지니고 있지만, 인간자원론은 자아욕구와 자기실현욕구를 충족시키기 위해서 구조적 개혁을 시도하는 이론이다(Tausky,1970). 이 두 이론 모두 인간요인의 조정에서 발생하는 긴장, 갈등, 반항을 감소시키고자 한다. 그러나 그 내용에서 이 두 이론은 다르다. 인간관계론은 노동자들의 여러가지 욕구를 만족시키는 방법을 모색하지만, 미리 설정된 매뉴얼대로 한다. 인간관계론은 특히 집합적 욕구 충족을 강조한 반면, 인간자원론은 자기실현의 욕구 충족을 강조한다.

인간관계론과 인간자원론 둘 다 인간은 행동을 추구하는 본질적 욕구를 지닌다는 가정에 근거한다. 그러나 추구방식에서 이 둘은 차이가 난다. 인간자원론은 인간요인의 복잡성이 본질적 욕구달성을 어렵게 하지만 표현과 만족의 기회가 주어지면 인간은 얼마든지 복종, 협력, 실행에 옮길 수 있다는 것을 강조한다. 따라서 관리자들이 특별한 리더십을 발휘하거나 조직구성원의 참여틀을 만들어 이들의 역할을 증대시키기만 하면, 인간적 요인은 얼마든지 예측가능하고 생산적인 것이 된다는 것이다.

이러한 내용들이 실무관리자들을 겨냥한 수많은 책, 매뉴얼, 교재, 비디오, 세미나, 워크샵 등에 수록되게 되었다. 실무관리자들이 이러한 처방의 가장 확실한 시장이었던 것이다. 조직이론과 관리(경영) 실무자 사이의 관계가 이때처럼 더 강한적이 없었다. Waston(1980)은 이러한 인간자원이론가들을 "행태과학기업가"라 불렀다. 인간자원론이 강조한 이러한 입장은 그 이후 조직의 인간적 요인의 중요한 역할을 이해하는 보편적 관점으로 받아들여지게 되게 되었다. 현재도 사회적, 심리적, 그리고 철학적 통찰력을 조직과정 및 성과와 관련한 관리(경영)이론과 연결시키려는 시도가 광범위하게 나타나고 있다. 그리고 이것을 당연한 것으로 받이들이려는 분위기가 팽배하다. 인간적 요인을 높이 평가하고, 그것에 투자하는 조직분위기를 만들며, 상호작용, 의사전달, 그리고 참여를 권장하는 관리전략은 지금도 바람직한 것으로 받아들여진다.

Pfeffer(1994)는 인간자원론의 추상적 원리에 따른 실제의 관리전략을 다음과 같이 요약한다. "인간을 관리하기 위한 16가지 전략"이라는 명칭으로 제시되는데, 1) 고용안정, 2) 적절한 직원 선발, 3) 높은 임금, 4) 인센티브제, 5) 종업원 지주제, 6) 정보공유, 7) 참여와 권한 부여, 8) 팀제와 직무재설계, 9) 훈련 및 지식개발, 10) 업무의 다양성(다양한 업무의 수행), 11) 균등한 처우, 12) 공정한 보상, 13) 내부승진, 14) 장기적 관점, 15) 업무성과의 측정, 16) 조직철학 등이 그것이다(Pfeffer,1994:31-57).

그러나 조직구성원들이 지속적으로 도전을 하지 않는 한 인간관계와 인간자원의 개혁은 쉽게 이루어질 수 없다. 인간에 대한 통제와 직무만족이 영속적으로 이루어지기 위해서 최근의 관리기법 및 경영전략에 반드시 의존할 필요는 없다. 그러나 인간과 조직 사이의 관계에서 나타난 긴장은 지속적인 조정을 필요로 하고, 관리 및 행정 실제와 구조의 변화를 요구하고 있다는 것이다.

Section 5 리더십

1. 리더십 정의

호오손 실험에서 확인된 리더십은 지난 수십년 동안 조직 및 관리 분야의 핵심논제였다. 리더십에 관한 저서, 논문, 문서 등은 수십만건에 이르며, 현재에도 계속 출간되고 있다. 리더십 연구는 실제 종합학문적(interdisciplinary)성격을 띤다. 리더십에 관한 연구는 경영학, 심리학, 사회학, 정치학, 행정학, 교육행정을 포함한 다양한 학문분야의 수많은 전문가와 실무자들에 의해 수행되고 있다. 리더십 연구만을 목적으로 하는 전문학술지도 발간되고 있는데, 1989년 이래 출간되고 있는 「The Leadership Quarterly」가 대표적이다.

리더십이라는 현상이 무엇이길래 사람들이 그처럼 열광하는 것일까? 리더십을 연구하고자 하는 사람들은 리더십을 개인적 관점 혹은 자신이 가장 관심을 두는 현상에 따라 정의한다. 리더십에 관한 문헌을 포괄적으로 분석한 Stogdill(1974:259)은 "이 개념을 정의하고자하는 사람만큼 많은 리더십이 있다"고 주장한다. 리더십은 리더의 자질, 리더의 행동, 리더와 부하의 상호작용, 역할관계, 동료의 인지, 동료에 대한 영향력, 업무 목표에 대한 영향력, 그리고 조직목표에 대한 영향력 등에 따라 정의 된다. 중요한 것은 리더십에 대한 대부분의 정의에 영향력이라는 현상이 포함된다는 사실이다. 그러나 그 영향력이 무엇인지에 대해서도 일치된 견해가 없다. 영향력을 행사하는 사람이 누구인지, 영향력을 시도하는 목적이 무엇인지 등에서 차이가 있기 때문이다.

리더십 정의에 공통점이 없다는 것은 리더십을 정의하는 다음과 같은 관점의 차이 때문으로 보인다. 첫째, 리더십을 한 집단 구성원 사이에서 발생하는 사회적 영향력 과정으로 보는 것이다. 이 영향력은 다양한 방식으로 행사된다. 대표적 예가 강제, 규범, 경제적 이익 등이다. 이 주장에서 리더십은 구성원 사이에 공유된 집합적 과정이다. 둘째, 리더십을 역할 전문화로 보는 입장이다. 모든 집단에는 역할 전문화라는 사회적 구조가 있는데, 리더십은 그러한 역할 전문화의 한 부분이라는 것이다. 이 견해에 따르면 역할 전문화 구조상 한 구성원이 다른 구성원 보다 더 큰 영향력을 행사하는데, 이 영향력을 행사하는 사람이 조직목표 달성을 위한 리더십 기능을 수행한다는 것이다. 셋째, 리더십을 추종자에 의한 몰입의 결과 생긴 영향력의 행사로 보는 견해이다. 이 관점에서 리더는 조작 혹은 강제를 통한 권위 및 통제력 행사 보다는 몰입을 통해 영향력을 행사하는 사람으로 본다.

최근 리더십과 관리자 사이의 차이에 대해서도 비슷한 논쟁이 진행되고 있다. 관리자가 아닌 리더가 있을 수 있고, 리더십 없는 관리자도 있을 수 있다. 실제 관리자 중에는 부하가 없는 사람도 있다(가령 재무회계 관리자). 관리자와 리더를 같은 개념으로 보는 사람은 거의 없다. 그러나 중복되는 부분이 있고, 그 중복되는 부분의 차이에 의하여 리더십과 관리자 사이의 차이가 드러난다. 논자에 따라서는 이 둘은 전혀 다르고 서로 정반대 개념이라고 하는 사람도 있다. 가령 Bennis와 Nanus(1985:21)는 관리자는 일을 올바르게 하도록 하는 사람이고, 리더는 올바른 일을 하는 사람이라고 한다. Zaleznik(1977)은 관리자는 일이 어떻게 돌아가는지에 관심있는 사람이고, 리더는 어떤 일이 사람들에게 의미가 있는지에 관심있는 사람이라고 한다. 본질적인 차이는 리더는 몰입에 영향을 미치는 사람이고, 관리자는 지위책임을 수행하고 권한을 행사하는 사람이라는 것이다. 그러나 리더십과 관리자 사이에는 상당한 중복이 있고, 관리자이면서 동시에 리더가 될 수 있기 때문에 이 둘을 명확하게 구분하기란 사실상 불가능하다.

리더십에 관한 적절한 정의를 위해 이상의 논쟁을 해결하고자 하는 노력은 현 시점에서 타당하지도 않고, 혹은 바람직하지도 않다. 당분간은 리더십에 관한 여러 가지 개념을 복잡하고 다양한 현상을 탐구하기 위한 근거로 삼는 것이 더 유용할 것으로 보인다. 필요하다고 판단되면 언제든 리더십 연구는 개념정의에 관한 모든 범위와 관련된 정보를 제공할 수 있어야 한다. 그렇게 했을 때 자연스럽게 리더십에 관한 서로 다른 개념의 효용성을 비교해 볼 수 있고, 이것을 통해 어떤 합의를 도출할 수 있기 때문이다. 이러한 논의에 따라 여기에서 리더십은 광범위하게 정의된다. 이 정의에는 조직의 목표 및 전략에 영향을 미치는 것, 이 목표를 달성하기 위해 조직구성원의 몰입과 복종에 영향을 미치는 것, 집단유지와 정체성에 영향을 미치는 것, 그리고 조직의 문화에 영향을 미치는 것 등이 포함된다. 이러한 점에서 관리자와 리더는 서로 동일한 개념으로 사용된다.

2. 리더십에 관한 관점

현재 리더십에 관한 연구는 매우 혼란한 상태에 있다. 앞서 언급한 바와 같이 대부분의 리더십 이론에는 개념적 약점이 있고, 경험적 지지도 약한 편이다. 리더십 연구는 대개 리더의 유효성과 관련하여 수행되고 있다. 그러나 리더십에 관한 수천개의 경험적 연구에도 불구하고 대부분의 연구결과는 미완성적이고 모순투성이다. 1974년 300개 이상의 리더십 연구를 포괄적으로 규명한 Stogdill은 “리더십에 관한 연구는 지난 40년 동안 상상할 수 없을 만큼 많은 연구물을 배출했다. 그러나 이렇게 많은 경험적 데이터에도 불구하고 리더십에 대한 통합적 이해를 하지 못하고 있는 실정이다"라고 주장한다.

리더십 연구가 이렇게 혼란스러운 상태에 있다는 것은 리더십에 관한 접근법이 다양하다는 것, 연구자들의 연구 초점이 한정되어 있다는 것, 그리고 이렇게 서로 다른 접근법으로부터 나온 사실들을 통합할 이론이 부족하다는 데 기인한다. 리더십 연구는 연구자의 리더십 개념과 방법론적 선호에 따라 다르게 연구되고 있다. 그러나 대부분의 연구는 크게 권력-영향력, 리더행동, 리더자질, 그리고 상황적 요인 등에 따라 수행된다. 우리는 아직 리더십이론에 대한 거대이론을 달성하지 못했지만 리더십 자질, 행동, 권력, 그리고 상황적 요인을 이해하는데 상당한 진척을 보이고 있다. 따라서 리더십 관점은 크게 권력적 관점, 행태적 관점, 자질적 관점, 그리고 상황적 관점으로 구분된다.

첫째, 리더십에 관한 권력-영향력 접근은 리더가 소유한 권력의 양, 유형, 그리고 권력이 행사되는 방식으로 리더십의 유효성을 설명하고자 한 관점이다. 권력이란 부하뿐만 아니라 동료, 선배, 혹은 고객이나 공급자 등과 같은 조직밖의 사람들에게 영향을 미친다. 권력과 관련하여 이 접근은 개인의 권력이 어디에서 나오는지, 그 사람은 어떠한 특징을 지니는지, 그리고 권력이 사용되는 상황이 어떠한지를 묻는다. 이 관점의 또 한가지 특징은 권력이 상호보완적 영향력 과정을 통해 획득되거나 잃는 방식을 논의하고 있다는 것이다. 권력은 개인수준에서만 이루어지는 것이 아니다. 조직환경에 대응하고 적응하기 위해서 거시적 수준에서도 이루어진다(Mintzberg,1973).

둘째, 리더십에 관한 행태적 접근은 리더가 업무 수행에서 실제로 수행하는 것, 그리고 리더의 행동이 리더의 유효성과 어떤 관계에 있는지를 강조하는 접근법이다. 행태적 접근법과 관련하여 학자들이 밝혀낸 리더십 행태는 크게 세가지이다. 민주적 리더십, 전제적 리더십, 그리고 자유방임형 리더십이 그것이다.

셋째, 리더십에 관한 자질 접근법은 리더의 개인적 속성을 강조한 것이다. 초기의 리더십 이론은 리더의 성공을 쉽없는 에너지, 직관력, 통찰력, 설득력 등 특별한 능력 소유여부에 두었다. 수많은 자질 연구가 1930년대와 1940년대 이러한 자질을 규명하기 위해 시도되었다. 그러나 많은 연구 노력들은 리더십 성공을 보장하는 어떤 자질을 밝혀내는데 실패했다(Stogdill,1974). 그럼에도 불구하고 보다 잘 짜여진 연구방법과 새로운 기법이 발전함에 따라 자질 연구는 서서히 리더의 자질이 리더행동 및 유효성과 어떠한 관계를 지니는지를 밝혀내고 있다. 최근 자질 연구의 초점은 관리자의 동기부여 능력과 특정한 기술에 맞춰져 있다. 이것은 성격 및 지능에 초점이 맞춰진 초기의 자질 연구와 다른 것이다. 어떤 연구자들은 자질을 관리자에 요구된 특정한 역할과 관련하여 규명하고 있다.

넷째, 리더십에 관한 상황적 접근법은 리더의 권위 및 자유재량, 리더의 부서가 수행한 업무의 본질, 부하의 속성, 그리고 외부환경의 본질 등과 같은 상황적 요인의 중요성을 강조한다. 이 접근법은 두가지 중요한 카테고리로 구분된다. 하나는 리더의 행동을 종속변수로 보는 것이다. 즉 상황이 리더의 행동에 어떠한 영향을 미치고는지를 밝히는 것이다. 다른 하나는 상황이 리더의 속성(혹은 행동) 및 리더유효성 사이의 관계에 어떻게 작용하는가(매개변수로서의 역할) 하는 것을 밝히는 것이다.

3. 주요 리더십 이론

모든 주류 리더십 연구를 하나의 명확한 척도로 구분 짓는 것은 거의 불가능하다. 그러나 그것을 지배적 논제와 공리적 관점으로 구분하는 것은 가능하다. 리더십 역사와 분석에 관한 가장 포괄적이고 훌륭한 문헌은 Bass의 「Handbook of Leadership (1990)」이다. 이하 논의는 이 문헌을 중심으로 한다.

1) 위인론

19세기는 "위인"논제가 주류를 이루었던 시기이다. 특별한 위인들이 리더로서의 특별한 자질을 통해 역사를 움직였다는 것이다. 이 이론에 따르면 역사란 이러한 사람들에 의해 재단된다는 것이다. 즉 위인들이 역사의 모습과 방향을 바꾸었다는 것이다. 니체나 윌리암 제임스 같은 철학자들에 따르면 위인들이 그 능력을 갑자기 상실하면 역사도 달라졌을 것이라고 한다. 영웅과 영웅 숭배에 관한 Thomas Carlyle의 1841년 논문, 그리고 천부적 천재에 관한 Galton의 1869년 연구 (Bass,1990;37-38)도 마찬가지이다. 이 이론들은 대개 계급적 편견을 묵시적으로 담고 있다.

이 이론을 약간 완화시킨 이론들도 있다. 이 이론들에 따르면 역사란 취소할 수 없는 과정을 밟고, 소수의 사람들은 자신들의 위대함 때문에 특히 위기나 급격한 사회적 변혁시기에 실질적으로 그리고 극적으로 역사를 이끌고 나갔다는 것이다. 이러한 생각은 Hegel에 의해서도 제시되었는데, Hegel에 따르면 위인들은 Herbert Spencer가 주장한 바와 같이 그 시대의 표현이라는 것이다. Karl Marx와 Friedrich Engels와 같은 경제적 결정주의자들은 비록 리더십 그 자체를 이론화하지는 않았지만, 위대한 사람들이 일반 개개인들 보다 역사의 장애를 빨리, 그리고 효과적으로 극복한다고 한다. 이러한 일련의 논거들은 그 이후 리더십 자질론 및 상황이론으로 정교화 되지만 "영웅 숭배"의 정신은 대부분의 문화, 전기, 자서전 등에 여전히 살아 있다. 이것의 핵심은 역사를 결정하고 표현하는 독특한 특징을 지닌 소수의 비범한 사람들이 어느 시대 어느 사회에나 존재하기 마련이라는 신념이다. 이 논제는 사례연구(특히 자서전)를 통해 밝혀지고 있지만, 그것을 반박할 특별한 장치는 없다. 그러나 과학적 이론으로 사용하기에는 적절하지 않고, 리더십에 관한 교범으로 사용하기에도 알맞지 않다.

2) 리더십에 관한 자질(특성)론

20세기 초 과학적 발전을 기반으로 리더십 연구는 한 단계 더 도약한다. 그것은 리더가 지닌 공통의 자질과 특성을 과학적으로 입증하는 것이다. 연구자들은 성격 테스트를 발전시켰고, 이것을 통해 보통사람의 성격과, 리더라고 생각되는 사람의 성격을 비교하였다. 1940년대 연구자들은 여러 가지 심리적 테스트에 기반을 둔 연구를 통해 리더십에 관한 많은 자질들을 수집하였다. 신체(가령 키, 용모 등), 성격(가령 결단력, 독립심, 정서적 안정성 등), 그리고 능력(가령 언어구사력, 기억력 등) 등이 그들이 수집한 자질이다. 그러나 이 전술은 두가지 점에서 문제를 낳는다. 첫째, 수집된 자질들은 연구가 확대됨에 따라 그만큼 추가되고 있다는 것이다. 둘째, 보다 더 심각한 문제는 수집된 자질과 특성은 상황마다 달라 신뢰성이 없다는 것이다. 가령 어떤 상황에서는 결단력 있는 리더가 좋은 리더이지만, 다른 상황에서는 유연하고 우유부단한 리더가 좋은 리더 자질이 된다는 것이다. 상황적 특성을 구체화하지 않고 리더의 자질을 끝없이 제시하는 것은 아무런 처방책이 될 수 없으며, 그것은 결국 세탁소에 오래 보관된 옷의 리스트에 불과하다. 1948년 Ralph Stogdill은 순수한 자질이론을 근본적으로 비판하고 있는데, 너무 일차원적이어서 리더십의 복잡성을 설명할 수 없다는 이유에서 이다(Stogdill,1974).

3) 리더십 스타일 이론(혹은 행태적 리더십 이론)

그 다음 발전한 리더십 논제는 리더가 사용한 영향력의 정도(스타일)에 따라 리더십을 평가하는 이론이다. 이 이론은 영향력의 정도에 따라 리더십은 세가지 스타일로 구분된다고 한다. 일종의 리더의 행태인 셈이다. 민주적 리더십, 독재적 리더십, 그리고 자유방임형 리더십이 그것이다. 이 이론의 대표적 예는 오하이오 주립대의 리더십 연구와 미시간 대학 리더십 연구이다.

오하이오 주립대 리더십 연구는 리더십 행동(태)과 관련된 1,800개의 진술을 검증함으로써 시작된다. 행동을 계속적으로 추출함으로써 연구자들은 리더가 기본적인 두가지 행태를 보인다고 주장한다. 배려(consideration)와 구조주도(the initiation of structure)

가 그것이다. 배려란 종업원들의 발전, 참여, 좋은 감정과 관련된 다양한 행동을 유도하는 리더십 스타일이다. 반면 구조주도는 역할 규정, 통제, 업무중심, 업무조정 등과 관련된 행동을 유도하는 리더십 스타일이다.

미시간 대학의 리더십 연구도 오하이오 주립대의 리더십 연구와 마찬가지로 두가지 스타일의 리더십을 제시한다. 이 연구에서 제시된 리더십은 종업원 위주의 리더와 과업위주의 리더 등 두가지이다. 종업원 위주의 리더는 부하의 개인적 욕구에 관심을 갖고, 부하와의 적극적인 대인관계를 모색하려는 리더이다. 반면 과업위주의 리더는 업무수행 및 목표달성에만 관심을 기울이는 리더이다. 미시간 대학 리더십 연구가 내린 결론은 이 두가지 리더십 스타일 중 종업원 위주의 리더십이 생산성 향상 및 종업원의 직무만족과 더 관련된다는 것이다.

Blake와 Mouton(1964)의 관리망(the managerial grid)은 이러한 오하이오 주립대 리더십 연구와 미시간 대학 리더십 연구를 보다 정교화한 것이다. 이 이론은 이들 연구에서 제시한 두가지의 리더십 스타일을 기본으로 한다. 그리고 그것의 강약에 따라 전부 5가지의 리더십 스타일을 제시한다. 무기력(impoverished), 과업(task), 컨트리클럽(country club), 팀(team), 중립(middle) 리더십 등이 그것이다. 이 중 가장 바람직한 리더십은 팀 리더십이다.

그러나 이러한 논의에도 불구하고 리더십 스타일 이론은 여러 가지 점에서 문제가 발견된다. 첫째, 측정방법의 문제이다. 즉 리더의 행동을 신뢰성 있고 타당한 방식으로 측정할 도구가 정교하지 않다는 것이다. 둘째, 리더십 스타일 이론은 리더의 행동이 상황에 따라 달라질 수 있다는 사실을 간과하고 있다는 것이다. 셋째, 리더십을 지나치게 이분법으로만 단순하게 분류하고 있다는 것이다.

4. 상황적 리더십 이론

리더십 논제는 1960년대 상황이론의 발전으로 획기적인 전기를 마련한다. 상황이론은 리더에 영향을 미치는 상황과 관련한 것, 그리고 그것의 이론구축 및 유용한 충고의 의미있는 패턴을 찾고자 하는 시도이다. 이하의 논의는 이러한 상황적 리더십 이론에 관한 것이다.

1) 피들러의 상황적 리더십 이론

Fred Fiedler(Fiedler,1967;Fiedler,Chemers,and Mahar,1976)는 리더십의 상황이론

으로 잘 알려진 모델을 개발한 최초의 사람이다. 이 이론에 따르면 리더십의 유효성은 리더십 스타일과 리더가 처한 상황에 따라 달라진다고 한다. 먼저 Fiedler는 리더십 스타일을 LPC(least-preferred co-workers, 함께 일하고 싶은 사람이라는 의미)로 측정한다. LPC점수가 높은 사람은 부하중심의 리더이고, 낮은 사람은 과업 중심의 리더이다. 부하중심의 리더란 부하와의 인간관계를 중시하는 리더이고, 과업중심의 리더는 목표달성을 위한 과업을 중시하는 리더이다. 그 다음으로 Fiedler가 측정하고자 하는 것은 리더가 처한 상황이다. 피들러는 리더가 처한 상황을 3가지로 구분한다. 리더-부하의 관계(leader-member relations), 업무구조(task structure), 그리고 지위권력(position power)이 그것이다.

피들러는 리더십 스타일과 리더가 처한 상황을 조합하여 어떤 상황에서 어떤 리더십이 가장 유효한지를 밝혀내고자 한다. 피들러에 따르면 리더-부하 사이의 관계가 좋고, 업무구조가 체계화 되어 있으며, 리더가 강력한 권력을 소유한 경우 부하중심의 리더가 가장 유효하고, 그 반대의 경우에는 과업 중심의 리더가 더 유효하다고 한다.

상황이론에 따르면 LPC 연구는 가치-태도 해석과 밀접한 관계를 갖고 있다고 한다. 즉 낮은 LPC 리더는 과업성공을 높이 평가하는 반면, 높은 LPC 리더는 대인간 성공을 높이 평가한다는 것이다. 이 이론을 검증하기 위해 많은 연구가 수행되었다. 여기에 따르면 반드시 그런 것은 아니지만 많은 사례 또한 실험실 연구와 같은 필드 연구에서 이 이론을 지지하고 있었다는 것이다. 그러나 많은 연구에서 측정의 문제점, 변수 선정의 혼란 등 연구 타당성을 둘러싼 방법론적 약점이 제기되고 있다(Yukl,1998). 나아가서 이 이론은 리더십 유효성에서 그것의 효용성을 제한하는 심각한 개념적 결점이 있다. 가령 한가지의 리더 자질에만 초점을 맞춘다든지, LPC가 실제로 측정하고자 하는 것이 무엇인지 등을 설명하는 과정이 없다든지 하는 문제점이 나타나고 있는 것이다. 이 이론에 근거하여 만들어진 리더 적합성(Leader Match) 훈련계획에 대해서도 논쟁이 계속되고 있다.

2) 리더십에 관한 경로-목표(path-goal) 이론

경로-목표이론은 1970년대 Evans(1970)와 House(1971)에 의해서 개발된 이론으로 리더가 부하직원들로 하여금 진지한 노력을 하면 가치있는 결과를 달성할 수 있다고 믿게함으로써 성과를 높이도록 유도하는 리더십을 말한다. 즉 리더가 일정한 길(경로)로 조직구성원을 인도하여 조직의 목표에 도달하게 하는 방식이다. 이것은 두가지 방식으로 이루어진다. 첫째, 부하의 목표를 직접 충족시켜주는 것이다. 둘째, 목표달성을 위한 경로를 명확히 하는 것이다. 결국 조직구성원(부하)들이 원하는 보상을 받기 위해서 그들이 무엇을 해야하는 지를 리더가 명확히 해줌으로써 부하의 성과를 높일 수 있다는 것이 이 이론의 핵심이다.

목표에 이르게 하는 리더의 행동은 4가지가 있다. 직접적, 지지적, 성취지향적, 그리고 참여적 행동이 그것이다. 이 행동이 업무환경(가령 업무구조, 권위체계— 집단의 규범 등) 및 부하의 특성(권위주의, 통제의 범위, 자질 및 능력 등)과 결합하여 업무성과를 내거나 조직구성원의 직무만족을 이끌어낸다는 것이다. 경로에 이르는 길은 대개 기대이론을 근거로 이루어진다. 이렇게 하면 이러한 결과가 주어질 것이라고 하는 것을 제시하는 것이다. 그리고 그 길을 리더가 명확히 해 준다는 것이다. 리더는 부하의 중요한 욕구만족에 기여한다. 그리고 그 욕구는 부하의 특성과 상황에 의하여 영향을 받을 수 있기 때문에 그 길을 리더가 명확히 하여야 한다는 것이다. 리더가 부하의 중요한 욕구를 만족시키고, 작업수행을 잘 할 수 있는 방향을 명확히 제시한다면 부하의 높은 수준의 동기부여와 조직목표의 달성을 기대할 수 있다는 것이다.

이 이론에 따른 몇몇 경험적 연구에 의하면 이 이론의 여러 측면이 검증되었다고 한다. 그러나 똑같은 설문 데이터를 계속 사용하거나, 부하직원들의 동기부여를 측정할 방법의 어려움 등 때문에 이 이론의 타당성은 의심받고 있다. 아울러 이 이론은 개념적 한계가 있다. 이 이론이 지주로 삼고 있는 기대이론의 개념적 불명확성 때문이다. 이 이론은 또한 리더의 유효성을 설명하기 위해 부하직원의 동기부여에 초점을 맞추고 있다. 그러나 이 이론은 리더가 조직, 자원, 기술 등에 미치는 영향 등을 무시한다(Yukl,1998). 마지막으로 1970년대 발전한 대부분의 리더행동이론과 마찬가지로 이 이론도최초의 전제가 지나치게 다양한 행동 카테고리를 근거로 하고 있어 구체적인 변수가 없다는 문제가 있다. House와 Mitchell(1974)에 의해 어느정도 해결이 이루어지고 있지만 근본적인 해결책은 없는 실정이다.

3) Hersey and Blanchard의 상황적 리더십 이론

Hersey와 Blanchard(1969;1988)의 상황적 리더십 이론은 오하이오 주립대의 리더십 연구와 Reddin의 3차원적 리더십 유형을 종합하고, 여기에 부하들의 성숙도를 상황변수로 사용한 이론이다. 이 이론에서 리더의 행동은 과업행동과 관계적 행동으로 구분되고, 부하의 성숙도는 상황변수로 다루어진다. 그리고 이 성숙도는 직무상 성숙도와 심리적 성숙도로 구분된다. 이러한 도식을 근거로 Hersey와 Blanchard는 다음과 같은 결론을 도출한다. 첫째, 부하의 성숙도가 낮은 경우 과업행동의 리더가 유효하다는 것이다. 둘째, 부하의 성숙도가 중간인 경우 부하에 관심을 두고 참여를 유도하는 관계적 행동의 리더가 유효하다는 것이다. 셋째, 부하의 성숙도가 높은 경우 권한위임 및 배려형 관계적 행동의 리더가 유효하다는 것이다. 결국 이 이론이 지향하고자 하는 것은 부하의 성숙도를 높이기 위한 리더의 역할이다.

이 이론은 관리현장에서는 환영받지만 학자들에게는 그렇지 않다. 일부 연구만이 이 이론을 증명할 뿐이다. 그리고 그것도 일부만 아주 미약하게 검증될 뿐이다. 많은 학자들은 이론적 구축의 모호성, 지나친 단순화, 매개 설명변수의 결여 등을 포함한 이 이론의 개념적 약점을 지적하고 있다(가령 Yukl,1998).

4) 리더십 대체물 이론(Leader Substitutes Theory)

리더십 대체물 이론(Kerr and Jemier,1978)은 리더십이 어떤 상황에서는 필요없거나 거추장스러워 다른 대체물로 대체해도 문제가 없다고 보는 이론이다. 즉 어떤 상황에서 부하는 리더 없이도 자신의 직무를 충실히 수행할 수 있다는 것이다. 이러한 대체물(혹은 완충물)로는 부하의 특성, 업무특성, 그리고 조직의 특성을 들 수 있다.

먼저 리더십을 대체할 수 있는 부하의 특성으로는 부하의 능력, 경험, 훈련, 지식, 독립심 등이다. 반면 업무의 특성은 업무가 일상적이거나 구조화된 경우, 그리고 환류가 빈번하게 일어나는 경우 등이다. 조직의 특성으로는 계획과 목표가 명확한 경우, 조직구성원의 결속력이 높은 경우, 보상체계가 잘 갖추어진 경우이다. 이러한 상황에서는 굳이 리더십이 필요치않다는 것이다.

이 이론이 주는 암시는 다음과 같다. 첫째, 모든 상황에 적합한 유일한 리더의 행동은 없다는 것이다. 많은 경우에 리더십 행동을 불필요하게 하고, 리더십 대체물이 작동하게 하는 상황적 요인이 있다는 것이다. 둘째, 성과 측면에서 리더에가 가장 유익한 행동을 할 수 있는 자유가 리더에게 언제나 보장된 것이 아니라고 하는 것이다. 대체물 혹은 방해요인 등으로 인해 리더의 능력을 제한하는 상황적 압력이 조직에 얼마든지 존재한다는 것이다.

이 이론은 많은 점에서 개념적 한계를 보이고 있다(Yukl,1998). 몇가지 가설은 검증되고 있지만 이 이론의 타당성과 유용성을 평가하기에는 아직 이르다. 이 이론은 자신들이 제시한 대체물 및 완충물이 왜 리더십의 대체물이 되는가에 대한 논리적 근거를 제시하지 못하고 있다. 또한 이 이론은 리더가 아닌 다른 사람이 수행한 리더십 행동과 대체적 리더십 사이의 구분도 명확히 짓지 못하고 있다. 이 이론의 또 다른 한계는 너무 다양해서 상황적 조건과 연결시킬 수 없는 리더행동의 변수에 지나치게 의존하고 있다는 것이다. 그럼에도 불구하고 적절한 보완만 이루어진다면 이 이론은 리더 유효성에 관한 상황적 관점의 대안으로 훌륭한 역할을 할 것으로 기대된다.

5) 규범적 결정이론(Normative Decision Theory)

Vroom과 Yetton(1973)이 제시한 규범적 결정이론은 결정절차를 명확히 하여 리더가 특별한 상황에서 효과적인 결정을 할 수 있게 하려는 이론이다. 이 이론에서는 특별한 결정절차가 결정의 질 및 승낙을 결정하는 중요한 변수이다. 결정절차는 의사결정 가지(decision tree)에 따라 결정되는데, 이것을 따라가면 끝 부분에서 가장 유효한 상황별 의사결정이 이루어진다. Vroom과 Yetton에 따르면 이 가지를 따라 의사결정을 한 경우와 안한 경우를 비교할 때 의사결정 가지를 따랐을 때 훨씬 더 유효한 의사결정이 이루어졌다고 한다. 의사결정 가지는 4가지로 분류되는데, 이 중 두 개는 집단적 의사결정을 하기 위한 것이고, 다른 두 개는 개인적 의사결정을 하기 위한 것이다.

리더가 결정해야 하는 의사결정 상황은 전부 5가지이다. 이 결정은 부하의 의사결정에의 참여 정도에 따라 이루어진다. 부하가 전혀 참여를 하지 않는 것부터, 합의를 구하는 것, 그리고 조직구성원 전체가 참여하는 집단적 의사결정에 이르기 까지 5가지이다. Vroom과 Yetton은 리더의 역할은 여러 가지 조직의 상황에서 그 상황에 맞는 의사결정 유형을 정하는 것이라고 한다. 즉 의사결정 과정에 참여시켜야 할 때와 시키지 말아야 할 때를 정하는 것이 리더의 역할이라고 한다. 극단적인 경우에 리더는 조직구성원을 자신의 정보원으로 활용하고 자신만이 의사결정을 한다. 반면 조직구성원을 의사결정에 전적으로 참여시킬 수도 있다. Vroom과 Yetton은 상황이 다르면 조직구성원의 참여수준도 달라진다고 한다. 따라서 여러 형태의 의사결정 상황에 직면했을 때 능력있는 리더는 다양한 참여방법을 모색한다. 가끔 이들은 참여가 이루어지도록 조장하기도 하고, 반대로 참여를 제한하기도 한다. 이 모든 것은 리더가 처한 상황에 따라 달라진다. Vroom과 Yetton은 여러 가지 상황에서 리더가 가장 유용한 의사결정을 하기 위한 방법을 제시하고 있는 것이다.

Vroom과 Jago(1988)는 최근 이 이론에 따른 연구들을 검토하고 있다. 일반적으로 많은 연구결과가 이 이론을 지지하고 있다. 그러나 이 이론이 제시한 결정규칙이 아닌 다른 결정규칙이 지지된 것도 있고, 제한된 상황에서만 지지된 것도 있다(Crouch and Yetton,1987; Ettling and Jago,1988;Field,1982). 이 이론은 상황이론에 가장 적합하다. 광범위한 행동 보다는 구체적인 행동에 더 관심을 기울이기 때문이다. 그리고 의미있는 매개변수를 포함시키고 있으며, 중요한 상황적 매개변수를 명확히 하고 있다. 그러나 이 이론은 리더십의 몇가지 측면만을 다루고 있다는 점, 결정과정을 지나치게 단순화 시킨 점, 그리고 개념적 명확성이 결여된 점에서 약점을 보이고 있다. 또한 이 이론은 관리자들이 결정절차를 이용할 능력을 지니고 있다는 등의 분명하지 않은 가정을 근거로 삼고 있다.

Vroom과 Jago(1988)는 최근 이 이론의 수정판을 내놓았다. 이것은 초기 이론의 약점을 시정하기 위한 것이다. 초기의 규범적 결정이론인 The Vroom-Yetten 모델에서는 관리자들이하지 말아야 할 것을 제시한다. 그러나 최적의 결정절차에 대한 언급은 없다. 이것을 수정하기 위해 수정판에는 추가적인 척도가 담겨 있다. 즉 관리자들에게 서로 다른 척도의 우선순위를 제시하고, 이 우선순위를 근거로 하나의 최선의 절차에 이르도록 하고 있는 것이다. 이 수정판의 타당성과 유용성을 평가하기는 너무 이르다. Vroom과 Jago(1988)는 최초의 테스트에서 이것이 매우 유효한 것으로 판정났다고 주장한다. 그러나 변수를 추가함으로써 복잡해졌고, 이것이 이 모델을 이해하고 사용하는데 어려움을 주고 있다. 최초의 모델 조차도 일상적으로 사용하기에 불필요할 정도로 복잡한데 수정판은 더 복잡하다는 것이다. 따라서 수정판 또한 실무관리자들에게 어필하기는 어려울 것으로 보인다.

6) 리더-부하 교환이론(Leader-Member Exchange Theory:LMX이론)

리더-부하 교환이론(Leader-Member Exchange Theory)이라 불리우는 수직적 다이애드(dyad) 연결이론은 리더가 부하와 맺고 있는 다양한 교환관계를 통해서 리더십이 발휘된다고 보는 이론이다(Graen and Cashman,1975). 리더는 부하직원들이 충성, 몰입, 행정업무수행에 도움을 주면 그 댓가로 영향력 확대, 자율성, 물질적 혜택을 준다는 거이다. 리더는 부하와 두가지(dyad)의 교환관계를 갖는데, 수직적 관계와 수평적 관계가 그것이다. 일반적으로 리더십 이론은 리더와 부하의 수직적 관계를 주로 다루는데 반해, 리더-부하 교환이론에서는 리더와 부하사이의 쌍방적(pairs) 관계를 강조한다.

이 이론에서 부하직원은 집단 내(in-group)와 집단 외(out-group)로 구분된다. 그런데 리더는 부하직원이 집단 내냐 아니냐(집단외)에 따라 이들을 다르게 취급한다는 것이다. 이러한 점에서 이 이론은 상황적이다. 일반적으로 리더는 집단 내 부하직원을 더 신뢰한다. 따라서 리더는 보다 많은 부하들을 집단내로 만들고자 한다.

이 이론은 리더와 부하 사이의 관계 뿐만아니라 리더(관리자)와 상사 사이의 상향적 관계까지 포함시키는 것으로 확대되고 있다. 자신의 상사(사장)와 우호적 교환관계를 지닌 리더는 부하직원과도 특별한 교환관계를 수립할 역량을 지닌는 것이다.

LMX이론은 처방적이라기 보다는 서술적인 특징을 지닌다. 이 이론은 리더가 수립한 전형적인 역할과정을 기술한다. 그러나 부하와의 어떤 교환관계가 최적의 리더십 유형인지 구체적으로 밝히지 못하고 있다. 최근에 나온 몇몇 연구는 특별한 교환관계를 발전시킴으로써 리더가 얻게되는 혜택을 집중 조명하고 있다. 일본에서 수행된 장기적 연구에서 사장과의 교환관계가 관리자의 승진에 핵심적인 영향을 미친 요인인 것으로 밝혀졌다. 부하직원과의 특별한 교환관계가 부하직원의 충성심 및 성과 향상과 직결된다는 것이다.

그러나 이 이론은 집단 내와 집단 외를 명확하게 구분하는 것이 바람직한 것인가에 대해 분명한 입장을 밝히지 못하고 있다. 집단내에 속하지 않은 직원들은 소외를 느끼고, 이에 따라 조직안정에 문제가 생긴다는 것이다. 모든 부하직원들을 똑같이 다룰 필요는 없다. 그러나 모든 부하는 다 중요하고 존중되어야 한다. 유효한 리더는 자신에게 우호적인 사람은 물론 다른 부하직원들과도 교환관계를 수립해야 한다.

서술적 이론으로서 조차 LMX이론은 많은 개념적 약점을 지닌다. 역할설정과 같은 중요한 문제들이 이론 그 자체나 그것을 검증하기 위한 연구에서 조차 큰 관심을 얻지 못했다. 집단내 구성원을 어떻게 선발하느냐 하는 것도 문제다. LMX 측정지표도 아직 다듬을 필요가 있다. 그리고 관계의 질(가령 상호신뢰, 충성, 존경심 등의 개념), 특정한 리더 행동(가령 업무위임, 자문, 칭찬, 지원, 보상, 코치, 탐지, 멘토링 등), 그리고 리더십 결과(가령 성과, 이직 등) 등의 차이를 측정하는 것도 보완해야할 사항이다.

7) 다중 연결 모델(Multiple Linkage Model)

다중 연결 모델(Yukl,1998)은 여러 가지 상황에서 그 상황에 맞는 가장 적합한 행동을 하는 리더가 가장 유효한 리더라는 것을 제시한 이론이다. 이를 위해 다중연결 모델은 6가지의 매개변수와 3가지의 상황변수를 제시한다. 6가지의 매개변수는 부하의 노력, 부하의 능력, 업무의 조직화, 팀워크 및 협력, 본질(핵심)적 자원의 이용, 그리고 조직의 다른 부서와의 외부조정 등이다. 반면 3개의 상황변수는 이 매개변수에 직접 영향을 미치는 변수, 리더 행동을 제약하는 변수, 그리고 매개변수의 상대적 중요성을 결정하는 변수로 구분된다. 결국 리더의 유효성은 단기적으로 리더가 매개변수의 부족한 부분을 어느정도 메꿀 수 있느냐 하는 것과, 장기적으로 상황변수를 얼마나 유리하게 이끌 수 있느냐 하는 것에 달려있다. 개선 계획을 실행한다든지 새로운 제품을 도입하는 것, 자원에 대한 통제를 강화하기 위해 연합을 형성하는 것, 공식구조를 수정하는 것, 그리고 부서의 문화를 바꾸는 것 등이 이러한 장기계획에 해당한다. 단기간의 행동은 단기간에 최고수준으로 매개변수를 끌어올리는 것을 겨냥하지만 장기간의 행동은 이 수준을 다시 보다 높은 수준으로 끌어올리는 것을 말한다.

다중 연결 모델은 이전의 연구에서 나온 결과들을 근거로 한다. 그러나 그것을 검증하고 정교화하기 위한 새로운 연구는 거의 수행되지 않고 있다. 이 이론의 약점은 어떤 상황에서 어떤 매개변수가 리더의 행동에 영향을 미치는가에 대한 구체적 전제가 결여되어 있다는 것이다. 이런 점에서 다중연결 모델은 정확한 전제를 지닌 공식적 이론이라기 보다는 일련의 변수 중 우연히 연결된 것을 기술한 일반적 틀에 가깝다. 그럼에도 불구하고 이 이론은 다른 대부분의 리더십 이론을 통합하기 위해 쉽게 확장된다.

5. 변혁적(Transformational) 리더십과 카리스마적(Charismatic) 리더십 이론

1978년까지 리더십에 관한 이론은 주로 리더의 낮은 수준, 즉 단순화된 변수로 소집단이나 실험실을 통해서 리더십 현상을 규명하는 것이 대부분이었다. 반면 대규모 변화를 이끄는 최고 수준 리더십이나 리더십이 지닌 무정형의 능력은 철저히 무시되었다. 이것은 비실험실 연구를 주창하는 사람들에게 큰 반발을 불러일으켰고, 이들에 의해서 '국가적으로 관리자는 넘쳐나지만 리더는 심각하게 부족하다'는 선언을 하게 하였다(Zaleznik,1977). 전반적으로 이들은 리더가 변화하는 환경을 이해할 특별한 책임이 있고, 극적인 변화를 낳으며, 전통적 교환이론이 제시한 것 보다 훨씬 더 광범위하게 부하들에게 힘을 불어넣어 준다는 사실을 부각한다. 이러한 관점의 리더십이 변혁적 리더십(The transformational leadership)과 카리스마적 리더십(The charismatic leadership)이다.

변혁적 리더십은 조직구성원의 태도 및 가정에 변화를 주고, 조직의 사명, 목표, 전략을 위한 몰입을 강조하는 리더십이다. 이 개념은 조직 혹은 사회의 문화와 전략에 큰 변화를 주는 리더십이다. 변혁적 리더십에도 리더가 부하에 미치는 영향력이 포함된다. 그러나 영향력은 조직을 개혁하는 과정에 부하들이 참여하도록 힘을 실어주는 것을 의미한다. 따라서 변혁적 리더십은 대개 리더와 부하 사이의 공유된 과정으로 간주되며, 조직의 장 뿐만 아니라 각계각층의 리더의 행동도 포함하는 개념이다(Burns,1978).

카리스마적 리더십은 변혁적 리더십 보다 협의의 개념이다. 리더는 신이 내린 재능을 소유하고 있고, 보통사람보다 크고 독특하다는 개념을 갖는 것으로 간주된다(Weber,1947) 추종자들은 리더를 신뢰하고 존경한다. 이 점에 있어서는 변혁적 리더십과 동일하다. 그러나 카리스마적 리더십에서 부하들은 슈퍼맨이나 신적 존재와 같이 리더를 우상화 하거나 경배한다(Bass,1985). House(1977)에 따르면 카리스마적 리더십의 지표에는 리더 신념에 대한 추종자들의 신뢰, 리더에 무조건 순응하는 것,그리고 리더에 대한 무조건적 사랑 등이 포함된다고 한다. 따라서 카리스마 리더십의 초점은 변혁적 리더십과 달리 공유된 리더십 보다는 개별적 리더십에 맞춰져 있다.

기존의 리더십 이론과 달리 변혁적 및 카리스마적 리더십의 이론적 범위는 매우 넓다. 이들은 리더의 자질, 권력, 행동, 그리고 상황 변수를 동시에 포함한다. 이러한 점에서 변혁적 및 카리스마적 리더십 이론은 리더십 연구의 통합을 위한 중요한 진전이라고 할 수 있다. 그러나 이론 발전은 아직 초기단계이다. 제기된 몇몇 이론들을 검증할만한 경험적 연구도 많지 않다. 변혁적 리더십과 카리스마적 리더십이 현재의 조직관리의 문제를 다루는 리더십의 주류가 될지는 아직 분명하지 않다. 또한 이 리더십들이 극심한 정치· 경제적 위기와 같은 특별한 상황에서 나타나는 현상인지도 확실치 않다.

1) 카리스마 리더십 이론

카리스마 리더십 이론은 부분적으로 카리스마적 리더에 관한 초기의 연구결과와, 카리스마 리더와 비 카리스마 리더를 비교한 Conger와 Kanungo(1987)의 연구결과를 바탕으로 이루어진다. Conger와 Kanungo(1987,1988)가 제시한 카리스마 리더십 이론은 카리스마가 귀인적 현상이라는 가정에 근거한다. 추종자(부하)들은 리더가 지닌 카리스마적 특징을 보고 그 리더의 자질 여부를 판단한다는 것이다. 리더의 카리스마적 특징은 상황에 따라 다르지만 대개 다음과 같은 특징을 지닌다(Conger and Kanungo,1987). ⓐ 현상을 타파하려는 비전 제시, ⓑ 이 비전을 위해 돈, 지위, 명예를 기꺼이 희생하겠다는 각오, ⓒ 비전을 달성하기 위한 새로운 방식 제시 등이 그것이다. Conger and Kanungo에 따르면 카리스마 리더는 큰 위기 상황이나 부하들이 불만을 갖고 있는 상황에서 더 큰 힘을 발휘한다고 한다. 그러나 위기가 없는 상황에서도 문제를 새로운 방식으로 다룬다는 것을 부하들에게 보여주기 위해서 카리스마 리더십을 사용하는 경우도 있다. 이 이론의 전망은 밝다. 그러나 아직까지 이 이론을 증명할 충분한 연구는 없다.

카리스마 리더십에 관한 가장 초기의 저술 중 하나는 Robert House의 「A 1976 Theory of Charismatic Leadership」(1976)이다. 이 책에서는 카리스마 리더십과 관련된 리더의 행동 뿐만 아니라 이들의 개인적 자질 및 상황적 변수가 담겨 있다. 여기에서 House는 카리스마 리더는 지배경향, 자신의 신념 및 이상에 대한 강한 확신, 다른 사람에게 영향력을 행사할 필요성, 그리고 높은 자신감 등으로 다른 사람과 차별화된 사람이라고 한다.

House(1977)의 이론에 따르면 리더의 자질과 행동은 카리스마 리더십의 핵심 결정요인이라고 한다. 카리스마 리더는 강한 권력욕구, 높은 자신감, 그리고 자신의 신념 및 이상에 대한 강한 확신을 지니는 경우가 많다. 이러한 자질과 행동을 바탕으로 카리스마 리더는 부하의 태도 및 행동에 영향을 미친다. House는 특히 개인적 일체감(동질의식)을 카리스마 리더가 부하에게 영향력을 미치는 가장 중요한 요소로 본다. 이점은 앞서의 Conger와 Kanungo의 주장과 같다. 강력한 개인적 일체감이 있을 때 부하들은 리더의 행동을 모방하고, 리더의 부탁을 수행하며, 리더를 기쁘게 할 특별한 노력을 수행한다는 것이다.

카리스마 이론에 관한 대부분의 초기 이론과 마찬가지로 House의 이론도 중요한 결점을 지닌다. 첫째, Yukl(1994)이 지적한 것처럼 영향력 과정에 대한 House의 서술은 매우 초보적이라는 것이다. 특히 카리스마 리더가 부하에게 미친 영향이 매우 크다는 점에서 더욱 그렇다. 둘째, House의 이론은 리더십을 집합적 관점이 아니라 부하와 리더 사이의 양방적 관점으로만 보고 있다는 것이다. 셋째, 리더의 자기희생, 전통 타파 행동, 그리고 전통타파 전략 및 전술의 사용 등과 같은 현대의 리더십 이론에서 등장하는 구성요소가 House의 이론에서는 빠져있다는 것이다.

이러한 비판을 극복하기 위해 House와 그의 동료들(House et al.,1991)은 House의 초기이론을 수정한다. 가장 의미 있고 핵심적인 수정은 Shamir와 그의 동료들(1993)에 의한 수정이다. “The Motivational Effects of Charismatic Leadership :A Self-Concept Based Theory”(1993)라는 논문에서 Shamir와 그의 동료들은 카리스마 리더십과 관련된 동기부여 수준을 다음과 같이 설명한다. 즉 이들은 카리스마 리더가 적어도 다음과 같은 네 가지 메카니즘을 통해 부하들의 자기 개념을 바꾸며, 이들을 동기부여시키는데 기여한다고 한다. 첫째, 업무 본질에 대해 부하들이 지닌 고정 관념을 바꾼다는 것이다. 둘째. 둘째 카리스마 리더는 부하들에게 매력 있는 미래 비전을 제시한다는 것이다. 셋째, 카리스마 리더는 부하들 사이에 강력한 집합적 일체감을 발전시킨다는 것이다. 그리고 넷째, 카리스마 리더는 부하들의 개인 및 집합적 자기 능력을 고양시킨다는 것이다.

이러한 Shamir와 그의 동료들 주장의 핵심은 카리스마 리더가 강력한 집합적 동질성을 만들어 낸다는 것이다. 공유된 비전은 이를 위한 중요한 수단이다. 나아가서 카리스마 리더는 집합적 동질성을 통해 특별한 위업을 달성할 수 있다는 생각을 부하들에게 적극적으로 개진한다. 또한 카리스마 리더는 의식, 관례, 슬로건, 상징, 그리고 집단 정체성의 중요성을 이야기함으로써 조직과 일체감을 높이고자 한다. 이러한 일체감을 통해 카리스마 리더는 부하들의 성과를 향상시키게 된다.

Shamir와 그의 동료들의 수정 이론은 House의 초기 이론에서 벗어나 상당히 진일보한 것으로 평가되고 있다. House의 초기 이론에서 리더십은 쌍방적 관계로 인식되었지만, Shamir와 그의 동료들의 수정 이론에서는 집합적 과정으로 인식되고 있다. Yukl(1994)에 따르면 최근의 카리스마 리더십 이론에서는 리더십의 영향력 과정을 쌍방적 과정에서 상호보완적인 과정으로 보려는 경향이 두드러지게 나타나고 있다고 한다.

2) 변혁적 리더십 이론

일반적으로 변혁적 리더십에 대한 초기의 생각은 주로 Burns(1978)의 생각에서 발전해왔다. Burns의 리더십 이론은 정치적 리더에 관한 서술적 연구로부터 시작한다. 번즈의 변혁적 리더십은 미시적 수준에서 개인과 사회체계, 그리고 거시적 수준에서 제도를 개혁하기 위해 영향력을 행사하는 것을 말한다. Burns에 따르면 변혁적 리더는 자유, 정의, 평등, 평화, 그리고 휴머니즘과 같은 이상과 가치를 호소함으로써 추종자들의 의식을 고취하는 것이라고 한다. 따라서 공포, 탐욕, 질투, 증오와 같은 감정은 변혁적 리더가 추구하는 것들이 아니다. 변혁적 리더의 영향으로 추종자들은 “일상적 자아”에서 “보다 나은 자아”로 정체성이 승화된다. Burns에 따르면 변혁적 리더십은 조직의 일반적 현상이라고 한다. 즉 조직 내의 모든 사람들에게서 나타날 수 있는 현상인 것이다. 부하는 물론 동료와 상사에 영향을 미치는 사람도 변혁적 리더가 될 수 있다. Burns는 변혁적 리더십과 교환적 리더십(transactional leadership)을 구분한다. 교환적 리더십은 자신의 이익에 몰두하도록 추종자들을 고무하는 리더십이다. Burns는 또한 변혁적 리더십과 관료적 권위에 기반을 둔 영향도 구분한다. 관료적 권위에 기반을 둔 리더는 합법적 권력과, 규칙 및 전통의 존중을 강조한 리더이다.

이러한 Burns의 이론을 근거로 변혁적 리더십의 연구를 심화시킨 사람이 Bass(1985)이다. Bass는 조직에서의 개혁적 과정을 기술하고, 변혁적, 카리스마적, 그리고 교환적 리더십을 구분하기 위한 보다 구체적인 이론을 제시한다. Bass는 리더가 추종자에 미치는 영향이라는 의미로 변혁적 리더십을 규정한다. Bass에게 변혁적 리더십이란 리더가 업무결과의 중요성과 가치를 일깨워 줌으로써, 상위욕구 달성을 고무함으로써, 그리고 조직을 위해 자신의 이익을 희생할 것을 유도함으로써 추종자들을 변화시키는 리더십이다. 이러한 영향의 결과 추종자들은 리더에 대한 신뢰와 존경을 갖게 되며, 자신들이 처음 생각했던 것 보다 훨씬 많은 것을 할 수 있게 된다.

Bass는 변혁적 리더십을 카리스마적 리더십 보다 훨씬 광범위한 개념으로 본다. 카리스마는 감정과 정체성을 불러일으킴으로써 추종자들에게 영향을 미치는 과정이다. Bass는 이러한 카리스마를 변혁적 리더십의 필요조건이지만 충분조건은 아니라고 한다.

변혁적 리더십이 되기 위해서는 카리스마 이외에 다른 요소도 필요하기 때문이다. 변혁적 리더십은 그것으로 지적자극과 개인적 배려를 든다. 지적자극이란 리더가 추종자의 문제의식을 증가시키고, 새로운 관점으로 문제를 보도록 하게하는 과정이다. 개인적 배려란 광범위한 배려에서 나온 행동으로서, 부하들에게 자원, 격려, 발전경험을 제공하는 것을 말한다. 카리스마, 지적자극, 개인적 배려는 추종자들의 행동변화를 위해 상호작용되며, 그 결과 변혁적 리더십을 카리스마 리더십 보다 더 강력한 리더십으로 변화시키게 된다. 변혁적 리더는 부하들에게 권력을 부여하고 그들을 고무한다. 반면 카리스마적 리더십에는 그 반대현상이 나타난다. 즉 카리스마적 리더 중에는 추종자를 약하게 하거나 의존적으로 만들려는 리더십도 있다. 이들은 추종자들에게 이상을 따르도록 하는 것이 아니라 개인적 충성을 바치도록 한다.

Bass는 변혁적 리더십과 교환적 리더십을 구분하기 위해 Burns 보다 광범위한 의미로 교환적 리더십을 규정한다. Bass가 제시한 교환적 리더십에는 노력을 유도하기 위한 인센티브 사용, 그리고 보상을 얻는데 필요한 업무를 명확히 하는 것 등이 포함된다. Bass는 변혁적 리더십과 교환적 리더십을 별개로 본다. 그러나 이들을 서로 배타적인 과정으로 보지 않는다. Burns는 상황 및 시점이 달라도 이 두가지 리더십을 한 사람의 리더가 동시에 사용할 수 있는 가능성을 열어두고 있는 것이다.

6. 리더십 이론에 대한 평가

리더십에 대한 연구는 언제나 조직 및 관리 문헌의 중심이었다. 리더십이라는 현상을 규명하고자 많은 연구와 논의가 있었다는 것이다. 그렇다고 리더십이 언제나 중요하다거나 없어서는 안될 존재라는 것은 아니다. 리더십이 없는 조직에서 성과향상이 이루어진 경우도 있고, 조직구성원의 만족수준이 높은 경우도 있다. 따라서 리더십이 조직에 필수불가결한 존재는 분명 아니라는 것이다. 그럼에도 불구하고 많은 사람들은 리더십을 필요로 한다. 그것은 사람들이 심정적으로 누군가에게 리드를 받고 싶어하는 본능이 있기 때문으로 보인다.

이하에서는 리더십 논의에서 빠진 부문을 크게 세가지로 요약하여 리더십 이론을 평가하고자 한다. 첫째, 리더십의 윤리적 차원이다. 윤리적 차원은 주류 리더십 문헌에서 가끔 언급되고 있지만 과학자들이 이것을(규범적 혹은 가치전제)싫어한다는 이유에서 전면적으로 도입하지는 않고 있다. 리더십 이론에서 윤리문제를 다룬 첫 번째 저서는 Robert Greenleaf의 「Servant Leadeship (1997)」이다. 반면 Burns도 1978년 출간된 자신의 저서에서 리더십의 윤리적 차원을 강조한다. 그러나 이 책에서 다루고 있는 것은 약간의 윤리적 차원이지 전면적인 윤리적 차원은 아니다. 오히려 이 책은 리더십의 개혁적 논제를 더 다루고 있다. 그밖에 DePree, Rost, Block, Gardne, Bennis와 그의 동료들, 그리고 Zand 등과 같은 현대의 많은 주류 리더십 이론가들이 어느정도 윤리문제를 다룬다. 윤리문제는 공공부문 문헌에서는 일찍, 그리고 자주 논의되는 주제이다. 그러나 주류 리더십 문헌에는 그렇게 많지 않다.

둘째, 리더십의 승계(혹은 계승) 문제이다. 일반적으로 리더십 승계에 관한 연구는 리더십 중요성 문제와 관련된다. 승계연구는 리더십이 교체된 이후 나타난 성과변화를 고찰한다(Liberson and O'Connor,1972;Pfeffer and Davis-Blake,1986;Salancik and Pfeffer, 1977b). 리더가 중요하다는 가정 하에 최고위 리더십에 변화가 나타나면 조직성과도 변화하리라는 것이다. 그러나 이 연구는 리더십이 중요하다는 것을 전제로 한다. 문제는 리더십이 중요한지 아닌지를 판단하는 것이 매우 어렵다는 것이다. 또한 조직성과를 측정하는 것도 어렵다. Day 와 Lord (1989)에 따르면 리더십 승계의 결과는 방법론의 문제(가령 조직규모의 영향을 바르게 측정하지 못했다든지, 혹은 리더가 직접 영향을 미치지 않는 척도를 사용했다든지 등) 때문에 소기의 성과를 거두지 못하고 있다고 한다. 이러한 승계연구의 측정 문제는 Thomas(1988)에 의해서도 논의되고 있다. 측정 문제이외에 승계연구는 최고위 리더십이 재위 기간 동안 조직성과에 일정한 영향을 미쳤음을 보여준다. 즉 승계연구는 반드시 최고위 리더십이 조직성과에 커다란 영향을 미쳤음을 전제로 한다는 것이다. 일반적으로 최고위 리더십의 조직성과에의 영향은 승계시점에 발생한 위기, 계승자의 존재여부(가령 스티브 잡스 사망 이후에도 잡스를 이을 계승자가 있느냐 하는 것), 계승자에 대한 핵심 조직구성원들로부터의 지지 여부 등의 상황과, 승계 리더의 능력에 따라 달라진다.

셋째, 리더십과 조직성과 사이의 관계, 즉 리더십 유효성 문제이다. 인간관계론의 주장에 따르면 좋은 리더십은 조직구성원의 생산성을 높이는 데 기여한다고 한다. 이때 좋은 리더십이란 민주적 리더십, 종업원 위주의 리더십을 말한다. 따라서 좋은 리더십은 조직구성원의 사기를 높이고, 이렇게 높아진 사기는 조직구성원의 노력을 증가시켜, 조직구성원의 생산성을 증가시킨다는 것이다. 그러나 이러한 주장은 인간 행동의 복잡성이나 인간이 처한 상황을 전혀 고려하지 않은 단순한 생각이다. 지금까지 밝혀진 많은 연구결과에 따르면 리더십이 조직성과에 미치는 영향은 확실히 밝혀진 것이 없고, 있다고 해도 미미하거나, 모순적이라는 것이다. Pfeffer(1997)는 그 이유를 첫째, 리더가 경험한 배경과 사회화, 그리고 둘째, 리더십의 차이를 제한하고, 리더의 행동을 일정한 방향으로 나아가도록 하는 조직의 규제 때문이라고 한다. 그밖에 Pfeffer는 리더의 유효성은 리더의 통제 밖에 있는 요인, 즉 경제적 여건, 시장여건, 정부정책, 기술변화 등에 의해서 결정된다고 한다. 가령 한 중견 기업의 새로운 CEO의 회사발전을 위한 잠재적 역량은 정치적 제한과 외부시장 여건에 의하여 결정된다는 것이다(프로 야구팀 감독을 교체하는 것만으로 우승을 할 수 있는 것은 아니라는 것이다).

결국 리더십 결과(영향)에 관한 결론에는 잘못된 것이 많다. 그렇다고 리더십 행동이 의미가 없다거나 그것이 조직에 아무런 영향도 미치지 않는다고 말하는 것은 결코 아니다. 리더십 행동은 조직의 분위기와 조직구성원의 감정에 어떤 식으로든 영향을 미친다. 그러나 그것이 조직의 결과나 성과에 눈에 띌 정도로 영향을 미치는 것은 아니다. 오히려 이 결과는 조직구조와 환경적 특성에 의하여 더 영향을 받는다. 그럼에도 불구하고 많은 사람들은 리더십을 지지하고 환호한다. 그것은 이론적· 경험적 반박으로부터 리더십을 보호하려는 리더십에 대한 낭만 때문으로 보인다.

> "관리가 지닌 상징적 역할을 볼 때 리더십의 중요성은 그것이 실질적 문제에 직접적으로 영향을 미치기 때문이 아니라 조직의 구성원들이 조직의 기능과 관련된 사건이나 흐름 등에 부여하고 해석하는 능력 때문에 생겨난다. 이것을 보여주는 한가지 예는 리더십에 대한 낭만적 개념 때문에 조직구성원들이 의미와 중요성이라는 리더의 상징적 제스처를 쉽게 받아들인다는 사실이다. 따라서 리더십의 의미로 사물을 이해하려는 심리적 성향은 그것이 비록 역기능적이라 해도 궁극적으로 유효성을 낳는데 중요한 역할을 한다는 것이다"(Meindl et al.,1985:99-100).

이것은 리더십에 관한 중요한 관찰이다. 리더십이 어떻게 해석되고, 어떤 상징을 지니느냐 하는 것은 상황을 정의하는 수단으로서 정치적으로 이용될 수 있다. 이러한 점에서 리더십은 조직구성원의 가치와 행동 및 상호작용에 대한 공유된 신념을 반영한 조직문화와 밀접히 연결되어 있다고 할 수 있다(Edgar H.Schein,1992).

기업조직 형태의 변화와 발전

chapter 6

Section 1 서론

20세기에 본격적으로 등장한 기업조직은 지금 우리가 규명하고자 하는 조직의 가장 전형적인 모습이다. 기업조직이 현대사회를 설명하는 가장 지배적 조직이라는 것이다. Perrow(1991:726)는 이것을 다음과 같은 말로 표현한다. "기업조직은 우리사회의 핵심적 존재이다. 거대한 기업 조직이 사회를 흡수하기 때문이다. 한 때 사회의 일부분에 지나지 않았던 기업조직이 이제 사회의 대변자가 되고 있다." 따라서 우리는 기업조직의 본질을 규명함으로써, 조직과 관련한 여러 가지 사실들을 유추해볼 수 있다.

우리 사회에는 다양한 형태의 기업조직이 존재한다. 중요한 것은 이 조직이 우리의 삶의 방식을 결정한다는 것이다. 즉 기업조직은 자신의 힘을 집중(합리화 및 능률성)시킴으로써 Presthus가 지적한 것 처럼 사회계급 구조, 기술의 발전, 종교적 신념, 가족의 삶 까지 영향을 미치고 있는 것이다(삼성 같은 기업이 우리의 삶에 미치는 영향을 보면 이러한 주장이 실감난다).

그러나 20세기 말부터 이러한 집중화 경향은 근본적 변화를 겪고 있다. 정보기술의 발전, 경쟁압력, 그리고 세계화 영향 등으로 기업조직은 점차 분산되고 있는 것이다. 1980년대 850,000명에 이르는 미국의 최대의 종업원 수를 자랑하던 AT&T 같은 기업(우리나라에서 종업원 수가 가장 많은 기업은 삼성전자로 2009년 현재 약 8만 5천여명의 종업원이 일하고 있다)도 1994년에는 7개의 지역으로 분산되고, 그 후 계속 분화과정을 거쳐 2005년에는 종업원 수가 500,000명 미만으로 줄어들었다. 1980년 종업원 수가 2위와 3위였던 GM(746,000명)과 포드 자동차(426,700명)는 1990년대 델파이와 Visteon과 같은 부품회사로 분사되었으며, 2004년 현재 각 회사 당 대략 325,000명의 종업원이 근무하고 있다. 이 둘을 합쳐도 1980년의 GM 한 개 회사의 종업원 수 보다 적다. 많은 이론가들은 그 이유를 조직 계약의 함정 때문으로 본다. 기업조직들이 종업원의 삶을 흡수하기는 커녕 종업원들과 허약한 관계를 맺고 있기 때문이다. 이제 조직에는 일시적이고, 계약적인 관계 만이 득세하고 있고, 이로인해 기업조직이 사회를 흡수하기는 커녕, 사회에 흡수되고 있으며, 세계화 과정의 대상이 되고 있다.

조직이론가들은 사회의 핵심적 측면을 이해하기 위해서 그 시대에 등장한 기업조직의 결과를 연구하고자 한다. 특히 기업조직이 사회에 미친 영향을 규명하고자 한다. 그 시대에 태어난 기업조직이 사회에 커다란 영향을 미쳤다고 보기 때문이다. 가령 한국사회의 경우 소위 말하는 기업혁명으로 불리우는 기업조직의 시대적 트랜드가 한국사회를 근본적으로 바꾸었다(김병도,http://news.chosun.com/site/data/html_dir/2001). 삼성전자, LG전자, 포스코, 현대·기아차, 현대중공업 등과 같은 세계적 기업들이 한국사회의 혁신과 한국인의 의식혁명을 이끌었다. 먼저 한국의 초일류 기업들이 세계시장에서 활약하는 모습을 보면서 한국 국민들은 성공에 대한 자신감을 갖게 되었다. 삼성전자가 매출액, 순이익, 시장가치, 브랜드 가치 등 모든 지표에서 일본 소니를 눌렀다는 기사를 읽고 한국인들은 한국이 일본을 앞섰다고 생각한다. 우리사회에 반일감정이 급속도로 줄어든데는 이 같은 자신감이 자리한다. 국격이 높아지면서 과거에 대한 긍정적 재평가도 활발해졌다. 최근 현대사 다시보기도 실은 이러한 기업혁명과 관련된다.

기업혁명이 가져온 우리사회의 두 번째 변화는 깨끗한 사회로의 진입이다. 1997년 외환위기 이후 대기업들의 경영투명성이 높아지면서 우리사회 전반의 투명성이 눈에 띄게 개선되었다. 경제활동의 주체인 기업이 거래를 투명하게 하면 사회 전반의 부패지수는 떨어진다. 고위공직자의 자격요건으로 재산형성 과정의 정당성과 투명성을 강조한 것도 이러한 사회적 흐름을 반영한 결과이다. 우리 사회의 투명성이 개선되면서 2001년 선진국에 비해 40% 정도 저평가되던 이른바 '코리아 디스카운트'가 20% 수준으로 줄어들었다. 이런 흐름은 앞으로도 계속될 것이다.

셋째, 기업혁명은 사회 곳곳에 능력위주, 실력위주의 인재선발 방식을 확산시켰다. 기업의 인사제도가 연공서열에서 성과주의로 바뀌면서 우리 사회는 실력위주의 사회로 빠르게 변화하고 있다. 최근에는 변화에 가장 둔감한 공기업이나 대학도 이런 사회적 요구에 부응하여 성과주의를 채택하는 경우가 부쩍 늘고 있다. 교수들은 대학이 정한 강의평점과 SCI급 논문 편수를 채우지 못하면 승진에서 탈락된다. 공기업 경영자들도 경영평가 결과에 따라 연봉이 결정되고, 실적이 나쁠 경우 해고되기도 한다.

기업조직이 사회에 미치는 영향에 관한 본격적인 연구는 기업 역사가인 Alfred Chandler(1977)에 의하여 시작된다. Chandler의 연구는 19세기 철도조직으로부터 시작된다. 철도조직은 그 당시시대가 낳은 대표적 기업이었다. 이 철도가 산업사회로 나아가기 위한 근대화 엔진이 되었다는 것이다. 반면 20세기 중엽 GM은 다사업부(multidivisional) 구조와 경쟁적 관리의 모델을 통해 그 시대의 전형이 되었다. 실제 거래비용학파의 한 냉소적 학자는 조직이론을 GM의 학문으로 비꼬기도 했다. 월마트는 현재 미국 거대조직의 전형이다. 미국의 경우 1990년에는 제조업 종사자 수가 유통업 종사자 수 보다 많았지만, 이제는 그렇지않다. 1996년 월마트의 종업원 수가 GM을 추월하고 있다. 이것은 미국경제가 제조업에서 서비스 산업으로 옮겨갔다는 것을 의미한다. 2005년 월마트의 종업원 수는 170만명이다(미국에서만 130만명). 이것은 미국의 전체 농업인 수(120만명) 보다 많은 수치이다. 조직이 시대에 따라 변해간다는 것은 결국 사회의 중심 축이 변해간다는 의미이다.

이러한 점 볼 때 서로 다른 기업조직의 활동과 그들의 변화를 이해하는 것이 곧 사회구조의 전기와 역사의 복잡한 과정을 이해하는 것이 된다. 사회가 대규모 기업조직의 식민지였을 때 조직은 사람들이 살아가는 방식을 이해하는 핵심 도구였다. 또한 기업조직이 작동하는 규칙성을 이해하는 것이 조직 참여자들의 삶을 이해하는 첩경이었다. 문자 그대로 현대사회의 발전의 역사는 특별한 목적을 지닌 기업조직의 발전의 역사이다. 기업조직은 이러한 발전에 의하여 만들어지기도 하고, 그것을 만드는데 기여하기도 한다.

그러나 이 비유는 기업조직이 모든 시대를 대변한다는 착각을 갖게 한다. 수십년 동안 세계에서 가장 큰 제조업체인 GM은 현재 파산 위기에 직면해 있다. 반면 종업원 수가 4,000명 밖에 안되고, 2004년 최초로 주식을 공모한 구글은 주식가치가 GM의 10배가 넘는다. 산업사회에서 탈산업사회로 넘어감에 따라 그 당시 전형이었던 기업조직들이 더 이상 전형이 되지 못하고 있는 것이다. 즉 모든 시대를 관통한 기업조직이란 없다.

본 장에서는 오늘날 우리가 알고 있는 지배적 기업조직이 19세기 등장하여 20세기를 거쳐 현재까지 어떻게 형성되고 발전해 왔는지를 규명하고자 한다. 이 역사는 제품의 능률적 생산을 위해 조직된 합리적 체계로부터, 구성원의 행복을 추구하는 자연적 체계로, 다시 재화와 구성원이 전면에 부각된 개방체계로 발전해가는 단계이다. River Rouge 공장과 Linux 공장은 이것을 보여주는 단적인 예이다.

River Rouge 공장(그 공장이 위치한 지명 Rouge River를 딴 이름)은 1917년부터 십년의 공사 끝에 완공한 공장이다. 이 공장은 포드자동차의 T모델을 대량으로 생산하기 위해 한 개의 공장으로 통합한 어셈블리라인을 구축했다. 이 공장은 제철소, 석탄과 철강을 운반하는 철도, 그리고 선적기능 까지를 한 곳에서 해결할 수 있는 시설을 갖추었다. 이 공장은 브라질의 포드 자동차 전용 농장에서 고무를 가져왔고, 유리와 시멘트도 자체 생산하였다. 1927년 포드의 A모델이 출시되었을 당시 이 공장의 종업원 수는 75,000명이었고, 그 이후 계속 증가하여 2차 세계대전 당시에는 전쟁수행을 위한 군수공장이 되었다. River Rouge 공장은 어셈블리 라인의 전형이다. 포드 자동차는 종업원을 위해 모든 것을 갖춘 조직이었다. 종업원 대부분은 미시간 주 디어본에 있는 포드 사택에서 살았고, 실제 이 도시는 거대한 포드 자동차 도시였다.

많은 점에서 Linux는 River Rouge 공장과는 정반대의 특징을 지닌다. Linux는 마이크로 윈도우즈를 대체할 수 있는 운영체계로서 전세계에 수백만의 서버와 PC에서 사용되고 있다. 그러나 윈도우즈와 달리 Linux는 모든 사람들에게 무료로 개방된다. 오픈소스 형태의 소프트웨어 개발의 일환으로 전세계에 퍼져있는 무보수의 자발적 프로그래머들이 프로그램을 개발한다. 이 프로젝트는 1991년 헬싱키 대학의 학생이었던

Linus Torvalds가 작성한 프로그램에서 시작하였다. Torvalds를 포함한 소수의 개발자들이 Linux의 표준버전을 검토하고 승인하는 임무를 맡았다. 그러나 표준에서 벗어난 수십가지의 버전과 무료판이 생겨났다. 그래서 이 제품의 라이센스를 담당하는 사람들은 그것을 무료로 하기로 결정했다. 이제 아무도 Linux에 대해 빚을 지지않아도 된다. 다시말해서 Linux에는 수십만명의 사용자와 공헌자들이 있지만 어느누구도 사장, 종업원, 기업주가 될 수 없으며, 건물도 존재하지 않는다. 이는 분명히 River Rouge와는 정반대의 현상이다. 지난 100년 동안 조직은 이처럼 River Rouge와 Linux사이, 즉 명확히 체계화된 합리적 조직과 느슨하게 연결된 개방체계 사이를 반복하고 있다.

Section 2 초기 형태의 기업조직 : 길드로 부터 초기 형태의 기업으로

기업조직이 등장했다고 해서 그 이전의 사회적 장치가 곧바로 없어지는 것은 아니다. 실제 기업조직이 등장하기 이전에 존재한 사회적 체계는 기업조직이 등장한 이후에도 상당한 기간 동안 안정된 상태로 존재했다. 가령 봉건제는 고도로 조직적이었고, 매우 안정된 구조였기 때문에 새로운 기업조직이 등장한 이후에도 상당한 기간 동안 존속되었다.

이러한 현상을 가장 잘 설명하고 있는 것이 James Coleman(1974;1990:531-552)의 분석이다. 중세의 기업을 분석한 Coleman에 따르면 중세의 기본적 단위인 장원, 길드, 마을 등이 당시 구성원을 관장하고 있었으며, 그들에 대한 전면적인 권위를 행사하고 있었다고 한다.[9] 당시 개인의 권리와 이익은 그 개인이 이들 기본단위의 구성원이

---

9) 봉건제로의 진입은 로마제국의 붕괴와 밀접한 관계가 있다. 농업이 주류 산업이었던 고대에는 농민이 주요 생산자였다. 그러나 3세기 거듭된 야만족의 침입으로 로마라는 국가는 크게 흔들렸다. 국가가 농민들을 보호해줄 수 없게되자 많은 농민들은 경작지를 팔거나 버리고 자기 땅을 떠나 성벽으로 둘러싸인 안전한 도시로 흘러들게 되었다. 그 결과 지방은 인구가 줄고 도시는 과밀해졌다. 이러한 문제를 해결하기 위해 국가는 모든 직업의 세습화를 제도화했다. 농민의 자식으로 태어나면 농민으로 일생을 마쳐야 했다. 5세기 경 이것으로 어느정도 농촌인구 감소현상은 해소되었다. 그러나 문제는 끊임없는 야만족의 침입으로 많은 농민들은 여전히 농사에 전념할 수 없었다는 기 쉬운 직종이사실이다. 따라서 농민들이 경작지에 돌아왔지만 전처럼 자작농이 아니라 대규모 농장에 고용되어 일하는 농노로 돌아왔다. 또 한가지 문제는 세금이다. 농민은 가장 과세하었기 때문에 온갖 명목으로 세금이 부과되었다. 농노가 되면 자영농이 짊어져야 하는 이런 중압감에서 벗어난다. 대규모 농장은 자경단을 조직해서 자체적으로 농장을 지킨다. 또한 세금이나 그밖에 공공기관의 접촉도 모두 주인이 맡아준다. 대신 잃는

기 때문에 생긴 것이다(Weber는 이것을 세습적 체계라 한다). 기업(corporate)이라는 말도 길드의 특징인 조합(corps)이라는 말에서 생겨났다.

길드(특정한 지역의 거래에 군주가 독점권을 갖는 기업)는 중세시대의 가장 중요한 기업조직이었다. 오늘날 우리가 기업이라 부르는 것도 이 길드에서 나온 것이다. 길드에는 특권이 인정되었다. 즉 특별한 사람에게 특별한 권리와 의무가 주어지고, 일반법의 적용을 받지않는 사면권이 인정되었다. 권리는 매우 세세하게 규정되었다. 도제와 장인은 주인(마스터)과 숙식을 함께 했다. 그들은 법적으로 독립되지 못한 상태에 있었고, 주인의 권한 하에 있었다. 장인이 주인이 되는 경우도 있었고, 주인과 거래를 하는 경우도 있었다. 그 때 장인은 엄숙한 종교적 맹세를 해야 했다. 죽음이 우리를 갈라 놓을 때까지 이 기업(길드)에 평생 몸을 받치겠다는 맹세였다. 물론 주인은 길드 구성원을 위한 장례, 미망인 연금, 질병 치료비 등과 같은 의무를 수행해야 했다.

시간 흘러가면서 여러 가지 이유로(특히 프랑스 혁명) 이 관계가 변하게 된다. 개인이 권리를 획득하고 독자적 이익을 낼 수 있게 된 것이다. 기업 행위자가 스스로 권리를 획득하고 사적 이익을 추구할 수 있게된 것이다. 프랑스 혁명 이후 기업사회(길드)로 부터 법앞에 평등한 개인 시민사회로의 이전이 일어난 것이다. 길드는 여러 가지 형태로 존속되고 있었지만, 프랑스 혁명은 결과적으로 그것을 폐지했다. 이러한 변화된 환경하에서 주인들은 더 이상 개별 구성원을 관장하지 못하게 되었고, 기업주 혹은 투자자들로부터도 투자 자원을 얻지못하였다. 개인은 이 새로운 조직에 부분적으로만 참여하게 된다. 일종의 유한 책임의 개념이 도입된 것이다.

이러한 유한책임의 개념을 얻고 길드에 이어 새롭게 등장한 기업형태가 거래 혹은 특허회사(chartered company)이다(가령 인도의 동인도 회사). 17세기 중엽 설립된 이 회사는 왕의 특허로 특정한 지역에서 독점적 무역권을 인정받았다. 그러나 이 회사는 이국적이고 위험스러우며, 무자비하다는 평가를 받았다.[10] Carruthers(1996)에 따르면 영국의 초기 합자회사(joint-stock company, 일종의 신탁회사)들의 형태는 길드와 닮은 점이 많았다고 한다. 동인도 회사를 포함한 초기의 기업들은 일종의 형제애로 운영되는 회사였다. 주주들이 그 회사의 구성원들이었고, 회사에 입사할 때 이들은 일종의 선서를 해야 했다. 길드와 마찬가지로 이 기업들도 국가가 인정한 법적 실체였다. 신생

것은 자유와 독립이다. 자유와 독립을 포기한 대신 안전과 식량을 보장받은 것이다(시오노 나나미,2010:81-85).

10) 1602년에 설립된 네덜란드 동인도회사와 그 최대 라이벌인 영국 동인도회사, 1721년 투기붐을 일으켜 유한책임제도의 인상을 오랫동안 망쳐놓은 그 악명 높은 영국의 남해회사(South Sea Company)가 대표적 예이다.

기업은 군주(혹은 의회)의 승인을 얻어야 했고, 그것을 위해 공익에 봉사한다는 것을 문서화해야 했다.

유한책임 제도는 19세기 후반에서 20세기 초반에 걸쳐 자본축적과 기술진보를 크게 촉진시켰다. 유한 회사를 둘러싸고 오랫동안 우려를 낳았던 경영상의 인센티브 문제, 즉 다른 사람의 자금으로 기업을 경영하는 경영자는 리스크를 과도하게 떠안을 것이라는 우려는 처음에는 별 문제가 되지 않았다. 유한 책임 초기의 많은 대기업은 헨리 포드나 토마스 에디슨, 앤드류 카네기 등과 같이 상당한 지분을 소유한 카리스마 넘치는 기업가들에 의하여 소유되거나 운영되었다. 주식의 100%를 소유하지 않는 유한 책임하에서는 기업소유 경영자들도 리스크를 과도하게 떠안을 가능성이 있다. 그러나 거기에는 한계가 있다. 회사 지분을 상당부분 소유한 상황에서 지나치게 위험한 결정을 내리는 경우 그들 스스로에게 손해가 날 수 있기 때문이다. 더욱이 그들 대다수는 비상한 능력과 비전의 소유자들이었다. 그런 만큼 유한 책임을 믿고 과도하게 위험한 결정을 내렸더라도 그 결과는 기업을 100% 소유하고 있는 경영자들이 모든 위험을 신중하게 고려하여 내린 결정 보다 더 나은 경우가 대부분이었다.

하지만 시간이 지나면서 전문 경영인이라는 새로운 계급이 출현하여 카리스마 넘치는 기업가들을 대체해 나갔다. 기업 규모가 확대됨에 따라 어느 한 사람이 상당한 지분을 보유하는 것도 점점 더 어려워졌다. 이런 변화 속에서 전문 경영인들이 경영권을 장악해 나갔고, 주주들은 경영방침을 결정하는데 점차 소극적이 되었다.

1930년대가 되면서 경영자 자본주의의 탄생을 이야기 하는 사람들이 많아졌다. 19세기 빅토리아 시대에 산업 지휘관으로 불리던 전통적 의미의 자본가들이 관료들(전문경영인도 민간 부문에서 일하지만 결국 관료이다)로 대체되기 시작한 것이다. 그렇게 되면서 고용된 경영자들이 기업의 법적 소유자인 주주들의 이익이 아니라 자신들의 이익을 위해서 기업을 경영한다는 우려가 높아졌다. 비판자들에 따르면 전문 경영인들은 이윤을 극대화하기 보다는 매출 극대화를 통해 회사 규모를 키우고, 이를 통해 자신들의 명성을 높이려 한다거나 회사에서 받은 특전을 최대화하려 한다는 것이다.

일반적인 경향과 달리 미국의 경우 가장 초기 형태의 기업은 정부조직의 형태였다. 이들은 운하와 철도를 건설하기 위해 정부의 재정지원을 필요로 했는데, 이들 사업은 개인 기업이 수행하기에 너무 많은 자금을 필요로 했기 때문이다. 미국의 경우 연방정부가 아닌 주정부가 기업법을 제정하는데 앞장섰다. 그 결과 법인회사 설립을 인정하는 법이 주마다 달랐다.물론 이 법을 하나로 통합하는 일반 법인설립법이 그 이후 제정되게 된다. 어쨌든 법인 설립과정은 법적으로 제도화된다.

19세기에는 주마다 기업을 보는 관점이 크게 달랐다. 19세기 초 운하와 철도 건설에 보조금을 지급함으로서 파산직전 까지 갔던 오하이오 주는 엄격한 기업법을 시행하였고, 반면 기업에 대한 경험이 제한적이었던 뉴저지 주는 가장 비관적인 기업법을 갖게되었다(Roy,1997). 미국의 경우 어느 주에서나 기업을 설립할 수 있었기 때문에 가장 비관적인 기업법을 갖고 있었던 뉴저지 주가 1800년대 말에는 가장 기업설립이 많은 주가 된다. 일반 기업법의 시행으로 기업설립이 이루어지면 주의 수입이 증대된다는 사실을 많은 주들이 알게되었고, 그 결과 20세기 들어와서 작은 주에 불과한 델라웨어도 기업에 가장 매력적인 법을 시행하면서 기업유치 경쟁에 뛰어든다. 현재 미국의 1,000대 기업 중 60%가 델라웨어에 위치해 있다. 반면 인구가 가장 많은 캘리포니아의 경우 2% 미만의 기업만 위치해 있다. 델라웨어는 전체 예산의 5분의 1을 기업세로 충당하고 있으며, 주 변호사들은 그 기업에 종사함으로써 번성하고 있다.

기업 설립이 관례화되고 어렵지 않은 일이 됨에 따라 미국 이외의 다른 국가에서도 기업설립은 돈이 되는 사업으로 인식되게 되었다. 컨설팅 기업인 액센츄어와 거대 복합기업(conglomerate)인 Tyco가 버뮤다에 설립되었고, 홍콩에 기반을 둔 토미 힐피거가 영국령 버진 아일랜드에, 그리고 로얄 캐리비안 쿠르즈 사가 라이베리아에 설립되었다.

이제 기업은 주로 공익을 목적으로 한 희귀한 존재에서 점차 경제적 단위의 주체로 바뀌게 된다. 이 과정에서 기업법은 그 사회의 이율배반적 존재가 된다. 즉 기업은 계약의 거미줄에 놓인 법적 실체인지, 아니면 과거 프랑스 절대군주 체제에서 볼 수 있는 사회적 책임을 지닌 조직인지 불분명해졌다는 것이다. 델라웨어 고등법원 법원장을 지낸 William Allen은 이 문제와 관련하여 다음과 같이 말한다. “이 문제에 대한 불변의 해답은 없다. 시계추처럼 이쪽 저쪽을 왔다갔다할 뿐이다.”

Section 3 수직적 통합조직 : 포드주의와 U-Form 조직

1. 철도와 기업의 기원

법은 기업의 뼈고, 사업은 기업의 살이다.수직적 통합조직의 등장에 대한 가장 정통한 분석은 Alfred Chandler(1977)에 의해서 이루어진다. 미국에서 기업조직이 가장 빠르게 팽창하고 자원을 축적한 시기는 남북전쟁 직후이다. 이 시기에 자신의 조직을 확장시키고자 한 영웅적 기업가들이 탄생하였고, 이들 대부분은 수직적 통합을 통해 그것을 실천하였다. 기업가 시대를 통해 이전과 전혀 다른 기업조직이 탄생하게된 것이다.

이 시기가 지나자 전문 경영인이라 불리우는 새로운 세대가 기업조직을 운영하기 시작한다. 이들은 기업의 설립자 혹은 기업주와 전혀 다른 세대이다. 이들은 사람, 돈, 물자를 통합적·합리적으로 관리하고, 기업의 단위비용의 축소와 다양한 활동 조정에 관심을 기울이는 세대이다(Chandler,1962:388). 이것은 일종의 경영관리의 혁명이었다. 이를 위해 이들은 대면적 감독을 실시하였고, 조직설계와 장기적 계획 수립이라는 거시적 문제에 집중하게 된다.

이 두 단계(기업가 시대와 전문경영인 시대)를 극명하게 보여주는 예가 미국의 철도산업이다. Chandler는 그것을 다음과 같이 지적한다.

> "화물과 승객의 안전하고 확실한 수송, 그리고 열차의 지속적 유지, 보수 등에는 적절한 행정조직을 필요로 한다. 이를 위해서는 그것을 감독할 관리자가 필수적이다. 또한 일상적 업무를 책임지고 있는 하위 관리자를 탐지, 평가, 조정할 수 있는 중간 및 최고 관리자의 임명도 중요하다. 이를 위해서는 새로운 형태의 행정절차 및 회계부서의 신설이 필요하다. 따라서 철도에 필요로 하는 이러한 행정적 요구사항들이 미국 기업의 최초의 계층제적 조직을 낳는 계기가 되었다"(1977:87).

따라서 철도는 기능적, 단일적, 혹은 U-형의 조직, 즉 중앙집중식(중앙에 한 부서를 두고, 그 아래에 여러 기능적 부서를 배치하는) 조직의 발전과 밀접한 관련을 갖는다. 이 구조는 19세기 조직성취의 한 부분이다. 조직의 규모와 복잡성이 증대됨에 따라 개인 기업가가 운영하는 조직 형태가 점차 기술적 전문성과 지식을 소유한 봉급쟁이 관리자가 운영하는 조직형태로 바뀌게 된 것이다.

철도는 오늘날 기업조직과 관련한 일련의 발전을 가져오는데 중요한 역할을 했다. 첫째, 19세기 철도의 등장은 시장경제에서 정부의 역할에 회의를 갖게하는 계기가 되었다. 문제는 크게 성장하는 기업을 국가가 어떻게 다루어야 하는가 하는 것이다. 철도는 최초의 대기업이다. 그리고 이전에는 상상할 수 없는 많은 거래를 수행했다(가령 캔사스에서 생산된 밀을 파리에서 빵으로 만들어 팔았다). 따라서 철도도 군대 처럼 정부가 운영해야 하는 것은 아닌지, 법으로 통제해야 하는 것은 아닌지, 혹은 성장과 집중화 경향을 차단해야 하는 것은 아닌지 등의 문제가 심각하게 대두되었다.

Dobbin(1994)은 철도시대 프랑스, 영국, 미국의 경제정책을 비교한다. 그리고 다음과 같은 결론을 내린다. 문화와 제도가 이들 세 국가가 19세기에 서로 다른 철도 시스템을 갖게하는 결정적인 계기가 되었다는 것이다. 원래 사회질서와 군사적 목적을 위해 만들어졌던 정치적 질서(국가)가 경제적 팽창의 초창기에는 철도, 나중에는 다른 산업이라는 새로운 문제에 대응하기 위해서 새롭게 재편되었다는 것이다. 영국은 개인의 권리를 정치적 질서의 근원으로 본다. 철도가 집중되는 것을 문제로 보며, 따라서 민간 철도업자 사이의 경쟁을 유도한다. 프랑스는 강력한 중앙정부를 정치적 질서의 근원으로 본다. 따라서 집중화가 안되는 것이 오히려 문제가 된다. 결과적으로 정부가 통제하는 국가철도체제를 수립하고 있다. 반면 미국은 지방자치와 자립적 규칙을 정치적 질서의 근원으로 본다. 따라서 철도조직은 주 마다 다르게 운영되고 있다.

Dobbin은 그 국가의 최초의 간선산업이었던 철도를 규제하였던 정책 패러다임이 그 이후 각 국가의 경제정책의 시금석이 되었다고 주장한다. 새로운 산업이 등장할 때마다 정부는 철도에서 얻은 교훈을 적용했으며, 그것이 현재에도 다양한 형태의 정책으로 남게되었다는 것이다.

둘째, 철도는 주식시장을 발전시켰다. 철도 이전에 주식교환은 정부의 부채였다. 철도의 팽창은 엄청난 자금을 필요로 했고, 그것은 개인 부자나 개별 은행의 능력을 훨씬 뛰어넘는 것이었다. 실제 미국의 철도는 상당부분 해외의 투자자(특히 영국)에 의해서 건설되었다.

> "당시 철도는 현재의 뉴욕 증권거래소를 만드는 것 이상의 거대 자본을 필요로 하였다....남북전쟁이 종료되고 나서 1890년대 까지 월스트리트는 전적으로 철도에 재원을 대기 위해 존재하였다. 투자자 문화를 낳게한 장본인이 바로 철도였던 것이다"(Mickelthwait and Wooldridge,2003:65).

철도를 위해 엄격한 표준을 지닌 주식거래가 활성화되었고, 이는 멀고 황량하기 까지 한 신흥시장인 미국에 해외 투자자를 끌어들인 원동력이 되었다. 그리고 이 표준이 기업 거버넌스라는 미국식 기업을 발전시킨 계기가 되었다.

셋째, 철도는 Jay Gould, Cornelius, 그리고 Leland Standford 등과 같은 악덕자본가(robber baron)와, 철도에 자금을 투자하고 이사회에 영향력을 행사한 Edward H.Harrisman과 J.P.Morgan 등과 같은 금융엘리트들을 양산했다(Chandler,1977). 중요 철도에 대한 감독이 필요했고, 이는 공동소유 의식으로 뭉쳐진 케이레츠(계열)같은 기업집단, 즉 모간 그룹, 밴더빌트 그룹, 굴드-록펠러 그룹 등과 같은 거대 은행들을 발전시켰다. 이들은 철도에 이사로 참여하였고, 대출금을 통제할 수 있는 권한을 갖게 되었다. 이러한 역할과 권한을 통해 이들은 금융 독점가가 된다.

넷째, 철도는 농산물 수출을 위한 광대한 시장을 열었다. 이 점에서 미국은 19세기 말 강력한 경쟁력을 갖게된다. 철도를 통해 수많은 농산물을 대륙의 소비시장에 광범위하게 판매할 수 있게된 것이다. 유럽과 달리 미국은 시어스 로벅이나 몽고메리 워드와 같은 대규모 도매상을 통해 하나의 통합적인 동질적 시장에 농산물을 판매하고 있었다. 이들의 카탈로그가 수백만의 미국 가정에 배포되었다. 19세기 중엽 미국의 국내시장은 세계에서 가장 큰 시장이었고, 보다 중요한 것은 가장 빨리 성장하는 시장이었다는 것이다. 그 결과 미국의 기업은 규모의 경제에 도달하기 이전에 이미 그 규모가 어마어마하게 성장했다. 철도가 대량생산을 나았고, 이는 대기업을 탄생시킨 계기가 된 것이다. 그러나 우리가 현재 알고 있는 기업혁명이 일어난 것은 20세기에 들어와서 이다. 그리고 그것은 포드자동차에 의해서 촉발되었다.

2. 포드주의(Fordism)

철도의 발전은 다른 영역에서의 새로운 조직형태와 방법에 대한 논의를 가속화한다. 기능적, 단일적 혹은 U-형의 조직, 즉 중앙집중식 수직적 통합조직의 발전이 그것이다. 포드주의는 이것의 가장 대표적인 예이다. 포드주의는 그 시대를 반영하는 대표적인 조직형태였다. 그리고 오랫동안 전형적인 조직형태로 자리 잡았다. 많은 조직들이 포드주의를 기본으로 조직을 운영하였던 것이다. 포드주의는 능률과 대량생산의 대명사이다. 그러나 시대가 변함에 따라 포드주의는 많은 문제를 노정한다. 그 결과 포드주의는 새로운 조직형태에 그 자리를 내주게 된다.

1) 포드주의의 특징

포드주의(Aglietta,1979)는 미국 자동차 공장의 특징이자 초기 포드자동차 공장의 혁신과 관련된 산업조직 시스템이다. 이 시스템은 널리 알려진 몇가지 사실을 특징으로 한다. 첫째, 엄격한 수직적·수평적 노동의 분업이다. 수직적으로 업무는 명령계통에 의하여 움직이고, 수평적으로 노동자들의 업무는 전문화된다. 이들은 일련적으로 상호의존적 관계에 있고, 특히 어셈블리라인을 통해 연결된다.

포드주의 하의 어셈블리라인은 생산의 조직화와 비용-편익의 제조방식을 결정짓는 중요한 도구이다. 어셈블리라인을 기계적으로 조직하는 것은 고정된 자본을 반영하는 것이며, 한 가지 제품생산과 일련의 작업을 위한 기계화를 의미한다. 일단 생산을 증대시키기 위한 상당한 자본이 투자되고, 생산과정을 표준화시키기 위한 시간이 설정되면 그 다음 중요한 것은 비용과 관련된 규모의 경제(economics of scale)를 실현하는 것이다. 규모의 경제를 위해서는 긴 생산라인, 생산의 극대화, 그리고 어셈블리라인 기술의 계속적·집약적 사용이 필요하다. 이러한 조치는 단위당 생산비용을 줄이기 위한 것이다. 따라서 이것을 압박생산시스템(push production system) 이라고 한다. 즉 어셈블리라인으로부터 가능한 많은 제품을 생산해서 시장에 빨리 내다파는 것이다. 어셈블리라인이 중단되면 투자된 자본을 회수할 수 없다. 따라서 가장 빠른 시간 내에 고정된 자본으로부터 최대한의 제품을 생산하기 위해 총력을 기울여야 한다.

어셈블리라인에서의 작업 중단을 막기 위한 완충장치로 충분한 부속과 부품이 준비되어야 한다. 따라서 부속 및 부품의 공급 부족과 이로 인한 일시적 작업 중단을 막기 위해 재고시스템이 도입된다. 즉 포드주의는 생산의 "만약에 대비한"(just-in-case:JIC) 시스템인 것이다(Sayer and Walker,1992). 필요한 부품을 공급받지 못하거나 제품에 결함이 생겨 작업을 다시 해야 할 때를 대비해서 필요한 물량을 미리 확보해두는 것이다. 이러한 압박 생산시스템과 재고시스템은 질보다는 양, 그리고 대량 소비시장을 위한 대량 생산을 강조하는 경영 마인드이다.

포드주의는 특별한 노사관계를 특징으로 한다. 역사적으로 이 노사관계는 노동조합과 단체협상을 하는 것을 말한다. 노동조건은 과학적 관리법의 원리를 특징으로 하며, 이 원리에 따라 생산성이 높은 노동자에게 높은 임금과 많은 혜택이 주어졌었다. 포드주의가 활발하게 전개된 기간 동안 생산성 향상은 노동자들의 임금을 꾸준히 증가시켰다. 생산성과 임금 사이의 관계는 거시경제의 조건을 긍정적으로 바뀌게 했다. 생산성이 증가하고, 제품의 양이 대규모로 시장에 쏟아지게 됨에 따라 임금상승은 제품구매를 자극하여 경제성장을 가능하게 한 것이다.

노사관계의 다른 측면은 노동자와 사용자 사이의 전술적 타협이다. 이러한 타협으로 노동자들은 생산성의 증가가 보상수준을 높여주기만 한다면 관리자들의 통제를 얼마든지 수용할 수 있다는 입장이었다(Bowles and Gintis, 1982). 마찬가지로 사용자들도 생산성만 증대된다면 금전적 보상은 얼마든지 해줄 수 있다는 입장이었다. 그 결과 상승된 임금은 시장에 더 많은 제품을 쏟아내도록 하는 원동력이 되었다.

2) 포드주의의 쇠퇴

1970년대와 1980년대 포드시스템의 쇠퇴가 찾아왔는데, 그 원인은 여러 가지이다. 먼저 포드주의의 기법으로는 대처할 수 없는 외부환경의 변화이다. Manuel Castells (1996:154)는 이것을 다음과 같이 설명한다. 즉 수요도 질·양면에서 예측할 수 없고, 시장도 전 세계적으로 다변화되어 있어 통제할 수 없으며, 기술발전의 속도가 너무 빨라 한 가지 제품만을 생산하는 장치는 더 이상 쓸모가 없게 되었다는 것이다. 따라서 이제 포드주의 같은 대량 생산시스템은 이러한 변화에 대처하지 못하고 비용만 많이드는 시스템이 되어버렸다.

Eileen Appelbaum과 Rosemary Batt(1994: 15)도 같은 맥락의 설명을 한다.

> "포드주의가 쇠퇴한 원인은 크게 두 가지이다. 첫째, 신흥산업국가(NICS)와 후진국(LDCS)의 능력 신장이다. 이들 국가들은 표준화된 제품의 가격에 성공적으로 대처함으로서 선진국의 능력을 잠식해 갔다. 둘째, 정보기술의 고유한 특성인 고객위주 및 다양성 능력의 신장이 대량생산의 장점(즉 비용절감)을 감소시켰고, 질 위주의 시장으로 재편되게 하였다."

이러한 두가지 사실을 좀 더 구체적으로 설명하면 다음과 같다. 첫째, 소규모 국내기업, NICS(신흥산업국), LDCS(저개발국)의 저임금 기업, 그리고 독일과 일본의 대기업으로 부터의 경쟁력 증가가 2차 세계대전 이후 상당한 기간 동안 생산시장을 지배해 왔던 포드주의의 지위에 도전장을 던졌다는 것이다. 경쟁압박은 크게 두 가지 유형으로 나타나는데, 하나는 포드주의와 저임금으로 제품의 단가를 낮춘 저임금 생산자와의 경쟁이고, 다른 하나는 우월한 생산과정을 발전시킨 고품질 생산자와의 경쟁이다. 이 두 가지 경쟁은 서로 다른 특징을 지니는데, 그것은 포드주의에 대응한 관리전략이 다르기 때문이다. 전자는 경쟁력을 갖추기 위해서 낮은 임금으로 생산을 하는 것이고, 후자는 고품질의 제품을 생산하기 위해 생산과정을 발전시키고자 하는 것이다. 물론 이 두 가지 전략을 다 사용할 수도 있다.

Castells, 그리고 Appelbaum과 Batt가 제기한 두 번째 문제는 "단일제품 생산방식"과 "고객맞춤 및 다양성"에 관한 것이다. 포드주의의 특징 중 하나는(포드주의의 장점으로 고려된 것) 표준화된 제품을 낮은 가격으로 생산해서 규모의 경제를 기하는 생산과정이다. Appelbaum과 Batt(1994: 15-18)가 지적한 포드주의의 가장 큰 문제는 이 시스템의 완벽성과 비용절감 노력이 표준화 과정과 전문화된 노동의 분업에 기반을 두고 있다는 것이다. 그런데 이 장치는 하나의 생산과정만을 고수하게 해 불가능한 것은 아니지만 시장의 변화에 빠르게 대처하는 신제품 개발이나 혁신을 어렵게 한다는 것이다. 비용절감 효과가 있는 대량생산의 많은 특징들, 즉 단일제품 생산의 매몰비용(sunk cost), 다량의 재고, 그리고 표준화된 업무절차 등이 품질향상, 혁신, 유연성을 해치는 장본인이라는 것이다.

단일제품 생산기술과 생산성 다양화에 대한 논의는 새로운 범위경제(economics of scope)의 중요성을 탄생시키는 계기가 되었다. 범위의 경제란 다양한 시장의 상황 및 틈새시장(niche)에 맞는 제품을 개발할 수 있는 능력을 말한다.

Section 4 다사업부제 조직과 도요타주의

1. 기업혁명과 다사업부제(혹은 사업다각화, diversification) 조직 : The M-form 조직

1) 관리주의의 탄생과 다사업부제 조직

GM은 포드주의와 다른 형태로 20세기 중반 기업조직의 전형이 된다. 실제 포춘이 선정한 그 당시 500대 기업의 대부분은 GM과 같은 조직형태를 띠고 있었다. Fligstein (1990)은 포춘이 선정한 500대 기업을 미국경제의 전형적인 조직모집단, 즉 대기업의 "제도적 장"으로 본다.11) 이 조직형태의 특징은 다음과 같다. 수직적으로 통합되어 있고, 여러 부서로 나뉘어져 있으며, 전문 경영인이 경영을 담당하고(이들은 회사의 설립자와 개인적 유대가 없다), 그리고 아무런 권한 없는 수많은 주주에 의하여 운영된다는 것이 그것이다. 당시 여기에 해당하는 기업들이 미국 경제 대부분의 자산과 노동력을 차지하고 있었다.12)

그럼에도 불구하고 주식시장에서 대기업(제조업)의 주식이 거래된 것은 최근의 일이다. 1890년 세계에서 가장 큰 제조업은 피츠버그에 있는 카네기 철강회사였다. 미국과 영국을 제외한 국가의 기업 상황은 미국과 달랐다. 이들 국가의 생산 대부분은 한정된 소수의 지역에서만 이루어졌고, 소유권도 한 사람에게 집중되어 있었다(Davis and Useem,2002;Piore and Sabel,1984). 나아가서 미국 대기업이 탄생한 조건이 이들 국가에는 없었다. 모든 것이 달랐던 것이다. 이들 국가에서 전형적인 미국기업과 같은 것이 탄생한 것은 1898-1903년 사이이다. 이 기간 동안 기업자본주의라는 기업혁명이 있었고, 이것이 그 이후 50년 동안 대다수 국가의 경제를 지배하게 된다.

19세기 말 까지 미국에서 기업이라는 현상은 뚜렸하게 없었다. 특히 제조업의 경우는 더욱 그러했다. 1890년 미국 뉴욕 주식거래소에서 거래된 제조업체의 수는 10개 미만이었다. 그리고 거래량 또한 보잘 것 없는 것이었다. 1891년 전자회사 끼리의 합병이 GE을 만들었고, 1901년에는 J.P. Morgan 등이 주요 철강, 철제, 코크 생산업체를 한 개 기업(즉 U.S, Steel)으로 통합함으로써 처음으로 수십만 달러 짜리의 기업이 탄생하

11) 여기에는 미국에 기반을 둔 매출액이 가장 높은 기업이 포함되며, 1995년 까지는 주로 제조업으로만 구성되어 있었다.

12) 미국의 10대 대기업에 종사하는 사람의 수가 1980년 미국 전체 근로자의 5%이상 이었으며, 그것을 100대 기업 까지 확장하면 14%가 된다.

게 되었다(Roy,1997:3). 1904년 미국 제조업의 부가가치의 72%가 기업에서 나왔으며, 제조업체의 주식 및 채권 값이 총 70억 달러에 달했다. 20세기에 접어들어 미국 기업 경제의 탄생이 이루어진 것이다. 그것은 한 경제체제가 다른 경제체제, 즉 새로운 기업 질서로 근본적으로 변했다는 것을 의미한다. Roy(1997:5)가 주장한 것 처럼 제조업은 철도라는 제도적 선례와, 월스트리트의 지도하에 국민에게 자본을 공모함으로써 이루어졌다. 1890년 만들어진 셔먼 독점금지법은 카르텔 형성을 금지하는 법이다. 이 법으로 기업이 상품에 대한 높은 가격을 책정할 수 없게되었고, 그 결과 대량생산과 대량소비가 촉진되었다. 이러한 현상과 더불어 월스트리트의 활약으로 기업은 산업으로 발전하게 된다. 섬유산업, 종이산업, 설탕산업 등은 그렇게 해서 탄생하게 된다. Chandler(1977:489)에 따르면 대량생산과 대량소비를 조정하는 조직체계를 갖추는 것이 산업에서 이익을 보장하는 지름길이고, 이를 위해 수직적으로 통합된 기업(U-form)이 등장하게 되었다는 것이다. 그리고 이 기업이 곧 산업을 지배해 나가기 시작했다. 집중화와 과점 현상이 조직체계의 필요성과 이윤확보의 차원에서 등장하게 된 것이다.

이와 때를 같이하여 합병을 통한 제조업 설립에 은행이 중요한 역할을 하고, 기업 이사회에도 참석하여 자신의 발언권을 강화시키는 금전신탁(money trust)의 개념이 등장하게 된다. 그러나 여러 가지 정치적 파장에도 불구하고 이들의 영향력은 20세기 초 줄어들게 된다. 그것은 한 때는 자신들이 설립을 도왔던 새로운 기업의 활동을 통제할 전문성을 은행이 더 이상 갖지 못하게 되었다는 것을 의미한다. 한편 제조업은 제품을 판 이익으로 자본을 충당할 수 있게 되었고, 소유권도 점차 분산되게 된다. 전문 경영인이 관리하는 대기업이 탄생하게 된 것이다. 그리고 이들은 경제 및 사회에 강력한 영향력을 미치게 된다.

> "1차세계 대전이 발발할 무렵 대기업은 미국사회의 전형적인 제도가 되었다. 이들은 미국 역사에서 가장 빠른 경제성장기를 이끈 견인차였다. 이들은 또한 미국 정치생활의 지배적 특징이었고, 미국 사회를 고립된 섬 같은 지역사회에서 동질적 국가 사회로 변하게 하는데 결정적 역할을 하였다"(Mickelthwait and Wooldridge,2003:102).

20세기 초에서 1차 세계대전 까지 대규모 제조업과 소매업은 팽창을 거듭했고, 기존의 생산 라인을 확충해간다. 자원을 지속적, 능률적으로 사용하기 위해서 이들은 자신들의 제품과 서비스의 범위를 확장하였고, 기술과 마케팅을 자본화할 수 있는 관련 분야로 이동함으로써 다각화하기 시작하였다. 전쟁이 끝난 후 사업을 다각화하고, 관련된 생산라인을 효과적으로 관리한 몇몇 대기업들이 자신들의 자원을 능률적으로 활용하기 위해서 구조조정을 단행한다. 이러한 구조조정을 통해 새로운 형태의 조직이 1920년 초 미국에서 등장하게 된다. 그리고 이러한 경향이 다른 대기업, 가령 듀퐁, GM, 스탠다드오일, 시어스 로벅 등으로 퍼져나간다. 새롭게 등장한 이 조직형태를 가리켜 다사업부제 구조, 혹은 M-form 조직이라고 한다. 이 조직형태는 본사(제네랄 오피스)가 있고, 제품과 지역에 따라 여러 부서(혹은 회사)로 나눠어지며, 여기에 기능적으로 부리된 부처가 존재하는 조직이다. 이 조직 형태는 다양한 시장에 맞춰 운영되는 기업에 적합하다. Chandler에 따르면 적절한 사업부제 구조를 갖고 다각화 전략을 지지하지 못한 기업은 그에 따른 고통을 겪었다고 한다.

"구조가 전략을 따르지 못한다면 비능률이 일어날 수 밖에 없다. 이것은 분명히 네 개의 기업(듀퐁,GM,스탠다드 오일, 시어스로벅)의 경험에서 얻은 교훈이다. 이러한 기본적인 전략에 따른 규모확장, 지리적 분산, 수직적 통합, 제품다각화, 그리고 지속적 성장 등이 최고 경영진에게 커다란 의사결정의 짐을 지워주게 되었다. 만약 이들이 의사결정에 필요한 정보를 발전시키지 못하거나 권위 및 의사전달체계를 개혁하지 못한다면 이들은 일상적인 운영활동에 빠져 다른 사람들과 갈등을 빚게될 것이다"(Chandler,1962:314-315).

따라서 M-form 형태 조직의 핵심적 특징은 U-form 형태의 조직과 달리 특별한 재화와 서비스를 조정하는 새로운 계층적 레벨, 즉 조직 전체의 전략과 일선부서 사이의 자원배분을 책임지는 기업 제네랄 오피스(본부)를 두는 것이다. Chandler는 다각화 전략하에서 M-form이 U-form 보다 훨씬 우월하다고 한다. 왜냐하면 일상적 의사결정에서 벗어나 자유롭게 직원을 선발할 수 있고, 환경에 맞게 조직을 집중시킬 수 있으며, 생산라인과 시장을 적절히 매치시킬 수 있기 때문이다. 그밖에 자원을 부서에 맞게 배분할 수 있기 때문이다. M-form은 또한 다국가 전략에도 유리하다. 똑같은 생산라인을 갖춘 여러 부서가 여러 국가의 시장에 능동적으로 대처할 수 있기 때문이다.

Rumelt(1986)는 1949년, 1959년, 그리고 1969년 세 차례에 걸쳐 미국의 500대 기업 중 100개를 추출하여 이들의 전략과 구조의 변화를 연구했다. 그 결과 Chandler의 주장이 상당부분 입증되었다고 한다. Rumelt는 회사전략의 특징이 되는 카테고리를 다음과 같이 정한다. 단일 사업, 집중사업, 관련사업, 그리고 비관련 사업이 그것이다. 연구기간 동안 사업 다각화 기업의 수가 두배 이상이 되었으며, 관련 혹은 비관련 사업을 포함시키는 쪽으로 사업을 늘린 기업의 비율은 30%에서 65%로 증가하였다고 한다. 같은 기간 구조적 변화라는 점에서 M-form을 사용한 기업의 비율은 20%에서 76%로 증가하였다. 사업다각화 전략이 이들 기업의 가장 전형적인 구조적 형태가 된 것이다.

Fligstein(1985)은 이 표본과 기간을 확장하여 1919년에서 1979년 까지 미국의 216개 비금융기업을 대상으로 연구하여 1929년에는 이 기업들의 2%미만이 M-form 구조를 채택한데 반해, 1979년에는 84%가 그것을 채택하고 있다는 사실을 밝혀냈다. 즉 Fligstein은 M-form 구조의 확산에 관한 Chandler의 주장을 확인시켜 주고 있는 것이다.

미국 대기업의 관리자(전문 경영인)들이 그들 조직의 내부구조를 변화시킴에 따라 기업주의 요구로부터 이들의 독립도 강화되었다. 「현대기업과 사유재산권」(1932)이라는 저서에서 Adolph Berle과 Gardiner Means는 기업의 규모가 커짐에 따라 소유권은 주주로 부터 점차 분리되고, 관리자에 의한 통제는 점차 강해지는 경향을 보인다고 한다. 이들에 따르면 소유권은 원심적인데 반해, 관리자에 의한 통제는 구심적이라는 것이다. 이들은 이 상황을 소유와 경영의 분리라고 명명하고, 미국 대기업의 특징으로 규정한다. 그 이후 관리주의(혹은 경영자 자본주의)라 이름 붙여진 이러한 분리는 전문경영인들에게 기업주와 다른 목적을 추구하도록 해주었다. 전문 경영인들은 이윤을 극대화하기 보다는 매출극대화를 통해 기업규모를 키우고, 이를 통해 자신들의 명성을 높이려 하거나 회사에서 받는 특전을 최대화하려 한다는 것이다. 극단적인 경우에 전문경영인들은 기업의 수익성이나 기업가치와 무관한 자신들에게 만족감을 주는 전시성 사업에 치중한다는 비판까지 받았다.

이러한 전문경영인의 등장을 불가피한 현상으로 보는 시각도 있다. 오스트리아 태생의 미국 경제학자인 조지프 슘페터는 1940년대에 초기 자본주의 시대의 영웅적인 기업가들이 관료적 전문 경영인들로 대체될 것이라고 주장했다. 캐나다 태생의 미국 경제학자인 존 케네스 갤브레이스도 1950년대에 쓴 글에서 전문 경영인이 관리하는 거대기업의 등장이 대세라고 보았다. 그는 정부규제의 확대와 노동조합의 강화만이 이런 거대기업에 대항할 수 있는 견제세력이라고 주장한다. 따라서 기업혁명 후 30년 동안 주주들은 일선에서 사라지고 전문 경영인이 그 자리를 차지하게 된다. 이러한 현상은 1980년대 주주가치 극대화 원칙이 등장할 때 까지 50년동안 지속된다.

주주가치 극대화란 주주들에게 얼마나 큰 이익을 안겨주느냐에 따라 전문 경영인들의 보수를 정해야 한다는 것을 말한다. 주주들의 몫을 크게하기 위해서는 먼저 임금이나 투자, 재고, 중간관리자 등의 비용을 상당부분 삭감해 주주들에게 나누어 주어야 한다. 전문 경영인이 이런 방식으로 행동하게 만들기 위해서는 그들의 이익과 주주들의 이익을 동일시 하도록 경영자들의 보수 가운데 스톡옵션의 비중을 늘릴 필요가 있다. 이 생각은 주주들은 물론이고, 대다수 경영인들에게도 널리 지지를 받았는데, 그 중 가장 유명한 인물이 오랫동안 GE회장을 맡았고, 1981년 한 연설에서 주주가치라는 용어를 만들어낸 잭 웰치(Jack Welch)였다.

잭 웰치의 연설 이후 주주가치 극대화는 미국 기업조직 원리의 시대정신이 되었다. 초기에는 이 원칙이 경영자와 주주 모두에게 좋은 것 처럼 보였다. 미국 국민소득에서 기업 이윤이 차지하는 비중은 1960년대 이후 계속 내리막길을 걷고 있었다. 그러나 주주가치가 강조된 1980년대 중반부터 갑자기 상승하기 시작해 계속 증가 추세를 보이고 있다. 주주들은 그 이윤 중에서 더 많은 몫을 배당금으로 받아냈고, 주가 상승의 덕을 보았다. 그에 따라 미국 전체 기업 수익에서 배당금이 차지하는 비율은 1950년대부터 1970년대 까지 35~45% 수준이었으나, 1970년대 말 이후 꾸준히 증가하여 이제는 60% 수준 까지 오르고 있다. 그 과정에서 경영자들의 보수는 하늘 높은 줄 모르고 올랐다. 그러나 계속 오르기만 하는 주가와 두둑한 배당금으로 행복에 젖어 있는 주주들은 경영자들의 보수에 의문을 제기하지 않는다.

문제는 이러한 이들의 행복이 기업조직의 다른 이해 당사자들의 착취로 유지되고 있다는 사실이다. 일자리는 무자비할 정도로 줄어들었고, 수많은 노동자들은 일단 해고당한 뒤 더 낮은 임금에 복지혜택도 없다시피한 비 노조원으로 재고용되었다. 임금인상은 중국이나 인도 같은 저임금 국가로 설비 이전이나 해외 아웃소싱을 통해, 혹은 그렇게 하겠다는 위협만으로 억제되었고, 납품업체와 그 종업원들은 지속적인 단가 인하 압박에 시달려야 했다. 정부 또한 법인세가 낮고, 기업 보조금이 많은 나라로 설비를 재배치하겠다는 위협으로 끊임없이 법인세 인하 및 보조금 확대 압력에 휘둘려야 했다. 그 결과 소득 불균형은 극심해졌고, 그런 속에서 국민대다수는 전례없는 규모의 빚을 지지않고서는 번영에 동참할 수 없게 되었다.

더 큰 문제는 이윤이 차지하는 비중이 지속적으로 증가했음에도 불구하고 그것이 투자확대로 이어지지 않고 있다는 사실이다. 미국 국민총생산에서 투자가 차지하는 비중이 1980년대는 20.5%였으나, 그 이후인 1990~2009년 동안 증가하기는 커녕 오히려 떨어져 18.7%가 되었다. 자본을 효율적으로 사용하여 낮은 투자율을 상쇄하고 성장률을 높였다면 투자율 감소는 큰 문제가 되지 않는다. 미국의 경우 1960년대부터 1970년대 까지 연 2.6% 증가했던 1인당 국민소득이 주주 자본주의 시대의 전성기라할 1990년부터 2009년까지 연간 1.6% 증가하는데 그쳤다. 이렇듯 주주의 이익을 위해 기업을 경영하면 경제 전체에 도움이 되지 않는다.

최악의 문제는 주주가치 극대화가 해당기업에도 전혀 이롭지 않다는 것이다. 기업이 수익을 올리기는 대단히 어렵다. 따라서 이윤을 극대화하는 손쉬운 방법은 고용을 줄여 임금지출을 삭감하고, 투자를 최소화하여 자본지출을 줄이는 방식으로 비용지출을 줄이는 것이다. 하지만 이런 식의 이윤창출은 주주가치 극대화의 시작일 뿐이다. 주주가치 하에서는 이렇게 해서 창출된 이윤이 주주들에게 최대한 배당되어야 한다. 아니면 이윤의 일부를 자사주 매입에 사용하여 주가를 높게 유지해야 한다. 그렇게 되면 주주들은 보유주식 일부를 내다팔아 더 많은 자본 이득을 실현할 수 있고, 이는 더 많은 이윤이 주주에게 돌아간다는 것을 의미한다. 1980년대 초반까지만 해도 미국의 경우 기업이윤이 자사주 매입에 사용되는 비율이 5%를 밑돌았다. 하지만 이 수치는 계속 증가하여 2007년에는 90%라는 놀라운 수준으로 올라섰고, 2008년에는 무려 280%라는 터무니없는 기록을 세우게 된다. GM은 2009년에 파산을 막는데 필요한 350억 달러의 자금을 조달하느라 쩔쩔맸다. 미국의 경제학자 윌리엄 라조닉(William Lazonick)의 추정에 따르면 이 금액은 GM이 1986년부터 2002년 까지 자사주 매입에 투입한 240억 달러를 은행에 예치해 두었더라면 아무런 문제없이 조달할 수 있는 액수였다는 것이다.

이 모든 것이 장기적으로 기업에 해를 입힌다. 고용삭감은 단기적으로는 생산성을 높일지 몰라도 장기적으로는 부정적인 결과를 낳는다. 노동력 부족은 노동 강도의 강화로 이어지고, 그에 따라 노동자들이 지치면 실수가 잦아져 결국 제품의 품질이 저하되면서 기업의 평판도 나빠진다. 하지만 더 중요한 사실은 끊임없는 해고위협으로 인해 일자리에 대한 불안감이 높아지면 노동자들이 해당기업에 특화된 기술을 익히는데 필요한 시간투자를 꺼리게 되고, 이는 궁극적으로 기업의 생산 잠재력을 훼손한다는 점이다. 게다가 미국을 비롯한 선진 자본주의 국가에서 기업 투자의 주요재원은 사내유보 이윤이다. 그런데 배당금을 높이고 자사주 매입을 늘릴수록 사내유보 이윤은 줄어들고, 그에 따라 투자도 감소된다. 투자 위축은 그 효과가 단기적으로 나타나지 않지만 장기적으로 기업의 기술력을 후퇴시켜 기업의 생존자체를 위협한다.

그렇다면 주주들은 어떻게될까? 기업이 망하면 기업의 주인인 주주들이 가장 큰 손해를 입는 것은 아닐까? 문제는 주주들이 기업의 법적 소유주이기는 하지만 불행하게도 기업의 생존에 가장 관심없는 기업 관련 이해당사자라는 점이다. 주주들이야말로 기업에서 가장 쉽게 손을 뗄 수 있는 사람들이다. 필요할 때 손실을 감수하고 보유주식을 내다 팔면 그만이다. 반면 노동자나 납품업체 같은 다른 이해 당사자들은 해당 기업의 특화된 기술을 축적했거나 설비투자를 해놓은 상태이기 때문에 해당기업에서 벗어나 다른 대안을 찾기가 어렵다. 따라서 대부분의 주주들 보다는 노동자나 납품업체가 해당 기업의 장기적인 생존여부에 더 민감할 수 밖에 없다.

2) 다사업부제 조직의 확산

다사업부제 조직은 미국을 중심으로 발전한 조직형태이다. 지난 수십년 동안 미국을 제외한 다른 나라에서 소유권 분산이나 과점 산업체제를 특징으로 하는 이러한 다사업부제 조직(M-form형태의 수직적 통합구조)이 시행된 적은 없었다. 미국에서만 이러한 독특한 구조가 여러 가지 요인에 의해서 시행되고 있었던 것이다.

미국의 경우 1890년 발효된 셔만법으로 인해 카르텔은 실질적으로 금지되었고, 따라서 산업은 과점체제로 재편되었다. 경제적 권력의 독점을 오랫동안 불신하고 있었던 미국의 경우 상업은행을 지방에 맡기고(지점은 주 내에서만 개설되도록 함) 그것마저도 권한을 약하게 하는 법을 시행하였다. 기업주가 은행을 실질적으로 소유하는 것을 금지하기 위한 조처였다. 소유권을 분산시키고, 과점적 이익을 규제한다는 것은 경영진이 자본에 의해서 규제를 받지않는다는 것을 의미한다(Chandler,1977). 미국의 경우 초창기 연방정부의 권한이 비교적 약했다는 사실과, 주에 정치적 권력이 분산되고 있다는 사실로 인해 게임의 규칙을 작성하는데 있어서 기업엘리트의 영향력이 매우 클 수 밖에 없는 상황이었다(Perrow,2002). 다른 선진국에서는 국가가 기업 보다 우선한다. 그러나 미국은 그 반대이다.

"미국의 경우 1930년대 말 까지도 연방정부의 예산규모가 대기업의 자산 수준을 넘지 못했다... 전문경영인, 과점, 그리고 사업부제 기업 등은 국가라는 현대 사회의 메카니즘 없이 거의 한 세대 동안 미국 사회에 존재했다."

따라서 미국은 전문 경영인이 영향력을 확대하는 관리자 자본주의가 발전할 수 밖에 없는 환경적 요인을 갖고 있었던 것이다. 아이러니칼한 것은 연방정부의 성장이 대기업의 규모를 키우는 자극제가 되었다는 사실이다. 2차 세계대전은 국가동원을 부르는 계기가 되었고, 이로인해 기업의 규모와 관료화를 촉진시켰다. 제조업에 종사하는 사람의 수가 1939년 9백 9십만명에서 1944년에는 1천7백 9십만명이 되었다. 이는 비정부영역에서 근무하는 사람의 49%에 해당하는 수치이다. 그리고 그들의 고용조건도 고용실제를 촉진하는 연방의 개입 때문에 점차 합리화하게 된다. 전쟁으로 인해 가속화된 규모, 범위, 집중화 경향은 수십년간 지속되어, 200대 대기업의 자산 규모가 1947년 47.2%에서 1968년 60.9%로 증가한다. 1950년대에 이르러 전문경영인 중심의 기업이 미국의 지배적인 조직으로 자리 잡게 되는 것이다. Chandler(1977:493)는 이것을 다음과 같이 표현한다.

"1950년대 전문 경영인 중심 기업이 미국 경제에서 현대 기업의 표준으로 자리잡았다. 다사업부제 기업이 지배하고 있는 경제에서 전문 경영인 중심 기업은 가족기업 및 금융 자본주의 보다 우월성을 지닌다. 나아가서 이들은 더욱 다국적화되고 있으며, 1960년 전세계

외국인 직접 투자의 49%를 차지하게 된다."

전문 경영인 중심의 경제가 자리를 잡음에 따라 대기업은 삭막하고 이윤극대화만 추구하는 모습에서 벗어나게 된다. 경제학자인 Carl Kaysen(1957311-319)은 이러한 형태의 기업을 혼이 담긴 기업으로, 그리고 전문경영인을 새로운 브리드(품종)로 묘사한다. 이들은 악덕 자본가가 아니라 공익에 바탕을 둔 국민의 공복이라는 것이다.

"이제 더 이상 이들은 이익 극대화만을 모색하는 기업주의 모습이 아니다. 경영자들은 주주, 종업원, 고객, 국민, 그리고 가장 중요한 것은 제도로서 기업 그 자체에 책임을 지는 존재라는 것이다."

2차세계대전 기간 동안 대기업 인사부서에서 시행된 호의적 고용실제가 크게 확장된다. "현대 기업의 전체 노동력은 가능한 범위내에서 평생고용제로 바뀌게 되었고, 고용의 안정을 강조하는 방향으로 나가게 되었다." 그 결과 " 현대기업의 일원이 되는 것이 경력을 쌓는 가장 강력한 사회적 힘이 되었다..."는 것이다(p.318). 이것은 중세의 길드 제도의 구성원이 되는 것과 같은 것이다.

미국은 자신이 지니고 있는 독특한 환경으로 인하여 이러한 기업 모델을 창출해냈고, 결과적으로 다른 나라에 이것을 확산시켰다. 불교와 마찬가지로 이 모델은 교역을 통해 확산되었고, 각 국가에 정착되었다. Guillēn(1994)은 20세기 기간에 있었던 미국, 독일, 스페인, 그리고 영국의 관리자들이 시행한 관리 모델의 변화를 비교한다. 이 비교를 통해 Guillēn은 미국의 모델과 유사한 일반적 모델이 각 국가에서 시행되고 있다는 사실을 지적한다. 분석 대상인 모델은 과학적 관리법, 인간관계론, 구조적 분석(상황이론)이다. 이들 모델들은 각 국가의 경영사상과 실제에 침투해 있었지만 채택방식은 산업발전 단계, 국가 산업정책, 그리고 전문가 집단(가령 엔지니어)의 행동에 따라 다르게 나타났다. 그리고 Djelic(1998)는 미국식 기업모델이 2차세계대전 이후 유럽에 어떻게 확산되었는지를 규명한다. Djelic의 연구는 영국, 프랑스, 이태리 등 3국의 반응을 비교한다. Djelic에 따르면 미국식 모델의 침투는 이들 국가의 정치적 및 산업적 차이 뿐만 아니라 미국과의 관계 차이 때문에 다르게 나타났다고 한다. 가령 전후 복구사업인 마샬플랜은 이태리 정부에서는 쉽게 수용되지 않았다. 따라서 미국식 경제모델은 프랑스나 독일에 비해 이태리에서는 그 수용이 느리게 나타난다. 나아가서 유사한 기술을 사용한 미국과 일본의 제조공장도 뚜렷한 차이가 있었다는 것이다. 일본기업이 미국기업보다 전문화 정도는 낮고 계서제의 수준이 높은(계층 수가 많은) 형태를 지니고 있었기 때문이다(Lincoln, Hanada, and McBride,1986).

3) 다사업부제 조직과 다른 조직형태의 전개

어떤 점에서 다사업부제 조직의 수렴은 당시 세계적 현상이었다. 국가간 차이에도 불구하고 1990년대 서구 유럽의 전형적인 대규모 제조업들은 다각화 및 사업부서제를 채택하고 있었다. 프랑스, 독일, 영국 등 모든 국가가 Chandler(1962)와 Rumelt(1986)가 2~30년전 주장한 하바드 모델(다사업부제 조직)을 따랐던 것이다.

그러나 이러한 수렴화 경향 이면에 차이도 나타나고 있다. 1980년대와 1990년대 신흥 시장, 특히 중국, 베트남 같은 명목상의 공산국가에서도 주식거래가 이루어진다. 반면 수백개의 외국기업들이 뉴욕주식거래소와 나스닥에서 주식 거래를 시작한다. 2005년 전 세계 25개 대기업 중 2개를 제외한 모든 기업 주식이 미국 뉴욕주식시장에서 거래되고 있으며, 미국 사베인-옥슬리법과 같은 증권법의 적용을 받고 있다. 이러한 사실에도 불구하고 20세기 말 까지 기업 이사회의 구조, 그리고 소유권 분산의 정도는 국가간의 차이가 나타나고 있다.

다사업부제 조직은 1980년대 이후 변화하고 있다. 대기업의 3분의 1이 1980년대를 휩쓴 합병의 물결 속에 사라졌고, 사업다각화 대기업도 자발적 혹은 적대적 인수합병의 희생자가 되었다. 제도적 투자자(기관 투자자)들의 조직화 현상이 나타났고, 앞서 언급한 바와 같이 주주의 이익보호가 관리주의 보다 우선시되게 되었다(Useem,1996). 미국기업은 점차 글로벌화 되었고, 포춘이 선정한 500대기업은 21세기 초 평균 자신들 매출의 3분의 1을 미국 이외의 지역에서 거두어들이고 있다. 그리고 500대 기업이 고용한 노동력의 비율은 1980년대와 1990년 기간 동안 미국 역사상 두 번째로 가장 큰 합병에도 불구하고 1980년과 2000년 사이 21%에서 18%로 떨어졌다(White,2001).

Chandler 이후 학자들은 두가지 논제들을 점차 강조한다. 첫째, Chandler는 전문경영인 중심의 대기업들이 어쩔 수 없이 탄생한 것이라는 것을 강조한 반면, 다른 사람들은 다른 방식으로 전개될 수 있는 가능성을 강조한다. Piore와 Sabel(1984)은 전문기술을 소유한 중소기업 네트워크를 대안적 방식으로 제안한다. Schneiberg와 그의 동료들(Berk and Schneiberg,2005; Schneiberg,2002)은 20세기 초 미국의 중서부에서 번성한 상호주의에 입각한 다양한 비기업 연합체가 인쇄업에서 전기시설업, 그리고 화재 보험업에 이르기까지 많은 기업의 대안적 해결책이 되고 있음을 지적한다. 그리고 Roy(1997)는 미국에서 비기업적 형태로 존재하고 있는 대기업의 사례를 지적한다. 가령 세계에서 가장 큰 기업인 카네기 철강회사는 파트너십 조직형태이다. 많은 학자들이 기업조직의 분수령, 즉 철도나 기업혁명 같은 변혁시기에 결정적 영향을 미친 의사결정을 연구하려고 한 것도 이러한 이유에서이다.

둘째, 사업부제 조직은 미국만의 특수성을 반영한다는 것이다. 다른 국가는 그 국가의 특수성 때문에 사업부제 조직과 다른 조직형태를 탄생시켰다. Piore와 Sabel(1984), 그리고 Perrow(1991)가 연구한 중소기업 네트워크 조직형태가 실제 세계 곳곳에 나타나고 있다. 북부 이탈리아 지역에서 주로 나타난 이 조직형태는 수직적 통합조직의 기능적 대안이 되고 있다. 이 조직형태는 최근 실리콘 밸리에서 다시 나타나고 있다. 실리콘 밸리는 환경의 변화에 신속히 대응하기 위한 유연성이 매우 뛰어난 지역이다(Saxenian,1994).

국가간 비교 연구를 통해 미국과 다른 접근방법으로 경제발전을 이룩한 많은 사례가 보고되고 있다. W.Edwards Deming과 같은 자문가(정작 모국인 미국에서는 철저히 무시됨)의 도움과 국가의 지원을 받은 일본기업가들은 "린 생산" 기법을 고안함으로써 제조업을 다시보게하는 계기를 만들고 있다. 이 생산기법을 통해 일본은 자동차는 물론 다른 상품에서도 세계적 경쟁력을 갖게 된다. 한국은 불과 2세대만에 소수의 대규모 가족지배의 재벌 기업이 달성한 국가주도의 산업화를 통해 전쟁으로 폐허가 된 농업사회를 세계 11번째 경제 대국으로 변모시켰다(Evans,1995). 중국은 한국의 교훈을 모델로 한국의 재벌같은 기업집단의 탄생을 이끌어냈다. 이 기업집단의 구성원들은 일인 회장체제하의 특혜적 교환을 통해 다른 경쟁자들과 차별화된 실적을 올리고 있다.

과거 미국 기업은 하나의 모델, 혹은 성공의 청사진으로 간주되었다. 그러나 이러한 모델과 전혀 다른 성공사례(가령 한국의 재벌)가 급증하고 있으며, 오히려 미국 모델의 전파자들은 몰락하고 있다. 프랑스의 최대 기업의 하나인 미디어 기업 비방디(Vivendi)사(CEO는 미국식 자본주의의 신봉자였고, 따라서 가족들도 미국에 이주했음)는 일련의 인수과정과 잘못 된 주식사들이기로 2002년 거의 파산 직전 까지 갔다. 이 기업은 프랑스의 올드보이 네트워크 개입으로 도산은 면했다.

기업형태의 차이는 미국과 다른 나라 사이의 문화적 및 법적 차이 때문에 생기기도 한다. 가령 미국의 경우 실질적인 주식시장을 유지할 수 있는 능력은 영국에서 유래한 관습법에 근거를 둔다. 반면 프랑스의 경우 성문법에 근거를 둔다. 이러한 이유로 프랑스의 경우 소유권의 개념이 비교적 명확하지 않고, 주식시장의 규모가 작아 기업가에게 권한이 집중된다. 미국 시스템은 결코 미국만의 것은 아니다. 그렇다고 다른 국가에 쉽게 전파되지도 않는다(Davis and Useem,2002). 기업형태에 있어서도 보편성과 특수성이 있는 것이다.

2. 도요타주의(Toyotaism)

1) 도요타주의의 개념

미국 자동차회사들이 1970년대와 1980년대 순익 감소, 판매량 급감, 외국 경쟁기업의 등장으로 어려움을 겪고 있을 때 일본 자동차 회사들은 고품질, 편리한 자동차로 세계시장을 석권한다. 일본 자동차 기업의 성공은 대부분 일본 기업이 사용한 고유한 관리기법에 기인한다. 이를 통해 일본 자동차 회사들은 생산력과 경쟁력을 갖추게 되었다. 포드자동차가 한때 대량생산의 모델이었다면, 도요타 자동차는 품질과 생산성의 대명사였다. 따라서 도요타주의(Dohse, Jurgens, and Malsch,1985)는 포드주의(Boswell, 1987)의 논리적 대안이다.

도요타주의의 핵심은 노동과정의 조직화와 노사관계의 본질에 있다. 많은 연구에 따르면 일본 노동자들은 자신의 조직에 대단한 정서적 애착을 가지고 있으며, 서구 노동자들 보다 더 높은 수준의 동질성, 충성심을 지니고 있는 것으로 알려져 있다. 문화적 현상으로 추정되는 일본의 관리실제는 노동자들의 이러한 성향에 맞춰져 있다. 가장 대표적인 관리실제는 인간관계전략으로서 이것은 생산 및 품질 통제에 노동자들을 창조적으로 참여시키는 것을 말한다. 노동자들은 관리자의 관심영역으로 통합되며, 생산과 품질책임은 전 부서의 노동자들에게 골고루 분포된다. 보너스, 평생고용보장, 고참승진제 등은 일본기업이 사용하는 관리실제이며, 일본의 기업들은 이를 통해 조직에 대한 노동자들의 애착심을 고양시킨다. 이러한 시스템 하에서 노동자들은 자신의 이익을 관리자의 이익과 동일한 것으로 보고, 더 많은 생산성과 능률을 독려하는 관리자들의 노력에 적극 동참한다.[13)]

---

13) 일본에서는 세켄(世間)이라는 말이 있다. 사회의 시선이다. 일본인들은 이를 늘 의식하며 산다. 때문에 자신의 욕망과 행동을 제약한다. 다른 사람의 눈치를 보는 것이다. 항상 주변의 공기를 읽는다. 슬픈 일이 닥쳐도 과도하게 울지않는다. 남의 시선을 의식하는 것이다. 일본 사람들이 가장 좋아하는 말이 화(和)이다. 일본은 질서를 파괴하는 사람에게 벌을 준다. 옛날 마을 에서는 무라하치부(村八分)라는 말이 있었다. 공동체 규칙을 어기는 사람이 있다면 단지 불이 났을 때와 장례식 때만 도와주고, 다른 여덟가지에서는 왕따시킨다는 것이다. 일본은 정해놓은 매뉴얼 대로 움직이는 '매뉴얼 사회'라고 한다. 2차세계 대전 전범 재판 때 사형선고를 받았던 도고 시게노리 외상이 왜 전쟁에 반대하지 않았느냐는 신문에 개인적으로는 반대였지만 그때 추세가 그랬다고 답했다. 이른바 추세가 매뉴얼이다. 이는 집단이 만들어놓은 것인데, 무조건 그걸 따른다는 것이다. 일본인에 대해서는 혼네(속마음)와 다테마에(겉표현)이 다르다고 지적한다. 소위 이중적 인간이라는 뜻이다. 이는 공동체 유지를 위해 립

James Lincoln과 Arne Kalleberg(1985)는 도요타주의의 핵심 특징을 다음과 같이 요약한다. 첫째, 참여를 촉진하는 조직구조이다. 이것은 생산목표와 방법에 대한 합의를 얻기 위해서 의사결정과정에 노동자들의 참여를 확대하는 것을 말한다. 둘째, 노동자들은 부처와 계층을 망라하여 조직에 통합된다는 것이다. 따라서 이것은 잠재적 노동자들의 단결을 고무하며,계급간 대립을 막아준다. 셋째, 승진과 경력에서 고참제를 적용함으로써 이것이 조직 애착, 동기부여, 충성을 일으키게 한다는 것이다. 마지막으로 조직의 모든 구성원에게 "기업시민"이라는 의식이 있어, 조직 내의 권리와 의무, 그리고 조직 밖의 사회적 유대를 관장하도록 한다는 것이다. 이상의 특징들을 통해 조직구조는 구성원의 애착을 강화시키고, 조직에 대한 지지를 높이며, 그 결과 능률과 생산성을 높인다는 것이다.

도요타주의 관리방식이 어떻게 포드주의를 극복하였는지를 알아보는 것은 매우 중요하다. 이 논의는 분화와 통합사이의 조직 긴장과 관련한 문제이다. 포드주의는 분화 혹은 엄격한 노동의 분업을 강조한다. 생산과정에서 부처 간 업무를 수평적으로 분리하고, 노동자와 사용자의 권한과 책임을 수직적으로 나누는 것이다. 이 방법은 전문화, 업무의 반복적 수행, 육체노동과 정신노동의 분리 등에 기반하기 때문에 비교적 소외적인 업무환경을 낳는다. 이것은 또한 조직에 대한 애착보다는 계급 및 직업 동질성 의식을 강화시킨다. 따라서 노동이 생산체계에 반대하여 집합적으로 조직화되는 경우 그것은 기업주에게 큰 문제가 된다. 오하이오 주 Lordstown에서 있었던 GM자동차 공장의 노조파업이 대표적 사례이다. 이곳에서의 노동자들의 저항은 많은 주목을 받았고, 실제 대단히 광범위하게 전개되었다. 그러나 노동자들의 불만은 곧 가라앉혀졌고, 파업은 철회되었는데, 그것은 집합적 단체협상에 의하여 노동자들에게 커다란 금전적 보상과 직업안정 등이 주어졌기 때문이다. 따라서 포드주의는 덜 인간적인 작업장과 노동과정의 무의미한 측면들이 물질적 보상으로 상쇄되는 것을 핵심 내용으로 한다.

이러한 형태의 "노동자 애착"이 지니는 문제는 지속적인 물질적 인센티브에 의존한다는 점이다. 이것을 특정적 애착이라고 한다. 즉 조직의 목표에 복종하고 동화되느냐의 여부는 구체적이고 계산적인 대상에 의해 결정된다는 것이다. 조직 구성원들은 회사가 물질적 보상을 제공해주는 동안에는 충성하고 애착을 갖는다. 이익률이 떨어지고, 시장이 고갈되며, 기업이 더 이상 경쟁력이 없어 높은 수준의 보상을 해주지 않으면 노동자들은 지지와 복종을 철회한다. 이것은 조직에 심각한 인간 동기부여의 문제를 낳는

서비스가 필요하다는 뜻도 된다. 직접 거절하면 인간관계가 어려워진다. 일본인들은 늘 어렵네요, 노력해보겠습니다고 말한다. 관계를 좋게하기 위해서 하는 말이다.

다. 이러한 문제로 인해 포드주의는 대안적이고 보다 융통성 있는 업무장치를 도입하는데 어려움을 겪었다(Gordon,1996). 도요타주의는 이 점에서 분명한 장점을 지닌다. 조직전체의 목표, 사명, 동질감으로 노동자들을 통합하는데 도요타주의가 훨씬 유리하기 때문이다. 이러한 점에서 도요타주의는 확산적 애착(diffuse attachment)의 특징을 지닌다. 확산적 애착이란 외부 보상에 의존하지 않고, 동질성과 사명에 의하여 노동자들을 동기부여 시키는 것을 말한다.

포드주의는 Lordstown에서와 볼 수 있는 것 처럼 노동자들에 의한 진지하고, 미묘하며, 은밀한 대응을 낳았다. 눈에 보이지 않는 태업, 결근율, 이직율, 그리고 조직에 대한 몰입과 노력의 철회 등이 상시화 되었던 것이다. 이러한 상황은 결과적으로 품질과 생산성에 나쁜 영향을 미치게 된다. 도요타주의는 포드주의의 이러한 문제를 극복하는 대안으로 등장한다. 도요타주의의 가장 중요한 특징 중의 하나는 노동자와 사용자 사이의 의사전달, 상호작용, 교환이 원활하다는 것이다. 노동자의 감정을 객관적으로 전달하는 미국식 인간관계와 달리 도요타주의는 노동자와 관리자 사이에 실질적인 상호작용을 보장해줌으로써 노동과정에 규범적 요인이 훨씬 많은 비중을 차지하게 하는 것이다. 이러한 방식을 통해 도요타주의는 생산과정을 혁신하고, 쓸모없는 작업실제를 제거하며, 품질향상을 달성할 수 있는 노하우를 갖게 되었다.

Ikujiro Nonaka와 Hirota Takeuchi(1995)는 도요타주의의 장점을 전술적 지식(tacit knowledge)(Polanyi,1967)에서 찾고 있다. 전술적 지식이란 노동자와 사용자 사이에 정기적으로 체계화된 의사전달을 통해 업무실제와 관련된 귀중한 정보를 관리자들이 알 수 있게 하는 것이다. 노동자들은 자신의 업무에 대해 특별한 이해를 갖고 있는 사람이다. 그러나 그것은 대개 관리자들의 이해 및 조직의 공식화와 상충되는 경우가 많다. 만약 관리자들이 노동과정의 미묘한 것, 즉 문제가 되고 귀찮으며 시간도 많이 걸리는 업무측면을 알 수만 있다면 정보도 얻고, 생산 개혁을 위한 지식도 얻게 된다. 이는 결국 생산시스템을 합리화하는데 기여한다. 이러한 방식으로 도요타주의는 Nonaka와 Takeuchi가 이야기하는 “기업창조지식(knowledge creating company)”을 탄생시켰다..

2) 린 생산(Lean Production)

(1) 린 생산의 특징

도요타주의가 채택한 생산방식을 린 생산이라 한다. 린 생산(Womack, Jones, and Roos,1990)이란 낭비를 줄이고, 생산과정의 능률과 생산성을 지속적으로 증가시키며,

생산체제의 애로 사항과 느슨함을 제거하는 조직기법을 말한다. 앞서 언급한 바와같이 도요타주의에서 린 생산은 업무순환, 다양한 훈련, 다양한 기술, 그리고 팀워크를 강조한다. 따라서 린 생산은 포드시스템의 특징인 엄격한 노동의 분업과 정반대되는 개념이다. 생산은 팀방식으로 이루어지는데,이 팀의 구성원들은 업무의 복잡성을 전부 파악한 사람들로서 각 팀을 순환하면서 보직을 맡는다. 이러한 과정을 통해 팀 구성원 사이에 의사전달이 강화되고, 문제해결에 사용될 수 있는 지식과 정보가 공유된다.

팀 간의 상호작용과 의사전달은 "Kanban 시스템"을 통해 이루어진다. 이것은 생산이 필요할 때 부품과 부속을 요구하면 곧바로 전달되는 수평적 의사전달 시스템이다. 부품은 필요한 때만 생산되고 배달된다. 이러한 점에서 린 생산은 정시(just-in-time: JIT) 생산 시스템이다. JIT는 노동과정의 조직과 팀원간 관계에 적용됨으로서 원료와 부품의 재고를 최소화한다. 원료와 부속품은 필요할 때 요구되고, 생산되며, 배달된다. 이것은 생산과정의 제로(Zero)재고 상태를 의미한다. 앞서 지적한 바와 같이 포드주의는 재고를 쌓아놓고 시장에 즉시 제품을 보내는 만약의 경우(just-in-case)를 대비한 시스템이다. 반면 린 생산은 제품주문과 시장수요가 있을 때만 생산을 하는 정시 시스템이다(Sayer and Walker,1992).

> "JIT의 목표는 노동의 착취가 아니라 기술적 능력의 증대, 기계장치의 이용강화, 불필요한 것의 최소화, 재고 감소, 품질향상 등을 통해 생산성을 증가시키는 것이다. 따라서 이것은 생산에서 추출된 가치를 증대하고, 단위생산당 소비된 물자를 감소시키며, 순환시간을 최소화하고 실제 생산과정을 보다 능률적으로 만든다"(Kenney and Florida,1988:136).

린 생산 모델의 또 다른 특징은 지속적 업무향상 과정인 "kaizen"(좋은 변화를 위한 제안)이다. 규모의 경제를 목표로 고정된 생산과정을 수립하는 포드 모델과 달리 kaizen 시스템은 "실행함으로써 배운다"는 개념을 강조한다. kaizen 시스템의 내용은 다음과 같다. 첫째, 업무수행 과정에서 생각난 제안을 통해 생산과정을 계속 혹은 점진적으로 변화시켜 물자낭비와 생산에러를 줄이는 것이다. 둘째, 품질평가, 품질표준, 그리고 문제해결 능력을 높이기 위해 조직구성원에 대한 훈련을 필수로 한다. 셋째, 생산과 관련된 문제를 논의하고 실행에 옮기기 위한 노사간 공식적 의사전달 시스템을 구비한다. 린 생산 시스템의 kanban과 kaizen 사이에는 긴밀한 연결관계가 형성되어 있다. kaizen은 주로 kanban에 의해서 이루어진다.

> "관리의 핵심 목표는 재고가 영이 되도록 하고, 업무에서의 에러와 반품을 줄이는 것이

다. 이 두 가지 목표는 서로 관련된다. 재고가 줄어들면 이 시스템은 에러에 민감해져 에러의 원인이 밝혀지게 된다. 따라서 그것은 수정하기 쉽고 다시 그 에러가 나타나지 않게 된다……. 따라서 재고의 감소는 자본을 더욱 활기있게 할 뿐만 아니라 지속적인 학습과정으로 작용하게 된다. 전자제품, 에어컨, 자동차, 사무기계 등의 서구기업의 학습커브가 최정점에 도달했다고 생각했을 때에도 일본기업의 학습커브는 계속 향상되고 있었다"(Sayer and Walker,1992:192-195).

(2) 린 생산의 이론과 현실

도요타주의와 린 생산체제가 지니는 장점에도 불구하고 많은 기업들은 이것을 채택하지는 않았다. 이 점과 관련하여 린 생산에는 다음과 같이 고려해야할 사항이 있다. 첫째, 포드주의를 채택한 많은 기업들이 일본 스타일의 린 생산 모델의 원리를 채택하기 전에 다른 길을 택했다는 것이다. 포드주의 위기에 대한 첫 번째 대응은 도요타주의와 같은 생산과정의 개혁과 혁신이 아니라 생산비용을 줄이려는 노력이었다. 일종의 포드주의 고수 전략이다. 즉 많은 기업들은 생산비용이 낮은 곳으로 생산시설을 옮김으로써 여전히 포드주의를 고수하고자 했다는 것이다. 생산의 세계화와 관련하여 많은 기업들은 1970년대와 1980년에 "세계적 포드주의" 전략을 고수하고 있었다(Dicken, 1998: Dassbach,1994). 이것은 규제가 없고 저임금의 값싼 노동력을 제공하는 지역과 국가로 생산시설을 옮기는 것을 말한다. 그러나 이것은 생산성과 품질문제를 해결해주지 못했다. 결국 많은 기업들이 일본스타일의 린 생산기법을 도입하기 시작한다. 자동차 산업에 대한 분석에서 Carl Dassbach는 자동차 기업의 미래전략은 논리적으로 "낮은 길"(저비용)과 "높은 길"(경영혁신) 요소를 통합하는 전략, 즉 "낮은 임금의 린 생산" 전략을 채택해야 한다고 주장한다. Mexico가 이러한 생산의 최적지이다.

> "멕시코 생산이 급증하게 된 가장 큰 요인은 낮은 임금이라는 유혹 때문이다. 자동차 산업에서 임금은 전체 비용의 20%를 차지한다……. 자동차회사들은 멕시코 노동자들이 동기부여도 잘 되어 있고, 선진 생산기법을 배우는데 있어서도 적극적이라는 사실을 잘 알고 있다……. 만약 높은 임금의 린 생산이 이익을 낸다면 낮은 임금의 린 생산은 그보다 훨씬 더 많은 이익을 낼 수 있다"(Dassbach, 1994).

린 생산을 피해가는 다른 또 하나의 전략은 유연한 대량생산 체제이다(Appelbaum and Batt,1994).

> "이 접근은 계층제적 관리구조, 감독관과 노동자 사이의 과거 스타일의 권력 관계, 이론과 현실의 분리, 비숙련공의 비교적 많은 사용, 그리고 업무의 관례화 등을 여전히 강조하는 접근이다. 그러나 이 접근은 유연성이 있는 기술, 부처를 망라한 숙련공, 도급계약, 아웃소싱, 수시고용계약 등을 사용한다. 시장 수요의 변화에 유연하게 대처하기 위해서이다"(Appelbaum and Batt,1994:21-22).

그러나 Appelbaum과 Batt는 이 전략을 경쟁력 있는 고품질의 전략으로 보기에는 미흡하다고 한다. 왜냐하면 "기업의 과거 기본조직 혹은 권력구조"를 그대로 지니고 있기 때문이다.

린 생산 모델과 관련하여 고려해야 할 두 번째 사항은 린 생산모델이 노동자에게 미치는 영향이다. 즉 린 생산의 인간적 측면이다. 우리는 이미 린 생산 기법의 원리, 그것이 포드시스템과 비교해서 갖는 실질적 장점, 그리고 이 기법을 사용한 기업에 대한 많은 사람들의 견해 등을 지적한 바 있다. 그러나 이 시스템이 노동자들에게 미치는 영향에 관해서는 언급하지 않았다. 실제 이 문제와 관련하여서는 상당한 논란이 있다. 즉 린 생산이 작업조건과 노사관계의 특징이 되는 높은 수준의 참여, 개입, 투입, 통제, 협력을 강화시켜준다고 보는 사람(Womack, Jones, and Roos,1990;Kenney and Florida,1998;Dore,1973)이 있는 반면, 교묘한 관리기법으로 보는 시각도 있다. 린 생산은 노동의 조직화를 방해하고, 조직 구성원의 더 많은 노력을 추출하며, 작업속도와 착취수준을 강화하고, 노동자의 업무시간의 모든 측면을 통제하는 기법이라는 것이다(Dohes, Jurgens, and Malsch,1985).

Indiana주 Suburu-Isuzu 자동차 공장에 대한 Laurie Graham(1995)의 참여관찰 연구는 이러한 두가지 시각을 평가하는 귀중한 자료이다. Graham의 분석은 린 생산체제에 대한 많은 흥미로운 사실을 보여준다. 먼저 노동자 선발이다. 이 공장에 취직하기 위해서 지원자들은 적성검사, 태도 설문지, 팀 및 개인별 문제해결능력 등을 포함한 다양한 사전 선별 과정을 거쳐야 한다. 일반 적성검사의 성적이 일 단계 통과의 결정요인이다. 이 단계를 통과하면 그 다음 단계로 들어가는데, 이 단계의 점수가 고용 지원자격을 결정한다. 그러나 이것도 신체검사와 대면적 인터뷰를 거치고 난 후에야 가능하다.

Graham에 따르면 이러한 집중적인 선발과정은 미국 자동차 회사의 인사정책과는 완전히 다른 것이라고 한다. 미국의 인사정책은 공식적 자격과 과거의 경력을 중시한다. 반면 일본식 선발과정은 특별한 성격, 그 중 다른 사람과 기꺼이 일하고자 하고, 정보를 공유하며, 제안시스템에 참여하고, 압박 속에서도 일할 의지가 있는 지를 가장 중요하게 본다. 이들은 객관적 스펙이라기 보다는 일종의 사회화 과정이다. 이 사회화

과정이 도요타주의 및 린 생산 모델의 핵심인 것이다. 그러나 지원자 중에는(1995:32) 이 선발과정이 오히려 협력과 팀플레이의 원리에 어긋난다고 하는 주장하는 사람도 있었다. Graham에 따르면 대부분의 지원자들이 모집자가 원하는 것이 무엇인지 미리 알고 있었으며, 따라서 자신들의 태도와 행동을 거기에 맞추려 했다는 것이다. Graham은 이 과정을 "제스처 게임"(charade)이라고 한다. 한 지원자는 이렇게 말했다. "나는 직장이 필요하다. 직장을 얻기 위해서는 회사가 원하는 대로 할 수 밖에 없다." Graham은 이것을 노동자의 일종의 "저항"으로 규정한다.

강력한 사전 선별과정과 특별한 성격 및 행동을 강조하는 이러한 시스템을 이론적으로 설명하고자 하는 시도도 있다. 고도로 공식화되고 엄격한 노동의 분업이 이루어져 있고, 엄격한 직무분류와 업무 전문화가 시행되고 있는 조직에서 인간에 대한 통제는 공식적 구조에 의하여 이루어진다. 이곳에서는 업무를 제대로 수행하지 못하면 쉽게 적발되고, 이것은 설정된 업무를 성공적으로 수행했는지의 여부와 연결된다. 반면 린 생산 모델 하에서 노동자들은 하나의 업무에 매달리지 않는다. 이들은 더 많은 자유재량과 주도권을 행사한다. 이들의 잠재적 업무행동의 범위는 고정적이 아니라 가변적이다. 따라서 노동자들의 업무성향이 생산과정에 더 큰 영향을 미칠 수 밖에 없다. 논리적으로 이러한 상황에서 선발과정은 더 집중적이고 심층적이다. 규범과 조직문화에 바탕을 둔 확산적 형태의 애착과 언질이 중요한 역할을 하는 것이다.

선발되고 난 후 첫 생산작업을 하기 전 Graham과 그의 동료들은 공식 오리엔테이션과 훈련을 받았다. 그러나 일단 생산이 시작되자 Graham의 관찰은 린 생산모델 비판자들을 지지하는 쪽으로 기울어졌다. 노동자들의 안전이 문제가 되었다. 공장 작업장의 현실과 회사 철학 사이의 괴리로 노동자들의 부상이 이어졌다. 생산이 공식적으로 시작되자마자 손 및 손목에 부상당하는 사람들이 생겨났던 것이다(Graham,1995:86). 부상은 어셈블리라인 작업의 반복된 업무와 신체적 스트레스에 때문에 발생하였다.

SIA공장의 작업조건에 대한 Graham의 관찰은 Canada에서의 일본생산방식 이식에 대한 다른 연구에서도 확인되고 있다(Rinehart, Huxley, and Robertson,1997). GM과 Suzuki 합작회사인 CAMI도 린 생산 시스템을 도입하였다. 이것에 관한 연구에 따르면 생산팀 구성원들의 업무와, 업무기술에 요구되는 사항들은 철저히 점검되고 있었다고 한다. 한 팀의 구성원들의 다양한 기술수준을 의미하는 다기능 기술(multiskilling) 대신 멀티태스킹 (multitasking:다중작업) 능력이 요구되고 있었다. 이것을 위해 노동자들은 다양한 업무수행, 순환보직 등의 훈련을 받아야 하며, 주어진 시간 내에 다양한 업무를 수행해야 할 책임을 지게 된다. 그러나 이것은 팀 구성원 모두에게 업무 부담으로 돌아온다. 캐나다 자동차 부품회사에 고용된 1,600명 이상의 노동자들을 대상으로 한 연구에서도 이와 같은 사실을 확인할 수 있다.

"노동자들은 작업 조건에 대한 실질적 통제권이 없고, 짧은 기간에 돈을 벌어야 하는 직업이나 업무에 고용된다. 대부분의 노동자들은 어떻게 일을 해야 할지, 얼마나 빨리 해야 할지, 언제 일을 시작해야 할지를 알지 못하고 일을 한다. 따라서 업무부담은 가중되고 건강을 해칠 가능성은 항상 상존해 있으며, 증가일로에 있다. 업무는 부담스러운 것이며, 고통스러운 것이다. 전통적으로 포드 스타일 공장에서 일하는 노동자와 비교할 때 린 생산 시스템에서 일하는 근로자의 업무부담은 훨씬 크고, 빠르게 전달된다"(Lewchuk and Robertson, 1996:79).

이 연구는 린 생산의 이론과 실제 사이에 괴리가 있다는 사실을 보여준다. 이 연구에 따르면 노동자들은 광범위한 자유재량권을 행사하지 못했고, 실질적으로 복잡한 업무에도 참여하지 못했다. 특정 시장을 겨냥한 자동차 생산도 린 생산이 지니는 매력적인 특징을 살리지 못했다. 일단 생산과정이 작동하면 규제가 생긴다. 연구에 따르면 JIT 절차에 따른 표준화, 빠듯한 업무 스케줄, 낮은 완충장치와 업무를 수행하기 위해 사용된 정확한 시간 설정 등으로 노동자들은 자유재량권을 거의 행사하지 못했다는 것이다.

(3) 린 생산의 균열

린 생산을 채택한 일본 기업들은 일본경제의 침체와 더불어 1990년대 이래 극심한 경기 불황을 겪고 있다. 1970년대와 1980년대 일본경제의 많은 성공은 관리기법과 린 생산원리에 기인한 바가 컸다. 그러나 상황이 변하면서 린 생산은 일본 경제가 안고 있는 문제들을 홀로 지탱할 수 없었다(Stewart, 1996). 린 생산이 흔들리게 된 것은 다음과 같은 이유 때문이다.

첫째, 기업환경의 급격한 변화이다. 이 논의는 조직 환경론자들에 의해서도 자세히 다루어지고 있는 분야로서, 조직 장치의 성공과 생존가능성은 외부조건에 의하여 크게 영향을 받는다는 것이다. 이러한 조건이 변화하고, 조직이 전혀 다른 환경에서 활동해야 할 때 과거 성공했던 기업들 조차 여기에 맞게 행동해야 한다. 린 생산이 바로 이러한 환경에 처하게 된 것이다.

"1991년 일본경제의 극심한 침체기 전후에 나타난 정황은 일본산업이 활동하는 특별한 구조적 요인에서 침체의 원인을 찾아야 한다는 사실을 말해준다. 과거 일본의 제조기업은 사회적 해결(특히, 임금, 노동자간, 노동과정에 대한 관리통제 등)이 유리한 국내환경에서 사업을 펼쳤다. 사회적 해결이 가격을 결정하였고, 많은 현금을 안겨다주었는 안정된 시장에서 제품을 판매할 수 있었다…… 1980년대 중반부터 이러한 유리한 조건은 완전히 사라지지는 않았지만 일본기업이 어려움을 겪을 만한 수준으로 바뀌었다"(Haslam et al.1996: 21-22).

이러한 환경이 조성되게된 요인은 제품수요의 급격한 감소이다. 린 생산으로 생산시스템을 옮긴 원래의 이유는 생산 능력초과로 불안정한 수요에 대처하고, 재고로 인해 발생하는 매몰비용에 대처하기 위한 것이었다. 린 생산은 이러한 문제를 완전히는 아니지만 상당한 부분 해결해 주었다. 그러나 이러한 긍정적 효과에도 불구하고 린 생산은 급속한 성장과 수요가 발생하고 있는 최근의 상황에서 치명적인 약점을 노출하고 있는 것이다.

"수요의 급증은 기업을 난처한 입장에 빠뜨렸다. 주문량을 맞춰야 하고, 고객을 행복하게 해야 한다. 그러나 경쟁이 극심하기 때문에 가격을 올릴 수 없다. 따라서 미리 생산개선의 조치를 취하지 않은 경우 연장근무, 값비싼 야간 선적, 다운된 어셈블리 라인, 직원 이직율 증가 등의 추가적 비용을 고스란히 떠안아야 된다……. 이제 린 생산은 이것으로부터 고통을 받고 있다. 우리는 많은 것을 간결하게 했다. 따라서 능력이 없는 많은 사람을 직장에서 내보내야 했다"(Business Week, Nov. 8, 1999: 36).

둘째, 린 생산은 자신의 주장에도 불구하고 여전히 조직구조에 의한 노동자 통제를 하고 있다는 것이다. 일반적으로 관리적 개입 및 기법은 조직의 구조적 조건에 의하여 상당한 제약을 받는다. 그럼에도 불구하고 린 생산은 조직의 전략과 성과에 관리자들이 상당한 자유재량과 통제를 행사해야 한다고 추정한다. 그러나 린 생산에서 실제 관리자가 개입하여 통제권을 행사하는 것 보다는 구조적 조건이 통제권을 행사하는 경우가 더 많았다. 린 생산 체제는 예상과 달리 관리자에 의한 통제 보다는 구조적 통제가 상시화하고 있었던 것이다.

셋째, 린 생산은 조직에 영향을 미치는 생산의 인간적 요인이나 외부조건을 통제하기 위한 경영관리 능력과 관련하여 최종적 해결책이 아니라는 것이다. 인간의 저항, 내부적 모순, 그리고 의도하지 않은 결과 등은 모두 인간 조직에 만연되어 있는 것이고, 조직변화를 낳게 하는 요인이다. 린 생산은 이것을 추정하지 않는다. 이것은 결국 이러한 문제에 봉착할 때 린생산은 대책이 없다는 것이다. 이러한 이유로 최근 일본식 린 생산모델이 변해야 한다는 것을 지적한 문헌들이 자주 등장하고 있다(Stewart, 1996;

Kochan, Lansbury, and MacDuffie,1997).

이것과 관련하여 재미있는 두 가지 예가 있다. 첫째는 한 때 선진국의 부러움 대상이었던 일본의 산업이 자신의 조직모델을 공식적으로 재평가하고 있다는 것이다. 이와 관련된 문헌이 있다. 일본의 기존 경영시스템을 근본적으로 개혁하는 것을 골자로 한 1995년 5월 발간된 일본 경영자 총연맹의 보고서이다(Ogasawara and Veda,1996). 개혁의 핵심은 두 가지인데, 작업조건 및 자동화기술 적용과 관련한 것이다. 이 두 가지는 조직구조 개혁의 핵심사항으로서 주로 도요타 일본 공장의 변화사례에서 나온 것이다.

> "도요타 일본 본사는 자동차에 대한 과거의 접근에 문제 있다는 사실을 시인한다. 그 동안 작업장에서 노동자들은 스트레스, 소외감, 작업동기의 결여 등의 문제에 봉착하고 있었다(Kaizen 활동의 하락). 이러한 문제에 대처하기 위해 본사에서는 자동화시설을 노동자(작업자)가 일하기 좋게 만들고, 작업자가 그것을 통제하도록 하였다…… Kaizen 활동이 충분히 이루어질 수 있게 하는 분위기를 만든 것이다"(Ogasawara and Veda,1996:52).

미국에서도 일본스타일의 린 생산방식이 작업실제에 적용된 사례가 있다(Babson, 1996). 미시간 주 Wayne시에서 Ford Escort의 차체를 생산하는 포드자동차 출자 부품 공장의 사례가 그것이다. 이 공장은 Mazda 자동차와의 합작으로 린 생산기법을 사용하였는데, 이 공장에 일하는 1,200명의 노동자들에게 노동자 중심의 작업팀을 적용하였다. 린 생산 모델에 따라 1,200명의 노동자들은 자신들이 맡은 분야에 대해 일상적인 권한을 행사하였다. Suburu와 Suzuki 자동차 공장의 린 생산 모델과 달리 Ford자동차 공장의 작업팀은 업무로테이션, 훈련, 휴가, 퇴사 등에서 자율적 관리 권한을 부여받았다. 이들에게는 또한 안전 및 품질향상, 업무분담의 재배치, 생산기술 변화에 대처하는 방안 등의 권한이 부여되었다. Steve Babson(1996:87)은 같은 회사라 해도 Wayne시의 린 생산모델이 "미국식 성과위주 업무시스템"보다 진일보한 방식이라고 한다. Appelbaum과 Batt(1994:126)는 이러한 시스템을 협력적 팀워크와 공동의 노사구조를 통한 분권적 의사결정에 주로 의존하고 있어, 노동자들에게 조직 전반의 권한을 부여해 주는 시스템으로 본다. 일본식 관리방식은 조직화된 노조를 의도적으로 회피하고 있지만, 미국식 팀 제도는 노조의 존재를 협력적·참여적 팀 위주의 구조로 발전시키는데 중요한 잠재적 자산으로 본다(Appelbaum and Batt,1994;Babson,1996).

Section 5 현대의 대안적 기업조직

현대의 대안적 기업조직이란 앞서 논의한 Linux의 사례에서 볼 수 있었던 현대의 새로운 기업조직 형태이다. 기업조직은 그 시대의 상황을 반영한다. 중세 봉건사회에서는 길드라는 기업조직이 있었고, 20세기 초에는 포드주의가 유행하였다. GM의 다사업부제 조직은 포드주의 이후의 시대를 반영한 조직이다. 도요타주의 또한 포드주의의 대안으로 떠오른 기업조직 형태이다. 그러나 다사업부제나 도요타주의 또한 시대의 변화와, 그들이 지닌 본질적 문제로 인해 퇴락의 길을 걷고 있다. 현대의 대안적 기업조직은 이러한 상황에서 새롭게 부상한 조직형태이다. 그러나 시대를 반영한다고 하지만 현대의 대안적 기업조직은 아직 실험적 상태, 혹은 이론적 수준에 머물러 있다. 그럼에두 불구하고 많은 기업들이 조심스럽게 채택하고 있다. 이하에서는 현대의 대안적 기업조직 형태로 가장 많이 논의되는 매트릭스 조직과 유연성 조직을 논의하고자 한다.

1. 매트릭스 조직

1) 매트릭스 조직의 개념

매트릭스 조직이란 특정 부서의 전문가들로 구성된 팀이 프로젝트 리더의 지휘하에 여러부서가 관련된 프로젝트 업무를 수행하는 조직을 말한다. 매트릭스 조직이란 기존의 관료적 조직의 전문성에 유연성을 보탠 조직이라 할 수 있다. 즉 매트릭스 조직은 기존 부서에서 전문가들을 차출하여 팀을 만들고 이들로 하여금 각 부서의 공통적인 프로젝트 업무를 수행하게 함으로써 조직의 유연성을 기하고자 하는 조직인 것이다.

우선 매트릭스 조직에는 기존의 부서가 있다. 즉 생산, 마케팅, 총무 등이 그것이다. 이들 부서에 신제품 개발이라는 새로운 프로젝트 업무가 생기면 이를 수행하기 위해 각 부서에서전문가들이 차출된다. 프로젝트 팀이 만들어지는 것이다. 그리고 이들을 이끌 리더가 선출된다. 이들은 신제품 개발이라는 프로젝트를 위해 업무를 수행한다. 그러나 이들은 여전히 기존 부서의 장으로부터의 명령에도 따른다.

매트릭스 조직의 가장 중요한 특징은 이 조직이 명령통일의 원리를 따르지 않는다는 것이다. 매트릭스 조직의 구성원에게는 두명의 상사가 있다. 기존 조직의 상사와 프로젝트 팀의 상사가 그것이다. 따라서 매트릭스 조직의 명령 라인도 두가지이다. 권위는 이 두 상사에 균등하게 배분된다. 즉 프로젝트 업무에 관해서는 프로젝트 팀의 상사에게 전권을 주고, 승진, 임금인상, 업무평가 등에 대해서는 기존 상사가 권한을 갖는 것이다.

최근 매트릭스 조직의 사용빈도가 높아지고 있다. 특히 광고, 우주항공, 연구개발, 건설, 병원, 대학, 컨설팅 기업 등에서 매트릭스 조직이 자주 활용되고 있다. 이러한 기업들이 매트릭스 조직을 사용하려고 하는 이유는 다음과 같다. (ⅰ)환경적 압력, (ⅱ)부서간의 상호의존성, (ⅲ)규모의 경제가 그것이다.

먼저 환경적 압력과 관련한 매트릭스 조직의 사용이다. 매트릭스 조직은 두가지의 것을 동시에 달성하려는 것을 목표로 한다. 기능과 제품이다. 가령 기술적 지식(즉 기능적 목표)을 그대로 유지하면서 고객의 욕구(제품목표)에 신속하게 대응하고자 하는 광고회사를 예로 들 수 있다. 이 때 매트릭스 조직은 고객의 욕구에 대응하기 위해 카피라이터, 미디어개발, 마케팅 부서의 직원들을 차출하여 프로젝트 팀을 구성하고, 회계책임자의 감독을 받게하는 방식을 택한다. 지리적 차이에 대응하기 위해서도 매트릭스 조직을 사용한다. 가령 보험회사의 경우 다양한 제품(생명, 건강, 화재, 자동차 보험 등)을 제공함으로써 경쟁에 대처하기도 하지만 지사를 설립함으로써 지리적 차이에 대응하기도 한다. 즉 지리적 차이를 극복하기 위해서 매트릭스 조직을 사용하는 것이다. 그러나 환경적 압력이 한 분야에서만 나오는 경우 굳이 매트릭스 조직을 사용할 필요가 없다.

둘째, 부서간의 상호의존성 때문에 매트릭스 조직을 사용하는 경우이다. 가령 앞서의 광고회사의 경우 카피라이터, 미디어개발, 마케팅 연구자들은 고객의 요구에 대처하는데 꼭 필요한 사람들이다. 고객의 요구에 대처하는 일은 한 사람의 전문가의 힘 만으로 어렵다. 물론 상호의존성의 정도는 환경으로부터의 요구에 따라 달라질 수 있다. 프로젝트 팀에 어떤 사람을 합류시킬 것인가의 여부는 해당 시점의 프로젝트의 성격에 따라 달라진다.

매트릭스 조직을 사용하려고 하는 세 번째 이유는 규모의 경제이다. 조직의 활동이 프로젝트로만 이루어져 있는 경우가 있다. 가령 항공우주 기업의 경우 프로젝트 사업이 주사업 이고, 이 프로젝트에는 각각의 설계엔지니어, 계약업무 등이 있다. 이들은 자신들의 프로젝트 업무만을 수행한다. 그러나 조직의 규모가 크지않고, 직원들을 쉽게 업무분화할 수 없는 경우 프로젝트 위주로만의조직을 운영하는 것은 오히려 비능률적이 될 수 있다. 이 경우 매트릭스 조직을 도입하는 것이 매우 유효하다. 즉 매트릭스 조직은 항공우주기업 같이 설계엔지니어가 일시적으로 여러개의 프로젝트를 맡을 수 있기 때문에 유리하다는 것이다. 전문가가 한가지 프로젝트 일만할 경우 정당화될 수 없었던 것들이 전문가가 다양한 프로젝트를 맡으면 정당화될 수 있다는 것이다. 실제로 프로젝트의 규모가 작고, 그 구성원들이 한가지 프로젝트에만 매달리면 업무를 성공적으로 달성하기 어려운 경우가 많다.

2) 매트릭스 조직의 유형

매트릭스 조직에서 프로젝트나 제품은 수시로 변하기도 하고, 그렇지 않기도 한다. 수시로 변하는 경우 그것을 임시적 매트릭스라 하고, 그렇지 않은 경우를 영구적 매트릭스라 한다.

임시적 매트릭스에서는 새로운 계약이 성사될 때에는 언제든지 기존 부서에서 차출된 전문가들로 프로젝트 팀이 구성된다. 이 팀은 프로젝트 기간동안에만 가동된다. 이 기간은 수개월 혹은 수년이 걸릴 수 있다. 또한 새로운 계약이 성사되면 새로운 프로젝트가 생겨나기 때문에 한 개의 조직에서 수많은 프로젝트를 동시에 수행할 수 있다. 그리고 한 사람의 전문가가 동시에 여러개의 프로젝트 팀에 참여하기도 한다.

영속적 매트릭스에서의 프로젝트와 제품은 비교적 변하지 않는다. 가령 종합대학의 경영대학은 영속적 매트릭스의 예이다. 이들은 기존의 기능적 학과인 회계, 재무, 관리, 마케팅 학과에 프로젝트 구조인 대학원 과정, 연구과정, 최고경영자 과정 등을 두고 있다. 대학원 과정의 학과장은 이 과정을 운영하기 위해서 여러 학과의 교수들을 차출할 수 있다. 여기에서 중요한 것은 제품이 변하지 않는다는 것이다. 그러한 점에서 이 구조를 영속적 매트릭스라 한다. 이 구조는 다음과 같은 이유 때문에 사용된다. 즉 각 제품의 생산에 따른 책임을 묻기 위해서이다. 앞서의 경영대학의 경우 프로그램의 개발 성공여부의 책임은 전적으로 담당자(가령 학과장)의 몫이다.

3) 매트릭스 조직의 장점과 단점

매트릭스 조직의 장점은 조직이 상호연관된 복잡한 업무를 수행해야할 경우 발생한 조정문제를 쉽게 해결할 수 있다는 것이다. 조직의 규모가 커지게되면 정보를 주고 받는 문제가 필연적으로 발생한다. 이는 공식화를 통해 해결할 수 밖에 없다. 즉 복잡성의 증대는 공식화의 증대를 낳는다는 것이다. 그러나 매트릭스 조직에서는 서로 다른 부서의 전문가 사이에 직접적이고 빈번한 접촉이 이루어지기 때문에 의사소통의 문제가 해결되고, 조직의 유연성도 기할 수 있다. 여기에서 나온 정보가 조직 전체로 퍼지고, 관련 당사자에게 곧바로 전달된다.

매트릭스 조직은 조직의 관료적 병리현상도 줄여준다. 매트릭스 조직에 참여함으로서 자신의 조직만 생각하는 할거주의를 극복할 수 있다는 것이다. 그밖의 다른 장점으로 첫째, 매트릭스 조직은 전문가들의 효율적 배분을 용이하게 한다는 것이다. 전문가들이 한 부서에만 머무르게 되면 이들의 능력은 제한적이거나 사장될 위험이 있다. 매트릭스 조직은 능률적인 직원배치를 실현시킴으로써 조직에 가장 유능한 인적자원을 공급하는 규모의 경제를 실현시킬 수 있다. 둘째, 매트릭스 조직은 환경의 변화에 신속하게 대응할 수 있다는 것이다. 셋째, 매트릭스 조직은 프로젝트 완성을 통한 소비자들의 욕구충족이라는 목표와, 미래를 위한 조직역량을 강화시키기 위한 비용절감이라는 조직의 목표 사이의 균형을 기할 수 있다는 것이다. 넷째, 매트릭스 조직은 전문가들이 선호하는 민주적 가치를 조직환경에 제공하는 역할을 수행한다는 것이다.

반면 매트릭스 조직은 명령체계의 혼란, 권력투쟁의 강화, 그리고 조직구성원에게 스트레스의 가중이라는 문제를 낳는다. 명령통일의 원리와 관련하여 매트릭스 조직은 모호함을 낳고, 이 모호함이 갈등을 발생시킨다. 가령 매트릭스 조직은 누구에게 보고해야할지, 혹은 프로젝트 적임자로 어떤 전문가를 선발해야할지를 두고 갈등을 빚게된다. 혼란과 모호함은 권력투쟁의 씨앗이 된다. 일반적으로 관료제는 잘 짜여진 구조를 추정하기 때문에 권력투쟁의 가능성은 낮다. 그러나 이 틀이 모호해지면 기존 부서의 장과 프로젝트 팀의 장 사이에 권력투쟁이 발생할 수 있다. 안정을 희구하고, 모호함을 없앨려는 사람에게 이 환경은 스트레스를 주게된다. 한 사람 이상의 상사에게 보고를 해야 하는 경우 역할갈등이 생기고, 서로 다른 지시에 의한 불명확한 명령을 받는 경우 역할모호가 발생한다. 이 경우 조직에 대한 예측가능성은 사라지게 되고, 불안과 스트레스가 발생한다.

2. 유연성 조직(The Flexibility Paradigm)

1) 유연성 조직의 개념

조직변화에 관한 보다 추상적이고 낭만적인 관점은 강력한 선언서인 「The Second Industrial Divide (1984)」에서 Michael Piore와 Charles Sabel이 제시한 관점이다. 새로운 조직에 관한 대부분의 주장과 마찬가지로 Piore와 Sabel도 포드주의의 대량생산체제는 그것이 지니는 여러 가지 단점으로 인해 붕괴될 수 밖에 없다고 주장한다. 새로운 조직세계에 대한 Piore와 Sabel의 개념은 이탈리아 동북부 공업지역에서 사용되고 있는 유연한 전문화(flexible specialization) 시스템(유연성 조직)이라는 특별한 사례에 근거한다(Clegg,1990:120-125; Harrison,1994:chap.4). 이 지역에서 Piore와 Sabel은 베네통(Benetton)과 같은 의류 생산업자가 사용한 조직장치를 연구한다. 이들에 따르면 이 의류기업의 혁신은 소비자의 요구, 패션, 기호의 변화에 따라 이루어진다고 한다. 새로운 시장 조건의 변화에 따라 이 기업들이 채택하고 있는 긴 생산체제는 급변하는 패션과 소비자의 요구(flexibility), 그리고 틈새시장을 위한 한정된 목표(specialization)에 신속하게 대처하기 위해 짧은 생산체제로 바뀌고 있다는 것이다.

이것을 포드주의 생산모델의 대안으로 생각한 Piore와 Sabel은 다음과 같은 사실들을 강조한다. (ⅰ)강소기업의 존재, (ⅱ)노동과정에 상당한 통제력과 자유재량권을 지닌 전문노동자의 활용, (ⅲ)과정 및 정보기술의 사용, (ⅳ)기업 간 협력, (ⅴ)차별화된 시장을 겨냥한 다양한 제품생산 등이 그것이다. 이러한 특징들은 단기적 제품수명주기, 혁신, 품질위주, 노동자들의 참여확대, 수평적 조직구조, 그리고 소비자 욕구에 대한 대응 등 현 시대가 요구하는 것들을 망라한 것들이다. Appelbaum과 Batt(1994:37)는 유연성 조직의 특징을 다음과 같이 제시한다.

ⅰ) 다양한 제품을 소량 생산한다. 이것은 지난 몇 십년 동안 정보기술의 발전에 따라 소량주문 생산의 가격 경쟁력이 높아진데 따른 전략이다.

ⅱ) 소규모 생산자 사이의 강력한 네트워크 관계. 네트워크는 전문화를 통해 능률을 높이고, 협력을 통해 유연성을 증대시킬 수 있다는 장점이 있다.

ⅲ) 강력한 노조를 통한 노동자들의 대표성 강화. 이것은 조직 차원에서 임금 규범에 대한 협상력을 높일 수 있고, 조직 내의 협력적 해결과 노동의 유연한 배치를 기할 수 있다는 장점이 있다.

ⅳ) 시정부가 집합적 재화와 서비스를 제공하여 원가를 낮추고 협력을 증진시키는데 기여한다.

유연성 조직의 특징인 소기업, 단기 생산시스템에 대한 이러한 초기의 논의는 기업의 범위의 경제가 중요하다는 사실을 보여준다. 그러나 Appelbaum과 Batt는 유연성이 중소기업에만 해당된 문제라고 보지 않는다. 대기업도 동맹(alliances)과 네트워크를 수립함으로써, 그리고 규모에 따라 범위를 확장할 수 있는 기술적 수단을 발전시킴으로써 유연성 조직의 장점을 살릴 수 있다고 한다. 세계시장을 향해 다양한 자동차를 생산하는 혼다자동차의 노력은 후자 노력에 해당한다.

"혼다자동차의 최고 경영진은 4년 전 Accord를 출시할 때 시급한 문제가 있었음을 알게 되었다. 미국 운전자에게는 차가 너무 작고, 일본 운전자에게는 스타일이 맞지 않다는 것이다……. Accord가 생산된 21년 동안 세계에서 가장 중요한 시장인 미국, 유럽, 일본 등에서 혼다는 최고의 판매를 기록한 적이 없었다. 이것에 대한 해결책은 각 시장에 맞는 자동차 모델을 개발하는 것이다……. 혼다는 그 비결을 찾아냈다. 미국 Accord는 크게 만들어 온 가족이 사용할 수 있게 하고, 일본에서는 콤팩트하게 만들어 젊은 직장인들에게 어필하도록 하는 것이다. 유럽에서는 이 두 가지를 결합시키는 전략을 택하는 것이다"("Can Honda Build a World Car", Business Week, September 8, 1997).

이것은 숙련기술의 특징을 지니고 있지 않은 조직에서도 얼마든지 유연성과 전문화가 실현될 수 있다는 것을 보여주는 예이다. 이것은 또한 급속한 혁신과 시장기호의 변화가 단일 조직형태를 낳는다고 단언한 Piore와 Sabel의 주장에 명백한 문제가 있음을 보여주는 예이기도 하다. 기업이 유연하게될 방법은 많다. 그리고 규모가 큰 강력한 조직도 생존하기 위해 다양한 전략을 추구해야 한다는 것이다.

2) 슬림 생산과 비대한 생산

간결성, 슬림화, 융통성, 그리고 기업규모에 대한 논쟁은 1990년대 중반 비교적 관점에서 출간된 두 권의 책에 잘 요약되어 있다. 그 두 권의 책은 David Gordon의 「Fat and Mean (1996)」과 Bennett Harison의 「Lean and Mean (1994)」이다. 책 제목에서 알 수 있는 것처럼 이들은 서로 모순된 내용을 담고 있다.

Harrison의 책은 두 가지 목표를 지향한다. 첫째는 대기업이 자신의 몸집을 줄이고, 슬림해지기 위해서 사용해야 하는 방법을 기술하고 분석하는 것이다. 둘째는 대기업이 혁신적 중소기업에 뒤진다는 사실을 밝히는 것이다. 본질적으로 이 두 가지 문제는 서로 밀접하게 연관된다. 보다 슬림한 조직구조로 바꿈으로서 중소기업은 틈새시장(niche)에 진출할 수 있다. 틈새시장은 대개 대기업이 버리거나 규모를 줄인 것, 아니면 아웃소싱한 것들로 이루어진다. 여기에서 Harrison이 주장하고자한 것은 시장에서의 힘이 대기업의 수중에 여전히 있지만, 경제적 활동은 점차 분화하고 있다는 것이다. 즉 "분권화된 집중"이라는 것이다.

Harrison에 따르면 슬림 조직은 다음과 같은 것을 기반으로 한다. (i)기업생존에 필수적인 활동의 수를 줄여서 핵심사업에 집중하는 것, (ii)분권화된 활동과, 다른 기업과의 관계를 맺기위해 제조방법을 전산화하는 것, (iii)서비스, 부품, 부속을 공급하는 중소기업과 전략적 동맹을 맺는 것, (iv)높은 임금을 받는 전문기술인력과 적극적 협력을 모색하는 것 등이 그것이다. 이러한 전략의 결과 조직 노동력의 규모와 사내 활동의 수를 줄일 수 있다. 조직이 슬림해지면 다른 기업 혹은 중소기업과 네트워크 및 동맹관계를 맺을 수 있다. 중소기업이 대기업에 대응하고 의존하는 정도에 따라 권력과 통제권도 쥘 수도 있다.

반면 David Gordon은 슬림성의 논제가 지나치게 과장되고, 역사적으로도 부정확하다고 한다. 이를 위해 Gordon은 기업전략의 역사와 기업의 노사관계를 분석한다. Gordon에 따르면 조직이 변화하기 위해서 이 모델에서 저 모델로 옮겨가는 과정은 결코 쉽지않은 과정이라고 한다. 시행착오의 연속이고, 변화 기간이 늘어난 경우도 있었으며, 예상치 않은 많은 결과들이 나타난 과정이라는 것이다. 두툼한 조직에서 비대한 조직을 거쳐 슬림한 조직으로 변화하는 것은 멀고 힘든 과정이다. 어느날 아침 갑자기 비대한 조직에서 슬림한 조직으로 쉽게 변할 수 있는 것이 결코 아니라는 것이다.

그 이유로 Gordon은 노동과 자본사이의 갈등과, 노동을 통제하기 위해 사용된 자본가의 전략을 꼽고 있다. 포드주의가 유행했던 시절에는 노동규율과 복종은 주로 임금, 연금, 직업안정 등의 경제적 보상에 의존해 이루어졌었다. 미국 기업들이 국제적 경쟁과 순이익 감소로 고통 받음에 따라 이러한 경제적 유인책은 감소되거나 사라지게 된다. 위기에 대한 최초의 대응은 비용 삭감 전략이었다. 따라서 노동자들의 임금을 조정하거나 삭감시키는 등의 조처가 취해지게 되었다. 이제 더 이상 노동자들에 대한 당근 정책은 쓸모없는 것이 되었고, "스틱"정책이 등장하게 된 것이다. 스틱은 경제 불황이라는 조직 환경에서 업무를 독려하기 위한 방안으로 사용되었다.

노동자 스틱정책은 중간관리자 및 감독관의 수를 증가시키는 결과를 낳았다. 이들은 노동자들의 업무노력을 감시하기 위해서 고용된 사람들이다. Gordon은 이 관리자들의 업무를 "감시노동"(guard labor)이라 불렀다. 전체 노동력 중 관리자들의 비율이 증가함에 따라 조직은 날씬해진 것이 아니라 오히려 비대해졌으며, 따라서 골치 아픈 존재(meaner)가 되었다. 조직이 관리층의 증대로 포화상태가 됨으로서 관료제가 팽창하게 되었고, 비용증가, 능률저하, 노동자 사이의 불신 증가라는 역기능이 발생하게 되었다. 이러한 의도하지 않은 결과는 단기간에 끝나지 않았고, 계속해서 생산성과 경쟁력 상실이라는 위기를 불러일으키게 된다. 결국 많은 기업들은 자신들의 전략을 재평가하기 시작했으며, 새로운 전략을 모색하게 된다.

그 한 예가 Texas주의 Lubbock에 위치한 Frito-Lay 공장이다. 1990년 이래 이 공장의 관리자 수는 38명에서 13명으로 줄었지만 시간당 임금을 받는 근로자의 수는 20%에서 220%까지 증가하였다. 감독관의 수가 줄어들었음에도 불구하고 이 공장은 두 자리 수의 비용절감을 거두었으며, 품질은 48개의 Frito-Lay 미국 공장에서 Top 6에 드는 성과를 거두게 되었다(Business Week, October 17, 1994:51).

Gordon과 Harrison 책의 모순된 제목에도 불구하고 조직 변화에 중요한 패턴이 있다는 사실을 보여준다. Harrison은 생산 네트워크의 등장을 낳는 기업구조 조정의 최근의 양상을 제시한데 반해, Gordon은 포드주의의 비대한 조직이 점차 간결한 조직으로 변화하는 과정을 보여주고 있다. 이 두 사람 모두 대기업과 중소기업 간에 나타난 수입 불균형과, 경제적 양극화를 낳는 구조조정 과정의 어두운 측면을 지적한다. 이들은 노동비용 감소에 근거한 비용감소의 작은 길 전략과, 혁신, 노동자 교육, 적절한 보상에 근거한 큰 길 전략을 명확하게 구분한다. 그러나 이들은 큰 길 전략을 더 강조한다.

3) 유연성의 형태

유연성은 현대의 새로운 조직형태가 지닌 가장 일반적인 특징이다. 새로운 조직은 과거의 조직보다 훨씬 유연하다는 점에서 높은 점수를 받는다. 새로운 조직의 특징인 조직변화는 거의 대부분 유연성이라는 이름하에 이루어진다. 유연성이란 좋은 것이고, 경직성은 나쁜 것이라는 가정은 급변하고 혁신적이며 새로운 환경에 조직이 발빠르게 대처해야 한다는 믿음에 근거한 것이다. 유연성이란 구조조정, 혁신, 보다 빠르게 슬림, 그리고 변화하는 환경에 신속히 대처할 수 있는 능력을 말한다.

> "관리자들은 어느 곳에서 활동하든 1970년대 이후에는 다양한 방법으로 환경에 대응해야 한다. 이것은 그 기업의 규모가 크든 작든 유연성을 모색하여야 한다는 것을 의미한다"(Harrison,1994:127).

포드주의에서 비포드주의로 넘어가는 것과 마찬가지로 경직성에서 융통성으로 넘어가는 것, 혹은 덜 융통적인 것에서 보다 융통적인 것으로 옮겨가는 것은 다양한 경로를 통해 이루어진다.

Harrison(1994:129-133)은 융통성의 유형을 세 가지로 구분한다. 첫째는 기능적 융통성이다. 즉 업무를 재규정하고, 자원을 재배치하며, 공급자와의 관계를 재설정하는 관리자의 노력이다. 간결한 생산 모델과 정시 관리 실제를 제도화하는 것은 이러한 융통성의 한 형태이다. 이것의 목적은 기업이 제품, 디자인, 시장의 다양성을 위해 생산시스템을 바꾸고, 규모의 경제를 실현하기 위한 것이다.

임금 유연성은 두 번째 형태의 유연성이다. 이것은 장기간 고용안정을 기하는 것, 노동자 사이에 임금경쟁을 벌이는 것, 그리고 노동시장의 외부세력에 대한 의존성을 종식시키는 것을 말한다. 이 유연성의 강화는 노동자의 협상능력을 약화시키고, 임금구조를 다양화해 이들로부터 임금을 반환받을 수 있다는 장점이 있다.

유연성의 세 번째 형태는 계산적 유연성이다. 이것은 노동비용과 고용관계를 겨냥해 이루어지는 것이다. 이 유연성은 파트타임 노동, 계약, 기타 상황적 노동의 이용을 통해 달성된다. 이것은 또한 과거 기업에서 했던 일을 아웃소싱 함으로서도 달성할 수 있다. 임시직은 정규직 노동자보다 훨씬 적은 보상과 혜택을 받는다. 계산적 유연성은 인간자원 배치에 정시원리를 적용시킨다. 노동자들은 수시채용의 원칙에 따라 채용되고, 서비스도 도급 계약한다.

Sayer와 Walker(1992)도 유연성의 개념을 제시한다. 이들에 따르면 기업은 항상 유연성 전략과 비유연성 전략을 통합하여 사용한다고 한다. 따라서 이렇게 다양한 통합을 과거는 비유연성이고, 현재는 유연성이라는 고정된 이분법으로 분류할 수는 없다. 필요한 것은 노동의 분업에 대한 새로운 형태와, 이 분업을 조직하는 새로운 방법을 광범위하게 인식하는 것이다. Sayer와 Walker(1992:199)는 다음과 같이 다양한 유연성을 제시한다. 생산량의 유연성, 제품 유연성, 유연한 고용, 유연한 업무실제, 유연한 기계, 구조조정의 유연성, 그리고 유연한 조직형태가 그것이다.

생산량의 유연성과 제품 유연성은 규모의 경제, 그리고 범위의 경제 문제와 관련된다. 시장의 수요에 맞춰 생산량을 조절할 수 있는 조직유연성이 생산량 유연성이다. 이것은 생산에 대한 밀어내기 접근이 아니라 당기는 전략이다. 제품 유연성은 변화하거나 다양한 시장 수요에 대처하기 위해 제품디자인과 모델을 신속하게 바꾸는 전략이다. Honda 자동차의 월드카 전략이 이 두 가지 유연성을 통합하려는 시도의 일환이다. 즉 다양한 시장의 분야(범위)에 적절한 양(규모)을 공급하는 전략인 것이다.

유연한 고용은 앞서 언급한 계산적 유용성과 비슷한 전략이다. 즉 정규직 노동자의 수를 줄이고, 임시직이나 도급직 노동자의 능력을 높이는 전략이다.

유연한 업무실제는 간결한 생산시스템과 밀접히 관련된다. 여기에는 다양한 기술, 다양한 업무수행 능력 등이 포함된다. 업무를 엄격하게 분류하여 노동자들에게는 업무 다양성을, 관리자에게는 노동자 배치에 관한 융통성을 부여해주는 것을 말한다.

유연한 기계란 하나의 업무나 과정에 집중하는 대신 다양한 생산과정과 플랫폼으로 재계획하고 통합할 수 있는 컴퓨터 사용을 의미한다. 컴퓨터 통합 제조방법(CIM)과 유연한 제조 시스템(FMS)은 아직 유아적 단계에 머무르고 있는 컴퓨터 조작기술을 기반으로 한다. "인간 노동과 비교할 때 가장 융통적인 기계라 할지라도 예상치 못한 것을 다룰 때는 조잡하고, 경직되며, 무능할 수 밖에 없다. 기술이 아무리 유연하다 할지라도 그것은 고정된 자본에 불과하며, 기계와 관련된 고유한 문제를 안게 된다"(1992:200-201).

마지막 유형은 유연한 조직형태이다. 이것은 조직에 대한 논의를 조직 내 문제에서 조직간 문제로 전환시키는 것이다. 즉 기업의 네트워크를 통해 공동연구, 디자인, 제품 생산을 함께 모색하는 유연성이다. 이것은 유연성 전문화의 중요한 특징이다.

이상의 유연성 형태는 각자 조직 구조조정의 일부분을 담당한다. 유연성의 개념은 조직변화에는 하나의 기본원리가 있다는 인상을 사람들에게 심어준다. 그러나 정확하게 말해 유연성은 점진적이며 시행착오의 과정이다. 대부분의 기업은 생산적이고 경쟁적이 되기 위해서 자신의 모든 활동을 개혁하고자 한다. 조직 구조조정 내용에는 생산라인을 없애는 것, 조기 퇴직, 부서통합, 불필요한 사업매각, 공장폐쇄, 정규직 근로자 다운사이징, 아웃소싱, 직원재배치, 최고경영진 교체, 저임금 지역으로 생산시설 이전 등이 포함된다(Usui and Colignon, 1996;Castells,1996). 이들은 비용삭감을 위해 시행되기도 하지만 유연성을 확보하기 위해서도 시행된다

이러한 구조조정 방법은 조직이 처한 상황에 따라 서로 다른 영향을 미친다. 임금과 고용 유연성은 안정적 고용을 해치고, 임금을 낮추며, 조직구성원의 업무 부담을 가중시킨다. 어떤 노동 경제학자가 설명한 바와 같이 "거의 대부분의 고용관계는 똑같은 경쟁상태에서 똑같은 제품을 생산하는 똑같은 사업을 계속 펼치려는 사용자에 달려있다. 그렇다면 누가 고용되려고 하겠는가?"("Rethinking Work," Business Week, October, 1994 : 77). 정답은 아무도 없다이다. 따라서 고용관계는 직장불안정의 심화 정도에 따라 바뀔 수 밖에 없는 것이다.

유연성과 구조조정 전략은 노동의 분화 틀을 바꾸는 한가지 방법이다(Sayer and Walker, 1992;Castells,1996). 작업업무, 의사결정 권한, 혹은 공급 및 배분 연결망 등에서 새로운 배분 방식이 도입되면 사람과 생산과정을 사회적·기능적으로 통합하기 위한 새로운 메커니즘이 필요하다. 포드주의 노동의 분화 하에서 기능적 통합과 조정은 어셈블리라인과 관리감독에 대한 기술적 통제에 의하여 주로 이루어졌다. 사회적 통합은 노조기반의 대표성, 관대한 보상, 그리고 상대적으로 높은 직업 안정을 통해서 달성된다. 보다 유연한 조직에서는 조직구성원에게 보다 많은 자유재량과 의사결정을 허용하지만 보상수준은 낮아지고, 직업안정은 불투명해지는 문제를 안는다. 여기에서 비정규직 임시직원의 수는 큰 폭으로 늘어나고, 조직 분위기는 더욱 불안정해진다. 이러한 상황 하에서 조직은 기능적, 사회적으로 서로 다른 조직구성원과 활동을 조정해야 하는 중요한 문제를 안게 된다. 유연성을 높이기 위해서는 조직을 변화시켜야 하는데, 이것은 전통적 통합의 형태를 해체시켜야 한다는 전혀 예견치 않은 결과를 낳는다. 이것은 새로운 유연성 전략이 지니는 긍정적 측면을 무효화시키는 결과를 낳는다.

Hebert Kaufman(1985)은 유연성을 비용이 들지 않는 조직 전략으로 생각해서는 결코 안 된다고 강조한다. 유연성 조직을 만드는 것이 이론상으로는 기구, 자원, 조직구성원의 애정을 급속히 바꾸는 것이지만, 어떤 상황 하에서는 자원을 집중하고, 한 가지 선택에 조직 구성원이 몰입하는 것을 뜻한다.

> "유연성을 유지하는 것이 오히려 선택 가능성을 차단하고, 유연성을 제한할 수도 있다……. 유연성 자체가 몰입이 되기 때문에 많은 일을 할 수 없게 되며, 오히려 자유로운 행동을 차단할 수 있다"(Kaufman,1985:73).

따라서 잠재적으로 조직에 긍정적인 결과를 미치는 장기계약, 고용보장, 혹은 자본투자 등은 유연성이라는 목표가 우선적으로 설정되지 않는다면 결코 달성될 수 없는 것이다.

Kaufman(1985: 4-75)은 사회적 통합과 관련된 "분열의 비용"(cost of disunity)을 언급한다. 이것은 유연성의 패러독스이다. 유연성은 환경의 다양성을 극복하는데 핵심요소인 조직의 내부 통일을 약화시킨다는 것이다. 유연성은 강력한 유대를 위해 필요한 정신집중과 충돌하기 때문이다.

Kaufman이 제시한 유연성의 패러독스는 일본 섬유산업을 분석한 Dore(1986)의 연구에서 나타난다. Dore는 유연한 경직성(flexible rigidities)이라는 개념을 사용하여 일본 섬유산업에서 유연한 생산과정 및 조직 실제가 신뢰, 의무, 장기적 몰입에 기반을 둔 규범적 규제와 역설적으로 통합되고 있다는 사실을 보여준다. 즉 역설적으로 보이는 조직의 특징을 결합하고 균형을 맞추는 것이 일본 섬유산업의 성공비결이었다는 것이다(Kenney and Florida,1988; Sayer and Walker,1992:212-221). 일본의 조직이 지닌 이러한 유연한 경직성은 대부분 조직 간의 네트워크(동맹)에 근거를 두고 있다. 이 시스템은 평생고용제와 고참제를 다양한 기술 및 업무 유연성과 결합시키는 것이다.

최근의 조직이론 경향
: 탈관료제 이론, 조직문화 이론, 그리고 학습조직 이론

chapter 7

앞 장에서 설명한 새로운 형태의 조직 탄생과 더불어 그것을 이론적으로 규명하고자한 시도가 조직이론에서 일고 있다. 우리는 이러한 최근의 조직이론 경향을 새로운 조직 패러다임이라고 한다. 즉 현대의 새로운 조직을 새로운 시각에서 바라보고자 하는 조직에 대한 새로운 관점인 것이다. 새로운 조직 패러다임으로 들 수 있는 대표적 조직이론으로는 탈관료제 이론, 조직문화 이론, 그리고 학습 및 지식 조직이론 등을 들 수 있다.

Section 1 탈관료제 이론

1. 탈관료제 조직에 관한 이론적 접근

유연성이 1990년대 조직이론의 화두였다면, 그 희생자는 역시 관료제였다. 관료적 조직구조나 이것의 특징인 공식화를 강조하는 방향으로 나아가자는 조직이론은 적어도 1990년대에는 없었다. 대신 관료제를 뛰어넘으려는 시도가 여러 분야에서 전개되었으며, 탈관료적 조직은 그러한 시도 중 하나이다. 오랜 세월 동안 관료제와 조직은 함께 했지만, 탈관료적 조직의 등장은 이 둘 사이에 모순이 생겼다는 것을 상징적으로 보여준다. 탈관료제는 이제 관리이론의 실제와, 조직 연구의 이론적 세계에서 하나의 트랜드로 자리 잡게 된다(Clegg,1990; Heckscher and Donnelon,1994; Barzelay,1992). 이미 탈 포드주의, 슬림한 생산, 그리고 유연한 전문화 뒤에는 조직이 탈관료화 될 때 유효해진다는 묵시적 가정이 담겨 있다. 이것은 조직구조와 과정에 많은 새로운 의미를 던진다.

Max Weber는 관료제의 이상형을 제시한다. 그러나 Charles Heckscher(1994)는 Max Weber의 관료제의 이상형과 대비되는 탈관료제 이상형을 제시한다. 〈표7-1〉은 Heckscher가 제시한 탈관료제 이상형의 핵심내용이다. 이 내용을 살펴보면 다음과 같다. 첫째, 탈관료제 조직에는 명령체계와 의사전달 체계를 규정한 조직공식화가 없다는 것이다. 대신 명령은 대화, 설득, 신뢰로 대치된다. 이를 통해 위로부터의 지시가 아니라 밑으로 부터의 의견이나 여론을 수렴한다. 민주적 의사전달을 실현하는 것이다. 특별한 이익이나 숨겨진 의도를 위해 설득하는 것이 아니기 때문에 조직구성원들은 신뢰와 보다 큰 의미의 조직목표의 역할을 중요한 것으로 받아들인다. 다른 조직 구성원의 요구와 주장을 받아들이는 데는 그러한 신뢰와 큰 의미의 내재된 수긍이 바탕이 된다. 이러한 상황에서는 의사결정의 합의가 쉽게 이루어진다.

<표 7-1> 탈관료적 조직의 이상형

1. 권위와 규칙을 그대로 받아들이기 보다는 제도화된 대화를 통한 합의를 추구한다.
2. 공식적 지위보다는 설득에 의한 영향력 행사
3. 부처이기주의 보다는 상호신뢰와 상호의존성에 기반하여 영향력 행사
4. 공식적 직무기술이나 규칙보다는 조직사명을 강조(규범적 호소)함으로써 통합시도
5. 정보를 독점하거나 감추기 보다는 정보를 공유
6. 공식적 규칙보다는 원리에 입각한 조직행태 및 행동 유도
7. 공식적 명령 체계보다는 문제 혹은 프로젝트에 입각한 자문 및 의사전달
8. 공식적 교리나 지위보다는 집단 및 동료 평가라는 개방된 과정을 통해 전문성 및 자격 입증
9. 내부 조직구성원만을 강조하는 조직운영보다는 조직에 드나드는 외부인에게도 조직운영을 개방하는 조직경계의 완화
10. 엄격한 객관적 척도보다는 공공 및 협상적 성과에 근거한 평가, 보상, 승진
11. 고정된 적절성 절차에 따른 성과기대 보다는 지속적 평가에 기반한 상시변화의 기대

출처 : Charles Heckscher, "Defining the Post- Bureaucratic Type," in Charles Heckscher and Anne Donnelon, eds., The Post Bureaucratic Organization (Thousand Oaks, CA : Sage, 1994): 25-28.

둘째, 탈관료제 조직은 정보를 공유하고 보급하는 조직이라는 것이다. 탈관료제 조직은 대화, 상호영향력, 설득 등을 효과적으로 수행하기 위해서 조직자원 및 성과에 관한 정보에의 접근과 배분을 공평하고 광범위하게 수행한다. 이익을 얻고 권한을 행사하기 위해 정보와 지식을 쌓아두고 독점하는 것은 탈관료제 모델에서 금기시 된다.

셋째, 탈관료제 조직에서 조직행태와 행동은 자유재량, 유연성, 적응력을 허용하는 일반원리에 의하여 이루어지지 결코 공식적 역할이나 직무기술에 의해서 아루어지는 것이 아니라고 하는 것이다. 만약 조직의 원리가 고객에 대한 신속한 서비스의 전달이라면 조직구성원들은 이러한 목표실현에 방해가 되는 공식절차를 버리거나 수정한다. 고전적 관료제 조직의 가장 큰 문제는 규칙에 지나치게 집착함으로써 조직목표를 수단으로 대치하는 것이었다. 탈관료제 조직에서는 이러한 방법보다는 원리를 중시함으로써 이 문제를 해결한다. 절차가 조직사명 및 원리와 관련하여 평가된다면 그 조직은 조직변화에 적극적으로 대처할 수 있게 된다.

넷째, 탈관료제 조직에서는 계층적 명령체계 보다는 문제와 프로젝트에 의해서 상호작용, 의사결정, 의사전달 등이 이루어진다는 것이다. 문제를 해결하고, 프로젝트에 따라 일을 추진하기 위해서 탈관료제 조직에서는 조직내의 다양한 부서의 다양한 지위의 사람들로 구성된 기능적 팀이 구성된다.

Heckscher가 제시한 탈관료적 조직의 마지막 특징은 직원 평가와 관련된 것이다. 탈관료제에서는 직원성과와 승진의 척도로 고참제나 공식증명서에 의존하는 것이 아니라 동료평가와 협상적 평가기준에 의존한다. 수평적· 수직적 상호작용의 기회를 넓히고 팀을 많이 이용하면 여러 조직 구성원의 장점과 단점을 폭넓게 알 수 있다. 여기에서 나온 정보를 통해 효과적인 의사전달과 자문을 할 수 있다. 이러한 환경하에서 조직구성원들은 공식적 직무 지침을 뛰어넘는 기술과 능력을 발전시킬 수 있다.

결국 Heckscher의 이상형은 자신이 제시한 "마스터 개념"(master concept)과 밀접하게 연관된다.

> "마스터 개념이란 전체의 성공을 위해 모든 사람이 책임을 지는 조직이다. 마스터 개념하에서는 이미 규정된 기능에 따라 사람들을 배치하여 사람 사이의 관계를 규제하는 발상은 폐기처분된다.... 조직통제는 업무관리 중심이 아니라 사람 관리 중심으로 이루어진다.... 따라서 마스터 개념하의 조직은 본질적으로 계층제와 권위에 의존하는 것이 아니라 정보를 공유한 합의에 의존한 구조이다."(Heckscher,1994:24)

그러나 탈관료제 조직은 기능과 권위를 공식적으로 분화시킨 통제방법으로부터 "정보를 공유한 합의"를 발전시킨 구조로 대치시키는데 따른 문제를 안게 된다. 여기에서 핵심적인 조직 긴장이 발생한다. 공식적인 관료적 통제와 조정 메커니즘이 없는 상태에서 조직구성원들은 다양한 목표를 추구할 광범위한 자유재량을 갖게 된다. 이는 자칫 조직의 혼란을 초래할 수 있다. 이러한 상황에서 통합 역할은 매우 중요하다. 기존 관료적 조직에서 통합역할은 주로 직무기술이나 규칙에 의해서 이루어졌다. 그러나 탈관료제 조직에서는 큰 의미의 조직사명에 의해 통합이 이루어진다. 이것이 이루어지기 위해서는 조직구성원들에 의한 핵심적 조직 목표의 이해가 필수적이라는 것이다(1994: 25).

Weber의 이상형 관료제와 마찬가지로 탈관료제 조직의 실제 예도 찾기가 쉽지 않다. 그러나 그 흔적의 증거는 많다. Heckscher에 따르면 탈관료제 조직형태의 핵심요소가 처음 도입됐을 때 많은 저항과 갈등이 있었으며, 기존 조직형태와 융합되기도 쉽지 않았다고 한다. 그것은 첫째, 조직구성원들이 기존의 조직운영절차에 익숙해 있었고, 탈관료적 조직방식이 기존의 권위구조를 위협했기 때문이다. 둘째, 탈관료제 조직은 낯선 것으로 거부될 수 밖에 없는 요소를 안고 있기 때문이다. 이 요소가 도입되면 조직의 다른 측면도 변화한다. 결국 탈관료제 조직의 실현 여부는 조직구성원의 저항, 혹은 기존 조직의 모든 실제를 광범위하게 재평가할 수 있는 힘의 여부에 달려있다고 할 수 있다. 셋째, 탈관료제 조직은 기존의 조직과 결별하고, 기존의 조직이 지지하는 제도적 과정에 궁극적인 영향을 미치기 때문이다. Heckscher는 탈관료적 조직이 영향을 미치는 제도로 사회화, 경력, 계급, 그리고 직업윤리 등을 든다. 문제는 이러한 점이 많은 조직구성원들에게 불안과 근심을 안겨준다는 것이다.

"가령 경력시스템은 유연성에 대한 필요 때문에 근간이 흔들릴 수 있다.... 이러한 상황은 조직구성원의 주거상태(집을 살만큼 직장이 안정되었는지의 여부), 사회화(직장을 처음 얻을 때 사람들이 갖게 되는 기대), 그리고 계급관계(불안정한 세계 속에 자신의 정체성을 어떻게 찾아야할지의 문제)에 영향을 미치게 된다."(Heckscher,1994:27)

탈관료제와 관련된 이러한 사실들이 여러 학자들에 의해서 광범위하게 논의되고 있다. 이 증거는 Business Week의 기사 "rethinking work"에 잘 나타나 있다. 이 기사는 새로운 패러다임의 등장에 따른 조직구성원들의 긴장, 의문, 불확실성 등을 집중 조명하고 있다.

"우리는 매년 새롭게 변화하는 직장에서 일을 한다. 그 결과 많은 사람들은 동기부여되기도 하고, 많은 보상을 받기도 한다. 계층제를 완화시키고, 의사결정을 조금씩 민주화시키는 기업에서 노동자들은 자신의 일과 관련하여 많은 자유재량권을 부여받고 있다. 자기통제권이 위로부터 지시받는 방식을 대치하고 있는 것이다.... 그러나 여기에 따른 문제가 많다. 패자들(새로운 방식에서 탈락한 사람들)은 기존의 역할관계를 다시 생각하고 있다. 심지어 승자 조차도 상대방을 인식하기 시작했다. 빨리 행동하여야 할 필요성, 새로운 경쟁적 압력을 상호이익으로 변환시켜야 할 필요성에 그들은 직면해 있는 것이다"("Rethinking Work:Special Report," Business Week, October 17, 1994:77).

Business Week의 사설은 다음과 같은 삭막한 언어로 이러한 현실을 기술한다.

"이제 점점 더 다원주의가 되고 있다. 한 때 헌신적 노동을 통한 번영의 대가로 안전한 안식처를 주었던 미국의 직장이 이제는 위험한 곳이 되었다. 좋든 싫든 미국인들은 기회를 위해서 안전을, 그리고 유연성을 위해서 안정성을 포기해야만 하는 단계에 와 있는 것이다" ("Editorials : Rethinking Work," Business Week, October 17,1994:252).

그리고 이러한 현실로부터 노동자들은 다음과 같은 사실을 공유하게 되었다고 한다.

"몇 년 전만해도 우리가 무엇을 해야할지를 말해주는 사람이 있었다. 우리는 지시한대로만 하면됐다. 그가 모든 결정을 한 것이다. 우리가 결정할 필요가 없었다. 그러나 이제 우리는 누군가의 말에 귀 기울일 필요가 없다. 우리는 너무 많은 권한을 부여받아 안전하지 않으면 일을 할 수가 없다. 내가 어떤 사람에게 일을 하도록 했는데, 그 일이 안전하지 않아 못하겠다고 한다면 그저 그 뿐이다("Rethinking Work : Special Report, " Business Week, October 17,1994:80).

이 마지막 구절이 탈관료적 조직의 핵심요소와 밀접히 관련된다. 탈관료제 조직에서는 일방적 의사전달이나 명령보다는 쌍방적 대화가 중요한 역할을 한다. 우리는 이것을 상호작용적(interactive) 의사소통 유형이라고 한다(Heckscher,1994:24). Heckscher는 이것을 탈관료제 조직의 핵심으로 본다. 상호작용적 의사소통은 만족과 몰입(애착)을 증가시키기 보다는 혁신을 도모하고, 의사결정 분야에서 보다 나은 조직결과를 낳는데 기여한다.

2. 탈관료제 조직의 사례

탈관료제 조직을 규모나 중요성 측면에서 실제 응용하고 있는 조직의 예는 많지 않다. 그러나 Heckscher에 따르면 캐나다 온타리오주에 있는 Shell-Sarina공장이 가장 대표적인 탈관료제 조직의 예라고 한다. 이 조직의 실제 작업장에서의 운영의 실태를 살펴보면 다음과 같다(이 설명은 1995년 Sirianni와, 1993년 Wells의 자료에 따른 것이다.)

1) Shell-Sarina

Shell-Sarina는 연속적 과정 기술을 이용하여 알코올과 폴리프로필렌을 생산하는 2억 달러짜리 공장이다. 이 공장에는 130명의 노동자가 근무하고 있으며, 이들은 모두 에너지 화학노조(ECWU)소속이다. 이 공장의 레이아웃(layout)은 Shell경영진과 ECWU 대표로 구성된 팀에 의하여 설계되었다.

이 공장의 조직은 독자성이 상당히 보장된 팀을 기반으로 이루어지는데, 18명을 한 조로 하는 6개의 생산과정 팀과 14명을 한조로 하는 한 개의 전문기능팀으로 구성되어 있다. 18명을 한조로 하는 6개의 생산과정 팀에는 반드시 조정관을 두도록 하였다. 생산과정 팀은 생산과정과 관련된 모든 업무를 수행하는데, lab 업무 부터 경비직까지 다양하다. 그리고 이들 업무는 교대 근무를 원칙으로 한다. 팀이 작업할당, 스케쥴, 휴가,

연장근무, 교육훈련 까지 결정한다. 전문기능팀은 기능적 전문가이다. 이들은 기본 전문 기능을 생산과정 팀에게 교육하는 역할을 수행하지만, 그 이외에는 자신의 기능적 업무만 수행하도록 되어있다. 그 이유는 생산과정팀이 전문기능팀에 지나치게 의존하는 것을 막기 위해서이다. 교육은 무제한 실시되었는데, 이로인해 생산과정팀은 공장을 운영하는데 필요한 모든 업무를 배울 수 있었다. 발전, 그리고 성과기반의 기술 습득을 용이하게 하기 위해서 엄격한 직무기술서와 고참제 승진 방식은 제거되었다. Carmen Siriani(1995)의 보고에 따르면 이 공장의 기술 수준이 매우 높아 캐나다 서부 Shell석유화학 공장에서 이 공장을 방문한 관리자들은 현장 근로자와 엔지니어 사이에 기술수준의 차이가 없다는 이 공장의 공장장의 말을 듣고 놀랐다고 한다.

이 공장의 물리적 배치 또한 분화를 줄이고, 행정사무실, labs, 그리고 정보기술에 접근하기 용이하도록 설계되어 있었다. 정보기술은 모든 노동자들이 쉽게 이용할 수 있는 소프트웨어와 온라인 정보를 포함한다. 정보와 데이터는 조직구성원들의 제안과 경험을 근거로 언제든지 변경 및 수정이 이루어지도록 되어 있다. 이것이 바로 Heckscher가 말하는 상호작용적 의사소통 유형이다.

> "토론과 대화는 조직구성원들이 책임과 신뢰라고 생각하는 것, 그리고 조직이 제안과 기술 발전을 최대한 이룰 수 있도록 하는 것을 근거로 이루어진다. 노동자들은 전략적 기업 정책을 제외한 모든 문제에 의견을 제시하며, 팀내 혹은 팀간에 공식적 · 비공식적 만남을 갖는다. Sarina는 노동자들에게 힘을 실어주고, 이들에게 정보접근과 개방적 토론을 할 수 있는 기회를 제공하며, 일상적 활동에서 노동자들이 관리자들에게 덜 의존하도록 설계되었기 때문에 공장 뿐만 아니라 노조의 조직문화도 상당히 민주적 성격을 띠고 있다." (Sirianni,1995)

이러한 Sarina 공장의 사회적 · 물리적 조직 특징은 사회기술적 체계이론과 정신분석학 의 집단과정 이론에 바탕을 두고 있다. 이 이론들이 공동으로 주장하는 것이 팀협력, 집단활동, 자기 개발과 성찰에의 관심 등이 조직과정에 매우 매우 중요하다는 것이다. 이들은 조직이론에서 오랫동안 논의되어 왔던 것들이다. 특히 이들은 관료적 조직을 개혁하거나, 새로운 형태의 과정 및 정보기술을 조직에 도입하고자 할 때 매우 유효하다.

2) Oticon Holding

탈관료제에 대한 대표적 사례는 덴마크 기업인 Oticon Holding 사의 A/S 시설 재편과 관련한 사례이다(Labarre,1996). 청각 보조장치의 세계적 생산 회사인 Oticon은 1980년대 말 회사를 리모델링 하기로 결정하였다. 이 회사의 사장인 Lars Kolind는 회사의 활동을 점진적으로 고치고 변화시키기 보다는 처음부터 다시한다는 자세로 그것을 근본적으로 뜯어고치자 하였다. 그 첫번째 조치는 전문화된 지위와 계층적 관계로 이루어진 조직의 강령을 개혁하는 것이다. Kolind는 이동사무실의 개념으로 구조없는 조직을 출범시켰다. 모든 조직구성원들이 이동하면서 표준업무를 수행하게 한 것이다. 사무실에는 필요한 것만 나두도록 하였는데, 가령 책상, 컴퓨터, 폴더와 바인더 등만 사무실에 비치하였다. 업무단위는 부처나 기능 보다는 프로젝트 중심으로 이루어지기 때문에 노동자들은 이 프로젝트 팀에서 저 프로젝트 팀으로 몸만 이동하면 된다. 프로젝트 기간 동안에만 조직구성원의 사무실이 존재하게 되는데, 그 기간은 대개 몇 주에서 몇 달 정도였다.

조직구성원들은 칸막이, 벽, 혹은, 비서진에 따라 구분되지 않았다. 그 이유는 걷고, 말하고, 행동하는 것을 극대화하기 위해서이다. 서로 다른 프로젝트 팀이 같이 일했으며, 이로 인해 150명에 달하는 조직구성원 사이의 정보공유와 사회통합이 이루어졌다. 이러한 탈 구조화 작업에는 두 가지 형태의 기술이 결정적 역할을 하였다. 자유로운 업무환경을 조성하기 위해서 모든 조직구성원들에게 지급된 핸드폰과, 컴퓨터를 통한 브레인스토밍을 수행하기 위해 사용된 그룹웨어 시스템이다. Oticon은 서류없는 사무실을 지향하고 있었으며, 중요한 서류, 메일 등을 볼 수 있는 "paper room"을 운영하였다.

이상의 탈관료제적 조직, 그리고 Shell-Sarina와 Oticon의 사례는 공식조직의 척도와 의미가 근본적으로 바뀌고 있다는 것을 보여준다. 이것이 최근의 조직경향이다. 탈관료제 조직의 핵심적 요소 중 하나는 장애를 없애 정보와 의사전달의 흐름을 원활히 하는 것이다. 그 장애물은 대개 공식적 역할과 물리적 구조이다. 지식과 정보를 물 흐르듯 하기 위해서는 과정과 프로젝트 팀을 이용해야 한다. 이들은 업무수행에 있어서 조직의 기준 보다는 자신들의 기준을 적용한다. 따라서 팀 구성원과의 상호작용을 통해 조직역할이 생기고, 동료들의 압력과 팀 멤버십에 의해 통제와 의무가 발생하게 된다. 탈관료제 조직에서는 사회적 · 기능적 통합이 분화 및 전문화 보다 우선시 된다.

3. 탈관료제와 조직생태

Shell-Sarina와, 특히 Oticon의 사례는 과거에 무시되었지만 현재에는 중요성이 부각된 물리적 공간에 대한 문제를 제기한다. 일반적으로 조직구조와 관료제는 물리적 공간을 조직강령, 공식규칙 및 규제, 그리고 기타 각종 문서화된 명령 등에 명시한다. 대부분의 조직은 건물을 짓거나 공간을 설정할 때 피라밋형 조직배치를 한다. 가령 사장 집무실은 전망이 제일 좋은 곳에 배치하고, 비서실은 사장실 바로 옆, 그리고 부사장실은 사장실 아래에 배치한다. 기능, 부서, 지위에 따라 층, 건물, 벽, 칸막이로 구분하는 것이다. 그러나 비관료적 조직형태를 발전시키기 위해서는 이러한 기본적 사실에 변화가 필요하다. 조직생태(ecology)를 고려한 공간배치가 필요하다는 것이다. 조직 생태는 업무에 관한 주관적 감정을 형성하는 물리적 작업환경이며, 조직구성원들의 행동, 상호작용, 과정이 일어나는 객관적 유형이다.

> "조직생태란 조직리더들이 의도적으로 자신의 사무실에 대해 결정하는 것을 말한다. 가령 가구배치, 사무실 및 업무위치, 업무순환에 대한 레이아웃, 회의의 수, 위치, 그리고 성격, 계산, 엘리베이터, 식당 등에 대해 의도적으로 결정하는 것이다. 공간을 어떻게 배치하고, 누구에게 배려할 것인가 하는 것이다. 결국 조직생태란 조직의 리더들이 장기간의 경쟁에 대비하여 조직구성원의 공간과 시간을 어떻게 소집할 것인가를 선택하는 것이다."(Becker and Steele,1995:11-12)

조직생태란 새로운 조직형태가 작동할 때 필요한 활동과 과정에 작업공간을 물리적으로 배정하는 것을 말한다. 만약 팀워크를 통해 부서간 상호작용을 강조하는 조직이라면 여기에 근무하는 사람들을 물리적으로 분리시켜서는 안되고, 상호작용과 교환을 용이하게 하는 물리적 레이아웃과 공간을 갖추어야 한다. 반면 학습조직인 경우 조직구성원들이 정보접근과 이용을 용이하게 할 수 있는 시설을 갖추어야 한다. 또한 조직이 유연한 의사전달과 상호작용을 우선시 하는 것이라면 대화를 유도하고, 접촉을 강화하기 위해 사람을 끌어모을 수 있는 일종의 "자석본부"를 설치해야 한다(Becker and Steele,1995:40-41).

조직과정에서 생산(production)분야는 최근 가장 큰 변화를 겪고 있고, 점차 조직생태에 접근하는 중이다. Franz Becker와 Fritz Steele(1995)은 과거의 생산기법을 "relay 경주" 모형, 그리고 최근의 생산기법을 "럭비"게임 모형으로 개념화한다. 릴레이경주 모형 생산은 기능이 서로 다른 부처에 의해 생산이 연속적으로 이루어지는 것을 말한다. 가령 엔지니어링이 설계하면, 그것이 제조부서로 넘어가고, 그것이 다시 마케팅 부서로 넘어가는 것이 그것이다. 각 부서가 작업을 마치면, 다른 부서로 그것을 넘겨주는 것이다. 일종의 어셈블리라인이다. 반면 럭비경기 모형에서는 럭비공 튀듯이 모든 부서의 구성원들이 선수가 된다. 부서간에 끊임없는 상호교환이 이루어지며, 모든 구성원들은 일이 완수될 때 까지 함께 작업한다. 이 모형은 혁신과 급속한 발전을 이루기 위한 생산장치이다. 이러한 점에서 조직생태와 럭비경기 모형은 서로 일치한다.

미시간주 Grand Rapids에 위치한 사무기구 생산업체인 Steel Case주식회사는 생산 발전의 럭비경기 모형을 본 뜬 기업발전 센터(CDC)를 운영하고 있다. 이 회사 경영진들은 부서 및 프로젝트 팀 사이의 비공식적 접촉을 극대화하기 위해, 그리고 서로 다른 작업 스타일에 기반하여 업무를 수행하는 노동의 분화 문화를 타파하기 위해 럭비경기 모형을 도입했다. 이를 위해 이 회사는 물리적 공간을 다음과 같이 구분하였다. (ⅰ)개인, 프로젝트, 공유된 목표에 따른 업무분야, (ⅱ)서로 다른 기능적 부서의 직원을 통합할 수 있는 "혼합된 이웃"(mixed neighborhood), (ⅲ)건물 중앙에 위치해 있어 누구나 쉽게 접근할 수 있는 고위 관리자 집합소, (ⅳ)비공식 및 우연한 만남을 이루어지게 하는 광장, 카페테리아, 휴게소와 같은 "활동 충전소," (ⅴ)개인 업무나 미니 회의를 위한 개방장소, 혹은 조그만 공간으로 활용하는데 필요한 이동식 가구나 칸막이 등의 "공동의 구석공간," (ⅵ)결정을 내리기 위해 사무실 이곳저곳을 걸어다니게 하여 낯선 사람과도 접촉할 수 있게 하는 "기능적으로 불편한" 미팅룸 등이 그것이다.

이러한 Steelcase의 예는 조직의 물리적 설계와 작업공간이 사회적 원리에 따라 만들어질 수 있고, 이로 인해 조직의 변화가 이루어지게 된다는 것을 보여주는 강력한 사례이다. 이것은 새로운 조직 패러다임에서 제시한 목표달성의 의미나, 문서화된 규칙을 훨씬 뛰어넘는 조직혁신 차원과 연결된다. 문자 그대로 철학이 사람들이 일하는 물리적 공간(구조)에 스며들고 있는 것이다.

4. 정부조직에서 탈관료제 흐름

탈관료제는 공공부문에서도 새로운 트렌드가 되고 있다. 그동안 공공부문 관료제는 비능률, 비생산적, 시민의 욕구에 무반응적이라는 문제에 직면했다. 이 문제를 해결하는 것이 많은 정부의 바람이었고, 이를 위해 탈관료제 조직의 중요요소인 정부활동의 혁신, 슬림화, 민영화 요구가 거세게 일고 있다(Schacter,1997;Osborne and Gaebler,1992). 이것의 대표적인 사례는 미네소타 주 정부의 개혁 사례이다. 1980년대 미네소타 주는 성과수월성 제고노력(Striving Toward Excellence in Performance: STEP)이라는 프로그램을 추진하였다. Michael Barzelay는 「Breaking through Bureaucracy」(1992)에서 이러한 정부관료제 개혁 노력을 분석한다. 여기에서 Barzelay는 과거의 관료제와 새로운 탈관료제 조직을 비교한다. 〈표7-2〉는 그것을 요약한 것이다.

이 비교에서 중요한 사항은 다음과 같다. 첫째, 정부 관료제가 정의한 공익의 개념이 "시민이 귀하게 여기는 결과"로 그 의미가 대체되었다는 것이다. 이것은 결과에 대한 추상적인 목표에서 고객 혹은 시민들이 품질과 가치를 평가하는 결과로 그 강조점이 옮겨갔음을 의미한다. 그동안 정부관료제의 비판가들은 줄기차게 공공부문의 성향이 고객이 원하는 재화와 서비스를 생산하는 민간부문 철학으로 바뀌어야 한다는 것을 주장해왔는데, 바로 이 주장과 일치하는 것이다. 정부관료제에 있어서 탈관료제의 두 번째 의미는 "행정"으로부터 "생산"으로의 이동이다. 목표의 대치현상을 피하기 위해 기능적 권위와 구조가 사명, 서비스, 고객으로 대체되어야 한다는 것이다. 탈관료적 정부조직에서 중요한 것은 관료적 의미가 아니라 기관 "산출"이라는 의미이다. 이것은 정부조직의 의미를 기관의 사명 및 시민의 욕구에 부합시켜야 한다는 뜻이다. 탈관료적 정부조직에서 고려해야 할 세번째 요소는 규범이다. 행위, 행동, 정책은 기계적 규칙과 절차 보다는 가치 및 원리라는 규범적 기초에 기반을 두어야 한다는 것이다.

<표 7-2> 정부영역에서의 관료제와 탈관료제

관료적 요소	탈관료적 요소
공익	시민이 귀하게 여기는 결과
능률	품질과 가치
행정	생산성
통제	규범의 강조
기능, 권위, 구조를 구체화	사명, 서비스, 고객의 개념 강조
비용 정당화	가치배분
의무강조(Responsibility)	책임강조(accountability)
규칙과 절차 강조	규범을 이해하고 따름, 문제해결, 과정향상
행정시스템 작동	고객선택확대, 인센티브제공, 결과의 측정 및 분석

출처 : Michael Barzelay, Breaking through Bureaucracy (Berkeley : University of California Press, 1992), 118.

연방정부 차원의 정부개혁인 국가 파트너쉽(National Partnership for Reinventing Government:NPR) 원리도 탈관료제의 원리와 같다. 이 원리를 달성하기 위해 STEP(성과수월성 제고노력)과 NPR은 의사결정의 분권화를 실시했으며, 일선 공무원들에게 정책 및 예산 지출 권한을 대폭 위임하였다. 그리고 행정감사와 승인을 줄이고, 인센티브를 강화했다. 공무원에 대한 평가는 고객만족도를 기준으로 실시되었다. 그러나 민간영역의 탈관료제와 달리 정부영역의 탈관료제는 개혁의 범위를 제한하는 법적 · 규제적 제약으로 한계가 많다.

Section 2 조직문화 이론

1. 조직문화의 개념

영국의 사회학자 Chris Jenks(1993)에 따르면 문화의 개념은 곡물의 재배에서 유래했다고 한다. Jenks는 이 개념이 19세기 인류학과 사회학이 등장하면서 곡물의 재배에서 인간의 재배(교화)로 바뀌었다고 한다. 초기 문화인류학자들은 사회과학과 자연과학의 근원의 차이를 밝히기 위해서 인간과 동물(문화와 자연)의 차이를 밝히는데 집중한다. 이러한 점에서 문화에 대한 초기의 개념은 주로 인간과 동물을 구분하기 위한 것이었다. 가령 1871년 영국의 사회인류학자인 E.B.Tylor(1958)는 문화를 사회구성원으로서 인간이 습득한 지식, 신념, 예술, 도덕, 법, 관습, 그밖의 다양한 능력의 복합체라고 한다.

이러한 초기 문화인류학자들의 주장에 따라 초기의 사회학자들은 진화이론을 전개한다. 인간은 자신만의 독특한 진화과정을 밟으며, 문화는 이러한 진화과정을 설명하는데 중요한 개념이라는 것이다. 이 논의에 따라 문화는 서로 다른 사회를 설명할 수 있다. 즉 인간은 원시사회에서 발전된 선진사회로 진화해왔다는 것이다.

인류학자들은 문화가 어떤 단계를 거쳐 현재에 이르게 되었는지를 알기 위해서 원시인들의 삶과 그들의 언어의 다양한 측면을 규명하고자 한다. 그렇게 함으로써 문화의 기원을 추적할 수 있기 때문이다. 그러나 연구를 거듭하면서 원시문화가 발전된 선진문화 보다 열등하였다는 증거는 찾을 수 없었다. 원시문화가 어떤 점에는 선진문화 보다 더 정교했으며, 선진문화가 과거 원시문화 보다 더 야만적인 경우도 있었다는 것이다.

인류학자들이 전 세계의 원시부족을 실증적으로 연구하는 과정에서 문화는 부족(집단)과 관련된다는 사실이 밝혀졌다. 따라서 많은 인류학자들은 문화를 알기 위해서 부족(집단)간 비교를 시도한다. 집단과 문화 사이의 이러한 관련성은 인류학의 연구관심을 인간에 대한 일반적인 이해에서 특정집단의 특징이나 이들의 문화적 차이로 옮겨가게 하는 계기가 되었다. 이러한 변화는 1970년대 후반 미국의 문화 인류학자인 Melville Herskowitz(1948)가 제시한 문화의 정의에서 확연하게 나타난다. Herskowitz는 문화를 사람들의 삶의 방식을 결정하는 신념, 행동, 지식, 규제, 가치관, 목표 등의 사회적 구축으로 정의한다.

조직문화의 개념은 Elliot Jaques가 1952년에 쓴 「The Changing Culture of a Factory(1952)」에서 최초로 제시되었다. Jaques는 조직연구자들이 조직구조에만 초점을 맞춤으로서 조직의 인간적 및 정서적 측면을 무시하는 경향이 있다고 지적한다. 따라서 이것을 시정하기 위해서 문화의 개념을 조직에 적용하고자 한다. 이것은 곧 영국의 Barry Turner와 Andrew Pettigrew, 이탈리아의 Pasquale Gagliardi, 캐나다의 Gareth Morgan과 Peter Frost, 그리고 미국의 Lou Pondy와 Linda Smircich와 같은 조직연구자를 자극하게 된다. 조직 상징주의가 탄생하게 된 것이다. .

정통 조직이론가 중 조직 문화에 관심을 기울인 사람은 처음에는 없었다. 그러다가 1970년대 말과 1980년대 초 조직문화에 대한 여러권의 저서가 전 세계적으로 베스트셀러가 되되기 시작한다. William Ouchi(1981)의 「Theoy Z」, Terrence Deal and Allan Kennedy(1982)의 「Corporate Cultures: The Rites and Rituals of Corporate Life」, 그리고 Tom Peters and Robert Waterman(1982)의 「In Search of Excellence」(이 책은 뉴욕타임스가 선정한 베스트셀러에 몇 개월간 선정되었다) 등이 그 예이다. 이 책에서 주장한 조직문화와 관련된 많은 내용들이 커다란 학문적 반향을 불러 일으켰고 대중적으로도 큰 주목을 끌었다. 조직이론에 관한 단일 개념으로 그만큼 대중적인 관심을 끈 분야가 없었다. 그 결과 Tom Peters and Robert Waterman은 대중적 스타가 되었으며, 학문적으로도 조직문화가 자리를 잡는 계기가 되었다. Edgar Schein (1992)의 「Organizational Culture and Leadership」은 이것의 산물이다.

이 책들에서 조직문화는 조직의 유효성과 경쟁력을 높이기 위해 관리되고 사용되어야 하는 어떤 것으로 서술된다. 가령 Tom Peters와 Robert Waterman은 강력한 문화가 우량기업을 낳는 요인이라고 하고, Ouchi는 조직문화를 시장 메카니즘과 관료적 통제체제를 대체하는 바람직한 대안으로 본다. 조직문화를 연구하는 대부분의 조직이론가들, 특히 상징적-해석적 조직이론가와 조직문화에 이제 막 관심을 보인 연구자들은 조직문화가 조직목적을 위해 쉽게 조작대상이 될 수 있다는 것에 동의하지 않는다.

조직문화에 대한 관심은 심리분석, 민속학, 그리고 조직이론 등 다양한 배경을 지닌 학자들로 구성된 영국과 미국의 몇몇 조직 상징주의 학회에서 주로 이루어졌다. 조직문화에 관한 특별 주제가 주류 학술 논문집에 실렸고, 조직상징주의에 관한 학술대회(SCOS)가 유럽의 권위있는 학술대회의 하나인 유럽조직학회(EGOS)를 누르는 일도 생겼다.

SCOS회원과 조직문화에 관심을 갖는 많은 연구자들은 경험적 연구를 수행하기 위해 계량적 방법에 주로 의존한다. 이들이 사용하는 대부분의 방법은 인종학 방법, 즉 참여관찰과 심층면접이다. 그러나 조직문화 연구자들은 인종학 방법과, 문화인류학 및 해석사회학에서 입증된 방법들이 조직문화 탐구에 필요한 엄격성을 충족시켜줄 것이라고 보았다. 그러나 대부분의 정통조직 이론가들은 계량적 방법을 선호하고, 따라서 비계량적인 인종학의 방법을 신뢰하지 않는다. 따라서 조직문화 연구와 관련하여 정성적 방법을 사용해도 좋을 것인가를 두고 논쟁이 벌어졌다. 처음에는 계량적 방법론을 주장한 학자들이 승리하는 것 처럼 보였다. 그러나 정성적 연구가 축적됨에 따라 상징적-해석적 연구자들의 위치가 공고해지기 시작한다. 상징적-해석적 조직이론이 조직이론에서 자신의 지위를 굳히게 된 것도 바로 조직문화 연구 덕분이었다. 그렇다고 정통 조직이론가들이 조직문화 주제를 전적으로 무시했던 것은 아니다. 일부 정통 조직이론도 조직문화 연구에 기여하고 있다.

2. 정통 조직이론의 조직문화 연구

조직문화를 중요한 조직연구의 영역으로 승화시킨 위대한 두 사람이 있다. 네덜란드 조직이론가인 Geert Hofstede(1997)와 미국의 사회심리학자인 Edgar Schein(1992)이다. Hofstede는 전 세계에 설립된 IBM의 자회사를 통해 국가적 차이가 조직문화에 미친 영향을 규명한다. Schein은 경영 컨설트 사업에서 도입된 인류학과 임상 심리학에 근거하여 조직문화를 규명한다.

1) Hofstede의 조직문화 연구

조직문화에 대한 Hofstede 접근은 조직이 문화의 하위체계라는 생각에 기초한다. 1970년대 말 Hofstede는 국가의 문화적 차이가 IBM이라는 기업에 미친 영향을 연구한다. 그 당시 IBM은 70개국에 자회사를 두고 있었으며, Hofstede는 그 중 규모가 가장 큰 40개의 기업을 연구 대상으로 삼았다. 자료수집을 위해 Hofstede는 1967년부터 1973년 까지 매년 IBM 종사자를 대상으로한 서베이를 실시하였다. Hofstede는 이 서베이를 통해 업무관련 가치관을 측정하고, 이것을 국가간 비교하였다. Hofstede는 IBM의 하위문화에는 국가간 뚜렷한 문화적 차이가 있다고 한다. 그리고 그 차이를 다음과 같은 4가지 요인으로 설명한다. 권력 간격, 불확실성의 회피, 개인주의 대 집단주의, 남성다움 대 여성다움 등이 그것이다.

첫째, 권력간격이다. 권력간격이란 한 문화의 구성원들이 권력, 부, 명성 등의 불균등을 어떻게 받아들이는 지의 정도에 관한 것이다. Hofstede의 분석결과에 따르면 덴마크와 같은 나라는 권력간격이 낮게 나타났는데, 그것은 이들 나라가 불균등을 쉽게 받아들일려 하지 않기 때문이다. 가령 덴마크의 Jante 법은 어떤 사람도 다른 사람 보다 현저히 많은 것을 가져서는 안된다고 명시하고 있다. 덴마크의 소득세는 이 나라가 불균등을 받아들일 수 없다는 것을 가장 확실하게 보여주는 사례이다. 덴마크에서는 어떤 사람이 다른 사람 보다 더 권력이나 명성을 얻고자 할 때는 비난의 대상이 된다. 덴마크에서는 모든 사람이 평등하다는 생각이 언제나 내재해 있는 것이다.

권력간격의 정도가 높은 문화를 지닌 국가(가령 브라질, 싱가포르, 아랍권 국가 등)들은 주로 조직의 계층제에 의존하는 국가이다. 이들 국가들은 권력의 불균등한 배분을 특징으로 하는데, 이로 인해 상류층으로의 사회적 이동이 어렵다. 권력간격이 높은 문화의 조직들이 덴마크 같이 권력간격이 낮은 문화의 조직에 권위구조를 부과하고자 할 때는 필연적으로 문제가 따르게 된다. 그 반대의 경우도 마찬가지이다. Hofstede에 따르면 그러한 문제는 문화적 기대 차이 때문이라고 한다. 권력간격이 높은 문화의 종사자들은 자신의 업무와 관련하여 지시를 기대한다. 이들에게 계층제란 실존적 불균등이다. 반면 권력간격이 낮은 문화의 종사자들에게 계층제란 사람 사이의 필연적인 차이를 반영하는 것이 아니라 편의상 역할의 차이를 두는 것이다. 따라서 여기에서의 종사자들은 상사로부터 자문을 얻는 것을 기대한다. 이러한 기대의 차이 때문에 낮은 권력간격 문화의 리더들은 도움을 주는 민주적 리더로 간주되고, 그 반대의 문화의 리더들은 혜택을 베푸는 독재자로 인식된다.

둘째, 불확실성의 회피이다. 불확실성의 회피는 인간사회가 불확실성과 모호함을 극복하기 위해 어떤 방법을 사용하는지에 대한 것이다. 가령 기술은 자연의 불확실성을 극복하기 위한 방법 중 하나이다. 반면 법은 반사회적 행동에서 생긴 불확실성을 방지하기 위한 방안이다. 그리고 종교는 인간이 어찌할 수 없는 불확실성을 극복하기 위한 문화적 수단의 일환이다. Hofstede는 이러한 불확실성을 극복하기 위한 방법은 사회마다 다르다고 한다. 그리고 이 차이가 그 문화의 구성원들이 모호성과 위험을 인지하는 정도를 말해준다고 한다.

불확실성의 회피 정도가 낮은 사회에서는 사람들이 혁신적 생각, 의견의 차이, 그리고 일탈된 행동을 기꺼이 받아들일려 하지만 그 정도가 높은 사회에서는 그 반대의 현상이 일어난다. 불확실성의 회피 정도가 높은 사회에서는 규칙, 규제, 그리고 통제가 일상화되어 있다. Hofstede는 이러한 문화의 조직은 공식화 및 표준화의 정도가 높다고 주장한다. 반면 불확실성의 회피 정도가 낮은 문화의 조직들은 규칙을 싫어하고, 공식화 및 표준화에 저항한다는 것이다. 자신의 최초 연구에서 Hofstede는 불확실성의 회피 정도가 그리스, 포르투갈, 그리고 일본의 IBM 지사에서는 높게 나타났으며, 싱가포르, 홍콩, 그리고 스웨덴의 지사에서는 매우 낮게 나타났다고 한다.

셋째, 개인주의 대 집단주의이다. 개인주의 대 집단주의는 한 문화의 구성원들이 다른 사람의 영향을 받지 않고 독자적으로 행동할 수 있는 지의 여부에 관한 것이다. 개인주의 문화에서는 개인의 권리가 최우선시 된다. 개인주의인지 아니면 집단주의인지의 여부는 주로 사람들이 더불어 사는 방식과 종교적 신념에 잘 나타나 있다. Hofstede에 따르면 미국과 같은 문화에서 개인주의는 삶의 질의 원천이다. 반면 중국과 멕시코 같은 나라에서는 개인주의는 결코 바람직하지도 않고 오히려 소외적이다. 개인주의 문화의 구성원들 사이의 관계는 매우 느슨하다. 이들은 스스로를 돌보도록 기대된다. 반면 집단주의 문화의 구성원들은 집단 결속력이 강하고, 이로 인한 소속감과 결속력이 매우 높다. 이들은 이러한 충성심을 근거로 안정성을 희구한다. Hofstede에 따르면 개인주의 문화의 구성원들은 조직구성원 사이의 관계 보다는 업무를 우선시하며, 반면 집단주의 문화의 구성원들은 업무 보다는 관계를 우선시 한다는 것이다. 따라서 미국과 같은 나라에서 집단주의 문화에서 통용되는 통제를 행사하는 경우 심각한 문제에 봉착할 수 있다.

넷째, 남성다움 대 여성다움이다. 남성다움 대 여성다움이란 한 사회에서의 성의 역할에 대한 것이다. 일본, 오스트리아, 베네스엘라와 같은 남성 우위의 사회에서는 남성이 주도권을 쥐고 있으며, 여성은 부양의 대상이 된다. 반면 스웨덴, 덴마크, 노르웨이, 그리고 네덜란드와 같은 국가에서는 성의 차이가 크게 문제되지 않는다. Hofstede의 연구에서 남성이 강조되는 국가는 승진 및 소득과 관련된 직장의 목표가 우선시 된다. 이곳의 구성원들은 결단력, 자신감, 그리고 자신의 가치가 중요한 판단기준이다. 반면 Hofstede 연구에서 여성이 강조되는 문화는 대인관계, 물리적 환경의 보존 및 봉사, 그리고 구성원 개인의 삶의 질이 더 강조된다. 이들은 남성다움의 결단력을 중요한 것으로 보지 않는다. 이들 문화에서는 여성도 전문직을 갖고 있는 비율이 높았으며, 이들은 남성과 동등한 취급을 받고 있었다.

Hofstede는 자신의 연구결과를 입증하기 위해 첫 번째 연구 이후 23개국의 학생들을 대상한 두 번째 연구를 수행한다. 이 연구에서 Hofstede는 문화적 차이에는 이상의 네가지 차원 이외에 5번째 차원이 있음을 확인한다. 그것은 근검 절약 및 전통보존의 존중과 관련한 성향이다. Hofstede에 따르면 이것의 성향이 높은 경우 열심히 일하면 언젠가는 보답을 받을 것이라는 신념이 강하게 나타난다는 것이다. 이러한 나라에서는 특히 외국인들이 사업을 펼치기가 매우 어렵다. 전통과 보존을 강조한 이들 나라에서는 조직의 변화도 이루기가 매우 어렵다. 이러한 차원의 추가는 결국 국가간의 문화적 차이를 규명하는데 많은 방법이 있다는 것을 보여주는 것이다.

이상의 Hofstede 연구의 특징은 이것이 국가간 문화적 차이를 구체적으로, 그리고 계량적으로 규명하고 있다는 것이다. 나아가서 Hofstede의 연구는 조직문화가 조직에 미친 영향이 매우 크다는 사실을 보여준다. Hofstede가 제시한 한 국가의 문화적 특징은 조직문화의 상황인 의미의 일부이다. 이를 통해 문화적 차이는 그 국가의 문화를 결정짓는 핵심 신념 및 가정에 대한 정보를 제공한다. 이것이 바로 다음에서 논의하게될 Schein이 조직문화 이론에서 밝히고자 한 핵심주제이다.

2) Schein의 조직문화 이론

Edgar Schein은 문화를 세가지 차원으로 분류한다. <표7-3>은 그 내용이다. 첫번째 차원은 감각기관으로 탐지가 가능한 인공물이다. 즉 보고 듣고 느낄 수 있는 것이다. 여기에는 건물, 조직의 물리적 · 물질적 요소, 조직의 언어, 기술, 그리고 관찰가능한 의식(례)등이 포함된다. Schein에 따르면 인공물은 관찰하기는 쉽지만 해독하기는 가장 어려운 문화라고 한다. 조직구성원들이 인공물에 부여하는 의미가 서로 다르고 모호하기 때문이다. 가령 탈관료제 조직 논의에 나온 Oticon의 이동사무실이 예이다. 이동사무실은 그 조직의 구성원들에게 회사가 안락하고 안정된 업무환경을 제공하려는 의사가 없는 것으로 비쳐질 수 있고, 지속적인 이동과 팀 상호작용을 유도하기 위한 조직의 상징으로 받아들여 질 수도 있다.

문화의 두번째 차원은 옹호적 가치관(espoused values)이다. 이것은 조직의 규범적 차원으로서 현재 존재하는 것이라기 보다는 앞으로 무엇을 해야 하는지에 대한 지침을 말한다. 즉 조직구성원들이 무엇을 어떻게 해야 하는지에 대한 믿음이라고 할 수 있다. 공적 선언이나 대외적 발표는 이러한 가치관의 대표적 예이다. 애플의 창업자 스티브 잡스는 애플이 계속해서 혁신적인 제품을 만들겠다고 선언했다. 옹호적 가치관을 제시한 것이다. 많은 기업들은 대외적으로 지속적인 혁신을 하겠다거나 평생 학습을 구현하겠다는 선언을 한다. 그러나 이 가치관이 실제의 조직 행동이나 과정으로 연결된다는 보장은 없다.

<표 7-3> 조직문화의 차원

차원	정의	예
인공물(가공품)	조직의 유형적 측면	문서화된 규정, 물리적 레이아웃, 옷, 행동적 의식(례)
신봉적 가치관	조직에서 반드시 일어나야만 하는 것에 대한 신념	조직철학, 비젼 및 사명
기본 가정	행동하고 사고하며, 목표를 달성하는데 필요한 당연히 인정된 방식	표준활동절차, 추정된 능률성 향상 방법

출처: Edgar H. Schein, Organizational Culture and Leadership (San Francisco: Jossey – Bass, 1992):17.

문화의 세번째 차원은 조직에 대한 기본 가정(basic assumptions)이다. 이 가정은 행동이나 행위로 구현되는데, 사람들이 조직자극과 문제에 대응하는 방식을 결정하고, 행동을 이끄는 당연히 인정된 전제이다. 후술할 상징적-해석적 조직문화관이 여기에 해당한다. 조직의 표준운영절차는 사람들이 당연히 받아들이는 일련의 가정에 따라 만들어진다. 가령 학교의 기본가정은 교실이 배우는 학생과 가르치는 선생에게 최적의 장소가 되어야 한다는 것이다. 가르치고 배우는 모든 것이 이 가정에 따라 이루어진다. 가령 수업시간을 어떻게 배치하고, 강의실은 어떻게 꾸며야하는지에 대한 구체적인 계획이 이 가정에 따라 이루어진다.

Schein의 조직문화는 이 중 세 번째 차원인 조직의 기본가정이다. Schein에게 조직문화란 조직 구성원들이 조직에서 인지, 반응, 유지하고자 하는 가치관 내지 행동규범이다. 사람들은 이 가치관 내지 규범에 따라 선택하고 행동한다. 즉 문화가 조직구성원이 선택하고 행동하는 현실을 구성하는 것이다. 조직의 구성원들은 이 문화를 통해 자신의 현실을 인식한다. 구성원들은 문화를 통해 현실을 당연한 것으로 받아들인다. 이 문화는 구성원들의 일상생활에 녹아있고, 모든 경험에 영향을 미친다. 문화는 그 구성원들이 생각하고 느끼는 모든 것에 영향을 미치는 것이다.

사람들이 다른 문화를 접하게 되면 그 문화가 적절치 않다고 느끼는 경우가 많다. 그것은 자신이 살았던 문화와 그것이 다르기 때문이다. 사람들은 누구나 자신의 문화에 몰입하여 살기 마련이다. 따라서 다른 문화를 접하게 되면 그 문화가 새롭다. 다른 문화에 적응하고자 하지만 그것은 결코 쉬운 일이 아니다. 새로운 문화에 몰입하지 않는 한 그 문화에 동화되기란 쉽지않은 것이다. 몰입이란 문화의 깊숙한 가정에 빠지는 것을 말한다. 즉 문화적 가치에 스며드는 것이다. 가치란 한 문화의 구성원들이 내재적으로 귀하게 여기는 사회적 원리, 목표, 기준이다. 구성원들이 가장 귀하게 여기는 것이고, 최우선 순위를 두는 것이다. 이들은 옳고 그름에 대한 평가를 구성원들에게 제시하기 때문에 도덕적 지침과 같은 것이다.

조직의 구성원들은 조직의 가치를 항상 염두에 두며, 그것에 민감하게 반응한다. 특히 구성원들이 조직의 존재 가치에 근본적인 문제를 제기할 때는 더욱 그러하다. 조직가치에 대한 도전은 특히 신입사원이나 혁명가들에 의해서 제기되는 경우가 많다. 많은 조직이론 연구는 조직문화와 관련된 가치관을 규명하고자 한다. 그러나 Schein에 따르면 보다 중요한 것은 문화적 가정 및 가치가 조직구성원의 인지, 행동, 정서에 미치는 영향이라고 한다. 가치가 구성원에게 미친 중요한 영향 중 하나가 행동규범이다.

규범은 가치의 또 다른 표현이다. 규범은 문서화되지 않은 규칙으로서 한 문화의 구성원들이 다양한 상황에서 다른 사람들과 어긋나지 않게 무엇을 어떻게 해야하는지를 알게하는 것이다. 규범은 다양한 사회적 행동에 대한 기대를 전달한다. 극장에서는 어떻게 해야하고, 강의실에서는 어떻게 행동해야하는 지에 대한 기대가 그것이다. 이것은 문서화되는 경우도 있지만 대개 규범적 압력을 통해 비공식적으로 전달된다.

가치는 한 문화의 구성원들에게 중요한 것이 무엇인지를 알게해주는 것이다. 반면 규범은 어떤 사람이 어떤 행동을 하여야 하는지를 규정하는 것이다. 다시말해서 가치는 귀중한 것이 무엇인지를 규정하는 것인 반면, 규범은 정상적인 것 혹은 비정상적인 것을 구분하는 것이다. 규범과 가치는 서로 연결되는데, 즉 규범이 규제하는 행동은 가치있는 결과로 귀착될 수 있다. 가령 강의시 양복을 입어야 하고, 감정을 보여서는 안된다는 규범은 자기절제의 가치로 귀착된다. 그러나 가치가 규범의 토대가 된다해도 규범은 가치에 비해 모호한 특성을 지닌다. 가령 양복을 입어야 한다는 규범은 자기절제의 가치관이 되기도 하지만 패션의식의 가치관이 될 수도 있다.

Schein의 이론에 따르면 한 문화의 구성원들은 가치를 지니고 있고, 문화적 규범을 따르려고 한다는 것이다. 그리고 이러한 규범과 가치가 문화적 인공물이나 옹호적 가치관을 낳는 행동을 독려한다고 한다. 미국에서 새로운 형태로 오픈한 지역밀착 극장의 경우 고객들이 영화를 보면서 잡담하는 것이 허용된다는 문구를 휴게실에 게시하고 있다. 이는 영화 상영 중에는 잡담을 해서는 안된다는 기존의 극장 규범을 어긴 것이다. 즉 이 문구는 일종의 반문화적 상징성을 담고 있다. 따라서 한 문화의 깊이를 인식하기 위해서는 다양한 인공물이나 옹호적 가치관을 이해할 필요가 있다.

3) 조직문화 연구의 실제 적용

Irene Lurie와 Norma Riccucci(2003)는 Schein의 이론을 근거로 미국의 4개 주(조지아. 미시간, 뉴욕, 텍사스)의 복지기관의 문화가 복지기관 조직개혁에 미친 영향을 분석한다. 이들은 조직문화가 복지개혁에 미친 영향을 분석하기 위해 이 기관 종사자들을 대상으로 인터뷰를 실시했으며, 기관의 각종 문서 및 관찰기록을 분석했다. 연구자들이 찾아내고자 하는 것은 인공물의 변화(문화의 변화)가 조직개혁의 원동력이 됐는지의 여부를 확인하는 것이었다. 복지기관의 조직개혁에는 고객위주의 복지프로그램 신설, 구직, 법률용어 변경, 기관 슬로건 변경을 내세운 현수막 게시, 그리고 종업원 평가, 경력자 우대, 자급력 증진, 정확성 향상 등이 포함된다. 연구자들에 따르면 기관장들은 인공물의 변화가 기관구조를 변화 시키고, 나아가서 위의 사항들을 변화시킬 것이라고 믿고 있었지만, 구성원들은 변화가 결국 시행되지 못할 것이고, 따라서 복지 개혁도 결코 달성하지 못할 것이라고 생각했다는 것이다. 결국 연구자들은 이 조직은 문화적 변화에 매우 저항적이었다고 주장한다. 이것은 한 문화의 구성원들이 자신에게 이익이될 때에 한해서 새로운 가치를 인정하고 그것을 무의식적으로 받아들이려 한다는 Schein의 주장과 일치한다.

John Kotter와 James Heskett(1992), 그리고 Dan Denison(1990)은 계량적 방법을 사용해 문화가 조직성과에 미치는 영향을 연구한다. 먼저 Kotter와 Heskett은 200개 기업의 재정분석가와 관리자들을 대상으로 각 기업의 평균점수를 계산하고, 이것을 조직성과와 연계 시킨다. 조직성과는 연 평균 투자수익율, 연 평균 순이익율, 그리고 그 기업의 시장점유율로 측정하였다. 연구결과 Kotter와 Heskett은 문화가 전체적으로 조직성과와 밀접히 관련되지만, 문화적 가치가 조직의 환경적응에 도움이 되는 경우 문화와 조직성과 사이의 관계는 더욱 커진다는 사실을 밝혀냈다. 결국 문화가 조직의 환경적응에 도움이 될수록 그 문화는 조직성과에 더 큰 영향을 미친다는 것이다. Denison도 문화와 전략 사이의 관계를 규명한다. 자신의 연구를 근거로 Denison은 변화가 극심한 환경에 처해 있는 조직은 유연성이나 변화, 참여, 그리고 높은 조직몰입을 조직가치로 삼을 때 성과도 높다고 한다. 반면 안정된 환경에 처해있는 조직은 공유된 비전이나 전통 및 동조성의 가치를 소유할 때 조직성과가 높다고 한다.

조직문화를 연구하는 또 다른 방법은 다양한 계량적 차원으로 조직문화를 측정하는 것이다. 가장 대표적인 측정방법은 조직문화 측정도구이다. OCI(Organizational Culture Instrument)라 불리우는 이 측정방법은 1980년대 초 Robert Cooke과 J.C. Lafferty(2000)가 12개의 규범으로 조직문화의 정도를 측정하기 위한 수단으로 개발한 것이다. 이것은 수많은 조직의 종사자들을 대상으로한 서베이를 통해 수집된 자료를 바탕으로 크게 세 개의 조직문화 유형을 분류하고 있다. 건설적 문화(성취감, 자기실현, 인본주의 규범), 소극적-수동적 문화(승인, 인습, 의존적 및 회피 규범), 그리고 공격적-수동적 문화(적대감, 권력, 경쟁적-완벽주의 규범)가 그것이다. OCI를 바탕으로한 연구에 따르면 위의 세 개의 문화 유형과 조직의 다양한 결과 사이에는 밀접한 상관관계가 있다는 것이다. 가령 건설적 문화는 조직구성원들의 동기부여, 직무만족, 팀워크, 그리고 고객에 대한 서비스의 질과 밀접히 관련되지만, 소극적-수동적 문화는 이들과 별 관련성이 없다는 것이다. 반면 공격적-수동적 문화는 이들과의 관계는 낮지만 스트레스와는 밀접히 관련되고, 업무관계 및 고객서비스와는 별 관계가 없다고 한다.

문화와 관련한 계량적 연구는 관리처방에 쉽게 적용될 수 있다는 장점이 있지만 객관화 문제가 있다. 즉 계량적 연구는 주관적 삶의 경험을 통한 문화적 가정을 분석할 때, 그리고 다른 문화에 대한 적응을 분석할 때 한계에 봉착한다는 것이다. 상징적-해석주의 문화 연구자들은 이 점에서 분명한 우위에 있다. 그것은 이들이 문화라는 영역에 개별적으로 들어갈 수 있고, 주관적 지식으로 그것을 말할 수 있기 때문이다. 반면 계량적 연구자들은 자신들이 사용한 측정도구로 연구하고자 하는 현상만 분석할 수 있을 뿐이다.

3. 상징적-해석주의 조직문화관: '당연히 인정된 것'으로서의 문화

"리처드 레이머(51세)는 어느날 아침 맨하튼으로 가는 통근열차에 앉자마자 익숙한 소리를 들었다. 맞은 편에 앉아있던 남자가 스마트폰을 두두리고 있었다. 톡톡톡톡... 이 소리는 무려 45분 동안이나 계속되었다. 승객들은 도저히 못 참겠다는 듯 눈을 굴리고, 들으라는 듯 크게 한숨을 쉬고, 목을 길게 빼고 노려보았다. '죄송하지만 소리 좀 낮춰주실 수 있으실까요?' 이에 대한 남자의 반응은?

남자는 자리에서 벌떡 일어나 '이제 타이핑까지 조용히하라는 소리를 들어야해?' 라며 소리를 고래고래 질렀다. 이 소리를 들은 레이머는 이렇게 답했다. '그럴 수 있다고 생각합니다.'

듀크 대학 연구진은 성문화되지는 않았지만 기본적인 원칙이 지켜지지 않는다고 느낄 때 사람들은 격하게 반응한다고 한다."(2012년 10월 17일자 월스리트 저널)

1960년대 초 Anselm Strauss와 그의 연구 팀(1963)은 관찰방법을 통해 병원환자를 연구한다. 이들에 따르면 의사와 환자는 치료방법을 놓고 협상을 벌이며, 그 과정에서 질서(의례)를 만들어 낸다는 것이다. Strauss 팀은 이것을 협상적 질서라 명명한다. 이것은 환자치료에 관한 병원의 공식규칙이나 계층적 질서가 있음에도 불구하고 의사와 환자가 보이지 않는 협상을 통해 새로운 이해유형을 만들어냄으로써 환자치료를 보다 용이하게 하는 것을 말한다.

미국의 인지사회학자인 Harold Garfinkel(1967)은 해석학적 접근으로 조직문화를 규명한 대표적 학자이다. Garfinkel의 저서 「Studies in Ethnomethodology(1967)」는 Garfinkel과 그의 제자들이 수행한 필드연구 결과를 담고 있다. Garfinkel은 자신의 연구원들에게 일상생활(백화점에서 쇼핑하거나 패밀리 레스토랑에서 식사하는 것 등)에서 상식적으로 기대된 것을 위반하도록 지시하였다(앞의 예 참조). 즉 연구 참여자들은 일상적 규범을 위반하고 어떤 일이 발생하는지를 관찰하여 기록하였다. 연구자들은 일상적 삶에서 상식화된 것을 위반하는 것은 물론 친구들과 블라인드 데이트를 즐기거나 자동차 타이어에 펑크를 내고도 그것을 모르체 했다. 중요한 것은 이 경우에도 자신이 잘못이 없다고 계속 우기는 것이다. 이것은 쉬운 일이 아니다. 그리고 이것이 연구라는 것을 다른 사람이 알면 안되고, 그 상황에서의 자신의 감정을 기록해야 한다. 이 일들이 어떻게 진행될지 알고 있다고 추정해서도 안된다.

문화적 기대에 대한 실험 결과를 설명하는데 있어서 Garfinkel은 부적절한 행동(상식적인 것을 어기는 것)에 고의적으로 참여하는 것은 공유된 이해라는 당연히 인정된 것을 부정하는 것이며, 경험을 해석하는 일상적 프레임워크에서 벗어나는 것이라고 한다. 연구에 참여한 사람들은 이 실험에서 일상적 의미를 어김으로써 엄청난 불안과 스트레스를 경험하였다. 그러나 중요한 것은 이처럼 많은 비상식적인 일들이 일어났음에도 불구하고 지배적인 사회적 질서는 결코 붕괴되지 않았다는 것이다. 참여자들은 당연한 일들을 복원하고자 했다. 이 실험을 근거로 Garfinkel은 일상적인 사회생활이 무엇을 지각한다 할지라도 그것의 결과는 언제나 사회적으로 달성되는 것이라고 한다. 즉 사람들은 의도적으로 그렇게 하지 않으려 해도 언제나 당연히 인정된 것을 달성하거나 그것을 유지하고자 한다는 것이다.

협상적 질서와 달성으로서의 사회생활의 개념은 현실에 대한 사회적 구축 및 실행의 개념과 유사하다. 사회적 구축은 우리의 현실이 물리적 세계의 조건에 의하여 형성되는 것이 아니라 공유된 경험과 거기에 따른 의미에 의하여 형성된다는 것을 말한다. 이러한 점에서 문화란 자신의 주변에서 일어나는 것들을 상호작용하는 개인들이 해석하고 집합적으로 의미를 부여하는 것이다. 따라서 의미는 상징적 행동의 결과이며, 이 상징적 행동에 의해 문화가 만들어진다.

상징적-해석주의 관점에서 조직이론가들은 주관적 존재론과 해석적 인식론자들이다. 이들은 조직구성원들이 의미를 만드는 방식, 그리고 그렇게 만들어진 의미가 조직에서 수행하는 역할에 관심을 기울인다. 상징적-해석주의자들에 따르면 의미는 인공물과 상징이 어떻게 결합되는지에 따라 달라진다고 한다. 결합의 결과가 문화이다. 가령 언어는 대표적인 인공물이다. 어떤 사람이 어떤 상황에서 자신의 주장을 펼치기 위해 어떤 언어를 사용했다고 하자. 이 언어는 들리는 상황에 따라 다르게 해석될 수 있다. 그러나 같은 문화의 사람들은 그 언어의 의미를 같게 이해한다. 상호주관적 의미가 생기는 것이다. 앞서의 예에서 지하철에서 소리를 내어 스마트폰을 두드리는 사람에 대해 열차안의 모든 승객은 불쾌감을 느끼고 그것을 비난하기 시작한다. 그리고 레이머의 항의에 대해 모든 사람이 박수를 쳐 동조의 행동을 했다. 공공장소에서의 소란행위가 나쁘다는 것에 대해 승객들 사이에 상호주관적 의미가 생긴 것이다. 그러나 한 문화의 상징이 다른 문화로 가면 다른 뜻으로 해석된다. 따라서 상징적-해석주의자들에 따르면 모든 상황에는 그것을 당연한 것으로 인정하는 인공물과 상징이 있다고 한다. 그리고 조직구성원들은 자연스럽게 그것을 사용하거나 따른다고 한다.

1) 상징, 상징주의, 그리고 상징적 행동

상징은 상징적-해석주의 조직관의 대표적 문화이다. 미국의 사회학자인 Abner Cohen(1976)은 상징을 의미의 다양성을 표시하는 대상, 행동, 혹은 언어적 형태라고 한다. 상징에 따라 사람들은 감정을 일으키고 행동한다. 결혼할 때 신부가 하얀 웨딩드레스를 입는 것은 상징에 따라 우리가 행동한다는 것을 보여주는 대표적 예이다. 기업은 로고를 통해 자신을 표시한다. 로고가 그 기업을 대변하는 것이다(애플의 사과마크를 상상해보라). 상징의 표시는 기호로 나타나는데, 대개 수단적으로 사용된다. 가령 항복의 의미로 백색깃발을 드는 것이 그것이다. 그러나 상징의 의미는 결코 단순하지 않다. 함축적 의미를 담고 있기 때문이다. 수단적으로 사용되는 것이 아니라 표현적으로 사용되기 때문이다. 표현적 의미란 가령 성조기를 불태웠을 때, 혹은 매도날드 햄버거 가게가 시위자들의 공격의 대상이 되었을 때 의미하는 것이다. 이러한 점에서 표현적 의미는 개방되어 있고, 모호한 특징을 지닌다. 상징적-해석주의자들은 상징이 지닌 특정한 의미에는 관심이 없고, 그 의미가 구축한 활동이나 과정에 관심을 기울인다. John Van Maanen(1988)에 따르면 상징주의를 연구하는 것은 사람들이 그 행동의 기반으로 삼는 의미가 어떻게 만들어지고, 전달되며, 다양한지, 그리고 변화하는지를 배우는 것이라고 한다.

문화적 상징과 인공물 사이에는 이론적 관계가 있다. 인공물은 상징이 될 수 있지만 모든 인공물이 다 상징이 되는 것은 아니다. Gareth Morgan, Peter Frost, 그리고 Lou Pondy에 따르면 상징이란 인간이 자신의 세계에 의미와 중요성을 부여할 때 생겨나는 것이라고 한다. 가령 국기는 한 국가의 상징이다. 그러나 구성원들이 특별한 의미를 부여하지 않으면 상징으로 작용하지 않는다(접시에 새겨져 있는 국기와, 올림픽 때 시상대에 올라가는 국기는 전혀 다른 의미이다). 결국 상징이 된다는 것은 인공물에 어떠한 의미를 부여하느냐이다.

인공물이 상징으로 사용된다고 해서 그 의미를 정확하게 아는 것이 아니다. 상징의 의미를 알기 위해서는 해당 문화를 정확하게 이해할 수 있어야 한다. 한국의 프로야구에서는 경기 시작전 반드시 국기에 대한 경례를 한다. 이것은 다른 나라 프로야구 게임에서는 볼 수 없는 일이다. 한국의 공식 행사에서 국기에 대한 경례는 일상적인 행동이고, 한국인들은 그 의미가 뜻하는 바를 안다. 결국 인공물은 관찰하기는 쉽지만 해독하기는 가장 어려운 문화라고 할 수 있다.

상징적-해석주의 조직이론가들은 눈에 보이는 상징, 혹은 인공물에 대해서는 관심을 기울이지 않는다. 대신 상징이 주는 의미와 그 의미가 형성되는 과정에 더 많은 관심을 기울인다. 의미란 그 자체로 중요한 것이 아니라 구축되는 과정이 더 중요하다는 것이다. 따라서 상징은 공유될 수 있지만 그 해석은 사람 마다 달라진다. 의미가 이렇게 달라질 수 있다는 것은 상징적-해석주의가 그만큼 할 일이 많다는 것을 의미하며, 상징의 개념을 명확히 하기가 그만큼 어렵다는 뜻이기도 하다. 인공물을 만든 사람들이 그것의 의미를 아무리 명확히 해도 모든 사람들이 그것을 똑같이 받아들이는 것은 아니다. 사람들이 인공물에 대한 의미 해석을 자기식대로 하기 때문이다. LG그룹은 과거 Gold Star란 브랜드로 미국시장에 진출한 적이 있다. 그런데 Gold Star는 미국에서 전사자에게 주는 훈장을 의미하는 것이다. 전자회사의 의미와 전혀 맞지 않았던 것이다. LG그룹은 Gold Star 브랜드를 포기하였고, 회사 이름 그대로 LG 브랜드를 사용하고 있다. 결국 상징적-해석적 조직이론의 핵심적 과제는 상징적 의미가 주는 다양성을 어떻게 예측하고 통제할 것인가 하는 것이다. 이 문제에 대한 해답은 미국의 문화인류학자인 Clifford Geertz에 의해서 이루어진다.

2) Clifford Geertz의 심층기술(thick description)

1980년대 초 발표된 Clifford Geertz(1973)의 저서「The Interpretation of Culture」는 상징적-해석적 문화관을 단숨에 조직이론의 주류에 올려 놓는데 결정적 역할을 하였다. 실증주의적 방법에 염증을 느끼고 있었던 많은 연구자들은 자신들의 이익과 방법론을 정당화하기 위해서 Clifford Geertz의 연구방법을 사용하였다. 특히 그의 책에 나온 한 문장이 크게 인용되었는데, 그것은 상징적-해석주의 문화관을 그대로 반영하고 있다.

> "Max Weber에 따르면 인간은 의미의 거미줄에 걸린 동물이다. 문화가 바로 이 의미의 거미줄이다. 따라서 문화의 분석은 법칙을 찾고자 하는 실험과학이 아니라 의미를 찾는 해석과학이어야 한다."

Geertz가 사용한 심층기술은 일종의 인종학적 방법론이다. 상징과 상황, 그리고 그 문화의 구성원들이 그것을 어떻게 해석하는지를 강조하는 방법이다. 심층서술은 원래 영국의 철학자 Gilbert Ryle에서 나온 개념이다. Ryle은 상징적 행동과 비상징적 행동을 구분하기 위해서 윙크와 씰룩거림을 구분한다. Geertz는 바로 이 개념을 원용한다. 윙크와 씰룩임은 둘다 눈가에서 발생하는 수축현상이다. 그러나 윙크는 씰룩임과 달리 다른 어떤 것을 의미한다. 즉 윙크는 상징적 행동인 것이다. 윙크는 그것을 주고 받는 사람 사이에서 형성된 추측과 암시를 위해 행동 그 밑바닥을 파헤치는 것이다. 심층서술이란 문화가 어떻게 작동되는 지를 알기 위해서 심연의 상징적 의미를 파악하는 것이다. 심층서술을 위해 Geertz는 상황, 생생한 현장 증언, 예상밖의 일의 기록, 문화의 구성원들이 지닌 가정 및 신념과 연구자들의 그것의 비교, 그리고 문화 구성원들이 사물 및 사건에 내린 해석 등을 사용한다. 이 중 가장 중요한 것은 문화의 구성원들의 인종학적 본질이다. 그리고 이 인종학적 본질을 파악하기 위해서 내러티브(narrative)와 스토리텔링(storytelling)이 사용된다.

내러티브는 조직생활의 생생한 깊은 사실들을 말로 표현하는 것이다. 조직 내러티브를 규정하기 위한 가장 간단한 방법은 실제사건을 각본과 등장인물로 이야기하는 것이다. 이것을 분석하면 그 조직의 문화적 특징을 알 수 있다. 스토리는 오랫동안 상징적-해석주의 조직이론가들의 관심사였다. Joanne Martin(1990)은 조직문화를 통해 기업의 역사를 설명하고자 한다. Martin에 따르면 조직의 구성원들은 이야기를 통해서 자신의 조직문화의 특수성을 말하고자 하지만 역설적으로 이 특수성은 다음과 같은 7가지 공통된 이야기의 범주를 벗어나지 않는다고 한다. 회사의 고위층이 규칙을 위반하면 나는 어떻게 할 것인가? 회사의 최고위층은 과연 인간인가? 평직원도 최고위층 까지 올라갈 수 있을 것인가? 나는 해고되는 것이 아닌가? 내가 회사를 옮긴다 해도 우리 회사가 이것을 도울 수 있을까? 내 실수에 대해 사장은 어떤 반응을 보일까? 우리 회사는 난관을 어떻게 극복하는가? 등이 그것이다. 실제 많은 조직구성원들은 이 7개 범주내의 이야기를 통해 기업의 역사를 설명하고 있었다는 것이다.

미국의 민속학자 Michael Owen Jones(1996)가 지적한 바와같이 문화에 대한 내러티브 접근은 스토리의 내용을 단순히 수집하거나 분석하는 것 그 이상이다. 즉 내러티브 접근에는 스토리텔링 과정이 포함되는 것이다. 스토리의 문화적 중요성은 그것이 말하고자하는 메시지 뿐만 아니라 말하는 사람의 기술도 필요하다.

David Boje(1991)는 미국의 한 문구회사에 대한 관찰연구를 통해 다른 관점에서 스토리텔링의 역할을 제시한다. Boje에 따르면 이 회사에서 스토리텔링은 일상적 업무를 통합하는 역할을 했다고 한다. Boje의 연구가 밝혀낸 놀라운 사실 중 하나는 참여자들이 함께 일한다는 공유된 역사를 지니고 있을 때 스토리텔링은 생략된다는 것이다. 서로의 농담을 너무나 잘 알고 있는 죄수들 처럼 이들은 숫자만 이야기 해도 웃는다. 이처럼 간단한 스토리에도 사람들이 웃는다는 것은 외부사람들의 경우 그 조직에 어느정도의 스토리텔링이 있는지를 알지 못한다는 것을 의미한다. 자신의 연구를 근거로 Boje는 스토리텔링 조직을 '집합적 스토리텔링 체계'로 규정한다. 즉 이곳에서는 스토리를 생산하는 것이 구성원 의미형성의 핵심이며, 그 구성원에게 제도적 기억을 제공하는 수단이 된다는 것이다.

사회적 구성론자들에 따르면 한 문화의 구성원들은 내러티브를 통해 자신의 현실을 사회적으로 구축한다고 한다. 영국의 도덕철학자인 Alasdair MacIntyre(1984)는 모든 사회생활은 전승된다고 한다. 그리고 우리는 우리의 삶의 스토리를 만들어가는 자기 동질적 내러티브의 주체라고 한다. MacIntyre는 우리의 탄생, 삶, 그리고 죽음을 연결하는 내러티브는 기승전결을 갖춘 스토리라고 한다. 우리는 내러티브를 통해 우리의 삶에 의미를 부여하고, 그 삶을 만들어 간다. 우리의 삶은 우리의 사회적, 역사적 상황에 배태되어 있기 때문에 그 상황이 만들어낸 내러티브와 연결되지 않을 수 없다. 그러한 점에서 내러티브는 우리가 살아가는 방식의 이치를 깨닫는 과정이다.

내러티브의 개념을 통해 상징적-해석적 조직문화 연구자들은 자신들의 이론을 내러티브 행동으로 규정한다. 이것의 첫 시도는 미국의 조직이론가인 John Van Maanen이다. Van Maanen은 자신의 저서 「Tales of the Field」에서 조직연구자들이 내러티브 행사에 보다 사유적이 될 것과, 이 내러티브가 자신이 말하고자 하는 스토리에 미칠 영향에 주의를 기울일 것을 주문한다. 가령 Van Maanen은 모더니스트 연구를 사실주의 이야기라 한다. 사회적 사실을 객관적으로 연구한 것으로 조직에서 실제 일어난 것을 말하기 때문이다. 즉 모더니스트 연구자들은 주관적 경험을 객관적 사실로 구축한다는 것이다. 여기에는 연구자들의 숨은 의도가 없다. 폭로적 이야기는 부속물로 격하된다. 연구자의 편견은 조직문화의 실체를 왜곡되게 밝히기 때문이다.

발리의 닭싸움에 관한 Geertz의 스토리 연구는 이 문제를 극복하기 위해 사실주의와 고백적 이야기를 통합한다. 이것은 독자로 하여금 그 문화의 상황에 놓이게 하여 그 문화의 심연을 확실하게 알수있도록 하는 것이다. 실리콘 밸리의 한 첨단 연구소 설립과 관련한 연구에서 미국의 커뮤니케이션 학자인 Ellen O'Connor(2000)는 스토리텔링 연구의 예를 제시한다. O'Connor는 일년의 상당한 시간을 조직의 일상생활을 하면서 보냈다. 회의와 토론에 참가하고, 조직구성원들과 대화도 나누며, 이메일을 주고 받았다. 자신의 경험을 바탕으로 O'Connor는 이 연구소의 성공여부는 설립자의 내러티브 능력에 달려 있다고 한다. 설립자의 내러티브 능력이란 조직구성원이 공감하고 그것을 따르고자 하는 일관되고 설득력 있는 스토리를 각색하고 필요인물을 등장시키는 능력을 말한다.

이러한 O'Connor의 주장은 CEO에 대한 인터뷰를 해석학적 연구로 분석한 다른 연구에서 지지된다. 한 개의 표본에 30개의 인터뷰를 분석한 연구에 따르면 연구대상의 거의 모든 CEO들에게서 내러티브 능력이 나타났지만, 특히 회사를 설립한 CEO들에게서 이 능력이 더 강하게 나타났다는 것이다. 설립자 CEO들은 사실을 있는 그대로 설명하는 스토리텔링 능력에도 뛰어났지만, 다른 유형의 스토리텔링 능력도 뛰어났다는 것이다.

3) 씨어터 메타포 : 극작술(드라마트루기)과 수행성

인간이 자신의 사회적 현실을 어떻게 구성하는지를 설명하기 위해 드라마 이론을 도입한 대표적 사람은 캐나다 사회학자인 Erving Goffman(1959)이다. Goffman은 정신병원에 있는 환자들이 그 병원에서의 공식적 역할에 어떻게 순응하고, 그것에 적응하는지를 연구함으로써 자신의 이론을 발전시켜나간다. Goffman에 따르면 병원의 사회적 질서는 제도라는 공연에서 의사, 간호사, 그리고 환자들이 자신의 맡은 바 역할을 수행함으로써 만들어지는 것이라고 한다.

드라마트루기란 대본, 의상, 마스크, 소품, 무대장치 등과 같은 연극의 필수품들을 말한다. 이것은 수행성의 개념과 밀접히 관련된다. 「How to Do Things with Words」라는 저서에서 언어학자인 John L.Austin(1962)은 수행성을 정보를 단순히 전달하는 말이 아니라 행동을 보여주는 말이라고 한다. 수행성은 연극적 활동에 단순히 참여하는 것이 아니라 행동하는 것이다.

드라마트루기와 수행성을 조직연구에 적용한다는 것은 조직과 연극(시어터) 사이에 유사점이 많다는 것을 의미한다. 이것을 씨어터 메타포라 한다. 씨어터 메타포는 조직현상을 설명하기 위해 여러 구성요소를 사용한다. 가령 조직에는 그 구성원들이 대중에게 보여주는 무대와 보여줄 수 없는 무대가 있다. 보여지는 무대에서는 복장과 말 등을 통해 대중의 반응을 관리하며(이곳에서는 배우와 관중들이 하나가 되어 공연을 완성시키고자 한다), 보여질 수 없는 곳에서는 의상과 마스크를 벗어던지고 휴식을 취하며 다음 공연을 준비한다. 드라마트루기를 적용함으로써 조직은 조직목표를 달성하기 위한 많은 공연으로 구성된 드라마나 씨어터가 되는 것이다.

Michael Rosen(1885)은 미국의 한 광고회사의 연례 조찬모임이 지니는 문화적 의식을 분석하기 위해 드라마트루기를 사용한다. Rosen은 조찬모임이 열린 식당에서의 상징, 의상, 언어, 그리고 전시된 그림을 분석한다. Rosen에 따르면 이 모임에 참가한 사람들은 자신과 조직의 동질성을 확보하고, 조직의 위계질서를 수립하기 위해 의미를 전달하는 수단으로 상징을 이용한다는 것이다. 중요한 것은 이용방식이 집단 및 조직마다 다르다는 점이다. 가령 Rosen에 따르면 이 모임에 참석하는 사람들은 옷을 입는 방식에서 차이가 났다고 한다. 경리직이나 창조적 업무를 담당하는 사람들은 비교적 자유로운 복장을 하고 있었지만, 승진이나 보상을 바라는 직원들은 정장차림을 하고 있었다는 것이다. 회사 최고위층들의 인사말이 있었는데(이들은 전부 정장차림이었다), 특히 CEO가 일부 직원의 태도가 문제있어 인사의 변화를 필요로 한다는 연설을 할 때 그것은 통제와 관용의 모습으로 비쳐졌다는 것이다. Rosen은 이러한 말이 회사의 규칙을 종업원이 따르도록 하는 상징이 되었으며, 그 기업의 위계질서를 강화시키는 계기가 되었다고 한다.

영국의 한 극장의 전직 무대 매니저였던 조직이론가 Heather Höpfl(2002)은 드라마트루기를 통해 조직의 종사자들이 조직의 가치를 구현하기 위해 연기자 처럼 행동한다는 사실을 보여준다. Höpfl은 드라마의 배우나 조직의 구성원들은 누구나 역할 수행에 투입된 위선, 불명예, 스트레스, 감정적 소진 등의 비용을 측정할 필요가 있다고 한다. Höpfl은 자신의 주장을 명확히 하기 위해서 18세기 프랑스 급진적 철학자인 Denis Diderot의 주장을 인용한다. Diderot는 배우와 매춘부를 비교한다. 배우는 자신과 관계를 갖는 남자에 대해 아무런 감정도 느끼지 않지만 자신의 연기를 위해 남자의 품에 안기는 매춘부라는 것이다. Höpfl에 따르면 Diderot가 말하는 배우는 모든 역할을 소화할 수 있는 수단 혹은 빈 배와 같은 것이다. 연기를 위해 자신의 성격이나 감정을 버려야 하기 때문이다. Höpfl에 따르면 오늘날 대다수의 조직관리자는 다양한 역할을 기술적으로 소화할 수 있는 유연하면서도 숙달된 조직구성원을 원한다고 한다. 그러나 구성원이 보여주는 것은 앞서의 매춘부 역할을 하는 배우 가 보여주는 진정성 없는 수행성이다. 진실한 조직이 되기 위해서는 이러한 배우의 수행성은 필요없다. 진실한 수행성을 지닌 구성원만이 필요한 것이다.

4. 포스트모더니즘의 조직문화관

포스트모더니즘은 텍스트 메타포를 근거로 조직문화를 규명한다. 가령 설화를 중요한 텍스트로 본다. 여기에서의 다양한 목소리와 언어체계가 결합하여 의미구축에 사용된다고 한다. 불가리아 태생의 프랑스 언어학자인 Julia Kristeva(1984)는 텍스트 사이의 연결가능성을 의미하는 텍스트 연결성이라는 개념을 도입한다. 즉 텍스트란 결코 독립적으로 존재하는 것이 아니라 그것과 관련된 다른 텍스트와의 관계에서 존재를 확인받는다는 것이다. 그리고 이것을 통해 의미를 얻게된다고 한다. 이러한 포스트모더니스트 관점에서 작가가 의도한 텍스트의 원래 의미는 문제가 되지 않는다. 텍스트란 결국 많은 작가와 독자들에 의하여 다시 쓰여지기 때문이다. 이러한 점에서 담론이란 많은 텍스트에 의해 생산되는 것이다. 하나의 유일한 거대담론이란 없다. 대신 많은 작가와 독자가 텍스트를 계속해서 읽거나 다시 씀으로써 다양한 담론이 존재하게 되는 것이다.

텍스트 연결성이라는 개념을 조직에 도입한다는 것은 조직의 문화, 정체성, 조직구성원, 상징, 그리고 행동 등을 상호준거적 틀로 보아야 한다는 것을 의미한다. 이것을 상호 얽혀진 텍스트라 한다. Barbara Czarniawska(1997)는 조직 설화를 무용담, 연속극, 드라마에 비유한다. 즉 끊임없이 얽히고 설킨 조직생활을 복잡한 구성과 등장인물로 표현한 생생한 모습이라는 것이다. Czarniawska는 스웨덴의 여러 공공부문 조직을 연구한다. 여기에서 나타난 조직설화의 내용이 드라마의 내용과 닮았다고 한다. Czarniawska는 민영화와 전산화를 예로 든다. 이들 사업에 너무 많은 목소리와 에피소드가 담겨있어 결론을 내릴 수 없었다고 한다. 이러한 Czarniawska의 드라마 비유에서 그녀가 주장하고자 하는 핵심 내용은 매우 일관된다. 즉 포스트모더니즘은 결국 모든 이해의 근원이된 의미있는 일관성을 버려야 한다는 매우 급진적인 설화를 내용으로 하고 있다는 것이다.

조직문화 연구자 중에는 조직문화의 일관성과 안정을 추정하지 않고 그것의 비일관성, 모호성, 다양성을 강조하는 입장이 있다. 즉 조직문화는 끊임없이 변한다는 것이다. 담론과 핵심문제가 끊임없이 변하기 때문이다. 이러한 관점에서 Debra Meyerson과 Joanne Martin(1987)은 조직문화가 지나치게 단일 개념으로 비쳐지는 것을 피하기 위해 그것의 모습을 단편화로 묘사한다. 문화를 단편적 개념으로 보고자 하는 것은 문화의 이해에는 통일된 혹은 합의된 개념이 없다는 것이다. 심지어는 하위문화에서 조차 통일 혹은 합의란 개념은 사용할 수가 없다고 한다. 문화에 대한 해석은 끊임없이 변하는 것이기 때문이다. Martin에 따르면 피부색, 인종, 성별, 직업, 사회적 지위 및 그 밖의 여러 특징들이 조직의 모든 구성원들에게 공존하기 때문에 하위문화라 불리우는 많은 것들 또한 조직담론이 바뀜에 따라 달라진다고 한다. 어떤 때는 조직구성원의 정체성을 낳는 문제가 다른 때는 오히려 해체를 낳기도 한다는 것이다.

단편성은 포스트모더니즘과 유사한 것이 많지만 Martin에 따르면 포스트모더니즘 문화연구는 단편성 가정을 뛰어넘고 있다고 한다. 즉 현실이란 환상에 불과하다는 것이다. 포스트모더니즘에 따르면 환상이란 지배적 견해를 받아들이려 하지 않는 사람들의 진실 논쟁의 장이라고 한다. 단편성과 환상 사이의 이러한 차이에도 불구하고 Martin은 조직문화란 다른 사람에 대한 조작과 통제를 감추기 위해 권력자들이 사용하는 여러 가지 방법 중 하나라는 비판적 문화이론가들의 견해에 동의한다. 많은 포스트모더니스트 조직문화 연구자들이 탈구성화하고자 하는 것은 바로 이러한 문화 모습 뒤에 감춰진 권력의 가면이고, 따라서 그것을 벗기고자 하는 것이다. 이 논의는 다음에서 자세히 다루고자 한다

5. 조직문화의 탈구성

포스트모던 조직이론가들은 모더니스트 조직 내러티브와 스토리의 이념적 기능을 비판함으로써 조직 및 조직이론의 거대 내러티브를 비판한다. 앞서 지적한 바와 같이 모더니스트는 조직통일의 표현 방법과, 조직 구성원을 사회화하고 통제하는 방안으로 스토리를 내세운다. 포스트모더니스트 커뮤니케이션 학자인 Dennis Mumby(1988)는 내러티브가 조직문화를 체계적으로 왜곡시킨다는 사실을 보여준다. 내러티브는 굴종과 지배의 관계를 지지하는 특별한 의미를 유지하고 그것을 재생산한다는 것이다. Mumby는 이러한 이념적 속성, 즉 어떤 집단은 선호하고 다른 집단은 배제하는 속성을 밝히기 위해서 조직 스토리를 탈구성 시킬 것을 제안한다.

Joanne Martin(1990)은 한 다국적 기업의 CEO에게서 전해들은 스토리를 탈구성시킨다. 그 스토리는 여사원의 복지에 매우 힘쓰고 있다고 주장하는 한 회사의 이야기이다. 그 이야기에 나오는 한 젊은 여사원은 자신이 참여한 신제품 출시를 앞두고 제왕절개 수술을 받게되어 있었다. 회사는 병원 침대 곁에 텔레비전을 비치해 두고 이 여사원이 신제품 출시장면을 볼 수 있도록 배려하였다. 그러나 Martin에 따르면 이러한 행동으로 이익을 본 것은 여직원이 아니라 회사였다고 한다. TV를 봄으로써 신제품 출시에 여직원이 참여하는 것은 회사의 생산성을 높이기 위한 것이지 여직원의 복지를 위한 것이 아니었다는 것이다. 나아가서 Martin은 그 회사의 CEO가 관심의 문화라고 말하는 것들이 실제로는 직원을 통제하고, 사생활과 공식생활 사이의 경계를 희석시킴으로써 실제로는 성차별을 하는 것이었다고 한다. 앞의 사례에서 보듯 TV를 보게하는 것이 여직원을 배려하는 것이 아니라 여직원이 새로 태어날 아기에게 쏟을 많은 시간을 빼앗는 것이라는 것이다.

이 사례에 대해서는 다른 해석도 가능하다. 가령 위 스토리에 등장하는 여직원은 동시에 두명의 자식(한명은 새로 태어날 아기, 다른 한명은 신제품)이 탄생하는 것을 지켜보았다고 주장할 수도 있다. 따라서 그 여직원은 병실에서 이 두 사건에 다가가는 것을 크게 반겼을 수 있다. 그러나 엄마에 대한 해석은 잘못된 생각일 수 있다. 이것이 바로 지배와 다른 형태의 권력 가능성을 보여주는 탈구성적 이해이다. 이것은 결코 어떤 해석이 더 우월한지를 말해주지 않는다. 따라서 문제에 대한 정확한 해결도 없다. 스토리에 대한 해석이 어떤 상황에서는 우월할지 몰라도 다른 상황에서는 다른 해석이 더 우월할 수 있다. 탈구성은 문제를 한번에 해결하는 것이 아니라 일상적 조직생활이 구성하고 있는 의미를 두고 끊임없이 갈등하는 것이다.

탈구성적 문화에 대한 또 다른 접근은 가치와 성과의 형태로 문화가 개념화되고 계량화되는 방식이다. Baudrillards의 시뮬라크라(제 2장 참조)가 여기에 해당한다. 이 개념을 조직에 적용하면 조직문화란 없고, 단지 조직구성원들이 시뮬레이션, 이미지, 상호작용적 수행에 참여할 뿐이다. 포스트모던 조직이론가들은 문화가 조직의 기본 가치관, 신념, 그리고 의미체계와 연결되어 있다는 생각을 부수고자(탈구성) 한다. 이들에 따르면 하나의 통일되고 일관된 문화란 허울뿐인 모호한 의식과 상징(이들은 다양한 해석을 만들어 낸다)에 의해서 만들어진 환상에 불과하다고 한다. 가령 회의는 그곳에 참여한 많은 사람들에 의해서 권력투쟁, 부조리의 극장, 혹은 몰입의 상징 등으로 다양하게 해석된다. 의식은 시뮬라크라의 중요한 한 부분이다. 시뮬라크라는 조직구성원들을 조직문화 및 이데올로기에 따르도록 유혹하는 많은 수행적이고 모방적인 특징을 지니고 있기 때문이다.

시뮬라크라로 문화를 연구하는 많은 학자들은 임파워먼트 문화(가령 팀워크, 생산성 향상 등)가 업무성과와 조직구성원의 동질성을 조작하는 방법이라고 주장한다. 호주의 사회학자인 Douglas Ezzy(2001)는 조직문화가 신뢰와 가족(가령 대우는 대우가족이라는 용어를 회사 로고로 사용했다)의 시뮬라크라를 만들어냈다고 주장한다. 이것은 개인성과에 따른 보상, 그리고 경영 위기시 해고와는 모순된 것이다. 임파워먼트 문화에 취해 실제로는 자신을 통제하고 버리는 그 문화를 신뢰하거나, 그것에 투자한 조직구성원들은 시뮬라크라에 의해 조작된 사람들이다. 미국 전자회사의 엔지니어링 사업부에 대한 인종학 분석에서 Gideon Kunda(1996)는 조직구성원들이 조직의 자아와 진실한 자아 사이에서 방황하고 있음을 밝혀낸다. 그 과정에서 조직구성원들은 그 상황을 불평하고 있었다는 것이다. 이들은 자신들의 개인적 생활을 포기하고 만들어낸 신바람 문화 속에서 혁신적 기술을 개발하는데 오랜 시간을 보내고 있다는 사실을 알게되었다(조직자아). 이것이 그들을 기진맥진하게 했던 것이다(진실한 자아). 조직자아라는 시뮬라크라가 역설적으로 그것을 믿는 조직구성원들을 억압하고 통제했다는 것이다.

1) Mikhail Bakhtin : 폴리포니(Polyphony)와 대화로서의 문화

러시아의 문학이론가인 Mikhail Bakhtin에 따르면 언어란 인간 의사소통의 산물이라고 한다. 따라서 인간이 언어를 사용한다는 것은 다른 사람들과 대화하기 위한 것이며, 그런 점에서 언어는 대화적이라는 것이다. Bakhtin에 따르면 우리가 혼자있을 때조차 언어는 다른 사람과의 대화의 상태로 우리를 나아가게 한다는 것이다. 조직이론가들은 대화적 조직이 대화에 의해 구조화되는 방식을 기술하기 위해 Bakhtin의 이론을 사용한다.

Bakhtin의 또 다른 개념인 폴리포니도 조직대화(조직과 환경 사이, 조직내의 기관 사이, 혹은 조직에 종사하는 사람 사이 등)가 일어나는 많은 담론을 설명하기 위해 사용된다. 폴리포니의 개념은 오케스트라 음악이론에서 나온 것이다. 이 음악이론에서 폴리포니는 심포니 오케스트라의 다양한 악기가 만들어내는 소리 혹은 사운드를 말한다. 폴리포니의 개념을 조직에 적용하면 조직이란 동시에 다양한 목소리를 내는 것을 말한다. 조직의 대화적 혹은 폴리포니적 측면을 접한다는 것은 연구자들이나 관리자들이 조직의 목소리에 귀를 기울이는 것, 즉 조직 대화와 그것의 리듬, 하모니, 그리고 불협화음을 듣는 것을 말한다.

스토리텔링 연구자인 David Boje(1995)는 드라마트루기와 결합된 폴리포니의 한가지 예를 제시한다. Tamara라는 연극에서 관중들은 공연된 연극의 무대에 상관없이 어떤 캐릭터를 따를 것인지를 선택했다고 한다. 모든 배우들에게는 각자 자기를 따르는 관중들이 있으며, 다른 무대에서 다른 역할을 했을 때에도 관중들은 그 역할에 따라 뭉치기도 하고 흩어지기도 한다는 것이다. 이것은 다른 이야기로 구성된 연극에 대해서는 관중들이 얼마든지 떠날 수 있다는 것과, 배우는 하나의 공연에도 너무나 성향이 다른 관중 앞에서 공연해야 한다는 것을 보여준다. 따라서 배우나 관중 중 어느누구도 Tamara라는 연극에서 똑같은 경험을 하는 경우는 많지 않다. Boje는 조직도 Tamara 같다고 한다. 왜냐하면 조직구성원은 누구나 다른 사람과 서로 다른 시간에 서로 다른 장소에서 스토리를 창조하고, 말하며, 협상하기 때문이다. 이러한 점에서 Tamara는 다양한 대화적 실타래로 폴리포니를 생생하게 기술하고 있는 것이다.

Tamara 처럼 행동하는 조직을 포스트모던 방식으로 기술한 Boje의 생각은 결국 스토리나 구성은 하나만 존재하거나 완벽한 것도 없다고 한다. 왜냐하면 사람들은 자신들만의 스토리를 추적하거나 각색하기 때문이다. 따라서 스토리는 사람 수 만큼 많아지게 된다. 집합적 메모리나 질서 정연한 하위문화란 있을 수 없는 것이다. 이러한 분파된 의미로는 조직문화를 연구하는 것이 불가능할 수 있다. 그러나 Boje에 따르면 특별한 집단이나 개인이 만든 화술이나 플롯을 연구한다면 시간을 초월한 상황적 연결고리를 규명할 수 있다고 한다.

2) 아이러니

Mary Jo Hatch와 Sanford Ehrlich(1993)는 조직대화에 대한 다른 접근법을 택한다. 1980년대 말 메인 컴퓨터 제조기업의 중간 관리자들의 대화를 연구함으로써 이들은 조직변화로 인해 생길 수 있는 부정적 감정과 두려움을 농담과 웃음으로 표현하는 관리자들의 패턴을 찾아냈다. 이들의 업무는 구매 및 재고관리였다. 회사는 생산성 증대를 위해 정시생산체제(JIT)를 채택했다. 그러나 회사의 이러한 방침은 이들의 존재에 심각한 위협이 되었다. 관리자들은 공개적으로 자신의 역할이 회사에서 사라진다고 보았고, 이 상황에 정면으로 맞서기 보다는 자신의 부정적 감정을 나타내는 유머 내지 아이러니로 자신들을 표현하고자 했다. 이들은 자신들을 사형수에 비유했다. 가령 새로운 관리기법의 도입은 부하들의 고용안전에도 심각한 위협이 되었는데, 이 경우에도 똑같은 농담과 웃음의 패턴이 반복되었다. 또 다른 인원감축에 대한 본사의 방침을 논의하는 과정에서 관리자 중 한명은 빈정대는 말을 웃음으로 표시하고 있었다. 변화의 필요성에 대한 담론 상황에 자신들의 유머를 개입시킨다는 것은 씁쓸하고 달콤한 경험을 조직 대화에서 폴리포니하게 듣는다는 것을 의미한다. 이것이 바로 조직의 일상생활의 정서적 내용에 왜 민감해야 하는 지를 보여주는 Bakhtin의 생각이다. Bakhtin은 페이소스와 아이러니에 참여할 때 거기에는 반드시 조화와 불협화음이 섞여있다는 의미라고 한다.

아이러니는 포스트모더니즘에서 특별한 위치를 차지한다. 그것은 리요타르가 그렇게 반대했던 명백한 권위주의적 내러티브의 가능성을 부정하기 때문이다. 사회학자 Richard Harvey Brown(1987)은 다음과 같이 주장한다. "아이러니는 있는 그대로 말하라는 것이 문자 그대로 불가능하다는 것을 우리에게 일깨워주는 것이다."

6. 규범적 통제전략으로서의 조직문화

사회통제의 규범적 전략으로서 조직문화는 결코 새로운 현상이 아니다. 가령 Bendix(1956)가 제시한 관리이념은 공장시스템이 등장한 이래 사회통제를 위한 중요한 조직문화였다. Stephen Barley와 Gideon Kunda(1992)에 따르면 조직문화에 관한 합리적 메타포와 규범적 메타포가 역사적으로 번갈아가며 조직관리 전략의 담론이 되었다고 한다. 이들은 서로 대안적인 통제전략이었던 것이다. 그러나 실제 모든 조직에서 이 두가지 관리전략이 번갈아 사용되면서 조직의 핵심적 긴장이 나타나게 된다. Barley와 Kunda에 따르면 역사적으로 모든 시기에는 거기에 맞는 관리이론이 존재했다고 한다. 합리적 메타포에 따른 관리전략은 과학적 관리법(1900-1923)과 체계합리화(1955-1980) 이념하에서 성장하였고, 규범적 메타포에 따른 관리전략은 산업복지(1870-1900), 복지자본주의/인간관계론(1923-1955), 그리고 조직문화(1980-현재) 이데올로기하에서 팽창하였다고 한다. 일반적으로 합리적 이론방식은 조직통제 전략으로 이윤창출을 도모한 시기에 번성하였고, 규범적 이론방식은 노동자 사이의 인간적 관리에 의해 이윤이 창출될 때 크게 유행하였다는 것이다(1992:389). 이 둘다 조직의 근본적이고 필요한 특징이기 때문에 관리적 이데올로기가 규범적 통제와 합리적 통제 사이를 넘나들었다는 것은 놀라운 일이 아니다.

이들이 지적한 것처럼 1980년부터 현재까지는 조직문화라는 규범적 이론방식의 시대이다. 이 시기는 새로운 조직 형태와 과정에 관심을 두기 때문에 조직문화와 규범적 방식을 강조한다. 규범적 방식이란 과학적 관리법이나 관료적 조직관리 방식에 노동자들이 부정적 · 주관적 으로 대응하는 것을 말한다. 이러한 점에서 구조적 합리화는 동기부여와 몰입을 강조하는 규범적 스타일로 대체되어야 한다. 즉 규범적 전략은 지나친 합리화에 대한 대안이라는 것이다.

Barley와 Kunda의 이러한 주장을 넘어선 역동성이 현재 많은 조직에서 일어나고 있다. 그것은 합리적 담론 및 실제로부터 벗어나 앞서 언급한 탈관료적 형태로 나아가려는 경향이다. 따라서 현재 조직의 많은 상황에서 규범적 통제가 합리적 통제를 보충하려는 수단이 아니라 그것을 대체하는 수단이 되고 있다. 조직문화의 중요성은 이러한 상황에서 나타난다. 규범적 · 문화적 속성은 일본의 관리 시스템, 특히 도요타주의와 밀접히 관련된다. 그리고 이와 관련된 많은 관리방식이 등장하여 실행되고 있다(Boswell, 1987). 결국 이 요인들이 1980년대 초 이래 조직문화에 관한 많은 연구를 탄생시킨 장본인이 되었다.

1) 조직문화의 예로서의 강력한 조직문화

조직문화 등장과 관련한 논의 중 가장 강력한 것은 Gideon Kunda의 「Engineering Culture(1992)」이다. 이를 위해 Kunda는 하이테크 기업에 대한 인종학적 연구를 수행한다. 이를 통해 비관료적 작업장에서 문화가 미친 영향을 논의한다. 그가 제시한 조직문화에 대한 포괄적이고 일반적인 개념정의는 다음과 같다.

> "조직문화란 조직구성원의 인지적 · 정적 측면을 통제하는 공유된 규칙이며, 이 규칙을 만들고 표현하는 수단이다.... 즉 업무관련 행동을 통제하는 공유된 의미, 가정, 규범 및 가치이다. 또한 암호화된 상징적, 상황적, 설화적(narrative)구조이다. 또한 기능적 관점에서 문화적 형태로 이루어진 구조적 원인 및 결과가 조직유효성과 맺고 있는 관계이다"(Kunda, 1992:8).

이 개념정의는 앞서 논의한 상징적 ·해석적 조직문화관을 반영한 것이다. 그리고 이 정의는 초기의 조직형태를 포함한 광범위한 규범적 체계에 적용될 수 있다. 이 정의에서 인지적 · 정적 측면이란 조직구성원들이 자신의 업무와 조직에 대해 이해하고, 인지하며, 느끼는 것을 의미한다. 조직의 업무, 실제, 관례 등은 이러한 인지적·정적 감정을 형성하고 표현하는 수단이다. 이러한 점에서 문화는 조직구성원의 실제 행동과 행위를 보강하기도 하고, 그것을 그대로 반영하기도 한다. 공유된 의미, 가정, 규범 및 가치란 외부의 규제에 상관없이 조직행동을 이끄는 공동의 사고방식이다. 이러한 의미, 규범, 가치관은 행동을 통해 상징적으로 표현되며, 조직 및 업무를 기술하기 위해 사용된 언어로 구현된다. 마지막으로 기능주의 상황에서 문화는 기능적 구조에 부합해서 조직 전체의 목표를 달성하기 위한 것이다.

조직에 대한 문화적 분석은 이러한 모든 개념에 적용될 수 있다. 그러나 조직문화에 대한 이러한 일반적 정의를 뛰어넘는 더 중요한 조직문화에 대한 주장이 있다. 현대조직은 보다 집약적이고 명확하며 체계적인 규범체계를 수립하고자 한다는 것이다. Kunda는 그것을 강력한 문화(strong culture)로 규정한다.

> "강력한 문화란 공식적 구조를 대치하고, 따라서 더 이상 엄격하고 경직된 외부통제를 필요치 않은 '조직이 명확하게 선언한 가치'를 내재화하며, 거기에 강한 감정적 애착을 갖는 문화를 말한다. 따라서 생산적 일이란 자기통제, 혁신, 감정적 애착이 혼합될 때 생겨난다. 이것은 궁극적으로 성장과 성숙을 바라는 조직구성원의 개인적 이익과, 생산성이라는 조직의 이익을 혼합한 것이다"(Kunda, 1992:10).

강력한 문화적 장치에 대한 이론적 · 관리적 관심이 증대되고 있음에도 불구하고, Kunda(1992:11)는 강력한 문화가 조직의 가장 큰 문제 및 오래된 관리적 딜렘마(가령 자신의 이익만을 추구하고, 관리적 권위에 저항 및 반대하는 능력을 소유한 조직구성원을 복종 및 통제하는 방법)를 혁신적으로 해결하려는 시도를 반영한다고 주장한다. 조직문화가 보다 강해져야 하는 다른 이유는 조직에 가중되는 부담 때문이다. Kunda는 자신이 연구한 하이테크 기업의 작업장을 "Tech"라는 익명을 사용하여 기술한다. 이 조직은 모호하고, 분권화되어 있으며, 혼란스럽고, 명확하지 않으며, 통제된 무정부상태의 조직이다. 나아가서 공식 · 비공식 조직을 쉽게 구분할 수도 없다. 비공식 조직이 공식적으로 규정되며, 현실을 설명하고 행동을 이끌기 위한 조직원리로서 문화가 사용된다. 그러면서도 조직이 유지되는 것은 그 조직이 지니고 있는 강력한 문화 때문이라는 것이다(Kunda,1992:30).

Kunda는 조직문화의 이념적 역할을 강조한다. Kunda에 따르면 이념은 조직의 리더가 창조하는 것이라고 한다. 이것은 기존의 장치를 정당화하기 위해서 만들어진다. Tech의 이념은 회사의 관리자, 조직의 활동을 연구하는 전문가, 그리고 경제부 기자 등

외부관찰자들에게 구두 혹은 문서화된 서류로 전달된다. 내부메시지는 회사의 자기 관리 방식, 신뢰, 정당한 일을 한다는 것 등을 내용으로 한다. 조직구성원들에게는 맡은 바 임무를 충실히 수행할 것을 요구하는 메시지가 집중적으로 전달된다. Kunda는 이것을 "구성원의 역할" 이라고 한다. 즉 개인의 목표와 조직 전체의 이익을 통합한 것이다. 이것은 조직이론에서 오랫동안 반복적으로 주장해왔던 관리 이데올로기이다.

이러한 표준 문서와 선언 이외에 Tech는 문화 전문가들을 고용했다. 문화 전문가들에게는 Tech의 조직문화를 연구하여 기업의 성공을 위해 이것을 활용할 것을 주문했다. 이 연구를 통해 많은 논제들이 발굴되었는데, 완전고용, 조직구성원의 참여, 종업원지주제, 성공에 대한 보상, 공식적 과정의 최소화, 문화적 차이 인식, 경험으로부터 배움, 다양한 견해 수용, 자유기업 시스템으로서의 조직 등이 그 논제들이다. 조직구성원들은 외부경영 컨설턴트와 산업 관찰자(observer)들이 발간한 자료를 받는다. 그 한 예가 "기업문화의 개관"이라는 제목의 자료인데, 기업 참모들의 일을 통합하면 관료적 방식의 업무수행을 대체할 수 있는 조직문화가 발전할 것이라는 것 등이 내용으로 되어 있다(Kunda,1992:80).

이러한 여러 가지 이데올로기의 원인을 해독하는데 있어서 Kunda의 분석은 두 가지 중심적 논제를 제시한다. 회사의 사회적 속성과 조직구성원 역할의 구체화가 그것이다. 이것은 가족, 사명, 도덕적 목적, 진보 등의 의미이다. Kunda는 조직의 구조적 원리 보다는 문화적 원리를 강조한다.

> "통제란 규율의 내재화이다.... 조직구성원들은 강제적 혹은 전통적 구조에 구속되지 않는다.... 결정은 혁신적 조직구성원 사이의 정치적 협상과정을 통해 이루어진다. 규율은 명확한 복종이나 보상에 의해서 생기는 것이 아니라 동료들의 압력, 그리고 더 중요한 것은 내재화된 성과기준에 의해 생겨난다는 것이다" (Kunda,1992:90).

Kunda는 이념이 연설, 프리젠테이션, 회의, 강의, 파티, 워크샵 등의 표현적 의식에 배태되어 있다는 사실을 알게 되었다. 의식이란 인지적 · 정적 원리가 제시되고 실행되는 조직생활의 근본적 활동이다. 문화는 이러한 사회적 활동을 통해 나타나고, 창조되며 보강된다. 이러한 의식에 참여하는 것은 "행함으로써 존재가 확인되는" 수단인 것이다(Bowles and Gintis,1989). 정체성과 애착심도 이러한 의식적 활동에 적극 참여함으로서 이루어지고 강화된다. Tech에서 의식은 프리젠테이션을 통해 조직구성원들에게 전달되고, 매일매일의 업무활동으로 경험된다. Kunda에 따르면 Tech에서의 의식은 고위관리자들의 많은 프리젠테이션을 통해 형성되었다고 한다. 이 프리젠테이션은 동료의식, 공동의 목적, 공유된 즐거움을 함께 나누는 것이지만 프리젠테이션에 참석하지 않고 동떨어진 행동을 하는 사람들도 있었다.

Kunda는 조직구성원의 애착과 참여수준을 분석하기 위해 상징적 상호작용(Goffman, 1961)의 통찰력을 응용한다. 연극을 보러온 청중들은 배우 및 메시지와 동화될 수 있는 방법으로 행동하려는 역할 수용(role embracement) 태도를 취한다. 구성원의 역할 수용이라는 행위가 없이는 의식도 이루어질 수 없다. 따라서 의식에는 역할 규정의 신념(이윤의 중요성, 기술적 수준의 중요성 등)과 감정(충성심, 애착, 즐거움, 동료의식 등)을 명확히 하고, 그것을 실행하는 틀이 필요하다(Kunda,1992:106).

역할수용 못지않게 역할간격(role distance)도 중요하다. 역할간격이란 의식과 이념을 향한 풍자, 유머, 놀이를 통해 역할로부터 멀어지려는 것을 의미한다. 역할수용이 모범적 행동인 데 반해, 주기적으로 일어나는 역할간격은 조직구성원들이 '진실한 신자'로서의 역할을 맡지 않으려 한다는 표시이다. 반면 Kunda는 조직문화가 인지적 부조화 과정을 통해 개인에게 침투할 수 있다는 사실을 지적한다.

> "이념적 관점의 지지를 공개적으로 표시하는 것은 인지적 부조화를 낳을 수 있다. 압력 때문에 원하지 않는 신념과 의견을 받아들여야 하는 구성원들은 자신의 관점을 진짜 표시하는 것처럼 행동한다....시간이 흐르면서 인지적·감정적 부조화는 조직구성원들의 표현된 역할과 진실한 자아 경험 사이의 경계를 무력화시키게 된다" (Kunda, 1992 : 156).

조직문화가 개인에게 미친 영향에 관해 Kunda가 제기한 문제는 규범적 통제가 조직구조보다는 개인에게 더 큰 영향을 미친다는 것이다. 전통적 관료적 구조 하에서 노동자들은 규정된 특정한 업무를 수행한다. 이 경우 관리자들은 이들에게 애착, 참여, 포옹 등을 크게 요구할 수 없다. 노동자들은 규정된 업무활동만 하면 되기 때문이다. 불복종에 대해 외부감독과 처벌이 만연하게 되는데, 그것은 노동자들이 선택권이나 자유재량권이 없다는 것을 의미한다. 즉 노동자들은 경제적 이유 때문에 어쩔 수 없이 일하거나, 아니면 일을 회피함으로써 처벌받을 수 밖에 없다는 것이다. 반면 조직문화와, 이것과 관련된 규범적 통제방식은 가치체계의 내재화에 근거한 통제방식이다. 이것은 경제적인 이유 그 이상의 것이다. 이 경우 조직구성원들은 조직의 핵심인 통제의 문제를 내재화하고, 자신을 '논쟁적 영역'의 일부가 되게 한다.

따라서 Kunda는 강력한 문화로 대표되는 규범적 통제의 영역은 Tech와 같은 현대 조직에서 확대될 수 있다고 한다. 강력한 문화는 조직의 실제로 통합되어 조직의 커다란 부분이 된다. 대부분의 관리전략과 마찬가지로 규범적 통제는 이념적·수사적 메시지와 조직의 근본적 현실(가령 불공정 노사관계)사이의 긴장에서 발생한 모순으로 침투한다. 강력한 문화는 노동자들의 의식수준에 침투하여 그것을 통제한다. 문제는 이러한 시도에도 불구하고 인간들은 여전히 아이러니, 풍자, 냉소주의, 유머 등과 같은 사유적 담론에 의지한다는 것이다. 인간에게 이러한 속성이 있다는 것은 강력한 문화로도 인간적 요인을 완전히 통제할 수 없다는 것을 의미한다. 그것은 인간적 요인을 완전히 파악할 수 있는 능력이 인간에게 아직 없다는 것이다.

2) 조직문화는 새로운 관리전략인가?

조직에 관한 규범 및 문화이론과 방법의 등장은 인간행동에 대한 이론적 개념이 공리에서 도덕 기반으로 바뀌고 있다는 것을 의미한다. 조직통제에 대한 Amitai Etzioni(1961)의 고전적 연구는 복종을 두 가지 형태로 구분한다. 공리적 복종과 규범적 복종이 그것이다. 공리적 복종은 경제적 보상에 근거한 복종이고, 규범적 복종은 정서적 언질과 도덕적 애착에 기반한 복종이다. Etzioni에 따르면 공리적 복종은 민간부분의 이윤추구 기업에 적합한 복종이라고 한다. 반면 규범적 복종은 어떤 사명이나 서비스를 목적으로 하는 문화조직에 맞는 복종이라고 한다. 그러나 이 구분은 경제적 조직이 규범적 복종으로 나아가려는 경향을 보임으로써 점차 엷어지고 있다. 이러한 변화는 크게 두 가지의 요인에 기인하는데, 하나는 최근 경제 및 조직 이론의 발전이 행동의 비경제적, 혹은 비계약적 기반을 강조한 방향으로 나아가고 있기 때문이고, 다른 하나는 규범적 통제 방식이 조직성공에 더 효과적이라는 판단이 설득력을 얻고 있기 때문이다(Barley, Meyer, and Gash,1988).

인간의 행동이 합리적 자기이익과 물질적 보상을 추구하기 위해 생겨나는 것으로 보는 신고전적 경제이론에서는 합리적 근거가 분명하지 않는 다양한 행동을 설명하지 못한다 (Etzioni,1988). 따라서 현재 경제적 교환 및 조직행동에서 신뢰, 의무감, 이타심, 충성, 몰입 등과 같은 현상이 중요한 것으로 받아들여지고 있으며, 이것들이 경제적 제도에 미치는 영향이 매우 큰 것으로 평가받고 있다. 인간은 규범적 힘에 의하여 동기부여 되고, 이것이 경제적 요인 보다 더 큰 역할을 수행한다는 믿음이 광범위하게 확산되고 있는 것이다(안희남,2007).

행태적 경제학자 중에도 이러한 주장을 하는 사람이 있다. John Tomer(1987)는 「organizational capital」 이라는 저서에서 조직의 기능을 향상시키기 위해, 인간자본인 조직구성원 사이의 관계, 조직의 정보창고, 그리고 이 둘의 통합을 강조한다. 그리고 조직정보에의 투자와 이것의 형성에는 조직의 공식적 · 비공식적 관계를 재설정할 것과,

조직구성원을 사회화시킬 것, 그리고 조직구성원을 업무상황에 적절히 조화시킬 것 등을 포함해야 한다고 한다. Tomer에 따르면 조직자본에 투자하면 조직구성원의 몰입과 애착을 활성화시켜 노동통제라는 관리적 딜렘마에 대처할 수 있다는 것이다. 이 모델에서 노동자의 복종은 비수단적이다. 조직자본에의 투자를 통해 만들어진 규범적 환경에서는 노동자의 몰입과 노력이 조건 없이 이루어진다는 것이다.

Daniel Denison(1991)은 조직성공의 효과적 전략으로 규범적 통제의 문화적 요소를 거론한다. 다음과 같은 조직문화의 네 가지 차원이 조직의 유효성을 향상시킨다는 것이다. i) 몰입을 이끌어 내는 높은 수준의 개입과 참여, ii) 내부적(마음속) 통제수단으로 작용하는 공유된 신념, 가치, 상징체계, iii) 환경적 신호를 해석해서 이것을 적절한 행동으로 연결시킬 수 있는 능력, iv) 비경제적 기반의 동기부여를 낳는 사명과 적절한 행동을 수행하기 위한 일반지침 등이 그것이다. Denison에 따르면 조직문화의 이러한 차원과 조직의 전반적인 성과 사이에는 적극적인 관계가 있다고 한다. 조직문화를 통한 규범적 규제가 인간행동을 통제하는 가장 비용 절약적인 수단이 되기 때문이다.

규범적 접근의 능률성과 관련된 포괄적 연구는 William Ouchi(1981)의 조직형태와 씨족(Clan)에 관한 비교 분석에서 포괄적으로 이루어진다. 씨족은 집단적 선에 충성, 신뢰, 몰입, 헌신하는 공유된 가치다. 수립된 문화에 기반을 두고 경제적 교환 혹은 조직 활동에 참여하는 집단이다. 씨족의 장점은 두 가지 조직문제를 다루는 방식에 있다. 첫 번째 문제는 조직구성원들이 기대된 행동을 수행하는 지의 여부를 확인하는데 따른 비용이다. 이것은 일종의 기관문제(agency problem)로서, 사람들을 고용해서 책임을 부여할 때 생기는 성과 불명확성 및 불확실성의 문제이다. 사람들이 계약대로 임무를 수행한다는 보장이 없기 때문에 발생하는 문제이다. 강력한 문화로 특징 지워진 씨족은 성과불분명을 끊임없이 탐지, 감독, 평가하지 않아도 적절한 방향으로 조직행동을 이루게한다. 따라서 씨족에서는 이러한 행동과 관련된 비용이 줄어든다. Ouchi가 말하는 두 번째 문제는 "목표 부조화"(goal incongruity)이다. 목표 부조화상황에서 조직구성원들은 서로 다른 이해를 지니며, 조직전체의 목표보다는 자신의 이익을 더 추구하려 한다. 그런데 씨족의 공동문화는 이 문제를 최소화시킨다는 것이다. Ouchi에 따르면 강력한 규범체계를 만드는데 따른 비용은 매우 높을 수 있지만, 이 비용은 성과 모호성이나 목표 부조화에 따른 비용을 상쇄시키고도 남는다는 것이다. 결국 우리가 조직문화를 왜 수립해야 하는지에 대한 해답이 여기에 있다.

이상의 통찰력은 인간행동의 규범적, 윤리적, 도덕적 기반을 강조하는 새로운 사회경제학의 분야를 탄생시켰다(Etzioni and Lawrence,1991). 특히 Etzioni는 이것을 강하게 주장하는데, 이를 위해 Etzioni는 몰입을 낳는 조직 분위기를 의미하는 "상황적 관계"(contextual relations)라는 개념을 제시한다.

> "상황적 관계에서 사람들은 최선을 다해 일하고, 착취감은 훨씬 덜 느낀다. 이 관계는 도덕적 몰입으로부터 나오며, 사람을 사람답게 다루지 결코 상품으로 다루지 않는다"(Etzioni, 1988:75).

Etzioni는 전략적 순응과 도덕적 몰입을 구분한다. 전략적 순응은 열심히 일한 것에 대한 댓가를 받아야 한다는 생각이고, 도덕적 몰입은 댓가를 생각하지 않고 열심히 일한다는 생각이다. Etzioni는 계산적인 자기이익 보다 도덕적 몰입을 더 중요하게 생각하는데, 그것은 도덕적 몰입이 외부의 규제 없이 몰입을 낳기 때문이다. 수단적 동기는 규범적 동기 보다 덜 신뢰를 받는데, 그것은 수단적 동기가 외부보상에 더 의존하기 때문이다. Etzioni(1988:69)는 도덕적 몰입이 감독이나 외부보상 보다 더 경제활동에 기여한다는 근거를 제시한다. 즉 도덕적 수준이 높으면 높을수록 생산성과 GNP의 수준도 높아진다는 것이다. 이러한 주장에는 분명히 논리적 모순이 존재한다. 즉 경제적 자기이익 보다 도덕적 언질을 찬양하는 체제가 경제적 보상을 정당화하고 있기 때문이다. 이러한 논리적 비일관성은 조직문화와 사회경제적 이론에 커다란 모순이 있다는 것을 의미한다. 몰입과 의무를 낳는 메카니즘에 초점을 맞추는데 있어서 규범적 접근은 수단적 자기 이익 행동을 정당화하려는 경향을 보인다는 것이다.

분명히 관리자들은 조직구성원들이 도덕적 언질에 의하여 동기부여되기를 원한다. Etzioni가 지적한 바와 같이 생산성과 능률성에는 거기에 따른 반대급부가 있다. 조직구성원들이 협력을 거부할 때 이들은 조직에 도덕적 의무나 책임을 느끼지 않는다. 그렇다고 이들의 행동을 비도덕적이라고 비난할 수 있을까? 또한 어떤 집단은 자신의 이익을 추구하기 위해 도덕적 기반을 사용할 수도 있다. 이러한 물음들은 조직의 소유주들이 문화적, 규범적, 도덕적 전략을 사용할 때 반드시 고려해야할 사항들이다. 이것은 또한 개인과 조직의 성격을 통합하기 위한 이론적·실질적 시도인 "공동의 도덕적 목적"을 떠올리게 한다(Barnard,1938).

규범적 통제와 조직문화는 관료적 통제형태의 대안이며, 자기 이익적 기회주의를 극소화하기 위한 방안이다. 통제는 조직구성원들이 서로 다른 이해와 목표를 지니고 있고, 조직은 그 목표를 달성하기 위한 방법을 고안해야 한다는 가정에 근거한다. 이 문제를 해결하기 위한 가장 효과적인 방법이 사용자와 관리자, 혹은 주인과 대리인 사이의 적대감을 제거하는 것이다. 이익배분은 그러한 방법의 하나이다. 좀더 적극적인 방법은 종업원 지주제이다. 즉 주인의 위치에 대리인을 임명하는 것이다. Samuel Bowles

와 Hebert Gintis(1982)가 주장한 바와 같이 종업원 지주제는 노동자들이 능률과 생산성에 대한 관심을 직접 갖게 하는 것이다. 이것은 탐지 기능을 내재화 할 뿐만 아니라 동료의 노력도 탐지하는 역할도 한다. 이러한 장치 하에서 자기 이익적 행동이 조직전체를 위한 바람직한 동기로 바뀌게 된다.

3) 문화적 통합, 분화, 그리고 단절

조직문화에 관한 이상의 논의는 조직의 사람과 과정을 통합시키는 규범적 전략이 곧 문화라는 가정에 근거한다. 즉 조직문화는 일종의 사회적 결속력을 높여줌으로써 분화와 단절의 경향을 차단한다는 것이다. 그러나 이것과 다른 조직문화의 대안적 개념을 생각해 볼 수 있다. Joanne Martin(1992)은 그것으로 문화에 관한 통합, 분화, 단절의 관점을 든다.

통합 관점이란 조직문화를 조직의 가치와 가정에 관한 합의를 낳는 조직 강화 전략으로 본다. 즉 통합은 단결과 화합을 향상시키는 공동의, 그리고 공유된 의미라는 것이다.

반면 분화 관점은 조직전체에 비일관성과 합의결여가 나타나는 현상이다. 가령 조직의 문화와 실제 행동사이에 괴리가 생기는 것이다. 조직의 사명이나 기본 행동지침을 놓고 부서, 부처, 작업집단 간 이견이 노출된 경우이다. Martin은 이것을 조직문화의 결여로 보기보다는 여러 개의 문화 중 한 개의 문화현상으로 본다. 비일관성과 합의가 결여되어 있다는 것은 하나의 조직 내에 강력하지만 서로 갈등을 빚는 문화적 힘이 있다는 증거라는 것이다.

많은 점에서 분화와 노동의 분업은 목표, 충성도, 하위문화 등과의 갈등을 빚는 예견치 못한 결과를 낳는다. 조직 전체의 목표를 생각해야 한다는 문화는 새로운 문화와 긴장의 처방책이 될 수 있다. 그러나 조직의 하위문화가 반드시 조직의 유효성을 해치는 것은 아니다. 공동의 가치관과 가정을 공유한 단결이 잘 된 하위문화를 지니고 있는 작업집단은 특히 유효하고 생산적이다.

조직문화의 세 번째 관점은 단절이다. 이것은 실제 세계에서 가장 흔히 나타나는 문화의 현상이다. 조직의 핵심적 가치와 본질적 전제에 대해 혼란과 모호함이 존재하는 경우이다. 가치와 목표에 대한 일관된 비전과 합의를 명확히 할 수 없다는 것은 조직생활의 모순과 패러독스를 낳는다. 그리고 조직행동을 장기적으로 마비시킬 수 있는 일종의 무규범과 아노미를 양산하게 된다. 이 경우 최고의 문화도 없고, 하위문화적 가치치계도 없다. 조직이 귀중하게 여기는 것이 무엇인지, 혹은 조직의 핵심원리를 어떻게 확인해야 하는지에 대한 합의없이 혼란만 있다면 조직유효성은 낮아질 수 밖에 없다.

Section 3 학습조직 이론(The Learning Organization)

학습조직의 개념이 등장한지 10여년의 세월이 흘렀다. 그러나 이 개념은 아직도 완성되지 않고 있고, 지금도 계속 지식과 정보의 과정에 바탕을 둔 조직이론으로 발전하고 있다(Huseman and Goodman,1999). 학습조직의 이론적 핵심논의와 관련하여 Karl Weick과 Frances Westley(1996:440)의 주장을 논의하는 것은 매우 의미 있는 일이다.

> "조직과 학습은 본질적으로 정반대의 과정이다. 따라서 조직학습이라는 말은 모순된 어법이다. 배운다는 것은 해체함으로써 다양성을 높이는 것이다. 반면 조직한다는 것은 다양성을 잃게 하는 것이고, 그것을 줄이는 것이다. 학습을 포용하기 위해서 조직이론가들은 이러한 모순을 받아들이고 있는 것이다."

과정이나 활동을 공식적으로 조직화한다는 것은 학습을 종료하고, 표준활동절차와 제도화에 맹목적으로 의존하는 것을 의미한다. 이것은 포드주의에서 나타난 대량생산 체제와 관련된 문제이기도 하다. 그러나 이 모델의 완벽성과 궁극적 조직화가 조직이 새로운 환경과 정보에 적응하고 대응하는 것을 방해했다. 학습조직은 이것을 뛰어넘고자 하며, 표준화된 절차를 그대로 수용하기보다는 그것을 해체하여 끊임없이 평가하고 분석하고자 한다.

1. Paul Senge의 다섯가지 규율

학습을 위한 정보과정의 집합체가 조직이라는 개념은 조직의 두뇌 메타포와 같은 것이다. 정보와 자극을 수집하고 전달하며, 빠르게 유연하게, 그리고 적응적으로 그것에 대처하는 인간두뇌의 능력은 조직의 바람직한 특성이다. 이것을 조직 및 관리에 적용해 학습 조직이론을 제창한 사람은 Paul Senge이다. 그는 자신의 저서 「The First Discipline(1990)」에서 학습조직이론을 광범위하게 전개하고 있다. 먼저 생그에 따르면 학습조직이란 격변하는 외부환경에 대처하고, 조직의 내적 성장을 극대화하기 위해 조직의 전 구성원이 끊임없이 새로운 지식을 창조, 습득, 전파 하고, 둘째, 이러한 활동속에서 일정한 결과를 산출하며, 셋째, 이에 대한 비판적 분석과 성찰적 종합을 통해 조직의 당면 문제해결이나 미래의 비전 및 관리전략을 체계적으로 정립하는 조직이라고 한다(박우순,1998:665-668). 이러한 학습조직의 특징을 정리하면 다음과 같다(이창원·

최창현,2006:683-684).

첫째, 학습조직은 적응적 학습(adaptative learning)과 생성적 학습(generative learning) 두가지 의미를 동시에 포함하는 조직이라는 것이다. 여기에서 적응적 학습이란 변화하는 환경에 적절히 대응하기 위한 지식과 기술을 습득하는 것을 말한다. 반면 생성적 학습이란 조직의 현재의 능력을 확장함으로써 미래의 발전을 위한 역량을 쌓아가는 학습을 말한다. 즉 미래지향적인 학습이다.

둘째, 학습조직은 자신과 타인의 경험 및 시행착오를 통해 지식과 기술을 습득하는 조직이라는 것이다. 학습조직에서는 시행착오를 실패로 보지않고 미래를 위한 시험대나 경험축적의 기회로 본다. 셋째, 학습조직은 외부의 특정 전문가를 중시하기 보다는 조직구성원 모두가 맡은 분야의 전문가가 될 수 있도록 제도적 도움을 주는 조직이라는 것이다. 따라서 학습조직은 공식적이거나 정규적으로 이루어지는 교육이나 훈련 보다는 비공식적이거나 비정규적으로 이루어지는(조직과 기술을 다루는 다음 장 참조) 조직구성원들의 자발적 학습활동을 강조한다. 이를 위해 학습조직은 조직의 모든 수준에서 이루어지는 구성원들의 참여를 촉진하고 학습을 보상하는 체제를 지닌다.

생그는 이러한 학습조직이 이루어지기 위해서는 5가지의 “규율”(disciplines)이 필요하다고 한다. 개인적 숙달, 정신적 모델, 팀 학습, 공유된 비전, 그리고 체계적 사고가 그것이다. 이 중 체계적 사고는 다른 네 가지 규율을 연결시키는 역할을 한다.

첫 번째 규율은 개인적 숙달(personal mastery)이다. 개인적 숙달이란 조직의 구성원이 자신의 비전을 실현하기 위해 갈고 딱는 개인적 지식이나 노하우를 말한다. Senge는 이것을 개인이 평생 달성하고자 하는 궁극적 목표로 본다. 이 비전을 달성하기 위해서 사람들은 자기가 서 있는 곳이 어디인지, 커다란 목표를 달성하기 위해서 무엇을 변화시켜야 하는지를 항상 평가해야 한다. 이것은 계속 향상시켜야 하는 개인차원의 노력이다. 자신의 현재 위치와 궁극적 목표 사이에 갭(일종의 성과 갭)이 있다는 것은 더 많은 행동과 노력이 필요하다는 것을 의미한다. 이것을 “창조적 긴장”이라 한다. 이것은 앞서 언급한 일본 관리기법인 “kaizen"의 개념과 유사하다.

개인이 수요와 상황변화에 쉽게 대응하기란 쉽지 않다. 변화의 근본원인을 끊임없이 평가해서 거기에 맞는 의미 있는 전략을 수립해야 하는데 개인차원에서는 그것이 쉽지 않다는 것이다. 따라서 학습조직이 되기 위해서는 변화가 있을 때 대응하는 반응적 학습이 아니라 사전에 대응하는 발생적 학습이 이루어져야 한다.

두 번째 규율은 정신적 모델(mental model)이다. 이 개념은 조직 및 관리이론에서 현재 광범위하게 논의되고 있는 것으로서, 조직구성원들이 사용하는 인지적 지각형성에 관한 것이다. 정신적 모델은 조직이 어떻게 작동하고, 목표는 어떻게 달성되어야 하는

지를 개념화한 조직 metaphor이다(Morgan,1997). 가령 어떤 사람이 조직을 기계적 메타포로 정신적 모델화하면 그를 따르는 많은 사람들은 조직을 그 방식으로 생각하고, 행동하며, 관리할 것이라는 것이다. 따라서 정신적 모델은 조직의 방향을 세우는데 매우 중요하다. 이러한 이유로 오늘날 조직관리에 관한 많은 문헌들은 이 정신적 모델을 바꾸고 구체화하고자 한다. 학습조직을 연구하는 사람들이 정신적 모델을 세우는 것을 핵심목표로 삼고 있는 것도 이러한 이유에서 이다.

팀 학습은 학습조직의 세 번째 규율이다. 팀이 지식을 만들고, 학습하며, 행동하기 위한 능력을 발전시킨다는 것이다. Senge는 팀을 현대조직의 기본단위로 본다. 팀 차원에서 가장 중요한 과정은 "대화"이다. 대화는 참여자들에게 자신의 생각은 유보하고, 다른 사람들의 말에 귀를 기울이며, 이견을 중재하고, 새롭고 다른 생각을 수용하도록 하는 과정이다. 이 상황에서 대화는 그 자체로 발전적·과정적 성향을 지닌다. 즉 사람들이 상호작용하고 생각하며, 배우는 방식을 새롭게 고쳐나가는 과정이라는 것이다. 이것은 앞서 논의한 탈 관료적 조직의 핵심 특징이기도 하다.

네 번째 규율은 공유된 비전이다. 이것은 개인이 설정한 장기목표이다. 그러나 이것은 개인차원이 아니라 조직전체의 차원에 만들어진다. 조직구성원의 장기적 비전은 조직사회화와 통제라는 규범적·문화적 방식에서 만들어진다. 공유된 비전은 팀의 창조적 긴장과 조직전체의 목적을 위해 수립되어야 한다. 나아가서 공유된 비전은 개인의 발전을 평가하고, 보다 나은 행동을 유도하기 위한 지속적 척도로 사용되어야 한다.

다섯 번째인 마지막 규율은 체계적 사고(system thinking)이다. 이 규율은 다른 네 개의 규율과의 관계에서 작동한다. 체계적 사고는 개인적 숙달, 팀 학습, 그리고 공유된 비전의 실현을 위한 가장 효과적인 정신적 모델이다. Senge가 제시한 체계적 사고는 사회학적 관점과 유사하다. Senge에 따르면 기본적 구조의 변화가 서로 다른 형태의 행동을 낳는다고 한다. 따라서 체계적 사고가 변하면 기존의 행동과 다른 새로운 행동이 생겨난다. 이처럼 행동의 변화를 가져오는데 체계적 사고는 매우 중요한 의미를 지닌다. 이러한 점에서 체계적 사고와 같은 구조적 설명은 본질적으로 발생적(generative)이다(1990:3).

관료적 조직관점에서는 조직구조가 지위와 사람 사이의 관계유형을 형성한다. 그리고 이 관계가 행동의 유형과 조직행위를 만든다. 그러나 이 행동은 대개 단기적인 사건으로 경험될 뿐이다. 체계적 사고를 사용하지 않은 것이다. 그러나 우리 자신을 사건을 분석하고 다루는 데 국한 시킨다면 우리의 생각은 발생적 사고보다는 적응적 사고에 머무르게 될 것이다. 이 경우 조직은 사건을 관리하는 단순한 전략과 방법을 발전시킬 뿐이다. 그러나 조직에서 일어나는 많은 일들은 조직 전체의 구조적·체계적 힘의 산물이다. 따라서 적응적 방법은 행동의 원인을 본질적으로 파악하지 못하는 복사전략에 불과하다. 반면 체계적 사고는 조직구성원들이 사건의 본질을 파악할 수 있게 원인들을 체계적으로 연결시켜 사건을 해결하게 한다. 그 과정에서 조직구성원들은 조직행동을 변화시키는 효과적 기법을 배우게 된다. 체계적 사고는 조직의 구조, 행동, 사건 사이에 상호관계가 있다는 사실과, 이와 관련한 조직의 모순이 있다는 사실을 조직구성원들이 인식하게 한다. Senge는 자신의 모델을 증명하기 위해 다양한 예와 실제 적용사례를 제시한다.

2. 체계적 사고를 통한 본 조직문제 해결

체계적 사고에 대한 Senge의 모델은 본 논의 내내 강조한 패러독스와, 의도하지 않은 결과 개념과 밀접하게 연결된다. 가령 조직 역동성을 체계적 사고로 분석해보자. 문제를 해결하고 목표를 달성하기 위해 취한 관리적 행동이 오히려 문제를 악화시키거나 목표달성을 방해할 수 있다.

열심히 일하지 않는 한 근로자가 있다. 열심히 일하지 않는 문제의 원인이 조직구성원의 자유재량권과 독자성을 극심하게 제한하는 관료조직이라고 추정해볼 수 있다. 조직구성원들이 정신적 기술을 행사할 수 없기 때문에 지루함을 느끼고, 노력을 경주하지 않는다는 것이다. 여기에 대한 우선적 해결책으로는 회사가 요구한 노력을 이 근로자가 수행하는지를 감독 및 모니터링 하는 것(대증적 해결책)이다. 그러나 이 과정에서 의도와 다르게 관리-감독층이 증가한다. 바람직한 해결책은 계층제와 감독관리구조를 줄여 조직구성원의 자유재량권과 자율성을 강화하는 것이지만, 감독 및 모니터링을 통한 해결책은 문제를 더욱 어렵게 한다는 것이다. 다시 말해서 대증적 해결책이 오히려 문제의 근본 원인이라는 것이다.

Senge의 이 주장은 Gregory Bateson(1979)과 Chris Argyris(1982)의 연구와 밀접히 연결된다. Bateson은 시스템의 일차적 변화와 이차적 변화를 구분한다. 일차적 변화(first-order change)란 기존 과정을 조금씩 변화(증감)시키는 대응이다. 일종의 조정(adjustment)이다. 대증적 해결책이 이것의 예이다. 가령 감독수준을 강화시키는 조치가 그것이다. 이차적 변화(second-order change)는 질적으로 다른 방법으로 조직을 변화시키는 것을 말한다. 가령 감독 계층제를 없앤다든지 아니면 독자적 팀을 만든다든지 하는 것이다.

Argyris(1982)도 단일고리 학습과 이중고리 학습을 구분한다. 단일고리학습(Single-loop learning)이란 기존과정과 구조로 문제를 해결하려는 대응책이다. 가령 업무노력의 향상을 계층제적 통제로 해결하려고 하는 시도가 그것이다. 업무의 노력이 감소하면 더 많은 통제를 가해야 한다. 이것은 대증적 해결책 혹은 일차적 변화이다. 이중 고리 학습은 문제와 조직의 근본적 구조 및 가정을 연결시키는 것이다. 조직의 근본적 가정을 재평가하고, 구조적 해결 혹은 이차적 변화를 강조한다. 조직구성원이 열심히 일하지않은 경우 일차적 변화가 아니라 근본적 개혁을 통해 해결하는 것을 말한다.

체계적 사고란 조직분석의 지렛대 역할을 한다. 체계적 사고는 조그만 변화로 큰 결과를 얻을 수 있다는 것을 보여주기 때문이다. 만약 사람들이 조직행동 및 행태의 구조적·체계적 원인의 소재를 파악해 여기에 직접적으로 개입한다면, 그 결과는 실로 엄청날 것이다. 이것이 바로 체계적 사고인 것이다. Gareth Morgan(1993)과, Gareth Morgan and Asaf Zohar(1996)는 이 원리를 15% 해결책 개념으로 설명한다. 이들에 따르면 조직을 변화시키기 위한 노력은 실제 문제의 15%에도 적용되기 어려운데, 모든 문제를 일거에 해결하겠다는 욕심 때문에 전체 해결이 실패로 돌아가는 경우가 많다고 한다. 따라서 일정한 결과만을 낳는 고도의 결정을 함으로써 조직변화에 따른 부담을 줄여야 한다는 것이다.

학습조직 및 조직학습의 개념은 공공부문 및 민간영역 조직의 많은 행정가들과 관리자들의 관심을 끌었다. Senge 연구에서 제시된 많은 생각은 체계적 사고(Weinberg,1975), 개인발전(Fritz,1989), 정신적 모델(Argyris,1990,1993; Schon, 1993), 그리고 팀(Bohm,1990) 등의 초기 연구로부터 나온 것이다. 조직변화와 혁신을 위해 이렇게 다양한 문헌을 종합함으로써 학습조직이론은 매력이 배가 된 것이다. 현대의 대부분의 조직이론은 정보와 지식을 수집, 배분, 창조하는 방법을 발전시키고자 한다. 이것은 팀, 지속적인 향상계획, 불명확한 지식을 명확한 지식으로 바꾸는 것, 정보공유, 협력, 그리고 정보기술의 이용을 통해서 달성된다. 많은 조직은 또한 진실한 학습을 위해 필요한 의문, 생각, 실험, 그리고 비판적 사유를 촉진하는 새로운 정신적 모델을 수립하고자 한다. 이를 위해 필요한 작업이 기존 조직문화의 혁신이다.

현대의 다른 조직모델과 마찬가지로 학습조직이론도 다양한 모순과 딜렘마에 직면하게 된다. 조직은 계속해서 인간의 행동을 통제하고 규제하고자 한다. 권위, 계층제, 관료적 관례는 이러한 목적을 달성하기 위한 표준 메카니즘이다. 그러나 이 요소들은 인간의 학습을 방해하고 제한한다. 학습조직이론의 주창자 중 한 명인 Charles Handy(1995:48)도 이러한 문제에 직면한다.

> "오늘날의 조직은 일종의 전도된 장소이다. 많은 권위가 조직의 가장자리로 몰리고 있다. 이러한 문화에서 권위는 더 이상 작동하지 않는다....이러한 조직은 공동의 목표를 위해 서로 협력하는 사람들이 지닌 공동의 신념과 가치에 의하여 유지된다. 여기에서 통제의 방법은 더욱 엷어지고 있다."

따라서 학습조직이론의 장기적 생존 및 성공여부는 이러한 경향을 지배하는 호기심, 신뢰, 결속력, 공동체, 지혜, 대화 등에 달려 있는 것이 아니라 사람들이 일하는 조직구조의 변화에 달려있다.

Section 4 현대의 새로운 조직형태의 허와 실

조직형태의 변화(혁신)가 노동자와 관리자의 경험 및 태도 변화를 이끌 것인가? Towers Perrin이라는 컨설팅 회사가 수행한 2,500명의 미국 종업원에 대한 연구에 따르면 매우 재미있는 양상이 나타나고 있다(Towers Perrin,1997). 첫째, 종업원들은 직업 안정을 위해 새로운 기술을 계속 배워야 한다는 것을 잘 알고 있었다는 것이다. 학습, 훈련, 참여, 책임 등과 같은 수식어가 업무를 대하는 조직구성원의 성향에 큰 영향을 미치고 있는 것이다. 그러나 이러한 메시지의 성공과 내면화는 다음과 같은 결과를 낳고 있다.

> "이 메시지의 성공과 내면화는 종업원 태도에 새로운 패러독스를 낳고 있다. 종업원들이 자신의 업무에 대해 책임을 지게 되고 통제권을 행사함에 따라 이들의 만족과 동기부여의 수준은 높아진다. 동시에 책임을 진다는 것은 자신의 역량을 발휘해야 하고, 여기에 따른 보상을 받아야 한다는 기대감을 높인다. 그러나 이러한 기대가 완전히 충족되지 않기 때문에 공정성에 대한 의심이 증대되기 시작한다" (Towers Perrin, 1997).

좀더 구체적으로 말하면 이 연구는 정당한 보상과 관련한 조직구성원들의 회의가 상당하다는 것을 보여주고 있다. 이 연구는 경제성장이 폭발적으로 이루어지고, 기업의 이익이 대폭 확대된 시기에 실시되었지만 기업과 운명을 같이 하겠다는 종업원들의 태도, 회사의 사명에 일체감을 느끼는 정도, 그리고 회사의 경영이 잘 됐으면 좋겠다는 생각 등은 오히려 낮아졌다는 것을 보여주고 있다(1995년의 조사와 비교해서). 나아가서 우리 회사는 능력있는 직원을 선발한다(55%에서 49%로 하락), 회사가 종업원에게 영향을 미치는 결정을 할 때 종업원들의 이익을 고려한다(50%에서 41%로 하락), 회사의 정책이 공정하게 실시된다(59%에서 56%로 하락) 등에 대한 종업원들의 태도도 크게 낮아졌다는 것이다. 응분의 댓가가 없거나 불공정하다고 느끼는 감정이 종업원들의 불만을 가속화 시켰다는 것이다. 이 연구가 지적한 바와 같이 종업원들의 태도는 현재의 직장에서 중요한 뭔가가 빠져있다는 것을 보여준다. 그것은 사용자들이 종업원들과 더불어 창조해야 하는 것이다(Tower Perrin, 1997).

미국경영학회(AMA)는 다른 조사연구에서 조직혁신과 구조조정에도 불구하고 관리자들도 기업에 만연되어 있는 조직 유효성을 방해하는 요인으로 고통 받고 있다는 사실을 지적한다(American Management Association,1999). 관리자들은 그 요인으로 관료제, 잘못된 의사전달, 회의주의, 오해, 지연, 전통고수, 회피 등을 꼽고있다. 이들은 유효한 조직 행동을 저해하는 가장 흔한 장애물이다. 이 중 가장 흔하게 나타나는 방해요인으로는 잘못된 의사전달(49%)과 전통고수(43%)를 들 수 있다. 이 두 가지 요인으로 인해 이직율과 업무를 성공적으로 이끌 수 없는 무능력이 증가하게된 것이다.

조직변화의 영향을 판단하기 위해서는 20~25년간의 장기적 데이터를 사용하는 것이 바람직하다. 그러나 단기간의 추세를 통해서도 종업원들의 기대 변화와 공동의 조직문제 사이에 발생한 괴리를 분석할 수 있다. 조직문제의 미해결이라는 관점에서 잘못된 의사전달은 큰 문제가 된다. 왜냐하면 현재 새로 생겨난 많은 조직들이 계층제적 · 관료적 의사전달 메카니즘을 덜 직접적이고 명확하지 않은 명령체계로 대체하고 있기 때문이다. 따라서 조직의 불확실성을 관리하기 위해 익숙한 관례나 실제에 의존한 전통적 방식을 사용한다면 잘못된 의사전달의 문제를 더욱 악화시킬 가능성이 매우 높다.

둘째, 조직형태의 변화(혁신)에 대한 노동자와 관리자의 경험 및 태도 변화가 조직변화를 적극적으로 이끄는 입장보다는 이끌지않은 입장으로 해석될 수 있다는 것이다. 이것은 직장에서 노조의 대표성을 선택하는 종업원 수가 크게 증가하고 있다는 데서도 알 수 있다. Business Week에 실린 Peter D. Hart 연구소가 수집한 여론조사에 따르면 노조에 투표한 노동자들의 비율은 1984년 30%에서 1999년 43%로 증가했다는 것이다 (“Commentary : All's Not Fair in Labor Wars," Bussiness Week, July 19, 1999:42). 직장의 안정성과 각종 급부금에 영향을 미친 급속한 변화와 유연성 증가가 이러한 흐름의 원인이다. 그러나 노조는 민간부문의 선거에서 절반만 승리했을 뿐이다. 이것은 분명히 역설적이다. 비교적 높은 수준으로 노조대표성을 지지한 비율이 실제 조직 성공에서는 비교적 낮은 수준의 지지를 보였기 때문이다. 이것은 민간부문 종업원들이 지닌 반노조 전술 때문이다. 전국노사관계위원회(the National Labor Relations Board : NLRB)에서 나온 자료를 바탕으로한 연구에 따르면 기업들은 점차 노동력의 노조화를 방지하기 위해 공격적 전술(이 중 일부는 불법적이다)을 사용한다는 것이다. 유연성 전략과 조직혁신 전략이 그것이다. 하나는 덜 경직된 관료적 직장 혹은 보다 참여적인 작업장을 만들려는 것이고, 다른 하나는 노조중심의 집합적 협상을 유연성 조직의 장애물로 보려하는 것이다.

마지막은 Richard Freeman과 Joel Rogers의 「What Workers Want(1999)」에서 보

고된 2,400명의 미국 노동자들을 대상으로 한 “노동자 대표성과 참여에 관한 서베이” 결과이다. 이 조사의 핵심은 조직 거버넌스 문제, 좀더 구체적으로 말하면 노동자와 관리자 사이의 권한과 영향력의 배분에 관한 것이다. 이 연구에서 Freeman과 Rogers가 발견한 사실을 “대표성/참여의 갭” 이라 한다. 미국 노동자들은 자신의 직장에서 지금보다 더 많은 “발언권/영향력/대표성/참여/목소리”를 원한다. 이것이 의미하는 바는 직장문제에서 더 많은 개인 및 집단 참여, 그리고 공동의 의사결정이다.

이 상황에서 관리자들은 대부분의 새로운 조직형태의 탄생을 주도하고 지휘한다. 이 조직형태는 몰입과 참여를 높이도록 설계되어 있지만 이들이 반드시 노동자들의 참여와 의사결정권을 확대시켜주는 것은 아니다. 나아가서 조직구성원들의 개입과 인간자원 프로그램의 수가 증가되고 있지만, 이 계획의 대부분은 조직구성원에게 권위를 충분히 양도하는 수준 까지 이르지 못하고 있다. 이 프로그램에 참여한 대부분의 사람들은 관리자들이 노동자들에게 더 많은 의사결정권을 주면 이 프로그램이 살아나지 못할 것이라고 말한다(Freeman and Rogers,1996:6).

그렇다면 노동자들에게 이처럼 영향력을 주지 않으려는 이유가 무엇일까? 그것은 아마도 “관리자의 저항” 때문일 것이다. 노동자들에 의하면 대부분의 관리자들은 노동자에게 권력을 배분하거나 의사결정의 독자성을 허락하려 하지않는 것이다(1995:5). 이것은 매우 재미있는 사실이다. 지금까지의 대부분의 논의는 이처럼 관리자들의 주도권에 노동자들이 저항하고, 이것이 조직결과에 영향을 미친다는 사실에 집중되어 있었다. 관리자 저항은 이것의 반대되는 개념이다. 즉 관리자 저항이란 노동자들의 보다 많은 의사결정권 및 통제 요구가 관리자들의 이익관점에서 평가되며, 이 때문에 관리자들의 저항과 반대를 낳는다는 것이다. 이 연구에 응답한 관리자들의 업무태도도 이러한 비타협의 사례를 보여준다. “상당히 많은 수의 관리자들은 비노조적 태도를 보인다. 이들은 조직 거버넌스에 관한 최종결정을 하는데 자신들을 배제시킨 프로그램을 반대한다.” 반면 “많은 관리자들은 공동위원회에서 조직구성원들이 실질적 목소리를 내는 것을 지지한다”(1999:7).

이 연구조사와 노조대표성에 관한 결과는 조직에는 아직도 다툼적 영역이 있다는 것과, 노동자와 사용자의 구분이 조직갈등과 투쟁을 계속 양산하고 있다는 것을 보여준다. 이 과정에서 새로운 조직발전과 관련한 전향적인 많은 관리제안들이 탄생하지만 이것들이 조직전체에 광범위하게 확산되고 있는 것은 아니다. 대부분의 노동자들은 여전히 고도로 관료적인 조직기법을 사용하는 조직에서 일한다. 따라서 새로운 조직형태와 관련된 수사적 · 구조적 변화와, 사람들의 실제 업무 사이에는 아직도 상당한 갭이 존재한다.

조직과 기술

chapter 8

디지털 혁명과 정보기술의 발전으로 새로운 기술이 조직구조와 과정에 과거와 질적으로 다른 영향을 미치고 있다. 조직이론에서 기술은 물질과 투입(inputs)을 조직산출로 변형시키는데 사용되는 수단, 활동, 지식으로 정의된다(Scott,1987:18). 그러나 이 정의에는 문제가 있다. 왜냐하면 기술만이 조직산출에 영향을 미치는 것도 아니고, 영향을 미친다해도 그 기술의 종류가 너무 많기 때문이다.

조직기술의 단순한 예로는 통나무 형태로(투입) 조직으로 들어가 두께 2인치 폭 4인치의 재목(산출)으로 나오는 나무토막을 들 수 있다. 여기에서 기술은 통나무를 부드러운 재목으로 바꾸는 일에 적용된 기계와 지식이다. 이것을 재목 공장의 핵심기술(core technology)이라한다. 이러한 핵심기술을 돕는 주변 기술도 있다. 가령 조직의 회계, 지출, 선적 업무를 담당하는 사람들이 사용하는 재고, 판매, 공급량 등의 정보에 관한 컴퓨터나 스프레드시트가 그것이다. 재목을 만드는데 이 기술들이 적용되지만, 이들을 조직의 핵심기술이라 하지 않는다.

본 장은 핵심기술이나 주변기술이 조직과정 전반에 미치는 영향을 논의하고자 한다. 그 것의 출발점은 조직기술에 관한 고전적 연구이다. 그러나 본 장의 논의의 대부분은 최근 일고 있는 정보기술의 발전과 관련한 사항에 집중되어 있다. 정보기술의 발전에 따라 일어나고 있는 조직의 많은 변화와, 그것에 따른 문제 및 대책 등이 본 장에서 폭넓게 논의될 주제인 것이다.

Section 1 조직기술에 관한 고전적 연구

기술과 조직에 관한 고전적 연구는 조직의 핵심기술이 조직의 다른 특징에 미치는 영향을 규명하고자 한다. 여기에서 시도된 최초의 작업은 조직 내에 존재하는 기술의 차이와, 그것이 조직구조에 미치는 영향을 밝히고자 한 시도이다. 대표적인 사람으로는 Joan Woodward, Robert Blauner, James Thompson, Charles Perrow, 그리고 Tavistock 연구소의 연구원들이다.

1. Joan Woodward의 조직기술론

조직기술을 최초로 이론화한 사람은 영국의 사회학자 Joan Woodward(1958)이다. 이러한 점에서 Joan Woodward를 조직기술이론의 창시자라 한다. Joan Woodward는 핵심기술 및 이와 관련된 노동과정을 세 가지로 구분한다. 첫째는 small batch 혹은 단위생산(unit production) 기술이다. 이 기술은 제한된 소량의 주문에 대응해 한 번에 한 단위의 항목을 생산하는 기술이다. 이 기술에서 노동자들은 처음부터 끝까지 모든 노동과정에 참여한다. 이 기술은 기술적으로 거의 복잡하지 않다. 주문 양복이나, 주문에 의해 생산되는 자동차회사의 생산기술이 여기에 해당한다.

두 번째 기술은 large batch 혹은 대량생산(mass production) 기술이다. 이 기술은 대량소비 시장을 겨냥해 동시에 똑같은 항목을 대량으로 생산하는 기술이다. 이 기술하의 노동과정은 엄격한 노동의 분업을 특징으로 한다. 포드주의의 어셈블리라인은 이것의 대표적인 예이다. 이 기술의 복잡성 정도는 중간 수준이다,

세 번째 기술은 연속과정 생산(continuous process production)이다. 이 기술은 원료와 재료를 연속적인 변화과정에 투입하는 기술이다. 이 과정은 활동별로 구분되지 않고 연속적이라는 특징을 지닌다. 정유공장이 대표적인 예이다. 이 공장에서 원유는 서로 다른 연속적 제조공정을 거쳐 서로 다른 제품을 생산한다(중유, 경유, 휘발유, 아스팔트 등). 노동자들은 생산과정을 자동적으로 규제하고 모니터하는 기술만 있으면 된다. 원료와 노동자 사이의 직접적인 물리적 접촉은 필요치않다. 이 기술은 복잡성이 가장 높다.

Woodward는 이들 기술과 조직구조를 연관시킨다. 즉 대량생산 기술은 집권화된 관료적 구조와 잘 부합되고, 단위생산 및 연속적 과정 생산은 분권화된 조직구조와 잘 부합된다는 것이다. 또한 Woodward는 사용된 기술에 따라 조직구성원들의 자유재량과 자율성의 정도도 결정된다고 한다. 조직구성원의 자유재량권이 가장 큰 기술은 단위생산과 연속과정 생산이며, 가장 낮은 것은 대량생산 기술이다.

2. Robert Blauner의 조직기술과 소외

Robert Blauner는 자신의 저서 「Alienation and Freedom(1964)」을 통해 Woodward 주장에 근거한 일련의 가설을 제시한다. 기술의 유형에 따라 노동자들의 소외 정도가 차이난다는 것이다. Blauner에 따르면 그 관계는 역 U자형을 지닌다고 한다. 〈그림 8-1〉 에서 보는 것 처럼 인쇄사업에서 사용된 단순 기능 기술에서는 소외감이 낮고, 섬유산업에서 점차 높아져, 어셈블리라인 기술을 사용하는 자동차 산업에서 소외가 제일 높아진다. 그리고 화학산업의 과정 기술에서 소외는 다시 낮아진다. 결국 Woodward와 Blauner는 조직이 사용한 핵심기술에 의하여 조직구조 및 소외가 결정된다는 사실을 지적하고 있는 것이다

<그림 8-1> Blauner 모형

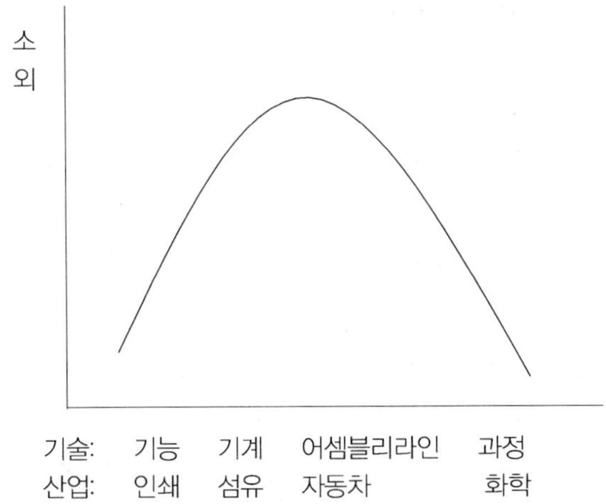

3. James Thompson의 조직기술 유형

James Thompson(1967)은 제조업의 조직기술만 논의하는 Joan Woodward의 조직기술 논의를 확대하여 모든 조직에 이용될 수 있는 기술유형을 제시한다. 길게 연결된 기술(long-linked technologies), 매개기술(mediating technologies), 집약적 기술(intensive technologies)이 그것이다. 길게 연결된 기술은 제조업체에서 흔하게 사용하는 기술이다. 원료를 가지고 최종 제품에 이르게 하는 일련적 과정으로 이루어져 있다. Woodward의 대량생산 및 연속과정 기술은 이것의 예이다.

매개기술은 교환에 참여하는 고객 및 손님을 연결하는 조직이 사용하는 기술이다. 고용주와 구직자를 연결해주는 고용기관, 투자자와 채무자를 연결하는 은행, 집을 살 사람과 팔 사람을 연결하는 부동산업자 등이 이것의 예이다. 이 조직들은 생산자와 소비자가 원하는 것을 위한 절차와 서비스, 그리고 업무과정의 정보를 발전시킨다. 인터넷은 범세계적 컴퓨터 네트워크를 통해 생각할 수 있는 모든 종류의 공급자와 서비스를 연결시키는 기술이다.

집약적 기술은 특정한 목표를 변화시키기 위해 사용된 집약적 하드웨어와 지식이다. 환자 질병 진단과 치료를 위해 사용된 의학기술이 여기에 해당한다. 실험을 수행하기 위해 사용된 대학의 연구기술, 사람들을 훈련, 교육시키기 위해 사용되는 컴퓨터 중재 소프트웨어 등도 여기에 해당한다. 종합병원과 대학이 주로 이 기술을 사용한다.

4. Charles Perrow의 조직기술론

조직기술과 관련하여 가장 널리 알려진 주장은 Charles Perrow(1967)의 분석이다. Perrow의 분석은 특히 핵심기술을 뛰어넘어 광범위한 업무와 활동에 적용될 수 있다는 장점이 있다. 조직기술을 분류하기 위해 Perrow는 업무의 가변성(task variability)과 업무 분석능력(task analyzability)등 두가지 차원을 사용한다. 업무가변성이란 노동과정이 관례화된 표준절차를 따르는지, 아니면 다양한 예외를 관리하기 위해 표준절차와 다른 조치를 사용하는지의 정도에 관한 것이다. 업무분석능력이란 업무과정에서 발생한 예외적 경우를 다루기 위해 공식적 절차를 따르는지 아니면 임기응변식 대응을 하는지의 여부에 관한 것이다. 이 두가지 차원을 정도에 따라 분류하면 전부 4가지의 조직 기술이 도출된다. 관례적 기술(routine technologies), 비관례적 기술(nonroutine technologies), 기능기술(craft technologies), 공학기술(engineering technologies) 등이 그것이다.

관례적 기술은 예외를 다루는데 있어서 표준운영 절차를 사용하는 기술이다. 업무의 가변성은 많이 나타나지 않고, 분석능력도 매우 높은 경우이다. 어셈블리라인 생산방식이 여기에 해당한다.

비관례적 기술은 관례적 기술과 정반대 형태이다. 업무수행과정에서 예외가 상시화되어 있어 업무에 접근할 표준운영절차도 없고(높은 가변성), 불확실성을 다루기 위한 공식절차도 없는 경우이다(낮은 업무분석능력). R&D, 우주항공 분야의 업무가 이것의 예이다.

기능기술은 예외가 별로없어 대부분의 업무에 표준운영절차를 적용할 수 있는 기술이다. 그러나 예외와 문제가 발생할 경우(낮은 업무의 가변성) 조직구성원들은 가능한 모든 상황을 공식화할 수 없기 때문에 해결책을 고안 · 창조해야 한다(낮은 업무분석능력). 목수 업무가 그 예이다.

마지막 기술인 공학기술은 업무의 예외가 많이 발생하는 경우이다(높은 업무의 가변성). 그러나 예외가 발생해도 표준화된 규약에 따라 처리가 가능하다(높은 분석능력). 재무회계 업무가 여기에 해당한다. 예외는 많지만 부딪친 대부분의 사례는 특정한 규칙, 절차, 형태로 해결할 수 있다.

Perrow의 주장은 합리적 · 관료적 원리 하의 업무관련 기술을 개념화하는 것이다. 고도로 관료화한 조직은 업무 활동을 표준화 하고자 한다(낮은 업무가변성). 따라서 이들은 공식화된 절차를 통해 업무활동을 수행한다. 조그만한 예외조차 까지도 공식적 규약을 적용하고자 한다. 이러한 종류의 조직기술은 인간의 자유재량권을 배제시킨다. 즉 예외를 관리하기 위해서 높은 수준의 통제권을 행사하는 것이다.

조직은 업무수행에 있어서 예측가능한 표준화된 절차를 택하려고 하지만 대부분의 조직에서 일정한 불확실성은 피할 수 없다. 조직운영과정에서 많은 예외가 발생할 수 밖에 없고, 공식적 관료적 통제로 해결할 수 없는 것이 많다. 표준화된 투입과 요구에 적용될 수 있는 기술은 낮은 가변성과 높은 분석능력이다. 그러나 비공식적인 긴급한 의사결정과 창조성에 이 기술을 적용하기는 적절치않다. 따라서 필요한 것이 공식적 규제가 아닌 사회화된 적절한 전략을 수립할 수 있는 사람들이다. Perrow는 이 사람들을 "전문가"(professionals)로 명명한다. 즉 복잡한 규칙을 활용할 수 있는 사람들이다.

이러한 Perrow의 기술 논의는 광범위한 조직원리, 즉 공식화, 의사결정, 사회적 통제, 환경압력 등에 기술을 연결시킬 수 있다는 점, 그리고 그것을 한 개 조직내의 다양한 업무에 적용될 수 있다는 장점이 있다.

Section 2 정보기술과 조직과정

조직기술과 관련한 논의 중 가장 중요한 것이 정보기술의 발전에 따른 조직과정의 변화이다. 특히 현대조직의 특징을 이해하기 위해서는 반드시 정보기술의 본질을 알아야 한다. 이하의 논의에서는 정보기술이 조직과정에 미치는 영향을 정보기술의 특징과 관련하여 살펴보고자 한다

1. 정보기술의 발전

정보기술의 발전은 조직에 여러 가지의 의미로 다가온다. 특히 정보기술은 조직 최고관리자의 의사결정 능력을 획기적으로 개선시켜준다. 일반적으로 조직 일선관리자의 관심은 당면한 업무문제나 과거부터 있어왔던 문제의 해결이다. 반면 최고위층의 문제는 대개 전략이나 기획 같은 불확실한 것, 혹은 모호한 것들이다. 컴퓨터에 기반을 둔 정보기술의 발전은 바로 이렇게 복잡하고 불확실한 문제를 다루는 조직 최고위층의 의사결정에 획기적인 능력을 가져다 준다는 것이다.

"... 하지만 IBM의 분석 및 최적화(BAO) 연구자료에 따르면, 비즈니스 리더 3명 중 한 명은 그들이 필요로 하는 정보가 충분하지 못한 상태에서 의사결정을 하고 있습니다. 또한 2명 중 한명은 그들이 필요로 하는 정보에 접근할 수 조차 없습니다.

IBM 가치연구소의 2010 글로벌 CFO 연구결과는 놀라운 가능성을 보여줍니다. 비즈니스 분석 및 최적화(BAO)를 적용하여 재무적 성과가 우수한 기업들의 경우 49%의 더 높은 수의 성장, 20배 이상의 수익창출, 30% 더 높은 자본 회수율 등 다른 기업들을 능가하는 결과를 보였습니다.

지속적인 데이터 분석과 최적화를 통해 조직들은 그들이 바라던 미래를 만들 수 있습니다. 세계적 청과물 재배기업인 썬월드는 데이터 분석을 통한 통찰력을 활용하여 천연자원 사용량을 20%나 줄였습니다. 신생아 병동을 위한 스트리밍 분석을 개발하는 Ontario 기술대학은 하루에 환자 한명 당 430만건의 스트리밍 데이터를 분석함으로써 이용가능한 모든 데이터를 활용하여 신생아 치료성과를 향상시켰습니다" (2011년 2월 24일자 IBM 신문광고 내용).

1) 일상적 활동 및 기업자원에 적용

먼저 정보기술은 조직의 일상적 활동을 능률화시키는데 적용된다. 현재의 조직의 일상적 활동은 컴퓨터 기술의 발전으로 보다 능률적으로 변하고 있다. 즉 컴퓨터를 통해서 노동비용을 획기적으로 줄일 수 있게된 것이다. 이 시스템을 TPS(transaction processing systems, 거래처리시스템)라 한다. 조직의 일상적이고 관례적인 업무를 자동화하는 것이다. TPS는 판매, 구매, 재고관리 등을 데이터베이스화 하기위한 자료를 수집하는 것이다. 가령 스타벅스는 전 세계 매장에서의 판매 실적을 기록하기 위해 TPS를 이용한다.

TPS와 관련하여 최근 몇 년 사이 데이터 웨어하우스와 데이터 마이닝(mining)이라는 개념이 생겨났는데, 이를 통해 축적된 자료를 광범위하게 이용할 수 있는 길이 열리게 되었다. 데이터 웨어하우스란 조직의 모든 데이터를 한 곳에 모아 사용자들이 직접 이용하게 하는 데이터 베이스를 말한다. 범 조직 차원에서 이러한 데이터 웨어하우스를 구축하기 위해서는 기존의 시스템으로부터 자료를 가져와야 하고, 지속적으로 자료를 업데이트 해야 하며, 이용편의를 기해야 한다. 그리고 다른 소프트웨어와 연결하여 이용자들이 자신의 업무 수행에 쉽게 이용할 수 있어야 한다. 그만큼 이 작업은 힘든 작업이다.

반면 데이터 마이닝은 사용자들이 모든 데이터를 이해하도록 하는 것이다. 데이터 마이닝은 정교한 의사결정과정을 통해 데이터 사이의 유용한 패턴과 관계를 찾아내는 것이다. 카탈로그 판매회사인 Fingerhut Corporation 사는 70조 바이트의 데이터 베이스를 구축했으며, 2,000 가지의 변수로 개별 고객을 분석하고 있다. 데이터 마이닝을 통해 이 회사는 고객들이 새 집으로 이사갈 때 이사기간 3개월 사이에 가구, 통신제품, 홈 데코레이션 제품을 평소 보다 세배 이상 구입한다는 사실을 알게 되었고, 이러한 사실을 관리자에게 알렸다. 회사가 거기에 맞는 카탈로그를 제작해 이사자에게 대응하도록 하기 위해서이다(Rothfeder,Bartimo, and Therrien,1990). 따라서 데이터 웨어하우스와 데이터 마이닝은 관리자의 의사결정을 돕는 조직의 자원이 된다.

정보기술을 조직자원으로 사용함으로써 조직은 한 단계 더 업그레이드 된다. 정보관리 시스템과 의사결정 지원 시스템을 응용함으로써 관리자들은 부서 및 조직전체의 성과를 높일 수 있는 도구를 갖게 된다. 컴퓨터 기술의 응용은 관리자들의 중요한 의사결정 능력을 향상 시키는 데 기여한다는 것이다. 조직관리자들의 의사결정 능력을 돕기 위해 사용되는 정보기술을 정보관리 시스템(management information system:MIS)이라 한다. 정보제공과 관리적 의사결정을 지원하기 위한 컴퓨터 기반 시스템이다. MIS는 조직의 거래처리 시스템과 데이터 베이스를 기본으로 하며, 다음과 같은 레벨로 구분된다(Daft,1998).

첫째, 정보보고 시스템(information reporting system:IRS)이다. 이것은 주로 중간관리자에게 데이터를 요약해 제공하거나 일상적 의사결정을 지원하기 위한 보고서를 제공할 때 사용되는 MIS이다. 가령 생산 스케줄을 정하고자 하는 중간관리자들은 정보보고 시스템이 제공하는 다음 달의 주문상황, 재고수준, 동원 가능한 인력 수 등에 관한 데이터를 검토한다.

둘째, 중역정보 시스템(executive information system:EIS)이다. EIS는 조직의 고위수준의 의사결정에 적용되는 MIS이다. 이 시스템은 복잡한 데이터 대부분을 이용 가능한 정보로 바꿔 최고 경영진이 제때 그 정보를 활용할 수 있게 하는 소프트웨어에 기반을 둔다. 가령 텍사스 주 오스틴 시에 있는 모토로라의 반도체 생산 부문은 엄청나게 많은 데이터를 저장하고 있지만, 사용자들이 필요한 것을 쉽게 찾을 수가 없었다. 따라서 회사는 온라인의 거래관계 소프트웨어를 사용한 EIS를 구축하였고, 그 결과 천명의 고위 관리자, 그리고 재무, 마켓팅, 판매, 회계 부서의 관리자 및 프로젝트 분석가들이 쉽고 빠르게 고객의 소비성향 등에 관한 정보를 자신의 책상앞 컴퓨터에서 복잡한 절차없이 볼 수 있게 되었다.

셋째, 의사결정 지원시스템(decision support system:DSS)이다. DSS는 조직의 모든 수준의 관리자에게 편익을 주는 시스템이다. 이 양방향 컴퓨터 기반 지원시스템은 의사결정 모델과 통합 데이터베이스에 의존한다. DSS를 사용하여 사용자들은 대안의 결과가 어떻게 나타날 것인지의 문제를 제기 한다. 사용자가 제기한 이 가정에 근거하여 관리자들은 여러 가지 대안을 검토할 수 있고, 이 대안 중 가장 좋은 결과를 얻는 대안을 선택한다.

월마트는 어떤 물품을 들여놓을지, 가격은 어떻게 정할지, 재주문은 언제 내릴지를 결정하기 위해서 거대한 데이터베이스에 기반한 EIS와 DSS를 사용한다. 결국 월마트나 모토로라와 같은 기업은 정보기술을 활용하며, 이러한 점에서 이 기술은 전략적 무기가 되고 있다.

2) 전략적 무기로서의 정보기술

전략적 무기로서 정보기술을 사용하는 것은 최고 수준의 정보기술 응용이다. 많은 조직은 조직에 관한 데이터와 정보를 구성원에게 제공하고(내부적 적용), 이를 바탕으로 고객, 공급자, 다른 조직과의 관계를 획기적으로 높이기 위해(외부적 적용) 정보기술을 사용한다. 이는 궁극적으로 조직의 전략적 능력을 높이는데 도움이 된다. 내부적 적용에는 네트워킹 및 인트라넷, 기업자원계획(enterprise resource planning:ERP) 시스템 등의 기술이 사용되고, 외부적 적용에는 엑스트라넷, 전자상거래(e-commerce) 등이 사용된다.

(1) 정보기술의 내부적 적용

① 인트라넷

정보를 교환하고 프로젝트 협력을 위해 어떤 건물 혹은 기업 사무실 내에 있는 사람과 부서를 연결하는 네트워킹이 많은 조직의 중요한 전략적 무기가 되고 있다. 네트워크의 형태는 여러 가지이지만 가장 빨리 성장한 네트워킹이 인트라넷이다. 인트라넷은 인터넷과 월드와이드 웹의 프로토콜과 기준을 사용지만 조직구성원만 접속이 가능한 개별 기업차원의 정보시스템이다. 파일과 정보를 보기 위해서 사용자들은 표준 웹 브라우저를 지닌 사이트를 방문하여 링크 클릭하기만 하면 된다. 인트라넷은 웹 사이트처럼 보이지만 방화벽으로 알려진 소프트웨어 때문에 외부인의 접근이 차단된다. 전통적 네트워크로는 조직 내 모든 구성원의 소통문제를 해결할 수 없다. 그 한가지 해결책으로 개발된 것이 미들웨어(middleware)이다. 다양한 하드웨어와 소프트웨어를 중재하여 네트워크로 다양한 구성요소를 소통시키는 것이다.

현재 인트라넷을 지니고 있는 대부분의 조직은 자신들의 MIS, EIS 등을 인트라넷을 넘어선 곳 까지 이동시키고 있으며, 필요한 사람들이 쉽게 접근할 수 있도록 하고 있다. 나아가서 인트라넷의 일부로서 이러한 시스템을 갖는다는 것은 새로운 특징과 응용이 표준 브라우저를 통해 쉽게 추가되고 접근될 수 있다는 것을 의미한다. 앞서 언급한 모토로라의 반도체 제품 사업부의 경우 기존의 EIS를 글로벌 인트라넷으로 확대하였다. 인트라넷은 조직 내부의 의사소통을 향상시키고 감추어진 정보를 개방한다. 이를 통해 조직구성원들은 조직에서 어떤 일이 일어나는지 항상 알 수 있고, 자신이 필요로 하는 정보를 쉽고 빠르게 얻을 수 있다. 그리고 생각을 공유하고 프로젝트를 협력적으로 수행할 수 있다. 포드의 글로벌 인트라넷은 100,000개 이상의 워크스테이션을 수천개의 사이트에 연결하고 있으며, 시장조사, 경쟁자 분석, 제품개발 등 재산권에 관한 정보를 제공하고 있다.

② ERP 시스템

정보관리에 관한 또 다른 최근의 경향은 조직의 한 쪽에서 내린 결정이나 행동이 다른 쪽에 어떠한 영향을 미치는지를 알 수 있게하는 정보를 제공하는 것이다. 점차 많은 조직들이 조직의 활동을 종합적으로 볼 수 있게 하는 광범위한 정보 시스템을 갖추고 있다. 이러한 ERP시스템은 주문, 제품설계, 구매, 재고, 제조, 공급, 인적 자원, 영수증, 미래수요 예측 등과 같은 회사전체의 정보를 수집, 처리, 제공한다. ERP는 핵심 사업과 관리과정을 통합함으로써 조직전체를 위한 기본으로 작동한다. 미국의 1,000대 대기업 중 70%가 ERP를 사용하고 있는 것으로 추정된다. ERP는 거래처리 시스템, DSS, EIS 등이 제공한 정보를 바탕으로 한다. 중요한 것은 ERP가 이 모든 정보 시스템을 하나로 묶어 관리자들이 큰 그림을 볼 수 있게 하여 빠른 행동을 가능하게 한다는 것이다. 나아가서 ERP는 CEO에서 일선 노동자에 이르기 까지 중요한 정보에 쉽게 접근하게 하여 조직의 슬림화나 경쟁력 확보에 도움이 된다는 것이다.

조직은 자신들의 전략적 목표를 달성하기 위해 수시로 ERP 소프트웨어를 수정한다. 가령 Owens Corning 사는 경쟁적 장점으로 보는 핵심역량인 개인 유통비용을 ERP에 포함시킨다. 온도 측정 장치를 제약 생산에 이용한 Kaye 인스트루먼트 사는 ISO 9001를 얻는데 필요한 고품질과 제품 일관성을 맞추기 위해 ERP를 핵심으로 삼고 있다.

(2) 정보기술의 외부적 적용

① 엑스트라넷

고객 혹은 다른 조직과의 관계를 유지하기 위해서 조직들은 엑스트라넷으로 인트라넷의 기능을 확장하고 있다. 이를 통해 핵심 파트너, 공급자, 고객에의 접근을 용이하게 한다. 엑스트라넷은 의사소통 능력을 향상시키고, 조직간 관계를 원활하게 하는데 기여한다. 샌프란시스코에 기반을 둔 제약 도매회사인 McKesson은 엑스트라넷을 사용하여 비용을 삼각하고, 고객서비스를 향상시킬 수 있었다. 이 회사는 30,000개 이상의 병원, 약국, 소매점 등에 약을 선적한다. 그러나 선적 비용은 본사에서 대금을 지불하는 방식을 택하고 있다. McKesson은 그동안 대금을 지불하기 위해서 청구대금 팩스를 이용했다. 그러나 현재에는 엑스트라넷에 올라있는 송장시스템을 사용한다. McKesson은 이제 한 장소의 여러 구역에서 올라온 청구서를 볼 수 있다. 의사소통과 노동비용을 획기적으로 줄이게 된 것이다.

다른 조직과 연결되어야 한다는 생각은 모든 산업에 광범위하게 퍼져 있는 트랜드이다. 허브 비누 제조회사인 Woodspirits와 IBM 같은 거대 기업도 자신의 회사와 전산적으로 연결된 계약자에게 활동을 임대한다. 제품의 거의 70%를 아웃소싱하고 있는 Cisco System 사는 민감한 제품과 판매자료를 계약 제조업체와 전산적으로 공유하고 있으며, 이를 통해 전 세계 어느 곳이든 이틀 내에 제품을 선적할 수 있다. 외부 계약자와 전산적으로 연결된다는 것은 네트워크 조직의 궁극적 목표이다. 즉 기업이 회사를 분리시키기 위해서 중요한 기능은 대부분 하도급 주고, 자신들은 조그만 본부에서 그것의 조정 역할만 한다는 것이다.

② 전자상거래

많은 조직들이 전략적 무기로 정보기술을 사용하는 방법 중 가장 중요하게 생각하는 것이 전자상거래, 즉 e-commerce이다. 현재 조직 세계에서 전자상거래의 중요성을 이해하기 위해서 예로 드는 것이 전세계 오프라인 서점을 합친 것 보다 더 높은 시장가치를 지닌 아마존 닷 컴이다.

전자상거래는 광범위한 개념이다. 그러나 전자상거래는 기본적으로 컴퓨터 네트워크를 통한 디지털 과정으로 이루어지는 상업적 활동을 의미한다. 전자상거래는 한 컴퓨터에서 다른 컴퓨터로 정보를 교환함으로써 돈과 상품의 교환을 발생시키고 그것을 활성화 시키는 것을 의미한다. EDI, 엑스트라넷 등과 같은 정보기술도 전자상거래의 일환이다. 현재 대부분의 전자상거래는 인터넷을 통해 이루어지고 있다. 전자상거래는 두가지의 형태로 구분되는데, 기업간 거래와, 기업과 소비자 사이의 거래가 그것이다. International Data 사의 한 시장 조사 연구원에 따르면 2003년도 전자상거래의 총규모는 1조 달러에 이른다고 한다(우리나라의 2011년 전자상거래의 규모는 999조원에 이르고 있다).

전자상거래를 전체 기업전략으로 통합시킨 대표적인 회사가 Dell 컴퓨터사다. 델 컴퓨터는 현재 36개 국의 18개 언어로 인터넷 거래를 하고 있다. 델 컴퓨터는 엔드 투 엔드(end-to-end) 디지털 네트워크를 사용하여 고객과의 관계를 유지하고 있으며, 주문, 필요한 부품조달, 구매자에게 직접 전달하는 맞춤형 선적을 실시하고 있다. 이 시스템을 통해 델 사는 비용과 속도 면에서 우위를 보이고 있다. 가령 납품업자와 직접 연결되도록 함으로써 델사는 재고비용을 줄이면서도 분 단위로 필요한 부품과 장비를 공급받을 수 있다. 월요일 오전 9시에 이루어진 고객의 주문은 화요일 오후 9시에 트럭으로 배달되도록 하고 있다. 마찬가지로 Cisco 시스템 사도 고객과 종업원은 물론 납품업자, 제조업자, 조립자, 그밖의 다른 파트너들과 컴퓨터로 연결되어 있다. 델이나 시스코 같은 하이테크 기업들은 기업간 거래의 선두주자이다. 그러나 최근 첨단 기업이 아닌 곳에서도 기업간 전자 상거래가 늘고 있다. 기업 제품과 서비스를 모든 회사에 배달하는 선두기업인 U.S. Office Products(USOP)는 온 라인 주문, 주문 상태의 확인, 온라인 지불 방식 선택, 온라인 정보 전달 등을 제공한다. 이 기업의 새로운 특징은 구매관리 시스템이다. 이것은 고객들에게 구매과정을 추적하여 비용을 절감하고, 능률성을 향상시키도록 하고 있다. 이 서비스는 USOP를 우편 사업 분야에서 선두로 올라설 수 있게 하였다.

인터넷을 통한 기업간 거래가 크게 증가하고 있음에도 불구하고 전자상거래의 가장 뚜렷한 특징은 인터넷을 통해 소비자에게 직접 제품과 서비스를 판매하는 것이다. 최근까지 인터넷은 기업 경영진 보다는 소비자들이 주로 이용해왔다. 가령 eTOY는 500개 기업이 생산한 6,000 종류의 아이템을 인터넷을 통해 판매한다. 고객들은 웹사이트를 통해 자신들이 원하는 것을 선택해 신용카드 번호를 입력하면 수일내에 장남감을 받을 수 있다. 이 기업은 빌딩과 재고 창고 등을 갖추어야 하는 Toys R Us와 같은 기업 보다 훨씬 비용이 낮은 상태로 사업을 벌일 수 있다. 웹 사이트에서 여성들이 가장 많이 방문하는 iVillage같은 인터넷 기업도 자녀 건강 문제를 의사와 상담하거나 여성 사업 기회에 대한 집단토의를 함으로써 여성과 관련한 다양한 서비스를 제공하고 있다.

온라인 코뮤니티에 참여할 장을 마련해주는 웹사이트도 꾸준히 인기를 모으고 있다. 전자상거래에서 급속히 성장하는 분야가 금융 및 보험, 온라인 경매, 그리고 컴퓨터 판매 등이다. Marriot는 1996년 처음으로 온라인 예약 시스템을 실시하여 첫해에만 10억 달러의 판매실적을 올렸다. 매리오트의 양방향 웹사이트는 다른 관련 여행 사이트와도 연결된다. 이 사이트는 방문자 필요에 맞추어져 있으며, 하루 15,000명이 방문한다. 그리고 매달 2백만 달러 이상의 인터넷 관련 수입을 낳는다. 매리오트 경영진에 따르면 이같은 가치 창출 방식이 매리오트를 다른 호텔과 차별화 시키고 고객의 충성도를 높이는데 기여한다고 한다.

현재 대부분의 기업은 전자 상거래에 뛰어들어야 하고 그렇지 않으면 새로운 기업에 의해 도태될 것이라고 믿고 있다. Southwest Airlines, Office Depot, Fingerhut, 심지어는 미국 우정사업부 조차도 성공적인 전자상거래 부서를 두고 있다. 시어스나 월풀 같은 전통적 기업도 전자상거래 사업에 뛰어들고 있다. 이 기업들의 중요 고려 사항은 기존의 부서에 전자상거래 부서를 통합하여 운영할 것이냐 아니면 분리 독립 시켜 운영할 것이냐의 여부이다. 시어스 백화점의 CEO인 Arthur Martinez는 한 때 인터넷을 광신자의 영역으로 보았다. 그러나 현재 시어스를 가정의 핵심적 온라인의 본거지로 만들기 위해 새로운 전자상거래 부서에 집중 투자하고 있다. 비록 이 부서가 시어스 백화점의 일부에 불과하지만 경영진들은 종업원들에게 창조적이고, 필요한 위험을 감당할 수 있는 적절한 자유와 인센티브를 주고자 한다. Martinez는 기존 부서와 전자상거래 부서의 분리가 전자상거래 부서 성공에 필요한 독자성을 주는 유일한 방법은 아니라고 본다. 반면 월풀은 인터넷 관련 사업을 강화하기 위하여 Brandwise.com이라 불리우는 신생 기업을 설립했다. Brandwise 사이트는 소비자들이 최고의 제품과 가격을 쉽게 찾을 수 있도록 하고 있기 때문에 월풀에는 잠재적으로 손해가 된다. 그러나 월풀은 이 위험이 충분히 보상 받을 수 있을 것이라 생각한다. 월풀은 자신의 사업과 고객에 관한 귀중한 정보에 많은 사람들이 접근할 수 있기를 바란다. 나아가서 월풀의 최고 경영진들은 이 신생기업이 월풀의 미래 세대 리더들에게 전자상거래를 깊이 이해하고 인터넷 시대의 전문가가 될 수 있는 귀중한 온상이 될 기회를 줄 것이라고 믿고 있다.

미국과 캐나다의 기업들이 전자 상거래에서 선두를 달리고 있지만 이 혁명은 다른 국가가 사업을 하는 방식에도 영향을 미치고 있다. 가령 유럽의 전자상거래는 1997년 50억 달러에서 2002년에는 1970억 달러로 급증하고 있다. 스칸디나비아의 신설 인터넷 기업들은 영국의 미국식 웹사이트 시장, 그리고 독일, 프랑스, 이태리의 사이버 마켓 시장과 직접 경쟁하고 있다.

많은 연구에 따르면 정보기술의 적절한 사용이 전략적 의사결정의 능률과 효과성을 증진 시킨다고 한다. 정보기술은 문제를 구체화할 수 있는 최고 관리자의 능력을 높이고, 해결책에 빨리 도달할 수 있게 한다는 것이다.

2. 조직관리 전략으로서의 정보기술

최근 조직관리자들은 조직과정의 핵심인 조직전략, 구성원의 동기부여, 기술, 새로운 사업설계 등에 정보기술을 적극적으로 활용하고 있다. 이러한 점에서 정보기술은 조직관리 전략의 핵심적 요소라 할 수 있다.

조직이 채택할 수 있는 경쟁 전략의 두가지는 저비용 리더십과 차별화이다. 저비용 리더는 생산 비용을 줄이고, 제품과 서비스의 공급 가격을 낮추어 이윤을 창출하며, 경쟁업체를 손실로 몰아가는 전략이다. 반면 차별화란 기업이 제품 특징, 탁월한 서비스, 빠른 공급 등으로 다른 기업이 모방할 수 없는 독특한 제품 및 서비스를 제공하는 전략을 말한다.

조직의 고위 관리자들은 저비용 리더십과 차별화를 달성하기 위해 정보기술을 이용한다. Kansas City Power and Light(KCLP)의 Web site는 최근 탈 규제적이고 경쟁력 있는 유틸리티 사업으로 회사를 변모시킴으로서 KCLP를 경쟁력 있는 기업으로 차별화 시켰다. KCLP는 고객과의 관계를 유지하고, 그들에게 회사가 변화하는 모습을 알리기 위해 웹사이트를 설치하였다. 그러나 현재 이 웹사이트는 고객들이 자신의 전기 사용량을 관찰하고, 대금을 지불하며, 비용을 절감하는 방법을 배우는 장소로 변하고 있다. KCLP는 400,000 가구 및 기업의 미터기를 언제든지 체크할 수 있는 무선 자동 미터기 시스템에 투자하고 있다. 이것을 웹사이트에 연결시킴으로써 인터넷을 지니고 있는 고객들은 분 단위로 자신이 원하는 시간에 자신의 전력 사용량을 모니터 할 수 있게 되었다. KCLP의 어떤 고객은 자신의 전기값을 줄이기 위해 부지런히 정보를 검색한다. 이러한 가치 창출 서비스는 KCLP를 다른 전기회사와 차별화시키는 결과를 가져왔다. 이 자동 미터 리딩(reading) 시스템은 KCLP의 능률도 증가시켰다. 수리 부서는 고객의 가정에 문제가 있는지의 여부를 알기 위해서 웹사이트에 접속만 하면 된다. 이로인해 연간 105,000의 가정방문 비용을 줄일 수 있게 되었다.

다른 조직들도 전략적 경쟁력을 확보하기 위해 정보기술을 이용할 다른 방법을 모색하고 있다. 컴퓨터 네트워크를 선구적으로 사용한 월-마트는 다루기 불편한 공급 체인 때문에 발생한 시간과 비용을 이 네트워크를 통해 획기적으로 줄일 수 있었으며, 이로인해 세계 최대 유통업체가 되었다. 월-마트는 정보를 즉각적으로 실행하기 위해 정보기술을 사용했으며, 한발 앞서 경쟁에 그것을 이용하고 있다.

1) 저비용(low-cost) 리더십

정보기술은 조직운영의 효율성을 높임으로써 비용을 회기적으로 낮출 수 있게 한다. 정보기술이 높이는 조직운영의 효율성은 단순히 업무를 빨리 처리하는 것 이상이다. 운영효율성과 관련해 최근 발전한 방법이 ERP시스템이다. 이 통합 시스템은 구매계약에서 생산 현장에 이르기 까지의 업무를 자동으로 통제할 뿐만 아니라 최고 수준의 전략적 의사결정도 가능케 하여 최고 관리자가 문제를 진단하고 해결책을 모색하는데 도움을 준다. 허쉬 푸드 Corporation사의 최고 경영진은 ERP 시스템을 이용하여 그 회사 각 부처의 업무실제를 연구할 수 있게 되었으며, 핵심 전략적 활동을 위한 가장 좋은 실제를 채택할 수 있게 되었다.

인트라넷, 엑스트라넷, 그리고 월드 와이드 웹 등의 사용도 운영효율성을 증대 시킨다. 모토로라 사는 인트라넷에 의존하여 초고속 케이블 모뎀으로 생산을 빠른 시일 내에 늘리고자 하였다. 새로운 사업을 추진하는데는 복잡한 서류가 들어간다. 모토로라사는 이것을 줄이기 위해 부품의 각 파트를 디지털 카메라로 찍어 저장하여 조립, 테스트, 포장 선적 등의 방법과 함께 그것을 인트라넷에 올렸다(Crockett,1992).

정보기술의 발전은 또한 부서간 조정과 조직 사이의 네트워크의 가능성을 높여준다. 네트워크와 인트라넷의 도움으로 조직내 부서 사이의 경계와 조직 사이의 경계가 허물어지고 있으며, 전 세계에 산재한 기업 사이의 관계도 가까워지고 있다. 네트워크는 컴퓨터가 고객의 주문, 부품 요구, 주문장, 제조일자, 시장점유율 하락 등 기업의 모든 측면에 대해 정보를 교환하도록 하고 있다. 포드 자동차의 모든 승용차와 트럭 모델은 디자인, 구매, 생산, 배송과정 등을 추적하도록 인트라넷의 내부 웹사이트에 실려있다. 가령 새로운 대시보드 디자인의 조립이 느린지 아닌지의 여부를 제조공정에서 즉시 확인할 수 있다.

많은 조직들은 오랫동안 전자데이타 인터체인지(EDI)라 불리우는 조직간 연결장치를 사용해왔다. 이것은 기업을 부품업체와 연결시키는 장치이다. 사람들 개입없이 한 회사의 컴퓨터와 다른 회사의 컴퓨터를 연결시키는 EDI는 기업이 빠른 재공급을 통해 저비용 리더십을 가능하도록 해준다. 기업은 재료이동을 조정하기 위해 EDI를 사용함으로서 수백만 달러를 절약할 수 있게 된다.

저비용 전략을 구사하고 있는 일부 대기업의 경우, 중소기업들이 EDI능력을 소유할 충분한 자금력을 지니고 있지 않기 때문에 그 기업과 공급관계를 맺는 데 어려움을 겪는다. 그러나 최근 인터넷의 발전은 중소기업들이 EDI 능력을 소유할 수 있게 해주고 있다. 가령 Pitney Bowes사는 VendorSite라 불리우는 웹 사이트를 이용하여 이 문제를 해결하고 있다. 이 사이트는 Pitney 제품이 몇 개인지, 그리고 몇 개나 필요한지를 공급자에게 알려주는 역할을 한다. 결국 Pitney 사는 공급자들에게 그들이 꼭 필요한 수량만큼 배달할 수 있게 된다.

자동 네트워크 익스체인지(ANX)도 웹사이트를 통해 자동차 산업의 기업들이 EDI 데이터를 전달하게 해주는 실제적인 민간 네트워크이다. 테일러 스틸 사의 의사소통 비용은 ANX 사용 이후 70% 까지 떨어졌다. 산업분석가들은 ANX 사용이 매년 자동차 산업의 비용을 약 10억 달러 정도 줄여줄 것이라고 예상하고 있다.

2) 차별화

차별화란 어떤 기업이 다른 기업과 확연히 구분되는 어떤 것을 말한다. 기업을 차별화 시키는 방법은 여러 가지이다. 첫째는 정보기술로 고객을 묶는 것이다. 이 전략의 창시자는 American Hospital Supply Corporation(AHS)이다. 이 기업의 최고 경영진은 15년전 미국의 주요병원이 무료로 자신의 컴퓨터 터미널을 이용할 수 있도록 하여 자신과 병원 구매자들을 직접 연결하였다. 그 결과 고객들은 100,000개 이상의 제품에 대한 주문을 직접할 수 있게 되었다. AHS는 판매신장을 가져왔고 경쟁업체의 시장을 잠식하게 되었다. 현재 McKesson, Cardinal Health, Bergen Brunswig 등과 같은 대규모 제약 도매기업들은 전국의 고객들에게 정교한 리포팅(reporting) 서비스를 제공함으로써 차별화되고 있다. 나아가서 이들 기업들은 컨설팅 서비스는 물론 저작권이 보호된 자동화된 조제 및 리포팅 시스템을 개발함으로써 고객들을 묶어두고 있다(Verity,1993).

둘째는 고객서비스 개선을 통해 경쟁업체와 차별화하는 전략이다. 가령 영업관리시스템(sales force)을 자동화함으로써 주문마감에 걸리는 시간을 줄일 수 있고, 성공적 마감의 비율을 높일 수 있다. 디젤 엔진과 여타 중장비를 생산하는 John Deere의 자회사인 Deere Power 시스템 사는 판매원들이 종일 여러 데이터베이스에서 로그인 혹은 해당 부서에 전화하는데 시간을 보낸다는 사실을 알게되었다. 그 결과 경쟁회사들에 언제나 뒤지고 있었다는 것이다. 새로운 정보기술로 한 부서에서만 간직하고 있었던 정보가 인터넷을 통해 공유되었고, 판매원들은 반나절이 지나지 않아 필요한 모든 정보를 얻을 수 있게 되었다.

또 다른 예로써 Jiffy Lube는 서비스 기간이 만료될 때 고객에게 자동으로 안내하는 오토메이트라고 불리우는 정보기술 시스템을 사용하고 있다. 이 시스템은 제조사의 권고에 따라 자동차를 유지하는 방법을 고객에게 알려주고 고객의 취향을 저장함으로써 고객 서비스를 향상시키고 있다. 어떤 고객이 타이어 바람을 빽빽이 넣는 것을 싫어하면 Jiffy Lube는 서비스 받으러 올 때마다 그 고객에게 일일이 설명할 필요없이 자동적으로 직원들이 그것을 처리하도록 하고 있다.

차별화의 세 번째 차원은 새로운 제품개발 혹은 특별한 틈새시장을 향한 제품개발이다. GE에서 Manpower사에 이르기 까지 많은 기업들이 인터넷을 사용하여 시장 경향과 새로운 틈새시장을 발굴하고 있다. 나이키 사는 인트라넷을 사용하여 새로운 제품개발을 위한 글로벌 협력을 강화하고 있다.

3. 지식관리

오늘날 정보기술의 가장 중요한 목표 중 하나는 조직 지식을 관리하고 수용하는 노력을 지원하는 것이다. 만약 정보가 조직의 목표달성이나 성공에 쓰이지 못한다면 정보에 용이하게 접근하는 것 만으로는 한계가 있다. 오늘날 경제에서 중요한 경제적 자원은 자본이나 노동, 혹은 천연자원이 아니라 지식이다. Peter Drucker는 1960년대 초 지식업무(knowledge work)라는 개념을 도입했다. 그러나 최근 관리자들은 지식을 현금 흐름이나 인적 자원 처럼 관리해야 하는 중요한 자원으로 인식하고 있다. 특히 학습 조직으로 전환을 모색하는 기업의 경우 지식관리는 조직 경영진의 중요한 과제가 되고 있다. 학습조직은 회사 전체에 지식을 효과적으로 습득, 창조, 전달하는 조직이다. 이 조직은 새로운 지식과 통찰력을 모색하기 위해 자신들의 활동을 수정한다.

지식관리란 조직의 지적· 창조적 자원을 조직하고 공유하기 위한 새로운 방안을 모색하는 것을 말한다. 지식관리는 기업의 지적 자본을 체계적으로 발굴, 조직, 이용하여 지속적으로 조직구성원의 학습을 유도하고, 이들 사이에 지식을 공유하는 문화를 만들게 하려는 노력을 의미한다. 이를 통해 조직은 기존의 지식을 더욱 발전시킬 수 있다. 기업의 지적 자원은 정보, 경험, 이해력, 관계, 과정, 혁신, 그리고 발견물 등이 합쳐진 것이다. 정보기술이 조직의 데이터 및 정보의 저장 및 유포에 중요한 역할을 하지만, 정보기술만으로 조직의 많은 문제를 해결할 수 없다. 정보기술을 이용하여 조직문제의 해결을 한차원 높은 수준에서 해결할 지식관리가 필요하다. 따라서 지식관리란 지식을 습득, 저장하여 많은 사람들이 쉽게 접근하게 하는 것 뿐만아니라, 학습을 통한 지식의 전파와 조직 구성원에게 그것을 공유시키는 방법 까지를 포함한 개념이다. 정보기술만으로는 복잡한 조직문제를 해결하는데 한계가 있다.

1) 지식의 개념

지식이란 데이터와 정보를 이용해서 이루어진 것이지만 데이터 및 정보 그 자체는 아니다. 데이터는 그 자체로는 사용이 어려운 단순하고 절대적인 사실 및 수치이다. 가령 자신이 만든 제품의 30%만 수도권 소비자에게 판매가 되는 데이터를 가진 기업이 있다고 하자. 이 데이터가 그 기업에 유용하기 위해서는 다른 데이터와 연결되어 최종 정보로 만들어져야 한다. 가령 수도권에서 팔린 제품의 10개 중 9개가 60대 이상의 소비자에게 팔린다는 것이 그 예이다. 결국 정보는 특정한 목적으로 사용하기 위해서 데이터 끼리 연결된 것이라 할 수 있다. 반면 지식은 이것보다 더 복잡하다. 즉 지식은 정보 끼리 연결되어 이미 알고 있는 것과 비교된 후 거기에서 내린 결론이다. 정보 및 데이터와 반대로 지식에는 언제나 인간적 요인이 존재한다. 책에는 정보가 담겨있지만, 이 정보는 사람들이 그것을 흡수하고 사용할 때에야 지식이 된다.

지식이란 이전의 정보, 직접 경험, 직관, 그리고 이해를 기반으로 이루어진다. 지식은 조직의 목표를 달성하기 위해서 정보에 따라 어떻게 행동할지를 인식하는 것이다.

가령 관리자들은 플로리다의 60대 이상의 소비자를 목표로 하는 것이 판매량을 두배로 높일 수 있지만, 메인 주와 미네소타에서는 아무런 판매량의 변화가 없고 오히려 비용만 상승 시킬 뿐이라고 인지할 수 있다. 지식은 조직구성원의 머리에 있는 것이지 데이터베이스나 EIS에 저장되어 있는 것이 아니다. 즉 지식은 정보를 이용하여 사람들이 어떻게할지를 결정하는 것이지 정보 그 자체는 아니다.

지식에는 두가지 종류가 있다. 명시적 지식과 묵시적 지식이 그것이다. 명시적(명확한) 지식이란 문서 혹은 일반 지침으로 구성하고 작성하여 다른 사람에게 전달한 공식적, 체계적 지식이다. 반면 묵시적 지식이란 글로 옮기기 어려운 지식이다. 묵시적 지식은 개인적 경험, 어림짐작(rules of thumb), 직관, 판단에 근거를 둔다. 여기에는 전문적 노하우와 기술, 개인의 통찰력, 경험, 그리고 다른 사람에게 쉽게 전달할 수 없는 창조적 해결책이 포함된다. 명시적 지식은 knowing about에 관한 것이고, 묵시적 지식은 knowing how에 관한 것이다. 가령 최근 농대를 졸업한 졸업생의 경우 콩을 언제 심고 어디에 심은 것이 가장 좋은 지에 대해(knowing about) 알고 있다. 이를 위해 이들은 토양 표본을 조사하고, 기상상태를 추적하며, 추수계획을 계산할 수 있다. 일반 농부는 이러한 것을 모른다. 그들은 단지 수년간의 경험을 통하여 콩을 언제 심는 것이 가장 좋은지(knowing how) 알 뿐이다.

콩 농사를 어떻게 지어야 하는지 질문을 받게 되면 농대를 나온 졸업생은 상세한 과학적 정보를 문서로 제시한다. 그러나 일반 농부는 비록 슈퍼 콩을 재배하는 법을 알고 있다해도 그것을 명확하고 정확한 정보로 제시할 수가 없다. 마찬가지로 조직에서 어떤 일을 하는 것을 알고 있지만 그것을 다른 사람에게 분명하고 정확하게 전달(교육)할 수 없는 사람들이 있다. 학습조직에서는 명확하고 묵시적인 지식, 두가지 다를 전달하는 방법, 즉 knowing about와 knowing how를 찾는 것이 매우 중요하다. 명확한 지식은 문서나 정보기술 시스템으로 쉽게 전달되거나 공유되지만, 조직의 귀중한 지식의 80% 이상은 쉽게 전달되거나 공유될 수 없는 묵시적 지식이다.

2) 지식관리에 관한 두가지 접근법

지식관리에 대한 생각은 최근 생겨난 것이 아니다. 그러나 많은 조직 관리자들이 지식을 창조, 조직, 전달하는 신중하고 체계적인 방법에 대해 생각하기 시작한 것은 최근의 일이다. 지식관리에 관심을 두게하는데 기여한 세가지의 요인이 있다. 첫째, 인터넷을 통해 사람들을 연결시킴으로써 지식을 쉽고 빠르게 공유할 수 있는 정보기술의 발전이다. 둘째, 조직의 경제적 기반이 천연자원에서 지적 자원으로 바뀜에 따라 최고 경영진들이 조직의 지식자원을 중요하게 받아들이는 인식의 전환이다. 셋째, 학습조직이 되기 위한 기업의 노력이다. 학습조직에서 관리자들은 새로운 지식을 창조하고, 명시적, 묵시적 지식을 습득하며, 그것을 적재적소에 활용하기 위한 문화 및 시스템을 만들고자 한다. 1999년 세계 경제포럼에 참석한 CEO들을 대상으로한 연구에 따르면 CEO의 97%가 지식관리를 자신들 조직의 최우선 과제로 삼고 있었다는 것이다.

지식관리에 접근하는 방법은 크게 두가지이다. 그리고 이 두가지 접근 모두에서 가장 중요한 요인이 협력과 지식공유를 고무하는 조직문화이다. 지식은 조직구성원들에게 권력을 주기 때문에 그것을 공유하기 보다는 숨길려는 경향이 있다. 따라서 지식관리는 근본적인 문화적 변화를 필요로 한다. 가령 노키아 그룹의 CEO인 Jorma Ollila는 다음과 같이 주장함으로써 새로운 조직문화의 방향을 제시한다. "노키아의 지식은 그것을 공유할 때만 힘이 된다." 텍사스인스트루먼트 사는 지식을 공유하기 위해서 "Not-Invented-Here-But-I-Did-It- Anyway" 상을 수여한다.

지식관리의 첫 번째 접근방법은 정교한 정보기술 체계를 통해 명확한 지식을 수집하고 공유하는 것이다. 명확한 지식에는 특허와 라이센스, 정책 및 절차 등의 업무 프로세스, 고객· 시장 · 납품업자 혹은 경쟁업체에 관한 정보, 경쟁력 있는 정보 보고, 그리고 벤치마킹 데이터 등이 포함된다. 이 단계에서 조직의 초점은 지식을 수집하고 필요한 사람이 쉽게 접근할 수 있도록 데이터베이스화하는 것이다. 지식은 그것을 소유한 사람으로부터 수집되며, 다른 사람들이 접근할 수 있게 문서로 분류된다. 사람에서 자료로의 접근(people-to-document)이라는 이러한 방식이 몇몇 컨설팅 업체에서 사용되고 있다. 가령 Ernst & Young은 인터뷰 조언(tip), 업무스케줄, 벤치마킹 자료, 그리고 시장 분할분석 자료 등과 같은 지식을 수집하여, 그것을 데이터베이스화하고 있다.

두 번째 접근방법은 대면적 접촉이나 양방향 미디어를 통해 개인의 전문성과 노하우, 즉 묵시적 지식을 극대화하는 것이다. 묵시적 지식에는 전문적 노하우, 개인의 통찰력 및 창의력, 그리고 개인의 경험과 직관력 등이 포함된다. 이 단계에서 관리자들은 묵시적 지식의 공유를 위해 사람들을 연결하는 개인적 네트워크를 발전시키는데 집중한다. 묵시적 지식은정보기술이 대세임에도 불구하고 대화나, 사람 대 사람의 지식 공유를 강조한다.

3) 명확한(명시적) 지식관리를 위한 메카니즘

조직은 지식자원의 수집과 공유를 위한 여러 가지 메카니즘을 사용한다. 특히 명확한 지식관리에 이용되는 메카니즘에는 데이터 웨어하우스, 지식맵, 그리고 전자 도서관 등이 있다. 그밖에 조직내 구성원을 연결하는 인트라넷 및 다른 네트워크도 명시적, 묵시적 지식을 공유하는 중요한 메카니즘이다.

(1) 데이타 웨어하우스와 데이터 마이닝

전술한 바와 같이 데이터 웨어하우스는 기업이 많은 데이터를 쉽게 이용하도록 데이터베이스화 하는 것을 말한다. 반면 데이터 마이닝은 조직문제를 해결하고 새로운 대안을 모색하기 위해 사용자들이 관련된 자료를 검색할 수 있게 하는 것을 말한다. 데이터 웨어하우스와 데이터 마이닝은 특히 고객과의 관계를 구축하거나 새로운 시장에 진입할 때 유용하다. 킴벌리 클락 사는 기업 대 기업 부문에 관한 데이터 웨어하우스를 사용하여 고객기반을 확대하고 있다. Ernst & Young 사에는 40개 이상의 실무분야에 조직구성원의 명확한 지식을 데이터베이스화 하는 전문직원이 배치되어 있다. 그리고 이 데이터베이스는 네트워크를 통해 연결된다. 제조업 분야의 대기업의 ERP 시스템 구축을 위한 입찰에 참여하려는 Ernst & Young 사의 프로젝트 팀은 과거 개발한 해결책을 찾기 위해 데이터베이스를 이용했다. 이 자료를 재사용함으로써 이 팀은 일년 이상 Ernst & Young 사는 물론 해당 대기업의 경비도 줄일 수 있었다.

(2) 지식 맵

어떤 기업은 지식이 자신의 기업 어디에 있는지, 그리고 그곳에 어떻게 접근해야 하는지 알기 위해서 지식 맵 작업을 수행한다. 즉 지식 맵은 사람들에게 조직내의 지식자원에 접근하는 방법을 가르켜준다는 것이다. Hughes Space & Communications는 Lotus Notes, 비디오컨퍼런스, 종업원들의 홈페이지, 그밖의 여러 기술을 사용하여 지식 고속도로를 구축하고 있다. 이 맵(지식 고속도로)은 새로운 관리 실제의 전달, 라이센스와 특허 취득, 그리고 경쟁력 있는 정보 수집에 이용된다. 가령 엔지니어링 부서는 디렉토리, 참고문헌, 그리고 그밖의 다른 자료를 하이퍼텍스트와 연결함으로써 학습 데이터베이스화를 시도하고 있다. 휴즈사는 또한 지식 맵을 이용하여 전문가 수첩에 사람들을 인도하거나 의사소통, 혹은 스토리텔링 함으로써 묵시적 지식 공유를 강화한다.

(3) 전자도서관

특정한 사용을 위한 특정한 데이터 베이스인 전자도서관은 지식을 저장하고, 그것을 전체 조직구성원이 이용할 수 있게 하는 또 다른 방식이다. 사용자들은 특정한 지식을 찾아서 그것을 재활용할 수 있다. 가령 선 마이크로시스템 사는 공유된 코드로 이루어진 전자도서관인 중앙 의사소통 허브를 만들었다. 이것을 통해 프로그래머들은 사용할 때마다 코드를 불러들이는 일 없이 전체 소프트웨어 코드를 체크할 수 있다. Sequent 컴퓨터 사에는 판매 프리젠테이션과 기술 보고서 등을 유지하기 위해 1995년부터 SECL이라 불리우는 인덱스화된 도서관을 구축하여 사용하고 있다. 영국의 Anglian Water Services 사는 학습조직의 일환으로 "물 백과사전"을 개발하여 운용 중이다. 이 전자 백과사전에는 물에 관한 모든 것, 가령 그것의 처리 기술이나 서비스 관리 같은 것 등이 수록되어 있다. 이들은 전부 이전의 책, 문서, 논문, 서술 등에 수록되어 있는 것들이다.

인트라넷과 그밖의 다른 네트워크도 데이터베이스, 전자도서관 등에 저장된 명확한 지식에 조직구성원들을 접근하게 하는 중요한 도구이다. 산호세에 기반을 둔 Cadence 디자인 시스템 사는 신입 외판원을 위한 판매과정, 제품명세서, 고객명단 등의 단계적 지침서인 기업 내부 웹사이트를 만들었다. 이 시스템의 결과 Cadence 사는 2~4달 일찍 외판원을 투입하여, 수백만 달러를 절약할 수 있었다. US West, Paradyne, 그리고 메트로폴리탄 생명보험 사를 포함한 여러기업들도 인트라넷을 사용하여 경쟁력 있는 정보를 수집하고 있다.

4) 묵시적 지식 관리를 위한 메카니즘

묵시적 지식 관리 시스템도 명확한 지식 관리와 마찬가지로 정보기술을 이용한다. 그러나 차이는 묵시적 지식관리에서는 인간관계를 중요한 것으로 본다는 것이다. 묵시적 지식관리를 위한 효과적 메카니즘에는 대화, 학습의 역사, 스토리텔링, 그리고 실무사회 등이 포함된다. 인트라넷과 네트워크도 전 세계적으로 묵시적 지식을 공유하는데 중요한 메카니즘이다. 가령 제록스 사는 한 때 서비스 기사들의 지식을 전산화해서 복사기에 내장된 전문가 의사결정 시스템에 이용한 적이 있다. 이것은 기사들이 이 시스템에 따라 행동하고 멀리 떨어진 지역에서도 보다 빨리 수리를 마치도록 하기 위해서이다. 그러나 이 계획은 실패했다. 전산화할 수 없는 묵시적 지식, 즉 지식의 뉴앙스나 세세한 것을 전부 수록할 수 없었기 때문이다. 인류학자들, 행태과학자들, 그리고 엔지니어들에 의한 18개월 간의 연구 끝에 서비스 기사들은 주로 "전쟁 이야기"(서비스 기사들이 현장에서 겪은 생생한 실화)를 이야기 함으로써 자신의 지식을 공유하려 한다는 사실을 알게된 제록스사는 25,000명의 현장 서비스 요원을 연결하는"유레카"라 불리우는 시스템을 개발했다. 기사들의 전쟁이야기와 복사기 수리를 위한 조언을 컴퓨터로 연결시킨 유레카는 수리시간을 평균 50%나 줄여주었다.

(1) 대화

묵시적 지식 공유의 가장 중요한 메카니즘은 사람들을 대화로 연결하는 것이다. 즉 사람들을 대면적, 비디오컨퍼런스, 혹은 양방향 미디어를 통해 이야기 하도록 하는 것이다. 대화의 목적은 집합적 정보를 수집하는 것이다. 즉 사람들의 어떤 문제에 대한 공유된 이해와 많은 사람들의 생각을 모아 집합적 해결책에 이르도록 하는 것이다. 대화는 논쟁과 다르다. 논쟁에서는 자신의 해결책을 다른 사람들이 채택하도록 고집하는 것이다. 반면 대화는 어떤 문제에 대한 다양한 해결책이 있다는 것을 추정하고 많은 사람들과 함께 그 문제에 대한 공동의 해결책을 모색하는 것이다. 대화는 가정을 탐구하고 공동의 근거와 공유된 잇슈를 발견하는 것을 초점으로 한다. 대화에 참여하는 사람들은 "옳은" 해결책을 추정하지 않는다. 왜냐하면 해답은 그 집단의 집합적 생각에서 나오기 때문이다. 새롭고 보다 깊은 해결책이 개발될수록 참여자들 사이의 신뢰관계가 쌓이고, 이것이 궁극적으로 조직의 의사소통 방식을 변화시키게 된다.

어떤 조직들은 특정한 문제에 대해 구성원들이 대화하고 소통하기 위해 인트라넷에 포럼의 장을 마련한다. 240억 달러 짜리의 생명과학 기업인 노바티스 사는 과학자들과 조직구성원들이 대면적 대화에 참여할 기회를 주기 위해서 일년에 4번 지식 페어를 개최한다. 그리고 각자의 업무에 복귀했을 때 Virtual Forums에서 나온 대화의 내용을 지니고 가도록 하고 있다.

묵시적 지식관리를 추구하는 조직은 조직구성원 사이에 지속적인 대화를 고무하고 촉진하기 위한 방안을 찾는다. 가령 일본의 한 제약회사는 연구자들이 앉아서 차 마시고 동료 과학자들과 프로젝트에 대해 논의할 수 있는 티 룸을 운영하고 있다. 이러한 비공식적이고 편안한 분위기 속에서 쉽게 문서화하거나 데이터베이스에 저장할 수 없는 지식들이 전문가들 사이에서 교환되게 되는 것이다. 샌프란시스코에 있는 정보기술 제품과 컨설팅 서비스를 제공하는 기업인 Datafusion 사의 CEO인 Bipin Junnarkar는 회사 회의실에 종업원들의 사진을 걸어두고 그 회의에서 무엇을 배웠는지를 생각하는 방법을 다른 사람들과 공유하도록 하고 있다.

(2) 역사에서 배우고, 그것을 스토리텔링한다

묵시적 지식관리의 다른 방법은 역사에서 배우는 것이다. 즉 중요한 결정을 어떻게 내렸고, 해결책은 어떻게 모색되었는지에 대한 역사에서 나온 지식들을 다른 사람에게 전달하는 것이다. 이 기법은 고대의 스토리텔링 전통, 가령 사냥이나 사회형성 이야기에 기반을 두고 있다. 여기에서 사람들은 과거에 일어난 일들에 대한 자신의 생각을 이야기 하고, 왜 사냥이 성공 혹은 실패했는지를 자신의 집단에 이해시키려 한다. 역사에서 배운다는 것은 조직에 참여한 모든 사람들의 회상과 통찰력에 근거하여 중요한 사건 혹은 프로젝트 등 말로 되어있는 것을 문서화한 것이다. 사람들이 직접 인용된 경우도 있고, 회상을 강렬한 이야기로 엮은 것도 있다.

완성된 이야기는 집단토론의 기반이 된다. 그 사건을 재경험한 사람들, 그리고 집합적으로 경험한 사람들은 이야기에서 나온 교훈의 중요성을 배운다. 똑같은 프로젝트에 직면한 사람들에게 이 이야기는 자신의 활동을 계획하는데 큰 도움이 된다. 이것과 유사한 방법이 미 육군에서 사용한 afteraction review이다. 즉 약 15분 동안 프로젝트 혹은 활동에 참여한 사람들이 무엇이 일어날지, 실제 무엇이 일어났는지, 이 둘 사이의 차이는 왜 생긴 건지, 그리고 이 경험으로부터 무엇을 배울 수 있는지를 이야기 한다는 것이다. 이것과 다른 다양한 기업 스토리텔링도 묵시적 지식을 전달하는데 점차 많이 사용되고 있다. 사람들이 이야기 하는 중에 자신의 이해와 전문성을 말하고 조직의 다른 사람과 공유할 수 있는 중요한 지식과 핵심 결정을 전달할 상황을 만들어간다는 것이다. 사람들은 공식적 방법으로 공개적으로 논의하기 어려운 사안은 미묘한 방식으로 이야기 하려 하기 때문에 스토리텔링이 이루어지게 된다. 이를 통해 지식을 배우고 공유할 기회가 넓어진다.

(3) 실무사회

사람들은 자신과 이해를 공유하고, 유사한 문제에 직면한 사람들에게 마음이 끌리기 때문에 실무사회가 조직에서 자연스럽게 형성된다. 실무사회란 똑같은 문제와 공동의 문제 해결책에 노출되어 있는 사람들이 비공식적으로 만나는 사람들의 집합이다. 가령 제록스 사의 복사기 기사들, 일주일에 한번 만나 커피타임을 갖는 프리랜서 작가들이 대표적 실무사회이다. 이러한 점에서 실무사회는 전문가 사회와 유사하다. 사람들은 선택에 의해서 그 집단에 참여하고 그곳에 머무르려 한다. 배울 것이 있고, 기여할 내용이 있기 때문이다. 조직은 전통적 방식으로 실무사회를 관리할 수 없다. 그러나 학습의 스피드를 높이고, 지식을 전달 하도록 지원과 격려는 할 수 있다.

진짜 실무 사회는 결코 공식화할 수 없다. 그러나 어떤 조직은 특별히 중요한 문제와 관련된 지식과 지적 에너지를 모으고 집중시키기 위해서 이들의 생각을 이용한다. Nynex의 R&D부서 부회장인 James Euchner는 고객에 대한 데이터 서비스를 제공하는데 어떤 부서가 왜 그렇게 느린지를 알기 위해서 인류학자들을 고용했다. Euchner는 관련된 모든 부서가 비공식적인 의사소통을 한적이 없어 다른 사람의 역할이나 욕구를 전혀 이해하지 못한다는 사실을 알게되었다. 따라서 Euchner는 구성원들을 같은 방에 배치하여 여러 업무에 대해 비공식 집단을 형성하도록 하여 이 문제를 해결하였다. 마찬가지로 George Fisher가 코닥 사의 처음 CEO가 되었을 때 회사 전체의 역량이 코닥 제품에서 디지털 이미지가 나도록 하는 방안을 찾는데 집중되고 있다는 사실을 알게 되었다. 그런데 문제는 소집단 조차 기능과 부서로 명확히 구분되어 지식과 전문성을 공유할 수 없었다는 것이다. 가령 디지털 스캐너를 개발하는 데에만 23개의 작업 집단이 일하고 있었다는 것이다. Fisher는 이 각각의 분리된 집단을 해체하고, 모든 집단이 함께 디지털 이미지를 위해 일하도록 하였다. 그 결과 코닥 사는 빠른 시일 내에 이러한 집합적 지식의 결과를 얻게 되었다.

5) 전문지식과 기술의 최대한 활용

이상의 지식관리를 위한 메카니즘의 최종 목표는 무엇일까? 조직관리자들은 왜 대화와 스토리텔링 같은 활동을 고무하고 지원하는가? 지식관리 시스템의 중요한 목표는 전문 지식과 기술을 최대한 활용하는 것이다. 지식관리 시스템은 전문 지식을 조직 곳곳에 분산 시키기 보다는 한데 모으고 조직 전체에 퍼지게 하는 것이 바람직하다. 그래야 사람들이 이미 존재한 지식을 활용할 수 있고, 그것으로 부터 새로운 지식을 창조할 수 있기 때문이다. 한 때 컨설팅 기업들은 전 세계에 있는 컨설탄트들이 다른 사람의 전문 지식에 접근할 수 있도록 자세히 기술한 프로젝트의 내용을 담은 실무지침을 데이터베이스화한 적이 있다. 다른 기업들은 구성원들이 기존의 해결책을 체크해서 재활용할 수 있도록 전자 도서관을 구축하기도 했다. 제록스사는 지식관리를 통해 최고의 실무내용을 공유함으로써 비용을 10억 달러 이상 줄일 수 있었다고 한다.

데이터베이스, 지식 맵, 전자도서관 등은 전산화하거나 문서화할 수 있는 명확한 지식의 관리 및 전달을 위한 탁월한 도구이다. 그러나 데이터베이스 할 수 없는 전문가적 통찰력이나 이해와 같은 묵시적 지식을 활용하기 위해서는 조직은 대화, 스토리텔링, 실무사회와 같은 메카니즘을 사용해야 한다. 사람들이 자신의 계획이나 문제점을 솔직하게 이야기 할 때 집단의 집합적 머리에서 아이디어와 해결책이 나올 수 있다. 기술만으로 전문지식을 활용하는 야심찬 목표를 달성할 수 없다. 가령 한 대기업은 모든 전문 참모들에게 자신들의 핵심 업무과정을 전부 데이터베이스화할 것을 주문했다. 그러나 이들 참모들은 자신의 업무가 너무 다양하고 복잡해 문서로 데이터베이스화 할 수 없다고 생각했지만 최고위층의 명령이라어쩔 수 없이 따랐다. 그러나 이러한 데이터베이스화의 결과는 무용지물이었다. 이 데이터베이스화는 사람들이 업무향상을 위해 필요로 하는 뉴앙스, 세세한 부분, 통찰력 등을 거의 담지 못했기 때문이다. 컴퓨터 기술이 아무리 지식관리 능력을 높여준다 해도 지식관리의 최종 종착점은 인간이다. 관리자들은 이러한 사실을 명심할 필요가 있다. 지식관리의 능력을 높이는 가장 중요한 지름길이 지식을 배분하고 공유하는 조직문화라는 것이다.

Section 3 정보기술과 조직변화

1. 스마트 사회(the Smart Machine)의 도래

자신의 저서 「In the Age of the Smart Machine(1984)」에서 Shoshana Zuboff는 정보기술, 조직업무, 그리고 조직 그 자체 사이의 관계에 대한 근본적인 문제를 제기한다. 그녀가 묻고자 하는 질문은 다음과 같은 것들이다. 즉 정보기술은 누구의 이익을 위해, 그리고 어떻게 사용되는가, 그리고 이들이 조직의 인간적 요인에 어떠한 영향을 미치는가 하는 것이 그것이다. Zuboff가 말하는 정보기술은 스마트 기술이다. 이 기술이 조직의 변화에 많은 의미를 안겨준다는 것이다. Zuboff는 스마트 기술의 결과와 적절한 이용을 둘러싼 논쟁에 대한 몇가지 대안적 견해를 제시한다.

첫째, 정보기술(스마트머신)이 노동자들의 경험을 기술 및 지식으로 전환하는 것, 그리고 모든 지능을 기계로 바꾸는 것을 막을 수 있을 것인가 하는 것이다. 둘째, 정보기술이 육체적 노동을 감소하고, 정신적 · 개념적 노동을 확대할 것인가 하는 것이다. 셋째, 정보기술이 이론과 현실사이의 간격을 더 크게 벌리는 것이 아닌가 하는 것이다. 넷째, 정보기술이 조직의 수직적 분화를 붕괴시켜, 권위적 통제의 대안이 될 수 있을 것인가 하는 것이다. 다섯째, 정보기술이 업무노력과 복종을 탐지하기 위한 보다 정교하고 첨단적인 통제의 형태가 되는 것은 아닐까 하는 것이다. 마지막으로 정보기술이 정보를 공유 · 교환하고, 협력하며, 집합적으로 문제를 해결하도록 모든 조직구성원에게 허용하는 자원이 될 수 있을까 하는 것이다. 만약 이러한 일들이 실현된다면 Zuboff는 그것을 스마트 사회가 도래한 것으로 보고자 한다.

첫째, Zuboff에 따르면 오늘날 조직에서 사용되는 Smart machine은 과거의 기계적 기술형태와는 질적으로 다르다고 한다. 조직과 노동력에 미치는 영향도 다르다고 한다. 정보기술은 자동화 기술이 아니라 정보전달(informate) 기술이다. 자동화 기술은 인간

노동의 물리적 동작과 행동을 연속화하고 통제하는 기술이다. 대표적인 예가 어셈블리 라인이다. 이것은 한 작업구간에서 다른 작업구간으로 제품을 자동적으로 움직이게 하는 것이다. 반면 정보전달 기술은 자신의 업무를 달성하기 위해 근본적인 생산 및 행정과정에 관한 정보를 만들어 내는 기술이다(Zuboff,1984:9). 정보전달 기술은 물리적 업무 뿐만 아니라 생산과정에 정보 및 데이터를 기록 · 저장하기 위해서 프로그램 된다. 이것은 초기의 조직 기술 형태에 비해 진일보한 것이다. 따라서 기술이 조직에 미치는 영향에 관한 분석은 이렇게 질적으로 다른 차원을 고려해야 한다. 자동화 및 정보전달 기술은 공히 손으로 처리하는 노동과정을 약화하거나 제거했지만, 정보전달 기술은 특히 정보에 대한 이해와 해석으로 조직업무활동이 바뀌도록 하고있다는 점에서 자동화 기술과 차이가 난다.

Zuboff의 두 번째 중요한 통찰력은 조직에서의 탈 기술과 재 기술과정에 대한 미묘한 분석이다. 대부분의 생산노동자에게 기술은 노동과정을 손으로 만지고 감각기관을 동원한 과정에서 발전했다. 반면 지식은 원료 및 기계에 대한 지각적 관계에 근거한다. 가령 가구업자들은 컴퓨터 작동자가 가구제조에 대해 잘 모른다고 한다. 그것은 컴퓨터 작동자의 지식이 나무를 깎고, 측정하며, 재단하는 물리적 과정과 관계가 없기 때문이다. Zuboff는 전통적 생산기술을 행동위주의 기술이라 한다. 즉 감각기관에 따라 이루어지고, 물리적 활동에 기반을 둔 능력이라는 것이다(Zuboff, 1984: 61).

펄프 및 제지공장에 관한 연구에서 Zuboff는 새로운 기술(컴퓨터 중재 기술)의 도입이 생산과정에 노동자들이 작업과 직접 관련되는 것을 방해했다고 한다. 컴퓨터에 의해 매개된 기술은 이제 더 이상 행동위주의 생산과정과 연관되지 않는다는 것이다. 컴퓨터에 의해 매개된 기술은 노동자들의 경험, 느낌, 직관에 바탕을 둔 판단과 결정을 컴퓨터 프로그램으로 바꾼다. 즉 추상적 상징을 해석하는 지적 기술로 대치되는 것이다. 이제 컴퓨터 화면에서 다이알을 읽고, 메시지를 해석하면 그뿐이다. 그러나 많은 노동자들에게 이 전환과정이 "인식론적 고통"을 만들어 냈다는 것이다. 컴퓨터 중재 기술이 행동을 좋은 방향으로 이끌지 아닐지의 여부는 아직까지 판단하기 어렵다. 분명한 것은 감각적 접촉없는 컴퓨터 중재기술은 행동위주의 기술에 비해 연약하거나 작은 기술이다. 이러한 상황에서 탈 기술화와 재 기술화의 개념은 사태를 복잡하게 하고 있다.

컴퓨터 기술의 도입은 행동위주의 기술을 명확한 테이타로 바꾸는 것이다. Zuboff(1984:310)에 따르면 이러한 전환이 노동자들에게 힘을 실어주는 쪽으로 바뀌기 위해서는 노동력의 지적 기술 수준을 높여야 하고, 이 기술을 비계층적 환경에서 수행되도록 하여야 한다고 한다. 노동자들이 노동과정에 새로운 기술을 효과적으로 적용하기 위해서는 전통적 권위구조를 변혁시켜야 한다는 것이다. Zuboff에 따르면 정보전달과정에서 지식과 권위는 서로 상충되는 과정이라고 한다. 이러한 두가지 힘을 통합할 전략이 없는 한 승자는 없고, 패자만 남게되리라는 것이다.

정보기술 적용과 관련된 세 번째 문제는 이 기술이 노동과정을 통제하고 탐지하는 수단으로 사용되는 지의 여부이다. Zuboff는 모든 조직활동을 자동적 · 계속적으로 기록할 수 있는 조정의 형태로서 정보원형형무소(information panoption)의 개념을 사용한다. 관리적 관점에서 이 능력은 기관 문제를 해결할 최종 해결책이다. 즉 조직구성원의 책임과 의무를 경험적으로 확인하는 것이다. 스마트머신하에서 비능률과 게으름은 즉시 탐지되고 제재를 받는다. Zuboff에 따르면 실제 많은 관리자들이 과거 사용된 직접적이고 개인적인 상호작용 평가방식 대신 전자 기록 시스템을 사용하고 있다고 한다. 인상적이고, 주관적이며, 질적인 데이터 대신 관리자들은 그들의 평가를 체계적, 객관적, 질적 데이터에 의존하고 있다는 것이다. 이러한 탐지방식을 통해 조직은 덜 상호작용적이고, 덜 참여적이며, 보다 비개인적인 관계로 나아가려는 경향을 뚜렷하게 보인다. 즉 인간관계 관리기법과 관련된 행동위주의 기술이 데이터 해석을 통한 관리 및 통제의 지적 기술로 대체되는 것이다.

반면 전자회계시스템은 노동자의 교육, 훈련, 자질향상을 위한 정보수집 메카니즘으로 사용될 가능성이 높다. 전자회계시스템은 노동자들에게 객관적 테이타를 사용해 자신들의 성과를 객관적으로 평가 내지 확인할 수 있게 하는 힘을 부여한다. 이러한 점에서 정보는 노동자들에게 관리자에 대응할 수 있는 언어와 객관적 기록을 제공한다는 것이다. 이러한 형태의 권한 하에서 합리성은 권위에 승리를 거둘 수 있다. 그러나 이 승리도 경험적 기록에 자유롭고 평등하게 접근할 수 있는 조직에서만 가능하다. 이 조직에서 합리성은 교활하지 않아 권위에 대항할 수 있기 때문이다(1984:356).

2. 정보기술이 조직에 미치는 영향

정보기술이 조직에 미치는 영향을 크게 두가지 측면에서 고찰할 수 있다. 첫째, 정보기술의 발전이 새로운 조직 형태를 등장시키는데 기여한다는 것이다. 먼저 새로운 정보기술은 조직구조의 변화 궤적과 형태를 결정한다. 일반적으로 정보기술은 유연한 조직을 탄생시키는데 기여했다는 것이다. 그러나 유연한 조직 형태를 발전시키기 위한 시도가 정보기술의 혁신을 낳기도 한다. 그밖에 조직구조의 변화와 정보기술의 발전이라는 두 가지 관점이 서로 밀접히 연결되어 서로에게 영향을 주고받을 수도 있다.

가령 시기별로 포드주의 조직형태의 위기가 현재의 정보기술의 혁명을 발전시켰다는 것이다. 조직은 생존을 위해 조직형태를 변화시켰으며, 그 과정에서 마이크로 일렉

트로닉, 디지털 컴퓨터화, 텔레커뮤니케이션, 가상네트워크 등의 정보기술을 1980년대 한꺼번에 발전시켰다. 이 기술들은 현재 발전 속도가 가속화되고 있다. 결국 생존을 위한 유연성 모색과 유연한 조직형태의 필요성이 기술혁명을 촉진시켰다는 것이다. 그러나 오늘날 이들은 밀접히 연결되어 있으며, 서로 자극을 주고 받는다. 정보기술이 유연성의 전망을 높여주고 있는 것이다.

> "정보기술의 패러다임은 유연성에 기반을 둔다. 조직의 구성요소를 재배치함으로써 변화과정이 역전되기도 하고, 제도가 수정되기도 하며, 심지어는 근본적으로 변형되기도 한다. 조직을 파괴하지 않고 위아래로 규칙을 바꾸는 것도 가능하게 되었다. 왜냐하면 조직의 물질적 기반이 새로 프로그램 되거나 개조되고 있기 때문이다"(Castells,1966: 62).

둘째, 정보기술은 생산과정을 근본적으로 변화시키는데도 큰 영향을 미친다는 것이다. 우선 정보기술은 생산과정과 제품개발 활동의 혁신을 통해 부가가치를 창출한다. 정보의 적용은 생산과정을 향상시키며, 실제 제품이나 서비스의 가변성을 증대한다. 이것이 새로운 조직패러다임의 핵심요소이다. 또한 정보기술은 업무과정에 인간두뇌의 투입 중요성을 극적으로 증가시킨다. 따라서 교육받은 노동자의 필요성을 증대시켜, 업무의 모든 과정을 프로그램하거나 결정할 수 있게 한다는 것이다. 이로 인해 조직의 능률성은 배가된다.

셋째, 정보기술은 이렇게 인간 두뇌의 힘을 광범위하게 적용시킴으로써 복잡성과 불확실성을 제거 보다는 관리하는 "개방과정"을 사용한다는 것이다(Kolodny et al.,1996). 개방과정을 광범위하게 사용한다는 것은 관료적 노력으로부터 혁신, 브레인스토밍, 창조적 문제해결, 그리고 책임참여 등을 강조하는 것으로 조직관리의 중심이 변화하고 있음을 의미한다. 한 때 불확실성을 제거하는 방법으로 사용되었던 경직된 공식적 절차는 환경이 급격하게 변함에 따라 비효율성 문제가 나타난다. 따라서 이러한 비효율성을 극복하기 위해서는 불확실성을 줄이는 방법 보다는 그것을 관리하는 방식으로 바뀌어야 한다는 것이다. 정보기술은 다양한 상황에 대처하기 위한 지식기반 방법에 관한 정보를 조직구성원에게 제공함으로써 불가피한 불확실성을 보다 잘 관리할 수 있게 한다.

넷째, 그룹웨어와 같은 정보기술은 정보와 데이터베이스를 공유하고, 기능적으로 분화된 부서와 단위들이 그것에 쉽게 접근할 수 있게 한다는 것이다. 이것은 기능적으로 분화되어 있고, 고도로 상호의존적인 조직활동을 통합하는 기능을 한다. Harvey Kolodny와 그의 동료들(1996:1472)의 다양한 기업을 대상으로 한 연구에 따르면 이들 기업에서 다음과 같은 새로운 통합적 접근법이 사용되고 있고 한다. 데이터베이스의 공동 사용, 컴퓨터 통합 제조방식, 디자인에 의한 제조방식으로의 이동, 수평적 조직구조, 자기규제의 업무팀, 프로젝트팀과 같은 새로운 조정 메카니즘 등이 그것이다. Kolodny와 그의 동료들의 연구에서 나타난 중요한 사실은 "확장된 합리성"의 개념이다. 즉 조직은 서로 다른 결과 혹은 서로 모순된 결과를 동시에 품을 수 있다는 것이다. 대부분의 조직 선택에서 나타난 거래의 딜렘마, 즉 품질은 높이면서 비용은 적게들이는 것, 그리고 분화와 통합 등은 정보기술의 적용으로 보다 잘 관리, 균형, 기대될 수 있게 되었다. 이처럼 여러가지 잠재적으로 모순된 목표를 추구할 수 있는 능력은 "역설의 시대"에 중요한 자산이다(Handy,1994).

3. 정보기술과 사회조직

이러한 새로운 조직원리와 실제는 정보기술의 적용과 밀접히 관련된다. 그러나 좀더 정확히 말하면 정보기술이 조직을 대안적, 유연적, 비관료적 형태로 나아가도록 유도하고 촉진한다는 것이다. 그러나 정보기술이 이러한 변화를 결정하는 유일한 요인은 아니다. Kolodny의 분석에 따르면 새로운 조직패러다임은 엔지니어와 관리자의 신념과 이상, 그리고 사용된 실행전략에 달려있다고 한다. 그 중 참여적 실행전략과 결부된 팀 기반 원리가 정보기술의 효율적 사용을 위한 필요조건이 되고 있다. 이것은 사회조직이 정보기술의 영향을 결정하는데 있어서 얼마나 중요한 역할을 하는지를 보여주는 사례이다.

사회적 차원의 중요성을 지지하는 여러가지 연구결과가 있다. 이 연구들은 Lotus Notes와 같은 조직이 그룹웨어 기술을 도입함으로써 발생한 결과를 분석한다. 이 소프트웨어 기술에는 조직구성원들을 연결하고, 이들에게 의사결정, 협력, 정보를 제공하며, 정보 데이타 베이스를 발전 · 접근하게 할 수 있는 하드웨어 네트워크가 들어있다. 그러나 이러한 협력적 소프트웨어를 구매 · 적용한다고 해서 곧바로 조직을 유연한 협력적 조직으로 만들 수 있는 것은 아니다. 이를 위해서는 기술과 업무사이에 지배적인 정신적 모델과 조직의 구조적 속성(가령 정책이나 보상체계)이 필요하다(Orlikowski, 1992).

이 연구에 따르면 Lotus Notes는 지배적인 정신모델을 협력적 의사전달 도구가 아니라 고립된 독자적 도구로 사용함으로써 그룹웨어 기술이 성공적으로 정착하는데 실패했다고 한다. 이러한 이유로 Lotus Notes에서 그룹웨어는 광범위하게, 그리고 올바르게 사용되지 못했다. Lotus Notes는 개념을 바꾸지 못했고, 그룹웨어의 목적과 잠재적 능력을 전달하지도 못했다. 구조적으로 Lotus Notes는 고객에 부과된 시간에 따라 자원을 배분하였다. 그룹웨어를 사용하는 것을 고객관련 활동이 아니라 수익활동이라고 보았고, 그룹웨어를 "시간허비"로 간주하였다. 나아가서 이 조직의 승진시스템은 개인적 · 경쟁적 문화를 강화시켜 그룹웨어의 목적인 협력적 · 정보 공유적 특성을 약화시켰다. 결국 Lotus Notes의 지배적 정신모델과 보상 및 승진 구조는 정보기술을 무용지물로 만들고 말았다.

사회적 차원에 관심을 기울이지 않은 이러한 형태와 유사한 양상이 다른 산업에서도 나타난다. David Upton과 Andrew McAfee(1997)는 제지산업에서의 컴퓨터 통합제조기술(CIM)의 영향을 계량적으로 분석한다. 그들에 따르면 제지산업에서는 제품을 빨리, 높은 품질로 생산하여, 시장변화와 제품다변화에 대응할 수 있는 공장을 짓기 위한 압력이 매우 높았다고 한다. Upton과 McAfee는 이 산업의 많은 공장에서 도입한 컴퓨터 통합 제조기술이 이러한 목표를 어려움없이 순조롭게 달성할 수 있을 것으로 보았다. 그러나 이 산업의 최종 결과는 "파국적 실패"였다. 생산과정이 중단, 수리, 재가동되는데 들어가는 막대한 비용 때문이었다.

2년간에 걸친 61개 제지공장을 연구한 끝에 그들이 내린 결론은 생산과정에 도입된 CIM 기술이 이 공장의 "파국적 실패"를 높였다는 것이다. CIM 기술이 다음과 같은 상황에 대처하지 못했기 때문이다.

> "유연성을 높이기 위해 도입된 컴퓨터 통합 제조기술은 능력발전을 위한 구조적 해결책이었다. 이 해결책은 매력적이었는데, 비용도 적절했고, 그것을 명확히 규정할 수 있기 때문이었다. 그러나 하부구조 해결책에 적용했을 때 유연성을 높일 수 있다는 증거가 나타났다. 부적절한 평가 시스템을 없애거나 작업장에 맞는 기술을 적용하는 것, 그리고 유연성 능력 발전에 관리자들이 관심을 갖는 것 등이 하부구조 해결책이다. 이것은 우연히 발견되었다. 왜냐하면 유연성은 쉽게 얻어질 수 있는 것이 아니었기 때문이다. 유연성은 기술축적이나 조직발전이라는 힘든 과정을 거쳐 생겨난 것이다"(Upton and McAfee,1997:31)

제지공장에 대한 이와 유사한 연구가 Steven Vallas와 John Beck(1996)에 의해서 수행되었다. 이들에 따르면 제지공장들은 유연성을 증대시키고, 업무의 질을 근본적으로 바꾸기 위해 전산화된 배분 통제시스템(Distributed Control System), 품질측정장치, 최첨단 정보 시스템 등을 도입했다고 한다. 이 새로운 기술들은 생산과정의 모든 측면을 포괄적으로 통제하고, 모든 생산 단계의 흐름과 질을 탐지하기 위한 것들이다. 이를 위해서는 노동자들에 대한 교육과 기술습득이 필요하다. 그러나 이것은 불가피하게 생산과정에 참여하는 엔지니어 수를 대폭 증가시키는 결과를 초래했다(1996:349). 이러한 새로운 기술의 도입과 엔지니어 수의 증가는 과거 노동자들의 전통적 기능지식을 무시하고, 육체노동자들의 업무 자유재량권을 제한하는 결과를 초래하였다.

이러한 사례들이 보여주고자 하는 것은 정보기술의 도입이 무조건 유연성을 확보하는 수단이 되는 것은 아니라고 하는 것이다. 오히려 생산과정의 서로 다른 측면을 변화시키는데 따른 모순이나 한계가 있다는 것을 보여주기 위한 것이다. 이 연구들에서 나타난 바와 같이 기술의 도입은 전문직의 수를 증가시켰으며, 새로운 생산 용어와 지식을 만들어 냈다. 그리고 업무에 대한 개인적 통제에서 배분된 통제로 나아가게 하였다. 이를 통해 노동자들의 자유재량권을 확대시키지 않은 생산과정의 유연성을 높였다. 이러한 환경 하에서는 다음과 같은 모순이 등장한다는 것이다.

> "한편 공장의 관리자들은 노동자들이 품질향상에 전력을 다해줄 것을 원한다. 반면 이들은 노동자들의 전통적 자유재량권과 기술적 전문성의 논리에 따라 생산 환경이 이루어지는 것을 제한하고자 한다. 따라서 유연성을 확보하려는 방향으로 나아가려는 와중에도 여전히 생산직 기능 노동자들의 자유재량권을 제한하려 한다는 것이다"(Vallas and Beck, 1996:356).

Vallas와 Beck의 관찰은 Upton과 McAfee가 분석한 연구를 보완하고 있다. 새로운 제조기술의 도입에 따른 결과는 만족스럽지 못했다는 것이다. 그것은 기술축적과 조직발전에 따른 사회적 과정, 혹은 하부구조적 문제로 인해 이 기술의 도입을 많은 노동자들이 반대했기 때문이다. Vallas와 Beck이 관찰한 작업장에서의 인간관계가 관리자들이 관심을 기울인 분야였다.

이 사례는 의도하지 않은 결과와, 역설적 사실과 관련된 핵심적 조직논제를 제기한다. 기술문제와 관련하여 Edward Tenner의 저서 「Why Things Bite Back(1996)」도 이러한 사실을 정확하게 지적하고 있다.

> "새로운 구조, 장치, 그리고 유기체는 미래를 내다볼 수 없는 실제 상황의 실제 사람에 대응하여야 하기 때문에 역효과가 나타난다. 이 역효과의 역효과가 다시 나타나는 경우도 있다. 새로운 이유로 채택된 기술이 생각지 못했던 편익을 주기도 한다. 역효과와 마찬가지로 역효과의 역효과는 대략적이기는 하지만 유용한 지침이 되기도 한다. 어떤 경우에 현실이 우리의 노력을 꺾기도 하지만, 다른 경우에 이 세상의 복잡한 법칙으로부터 이익을 얻는 전혀 예견치 않은 결과를 낳기도 한다"(1976: 9-10).

4. 그 밖의 다른 결과

업무와 지위의 개편 이외에 정보기술의 도입은 질적으로 전혀 다른 새로운 조직 형태를 낳기도 한다. 수평적 혹은 네트워크 조직구조가 그것이다(Castells,1996l).

"기업은 자신의 조직 모델을 바꾸고 있다......그 변화의 줄거리는 수직적 · 관료제에서 수평적 기업으로 바꾸는 것이다. 수평적 기업의 특징은 7가지의 트렌드를 반영한다. 업무가 아니라 과정 중심의 조직, 팀 관리 방식, 고객만족으로 성과측정, 팀 성과에 따른 보상, 공급자와 고객 간의 접촉 극대화, 모든 수준의 조직구성원에게 정보제공, 훈련, 재훈련 등이 그것이다"(Castells,1996:164).

이 특징들은 유연성 조직, 슬림 조직, 탈관료적 조직에서 논의된 것들이다. 그밖의 다른 측면, 특히 기업사이의 관계도 조직기술과 관련하여 논의되고 있다. 여기에서 정교화할 논의는 네트워크 조직, 네트워크 자본주의, 수평적 기업 등으로 다양하게 불리우는 조직 내부의 변화와 관련된 것이다. 네트워크 혹은 수평적 개념이 광범위하게 사용되고 있다는 것은 상호작용, 협력적, 그리고 비관료적 업무 장치로 나아가려는 경향이 강하다는 것을 의미한다. 기업 내에서 이러한 변화의 핵심 특징은 조직의 업무가 업무중심에서 프로젝트(project) 중심으로 그 내용이 변하고 있다는 것이다.

이 시나리오에서는 업무 중심의 개념이 무너지고 있다. 직무, 직무 타이틀, 그리고 직무 기술은 인간의 정체성과 공식적 조직활동을 정의하는 핵심원리이다. 그러나 조직구성원이 더 이상 경력과 연결된 직무를 갖지못한 프로젝트팀의 구성원이 되었을 때 개인의 안정과 성과는 급속히 변화하는 요구 및 집합적 성취로 대치된다. 이 방식에 따라 업무가 조직되면 집권화된 계층제와 엄격한 기능적 분화는 사라진다. 이 경우 그룹웨어와 같은 정보기술이 팀구성원 사이의 의사전달과 정보교환을 용이하게 한다. 정보기술은 또한 계층제를 완화시키기 위해서 도입된 기술과, 지위명령을 강화시키기 위해서 설립된 집권화된 구조 사이의 "부조화"(mismatch)를 줄이기 위해서 구조개혁과 보조를 맞추어야 한다.

정보기술과 조직 변화 사이의 관계에 관한 포괄적 분석에 따르면 현재 급속하게 사용되고 있는 정보 및 통신시스템이 조직구조와 과정을 근본적으로 변화시키고 있다는 것이다(Lynda Applegate,1995). 조직개혁에 대한 초기의 노력은 통제를 분권화하고, 일선 관리자의 의사결정권을 강화하는 것에 집중되어 있었다. 그러나 이것은 많은 문제를 야기했는데, 그것은 정보전달방법이 집권화와 계층제를 바탕으로 한 메인 컴퓨터 시스템에 기반을 두고 있었기 때문이었다. 이것은 의사결정과 의사전달 구조를 실제로 개편하려는 노력을 위축시키게 되었다. Applegate(1995:36)에 따르면 정보처리 및 수평적 의사전달과, 측면적 · 수직적 정보공유 및 의사전달을 지지하는 기술 사이에는 여전한 갭이 존재한다고 한다. 이 문제를 해결하기 위해서는 집권화와 자율성을 통합하려는 시도가 필요하며, 이를 위해서는 정보기술에 대한 최신 시스템의 도입이 갖추어져야 한다는 것이다.

> "1990년대의 IT혁명은(이것은 분화된 고객위주의 시스템의 등장을 의미한다) 정보처리와 의사소통의 기반을 마련해 주었다. 이것은 크고 작게 활동하기를 원하는 기업의 정보 및 의사소통의 욕구를 충족시키기 위한 것이다."(1995:36)

정보기술-조직구조 사이의 관계에 대한 이러한 해석에서 기술은 결과를 결정하는 것이 아니라 의도한 목표를 달성하는데 기여하는 수단이라는 것이다.

공공부문 조직도 자신들의 업무의 질을 높이기 위해 정보기술을 사용한다(Ghere and Young,1998). Ghere와 Young(1998)에 따르면 신기술이 발전시킨 중요한 조직기능은 접근공학, 실질적인 정책전달체제, 기록보관, 의사결정지지, 그리고 비공식적 의사전달 등 다섯가지가 있다고 한다.

접근공학(Access engineering)은 정부와 시민 사이의 네트워크 접근을 용이하게 하는 기술기반이다. 시민들은 현재 정부 문서와 서비스에 보다 쉽게 접근하고 있다. 또한 정보기술은 정부가 소비자 입장에 서도록 하고 있다. 정보기술을 통해 국민들은 광범위한 정책제안을 할 수 있으며, 자신들의 의견이 실질적 정책에 반영되도록 하고 있다. 기록 보존방식도 현재 계속해서 업데이트 되고 있다. 현재 기록은 더 편리하게 먼 곳에서도 쉽게 접근할 수 있게 전자화되고 있다. Ghere와 Young에 따르면 이 시스템은 조직 상호작용 능력을 향상시키고 있지만 조직내부의 편리한 메일 역할도 하고 있다고 한다.

그러나 Ghere와 Young이 제시한 정보기술의 도입에 따른 예견치 못한 중요한 조직의 결과가 있다. 전산화된 기록보관 및 접근 방식에 따른 문제점과, 장기적 활동 절차가 재평가 되거나 대체되어야 한다는 것이다. 이것은 모든 조직을 불안정하게 한다. 나아가서 공공정책과 행동에의 접근을 보다 쉽게 하면 반정부주의자와 납세자에 의한 도전과 비판을 증가시키게 된다. 정보기술의 도입은 또한 정부활동이 공공서비스라는 목적에 기여하기 보다 기술적 수단에 행정가들이 집착하게 함으로써 "목표의 대치" 현상을 낳을 수도 있다.

Section 4 가상조직(The Virtual Organization)

정보기술의 발달과 이에 따른 새로운 조직형태의 등장으로 가상조직에 대한 논의가 시작된 지 10여년의 세월이 흘렀다. 이 기간동안 가상조직의 개념과 활용에 대한 많은 논의가 있었다.

1. 개념정의와 특징

가상조직에 관한 논의의 시작은 William Davidow와 Michael Malone이 쓴 「The Virtual Corporation(1993)」이라는 저서에서 비롯되었다. 이들은 가상조직에 관한 다른 논의와 마찬가지로 현재 유행하고 있는 관리사상을 채택한 조직을 "가상기업"(Virtual Corporation)으로 규정한다. 따라서 가상기업은 제품개발과정에 컴퓨터 기술을 사용한 기업이다. 이들은 소비자, 공급자, 유통업자와 관련된 정보를 수집하고 분석하며, 유연하고, 팀 위주의, 그리고품질지향의 간결한 생산과정을 사용한다. 이들은 또한 조직구성원들이 독자성, 책임성, 의식적 학습을 도모할 것을 강조한다.

가상조직에 관한 최근의 연구는 가상조직과 관련된 몇 가지 핵심적인 특징을 제시하고 있는데, 그것은 정보기술과 대안적 구조적 장치 사이의 관계를 규명하는 것이다. 가상이라는 말은 디지털 기술의 적용과 관련된 것이지만, 그것은 원래 컴퓨터의 가상메모리의 의미로 사용된 것이었다. 즉 컴퓨터의 용량을 초과한 추가적 메모리(RAM)를 위한 하드디스크의 용량을 지칭하는 것이었다. 이것을 조직에 적용할 때 가상메모리는 단순히 눈에 보이는 것을 뛰어넘는 능력과 용량을 의미한다.

가령 일반적으로 조직의 이미지를 사람들이 일하는 부서나 부처로 구성된 건물, 사무실, 공장 등과 같은 물리적 공간만으로 생각하기 쉽다. 가상조직은 이러한 조직 특성으로는 표현할 수 없는, 그것을 뛰어넘는 활동능력을 의미한다. 즉 조직을 위한 물리적 공간도 없고, 명확히 규정된 부처나 부서, 사무실이 존재하지 않는 것을 의미한다. 가상조직에는 사람들이 한 공간에 모여 일한다는 물리적 노동과정이 없다. 이러한 점에서 조직의 구조와 역량은 제한되고, 물리적으로 장착된 조직이라는 전통적 개념도 부정된다.

여기에서 다음과 같은 문제가 제기된다. "그렇다면 과연 가상조직은 자신의 역량을 어떻게 펼쳐나간단 말인가? 이것은 가상조직의 기술적 특징과 구조적 특징 사이의 관계에 관한 것이다. 기술적으로 가상조직은 정보기술을 기반으로 한다. 이를 통해 공동의 물리적 공간에서 대면적 접촉없이 상호작용, 의사소통, 협력을 이룰 수 있다. 언제

어디서나 팀과 조직구성원을 연결하고, 정보를 배분하는 컴퓨터 네트워크가 가상 조직의 형태가 되는 것이다. 이러한 이유로 정보기술의 발달은 가상조직의 등장과 밀접한 관계를 갖는다. "homeworking" 이나 "telecommuting"도 가상조직을 통해 달성된다. 필요할 때는 언제든지 공유된 작업공간을 사용할 수 있는 "hot desking," 다른 기업의 시설에서 임시로 작업할 수 있는 "hoteling"도 가상조직의 일환이다(Barnatt,1995; Snizek,1995).

가상조직은 대개 조직의 유연성과 고객의 욕구에 신속하게 대처하기 위해서 만들어졌지만 비용을 줄이기 위한 노력의 일환으로 시도되기도 한다. 세계적 정보기술 회사인 Siemens 통신회사가 대표적 예이다. Siemens 통신사는 "Flexible Working Guide"라는 새로운 업무 지침을 만들어 비용을 줄이기 위한 노력을 실천하고 있다. 이 회사에 따르면 "사무실 공간이 가장 심각한 고정비용"이라고 한다. 업무가 효율적으로 이루어지기 위해서는 빌딩 관리가 통제되어야 한다는 것이다. "hot-desking"을 도입함으로써 많은 책상 수를 줄일 수 있으며, 소비자에게는 모든 서비스를 제공해줄 수 있다. 이것이 주는 메시지는 가상조직 혹은 대안적 사무실이라는 이름하에 많은 것들이 이루어질 수 있다는 것이다. 이것이 가상조직의기본 철학이다.

그러나 가상 조직의 중요한 구성요소는 조직구성원을 한 곳으로 모이게 할 필요가 없는 의사소통 및 정보전달의 네트워크이다. Charles Handy가 지적한 바와 같이 이러한 경향이 지속된다면 "업무를 어디에서 수행하느냐 하는 것이 아니라 무슨 내용을 수행하느냐" 하는 것이 더 중요하는 것이다(Handy,1995a:42). 다른 기술적 장치와 마찬가지로 가상조직도 몇가지 예견치 못한 결과를 낳는다. 즉 가상조직 하에서 상호작용 역동성, 공동의식, 물리적 공간의 소유를 통한 조직 애착성 등이 약화 될 염려가 있다는 것이다.

가상조직하에서 물리적 작업공간의 개념이 약화됨에 따라 조직경계도 없어지고 있다. 이와 관련하여 경계없는 조직이라는 새로운 시스템이 등장하고 있다. 경계가 없다는 것은 가상조직의 중요한 구조적 특성이다. 즉 가상조직은 임시적 협력, 네트워킹, 그리고 기업 사이의 동맹(alliances)을 특징으로 한다. 이러한 특징으로 인해 가상조직은 자신의 현재 역량을 뛰어넘는 능력을 발휘한다. "네트워크 기업" 혹은 "수평적 기업"과 같은 조직형태가 가상기업의 기본요소이다. 팀과 프로젝트를 강조함으로써 조직 경계를 넘어선 파트너쉽과 공동모험을 모색하려는 시도가 현재 많은 조직에서 강하게 일고 있다. 그 결과 핵심적 능력이 없거나 생산 체인과 가치창출의 연계가 안된 부처와 부서는 사라지고 있다. 이러한 주변적 활동에 경험이 많은 다른 기업들이 필요한 자원을 공급해주면, 해당조직은 더 유연하고 간결해지게 된다. 이것은 조직내의 구성원들이 자신의 조직과 접촉이 없었던 사람들과도 광범위한 상호작용을 할 수 있다는 것을 의미한다.

가상조직의 가장 대표적인 예는 Verifone이다. Verifone은 전자신용카드와 지불시스템을 설계, 제조, 판매, 애프터서비스 하는 세계적인 기업이다. 대부분의 Visa와 마스터카드 지불시스템은 Verifone에서 만들어지고 있다. 이 기업은 가상 조직의 모델을 그대로 사용한다(Taylor,1995). Verifone은 본사도 없고, 국적도 없다. 전 세계에 3,300명의 종업원이 있고, 이들은 시간과 장소의 구애를 받지 않고 일한다. 이것이 가능한 것은 전 세계에 걸쳐 있는 컴퓨터 네트워크 때문이다. 이를 통해 회사의 모든 정보와 데이터가 온라인을 통해 즉시 연결된다. "긴급의 문화"(culture of urgency)로 특징지어진 소프트웨어가 Bangalore, Dallas, Hawaii에 있는 프로그래머와 엔지니어에게 전달되면, 이들은 컴퓨터 코드로 그것을 작성하여 검증을 거쳐 새로운 제품과 소프트웨어로 통합한다. 이 활동은 일련적으로 이루어지는 것이 아니라 동시에 이루어진다. "우리 회사의 경쟁력은 사람들이 전 세계에 분포해 있고, 장소와 시간에 구애받지 않고 업무가 이루어지는데 있다"고 Verifone의 CEO는 강조한다(Taylor,1995).

2. 그 밖의 다른 결과

가상조직의 여러 가지 특징들, 즉 물리적 분권화, telecommuting, 팀과 프로젝트, 파트너십과 동맹 등은 조직에 예견치 못한 중요한 결과를 낳는다.

첫째, 수평적, 네트워크를 특징으로한 가상 조직의 등장은 사회통제라는 근본적 문제를 발생시킨다. 계층제적 통제 시스템이 무너지고, 조직구성원들이 상당한 자유재량권을 행사하며, 물리적 작업공간이 아닌 곳에서 상당한 업무가 수행되고, 조직구성원들을 물리적으로 감독 · 탐지할 수 있는 능력이 사라짐에 따라 대안적 사회통제 방식이 고안되고 실행되어야 한다는 것이다. 가상조직에서 생산의 인간적 요인에 대한 통제는 점차 통제에 대한 규범전략, 혹은 "정보-규범적" 통제에 의하여 이루어지고 있다(Frenkel et al.,1995). 이와 관련하여 가상조직의 한 CEO는 다음과 같이 말한다.

> "가상기업의 핵심목표는 궁극적으로 적응력과 유연성을 키우는 것이기 때문에 탐지기능은 크게 필요가 없다. 가상조직이 강조하는 것은 조직구성원의 역량과 자기통제력이다. 이 문제는 회사의 비전 및 전략적 목표와 관련된다. 이것들은 공유된 문화와 기업의 공동가치를 통해 조직구성원에게 전달된다.
>
> 가상조직도 조직구성원의 업무수행을 탐지하기 위한 기술을 사용한다. 그러나 조직구성원의 모든 움직임을 탐지하는 전통적 통제방식은 가상기업의 핵심목표인 유연성을 결코 이

룰 수가 없다"("Virtual Corporation, Human Issue and Information Technology," Training and Development, May 1997, 30).

두 번째 문제는 가상조직 형태로의 조직이동과 관련된 것이다. 즉 조직구성원들이 자신의 업무와 관련된 활동을 어떻게 인지하고 해석하는가 하는 것이다. 조직의 지각형성(sense making)에 관한 Karl Weick(1995)의 논의는 이것과 관련된 준거틀을 제시한다. 즉 조직구성원들이 조직자극을 어떻게 지각하고, 여기에 따라 행동하는가 하는 것이다. 가장 일반적인 준거틀은 주관적 일반화(generic subjective)로서 조직의 이해와 행동이 역할이나 규칙과 같은 공식적인 사회구조를 통해서 이루어지는 것을 의미한다. 주관적 일반화의 주체는 조직구조의 공식지위를 차지하는 사람들이다. 그러나 가상조직에서는 합리적 관료제 조직과 관련된 공식적 통제가 약화됨에 따라 지각형성도 변화하게 된다. Weick(1995: 174)은 이러한 변화를 다음과 같이 설명한다.

> "가령 계층제 및 수직적 조직에서 프로젝트, 수평적 구조, 그리고 자기관리팀으로 변화하는 것을 생각해 볼 수 있다. 주관적 일반화와 교환가능성을 낳는 관례, 역할, 기대는 이제 사람들이 전문가 보다는 협력자로서 일하는 친근성, 자유재량권, 근접성, 적은 규모의 집합체에 더 의존하도록 하는 상호주관적 지각형성으로 바뀌고 있다. 부서들이 자신의 사명, 크기, 구성요소 등을 계속 변화시킴에 따라 주관적 일반화는 이제 의미를 잃고 있는 것이다. 따라서 이제 새로운 사회적 형태인 상호주관적 지각형성이 조직의 새로운 핵심 개념으로 떠오르고 있다......"

서로 다른 프로젝트를 만드는 다기능 팀의 등장은 이러한 새로운 상호주관적 지각형성의 조직방식이 되고 있다. 이것은 덜 구조적이며, 보다 새롭게 등장하는 것이다. 그러나 팀 프로젝트의 수가 증가하고, 존속기간이 짧아지며, 자신도 잘 모르는 직원들로 이 팀이 구성되면 효과적인 집단과정에 필요한 상호주관적 지각과 신뢰를 발전시킬 시간이 줄어든다.

이것은 가상 및 네트워크 조직에 세 번째의 잠재적인 문제를 제기한다. 신뢰 중 가장 일반적인 것은 "지식기반의 신뢰"이다). 이것은 다른 사람에 대한 지식을 기반으로 이루어진다. 이것은 상당한 기간동안의 상호작용, 의사소통, 그리고 구혼을 통해서 축적된다. 새로 등장하는 조직에서 이러한 형태의 신뢰를 쌓는다는 것은 매우 어렵다. 따라서 다른 형태의 신뢰가 필요한데, 그것이 Debra Meyerson, Karl Weick, 그리고 Roderick Kramer(1996)가 주장하는 "신속한 신뢰"(swift trust)이다. 신속한 신뢰는 다음과 같은 임시집단에서 나타난다. (i) 고도로 복잡한 업무를 수행하는 집단, (ii) 비교적 낯선 사람들의 다양한 기술에 의존하는 집단, (iii) 위험도도 높고, 모험을 감수해야 결과를 얻게 되는 집단, (iv) 그러면서도 행동과 상호작용을 조정할 공식적 구조는 결여되어 있는 집단이 그것이다. 이들 집단은 수명이 정해져 있다. 이들은 공유된, 그리고 비교적 명확한 목표로 구성되고, 성공의 여부는 조정된 활동에 달려있다(Meyerson, Weick, and Kramer,1996:167). 이러한 상황하에서 신뢰는 급속히 수립되고, 이를 위한 지각형성 정보가 사용된다. "카테고리화된 정보"가 이 상황에서 사용될 정보이다. 카테고리화된 정보에는 역할기대, 특정한 직업전문성, 특별한 기술을 소유한 사람들에 대한 "스테레오 타입"등이 포함된다. 신속한 신뢰는 팀 구성원들이 이러한 기대에 따라 움직이고, 유형화된 대로 행동할 때 강화된다. 따라서 사람들은 성격보다는 역할에 따라 상호작용하게 된다.

신뢰는 미래의 계획 실천에 필요한 자원을 집단의 구성원들이 소유하고 있을 때에도 쉽게 수립된다. 따라서 구성원들은 좋은 평판을 유지하기 위해 책임있는 행동을 하고자 한다. 미래의 계획에 참여하고자 하는 구성원들의 욕망은 당면한 문제에 능력을 발휘하고 헌신하고자 한다. 이것이 임시집단의 통제력으로 작용한다. 따라서 임시집단에서의 신속한 신뢰의 특징은 대인적 형태가 아니라 인지적 · 행동적 형태이다. 즉 신속한 신뢰는 관계가 아니라 실제 행동(doing)이라는 것이다(Meyerson, Weick and Kremer,1996:191).

조직과 환경

chapter 9

사회과학의 근본적 통찰력 중 하나는 개인은 누구나 자신의 행동에 영향을 미치는 사회적 환경 및 상황에서 활동한다는 것이다. 이러한 생각을 조직에 응용하면 조직구조와 행동모델에 외부의 힘과 조직간 관계가 미치는 영향을 조직과정에서 인식해야 한다는 것이다. 그동안 조직이론의 많은 논의는 조직 내 수준에서 전개되어 왔다. 즉 조직 내부의 구조, 과정, 역동성에 집중해온 것이다. 그러나 조직의 모든 내부적 요소는 조직 밖의 힘에 의하여 영향을 받고, 거기에 따른 결과를 산출한다는 것이다. 조직 외부의 힘과 관련하여 조직이론은 많은 이론적 모델을 만들어 왔다. 상황이론, 자원의존이론, 인구생태이론, 제도이론 등이 그것이다. 우리는 이들 모두를 통틀어 조직에 관한 환경이론이라고 한다.

조직환경 이론과 관련하여 가장 공통된 것은 조직을 "개방체계"(open system)로 보는 것이다. 즉 조직 시스템과 구조는 다양한 외부적 요인에 의하여 영향을 받는다는 것이다. 그러나 이러한 외부적 요인이 조직에 미치는 영향의 정도는 이론마다 차이가 있다. 외부적 요인이 작용하는 공간이 환경이다. 이 환경이 조직에 영향을 미친다는 것이다. 조직에 영향을 미치는 환경적 요소에는 다음과 같은 것들이 있다. 고객, 공급자, 경쟁자, 파트너, 산업규범, 정부, 노조, 문화, 그리고 정치경제 등이다. 가령 고객의 요구는 제품의 변화를 낳는다. 공급자로부터 불안한 원료의 공급은 제조기업의 생산 단가를 높이고, 노조결성은 노사관계 절차를 변화시켜 임금 상승 등의 결과를 초래한다. 경제적 불확실성은 이자율을 높여 기업의 신규사업 투자나 차입금 감소 등의 결과를 낳는다. 결국 환경적 요인은 개별적으로 혹은 다른 요인과 결합하여 조직내부의 활동에 영향을 주는 것이다.

조직의 환경적 관점, 혹은 개방체계적 관점은 조직 생활에 다음과 같은 중요한 사실을 제시한다. 즉 조직의 내부적 구조, 전략, 성공은 조직이 활동하고, 상호작용하며 경쟁하는 환경적 요인에 의하여 크게 영향을 받는다는 것이다. 이 전제는 많은 조직과 관리이론에 다음과 같은 문제를 제기한다. 첫째, 조직의 소유주와 관리자들은 조직구조와 전략을 수행하는 능력에 있어서 외부의 제한을 받는다는 것이다. 둘째, 조직의 최선의 방책은 조직이 활동하는 환경의 변화에 적절히 대처하는 것이라는 것이다.

Section 1 상황이론(Contingency Theory)

"상황적"이란 어떤 일이 사건이나 상황에 의존한다는 것을 의미한다. 조직에서 상황이란 특별한 조직구조나 전략이 다른 요인에 의존한다는 것을 의미한다. 이러한 점에서 절대적으로 옳거나, 절대적으로 잘못된 구조나 전략은 없다. 대신 옳고 그름은 상황, 입장, 그 밖의 다른 요인과의 상대성에 따라 판단된다. 이 중 다른 요인의 상당수는 조직환경이나 조직 밖에 존재하는 것들이다.

1. Paul Lawrence and Jay Lorsch의 상황이론

상황이론의 기원은 조직의 내부구조와, 이 구조에 환경적 요구가 미치는 영향을 규명한 많은 조직연구에서 비롯된다. 이 연구 중 가장 잘 알려진 연구가 세 개의 서로 다른 산업, 즉 플라스틱산업, 식품산업, 컨테이너산업의 10개 기업을 대상으로 한 Paul Lawrence와 Jay Lorsch(1967)의 연구이다. 이 연구의 핵심 논제는 이 세 개 산업의 환경차이가 기업 내부구조에 어떠한 영향을 미치는가 하는 것이다.

조직환경의 중요한 차원은 확실성/안정성의 정도이다. 이 차원은 경쟁정도, 제품혁신의 변화, 원료의 수요·공급 예측력 등으로 측정된다. 안정성의 정도가 높고 환경이 확실하다는 것은 경쟁이 심하지 않고, 제품설계를 바꿀 필요가 없으며, 필요한 원료의 공급이 원활한 경우를 말한다. 반면 불안정하고 불확실한 환경은 경쟁이 치열하고, 제품개발 속도가 빠르며, 원료공급과 시장에의 접근이 쉽게 예측될 수 없는 경우이다.

Lawrence와 Lorsch에 따르면 세 개의 산업을 비교해 볼 때 플라스틱산업이 가장 불안정·불확실하고, 컨테이너산업이 가장 확실·안정되며, 식품산업은 그 중간이라고 한다. Lawrence와 Lorsch에 따르면 안정성과 확실성으로 대변되는 환경의 차이가 기업의 내부조직의 차이를 결정한다는 것이다. 내부구조의 측정은 조직이 엄격한 공식구조를 채택하는지 아니면 비공식구조를 채택하는지의 여부로 결정된다. 이 관계는 다음과 같은 가설의 형태로 주어진다. 즉 확실성/안정성의 정도가 크면 클수록 엄격한 공식구조의 형태가 나타난다는 것이다.

연구결과 환경의 확실성과 조직구조의 공식성 사이에는 적극적 관계가 있는 것으로 밝혀졌다. 그러나 그 결과는 원래 의도한 대로는 아니었다. 이러한 사실에 대한 이론적 논거를 이해하는 것이 중요하다. 상황이론은 적응과정이라는 상황으로 이것을 설명한다. 안정적이고 확실한 환경 하에서 조직은 고정되고, 공식성이 높은 절차와 관례를 발전시킨다. 반면 불안정하고 불확실한 환경 하에서 조직은 끊임없이 보다 유연하고 덜 공식적인 구조를 필요로 하는 새로운 조건에 적응하고자 한다. 이러한 상황에서 조직구조를 구성하는 한 가지 최선의 방법이란 있을 수 없다. 결국 사용된 방법의 성공여부는 조직이 자신의 임무를 수행하는 과정에서 부딪치는 환경적 조건에 달려있다는 것이다.

Lawrence와 Lorsch의 연구에서 나타난 두 번째 중요한 사실은 조직의 하부단위와 관련된 다. Lawrence와 Lorsch에 따르면 조직에는 세 가지 중요한 하부단위가 있다고 한다. 제조, 판매, R&D 부서가 그것이다. 이들은 조직 내의 노동의 분화 혹은 분권화와 관련된다. 조직전체가 안정성과 확실성의 차이가 나듯 조직의 하위부서도 이것의 차이가 난다. R&D 부서는 판매부서보다 더 불확실한 환경에 직면하며, 판매부서는 제조부서 보다 더 불확실한 환경에 직면한다. R&D 부서는 자신의 분야에서 최첨단의 혁신과 발전을 도모해야 하고, 끊임없는 대안적 제품과 기술을 위한 실험을 하여야 한다. 판매부서는 시장 조건의 변화를 예의 주시해야 한다. 반면 제조부서는 고정된 생산과정과 관례를 수립한다. 따라서 R&D 부서의 공식화 수준이 가장 낮으며, 제조부서의 공식화 수준이 가장 높다. 즉 Lawrence와 Lorsch의 상황이론에 따르면 조직의 하위부서는 자신이 직면한 환경의 요구에 따라 자신의 구조를 구축한다는 것이다. 실제 연구결과 Lawrence와 Lorsch의 이러한 주장은 그대로 증명되고 있다.

조직의 하부단위에 대한 이러한 Lawrence와 Lorsch의 분석은 분화와 통합 사이에 존재하는 근본적인 조직긴장을 제시한다. 하부단위는 물리적·부서별로 구분될 뿐만 아니라, 전문적 사회화, 인지적 성향, 그리고 조직구성원의 이익이라는 점으로도 구분된다. 따라서 Lawrence와 Lorsch는 조직구성원을 갈라놓은 이러한 분권적 힘을 제어할 수 있는 통합메카니즘 수립의 중요성을 강조한다. 즉 Lawrence와 Lorsch는 환경의 요구에 대응하는 분화된 하위부서와, 이들 부서의 단결을 모색할 수 있는 통합전략 사이에 나타난 모순을 강조하고 있는 것이다. 조직의 단결은 R&D 부서의 경우 장기적 프로젝트를 수행할 때, 판매부서는 단기적 판매를 늘리고자 할 때, 그리고 제조부서는 비용 절감에 관심을 기울일 때 이루어진다.

Lawrence와 Lorsch에 따르면 가장 성공적 기업은 하위부서의 환경적 요구(분화)와 부서 간 협력 및 조정요구(통합) 사이에 발생한 갈등을 유효하게 해결(일치)하는 기업이라고 한다. 이를 위해서는 통합부서, 기능을 망라한 팀, 가공(paper) 시스템 등이 필요하다. Lawrence와 Lorsch의 연구에서 얻을 수 있는 결론은 조직의 성공여부는 적절한 분화(하위시스템과 환경의 일치)와 하위시스템 사이의 효과적 통합 사이의 균형을 이루는 것이다. 즉 분화와 통합 사이에 균형을 이룰 때 그 기업은 성공한 기업이 된다.

2. Tom Burns와 G. M. Stalker의 상황이론

Tom Burns와 G. M. Stalker(1961)의 연구는 Lawrence와 Lorsch의 연구를 보완하고 있으며, 조직구조의 상황적 접근을 더욱 지지한다. Burns와 Stalker는 다음과 같은

4개 유형의 기업이 사용하는 조직 내부구조와 관리스타일을 분석한다. 4개 유형의 기업은 레이온 섬유공장, 전기스위치 작동 생산기업, 라디오-TV 생산공장, 그리고 전자기업이다. 이들은 관리스타일과 조직구조에서 매우 다른 형태를 보이고 있었지만, 크게 기계적 조직과 유기적 조직으로 구분된다.

기계적 조직은 전문화된 관례적 업무, 공식적 계층제, 조직 강령, 명확하게 규정된 권위구조, 수직적 의사전달, 하향식 의사결정, 그리고 복종과 충성의 강조를 특징으로 하는 조직이다.

유기적 조직은 지식의 전문화, 조직 전체의 목표에 대한 조직구성원의 기여, 책임의 개념과 평가가 수시로 새롭게 내려짐, 수평적·평등적 의사전달 및 상호작용, 정신노동자의 수가 압도적으로 많음, 정보와 충고의 공유, 조직의 집합적 이익도모에의 전념 등을 특징으로 하는 조직이다.

기계적 조직과 유기적 조직 사이의 구분은 Lawrence와 Lorsch의 공식·비공식 사이의 구분과 유사하다. Burns와 Stalker 논의의 핵심은 유기적·기계적 조직과 특별한 산업환경 사이에 어떤 관계가 있는지를 규명하는 것이다. 이들은 조직환경을 안정적-불안정적 연속선을 따라 구분한다. 이것은 환경을 확실-불확실로 구분한 Lawrence와 Lorsch의 논의와 비슷하다. Burns와 Stalker에 따르면 유기적 조직은 불안정적 환경에 적응해야 하는 전자기업에서 흔히 나타나는 조직형태라 한다. 반면 섬유회사는 기계적 조직형태를 사용하고 있는데, 이 기업이 처한 환경이 안정적이기 때문이다. 따라서 유기적 조직이 좋으냐, 아니면 기계적 조직이 더 좋은 것이냐의 논쟁은 의미가 없고, 바람직한 조직은 자신의 환경에 맞는 조직이라는 것이다.

공식적인 관료적·기계적 조직은 안정된 환경 하에서 성공을 거둘 수 있고, 그 반대인 유기적 조직은 불안정한 환경 하에서 성공을 거둘 수 있다. 따라서 비관료적 구조의 특징을 지닌 현대의 새로운 조직형태가 보다 불확실하고 예측이 어려운 현대의 조직환경에 잘 대처하리라는 것이다.

상황이론은 조직과 이들의 하위부서가 자신들의 환경에 적응해야 한다는 이론적 논거를 제시한다. 환경에 적응해야 한다는 것은 생물학에 그 뿌리를 두고 있으며, 유기체가 점차 복잡해져 간다는 논리에 근거한다. 이러한 점에서 상황이론은 환경이 조직의 내부구조를 상당부분 결정한다는 것을 강조한다. 다시 말해 조직의 성공여부는 환경이 제시한 요구에 어떻게 대응하느냐의 여부에 달려있다는 것이다. 따라서 이 모델은 조직으로부터 전체 사회에 이르기까지 환경에 존재하는 다양성과 복잡성에 조직 내부구조가 대응하는 여부에 성공여부가 결정된다고 보고, 그것의 필수요소를 강조한다. 이 필수요소를 통해 조직은 적응하고 생존한다는 것이다(Ashby,1960).

환경이 조직 내부구조와 조직의 궁극적 생존을 결정한다는 생각은 다음에서 살펴볼 인구생태론자들에 의하여 완벽하게 발전하였다. 인구생태론자들의 논리는 Morgan(1997)의 유기체로서의 조직 메타포에 해당한다.

Section 2 인구생태이론(Population Ecology Theory)

1. 인구의 개념

인구생태이론은 일종의 적자생존이론이다. 환경의 변화에 잘 적응한 조직만이 살아남는다는 것을 제시한 이론인 것이다. 인구생태이론과 관련하여 강조하여야 할 첫 번째 사항은 분석의 초점이 개별 조직과 환경사이의 관계가 아니라 조직 모집단과 환경사이의 관계라는 것이다. 조직 모집단이란 유사한 기능과 활동을 수행하고, 다른 조직과 경쟁하면서 같은 환경자원을 이용하는 조직집단을 가리킨다(가령 전자산업의 삼성, LG, 소니 등). 이것을 조직 인구(population)라 한다. 따라서 연구자들이 관심을 갖는 것은 특별한 환경에 적응하기 위한 개별조직의 적절한 전략이 무엇인지를 밝히는 것이 아니라, 환경의 변화에 따른 조직 모집단의 차이, 수명, 다양성, 출생률, 사망률을 설명하는 것이다(Hannan and Freeman,1977,1984; Freeman, Carroll, and Hannan,1983).

인구란 특별한 산업내의 조직의 집합이다. 이 조직들은 제품생산과 사용된 자원에서 유사한 활동을 수행한다. 가령 휴대폰 제조기업들이 스마트폰 생산으로 사활을 거는 것이 그것이다. 인구내 여러 조직은 구조와 전략에서 차이가 난다. 문제는 특별한 환경, 혹은 에코시스템이 다양한 조직형태를 낳는지, 아니면 자원이 상대적으로 희소할 때 환경에 의해서 어떤 조직의 생존이 차등적으로 선택되는지의 여부이다. 이 때 조직 선택의 기반은 조직구조와 환경으로부터 자원을 획득할 수 있는 능력이다. 자원획득을 잘 하는 조직은 생존하게 되지만, 그렇지못한 조직은 사망한다. 환경이 조직을 선택하는 과정은 에코시스템 내의 관련 행위자와 조직의 행동 및 자원 배분에 의하여 결정된다. 조직 인구내서 성공한 조직은 다른 조직에 의해 모방되고, 새로운 조직이 그것을 채택하기도 한다. 이 과정에서 조직 인구(모집단)가 유지된다.

2. 인구통계적, 생태적, 그리고 환경적 과정

인구생태이론은 조직의 출생, 사망, 기대수명을 결정하는 요인이 무엇인지를 규명하고자 한다. Joel Baum(1996)은 그 요인으로 인구통계적, 생태적, 환경적 과정 등 세 가지를 든다.

인구통계적 과정은 조직이 탄생하여, 청년기, 황혼기, 쇠퇴기를 거치는 과정을 강조하는 요인이다. 즉 조직의 나이와 규모에 관한 것이다. 일반적으로 조직은 탄생기, 청년기, 황혼기의 과정을 거친다. 그러나 어떤 요인이 그것을 결정하는지에 관해서는 경험적으로 확실하게 규명된 것이 없다. 긍정적 혹은 부정적 관계가 있다는 주장만 있을 뿐이다.

두 번째 요인은 생태적 과정이다. 생태적 과정이란 환경내의 자원의 배분, 사망률과 출생률, 인구밀집도 등을 말한다. 자원배분과 관련하여 인구생태론자들은 틈새시장"(niche)의 개념을 발전시켰다. 틈새시장이란 조직이 생존을 위해 환경자원을 집중시킨 틈새의 소규모의 전문시장을 의미한다. "자원이 분산되면 큰 조직이 유리하고, 집중되면 작은 전문조직이 더 유리하다"는 것이다. 탄생과 죽음도 조직의 성공 여부에 영향을 미치는 생태적 조건이다. 조직 탄생을 촉진하는 비옥한 자원 환경이 있다. 그러나 시간이 흘러가면서 비옥한 환경은 경쟁을 가속화시키고(가령 주유소의 과당경쟁), 이 경쟁으로 사망율은 증가한다. 다른 조직의 사망은 경쟁조직에게는 희소식이지만, 궁극적으로는 사망이 많다는 것은 조직 에코시스템의 자원기반이 매우 취약하다는 반증이기도 하다.

환경적 과정은 조직환경의 제도적·기술적 측면의 변화를 뜻한다. 이 요인에서는 소용돌이라는 환경적 개념이 중요한 역할을 한다. 소용돌이란 환경의 불안정성과 불확실성이 극심한 것을 말한다. 가령 법, 정부규제, 정책의 급격한 변화가 있을 때 이것을 소용돌이의 장이라 한다. 조직 인구는 이것에 의하여 큰 영향을 받는다. 기술 수준의 급격한 변화도 소용돌이의 장이다. 이것은 조직의 경쟁력에 영향을 미쳐 조직인구의 변화를 초래할 가능성이 높인다.

3. 구조적 관점

인구생태학 모델의 가장 큰 문제는 조직이 자신의 운명을 결정하는데 있어 주체로서의 역할을 할 수 없다는 것이다. 인구생태론자들에 따르면 조직은 구조적으로 자신의 운명을 바꾸는데 효과적으로 행동할 수 없다고 한다. 조직이 지닌 구조적 관성(inertia) 때문이다(Hannan and Freeman,1977).

> "구조적 관성이론에 따르면 기존의 조직은 불확실하고 변화하는 환경의 요구에 신속히 대처하기 위해 자신의 전략과 구조를 바꾸는데 어려움을 겪고 있다고 한다……. 이 개념은 조직을 관성적인 속성으로 보는 것이다. 즉 변화에 적응하는 것이 어렵고, 적응이 흔한 일이 아니며, 위험하기까지 하다는 것이다."(Baum,1996:77-78, 99)

구조적 관성의 개념은 조직의 근본적 패러독스를 반영한다. 조직이 성공하기 위해서는 시간이 흘러가도 변치 않는 예측 가능한 관례가 있어야 한다. 따라서 조직은 기존의 고정된 절차로 조직을 운영하고자 한다. 이러한 유형을 수립한 조직형태가 환경에 의해서 선호되기 때문이다. 그러나 환경적 조건이 변화하면 조직의 이러한 형태는 변화에 적절히 대응할 수가 없다. 즉 인구생태론자들에 따르면 일관성과 신뢰성을 낳는 환경적 힘이 조직을 예측가능한 것으로 만들지만, 이는 변화하는 환경의 요구에 대응해 조직을 변화시키려는 시도에 방해요인으로 작용한다고 한다. 조직이 관성화되어 일정한 방향으로만 나아가려 하기 때문이다. 따라서 한 시점에서 선택과 수명연장을 용이하게 했던 특징들이 소용돌이 시대에는 조직의 파멸을 낳게하는 요인이 된다.

Hebert Kaufman(1985)은 소용돌이 환경에 조직이 적응할 수 없는 이유를 재미있게 논의한다. 적자생존의 상황 하에서 효과적인 전략적 대응을 제한하는 인간의 근본적 특징이 있다는 것이다. 첫째, 사람들은 누구나 문제의 등장과 그것의 해결책에 있어서 불일치를 보인다는 것이다. 즉 사람들은 자신의 경험, 이해관계, 그리고 조직변화로부터 이익을 얻을지 손해를 볼 지에 대해 서로 다른 지각과 가치를 지니고 있다는 것이다(Kaufman,1985:47-48). 둘째, 인간은 누구나 조직과정에서 의사결정 역할을 수행하는데 차이를 보인다는 것이다. 따라서 환경적 도전에 효과적으로 대응하기 위해서 조직을 새롭게 설계할 경우 그것이 제대로 작동한다는 보장이 없다. 인간은 너무나 복잡한 존재여서 결정에 이르도록 함께 일한다는 것이 매우 불확실하고 불완전하기 때문이다. 셋째, 조직구성원이 어떤 전략에 합의했다 해도 거기에는 추가적인 다른 문제가 있다는 것이다. 그것은 합의된 것과 조직의 대부분의 사람들이 실제 수행하는 것 사이의 괴리이다.

조직생활의 이러한 인간적 측면이 Kaufman으로 하여금 다음과 같은 결론에 이르게 하였다(이것은 인구생태론자들도 내렸던 결론이다). 즉 조직에 의한 전략적 기획과 적응적 대응은 결코 성공할 수 없다는 것이다. 실제로 이들은 장기적으로는 말할 것도 없고 평균적으로도 도움이 되지않고 오히려 해가 된다. 따라서 Kaufman에 따르면 조직의 생존은 순전히 운의 문제라 한다.

조직이 자기 결정을 할 수 없다는 이러한 생각은 수많은 경영 컨설턴트나 이들의 고객에게는 달갑지 않은 소식이다. 이들은 조직 세계에 관해서 전혀 다른 생각을 하고 있기 때문이다. 즉 이들은 특별한 리더십과 관리전략만 잘 갖추면 조직이 자신의 문제를 극복하고, 성공으로 나아갈 수 있다고 믿고 있었다. 반면 인구생태론자들은 환경이 조직을 선택한다는 가정을 받아들이기 때문에 조직관리자들의 이러한 의도적 행동을 무시한다.

Section 3 자원의존 이론(Resource Dependence Theory)

1. 자원의존과 기관으로서의 조직

상황이론과 인구생태이론에 대한 가장 공통적인 비판은 이들이 지나치게 환경결정주의라는 것이다(Astley and Van de Ven,1983; Perrow,1986). 즉 이 이론들은 조직의 내부구조와 운명을 결정하는데 환경의 능력을 지나치게 우월한 것으로 본다는 것이다. 환경적 결정주의의 문제는 행위자들(가령 개인, 조직, 정부, 국가 등)이 환경과 구조적 규제를 변화시킬 수 있는 "기관"으로서의 능력을 소유하고 있는지의 문제로 귀착된다. 이를 해결하기 위해 최근 구조와 기관에 대한 논쟁, 그리고 미시적 수준의 분석과 거시적 수준의 분석을 통합하고자 하는 노력 등이 이루어지고 있다.

조직과 환경 사이의 관계에 대한 논의에서 자원의존 이론은 환경적 결정주의에 대한 대안으로 등장한다. 즉 자원의존 이론은 환경적 힘과 관련하여 조직을 소극적 혹은 무능한 존재로 보기 보다는 환경적 규제를 관리할 수 있는 적극적 전략을 모색하는 존재로 본다. 자원의존 이론의 관점을 가장 포괄적으로 제시한 사람은 Jeffrey Pfeffer와 Gerald Salancik(1978)이다. 자원의존 이론의 기본 전제에 대한 이들의 생각은 다음과 같다.

> "생존하기 위해서 조직은 자원을 필요로 한다. 일반적으로 자원을 획득한다는 것은 조직이 이 자원을 통제하고 있는 다른 사람들과 상호작용해야 한다는 것을 의미한다. 이러한 점에서 조직은 환경에 의존한다. 조직은 자신이 필요로 하는 자원을 스스로 통제할 수 없기

때문에 자원획득은 언제나 문제가 되고 불확실하다. 자원이 희소할 때 특히 자원을 통제하는 다른 사람들을 믿을 수 없다. 조직은 필요한 자원을 위해 다른 사람들과 거래하고, 자원에 대한 통제를 하고자 한다. 이렇게하지 못한다는 것은 다른 사람들에게 조직에 대한 통제력을 맡기는 것과 같다. 조직의 생존은 환경적 상황에 대처할 수 있는 능력에 의해 부분적으로 설명된다. 필요한 자원을 계속 공급받을 수 있게 협상을 할 수 있는 능력은 많은 조직행동의 핵심이다."(1978: 258)

2. 분화, 과업환경, 그리고 불확실성

자원의존이론은 사회적 노동분화를 기본으로 한다. 어떤 사람은 자원을 공급하고, 다른 사람은 그것을 소비한다는 것이다. 사회적 노동의 분화란 여러 가지 경제활동과 이로 인해 발생하는 자원이 하나의 조직에 의해서 통제되거나, 하나의 장소에 국한되지 않는다는 것을 의미한다. 그 결과 경제적 전문화와 분화가 생겨난다. 문제는 경제적 전문화와 분화가 조직의 수와 이들이 관장할 수 있는 자원의 유형을 증가시킨다는 것이다. 그 결과 조직 사이의 상호의존성이 증가하고, 광범위한 거래와 교환이 이루어진다.

자원의존 이론은 이러한 노동의 분업을 전제로 한다. 따라서 조직에 가장 중요한 도전은 자신이 필요로 하는 환경에 존재한 자원에 안정적으로 접근하는 것이다. 문제는 이러한 자원에 조직이 단순히 의존하는 것이 아니라 이 자원을 이해관계를 지니고 있는 다른 조직이 통제하고 있을 때이다. 이러한 상황에서 가장 시급한 것이 자원배분의 조정이다. 따라서 자원배분 조정은 자원의존 이론의 가장 핵심적인 조직목표이다. 자원배분 조정이 이루어지기 위해서는 조직이 단순히 필요한 자원을 확보한 조직을 선택하는 것이 아니라 환경을 평가하고, 전략적 대응을 구상하며, 자원 불확실성을 줄이기 위해 조직을 혁신해야 한다는 것이다. 따라서 조직은 자원의존을 관리하기 위해 적극적으로 행동하고, 이 과정에서 자신이 활동하는 환경을 변화시킬 수 있어야 한다.

자원의존 이론은 조직행동을 어떻게 취하는 것이 적절한지에 대한 강력한 이론적 틀이 된다. 자원의존 이론을 실제 조직과정과 연결시키기 위해서는 이론이 적용되는 환경의 수준을 고려할 필요가 있다. 이 환경수준 중 가장 중요한 것이 과업환경(task environment)이다(Dill,1958; Scott,1981). 과업환경이란 자신의 생산관련 업무를 수행하기 위한 조직의 능력에 직접적 영향을 미치는 환경적 요소를 말한다. 과업환경의 중요한 환경적 요소는 다음 네 가지이다. (ⅰ)고객, (ⅱ)공급자, (ⅲ)경쟁자, (ⅳ)규제집단 등이 그것이다. 이들은 조직환경에서 분명한 사회적 행위자로 존재하지만, 조직은 이에 대응해 업무환경의 가장 중요한 측면을 평가하고, 어떤 전략적 행동을 취할 것인지를 결정해야 한다.

환경의 어떤 요소가 중요한지, 혹은 자원의존의 특별한 형태를 만들기 위해 어떤 행동을 취해야 할지를 결정하는데 있어서 주관적 인식이 중요한 역할을 한다. Karl Weick(1969)은 인간 행위자(조직에서는 주로 관리자)들이 자신의 환경을 인식할 때 사용하는 방식을 기술하기 위해서 실행환경(enacted environment)이라는 개념을 도입한다. 인간은 자신의 환경에 대응하기 위해서 단순히 반응하는 것이 아니라 그것을 실행한다고 한다(1969:64). 사람들은 자신의 환경을 물리적으로 느끼는 것이 아니라 실행하는데, 이 때 환경을 구성하는 요인에 관한 정신적 모델을 기반으로 그 작업을 수행한다고 한다. 정신적 모델은 대개 사회적으로 구속되고 창조된다. 조직에서 정신적 모델은 관리자가 활동하는 "핵심조직"에 의해 주로 결정된다. 즉 핵심조직이 조직구성원이 보고 창조하는 대부분의 것을 결정한다는 것이다. 조직환경에는 그것을 실행하는 개인도 포함된다(Pfeffer and Salancik,1978:73). 따라서 핵심조직의 관점을 분석함으로써 자원의존과 전략적 대응을 취하는 것이 중요하다. 즉 이 조직에 가장 중요한 자원이 무엇인지, 그리고 비록 불완전한 정보에 근거한다 할지라도 복잡한 환경을 관리자가 어떻게 인지해야 하는지를 아는 것이 중요하다는 것이다.

핵심조직과 관련된 한 가지 예가 있다. 비닐 사이딩 제작 기업이 그것이다. 이 기업에서 가장 중요한 원료는 석유이다. 석유의 안정적 확보가 이 기업의 가장 중요한 환경적 관심사이다. 이러한 환경적 위협과 관련한 몇가지 가정이 있다. 첫째는 석유 공급자가 하나만 존재하는 경우이다. 이 경우 비닐생산업자는 특히 취약한 위치에 놓일 수 밖에 없다. 가장 중요한 원료를 공급해 주는 한 개의 기업에 전적으로 의존하는 것은 비닐 사이딩 업체 입장에서는 매우 불확실한 환경이기 때문이다. 둘째, 공급자가 안정되고 예측가능하게 석유를 공급해준다는 보장이 없을 때이다. 셋째, 공급자가 유일한 공급원이라는 유리한 지위를 이용해 석유가격을 비닐생산업자가 감당하기 어려운 수준까지 올리는 경우이다. 넷째, 공급자가 원료를 다양한 공급원으로부터 공급받아 공급과 가격이 수시로 변경되는 경우이다. 이러한 예에서 볼 수 있는 것처럼 자원의존 상황에서 가장 문제가 되는 것은 불확실성이다. 핵심자원의 비용과 공급이 예측할 수 없을 때 기업이 장기적인 생산계획이나 마케팅 전략을 세우기 어렵다. 필요한 자원의 가격과 공급이 변동된다는 것이 가장 중요한 불확실성인 것이다.

3. 자원의존을 관리하기 위한 전략

조직이 자원의존을 관리하기 위해 사용하는 전략은 다양하다. 첫째, 조직은 완충전략(buffering strategies)을 사용하여 불확실성을 관리한다. 공급이 부족할 때를 대비하여 충분한 양의 "재고"를 비축하는 것이다(Pfeffer and Salancik,978:108). 일정한 가격으로 많은 재고물량을 구매하여 가격과 공급의 변동 및 취약성에 대비하는 것이다. 완충전략은 포드주의의 핵심내용 중 하나이다.

둘째, 조직은 교량전략(bridging strategies)을 사용하기도 한다(Pfeffer and Salancik, 1978). 이것은 과업환경에 있는 다른 조직과 공식 내지 비공식적 관계를 발전시키는 것이다. 교량에는 공급과 가격을 일정한 기간 동안 연장할 수 있는 장기적 계약이나, 공급자와 생산자 사이의 공동의 이익을 모색하는 합작사업 등이 포함된다. 또한 교량전략에는 수직적 합병이나 수직적 통합 등이 포함되는데, 상기 예에서 비닐생산기업이 석유공급기업을 사들이거나 중요한 자원에 대한 통제권을 장악하는 경우가 여기에 해당한다. 자원의존이론가들이 구체화한 여러가지 교량전략에는 네트워크, 동맹 등이 있다.

자원의존을 관리하는 전략의 예로서는 자동차 및 철강산업을 들 수 있다. 1999년 베들레헴 철강회사는 냉압연 강판을 공급하기 위해 GM자동차와 수십억 달러 짜리의 4년간 공급계약을 체결하였다. 이것은 전략적 공급자와 교량전략을 채택하려는 자동차 회사의 사례를 보여주는 것이다. 그러나 이 계약에서 베들레헴 철강회사는 10년 전 가격으로 철강을 공급하기로 하였다. 즉 현재 가격 보다 훨씬 싼 가격으로 냉압연 강판을 공급하기로 한 것이다. GM이 철강공급자인 베들레헴 보다 더 강력한 위치에 있었기 때문이다. Business Week에 따르면 이것은 바이어(GM)가 얼마나 강력한 위치에 있고, 철강회사는 철강 판매에 매달릴 수 밖에 없는 상황인지를 보여주는 적나라한 사례라고 한다("An Ironclad Deal with GM," Business Week, March 8, 1999: 36). 그러나 낮은 가격으로 철강을 공급해야 하는 철강회사의 손실은 불확실성 감소라는 긍정적 효과로 상쇄된다. 베들레헴 CEO가 설명한 것처럼 기업의 우선순위는 안정성이다. "명확한 수익을 창출함으로써 철강회사들은 고객이 원하는 높은 품질의 제품을 생산하는 하이테크 산업으로 이동해 갈 수 있다"는 것이다. 보다 흥미로운 사실은 베들레헴의 경우 GM과 장기계약을 맺음으로써 다른 조직(가령 노조)과 협상할 수 있는 능력을 강화할 수 있었다는 것이다. 미국철강노조(USWA)와의 협상에서 베들레헴은 낮은 가격으로 장기 계약을 할 수 밖에 없다는 사실을 노조에게 보여줌으로써 노조의 양보를 이끌어냈다. 이것이 노조와의 협상에서 강력한 압력요인으로 작용했던 것이다.

4. 자원의존과 전략적 자원

「The Power Structure of American Business (1985)」라는 저서에서 Beth Mintz와 Michael Schwartz는 자원의존 관점의 핵심이 되는 몇가지 역동성을 언급한다. 이들의 분석은 관리통제와 자율성에 관한 주장으로부터 시작한다. Mintz와 Schwartz에 따르면 현대기업을 통제하는 사람이 과연 누구인가라는 물음에 1960년대와 1970년대에 격렬한 논쟁이 있었다고 한다. 초기의 "관리주의 논제"(Berle and Means,1932)에서는 현대기업의 규모와 복잡성이 증대됨에 따라 전문 교육을 받은 관리자가 기업을 통제했다고 한다. 따라서 권력, 통제력, 의사결정 권한이 기업주에서 전문 관리자로 이동하게 되었고, 재산소유권 보다는 전문적 및 기술적 지식이 더 강조되는 경향을 띠게 되었다고 한다. 이러한 전문 관리자로의 이동은 기업이 이윤 극대화라는 하나의 목표에 덜 집착하고, 광범위한 사회적·윤리적 고려나 목표를 추구하게 하는 "기업가 정신"으로 나아가게 하는 계기가 되었다고 한다. 이제 현대 기업은 자유재량적 의사결정능력을 지닌 사회적으로 책임있고 전문적으로 훈련받은 전문가들이 관리하게된 것이다.

그러나 작금의 자원의존 상황에서 관리자들은 이러한 권력과 자유를 다르게 행사한다. Mintz와 Schwartz는 관리주의 논제에 대처하기 위해 자원의존 관점을 이용한다. 이들의 논의는 어떤 조직은 다른 조직보다 더 자원의존적 일수도 있고, 귀중한 자원을 더 통제할 수도 있다는 원리로부터 시작한다. 한 조직이 다른 조직에 의존하거나, 자신이 소유하는 자원이 귀중한지의 여부가 조직이 자유재량권을 행사할지 아니면 제약요인의 규제를 받을지를 결정한다고 한다. 자유재량권이란 기업이 비교적 독자적으로 전략적 결정을 내릴 수 있는 능력이다. 제약요인이란 재유재량 결정을 내리기 전 고려하고 평가해야 하는 환경의 외부적 힘이다. 제약요인이 의사결정의 자유재량권을 제한한다는 것이다.

제약요인에는 두 가지 중요한 형태가 있다. 상호억제와 헤게모니이다. 상호억제란 한 기업의 행동이 다른 경쟁기업의 반응으로 억제되는 것을 말한다. 가령 시장 확대를 위해 제품가격을 큰 폭으로 인하하려는 기업의 경우 소송을 제기하거나 제품가격을 따라서 내린 경쟁기업의 반응을 살펴보아야 한다는 것이다. 소비자 입장에서는 그러한 가격 경쟁으로부터 이익을 얻을 수 있다. 그러나 기업의 입장에서는 아무것도 얻지 못할 수 있다(이것은 "파괴적인 경쟁"이다). 상호억제가 작용하기 때문이다.

헤게모니는 한 기업이 다른 기업에 대해 강력한 영향력을 행사하거나 덜 의존적일 때 발생하는 기업 간 관계이다. 이 경우 헤게모니를 장악한 기업은 자신의 이익을 확대하기 위한 결정을 내릴 수 있고, 이 결정에 다른 기업이 따르도록 영향력을 행사할 수 있다. 다른 기업은 이 결정을 무력화시킬 수 없고, 상호억제력을 행사할 수도 없다. 헤게모니는 기업간 관계에서 갑과 을의 관계가 이루어질 때 나타난다. 즉 한 기업이 기업간 관계에서 강력한 당사자이거나, 상호의존 관계가 아닐 때(일방적 관계일 때) 강하게 나타난다. 대기업에 부품을 납품하는 중소기업이 대표적 예이다. 이 기업 제품의 유일한 가장 중요한 고객이 대기업이다. 이 경우 중소기업은 고도로 의존적 관계에 놓이며, 대기업의 의사에 반하는 행동을 할 수 없다.

불균형적 헤게모니는 귀중한 전략적 자원을 누가 통제하느냐의 여부에 따라서도 결정된다. 기업 간 네트워크에서 권력의 주요 원인을 규명하고자 한 Mintz와 Schwartz는 금융자본을 주목한다. 이들이 주장한 "금융 헤게모니"에 따르면 은행은 전략적 자원을 통제해 기업 간 네트워크에서 다른 조직에 대한 헤게모니를 행사한다는 것이다. 여기에서 중요한 전략적 자원은 돈이다. 즉 은행은 돈을 통해 기업에 헤게모니를 행사한다는 것이다.[14] 따라서 자신들 활동에 필요한 돈을 은행에 의존하는 기업은 자유재량권을 행사할 수 없다.

나아가서 은행은 경제적 불황이나 위기 시 기업의 은행에 대한 의존도가 심할 때 더욱 큰 헤게모니를 행사할 수 있다. 기업은 자금부족으로 절망적인 상황에 빠질 때 대출을 받기 위해 은행에 많은 것을 양보한다. 대출을 해주는 조건으로 은행은 특별이자를 요구하거나 상환계획을 일방적으로 정할 수 있다. 또한 기업의 임원 자리를 요구하기도 한다. Mintz와 Schwartz는 특히 은행의 이 마지막 요구(임원자리 요구)에 관심을 기울인다. 즉 은행은 대출조건으로 이들 기업의 임원 자리를 차지하려고 한다는 것이다. 은행은 기업의 대출 상환능력에 직접적인 관심이 있기 때문에 그것을 확보하기 위해 기업의 정책에 영향을 미치고자 한다. 임원진에 자신들의 직원을 앉히는 것이 그 한 방법이다. 이 방식은 기업의 경영권 행사에 직접적인 영향을 미치게 된다. 의사결정의 권한이 개인 기업주로 부터 전문관리자(은행에서 임명한 임원)로 넘어감에 따라 관리자들은 기업의 단기적 이익을 극대화하는데 골몰하게 되고, 은행대출의 상환에 크게 관심을 기울인다. 자원의존이론 입장에서 볼 때 기업이 재정금융이라는 자원에 의존하게 되면 기업경영자의 자유재량권은 크게 잠식되어 단기간의 이윤 극대화 전략에 매달릴 수 밖에 없다는 것이다. 그것이 금융기관의 이익에 부합되는 것이기 때문이다.

Braniff 항공사의 사례가 대표적이다(Mintz and Schwartz, 1985:33-34). 1970년대

14) 은행이 이러한 헤게모니를 행사하는 이유는 무엇이고, 그것을 어떻게 행사하는가? 일반적으로 금융기관들은 기업이 보편적으로 필요로 하는 자원인 돈을 통제한다. 돈은 유일한 유동적인 자원이다. 또한 다른 자원을 획득할 수 있는 수단이기도 하다. 모든 기업이 이러한 유동자원을 필요로 하기 때문에 돈은 항상 독특하고 전략적인 것이다.

말 미국 항공산업은 연료비 상승, 공급량 과잉, 그리고 연방정부의 규제완화 정책으로 인한 경쟁력 심화라는 어려움을 겪었다. 이것은 결국 미국 항공회사들의 비용 상승, 수익률 감소, 경쟁과열 등의 결과를 가져왔다. 이러한 문제를 극복하기 위한 일반적인 전략은 연료절감 항공기로 기존 항공기를 대체하는 것이다. 그러나 새로운 항공기의 구매에는 많은 돈이 필요하다.

Braniff 항공사는 연료절감 항공기를 구매하기 위해 펀드를 발행하고, 가장 수익이 많이 나는 항로로 서비스를 확대하기로 하였다. 그러나 불행하게도 Braniff 항공사의 이 전략은 성공을 거두지 못했다. 항공 수요는 계속 감소하였고, 경쟁 항공사들은 수익이 나는 시장을 지키기 위해 새로운 전략을 수립해 Braniff 항공사에 대항하였다. 현금사정은 날로 악화되었다. Braniff 항공사는 대출을 상환할 수 없는 지경에 이르렀고 새로운 펀드를 발행하기도 어려웠다. 1979년 은행은 Braniff 항공사의 의사결정에 적극적으로 개입했다. 은행은 Braniff 항공사의 주식발행을 거부하였고, Braniff가 소유하고 있는 비행기의 일부를 매각하였다. 그리고 많은 항공노선을 폐지하였고, CEO를 교체했다. 이와 관련하여 Mintz와 Schwartz(1985:34)가 내린 결론은 다음과 같다.

> "이 점에서 Braniff 항공사는 은행통제의 전형이 되었다……. 은행개입의 논리는 명확하다. 즉 기존투자자를 보호하기 위해서 은행은 Braniff 항공사의 의사결정과정에 개입한 것이다."

그러나 이러한 적극적 개입은 Braniff 항공사가 다시 일어설 수 없도록 하였다. Braniff 항공사는 1980년대 내내 다운사이징 되었고, 결국 1989년 파산하였다.

5. 제도적(기관) 투자자와 자원의존

미국기업에서 관리적 규제에 대한 새로운 형태가 조직간 의존에 강력한 영향을 미친다는 것을 보여주는 또다른 연구가 있다. Michael Useem은 자신의 저서 「Investor Capitalism(1996)」을 통해 공기업과 제도적 투자자 사이에 나타난 관계유형을 분석한다.

미국에서 민영화된 공기업은 주주구성에 있어서 큰 변화가 있었다. 개인 투자자들의 비중은 상대적으로 낮아진 반면(소액 투자자로 계속 남아 있었기 때문에), 기관 투자가들의 비중이 크게 증가한 것이다. 즉 기관투자자인 공·사 연금, 보험회사, 뮤추얼 펀드 등이 주식시장을 장악하고, 주식거래의 가장 큰 손으로 등장한 것이다. 따라서 이제 공기업은 이들 대규모 기관투자가들에게 의존하지 않을 수 없게되고, 이들 기관투자가들이 포트폴리오를 통해 공기업에 대한 상당한 영향력을 행사하게 된다. Useem은 관리적 자본주의가 "투자자 자본주의"로 대체되었다고 주장한다.

대규모 기관투자자들이 등장하기 이전의 주식소유는 다양한 계층의 개인 투자자들의 몫이었다. 개인 투자자들은 기업에 대한 오랫동안의 애정, 제품 신뢰, 가족 전통, 혹은 순수한 경제적 이익 등 개인적 이유로 주식을 소유한다. 회사의 실적이 미덥지 않은 경우 개인 투자자들은 계속 주식을 소유할 수도(충성심), 주식을 주식시장에 내다 팔 수도 있다. 이것이 기업-투자자 관계의 기본원리였다.

그러나 주식비중이 점차 대규모 기관 투자자의 손에 넘어감에 따라 이러한 기본원리는 작동하지 않는다. 기관투자기관의 펀드관리자들은 자신들만의 규칙이 있다. 이들은 일정한 실적을 내야하고, 그것을 투자자들에게 되돌려주어야 한다. 펀드관리자들은 많은 주식을 소유하지만, 개인투자자 처럼 주식을 쉽게 팔거나 시장에서 빠져나가지 않는다. 자신들의 많은 주식을 사줄 사람이 많지 않기 때문이다. 이러한 이유로 기관 투자가들은 제3의 선택을 한다. 즉 "목소리"를 내기 시작한 것이다.

> "전통적인 월스트리트의 규칙은 투자자들이 실적이 나쁜 기업에 대해서는 대항하기 보다는 그 기업의 주식을 파는 것이었다. 그러나 기관이 중요한 주주가 됨에 따라 이 규칙은 수정될 수 밖에 없다. 기업실적에 불만을 터트리는 현재에도 여전히 펀드관리자들은 그 기업의 주식을 소유하지만 실적을 개선하라는 압력을 행사한다. 그 결과가 진척되지 않는 경우에는 이사들에게 로비하고, 경영진에 대한 거부권을 행사하며, 다른 경영자를 모색한다. 기분이 상한 기관투자자 중 일부는 월스트리트 규칙에 따라 주식을 팔아치우지만, 대부분의 경우 목소리를 높이는데 주력한다"(Useem,1996:6).

기관투자자들의 목소리는 대개 뮤추얼펀드 투자자와 연금 가입자를 위한 지속적인 수익과 이를 위한 단기간의 실적에 집중된다. 이러한 사태진전에는 많은 아이러니가 존재한다. 그동안 미국 기업에 대한 많은 비판은 관리자들이 장기적 투자보다는 단기적 투자에 더 관심을 쏟는다는 것이었다. 기업 경영자들이 공장과 플랜트를 폐쇄하고, 업무활동을 다운사이징하며, 시설을 자주 옮기고, 투자활동을 이곳 저곳으로 수시로 옮긴다고 비판한 것이다. 이 비판을 하는 사람들 중 상당수는 뮤추얼펀드나 연금펀드에 자신의 현금을 투자한 사람들이다.. 이들은 대부분은 자신이 투자한 것보다 더 많은 이익이 창출되기를 원한다. 이러한 이익확보 바람은 기관투자가들에게 기업이 단기적 순익에 매달리게 요구하는 압력으로 작용한다. 그 결과 사회적으로 책임지지 않는 전략과 전술을 사용하도록 관리자들을 압박한다. Mintz와 Schwartz의 연구와 마찬가지로 Useem은 "단기주의"가 미국경영자 행동의 내부적 특징이 되었다고 한다. 그리고 이것은 조직간 자원의 교환과 외부환경의 압력에 의해서 결정된다고 한다.

자원의존 모델은 환경적 규제와 얽힘을 분석하는 가장 강력한 이론이다. 이 모델은 조직간 관계를 특징으로 하는 자원의 상호의존성에 기반을 두고 있다.

6. 공공조직에 미친 환경적 영향력

환경의 압력과 조직 내부과정 사이의 관계는 공·사 조직을 비교하는 유용한 틀이 된다. 공공조직의 경우 사조직 보다 대표성, 책임성, 반응성 등의 압력이 훨씬 크다. 공공조직에 가해지는 정당한 요구의 범위는 사조직의 그것보다 더 광범위하다. 따라서 행정의 내부구조는 이러한 외부적 힘에 크게 영향과 제한을 받는다. 이와 관련하여 Robert Golembiewski(1985: 13-42)는 행정조직의 특징을 다음과 같이 기술한다.

i) 행정조직은 다양한 권위적 의사결정자가 지신에게 다양하게 접근할 수 있는 기회를 많이 준다. 즉 정책결정과정은 광범위한 견해를 지닌 다양한 선거구민에 의하여 영향을 받는다.

ii) 책임을 져야 한다는 부담과, 의사결정이 정치적·법적으로 되돌아온다는 생각이 신중한 행동을 낳게 하고, 다양한 승인기관의 제재를 받게 한다. 이것이 "Dr. No Syndrome"이라는 문화를 만들어 낸다. 즉, 행동을 왜 취하지 않는지, 취해서는 안 되는지, 어떤 권력자에게 의존해야 하는지 등의 이유를 낳는 습관에 쉽게 젖어들게 한다는 것이다(Golembiewski, 1985:36).

iii) 공공조직의 목표와 목적은 입법·사업기관과 같은 "다양한 외부기관"에 의하여 부과된다.

iv) 외부기관이 공공조직의 행정 및 관리 실제를 명령하는 경우가 많다.

v) 공공조직이 활동하는 정치적 환경에서는 임기가 제한된 정치인과 행정관료가 함께 일한다. 정치인이 공공조직에 들어온다는 것은 단기적인 정치적 목표를 달성하는 방향으로 조직의 우선순위를 급격하게 바뀌게 하는 계기가 된다.

vi) 공공조직의 경우 예산의 제한과 공무원 봉급의 감시가 상시로 이루어진다. 이로 인해 창의성, 모험 감수, 과외 업무수행 등을 자극하는 유인책은 줄어든다.

vii) 마지막으로 공공조직의 전형인 관료제는 행정서비스의 책임성과 합리성을 외부에서 부과하기 위해 만든 것이다. 이러한 의미에서 환경의 요구에 적응한다는 것은 능률적인 행정을 하기 위한 것이 아니라 공공기금과 지지를 계속 얻기 위함이다.

Section 4 신제도주의 이론(The New Institutional Theory)

조직과 환경 관계 논의에서 빠질 수 없는 것은 조직을 제도로 보는 것이다. 제도는 조직환경과의 관계에서 발전하거나 쇠퇴하기 때문이다. 이하의 논의에서는 이러한 제도를 폭넓게 규명하고자 한다.

1. 초기의 제도주의 이론

제도에 관한 인식과 분석은 많은 사회과학자들에 의해 일찍부터 이루어져 왔지만 제도를 분명한 사회적 형태로 인식하기 시작한 것은 비교적 최근의 일이다. 특히 Max Weber의 관료제가 영어로 번역되어 소개된 후 제도에 대한 관심이 폭발적으로 늘어났다. 관료제에 관한 Weber의 일련의 논문이 1940년대 말 영어로 번역된 직후 Robert K. Merton 지휘 하에 콜롬비아 대학의 일련의 학자들이 관료제 및 관료화, 관료제의 기원, 그리고 관료제가 조직행동에 미치는 영향 등을 연구한다. Merton의 제자들에 의해서 수행된 다양한 조직에 대한 일련의 경험적 연구(가령 TVA에 대한 Selznick 연구, 석회광산에 대한 Gouldner의 연구, 연방 및 주 정부에 대한 Blau의 연구, 그리고 노조를 대상으로 한 Lipset, Trow, and Coleman의 연구)가 조직이 분명한 연구영역이 되는데 크게 기여하였다. 그러나 여기에서 미처 깨닫지 못한 것이 Selznick의 제도이론에 영향을 미친 Merton의 기여이다.

1) Selznick의 제도이론

"의도된 행동의 예견치 못한 결과"에 대한 Merton(1931)의 초기연구가 Selznick에게 영향을 미쳤다. 그러나 Selznick 제도이론에 보다 직접적인 영향을 미친 것은 관료적 행동에 대한 Merton의 분석이다. Merton(1940/1957)은 자신의 유명한 논문 "관료적 구조와 성격"에서 제도화라는 말을 사용하지는 않았지만, 규칙에 집착한 나머지 조직목표 달성에 위배되는 행동을 하는 관료들의 규칙동조 현상을 일종의 제도로 논의한다(Merton:199). Merton은 규율을 생산하고, 관료들에게 가치 있는 규범적 질서를 따르도록 하는 관료제 내의 다양한 힘을 분석한다. 이러한 힘의 강도가 매우 커 관료들은 엄격하고, 형식적이며, 심지어는 관행적으로 규칙을 따르려는 성향을 보인다는 것이다. 제도화되는 것이다. Durkheim과 Hughes의 영향을 받은 Merton(1940/1957)은 조직

내의 이러한 제도적 과정에 대한 자기 나름대로의 해석을 제시한다.

> "어떤 직업이나 조직 내에는 반드시 제재화(sanctification)과정이 존재한다. 이 제재화는 감정, 관료적 상징이나 지위에 대한 정서적 의존, 그리고 능력과 권위에 대한 애착을 통해 이루어진다 "(Merton, 1957:202).

제도적 과정에 대한 Selznick의 개념은 Merton의 이러한 주장에 크게 영향을 받는다. Selznick의 생각은 몇 가지 단계를 통해 전개된다. 먼저 Selznick(1948)은 합리적 행동의 구조적 표현으로서의 조직(조직을 목표달성을 위한 기계적 수단으로 보는 것)과, 적응적·유기적 체계로서의 조직(조직을 조직참여자들의 사회적 특징과 환경의 다양한 압력에 영향을 받는 것으로 보는 것)을 구분한다. 조직은 시간이 지나면서 정도의 차이는 있지만 제도로 발전한다. 초창기 Selznick의 주장은 의도적 행동의 예견치 못한 결과에 대한 Merton의 분석에 크게 의존한다. 우리의 행동은 예견된 결과를 낳기도 하지만 그렇지 못한 경우도 많다는 것이다. 상황 때문이다. 즉 사회적 행동은 상황에서 벗어나 결코 자유로울 수 없으며, 그 결과 또한 상황에 구속된다는 것이다. 그 중에서도 제도가 만들어낸 언질로부터 구속된 행동이 특히 중요하다. 조직은 사회체계이기 때문에 조직의 목표 혹은 절차도 사회체계의 가치가 주입된 상태이다. Selznick는 이 처럼 사회체계의 가치가 주입된 상태를 제도라고 한다(Selznick,1949:256-257). 리더십에 관한 그 이후의 연구에서 Selznick(1957)은 자신의 생각을 보다 정교화 한다.

> "제도는 하나의 과정이다. 조직의 역사, 조직에 참여하는 사람, 집단, 기득권, 그리고 환경에 적응하는 방식을 반영하는 조직에서 일어나는 것이다."
> "제도의 가장 중요한 의미는 당면한 업무의 기술적 요구를 넘어 가치를 주입하는 것이다"(Selznick, 1957:16-17).

조직에 가치가 주입되면 조직은 더 이상 목표를 달성하기 위한 합리적 수단이 아니다. 조직은 스스로 자신을 유지시킬 수 있는 존재가 된 것이다. 독특한 일련의 가치를 받아들임으로써 조직은 성격구조, 즉 정체성을 지니게 된다. 조직을 유지하는 것은 더 이상 생존을 위한 단순한 수단이 아니라 독특한 가치를 보존하기 위한 투쟁이 된다. Selznick에게 리더의 핵심역할은 이러한 가치를 규정하고 수호하는 것이다.

제도를 하나의 과정, 즉 시간의 경과에 따라 조직에서 일어나는 것을 Selznick은 제도화라 한다. 일반적으로 제도화는 명확하게 규정된 목표와 잘 발달된 기술을 지닌 조직에서는 잘 나타나지 않는다(Selznick,1975).

Selznick와 Merton은 둘 다 조직에서 수단적 효용성을 훨씬 넘어서 가치몰입이 이루어지는 과정을 강조한다는 점에서 공통점이 있다. 그러나 Selznick은 가치몰입을 특정조직의 성격발전으로 한정시킨데 반해, Merton은 일반적인 관료조직의 성격과 관련지어 몰입을 설명한다. Selznick의 접근은 조직의 자연사, 즉 시간이 흘러가면서 조직이 자신의 특유한 구조, 능력, 생존력을 발전시킨 과정을 제시하는 것이다. Selznick은 TVA(Tennessee Valley Authority)의 발전을 연구하고 있는데, TVA의 원래 구조 및 목표가 환경의 요구와 조직구성원의 몰입에 의하여 차츰 변화해가는 모습을 기술한다(Selznick,1949:Chap.4). Selznick 제자들도 이와 유사한 조직변화 사례를 연구한다. 대표적인 예로는 여성 기독교 절제운동 연맹(the women's christian temperance union)(Gusfield,1955), a community college(Clark,1960), 자선병원(Perrow,1961), 그리고 YMCA(Zald and Denton,1963) 등의 연구가 있다. 이 모든 연구에서 조직의 공식목표는 "실제"목표와 달랐다. 실제목표는 공식목표와 달리 조직 안팎의 이익과 관련해서 변하기 때문에 공식목표와 다르다는 것이다. Perrow(1986:159)가 지적한 바와 같이 Selznick의 제도학파는 조직의 "폭로" 관점(보이지 않은 것을 들추어 내는 것)이다. 조직은 합리적 실체가 아니라 가치를 실현하는 장치라는 것이다.

Selznick 제자 중 한 사람인 Arthur Stinchcombe(1968)는 Selznick의 공식을 기반으로 권력의 역할을 규명한다. Stinchcombe(1968:107)는 제도를 강력한 사람들이 어떤 가치나 이익에 전념하는 구조로 본다. 따라서 이 가치와 이익이 자신의 권력을 유지하도록 하는 한 그 가치와 이익은 보존되거나 추구된다. 제도는 시간의 경과에 따른 안정성을 의미한다. 따라서 Stinchcombe는 권력자가 자신의 후계자와 의사전달 및 사회화라는 일반적 수단을 통해 자신의 권력을 보존하는 것을 보여준다. Stinchcomebe의 결론은 다음과 같다. 즉 선발, 사회화, 재직자 조건 통제, 그리고 영웅숭배 등에 의하여 권력자들은 똑같은 제도를 끊임없이 세습하고자 한다는 것이다(Stinchcombe,1968:111).

Merton과 Selznick은 제도의 과정모델 기반을 닦았다. Merton은 관료들의 과잉동조를 낳는 관료조직내의 과정을 기술한다. 반면 Selznick은 명확한 가치몰입을 낳는 특정 조직내의 과정을 설명한다. Stinchcombe는 권력자들이 자신의 이익과 몰입을 영속화시키기 위해서 사용하는 메카니즘을 강조한다.

2) Parsons의 제도적 접근

Parsons는 조직과 환경사이의 관계에서 제도적 힘을 규명함으로써 자신의 "문화적-제도적"주장을 발전시킨다. 그것은 조직의 가치체계가 서로 다른 기능을 하는 중요한 제도적 유형과의 관계를 통해 정당화되는 방식이다. 자신의 대부분의 논문에서 Parsons는 개별 행위자들이 행동의 기반이 되는 공유된 규범을 내재화하는 제도의 "주관적"차원을 강조하지만, 조직에 대한 분석에서는 개인들 관계가 무엇이어야 하는지를 규정하는 규범체계인 "객관적"차원으로 관심을 변경한다(Parsons,1947,1956).

Parsons에 따르면 이렇게 광범위한 규범적 구조가 조직의 존재를 정당화시키는데 기여하한다고 한다. 나아가서 이 구조는 가치수행에 필요한 중요한 기능적 활동을 정당화시킨다고 한다. 가령 학교는 사회화 및 교육과 같은 광범위한 문화적 가치를 자신의 목적과 연결시키는 경우 사회에서 정당성을 인정받는다. 이 주장은 조직차원에도 그대로 적용된다. 즉 기능이 서로 다른 조직은 서로 다른 가치에 의해서 정당화되고, 서로 다른 적응유형을 가지며, 서로 다른 코드와 규범유형에 의하여 통제된다는 것이다. 그러나 가치체계는 중요도로 순위가 매겨진다.

Parsons는 조직을 수직적으로 분명한 세 가지 수준으로 구분한다. 기술적 수준(생산활동과 관련), 관리적 수준(통제 및 조정활동, 그리고 자원획득 및 제품처분과 관련), 그리고 제도적 수준(그 사회의 규범 및 관례와 조직을 연결시키는 것)이 그것이다. 그리고 이 세가지 수준은 권위의 차이에 의해서도 질적으로 구분된다. Parsons에게 조직은 Selznick의 주장과 달리 제도 그 자체는 아니다. 제도 보다 더 큰 의미로 오히려 제도적 요소를 담고 있다. 나아가서 조직은 자신의 목표달성을 가능하게 하는 의미, 정당성, 혹은 지지의 근원인 보다 큰 사회체계의 하위 체계이다. 제도로서 스스로 정당성을 확보하는 것이 아니라 사회체계로부터 정당성을 부여받는 것이다.

Parsons의 이 논의는 그 이후 Thompson(1967)에 의하여 받아들였으며, 광범위하게 사용되고 있다. 그러나 Selznick와 달리 Parsons의 이론은 경험적으로 검증되지 않고 있다. 몇몇 학자들만이 Parsons의 개념적 틀을 사용하여 특정한 조직의 제도적 지주의 중요성을 기술하고 있을 뿐이다. 그러나 일반적으로 Parsons의 통찰력은 그 이후의 이론가들에게 크게 정착되지 못했다.

3) Hebert A. Simon의 제도의 의미

정치학자인 Hebert A. Simon은 합리성에 관한 근거 없는 가정을 제시한 초기의 이론들을 시정하기 위해 행정행태이론을 발전시킨다(Simon의 주장에 대한 자세한 사항은 제4장 참조). Simon은 개인의 인지능력의 한계와 조직구조의 본질을 연결시킨 최초의 이론가 중 한 사람이다. 자신의 저서 「Administrative Behavior(1957/1997)」에서 Simon은 조직에서 개인의 의사결정을 단순화하고 지지하기 위해서 조직구조가 어떻게 작동하는지를 기술한다. 조직구조는 개인이 높은 수준의 일관되고 "제한된 합리적"행동을 할 수 있도록 한다는 것이다. 조직구성원이 됨으로써 개인은 행동의 지침으로 조직의 가치전제를 받아들인다. 목표-수단 연결 신념인 사실전제도 조직규칙, 절차, 관례의 형태로 주어진다(Simon,1957:220-247).

March와 함께 Simon은 조직이 문제를 해결해야할 때 따라야 하는 관례화된 "성과계획"과, 처방전을 발전시킴으로써 조직구성원의 행동에 영향을 미치는 방식을 논의한다. March와 Simon(1958)에 따르면 많은 상황에서 탐색과 선택과정은 단축된다고 한다. 대부분의 행동, 특히 조직에서의 대부분의 행동은 성과계획에 의하여 통제된다고 한다(March and Simon,1958:141-142). 여기에서 성과계획은 결정을 해야 하는 개인에게 지침이 되는 이미 설정된 관례이다. 이 관례가 대부분의 조직구성원의 의사결정부담을 크게 덜어준다. 많은 선택을 해야할 필요성을 줄여주기 때문에 결정할 선택의 구속적 상황이 되는 것이다. 가치과정, 인지적 틀, 규칙, 그리고 관례 등은 개인들이 합리적으로 행동하게 하는 구성요소이다. 실제로 합리적 개인은 조직화되고 제도화된 개인인 것이다(Simon,1957:102). 초창기 이론임에도 불구하고 이러한 March와 Simon의 주장은 제도적 형태의 미시적 특징 및 기능에 대한 가장 영향력 있고 분명한 진술이 되었다(DiMaggio and Powell,1991:15-26 참조).

4) 정체성으로서의 제도

Simon의 조직행태이론이 발전된 시점에 "인지혁명"이라 불리우는 사회심리학의 새로운 학파가 탄생한다. 1940년대와 1950년대 사이 기존의 S-R(stimulus-response)접근은 적극적 유기체의 도입(S-O-R)에 관심을 기울인다(Lewin,1951 참조). 초기연구는 동기적· 정서적 변수인 유기체가 인지, 선택적 관심, 그리고 기억에 어떠한 영향을 미치는지에 집중되어 있었다. 그러나 점차 이러한 "hot"인지에 대한 관심은 일상생활의 정보과정 및 문제해결 행동에 영향을 미치는 "cool"요인의 결과로 대체된다.

> "인간을 정보전달자로 보려는 생각이 보편화되었다. 인간의 마음은 들어온 정보를 등록해 반응을 보이기전 그것을 다양하게 변화시키는 컴퓨터와 같은 장치이다"(Markus and Zajonc,1985:141).

문제는 어떤 소프트웨어가 이러한 과정의 프로그램과 변화규칙이 되는가이다.

개인이 정보를 선택해 전달하는 프로그램은 스키마(schema), 프레임(frame), 혹은 추론적 틀로 불리운다. 이들은 "세계관"에서, 그리고 자료를 분류하고 정리하는 특정한 분류시스템에 이르기까지의 광범위한 인지적 구조를 반영한다. 지난 30년 동안의 심리학자에 의한 포괄적 연구에 따르면 이러한 인지적 틀은 어떤 정보가 관심을 끄는지, 그것에 어떻게 부호를 매길지, 그것을 어떻게 간직하고, 정교화하며, 메모리에 저장할지를 결정하는데 부터, 그것을 어떻게 해석해 평가, 판단, 예측, 그리고 추론에 영향을 미칠 것인지 까지 완전한 정보과정의 활동영역을 반영한다고 한다(좀더 자세한 논의는 Markus and Zajonc,1985 참조). Schank and Abelson(1977)은 이것을 사본이라고 한다. 여기에서 사본이란 특정한 역할이나 상황에 요구된 행동유형 및 결과를 의미한다.

심리학자들은 오랫동안 인간을 능률적· 합리적 존재로 보는 입장과, 인지적 편견 및 한계를 지닌 존재로 보는 견해 사이에서 방황해왔다. 최근 인지이론 및 연구의 일반적 경향은 정보전달자와 의사결정자로서의 인간의 한계를 강조한다.

Tversky and Kahneman(1974)은 인간이 정보를 평가하고 결론을 내리는데 있어서 실수를 저지를 가능성을 높이는 많은 특정한 편견을 제시한다. 이것은 Nisbett와 Ross(1980)에 의해 추론적 오류의 두 가지 공동원인으로 일반화된다. 그 원인은 첫째, 단순한 전략을 과도하게 사용하거나, 과학적 분석의 핵심인 논리적· 통계적 규칙을 사용하지 못한 것, 둘째, 행동을 행위자의 기질 탓으로만 돌리거나, 행동의 상황적 결정요인을 무시하려는 경향 등이다.

인지심리학은 인간의 인지적 한계를 강조하고 있음에도 불구하고, 여전히 인간이 자신의 세계를 인지, 해석, 지각하는데 적극적으로 참여한다는 것을 인정한다. 반면 최근까지 사회학자들은 구조적 요인의 결과를 중시한다. 따라서 인간을 자신의 사회체계 및 역할의 요구에 순응하는 수동적 존재로 본다. 최근 이러한 과다 사회화 이론을 시정하기 위해 "정체성 이론"이 등장한다. 이 이론은 사회적 구조를 창조, 유지, 변화시키는 적극적· 사유적 자아에 대해 새롭게 관심을 보이는 이론이다(Burke and Reitzes,1991).

정체성은 사람들이 어떤 역할에 자신을 귀속시키는 "공유된 사회적 의미"이다(Burke and Reitzes,1991:242). 이 정체성은 사회적 카테고리에 놓여있는 행위자에 의해서 사회적으로 생산되며, 이 카테고리 하에 있는 다른 사람과 상호주관적으로 상호작용할 때 생겨난다. 이것은 특정한 상황에서 획득된 "자기의미"이며, 상징적으로 규정되고 사유적으로 관리된다. 사회적 정체성을 구축하고 유지시킴으로써 인간은 사회적 상황에서 행동하기 위한 개별적 · 독자적 기반을 확보할 수 있게 된다.

2. 신제도주의 이론과 조직

초기의 제도주의 이론을 보완하려고한 시도가 신제도주의 이론을 낳았다. 신제도주의 이론은 여러 가지 점에서 초기의 제도주의 이론 보다 새로운 강조점과 통찰력을 지니고 있는 것으로 평가된다. 그러나 제도를 강조한다는 점에서 내용상 과거의 제도주의와 큰 차이는 없다. 심지어 이 들 사이의 관련성을 부인하는 사람도 있다. 신제도주의는 크게 세부류로 나뉘어서 전개된다. 경제학의 신제도주의, 정치학의 신제도주의, 그리고 사회학 혹은 조직이론 신제도주의가 그것이다. 신제도주의라는 명칭을 사용하고 있지만 이들 사이의 관련성은 별로 없다. 최근 이들을 통합하려는 시도가 있지만 아직 미미한 수준이다.

1) 경제학의 신제도주의

경제학의 신제도주의는 경제적 교환을 규제 · 관리하기 위해 발전된 규칙 및 거버넌스 체계를 제도로 본다. 따라서 제도의 발전은 이러한 규칙 및 거버넌스 체계를 어떻게 고안하고 발전시켰는지의 여부에 달려있다고 한다. 경제적 교환은 많은 수준에서 일어난다. 전체 경제 수준에서 이루어지기도 하고, 개별 산업 및 조직 수준에서 이루어지기도 한다. 이 모든 수준에는 거기에 맞는 교환 규칙 및 거버넌스 체계가 필요하다. 경제학 신제도주의는 이 규칙과 체계를 규명하고자 한다. 전체 경제 수준의 교환 거버넌스는 주로 경제사학자들(가령 North, 1990)에 의하여 다루어졌고, 개별 산업체계의 거버넌스는 산업경제학자들(가령 Stigler, 1968)에 의해서, 그리고 개별 조직의 거버넌스 체계는 조직경제학자들에 의해서 다루어졌다(이에 관한 상세한 사항은 제 10장을 참조할 것). 이러한 모든 연구가 경제학의 신제도주의로 간주될 수 있지만, 경제학의 신제도주의는 특히 기업수준의 구조에 초점을 맞추는 것을 특징으로 하고 있다.

경제학의 신제도주의를 탄생시킨 선구자적 이론가는 Ronald Coase(1937)이다. "The Nature of the Firm"라는 논문에서 Coase는 어떤 경제적 교환이 시장 메카니즘을 따르지 않고 규칙 및 계층제적 메카니즘을 포함한 거버넌스 구조하에서 이루어진다는 사실을 지적하고 그 이유를 밝히고자 한다. Coase(1937)는 그 이유로 시장 메카니즘에 따른 비용 때문이라고 한다. Coase에 따르면 시장교환은 필연적으로 거래비용을 발생시킨다고 한다. 시장교환이 불확실하기 때문에 발생하는 비용이다. 시장 교환의 당사자들은 불확실성을 해소하기 위해 계약을 성립시키는데 이 계약 때문에 비용이 발생한다. 거래비용은 이 계약 때문에 발생하는 비용이다. Coase에 따르면 기업이 등장하는 이유는 이 비용에 대처하기 위해서라는 것이다(Coase,1937:389).

이 통찰력은 거의 사용되지 못했다. Coase의 논문은 1970년대 Oliver Williamson에 의해 부활될 때 까지 주목을 받지 못했는데, Coase의 말을 빌리면 "인용은 많이 되었지만 사용은 거의 되지 않았다"는 것이다. 따라서 Williamson은 Coase의 주장에 조건을 달고, 그것을 정교화 시킨다. Williamson(1975,1985)에 따르면 거래비용은 다음과 같은 두 가지 조건이 결합할 때 더욱 증대된다고 한다. 제한된 개인의 합리성이 복잡성 및 불확실성 상황에 직면할 때, 그리고 개인의 기회주의가 경쟁 당사자가 없는 상황(독점적 상황)에 놓이게 될 때이다. 이 두가지 경우에 개인은 더욱더 제한된 합리적 결정을 하고, 기회주의적 행동을 하게 된다는 것이다. 이 경우 거래는 시장을 벗어나게 되고, 조직 프레임워크로 들어오게 된다. Williamson은 시장 대 기업 비교를 넘어서 다양한 형태의 "거버넌스 체계"를 구상함으로써 Coase의 논의를 뛰어넘고 있다. 즉 Williamson에 따르면 거래비용의 문제를 극복하기 위해서 거버넌스 체계는 시장에서 프랜차이즈나 동맹 같은 하이브리드 형태로, 그리고 나아가서 인수합병 및 다사업부제 기업과 같은 계층제적 형태로 확대된고 한다(Williamson,1985,1991).

따라서 신제도주의 경제학은 게임의 제도적 규칙, 가령 관습, 법, 정치 등의 기원 및 변화라는 거시적 문제보다는 대안적 거버넌스 체계, 즉 시장, 하이브리드, 계층제 등이 거래비용을 낮춘다는 "비교적 유효성"을 강조한 미시 분석적 문제에 초점을 맞추고 있다.

2) 정치학의 신제도주의 : 역사적 제도주의와 합리적 선택 제도주의

정치학의 신제도주의는 부분적으로 20세기 중반까지 정치학을 지배한 행태주의[15]에 대한 반발로 탄생하였다. 그러나 정치학의 신제도주의는 두개의 분명한 캠프로 구분된다. 역사적 제도주의와 합리적 선택이론이 그것이다.

역사적 제도주의는 많은 점에서 정권과 거버넌스 메카니즘을 자세히 분석한 20세기 초 제도이론과 연결된다. 역사적 제도주의의 대표적 인물로는 March와 Olsen(1984, 1989), Hall(1986), 그리고 Skocpol(1985,1992) 등을 들 수 있다. 이들에 따르면 정치적 행동을 구축하는 가장 중요한 요인이 제도라고 한다. 제도는 공식·비공식 규칙 및 절차를 말하는데, 이것이 정치적 행동을 구축하는데 영향을 미친다는 것이다(Thelen

15) 경험(실험을 포함한)을 통한 체계적인 관찰을 통하여 획득된 객관적 증거를 중시하는 사회과학의 방법론.

and Steinmo,1992: 2). 제도가 형성되는 방식은 국가마다 차이가 있는데, 각 국가가 지닌 역사적 과정이 다르기 때문이다. 역사적 제도주의는 바로 이러한 제도가 만들어지는 역사적 과정과, 그로인한 각 국가의 정치적 행동의 차이를 규명하고자 한다.16)

역사적 제도주의에 따르면 제도란 결코 개인 선택 및 행동의 총체적 결과가 아니다. 우연한 계기에 의해서 만들어지고, 역사적 과정을 통해 일정한 경로를 따라 후세에 전달되는 것이다. 관습이나 전통에 의하여 만들어지는 비공식적 제도도 있고, 법이나 규칙에 의하여 만들어진 공식적 제도도 있다. 중요한 것은 이 제도가 국가마다 차이가 난다는 것이다. 형성된 역사적 과정이 국가마다 다르기 때문이다. 이러한 점에서 제도는 계획되거나 의도된 것이 아니라 예견치 않은 혹은 구속된 선택의 결과이다. 제도가 형성되는 과정도 해결책으로 빨리 옮겨가는 능률적 과정이 아니라, 불명확하고 상황의존적인 과정이다(March and Olsen,1984:737).

역사적 제도주의는 정치적 행위자의 행동을 유발하는 능력과 선호가 커다란 제도적 틀의 일부로 이해되어야 한다는 점을 강조한다. 그러한 점에서 역사적 제도주의는 사회구성주의 이다(Krasner,1988:72). 개인의 선호는 인정되지 않으며, 개인이 선택을 결정한다기 보다는 선택의 결과가 된다는 것이다. 제도가 행동을 결정지으며, 그것에 힘을 부여한다. 따라서 개인의 정치적 행동을 분석하기 위해서는 한 국가의 제도를 세세하게 분석하면 된다. 제도가 개인행동에 강력한 영향을 미치기 때문이다. 제도가 개인행동의 아젠다, 관심, 선호, 행동방식을 결정짓는다는 것이다.

역사적 제도주의자들은 정치체제가 "외부"이익이 경쟁하는 중립적 장소가 아니라 독자적 이익 및 편의를 낳고, 거래에 강력한 영향을 미치는 복잡한 형태라고 한다. 이 정체체제 중 가장 중요한 것이 국가이다(Skocpol,1985참조). 문제는 이러한 국가의 역할이 국가마다 차이가 난다는 점이다. 어떤 국가는 국가의 힘이 강력한 반면, 다른 국가는 힘이 약하다 이 처럼 국가의 힘이 차이가 나는 것은 각 국가가 겪고온 역사적 과정이 다르기 때문이다.17) 따라서 역사적 제도주의는 역사적 구축의 기원에 관심을 기

---

16) 역사적 역사적 제도주의자들에 따르면 정치제도는 계급과 같은 다른 사회구조로부터 파생된 것이 결코 아니라고 한다. 오히려 사회적 현상에 독자적으로 영향을 미치는 것이라고 한다.

17) 이러한 사실에 착안하여 Dobbin(1994)은 영국, 프랑스, 미국의 철도의 발전에 대한 역사적 사실을 분석한다. 그리고 다음과 같은 결론을 내린다. 역사적으로 형성된 제도적 차이가 이들 세 국가가 19세기에 서로 다른 철도 시스템을 갖게하는 결정적인 계기가 되었다는 것이다. 영국의 경우 개인의 권리를 정치적 질서의 근원으로 보는 역사적 전통이 강한 나라이다. 따라서 철도가 집중되는 것을 문제로 보며,민간 철도업자 사이의 경쟁을 유도한다는 것이다. 프랑스의 경우 강력한 중앙정부를 정치적 질서의 근원으로 본다. 따라서 집중화가 안되는 것이 오히려 문제가 된다. 따라서 정부가 통제하는 국가철도체제를 수립하고 있다. 반면 미국

울인다. 개인이 이러한 구축을 이루기는 하지만 의도적으로 그것을 구축하는지는 알 수 없다. 분명한 것은 현재의 선택과 가능성은 과거의 선택에 의해 구속되고 조건지어진다는 것이다(Skowronek,1982 참조). 이것을 경로종속(path dependency)이라고 한다.

두 번째 캠프는 합리적 선택이론이다. 대표적 인물로는 Moe, Shepsle, 그리고 Weingast 등을 들 수 있다. 합리적 선택이론가들은 경제학의 신제도주의 처럼 제도를 거버넌스 혹은 규칙체계로 본다. 즉 이들은 경제학의 신제도주의 처럼 제도를 사람들이 자신의 이익을 추구하고 보호하기 위해 수립한 합리적으로 구축된 건축물로 보고 있는 것이다. 차이는 한 쪽은 경제제도, 다른 쪽은 정치제도를 연구대상으로 삼고 있다는 것이다.

합리적 선택이론은 경제학의 신제도주의, 즉 Williamson의 거래비용 접근과 Alchian and Demsetz(1972)의 기관이론(제 10장 참조)을 정치체제 연구로 확장한 것이다. 정치적 행동을 설명하기 위해 경제적 모델을 도입한 초기 주창자 중 한사람인 Tullock(1976)에 따르면 투표자와 고객은 본질적으로 같다고 한다. Mr.Smith는 물건을 사고, 투표한다. 그는 슈퍼마켓이나 투표소에서 같은 사람이다(Buchanan and Tullock,1962 참조). 또한 Moe(1984)는 경제학자로부터 채택한 패러다임을 조합할 중요한 요소들을 열거한다.

> "조직의 계약적 본질, 가령 시장 대 관료제, 거래비용, 구조의 합리성, 개인주의적 설명, 그리고 경제적 분석방법, 신고전적 경제학의 개념인 최적화, 한계성, 평균 등은 합리적 선택 제도주의에서도 핵심적으로 작동한다."(Moe,1984:750)

정치학자들은 경제조직 설명을 위해 개발된 경제모델이 정치체제에 적용되기 위해서는 수정되어야 한다는 점을 인정한다. 그러나 많은 기본적인 문제는 같다고 한다. 공공조직이 존재하는 이유, 거버넌스 메카니즘이 존재하는 이유, 그리고 정치적 지도자를 선거로 뽑는 방법 등에서 경제모델과 정치모델은 크게 다르지 않다는 것이다.

합리적 선택이론가들은 정치현실에서 사회적 선택은 결코 혼란스럽지 않다고 한다. 그들은 매우 안정되어 있다는 것이다. 제도가 수행한 독특한 역할 때문이다. 따라서 이 역할을 정확히 이해하면 되고, 보다 근본적으로는 제도가 처음 어떻게 탄생되었는지를 알면 된다고 한다(Moe,1990a:216). 정치적 선호는 제도에 의하여 결정되고, 안정적이

은 지방자치와 자립적 규칙을 정치적 질서의 근원으로 본다. 따라서 철도조직은 주 마다 다르게 운영되고 있다.

기 때문에 그것만 알면 정치적 선호를 쉽게 알 수 있게된다는 것이다.[18]

그러나 합리적 선택이론가들은 정치제도의 독특성을 설명하는데 있어서 의견을 달리한다. Weingast(1989)는 정치란 사람과 다르다고 한다. 정치에서 행위자들은 시장교환에 단순히 참여하는 것이 아니라 다수결의 원리와 같은 어떤 틀(규칙) 내에서 결정을 한다고 한다. Shepsle(1989)은 정치체제의 가장 중요한 임무는 "소유권을 지니는 것," 즉 능률적 경제조직을 만들기 위해 규칙체계를 어떻게 수립할 것이냐의 문제라고 한다. Moe(1990a)는 정치적 결정은 근본적으로 공공권위의 행사에 관한 것이어서 강제적 권력이 쉽게 작동한다는 점에서 독특하다고 한다. 이들 연구자들은 집합적 문제의 합리적 해결책으로서 의회 위원회의 독특한 권력(Shepsle and Weingast,1987)과[19], 정부관료제의 비능률(Moe,1990a;1990b)을 설명하고자 한다.

이상의 정치학의 신제도주의의 두 캠프는 정치생활에서 제도의 중요성을 인정한 것, 정치제도의 특성을 규명하고자 한 것, 그리고 이것이 인간행동에 중요한 영향을 미친다는 것을 설명하고자 한 것 이외에는 공통점이 없다. 역사적 제도주의자들은 합리적 선택이론가들이 주장한 합리성의 가정을 비현실적인 것으로 거부한다. 인간은 결코 합리적인 방식으로 의사결정을 하는 것이 아니라는 것이다. 역사적 제도주의자들은 또한 이익과 선호를 외재적인 것으로 보는합리적 선택 제도주의를 비판한다. 이익과 선호는 외부에서 주어진 것이 아니라 제도에 의하여 영향을 받는 것이라는 것이다. Thelen과 Steinmo(1992)는 역사적 제도주의 입장을 다음과 같이 대변한다.

> "역사적 제도주의는 정치적 행위자들이 자신의 목적을 달성하기 위해 전략적으로 행동한다는 합리적 선택이론과 다툴 이유가 없다. 그러나 그렇게 내버려 두기에는 어딘가 문제가 있어 보인다. 무슨 이익을 극대화해야할지, 무슨 목적을 더 추구해야할지를 결정하기 위해서는 역사적 기반을 둔 분석이 필요하기 때문이다."(Thelen and Steinmo,1992:9)

결국 어떤 이익이나 목적이 주어질 때 역사적 제도주의자들은 인과관계의 원인과 결과를 중시한다. 똑같은 이익이라 해도 전혀 다른 구조에서 그 이익이 발생할 수 있

---

18) 합리적 선택이론가들이 주장한 공통의 생각은 경제조직과 정치적 제도는 똑같은 방식으로 설명된다는 것이다. 제도가 특정한 형태를 구조하고 결정하는데, 이로 인해 집합적 행동문제가 해결되고, 거래로부터 이익을 얻을 수 있기 때문이다(Moe,1990a: 217-218).

19) 의회의 결정은 법적으로 본회의에서 통과되어야 이루어지지만 일반적으로 상임위원회를 통과하면 결정이 이루어진 것으로 본다는 비공식적 규칙이 작동한다.

고, 똑같은 구조라 해도 다른 이익과 선택이 생길 수 있기 때문이다.

3) 사회학의 신제도주의(신제도주의 조직이론)

조직연구에 제도적 주장을 도입한 중요한 시도는 조직행동이론을 제안한 Silverman (1971)이다. Silverman은 상황이론과 Parsons-Selznick의 구조기능주의를 포함한 지배적인 조직모델이 지나치게 안정, 질서, 그리고 기술적 능률 만을 추구한다고 비판한다. Durkhelm, Schutz(1962), Berger and Luckman(1967), 그리고 Goffman(1961)에 크게 영향을 받은 Silverman은 조직에 관한 현상학적 견해를 제시한다. 의미체계와, 이것이 사회적 행동으로 구축되는 방식에 초점을 맞추고 있는 것이다. 즉 의미체계에 의하여 구축된 제도가 개인의 행동을 구축한다는 것이다. 이러한 점에서 Silverman은 개인의 행동을 사회적 행동으로 본다. 사람들은 제도라는 세계에서 벗어난 행동을 결코 하지않는다는 것이다. 개인의 행동은 사회적 행동의 일부가 된다는 것이다. Silverman은 자신의 행동접근과 기존의 "체계적" 관점을 다음과 같이 비교한다.

> "체계적 접근은 사회체계의 특징을 반영하는 것으로 보려는 성향이다. 즉 행위자 외부에 존재하면서 행위자를 구속하는 일련의 비개인적 과정으로 보려는 것이다. 반면 행동이 인간의 자신 및 다른 사람의 행동에 부여한 의미로부터 나온다는 것을 강조한 행동이론은 인간이 자신의 현실을 사회적으로 구축한 방식에 구속된다는 것을 주장한다"(Silverman, 1971:141).

Durkheim의 통찰력을 받아들인 Silverman은 의미가 개인의 마음에서 뿐만 아니라 사회제도에 내재한 객관적인 "사회적 사실"에서도 작동한다고 주장한다. 조직 환경은 자원의 공급원 및 산출목표로서 뿐만 아니라 조직구성원들의 의미의 원천으로서도 작용한다. 이러한 Silverman의 조직이론 비판과 재정립 시도는 미국보다는 유럽 학자들에게 더 큰 영향을 미쳤다(Burrell and Morgan,1979 참조). 나아가서 후속연구를 통해 Silverman은 조직구성원의 공동의 상황에 대한 현상학적 설명과 관련된 다양한 의미 및 논거를 강조한 민속방법론으로 자신의 관심을 바꾸게 된다.

이러한 Silverman의 주장을 근거로 제도이론을 조직사회학에 도입하려는 많은 시도가 이루어졌다. 그 중 두편의 논문이 조직사회학 연구에서 신제도주의 등장을 알리는 기폭제가 되었다. Meyer와 Rowan(1977)과, Zucker(1977)의 논문이 그것이다. 이들 논문들은 Silverman과 마찬가지로 제도에 대한 Berger와 Luckman의 개념에 근거한다. 제도의 규범적 측면을 강조한 Merton, Selznick, 그리고 Parsons의 초기제도주의 주장과 달리 Berger와 Luckman은 인지적 차원을 강조한다.

Meyer와 Rowan은 제도를 문화적 규칙으로 본다. 이 규칙은 전문가, 국가, 매스미디어의 행동을 통해 합리화되며, 보다 다양한 형태의 조직을 발전시키는 역할을 한다. 조직은 그 동안 많은 사람들이 주장했던 것처럼 기술적 합리성이 정교화 됨으로써 생겨나는 것이 아니라 문화적 규칙의 합리성이 증대됨으로써 생겨난 결과라는 것이다. 그리고 이 문화적 규칙이 조직을 만드는 독자적 기반이 된다는 것이다. Meyer와 Rowan은 보다 큰 제도적 환경에서 문화적 규칙이 조직의 형태 변화에 미치는 영향을 강조한다.

Meyer와 Rowan이 제도의 거시적 측면을 발전시킨데 반해, Meyer의 제자인 Zucker는 제도의 미시적 측면을 강조한다(Zucker,1991). 즉 Zucker는 행동에 영향을 미치는 인지적 신념의 힘을 강조하고 있는 것이다.

> "사회적 지식은 제도화되면 하나의 사실, 즉 객관적 현실이 되며, 그것을 근거로 사람들에게 영향을 미친다."(Zucker,1977:726)

DiMaggio와 Powell(1991), 그리고 Meyer와 Scott(1983) 등 다른 영향력 있는 학자들도 사회학의 지배적 경향인 거시적(환경적) 관점을 발전시킨다. DiMaggio와 Powell은 제도적 결과가 조직의 장을 통해 확산되는 중요한 메카니즘인 강제적, 모방적, 그리고 규범적 메카니즘을 제시한다. DiMaggio와 Powell은 이러한 메카니즘을 통해 모든 조직이 동질적(isomorphism)이 되는 과정을 설명한다. Meyer와 Scott은 모든 조직이 기술적 및 제도적 힘에 의해서 만들어짐에도 불구하고 조직에 따라서 이 두 가지 힘이 다르게 작용한다는 것을 제시한다.

사회적 제도에 합리적 선택이론을 도입한 사회학자들도 있다. 이들의 가정과 접근법은 경제학 및 정치학에서 사용한 합리적 선택이론과 매우 유사하다. 이들의 숫자와 영향력은 아직 낮지만 Coleman과 Hechter와 같은 저명한 사회학자들이 여기에 참여하고 있다(Scott,1995:31).

3. 미국기업 전략에 대한 제도적 분석

제도이론의 많은 통찰력은 기업이 자신의 활동과 자신이 처한 환경을 어떻게 통제하는가 하는 문제로 옮겨가면서 더욱 정교해진다. 1880년부터 1980년까지 100년간 미국 기업환경에 대한 역사적 분석을 통하여 Neil Fligstein(1990)은 미국기업의 전략에는 제도주의의 논리가 담겨있었음을 간파하고, 그것의 동적 요소를 밝혀내고자 한다.

Fligstein의 핵심적인 이론적 도구는 통제의 개념이다. 즉 통제란 기업이 자신의 경쟁력 문제를 어떻게 해결하고, 그것을 조직의 장에 반영하는가 하는 관점이다(Fligstein, 1990:12). 이것은 대기업의 제도적 환경에 스며든 규범적 개념이다. Fligstein에 따르면 지난 100년 동안 통제에 대한 다음과 같은 4가지 중요한 개념이 있었다고 한다.

i) 경쟁에 대한 직접적 통제
ii) 생산 통제
iii) 판매 및 마케팅 통제
iv) 재정 통제

이 개념은 각각 거기에 맞는 기업전략과 구조를 필요로 한다. 첫 번째 통제인 직접적 통제 하에서 기업은 공격적·약탈적 가격 책정에 참여하고, 카르텔과 독점을 수립하기 위한 실제를 교환한다. 통제의 두 번째 유형인 통제의 생산개념은 불법적인 경쟁적 실제하에서 생산과정을 안정화하고, 공급과 배분 네트워크를 통제하고자 하는 전략을 말한다. 여기에는 생산단위를 수직적으로 통합하려는 것을 포함한다. 통제에 대한 세 번째 유형인 판매 및 마케팅 통제는 생산의 수요 측면을 강조한 것이다. 여기에서 핵심적 문제는 판매와 광고 전략을 통해 시장을 개척, 창출, 장악하려는 것이다. 네번째 통제 개념은 재정통제이다. 이것은 현재의 지배적인 통제 전략으로서 합병과 기업 구조조정과 같은 재정적 메카니즘을 사용하여 수익률을 극대화하려는 것이다.

제도이론의 입장에서 볼 때 한 개념에서 다른 개념으로 이동하는 것과 합리적·능률적 조직구조 및 전략으로 옮겨가는 것 사이에는 반드시 일정한 관계가 있는 것은 아니라는 것이다. 경제적 상황의 변화(가령 1930년대의 대공황)나, 국가의 규제 노력(독점금지법)의 증가, 조직 내의 경쟁적 힘(가령 생산 대 마케팅 및 판매부서), 그리고 조직 성공의 비결에 대한 지배적 개념 등에 의해서 그 관계가 결정된다.

일단 특별한 개념이 조직의 장에서 제도화되면 경제적 성과와 상관없이 그 개념은 벤치마크와 표준이 된다. 가령 통제에 대한 재정적 개념의 성공은 인수합병을 통한 성장의 근거가 되었다. 이 점과 관련하여 Fligstein(1990:18-19)은 다음과 같이 주장한다.

> "성장을 위해서 관련없는 기업을 인수합병 하는 전략이 대기업 모집단(인구)에서 확산되었다. 그러나 대부분의 경제학 연구에 따르면 인수합병은 실제 더 높은 수익을 보장하지는 않았다는 것이다."

그럼에도 불구하고 이 전략을 채택한 것은 인수합병을 통해 얻어지는 성장과 기업의 명성증대 때문이었다. 경쟁자들이 이 전략을 구사하기 시작하자 이것은 곧 제도적 신화로 자리 잡았고, 가장 좋은 기업 전략으로 받아들여지게 되었다.

최근 다른 수치 게임이 기업 전략과 행동의 표준이 되고 있다. 즉 가치 증가가 새로운 성공척도로 부상하고 있다는 것이다.[20] 이를 위해 창조적인 재정 회계실제가 기업전략의 핵심이 되고 있다. 관찰자들에 따르면 1990년대 내내 많은 기업에서 R&D 혹은 인수합병과 관련된 비용, 혹은 장기계약과 관련된 수입을 일시에 떠안음으로써 미래의 수입을 증가시키려는 경향이 늘어나고 있다고 한다. 이를 위해 비용과 수입을 일정한 기간에 분산시키는 회계기법 보다는 성장 잠재율을 높게 평가하는 회계기법이 더 많이 사용되고 있다는 것이다. Business Week는 이러한 공통적이지만 의문이 많이 남는 재정실제를 보도하면서 이러한 전술을 가속화시킨 환경적 압력을 지적한다("Who can you trust?" Business Week, October 5, 1998:136).

제도이론의 기본적인 특징은 조직이 왜 특별한 실제나 관례를 고수하려는 하는지를 밝혀내는 것이다. 제도이론에 따르면 조직이 관례나 실제, 즉 제도를 고수하려고 하는 것은 그것이 조직목표 달성을 위한 최선의 수단이기 때문이 아니라 제도적 신화를 따르려하기 때문이라는 것이다. 그 과정에서 조직은 엄청난 손실을 볼 수 있다. 가령 어떤 기업은 지배적인 재정적 개념(즉 지배적 제도)을 따르려고 잘못된 인수, 합병, 조작적 회계실제 전략을 채택할 수도 있다. 그 결과 조직의 실패를 가져올 엄청난 부담에

20) 최근 이 4가지 개념 이외에 한가지가 더 추가된다. 가치통제이다. 이 가치통제를 기본으로 하는 경영이 가치중시경영이다. 기업경영의 최우선순위를 가치창출에 두는 것을 말한다. 경영의 초점을 매출액 증대나 시장점유율 확대, 단순한 적정이익 확보에 두는 것이 아니라 중장기적 가치에 초점을 두는 것이다. 가치중시경영은 특히 진정한 이익이라고 할 수 있는 '현금흐름(Cash Flow)'을 장기적으로 최대화하는 것을 목표로 한다. 이를 위해서는 미래의 현금흐름 예상치를 현재의 가치로 계산해 경영관리지표로 만든다. 따라서 가치경영은 현금흐름을 최대화하기 위해서 기업의 성과측정과 의사결정과정을 명확히 하는 것을 목표로 한다. 요컨대 기업경영의 근본으로 돌아가 외형적 성장이나 장부상의 이익이 아니라 실질적 이익이 나도록 경영을 혁신시킨다는 것이다. 가치중시경영을 위해서는 기업이 창출한 가치가 시장에서 정확히 평가되어 투자자들의 이익이 적정수준으로 보장되어야 한다. 이를 위해서 '부가시장가치(MVA:Market Value Added)'와 경제적부가가치(EVA: Economic Value Added) 개념이 중시된다.'부가시장가치(MVA)'는 기회비용의 관점에서 기업이 투자자의 금액을 얼마나 효과적으로 활용하여 부가가치를 높였는가를 나타내는 것이다. '경제적부가가치(EVA)'는 기업이 벌어들인 영업이익 가운데 세금과 자본비용을 뺀 금액, 즉 투하된 자본과 비용으로 실제로 얼마나 이익을 냈는가를 측정하는 것이다.

시달리게 된다. Jeffrey Pfeffer는 자신의 저서 「The Human Equation (1998)」에서 이러한 사실을 지적하고 있다.

"지난 10년간 많은 정교한 연구들이 특정산업과 전 산업에 걸친 많은 조직 표본에서 실시되었다. 여기에서 나온 많은 결과들은 조직이 높은 참여, 높은 성과 실제라 불리는 것들을 실행함으로써 많은 수익을 얻을 수 있다고 한다. 그러나 이 연구결과가 쌓여감에 따라 많은 예에서 볼 수 있는 것 처럼 실제의 관리 관행의 경향은 연구결과가 제시한 것과 전혀 반대의 방향으로 나아가고 있다는 것이다.

많은 기업들은 인간제일주의로 나아가기 보다는 생산적이지 않는 수단과 장소에서의 경쟁적 도전, 즉 올바른 경쟁적 틈새를 찾는 것, 자신의 이익을 삭감시킬지도 모르는 다운사이징과 아웃소싱 등을 위해 자신의 자산을 사고파는 것 등을 통해 해결책을 모색하고 있다는 것이다."(Pfeffer, 1998: xⅤ)

4. 제도주의 이론에 대한 비판

이상에서 논의된 제도주의 이론은 크게 두가지 관점에서 비판을 받는다. 첫째, 제도이론은 조직이 자신의 자유의지를 행사하거나, 자신을 지속적으로 변화 내지 개혁시키는 일을 하지못한다는 것을 전제로 한다는 것이다. 대신 제도이론은 조직이 행동유형을 규칙화하고, 예측력과 정당성을 증가시키는 표준운영절차, 가치 및 전제에 의해서 제한을 받는다는 것을 강조한다. 따라서 제도는 상황, 요구, 조건의 변화보다는 완고성과 관성으로 조직을 설명하고자 한다. 제도이론은 조직의 지속성, 내구성, 안정성을 기본 논제로 한다는 것이다.

제도이론은 조직관례, 관행, 신성화된 실제 등을 강조한다. 이들은 어디에나 있으며, 조직행동을 제한하는 요인이다. 제도이론은 이러한 엄격성의 원인을 이해하고자 한다. 그러나 조직이란 변하기 마련이다. 조직은 주기적으로 구조조정, 혁신, 재수정되며, 기존의 절차와 방법을 폐기처분한다. 그렇다면 제도이론은 모든 조직의 특징인 긴장과 변화를 이해할 수 없는 것인가?

이 문제에 접근할 수 있는 한 가지 방법이 제도화의 역과정, 즉 탈제도화(deinstitutionalization)를 살펴보는 것이다. Christine Oliver(1992:564)는 탈제도화를 "제도화의 정당성이 붕괴내지 단절된 과정"이라고 정의한다. Oliver(1992)에 따르면 조직은 두가지 요인에 의하여 탈제도화 과정을 겪는다고 한다. 내부적 결정요인과 환경적 결정요인이 그것이다. 내부적 결정요인이란 조직구성원의 신규채용, 생산성 하락, 권력이동, 조직구조의 다양화 혹은 합병 등과 같이 조직 내에서 압력이 일어날 때 나타나는 탈제도화 현상이다. 조직에서 흔히 일어나는 이 사건은 조직 및 행동의 제도적 유형에 위협을 가하거나 의문을 갖게 해 변화를 자극한다. 환경적 결정요인은 경쟁 증대, 환경적 소용돌이, 정부규제의 변화, 여론의 변화, 극적인 사건 혹은 위기, 과업환경의 변화 등에 의하여 탈제도화가 진행되는 것을 말한다. 이처럼 조직은 내, 외부적 결정요인에 의하여 제도화가 무너지는 과정을 겪으며, 그러한 점에서 조직의 변화는 불가피하다는 것이다. 제도주의 논의로는 이러한 것을 결코 설명할 수 없고, 이러한 점에서 제도이론은 한정적이라는 것이다.

제도이론에 관한 두 번째 비판은 제도이론이 인간을 이해와 의도를 지닌 적극적 행위자로보지않는다는 것이다. 제도이론은 인간행위자들이 행동을 하는데 있어서 규칙화된 행동유형, 관례, 전통, 가치관을 따른다고 한다. 즉 제도이론은 인간 행위자들이 제도화된 행동유형을 따르는 것을 더 중요하게 생각한다는 것이다. 따라서 제도이론은 제도적 장치를 만드는데 기여한 집단 및 분파의 중요성을 무시한다. 탈제도화와 탈정당화 상황에서 조직 내의 어떤 행위자들 혹은 집단은 기존의 오래된 관행에 도전한다. 그들에게 탈제도화는 “변화역군”이다. 그럼에도 불구하고 제도이론은 이러한 측면을 간과하고 있는 것이다.

Paul Colomy(1998)에 따르면 최근 제도변화 분석에 “인간요인”이 다시 도입되고 있으며, “제도적 기업가”(institutional entrepreneurs)의 역할이 다시 검토되고 있다고 한다. 제도적 기업가란 제도의 규범적, 인지적, 규제적 측면을 변화시키는데 관심을 기울이는 사람이나 집단을 일컫는다. 제도적 기업인은 조직시스템을 탈정당화 및 탈제도화 시킬 수 있는 사람들이다. Colomy에 따르면 이들은 대안적 장치 및 절차를 선호하고, 기존의 제도적 제약 상황에서 전략을 포함한 프로젝트에 따라 자신의 활동을 조직하는 사람이라고 한다. 이 프로젝트는 기존의 목표, 가정, 습관, 관행 등에 비판을 가하며, “동기의 어휘”내에서 이 비판을 조직하게 된다. 제도적 기업인은 문제를 해결하기 위해서 광범위한 프로그램을 발전시킬 수 있는 혁신적인 제도화된 문제해결 틀을 제시한다. 제도적 기업인은 제도적 실제를 비판적으로 평가하기 위한 기준으로 기존의 문화체계를 자주 사용한다(Colomy,1998:272-273).

조직을 변화시키려는 행위자에 의해 제도적 규범과 문화가 하나의 자원으로 사용된는 예가 있다. 제도적 기업가들은 비능률적이고 비효과적으로 밝혀진 “합리화의 신화” 방법 및 절차를 개혁함으로써 자기 나름대로의 제도적 분석을 수행한다. 기존의 장치는 폐기처분되고, 새롭게 제안된 기법이 채택된다. Colomy에 따르면 대부분의 경우 기존 실제의 탈정당화와, 대안적 장치의 정당화는 서로 보완적 과정이라고 한다(Colomy,

998:276).

그러나 이러한 제도화 변화과정을 수행하는데 있어서 변화 역군들은 반대와 저항에 부딪치지 않을 수 없다. 제도적 기업인이 기존 장치를 변화시키는데 관심을 두는 것과 마찬가지로 이것을 보존하는데 관심을 기울이는 조직구성원과 집단이 있다. 조직구성원에 따라 변화가 물질적 자원, 작업 안정성, 위신, 정체성 등을 위협하는 것으로 보일 수 있다. 이러한 상황에서 조직 갈등과 긴장은 이들 사이의 생각의 제도적 경쟁으로 발전하게 된다. Colomy는 조직변화를 둘러싼 이러한 적대적 관계를 기술하기 위하여 Karl Polanyi의 “이중 움직임”(double movement)의 개념을 사용한다. 한쪽 움직임은 변화를 주도하는 세력이고, 다른 쪽 움직임은 기존의 실제와 장치를 보존하고자 하는 “반동적” 움직임이다. 이러한 상황에서 근본적 변화란 어렵다. 기존의 제도적 장치를 수용하는 선에서 변화가능성이 모색되어야 한다. 이것이 Colomy가 주장하고자 하는 “미시적 시정조치”(micro corrective)이다. 제도이론에 도입된 Colomy의 “미시적 시정조치”(micro corrective)는 제도화와 탈제도화 분석에 인간적 요인과 이들의 관심이 중요하다는 사실을 지적한 것이다. 일단 시정이 이루어지면 조직은 갈등 및 긴장을 완화시킬 수 있으며, 대안적 조직으로 변하게 된다.

Section 5 정치-경제적 환경

조직과 환경 사이의 관계에 관한 마지막 논의는 조직의 행동을 결정하는 광범위한 조건을 제시하는 것이다. 광범위한 조건을 흔히 “거시적”환경이라 하는데, 정치-경제적 환경을 말한다. 일반적으로 정치-경제적 환경에는 경제적 생산과 관련된 이익을 창출하는 모든 생존 조건이 포함된다. 따라서 특정한 조건은 포함되지 않는다. 정치-경제적 환경을 분석하기 위해서는 정치적-경제적 접근이 필요하다. 정치적-경제적 접근은 자본의 경제적 활동을 결정하는 조건을 확인하기 위한 것이다. 여기에서 자본이란 이윤을 목표로 상품을 생산하는 기업, 공장, 산업의 사적인 재산을 포함한 집합적 카테고리이다. 정치-경제적 접근은 맑스주의 이론으로부터 영향을 받았다. 따라서 정치-경제적 접근의 기본요소는 자본(자본가 계급)과 노동(노동계급)의 사회적 관계이다.

1. 생산능력과 소비능력

자본주의 성장과 자본 축적에 필요한 두 가지 광범위하고 절대적인 환경적 조건이 있다. 생산능력과 소비능력이다(Amin,1976). 생산능력이란 자본가의 투자를 유인하는 정치-경제적 조건이다. 자본주의에서 자본을 투자하려는 사람은 투자에 따른 이익을 낼 수 있을 것이라는 확신을 가져야 투자한다. 반면 확신이 결여되면 투자도 없고, 따라서 성장도 약해진다. 이것은 공급 측면의 조건 혹은 유인책이다. 즉 자본가가 투자, 생산, 상품을 시장에 공급할지를 결정하는 중요한 요인인 것이다.

소비능력은 생산된 상품이 소비되거나 구매되는 조건이다. 경제의 수요측면이다. 기업이 이윤을 실현시키기 위해서는 충분한 수요가 있어야 한다. 누군가가 생산된 제품을 사주어야 한다는 것이다. 이 두 가지 능력이 투자와 이익실현을 낳게 하는 광범위한 환경적 조건이다.

그러나 이 두 가지 조건 때문에 근본적인 모순과 긴장이 생긴다. 한편으로 생산능력은 임금과 같은 비용이 낮은 수준을 유지해 자본가에게 투자에 따른 이윤 실현을 확보해 주어야 하고, 다른 한편으로 소비능력은 임금을 높여 생산된 제품을 구매할 수 있게 하여야 한다는 것이다. 공급측면에서의 낮은 임금과, 소비측면의 높은 임금이라는 이러한 패러독스는 경제위기와 자본주의의 세계화에 대한 신맑스주의 이론과 연결되어 있다.

2. 자본축적의 사회적 구조

자본축적을 설명하는 광범위한 정치-경제적 조건을 제시하는 것이 규제주의 이론(Aglietta,1979;Amin,1994)의 주요 연구과제이다. 이 이론에 따르면 한 국가의 산업조직은 그 국가가 지닌 역사적으로 특정한 계급관계, 경제적 규범, 그리고 정부개입의 형태와 밀접한 관계가 있다는 것이다. 이 규제 모델의 한 가지가 자본축적의 사회적 구조이다(Gordon, Edwards, and Reich,1982).

"자본축적의 사회적 구조란 자본가의 자본축적과정을 조직화한 특정한 제도적 환경을 가리킨다. 이 자본축적은 구체적인 역사적 구조에서 일어난다. 즉 한 시장에서 요소를 사고 재화와 서비스를 생산해 다른 시장에 그것을 파는 기업구조가 그것이다. 이 구조는 자본가의 자본축적 과정과 충돌하는 다른 사회적 구조의 영향을 받는다. 화폐 및 신용시스템, 경제에의 국가개입 유형, 계급갈등의 특성 등이 그것이다. 이러한 자본축적의 사회적 구조가

자본주의 발전 단계를 규정한다."(Gordon, Edwards, and Reich,1982: 9)

조직이론가들은 자본축적의 사회적 구조 개념을 사용하여 자본축적 및 발전의 역사적 단계를 설명한다. 그들에 따르면 자본주의는 성장과 침체를 교대로 생산시스템을 끊임없이 발전시켜 나간다고 한다. 이를 통해 자본축적의 사회적 구조가 탐색, 통합, 쇠퇴되는 과정을 알 수 있다.

탐색단계에서는 자본가들이 새로운 생산 및 조직방법을 시도한다. 탐색단계가 끝나면 뒤이어 통합단계가 시작된다. 통합단계는 생산관계를 조직하고 노동관계를 관리하기 위한 새로운 제도구축이다. 이 기간 동안 특별한 자본축적의 사회적 구조가 제도화된다. 그러나 자본축적의 사회적 구조가 쇠퇴하고 기업의 이익이 감소함에 따라 경제적 붐은 사라지고 쇠퇴단계가 시작된다. 이것은 불가피한 과정이다(Gordon, Edwards, and Reich,1982:10).

포드주의가 대표적인 예이다. 포드주의는 미국 경제가 대량생산으로 옮겨가 어셈블리라인의 생산기법을 도입하였던 탐색단계에서 발전하였다. 제2차 세계대전 말부터 1970년대에 포드주의 통합이 이루어졌고, 외국기업과의 경쟁 및 대안적 생산시스템의 발전으로 포드주의는 쇠퇴하기 시작했다.

3. 조직환경의 지리적 · 국가적 차이

자본축적의 사회적 구조는 자본축적이 시간의 차이에 따라 달리 나타난다는 것을 분석하기 위한 것이다. 그러나 자본축적의 사회적 구조는 시간적 차이 뿐만 아니라 국가간 공간적·지리적 조건의 차이에 의해서도 이루어진다. 가령 자원의존 이론은 조직의 전략과 변화가 자원에의 접근을 증가시키거나 줄임으로써 자본축적의 사회적 구조가 결정된다는 것을 가정한다. 자원 이용성이 지리적 단위 간에 차이가 있다면, 조직이 내릴 수 있는 전략은 당연히 보다 우호적 환경에 생산시설을 배치하는 것이다.

기업 입장에서는 비용이 적게 들고, 규제가 심하지 않으며, 노동력이 싼 (정치·경제적 환경) 시장이나 지역에 생산시설을 옮기려 한다. 이러한 정치·경제적 환경 특징을 "기업(하기 좋은) 환경"(business climate)이라고 한다. 이러한 기업환경은 지역마다 차이가 난다. 따라서 이 차이가 조직의 공간적 이동과 지리적 위치를 결정한다(Jaffee,1988). 물론 이것은 한 국가 내에서도 이루어질 수 있고, 국가 간에도 일어날 수 있다.

정치경제적 환경에 대한 이러한 생각은 다음과 같은 세 가지 문제에 대응하기 위한 것이다. 조직은 왜 그들의 활동을 바꾸려 하는가? 그들의 활동을 어디로 옮기려 하는가? 이동시기를 언제로 삼는가? 등이 그것이다. 여기에 대한 해답은 다음과 같다. 조직은 자신에게 이익을 주는 환경적 조건에 영향을 받고 그것에 의존할 수 밖에 없다. 이 조건은 지리적으로 다르고, 가장 비용이 적게 드는 지역이 최적 대안으로 선택된다. 그리고 이러한 탐색과 거기에 따른 이동은 경제위기 동안 가장 활발하게 이루어진다는 것이다.

최근 이러한 극적인 예가 스웨덴에서 일어났다. 스웨덴에 본부를 두고 있는 많은 중요한 세계적 기업, 특히 Ericsson 통신회사는 그들의 활동의 일부를 다른 유럽국가로 옮기기 시작하였다. 1988년 Business Week 기사에 따르면 스웨덴의 천문학적 세율, 엄격한 노동법, 과도한 복지 프로그램 등이 스웨덴을 기업하기 어려운 국가로 만들었다는 것이다. 이러한 스웨덴의 기업환경이 개선되지 않는다면 보다 많은 일자리, 보다 많은 자본, 유능한 노동자들은 사라지게 될 것이라고 한다("Swedish Companies May Vote with Their Feet," Business Week, October 19,1998:60). 구체적으로 높은 세금은 관리직 및 전문가의 채용을 어렵게 한다. 엄격한 노동규칙은 기업의 구조조정과 다운사이징을 어렵게 한다. 노동시간을 단축할지도 모른다는 정부정책은 불안감을 증폭시킨다. 이러한 모든 환경적 규제가 자본을 보다 기업하기 좋은 정치-경제적 환경으로 옮기게 하는 요인이 된다.

조직전략에 대한 이러한 분석은 조직행동의 근거와, 특별한 정치경제적 조건의 결과에 관한 많은 가정을 낳는다. 첫째, 기업과 그 기업의 이동은 주로 비용과 관련하여 이루어지고, 합리적·계산적 근거에 따른다는 것이다. 즉 기업은 비용 극소화, 그리고 이윤 극대화라는 원리에 따라 움직인다는 것이다. 이것은 인간이 경제적 동물이라는 개념에 따른 것이다. 즉 인간은 합리적·자기 이익적 목표에 따라 행동한다는 것이다. 이것이 조직행동과 전략에 그대로 적용된다.

이익극대화 속성으로 조직을 본다는 이 생각은 조직이 사회적·제도적 환경에 배태되어 있다는 개념으로 보완될 수 있다. 사회적·제도적 환경에 조직이 배태된다는 것은 이익실현을 전제로 한 거래 개념을 뛰어넘는 것이다. 즉 조직은 의무, 신뢰, 상호보완성을 포함한 장기간의 사회적 관계에 따라 행동한다는 것이다. 조직이 이러한 환경적 조건에 처하게 되면 특별한 지역에 뿌리를 내리고, 다른 곳으로 이동하는 경우가 거의 없게 된다. 이러한 점에서 배태성(embeddedness)은 자기이익적, 기회주의적 행동의 대안적 개념으로 제시된다(Granovetter,1985). 이것은 신뢰, 몰입, 의미를 낳는 사회적 관계와 문화적 규범의 역할을 강조한 것이다. 배태성은 조직 네크워크, 동맹, 연합을 이해하는 중요한 개념이고, 조직에 대한 커다란 규범적 제한이다.

조직이동의 정치경제적 분석과 관련된 두 번째 가정은 어떤 환경적 조건은 필연적으로 비용이 많이 들지만, 의도하지 않은 결과도 낳는다는 것이다. 가령 사회복지와 노동시장이라는 제도가 의도하지 않는 결과를 낳고, 궁극적으로 조직성과를 높이는 경우도 있었다. 성공한 기업에 대한 연구를 시도한 Pfeffer(1998)에 따르면 노동력을 유지하고 이들과 협상할 것을 요구한 제도적 규제(스웨덴의 경우)가 기업에 "high road"전략[21)]을 발전시키게 해, 오히려 노동생산성을 극대화하고, 인간자원의 다양한 능력을 활용할 수 있게 해주었다고 한다.

4. 조직환경으로서의 경영시스템

제도적·정치적 경제환경과 관련하여 논의하여야 할 또 하나의 주제가 경영시스템이다(Whitley,1994). 경영시스템은 시장경제에서 경제적 활동과 자원을 조직하기 위한 방식이다. 한 국가의 제도적 환경과 관련하여 경영시스템은 지배적 사회제도와 관계없이 비교적 일관되고 안정적으로 기업과 시장 사이의 관계를 정립하는 방법이다(Whitley, 1994:175). 여기에서 제도적 환경은 특정한 전략적 대응을 만들어내는 자원이나 규제가 아니라, 조직 내 혹은 조직간 구조와 실제에 영향을 미치는 문화적, 재정적 조건으로 간주된다. 국가 간 비교분석 상황에서 경영시스템 모델은 다음과 같은 물음을 규명하고자 한다. 즉 여러가지 서로 다른 사회적 제도를 지닌 사회가 경제활동을 조직·통제하는 독특한 방식을 어떻게 발전시키고, 유지시키는가 하는 것이다(Whitley,1994:175).

Richard Whitley는 자본주의 경제마다 경영시스템은 다르다고 한다. 그리고 그 차이를 나게하는 경영시스템의 구성요소를 세가지로 구분한다. 첫째, 경제자원을 통제하는 단위로서 기업의 특징, 둘째 조직 사이의 시장관계의 정도(조직사이의 차원), 셋째 조직 내 권위와 통제의 형태(조직 내 차원)가 그것이다.

이 세 가지 구성요소는 조직분석의 근본적 측면을 반영한다. 특히 두 번째, 세 번째

21) 시스템만으로 만들어지는 세상을 로(low) 로드의 사회라 하며, 시스템에 혼과 철학을 불어넣어 사람들의 열정이 충만한 사회를 하이로드(high load)라 부른다. 하이 로드는 2007년 6월 미국 와튼스쿨에서 열린 콘퍼런스에서 컬럼비아대학 휘트 포드 교수에 의해 맨처음 제기된 말로, 높은 몰입도를 바탕으로 상호의존적 상생적 협력관계를 강조하여 신뢰적 사회자본을 증가시키는 세계를 지칭하는 개념이다. 하이로드의 결과 높은 균형 사회가 만들어진다. 경제협력개발기구(OECD)에서는 부패 방지를 위해 윤리와 정신을 강조하는 '하이 로드'와 법과 규정에 따라 적발과 처벌을 강조하는 '로 로드'를 제시하고 있다.

구성요소는 각각 조직간 관계와 조직 내 차원을 반영한다. 이 세 가지 구성요소는 한 국가의 제도적 장치와 경영시스템 사이의 관계를 규명하기 위한 것이다. 가령 첫 번째 구성요소는 경제적 권력이 어느 정도 분권화되어 있는가 하는 것이다. 이 분권화는 특정한 국가의 제도적 구조와 관련된다. 대부분의 학자들은 분권화는 앵글로 색슨, 특히 미국의 정치-경제 제도와 밀접히 관련된다고 한다. Whitley는 앵글로 색슨 사회를 분권화 정도가 매우 높은 사회로 분류하고, 앵글로 색슨 사회와 관련된 제도적 분화 및 다원주의가 경영시스템의 분권화·민주화를 낳았다고 한다. 그리고 이것이 시장기반 사회를 만드는데 기여했다고 한다(1994:173). Chris Tilly와 Charles Tilly의 견해도 이와 유사하다.

> "시장은 국가가 분권화와 탈집권화를 강화하는 곳에서 가장 잘 작동된다. 이곳에서 제품시장은 비교적 경쟁이 강하고, 이미 존재한 기업 사이의 관계도 없다. 물론 이것의 대표적인 예가 미국이다. 지난 수 십년 동안 미국의 반독점법은 기업 간 합작을 못하게 했으며, 정도는 낮지만 집중을 억제했다."(Tilly and Tilly,1998:127)

마찬가지로 국가구조와 기업행동에 관한 연구에서 Louis Pauly와 Simon Reich(1997)는 미국의 지배적 경제 이데올로기를 "기업자유주의"로 명명한다. 이것은 개방시장, 집중되지 않은 유동자본 시장, 독점금지 전통을 특징으로 하는 경제제도에서 실현된다. 그리고 이러한 제도적 특징이 미국 특유의 기업행동을 중시하는 국가적 형태를 낳았다는 것이다.

조직간 관계

: 시장, 계층제, 그리고 네트워크

chapter 10

대부분의 조직은 생존하고 성장하기 위해서 필요자원에 접근하고, 환경의 불확실성을 통제하며, 여러 지역에 활동을 분산 배치하려는 전략을 수립한다. 이러한 전략에 필요한 조건 중의 하나가 다른 조직과 관계를 맺는 것이다. 조직간 관계가 조직의 생존 및 성장과 관련하여 중요한 요소가 되고 있는 것이다. 최근의 조직이론도 이러한 흐름에 대한 논의를 집중시키고 있다. 본 장에서는 이와 관련한 중요한 사항을 다루고자 한다. 조직과 조직이 맺는 관계 형태는 크게 네가지이다. 시장, 계층제, 네트워크, 그리고 조직의 공간적 차원이다. 일반적으로 조직간 관계는 주로 시장에서 이루어진다. 그러나 시장은 그것이 지니고 있는 고유한 한계로 인하여 다른 대안적 관계를 불러왔고, 그래서 다양한 형태의 새로운 관계가 탄생하게 된다. 계층제와 네트워크, 그리고 조직의 공간적 차원이다. 따라서 조직간 관계는 시장과 계층제로부터 시작하여, 네트워크 조직을 거쳐, 조직의 공간적 차원으로 확대된다.

조직간의 관계에 있어서 핵심적 논제는 조직간의 생산활동을 어떻게 배분(노동의 사회적 분화)하고, 그것을 조정 및 통합할 것인가 하는 것이다. 이러한 긴장을 해결하는 것이 현재 조직이론의 중요한 과제이다.

Section 1 시장과 계층제

조직은 자신의 핵심능력과 역량에 필요한 자원과 에너지를 쏟아 붓는다. 그러나 아무리 자원과 에너지를 쏟아 붓는다 해도 조직 혼자의 힘으로 되지않는 일들이 많다. 그래서 다른 조직의 힘이 필요하다. 이러한 이유로 조직간 분화와 협동이 생긴다. 경제활동의 분화와 전문화는 이러한 이유에서 탄생한 노동의 사회적 분화이다. 이는 조직 혼자할 수 없는 일을 조직 간 의존을 통해서 이루고자 함이다. 조직이 자신이 필요로 하는 자원을 확보하기 위해서 다른 조직에 의존한다는 것이다. 문제는 어떤 의존관계가 더 나으냐 하는 것이다. 즉 자원에 접근하는데 가장 효과적인 방법이 무엇인가 하는 것이다.

1. 시장(Market)

일반적으로 자원에 접근하는 가장 효과적인 방법은 시장교환을 통한 방법이다. 시장에서 필요한 자원을 사고 파는 것이다. 시장은 판매자와 수요자로서의 조직이 만나는 곳이다. 시장에는 무수한 판매자와 수요자가 존재한다. 이들 사이에 보이지 않는 경쟁에 의해서 최적의 가격이 결정되고, 조직은 자신이 필요로 하는 자원을 그 가격으로 구매하게 되는 것이다. 조직은 시장에서 판매자, 혹은 수요자로서 다른 조직과 교환이라는 관계를 맺는다. 이 시장교환에는 경쟁을 통한 보이지않는 손에 의해 가격이 결정된다. 수요와 공급을 결정하는 최적의 상태인 것이다. 즉 자원에 접근하는 가장 좋은 방식이 결정된다는 것이다.

과연 그럴까? 경제학자 Ronald Coase는 그의 유명한 논문 " The Nature of the Firm"(1937)에서 자원에 접근하는 가장 좋은 방법이 시장이라는 사실에 의문을 제기한다. 시장교환에서 필연적으로 발생하는 거래비용 때문이다. Coase에 따르면 시장거래는 다음과 같은 두 가지의 경우에 비용을 발생시킨다고 한다. 그리고 이 비용 때문에 시장교환은 최적의 가격을 결정하는 메카니즘이 아니라는 것이다. 첫째, 거래의 당사자가 자기이익을 위해서만 행동할 때(기회주의 행동), 둘째 거래된 상품의 품질, 신뢰성, 그리고 장기적 이용가능성에 대한 신뢰가 없을 때(불확실성)가 그것이다. 만약 거래당사자가 자기이익을 위해서만 움직인다면 시장에서의 거래는 거래 당사자의 선의에만 매달려야 하는데, 인간 자체가 불확실하기 때문에 현실적으로 그것을 기대할 수는 없다는 것이다. 따라서 시장에서의 교환(거래)은 거래의 모든 당사자들이 지켜야 하는 계약을 수립할 수 밖에 없다. 문제는 계약에는 협상, 작성, 강제에 따른 비용(통제비용)이 든다는 것이다. 계약과 관련한 불확실성이 있게 되면 거래 당사자들은 그것을 줄이기 위해 자원의 가치, 값, 품질, 이용가능성 등에 관한 정보를 수집해야 한다. 이것 또한 비용(정보비용)이 든다. 결국 시장교환에는 통제비용이나 정보비용과 같은 거래비용이 반드시 포함된다는 것이다.

시장교환에 참여하는 기업과 조직은 이러한 비용을 줄이려고 한다. 이 비용이 조직의 능력 및 경쟁력과 관련한 부담이 되기 때문이다. 이 비용을 줄이기 위해 기업 혹은 조직은 여러 가지 전략을 수립한다. 첫째, 기업 혹은 조직은 자신이 직접 자원을 생산하거나, 그 자원을 생산한 기업을 사들임으로써(가령 인수합병) 이러한 비용을 줄이고자 한다. 이것은 시장을 통해 자원을 획득하는 데 따른 불확실성을 줄여 거래비용을 낮추고자 하는 방법이다. 둘째, 조직 혹은 기업은 자신이 직접 시장을 지배함으로써 거래비용을 줄이고자 한다. 시장거래를 지시와 명령으로 대치하는 것이다. 그렇게 함으로써 정보를 획득하는데 따르는 비용과, 계약의무를 강제하는데 따른 비용을 줄일 수 있다. 그러나 이것은 시장의 독과점 문제를 낳는다.

시장에서 발생한 거래비용을 줄일 수 있는 전략과 관련한 이 논의는 두가지 예를 제시함으로써 보다 명확해질 수 있다. 첫째, 기업주와 노동자 사이의 관계로 본 시장 개념이다. 기업주와 노동자 사이의 관계는 일종의 시장 거래이다. 기업주는 노동자의 노동력을 시장에서 구매한다. 이들은 시간과 임금에 관한 일상적 기반을 통해 협상하고, 임금을 결정하며, 계약서에 서명하고, 그리고 그것을 근거로 노동자는 일을 시작한다. 이것은 노동서비스를 요구한 기업주와, 이것을 공급하는 노동자 사이의 전형적인 시장거래이다. 그러나 기업은 고정된 임금으로 "영속적"노동자를 고용할 수 있다. 즉 노동자가 고용되면 노동서비스의 가격과 기간을 매번 협상하지 않고, 고정된 계약에 따라 노동자들에게 일을 시키는 것(명령과 통제)이다. 이것은 매번 협상과 타협에 따른 거래비용을 줄여준다. 즉 시장 거래가 내부적 통제와 명령으로 대치되는 것이다. 둘째, 장인과 대장장이 사이의 관계로 본 시장개념이다. 장인은 도구가 필요할 때 그것을 시장에서 구매한다. 그러나 시장에서 구매하는 것 보다 장인이 직접 대장장이를 고용하여 영속적인 종업원 및 도구의 내부공급자로 삼으면 시장에서 발생하는 거래비용을 줄일 수 있다. 대장장이가 장인회사(조직)를 위해 자신의 업무의 일부로 도구를 만드는 것이다.

이 두개의 예에서 볼 수 있는 바와 같이 기업을 운영하는 것은 고용관계를 전제로 한다. 그러나 맑시스트는 이것을 기업주에 의한 노동자 착취라는 사회 계급적 관계로 본다. 많은 점에서 시장거래를 이와같은 사회 계급적 관계로 보는 것은 공장시스템이 등장하는 과정과 비슷하다. 이것은 불가피하게 관리, 노동자에 대한 통제, 그리고 대리인 문제를 낳는다.

2. 계층제(수직적 통합)

1) Oliver Williamson의 수직적 통합이론

Oliver Williamson(1975;1985)은 Coase의 개념적 틀을 조직간 역동성을 분석하는데 이용한다. 「Markets and Hierarchies(1975)」라는 저서에서 Williamson은 기업간 관계의 본질과 이 관계를 다루기 위한 조직구조를 설명하기 위해 Coase의 거래비용 개념을 도입한다. 그의 분석을 특히 흥미롭게 하는 것은 Coase의 개념적 틀에 추가적인 조직이론 개념을 사용한 것이다. 즉 불확실성/불안정성(혹은 확실성 / 안정성)이라는 환경적 조건과, 제한된 합리성이라는 인간적 요인이 그것이다.

Williamson의 모델과 주장을 가설적 예를 통해 설명하면 다음과 같다. 가령 완성차업체(AI)와 자동차 부품회사(PI) 등 두개의 회사가 있다. PI는 AI를 위해 자동차 부품을 생산한다. AI는 자동차를 만들고 조립하기 위해 PI로부터 자동차 부품을 구입한다. 이 거래는 시장에서 일어난다. AI가 부품을 원할 때 AI는 PI를 만나 적정한 가격을 흥정한다. 거래가 성사되면 AI는 PI에게 돈을 지불하고, PI는 부품을 양도한다. 전형적인 시장거래인 것이다. 이 거래에서 당사자 사이에 확장된 의무나 책임은 없다. Williamson에 따르면 이 시나리오에서 시장거래는 필요한 자원을 획득하기 위한 가장 비용절약적인 수단이라고 한다.

그러나 Williamson은 조직생활의 공통된 사실을 직시한다. 즉 대부분의 거래는 일회성 교환이 아니라 장기적 교환이라는 것이다. 앞의 예에서 AI는 일정한 기간동안, 일정한 수량의, 서로 다른 시점에 배달될 수 있는 다양한 부품을 PI로부터 구매해야할 필요성이 있다. 미래는 확실하게 예측할 수 없기 때문에 AI와 PI사이의 관계는 일회성 시장거래 보다 훨씬 더 복잡한 거래를 한다. 이제 AI와 PI는 마주 앉아 얼마동안, 얼마의 수량을, 어떤 가격으로 거래할지를 결정한다. 배달계획도 필요하다. 이 모든 것은 관계의 조건과 기간을 명시한 계약을 통해 이루어진다.

환경의 불확실성 개념이 여기에 도입된다. AI가 자동차 모델의 수요가 정확히 5년(확실성/안정성)이라는 것을 안다면, 그 기간 동안 필요한 정확한 부품의 양과 명세서를 주문할 수 있다. 그러나 AI의 환경은 그렇게 확실하지도 안정적이지도 못하다. 자동차 수요에 대한 불안정성 때문이다. 나아가서 소비자의 기호 변화에 대처하기 위해 다양한 모델이 5년 동안 출시되어야 한다. 필요한 부품도 제조과정의 혁신과 디자인 변경으로 예측이 분명치않다. 이렇게 복잡성과 불확실성이 증가하는 환경에서 AI가 자신있게 필요한 모든 것을 명기한 합리적인 장기계약을 맺는다는 것은 사실상 거의 불가능하다.

다른 또 하나의 개념은 Lawrence와 Lorsch의 상황이론에 도입된 Simon과 March의 제한된 합리성이다. 문제는 환경의 불확실성이 커지면 합리성은 더욱더 제한된다는 것이다. 제한된 합리성은 인간이 완전한 지식을 지니지 못하고, 미래의 사건을 예측할 수도 없다는 사실에 근거한다. 불확실한 환경에서 미래를 예측할 수 없다는 것은 계약에 많은 상황을 담아야 한다는 것을 의미한다. 그러나 상황은 변하기 마련이기 때문에, 그 상황이 발생하면 계약서를 다시 쓰거나 계약을 파기해야 한다. 이것을 위해서는 보다 많은 시간, 에너지, 변호사 비용, 회의, 계약을 이행하도록 하는 법적 조치 등이 필요하다. 거래비용이 꾸준히 증가하는 것이다.

AI가 처한 환경이 "small numbers"라면 환경의 불확실성은 더욱 커질 수 밖에 없다. small numbers란 AI에게 부품을 공급하는 PI가 유일한 부품공급자, 혹은 소수의 공급자 중 하나인 경우이다. 이것은 AI가 PI에 의존할 수 밖에 없는 매우 열악한 상황을 만든다. Williamson에 따르면 이 조건하에서 PI는 "기회주의"적 행동을 할 가능성이 높다고 한다. 즉 PI는 AI로부터 큰 양보를 받아내고, 가격을 인상하며, 자신의 의지대로 거래 조건을 만들 수 있는 강력한 협상능력을 지닌다는 것이다. 따라서 "small numbers"라는 환경적 조건이 증가하면 증가할수록 기회주의적 행동의 가능성은 높아진다. 제한된 합리성은 여기서도 중요한 역할을 한다. 제한된 합리성은 불완전한 정보를 전제로 한다. 이 경우 불완전 정보로 인하여 한 기업이 다른 기업을 이용할 수 있게 되는 것이다.

이상의 논의에서 제기된 문제는 다음과 같다. AI가 시장거래를 통해 다른 기업, 특히 PI로부터 필요한 자원을 확보하는 것이 맞는가 하는 것이다. 비용이 적게 드는 다른 방법은 없는 것일까? Williamson은 이 문제에 대한 해답을 구하고자 한다. 즉 환경적 불확실성과 small numbers 상황에서 Williamson은 시장교환 보다는 계층적 명령을 사용하는 것이 훨씬 비용을 줄이는 길이라고 한다. 계층적 명령이란 앞서의 예에서 AI가 PI를 사들여 AI의 일부로 만드는 것이다(일종의 인수합병이다). 만약 그렇게 되면 PI는 AI기업의 하부생산 단위가 된다. 부품과 구성요소는 정확한 지정일과 품질 요구에 맞춰 필요할 때 생산하면 된다. 계약을 통해 협상할 필요도 없다. 명령에 따라 부품을 생산하고 전달하면 그 뿐이다. 결과적으로 이것은 거래비용을 줄이고 이윤을 증가시키게 된다.

Williamson이 기술한 계층제는 수직적 통합으로 더 알려진 것이다. 이것은 관련되고 상호의존적인 생산단위와 과정을 하나의 조직권위 체계의 통제로 묶는 것을 말한다. 통합적 혹은 계층적 "솔루션"(solution) 전략이다. 이 전략은 분화되고, 상호의존적인 생산단위를 수직적으로 관리하는 방식이다. Williamson은 시장에서 발생하는 조직간의 거래 비용은 근본적으로 전문적 분화 때문에 생겨난다고 한다. 계층제하에서는 핵심 역량을 지닌 전문화된 독립기업을 통합 및 통제할 수 있게 된다. 시장거래 비용이 계층제에 따른 행정비용으로 대체되는 것이다. 따라서 수직적 통합은 계층제적 행정비용이 시장거래 비용보다 낮을 때 그 타당성이 인정된다(Teece, 1976).

수직적 통합은 실제 많은 기업에서 사용하고 있는 방식이다. Alfred Chandler(1962)는 이것을 중점적으로 연구한 대표적 사람이다. Chandler는 GM자동차를 사례로 든다. 수직적 통합의 논리가 자동차 산업에 잘 맞기 때문이다. 실제 Chandler는 거래비용과 관련한 통합 조직의 장점을 강력하게 옹호하고 있다. 특히 Chandler는 GM과 같은 대기업이 직면한 문제를 구체화한다. 즉 이들 기업은 규모의 경제를 실현하고자 한다는 것이다. 필요한 부품과 원료를 지속적으로 공급받고, 제품의 마케팅 및 배급을 원활히 하기 위하여 기업주에 의한 수직적 통제를 확대하고자 한다는 것이다. 기업주들은 필요한 자본투자가 어느정도인지 확신할 수 없고, 규모의 경제를 달성하는데 따른 위험을 추정할 수 없기 때문에 부품공급자와의 관계를 긴밀히 하지않을 수 없다. 또한 일단 생산된 제품이 팔리는지를 알기위해서 신뢰할 만한 마케팅과 배분 네트워크도 필요하다.

Chandler에 따르면 이것이 수직적 통합기업 등장의 주요 원인이라고 한다.

Chandler는 또한 다사업 구조(다사업조직 혹은 M-Form)분석으로 잘 알려진 사람이다. Chandler에 따르면 이 조직구조는 수직적 통합 보다는 수평적 통합을 통하여 이루어진다고 한다. 유사한 생산라인을 갖고있는 기업을 합병하는 것이다. 가령 자동차 산업의 경우 한 기업이 여러개의 독립된 자동차 메이커를 사들이거나 흡수하여, 여러가지 모델을 생산하는 것을 말한다. 제네날 오피스를 두고, 그 밑에 이 모델을 담당하는 여러 부서(다사업 부서)를 두는 것이다. Chandler는 Williamson의 통합의 개념을 수평적 통합 까지 확대하고 있는 것이다.

2) GM과 Delphi의 관계를 통해서 본 수직적 통합 사례

수직적 통합을 할 것인지 아니면 분산적 조직형태를 취할 것인지를 결정하는 계산법은 Malcolm Salter(1996)의 GM과 GM의 부품회사인 Delphi Automotive System을 대상으로 한 연구에서 잘 나타난다. GM은 Chandler(1962)와 그 밖의 많은 사람들(가령 Sloan,1972)들의 오랜 연구대상이었다. 이들 연구는 주로 GM이 자신에게 부품을 납품하는 기업을 수직적 통합 내지 인수하는 과정을 조망하는 데 집중되어 있다. Salter의 논문이 출간된 시점에 Delphi는 GM이 전액 출자한 자회사였다. 31개국의 170,000명 이상의 종업원을 거느리고 있고, 매출액만 260억 달러를 넘는 GM 생산체인의 핵심이며, 가장 큰 자회사였던 것이다. GM이 Delphi를 수직적 통합시킨 이유는 GM이 자동차 부품 및 부속에 있어서 Delphi에 오랫동안 크게 의존하였기 때문이다. 반면 GM의 경쟁사들(특히 도요타)이 채택한 간결하면서 유연한 조직이 성공을 거둠에 따라 GM도 Delphi를 분사시키게 된다. 그 당시 GM이 직면한 선택은 Salter가 제기한 많은 이론적 문제와 직접적으로 관련된다.

- 공급자와 최종 제품 생산자 사이의 관계를 통제하는 방식으로서 수직적 통합이 더 나은지 아니면 외부계약(일종의 아웃소싱)이 더 나은지?
- 수직적 통합은 외부계약에 비해 어떠한 경쟁적 장점이 있는지?
- 수직적으로 통합된 기업이 과거의 활동으로부터 벗어나는데 어떠한 힘이 작용하는지?
- 과거 통합된 활동의 소유 및 지배를 변화시키는데 어떠한 장벽이 있고, 그 장벽을 어떻게 극복해야 하는지?

이러한 문제들에 대한 해답을 구하기 위해서 Salter는 다음과 같은 사항을 논의한다. 첫째는 규모의 경제에 따른 이익이다. 수직통합된 부품공급자(여기서는 Delphi)가 대규모의 장기계약으로 부품을 공급하는 경우 GM은 규모의 경제에 따른 이익을 얻게 된다. 이 경우 GM은 자신의 행정기구에 부품회사(Delphi)를 계속 두려할 것이다. 델파이가 유일한 대규모 공급업자이기 때문이다. 반면 GM이 부품을 의존하는 부품회사가 많은 경우 GM은 Delphi를 자신의 행정기구에 편입시키려 하지않을 것이다. 대규모 부품회사의 수가 증가하게 되면 경쟁이 치열해 GM은 Delphi에 의존하지 않고도 낮은 가격으로 얼마든지 부품을 공급받을 수 있기 때문이다. 반면 많은 부품회사에 대응해야 하기 때문에 GM의 생산라인도 점차 분산된다. 따라서 규모의 경제에 따른 장점은 사라진다. Salter에 따르면 결국 규모의 경제가 Delphi를 수직적으로 통합시킨 이유는 아니라고 한다.

두 번째 사항은 조정과 기술이전의 중요성이다. 공급자와 생산자 사이에 특별한 조정과정이 필요한 경우 확실한 수직적 통합이 필요하다. 반면 조정과 (기술에 관한)정보공유가 매개장치(시장과 관료제 중간)를 통해 달성되는 경우 수직적 통합의 필요성은 높지 않다. Salter에 따르면 정보와 기술의 조정은 수직적 통합 없이도 GM경쟁사와 부품공급자 사이에서 수립되었고, Delphi의 경우에도 GM 아닌 다른 기업과 이러한 관계를 맺고 있었다고 한다. 따라서 조정과 정보공유가 반드시 수직적 통합을 필요로 하지 않는다는 것이다.

수직적 통합을 결정하는데 고려해야할 세 번째 사항은 "바꾸는 비용과 방해 작전"이다. 부품업체가 자신들 아니면 못만드는 부품을 개발해 생산한다면 생산자는 꼼짝없이 그 부품을 구입해야 한다. 이 경우 가격결정권은 납품업체가 쥐게된다. 부품을 바꾸는 비용이 너무 클 때도 원래의 공급자가 상당한 특권적 입장에 서게 되고, 가격통제권을 쥐게 된다(애플에 AP를 납품하는 삼성의 예). 이것은 앞서 논의한 "Small numbers"에 해당한다. 그러나 Salter에 따르면 GM의 기준에 맞춰 고품질의 부품을 생산할 수 있는 공급자의 수는 계속 증가하고 있었다고 한다. 따라서 GM 입장에서 부품공급자(델파이)를 소유하거나 통제할 필요가 없었다고 한다.

네 번째의 마지막 사항은 독점지식과 최종제품의 차별화이다. 납품업체가 일련의 부품체계에 관한 지식을 독점하고 있고, 이것이 경쟁업체의 부품과 차별화된다면 공급자를 수직적으로 통합하는 것이 유리하지만, 공급자의 부품이 다른 공급자에 의해서도 생산될 수 있다면, 이것은 차별화 되지 않은 제품이기 때문에 굳이 수직적 통합을 할 필요가 없다는 것이다. Salter에 따르면 Delphi의 경우 모듈시스템에 있어서 약간의 우위를 보이고 있었다는 것이다. 그러나 이것으로 어셈블리라인에서 제조시간을 줄일 수 있었지만, 이 장점이 Delphi에만 국한되는 것은 아니었다. 이상의 논의를 통해 Salter는 다음과 같이 결론짓는다.

> "매각으로 인해 들어오는 실질적인 금전적 이익이 델파이에 의한 독점공급으로 인한 규모의 경제 실현 보다 더 중요했다. 따라서 오랫동안 수직적으로 통합한 강력한 부품 공급업체들을 매각하려고 하는 GM 전략이 이전보다 훨씬 강했다. Delphi도 중요한 매각 대상 중 하나였다. 그리고 이것이 GM의 가장 중요한 전략으로 고려되었다."(1996:33)

GM은 1996년 이것을 구체화하였고, 2년 후인 1998년 Delphi를 1999년 1월 1일자로 독립된 회사로 전환하기로 결정하였다. 그리고 그것을 공식선언하였다. 이것은 수직적 통합 역사의 극적인 전환이다. GM 경영진에 따르면 이 조치는 그동안 GM 소유의 부품업체와 협력하기를 거부했던 다른 자동차회사와 관계를 발전시키는 새로운 전기가 될 것이라는 것이다. 이것은 또한 GM이 부품을 보다 낮은 가격에 독자적으로 사들인다는 것을 의미한다.

GM이 이처럼 결정하게 된 또 다른 중요한 요인은 GM과 미국 자동차 노조(UAW)와의 관계이다. UAW는 Delphi의 매각을 강하게 반대해 왔는데, 그것은 Delphi의 노동자들이 GM과 집합적 협상을 벌여왔고, GM 노조와 같은 수준의 임금을 요구하였기 때문이다. UAW는 델파이 매각을 노조가 없는 기업에 부품생산의 많은 부분을 아웃소싱하려는 GM의 전략이라고 보았다. 독자적 기업으로서 Delphi는 경쟁력이 없었고, 따라서 GM으로 부터의 분사는 이윤을 내지 못한 미국 내의 많은 Delphi공장을 폐쇄할 우려를 증폭시켰다. UAW는 GM과의 협상에서 GM이 Delphi와의 계약에 UAW의 기준에 따라줄 것을 요구하였다. UAW와의 협상에 따라 델파이와 완성차 업체 사이의 계약은 체결되었고, 그 결과 Delphi는 GM과 40억 달러, GM 이외의 기업과 20억 달러의 새로운 부품공급을 약속받았다.

3. 계층제의 문제

이상의 수직적 통합전략은 조직간 관계에서 나타난 환경적 문제를 관리하고 통제하기 위한 것이다. 그러나 수직적 통합전략은 다음과 같은 문제에 봉착한다. 계층제를 평가하는 명확한 척도 중 하나가 비용이다. 수직적으로 통합된 구조는 비용, 특히 거래비용을 줄일 수 있다는 것이다. 그렇다면 과연 이 장치가 실제 거래비용을 줄일 수 있을 것인가?

Perrow(1986:241-46)는 그 문제와 관련된 논의를 여러 가지로 설명한다. 첫째, 완성차 업체가 부품 공급자(가령 PI)를 사들인 후, 그 공급자와 기존의 거래관계를 맺고 있던 기업과 새로운 시장거래 및 계약을 해야 하는데, 그것이 오히려 거래비용을 증가시킬 수 있다는 것이다. 앞서의 AI와 PI의 경우, PI는 여러 가지 자원을 의존하는 다양한 조직과 관계를 맺고 있었을 가능성이 높다. 이 교환 관계를 이제 AI가 떠안아야 한다. 이 경우 시장교환의 순 숫자는 늘어나고, 이로 인해 거래비용이 증가한다.

둘째, 자동차 판매가 부진하여 AI가 수요의 급격한 감소를 경험하고 있고, 더 이상 PI 부품을 사들일 필요성을 느끼지 못한 경우이다. 이 경우 PI는 생산을 종료해야 하는데, 이에 따른 비용을 AI가 떠안아야하고, 부품 생산시설을 놀려야 한다. 계층제하에서 AI는 PI가 지니는 미사용 시설을 짊어져야 하고, 수요 감소의 비용도 떠안게 된다. 어떤 경우이든 수직적 통합 솔루션은 기업에게 비용을 증가시키게 된다는 것이다.

셋째, PI가 계층제적 장치 하에서 능률적으로 작동할 수 없는 경우이다. PI가 능률과 혁신을 자극할 경쟁적 환경에 더 이상 놓이지 않게 된다는 것이다. 수직적으로 통합된 구조의 일부로서 PI는 본질적으로 확실한 시장에서 활동하게 된다. 나아가서 PI의 관리자 및 생산 노동자들의 업무 몰입과 애정이 자율성과 자유재량권의 미비로 약해지게 된다. 어떤 경우이든 이들은 PI의 능률과 혁신을 떨어뜨리게 된다.

마지막으로 계층적 솔루션의 일반적 문제인 행정비용의 문제이다. 많은 조각들이 조직에 보태짐에 따라 관리자는 이들을 구조적· 사회적으로 통합시켜야할 필요에 봉착하게 된다. 새로운 생산 또는 배분단위의 행정조정에는 관리, 감독, 조정, 기획 등이 필요하다. 새로운 생산단위의 노동자들에 대한 훈련, 사회화, 문화적 주입 등도 필요하다. 따라서 노동비용은 증가할 수 밖에 없는 것이다.

이상에서 볼 수 있는 바와 같이 수직적 통합은 결코 명확한 비용절감 전략이 아니다. 다른 많은 관리전략과 마찬가지로 이것도 거래에 따른 딜렘마를 낳는다. 거래를 내재화함으로써 거래비용을 줄인다는 것이 오히려 새로운 거래 및 행정비용을 증가시킨다는 것이다. 아이러니컬하게도 이 딜렘마는 계층제에 나타난 인간 합리성에 대한 한계, 즉 제한된 합리성에 의해서 더욱 커지게 된다. 계층제에 따른 비용을 예측하기는 거의 불가능하다. 미래의 조건은 그만큼 불확실하고 따라서 계층제의 장점을 쉽게 점칠 수 없기 때문이다.

Section 2 시장과 계층제의 대안적 관점

앞서 언급한 바와 같이 시장은 공식적 거버넌스 구조이다. 독립된 완벽한 합리적 행위자들이 비용없는 균형상태에서 거래행위를 하는 공식적 거버넌스 구조인 것이다. 독립된 거래 행위자란 다른 행위자들 혹은 사회의 다른 구성원의 영향을 받지 않고 시장교환을 하는 행위자를 의미한다. 그러나 현실적으로 아무런 영향을 받지않고 독립적인 행동을 하는 행위자란 존재하지 않는다. 사회적 진공 상태에서 기능하는 시장이란 존재하지 않기 때문이다. 시장에는 공식적 구조 뿐만아니라 비공식적 사회구조도 존재한다. 즉 시장은 사회적 관계와 인지적 및 도덕적 신념을 체계를 포함한 공식 및 비공식 거버넌스 구조라는 것이다(North,1990).

비공식 구조 중 대표적인 것이 네트워크이다. 즉 행위자 사이의 사회적 관계가 시장의 중요한 비공식적 구조라는 것이다. 네트워크 관점, 즉 시장의 비공식적 구조 관점(사회적 구조 관점)에서 시장을 보는 시각은 일정부분 Karl Polanyi(1944)에게서 힘입은 바 크다. Polanyi는 시장 혹은 시장경제가 개인의 자기이익 추구의 결과 자연발생적으로 생긴 것이라는 자유주의 경제학자들의 생각(가령 Hayek)을 강력하게 비판한다. 이들의 생각은 인간의 경제가 사회적 관계에 배태되어 있다는 현대 인류학자들의 연구를 전적으로 무시하기 때문이다. 인간은 물질적 재화를 소유하기 위한 개인적 이익을 보호하기 위해서만 시장에서 행동하는 것이 아니다. 오히려 인간은 자신의 사회적 위치, 사회적 주장, 그리고 사회적 자산을 보호하기 위해 행동한다. 이러한 목적을 달성하는 범위에서 인간은 물질적 재화를 추구한다는 것이다(Polanyi에 대한 논의는 김영진, 2005 참조).

그러나 시장을 옹호하는 경제학자들은 여전히 인간의 경제적 행동이 사회적 관계의 그늘 속에서 이루어진다는 생각에 찬동하지 않는다. Granovetter(1985:212)가 주장한 것 처럼 행위자와 제도는 사회적 관계라는 네트워크에 배태되어 있다. 이들은 사회적 관계에 의해 끊임없이 영향을 받기 때문에 이들을 독립적 존재로 추정하는 것은 매우 잘못이다. 이러한 주장은 Granovetter 뿐만아니라 Coleman(1984), Burt(1983), Stinchcombe(1990), Abolafia(1984) 및 그밖의 여러 학자들에 의해서도 이루어지고 있다.

사회적 구조의 개념은 매우 광범위하다. Fligstein같은 학자들은 사회적 구조를 경제의 가장 기본적인 사회적 질서로 명명한다. Fligstein(2008:32)에 따르면 시장을 작동케하게 하는 사회적 구조는 크게 4가지라고 한다. 소유권, 거버넌스 구조, 교환규칙, 그리고 통제의 개념이다. 그리고 이 네가지 유형은 서로 다른 문제를 겨냥하고 있다. 어떤 것은 시장의 설립과 관련되고, 어떤 것은 특정 시장의 기업 안정과 관련된다. 그러나 이들 대부분은 사회적 관계를 전제로 한다.

1. Mark Granovetter의 배태성 개념

시장 및 계층제 모델, 혹은 거래비용 모델에 관한 비판은 다른 대안적 모델을 제시하는 계기가 되었다. 그 첫번째는 사회학자인 Mark Granovetter(1985)가 제시한 배태성(embeddedness)의 개념이다. Granovetter는 자신의 논문 "Economic Actions and Social Structure : The Problem of Embeddedness"에서 Williamson 모델 및 시장이론은 사회학 · 경제학 관점에서 경험적으로 정확하지 않은 관점이라고 주장한다. 특히 인간 동기 및 행동에 관한 Williamson의 가정은 계층제적 해결을 정당한 것으로 보고 있지만, 이들은 정확한 것도 아니고, 근거가 있는 것도 아니라는 것이다.

연속선상의 한쪽 끝에는 인간을 자기 이익적이고 이윤을 극대화 하고자 하는 존재로 보는 시장이론이 존재한다. 사람과 조직은 가능한 한 최대의 이익을 얻기 위해서 시장에 참여하고 거래한다. 여기에서 공급자와 소비자는 자기 이익적 동기에 의하여 움직인다. 이들은 경제적 이득을 극대화하기 위한 기회를 이용하고자 한다. 가령 자동차 부품공급자의 경우 자신이 유일한 부품 공급원이라면 가격을 크게 올리려할 것이다. 소비자도 비슷한 동기를 지닌다. 자신을 제외한 다른 마땅한 소비처가 없다고 판단되면 제품가격을 깎으려 할 것이다. 이러한 시장 환경에서 신뢰란 거의 없다. 자신의 이익을 극대화하고자 하는 공급자와 수요자만 있을 뿐이다. 이를 제어할 수 있는 유일한 수단은 서로의 의무 이행사항을 지켜보는 합법적 계약이다. 그러나 계약에 일어날 수 있는 모든 상황을 전부 명기할 수 없다. 또한 거래의 당사자가 선의로 행동한다는 보장도 없다.

Granovetter는 이것을 경제적 행동의 과소 사회화라고 한다. 즉 인간과 조직이 물질적 이득을 추구하기 위해 기회주의적 행동에 참여하거나, 헐뜯고, 거짓말하며, 속이는 것을 말한다. 즉 경제적 행위자들 의 이익적 행동을 규제하는 내재화된 도덕적, 윤리적, 사회적 의미가 없는 상태를 의미한다. 경제적 행위자들이 이러한 과소 사회화 개념에 따라 움직이면 이들의 행동을 확인하기 위한 계약이라는 안전판이수립되어야 한다. 그러나 계약에는 언제나 비용이 수반되고(거래비용), 이 비용이 증가하면 시장교환은 점차 매력 없는 것이 된다.

Granovetter에 따르면 이러한 시장의 문제를 해결하기 위한 Williamson이 제시한 수직적 통합 해결책 또한 마찬가지의 잘못된 가정에 근거하고 있다고 한다. Granovetter는 이것을 경제적 행동에 대한 과잉 사회화 개념이라고 한다. 이것은 조직이 자신의 합법적 경계내에 있는 모든 인간의 활동을 통제하고 계획하는 것을 말한다. 즉 시장이 올바른 일을 하는지 신뢰할 수 없기 때문에 경제적 행위자들을 수직적으로 통합된 권위에 의하여 통제하고 사회화하는 것이다. Granovetter에 따르면 이것 또한 문제라고 한다. 경제적 행위자들을 지나치게 통제함으로써 자유로운 관계발전을 방해하기 때문이다. 이로인해 능률운 향상되었을지 몰라도 억압이라는 새로운 문제를 유발했다는 것이다.

Granovetter는 행동의 과소 사회화 개념과 과잉사회화 개념 모두를 비판한다. 그가 제시한 대안적 개념이 배태성(embeddedness)이다. 이것은 사람과 조직의 행동이 의무, 신뢰, 상호성에 근거한 사회적 관계에 의하여 규제, 형성, 영향을 받는 것을 말한다. 이 관점에서 경제적 행동은 과소사회화 시장과 과잉사회화 계층제 사이 중간 어느곳에 놓인다. Granovetter는 인간을 행동과 선택을 하는 자유와 능력을 지닌 것으로 보는 반면, 인간의 행동과 선택은 순수한 자기 이익적 행동을 제한하는 사회적 관계, 규범, 그리고 제도에 항상 배태되어 있다고 한다(이것은 계층제와는 좀 가깝고, 시장과는 먼 개념이다). 이것이 의미하는 바는 시장은 물론 계층제도 조직간 관계에서 나타나는 문제를 해결하는 적절한 해결책이 아니라는 것이다. 시장은 항상 사회적으로 규제되어야 하고, 계층제는 완전히 효과적인 통제를 행사할 수 없기 때문이다. 현실세계에서 조직사이의 관계는 순수한 기회주의에 의하여 통제되지도 않고, 계층제적 조정도 필요치 않다. 이러한 점에서 배태성이 조직간 관계에서 나타나는 문제를 해결하는 가장 바람직한 해결책이라는 것이다.

Granovetter는 구직활동에 관한 실증적 연구에서 이 배태성이 적용되는 사례를 제시한다. Granovetter는 구직활동이 사회적 관계에 의해 이루어지는 것을 실증적 연구를 통해 입증하고 있는 것이다. Granovetter에 따르면 사회적 관계는 구직활동을 하는데 가장 중요한 요소라고 한다. 따라서 Granovetter는 직업을 찾는 것과 관련된 행동은 경제적 행동이라기 보다는 사회적 행동으로 본다. 즉 직장을 찾는 행동은 그것의 과정과 결과에 영향을 미치는 다른 사회적 과정에 배태되어 있다는 것이다(1974/1995:39). Granovetter에 따르면 유망기업의 경우 기업이 직접 채용하는 경우는 40%였고, 45%는 중개인을 통해, 그리고 12.4%는 기업과 중개인 두가지 방식에 의해 구직이 이루어졌다고 한다. 시장에서 구직과 관련한 경제적 행동이 일어난 경우는 50%가 채 되지않았다는 것이다. 이러한 사실은 다음과 같은 이유 때문이다. 즉 정보에는 돈이 들기 때문이다. 시장정보에는 개인의 능력이나 사생활 같은 개인적 정보가 담겨있지 않다. 이것을 알기 위해서는 계약과 같은 법적 장치가 필요하다. 그러나 이것에는 앞서 언급한 바와 같이 비용(거래비용)이 든다. 따라서 사용자나 고용자는 이 비용을 줄이기 위해 시장정보 보다는 개인적 접촉(사회적 관계)을 더 선호한다는 것이다. 개인적 유대가 더 훌륭한 정보이기 때문이다(Granovetter,1974/1995:97). 개인적 접촉은 시장거래에서 알 수 없는 고급 정보를 더욱 알수 있게 해준다. 결국 시장에서 구직자나 고용자 모두 직접 혹은 1-2명의 중개인을 통해 느슨한 유대관계를 형성하고자 한다는 것이다.[22)]

배태성의 개념과 관련한 Granovetter의 주장은 거래활동에 관한 것이다. 즉 거래를 위한 탐색, 정밀검사, 계약, 실행, 통제, 그리고 강제의 활동이다. 이것은 기본적으로 신뢰 생산과 관련된다. Granovetter는 제도적 장치가 아니라 사회적 관계가 경제생활의 신뢰를 만드는데 결정적 역할을 한다고 한다. Granovetter의 주장은 '계산적 신뢰'라 불리우는 Willamson(1993:256-257)을 겨냥한 것이다. 제도적 장치나 안정장치만 마련한다면 인간의 부정적 행동은 얼마든지 방지할 수 있다고 보는 Willamson의 주장을 겨냥한 것이다. 그러나 합리적 개인은 제도적 안전장치를 피하는 새로운 방식을 얼마든지 개발할 수 있기 때문에 이것을 진정한 의미의 신뢰라 보기는 어렵다. Granovetter의 배태성 개념은 허위시도를 제어하는 또 다른 메카니즘이다. 신뢰를 쌓고, 허위시도를 분쇄하기 위한 사람 사이의 관계와 그 관계 구조의 역할을 강조한 것이다.[23)]

그러나 질서문제로 인해 배태성 개념은 제도적 장치나 일반적 의미의 신뢰보다는 확실한 해결책이 되지 못한다. 사회관계라는 네트워크는 규칙적이지 않고, 경제생활의 여러부문에 다르게 적용되기 때문이다. 그 결과 불신, 기회주의, 무질서 등을 낳는다. 신제도주의 경제학이 주장하는 사전에 합의된 명시적 규칙은 이 문제를 해결하는 하나의 해결책이다. 그러나 Granovetter의 배태성 접근은 이 규칙 이외에 묵시적 규칙을 추

---

22) 이 논리는 간단하다. 정보를 얻는 방식이 시간적으로 오래걸리고 복잡해지면 어떤 직업에 대한 정보량이 많아져, 특별한 유대관계가 필요치 않게된다. 그렇게 되면 정작 중요한 어떤 것을 놓칠 수 있다. 필요한 사람과 적절한 관계를 쌓는 것은 시간과 물질적 자원을 필요로 한다. 그만큼 많은 개인에 대한 정보를 많이 알 수 있게 된다. 이 정보가 구직활동에 이용된다. 전문 기술직이나 관리직에서는 더욱 그렇다.

23) Granovetter의 이러한 배태성을 바탕으로 새롭게 등장한 조직형태가 네트워크 조직이다. 즉 시장-계층제의 이분법을 타파하고, 배태성을 바탕으로 만들어진 조직간 관계인 것이다. 이러한 의미에서 네트워크 조직을 배태적 네트워크라 부르기도 한다(Gereffi and Hamilton, 1996). 따라서 네트워크 조직은 다음과 같은 구조적 상호의존성을 의미한다. 즉 네트워크 조직은 사회적 · 규범적 상황에서 관계가 이루어지는 것이다. 구체적으로 Gary Gereffi와 Gary Hamilton(1996:24-25)은 네트워크 조직(배태적 네트워크)을 다음과 같이 규정한다. "배태적 네트워크란 경제적 참여자 사이의 관계유형이다. 이 관계에는 기업의 총수, 다른 자본가, 노동자, 특별한 기술을 소유한 사람(전문가) 등이 포함된다. 이 참여자들은 경제적 내용 뿐만 아니라 사회적 내용을 지닌 관계로 유형화된 상호작용을 한다. 여기에서 내용이란 법적, 사회적, 정치적인 것 등과 이의 결합을 말한다."

가한다. 사람 사이의 관계와 그 관계의 구조가 더 중요하다는 것이다. 묵시적 규칙은 경제적 행위자의 기회주의적 행동을 제어하고 시장질서를 회복하는 안전판 역할을 한다는 것이다.

표면상 Granovetter의 주장은 신제도주의 경제, 특히 Willamson을 겨냥한 것 처럼 보인다. 그러나 그 이면에는 사회과학에 침투한 신제도주의 경제학의 시각을 비판하기 위한 것이다. 사회과학자들은 표준 경제이론을 뛰어넘어 경제활동은 사회적 행동의 특별한 카테고리에 불과하다는 베버의 생각을 깨달아야 한다는 것이다. 이러한 Granovetter의 생각은 매우 성공적인 것으로 평가된다. 수십년 후 사회적 관계를 강조한 경제사회학이 다시 부활하고 있기 때문이다(Smelser and Swedberg, 2005:14-16).

2. 사회적 구조로서의 시장

1) R.S.Burt의 구조적 공간(Structural Holes)

Burt(1992)는 자신의 저서 「Structural Holes: The Social Structure of Competition」에서 시장에서 정보의 거래를 '모색과 탐색,' 혹은 계약을 포함한 통제의 문제로 본다. Burt는 시장을 경제적 행위자 사이의 사회적 계약 네트워크로 본다. 그런데 시장거래에는 필연적으로 거래비용이 생겨난다는 것이다. 경쟁은 시장 네트워크에서 행위자들이 이익을 내기 위한 투쟁이다. 경쟁자들은 정보우위나 통제우위를 통해 이익을 보려고 한다. 정보우위는 중요한 정보에 쉽게 접근하거나, 그 정보를 줄 사람을 알고 있을 때 발생한다(Burt,1992:13-14). 반면 통제우위는 자신들의 존재를 협상할 수 있을 때 생겨난다(Burt,1992:31).

Burt는 시장을 하나의 구조적 공간으로 본다. 즉 시장은 시장 거래자 사이의 독립적 관계가 아니라 다양한 네트워크 관계라는 것이다. 시장에서의 경제적 행위자 사이에는 다양한 계약이 얽혀 있다. 이 때 네트워크는 하나의 정보원 역할을 한다. 일반적으로 네트워크 관계에 있는 사람들은 똑같은 것을 공유하려고 한다(Burt,1992:23). 어떤 사람이 세 개의 네트워크 클러스터가 있는 시장에 진입하고자 하는 경우, 그 사람은 기존의 클러스터에 들어가는 것 보다는 빈공간에 들어가서 각 클러스터와 협상하는 것이 훨씬 낳다. 기존의 세 개 클러스터로부터 정보를 더 얻을 수 있기 때문이다(Burt,1992:22). 정보우위란 이 관계를 통해 이루어진다. 따라서 시장에서 생존하고 우위를 점하기 위해서는 유효하고 능률적인 네트워크 관계를 쌓는 것이 필수적이며, 그러기 위해서는 이 관계에 필요한 자원을 확보하는 것이다(Burt,1992:30).

Burt에 따르면 사회적 자본이란 두 행위자 사이의 사회적 관계라 한다. 사회적 자본은 행위자들이 자신의 재원 및 인간 자본을 유리하게 사용하게 하여 부의 축적에 기여한다고 한다. 사회적 자본의 형성에는 자원의 투입, 특히 특정한 관계 수립이 필요하다. 그러나 이때 사회적 자본은 금전 및 인간 자본과 달리 집단의 공동 소유이다. 어떤 행위자도 사회적 자본에 있어서 배타적 소유권을 가질 수 없다. 따라서 특정한 관계에서 누가 얼마나 많은 이익을 얻느냐 하는 것은 전적으로 그 관계의 사회적 질 여부에 달려있다. 특정한 사업관계에서 그것은 당사자 사이의 계약으로 이루어진다. 그러나 어떤 경우이든 사후 기회주의나 무임승차의 문제가 나타나며, 그로인해 거래비용 상승은 필연적이다. Williamson은 이를 해결하기 위해 계층제라는 사전 안전장치를 제시하지만, Burt는 구조적 공간이라는 사회적 관계를 강조한다. 관계의 거버넌스 구조가 중요하다는 것이다.

2) M.Abolafia의 구조적 무질서

Abolafia(1984)는 “Structured Anarchy:Formal Organization in the Commodity Futures Market”이라는 논문에서 시장에서 중요한 모든 종류의 거래활동을 논의한다. 특히 계약활동에서 일어난 탐색, 모색, 실행, 통제, 그리고 강제 등을 언급한다. 연구대상은 경매시장이다. 이곳에서는 판매자와 구매자가 서로 얼굴을 맞대고 거래활동을 한다. 시작알림과 동시에 경매가 시작된다. 경매를 위해 이들은 수신호를 사용하고 고함을 치기도 한다. 거래는 전부 기록으로 이루어진다. 한 가지 경매가 끝나고 나면 곧 이어 다른 경매가 시작된다. 오후에 폐장 벨이 울릴 때 까지 이 과정이 되풀이 된다. 경제학자들에게 구매자와 판매자가 이렇게 모이는 것은 완전 경쟁시장의 모습이다. 경제학자들은 균형 가격에만 관심을 두지만 실제 중요한 것은 이러한 극적인 활동이 일어나는 상황이다. 무질서한 상태 처럼 보이는 이러한 상황이 실제 조정과 통제 시스템에 의하여 통제되며, 시장 능률성을 지키는 데 필요한 시정 조치에 의하여 관리된다는 점이다(Abolafia,1984:147).

Abolafia에 따르면 상품교환은 실제 시장경쟁에서 조차 권력에 의해 통제된다는 것이다. Abolafia는 이시장의 역설적 상황을 시장의 사회적 조직이라 한다. 시장은 독립적 행위자들의 보이지 않는 힘과 경쟁에 의하여 이루어지는 것이 아니라 경쟁하는 경제적 행위자 사이의 연합에 의하여 이루어진다는 것이다. 이들은 비공식 규범이나, 집합적 행동을 조율할 공식적 거래 규칙이라는 합의된 체계를 지닌다. 결국 경쟁 시장이란 자동발생적으로 등장하거나 유지되는 것이 결코 아니라는 것이다.

경제적 행위자들은 서로 경쟁하면서 동시에 서로 의존하는 존재라는 Abolafia의 역설은 매우 흥미롭다. 이러한 역설은 모든 종류의 시장에서, 그리고 실리콘밸리에 대한 연구에서 Saxenian이 제시한 정보기술분야의 시장을 발전시키는데 중요한 역할을 한다. 극심한 경쟁적 상황에서 조차 기술발전을 위한 충성심 및 공동신념이 정보기술 분야의 구성원을 하나로 통합시킨다는 것이다. 실리콘 밸리의 기업들은 시장확보와 기술적 우위를 위해 경쟁한다. 그러나 동시에 이들은 그 지역의 명성을 유지하기 위해 협력적 절차를 발전시킨다. 실리콘 밸리의 역설은 다음과 같다. 경쟁은 지속적인 혁신을 낳는다. 그런데 이 혁신에는 기업간 협력이 필수적이라는 것이다(Saxenian,1994:46). 따라서 아담 스미스가 말하는 것과 달리 시장 참여자들이 서로를 알고 접촉하는 것이 사회적으로 유용하다는 것이다.

3) 동적 거래비용(Dynamic Transaction Costs)

시장과 계층제 문제를 해결하기 위한 또 다른 대안적 접근은 Richard Langlois와 Paul Robertson(1995)이 제시한 "기업경계에 관한 동적 이론"이다. Langlois와 Robertson에 따르면 시장 대안으로 Williamson이 제시한 계층제적 해결방식은 다른 기업에 대한 불충분한 정보와 지식에 때문에 생겨나게된 문제해결 방식이라고 한다. 기업들은 다른 기업의 동기, 제품 및 서비스의 질, 장기적 신뢰성 등에 관한 정보가 부족하기 때문에 수직적 통합 구조를 만들어 낸다. 즉 수직적 통합 방법은 불확실성을 통제하고, 거래 상대방을 믿지 못하는데서 생겨나는 생산통합 방식이라는 것이다.

Langlois와 Robertson은 먼저 기업주 통합과 조정 통합 사이의 차이를 구분한다. 일반적으로 기업주 통합은 계층제의 결과로 생긴 것이다. 한 기업이 다른 기업을 사들이거나, 이들 기업의 부처(조직)의 활동을 조정하는 것을 의미한다. 그러나 Langlois와 Robertson에 따르면 통합한다고 해서(소유권을 지닌다고 해서) 곧바로 조정, 협력, 혹은 구조적 · 사회적 통합이 이루어지는 것은 아니라고 한다. 오히려 높은 협력 및 합작 수준은 법적으로 독립된 두개의 기업에서도 나타날 수 있다고 한다. 이것은 통제와 확실성이 수직적으로 통합된 장치에 의존하지 않고도 일어날 수 있다는 것을 의미한다. 조정통합이 그것이다. 비계층제적 방식으로 통합하는 것이다.

Langlois와 Robertson은 이러한 비계층적 통합방식이 등장할 수 있는 가능성을 정보수집과 학습에서 찾는다. "기업 및 시장에서 학습과정을 고려하지 않고 기업의 경계에 관한 완전한 이론을 논할 수 없다. 수직적 통합이론은 일시적 상황에 대한 해결책을 제시하지만, 모든 상황에 대한 해답은 아니다"(1995:30). 동적거래비용은 이러한 상황에서 발생하는 비계층적 통합방식이다. 즉 정보와 학습을 통해 만들어지는 새로운 통합방식인 것이다.

시간이 흘러가면서 조직은 다른 기업을 배우고, 관계를 발전시키며, 신뢰를 얻는다. Langlois와 Robertson(1995:35)은 이것을 동적거래비용 이라고 한다. 즉 외부공급자를 설득, 협상, 조정, 교육하는 데 따른 비용이다. 따라서 이것은 불완전한 정보와 관련된 거래비용을 줄일 수 있다 이 비용은 시간이 지나면서 실질적으로 감소하고, 따라서 시장거래나 수직적 통합보다 더 효과적이고, 비용도 적게 든다. 지식과 정보가 퍼져나가고, 불확실성이 줄어들게 됨에 따라 시장기반 거래는 더욱 매력적이 된다. 이를 통해 장기적으로 수직적 해체가 더욱 일반화되게 된다(Langlois and Robertson, 1995:43).

Baker(1984)는 자신의 논문 "The Social Structure of a National Security Market"에서 이러한 동적 거래비용의 중요성을 강조한다. 이를 위해서 Baker가 관심을 두는 것은 탐색과 계약이라는 거래행위이다. Baker에 따르면 행위자의 사회적 구조가 보험과 같은 매우 체계화된 시장에서 조차 중요하다고 한다. 여기에서 사회적 구조는 지식과 정보에 의하여 결정된다. 이것이 시장가격에 영향을 미친다는 것이다. 이를 증명하기 위해 Baker는 옥션시장을 분석한다. 옥션시장에서 모든 대안을 모색하는 것은 비용이 많이드는 행동이다. 거래 당사자들은 관중으로 행동하도록 되어 있다. 즉 거래시간에만 자기 것을 사고팔도록 되어있는 것이다. 이러한 시장에서 거래 당사자들은 기회주의적으로 행동한다. 그러나 동적거래비용이 이 행동을 제한한다. 동적거래비용은 사회적으로 구축된다(Baker,1984:778). 즉 거래자들이 많을수록 관중수는 증가하고 최종가격을 찾기 위해 상대방의 패를 보는 것은 그만큼 어려워진다(비용이 증가한다). 따라서 옥션시장의 효율성은 떨어지게 된다. 가격 유동성이 높아지고, 가격 불안정성이 증가한다는 것이다. 이 경우 기회주의가 더욱 극성을 부리게된다. 이 상황에 이르게 되면 사회적 구조가 중요해진다. 따라서 Baker는 다음과 같이 결론짓는다. 관중 수를 제한하는 것(동적거래비용을 구축하는 것)이 가격 유동성을 줄여 기본 옥션시장에서 위치를 점할 효과적 방법이라는 것이다. 지난 20년 동안 급속한 정보기술의 발전으로 시장거래자들은 빛의 속도로 자신들이 필요로 하는 모든 가격정보를 얻을 수 있게 되었다. 그러나 문제는 시장 종사자들에게 남아있는 기회주의 문제이다. 그것을 기술적으로 해결해줄 정보란 없다. 시장 종사자들은 자신들의 거래관계를 신뢰해야 한다. 이것에 대처하는 보수적인 방법이 바로 대인간 관계 수립을 통한 동적거래비용인 것이다.

Podolny(1993)는 "A Status-based Model of Market Competition"라는 논문에서 탐색과 검색이라는 두가지 거래활동을 동적 거래비용 상황에서 다룬다. Podolny가 연구목적으로 삼은 것은 경제학자들이 말하는 좋은 경험을 놓고 벌이는 질적 경쟁이다.

제품의 질은 시장에서 생산자들의 위치를 결정하는 중요한 요소이다. Podolny는 시장에서 생산자의 지위를 경쟁자 제품과 비교한 생산자 제품의 인지된 질로 규정한다(Podolny,1993:830). 중요한 사실은 사회적 관계가 제품의 품질과 지위 사이의 관계를 결정하는 중요한 인자라는 것이다. 이러한 점에서 현실과 예상은 다를 수 있다. 즉 시장에서의 생산자의 지위는 소비자의 품질에 대한 평가 보다는 사용자가 맺고 있는 사회적 네트워크에 의해 결정되기 때문이다. 이 네트워크가 생산자의 행동을 제한하고, 생산자의 평판이 외부에 노출되는 역할을 한다. 다시말해서 생산자의 행동을 제약하는 여건이 되는 것이다. 결국 사회적 관계가 생산결정의 중요한 장애요인이 된다. 이 장애요인 때문에 생산자는 자신의 정체성을 위협하는 수준에 이르기 전에 생산을 멈추게 된다(Podolny,1993:847).

Podolny 모델의 핵심은 생산자들이 제한된 합리적 이익극대론자라는 묵시적 행태적 가정과 관련된다. 시장에서 생산자들이 다른 사람과 맺는 관계가 지위와 제품의 질 사이의 관계를 결정한다는 것이다. 이 관계가 제품 평가의 편견을 높이고, 교환관계 형성에 영향을 미친다는 것이다. 일반적으로 생산자의 지위에 대한 시장적 관점은 생산자의 품질 수준이 시장에서의 지위를 높여 가격 및 시장점유율 확대로 이어진다는 것이다. 그러나 한 기업의 시장에서의 지위는 결코 고정되지 않는다. 시장에서 기업의 지위는 그 기업이 시장에서 어떠한 관계를 맺고 있느냐의 정도에 따라 달라지기 때문이다. Podolny는 Burt의 정보우위와 통제우위의 개념에 지위향상의 개념을 첨가시킴으로써 사회적 관계가 시장질서를 형성하는데 매우 중요하다는 사실을 보여주고 있는 것이다.

Section 3 네트워크 조직

1. 네트워크 조직의 개념

앞의 논의에서 언급한 바와 같이 네트워크는 시장과 계층제의 대안으로 최근 급부상하고 있는 새로운 형태의 조직이다. 그러나 시장, 계층제, 그리고 네트워크를 순수한 조직구조적 관점에서 구분하기란 쉽지 않다. 시장과 계층제 모두 마디(node)와 유대관계(ties)라는 네트워크의 기본 구조로 이루어져 있기 때문이다. 가령 시장은 고립된 행위자의 집합으로서 여기의 행위자들은 다른 행위자와 직접적 연결(즉 유대관계)이 없는 네트워크이다. 반면 계층제는 많은 유대관계가 한 개의 마디로 수렴되는 집중적 네트워크이다. 따라서 구조적 관점에서 볼 때 모든 형태의 조직은 네트워크이고, 시장과 계층제도 그러한 네트워크의 한 예이다(Powell,1990).

<표10-1> 시장, 계층제, 그리고 네트워크

특징	조직형태		
	시장 (Market)	관료제 (Hierarchy)	Network
규범적 기반	계약-소유권	고용관계	보완적 힘
의사전달 수단	가격	관례	관계
갈등해소 방안	법적계약이행	행정적명령	상황의 규범
유연성정도	높음	낮음	중간
거래당사자의 충성도	낮음	약간높음	약간높음
분위기(문화)	정확성 혹은 의심	공식적, 관료적	개방적, 상호편익적
행위자선호 혹은 선택	독자적	의존적	상호의존적

출처: Walter Powell.(1990). "Neither Market nor Hierarchy : Network Forms of Organization," in Barry M. Staw and Larry L. Cummings, eds. Research in Organizational Behavior. Greenwich,CT: JAI Press:300.

그러나 네트워크를 조직구조적 측면이 아니라 거버넌스의 의미로 볼 때 시장 및 계층제와의 개념 차이가 확연히 나타난다. 거버넌스에서 중요한 요소가 권위관계이다. 네트워크는 둘 이상 행위자(N ≥ 2) 사이의 집합으로서 이들 사이에 반복적 · 지속적 교환 관계를 추진한다. 그러나 그 관계에서 생기는 문제를 중재하거나 해결할 정당한 조직권위가 없다. 반면 순수시장에서의 관계는 지속적으로 이루어지지 않는다. 재화와 자원 교환이라는 특정한 목표를 위해 일시적으로 관계가 이루어지지만, 그 교환이 끝나고 나면 관계도 종료된다. 반면 계층제 관계는 시장관계 보다 오래 지속되지만 분명하게 인지되고 정당한 권위가 존재하여 행위자 사이에 발생하는 분쟁을 해결한다. 결국 네트워크는 시장에 없는 지속적 관계가 있지만, 계층제에 있는 권위관계는 없다는 것이다.

네트워크는 시장-계층제의 이분법을 타파하고, 점차 흔하게 일어나는 복잡한 조직간 관계를 관장하는 장치이다. 네트워크에는 특별한 시장을 위해 연구, 설계, 생산을 하는 서로 다른 조직간의 핵심능력을 결합한 동맹, 장치, 합의 등이 포함된다. 네트워크는 협력, 합작, 정보공유 등을 특징으로 한다. 따라서 이것은 분명히 순수시장 거래와 다르다. 반면 네트워크에 참여하는 기업은 법적으로 독립된 생산단위이다. 변화하는 환경적 조건에 대응하기 위해 경제적 자원을 신속히 배치하려는 것이 네트워크의 전략이다.

그러나 네트워크 조직에 관한 이 주장은 네트워크 조직내에서도 중요한 차이가 난다는 사실을 간과하고 있다. 이 점에 대해서는 뒤에 자세히 논의 하고자 한다. 또 한가지는 시장과 계층제로 분류된 많은 조직적 장치가 실제 네트워크의 개념과 부합한다는 것이다. 가령 조직내 상품거래(내부거래)에 관한 연구에서 Eccles(1985)는 조직내 부서들 사이의 상품거래는 시장가격이 아니라, 협상을 통해서 이루어진다고 한다. 즉 조직내 상품거래는 시장 메카니즘이 아니라, 일종의 네트워크를 통해 이루어진다는 것이다. 그러나 이것을 네트워크 관계로 볼 것이냐에 대해서는 이론의 여지가 많다.

이러한 점에서 많은 학자들은 네트워크 조직을 교환 당사자 사이의 윤리 혹은 가치정향을 지닌 조직으로 특징 지우려는 성향을 보인다. 이것은 앞서 논의한 Granovette의 배태성과 유사한 개념이다. 일본기업의 장기적인 소비자-판매자 사이의 관계에 대한 분석에서 Ronald Dore(1983)는 이 관계의 근본이 되는 소위 말하는 "선의의 정신"(Spirit of Goodwill)을 강조한다. 이것의 핵심은 갈등을 해결하기 위해 당사자 사이의 높은 수준의 신뢰를 강조하는 것이다. 일본기업에 대한 Gerlach(1992)의 연구는 일본 대기업이 사용한 조직간 관계에 기반을 둔 독특한 자본주의를 "동맹자본주의"(Alliance Capitalism)라 규정한다. 이 자본주의는 긴밀한 거래 네트워크, 안정된 교환틀, 오랜기간의 집합적 행동유형에 기반을 둔 기업사이의 제도화된 관계를 말한다(Gerlach,1992:3).

마찬가지로 Powell(1990)은 상호성의 규범을 네트워크 조직의 근본원리로 본다. 네트워크 조직의 구성원들은 기존의 신뢰를 이용하려 하기 보다는 상대방에 대한 의무를 더 느끼게 된다는 것이다. 기업집단에 대한 분석에서 Granovetter(1995)도 네트워크 구성원 사이에는 높은 수준의 신뢰와 의무가 있다는 사실을 지적한다. Granovetter에 따르면 이 집단의 특징은 신뢰적 행동과 규범적 기준이 지켜지고, 기회주의는 사라지는 도덕적 사회를 구성하는 것이라고 한다. 마지막으로 "중소기업의 네트워크"과 관련한 논문에서 Perrow(1993)는 신뢰를 중소기업 생산 네트워크의 핵심 요소로 본다.

네트워크 조직에서 신뢰와 의무의 중요성을 강조한 가장 대표적인 연구는 Uzzi(1997)의 미국 의류산업의 하도급 관계에 관한 연구이다. Uzzi는 특히 의류제조업체와 납품업체 사이에 존재하는 강력하고 지속적인 관계를 "배태적 유대관계"(Embedded Ties)로 규정한다. Uzzi가 연구한 사례는 아시아로 모든 생산시설을 옮기려한 한 의류제조업체의 사례이다. 이 결정으로 이 제조업체는 더 이상 뉴욕에 있는 납품업체에 의존할 필요가 없게 되었다.

"이 제조업체는 아시아로 생산시설을 이전하려 한다는 것을 자신의 납품업체에 얘기 하지 않는 것이 이익이라 생각했다. 얘기 하게 되면 납품업체로부터 질낮은 부품을 공급받고, 납품업체가 다른 업체와 계약을 맺어 공급을 중단시킬 수 있기 때문이다. 그러나 이 제조업체 CEO는 납품업체 CEO와 개인적인 배태적 유대관계를 갖고 있었다. 이 신뢰관계 때문에 사업폐쇄에 신속히 대처할 수 있었고, 품질저하의 문제도 해결할 수 있었다. 납품업체의 한 관계자의 말에 따르면 제조업체 CEO가 자신의 공장을 개인적으로 방문하였고, 이로 인해 이들 사이의 관계가 재차 확인되는 계기가 되었다는 것이다"(Uzzi,1997:55).

네트워크 조직에서 교환에 사용되는 신뢰적 윤리를 이해하는 데는 학자마다 차이가 있다. 중요한 것은 신뢰적 윤리가 네트워크 조직을 거버넌스 관점으로 보는데 결정적 요소가 된다는 것이다. 따라서 이러한 점에서 네트워크 조직은 시장 및 계층제의 혼합물이 결코 아니라는 것이다.

도덕적 사회 혹은 선의의 정신은 네트워크 조직이 존재하는데 필요한 기능적 필수품이다. 두 사람의 경제적 행위자들이 지속적인 관계를 갖기를 원하지만 이 과정에서 발생할지도 모를 논쟁을 해결할 정당한 권위가 결여되어 있다면 이들은 서로의 기회주의적 행동을 예방하기 위해 장기 계약을 맺어야 한다. 이 계약에는 변화를 예견하거나, 예상치 못한 변화에 따라 계약을 새로 정해야 한다는 조항이 들어 있다. 그러나 교환당사자에게 닥친 예상치 못한 변화 때문에 예견된 변화 위주로 만들어진 계약은 상호성의 규범보다 훨씬 효율적이지 못하다. 결국 계약이 교환 당사자 사이의 불신을 막아주는 대안이기는 하지만, 계약만으로 교환의 모든 것을 해결할 수 없다. 따라서 당사자 사이의 선의를 바탕으로한 신뢰가 계약이 지니지 못한 융통성과 적응성을 기할 수 있고, 이러한 점에서 네트워크 조직은 시장과 관료제의 대안이 된다는 것이다.

2. 네트워크 조직의 장점

조직은 만약의 경우를 대비해 필요하거나 구하기 힘든 자원을 미리 확보하고 있어야 한다. 이른바 만약의 경우에 대비한 전략(just-in-case)이다. 그러나 네트워크 시스템 하에서 전략은 JIT(just-in-time)전략이다. 필요한 시장에 적기로 대비하는 전략이다. 이 전략이 사용되고 난 후 네트워크는 해체된다. 그러나 새로운 대응전략이 필요해지면 네트워크를 새로 만들거나 옛날 네트워크를 다시 부활시킬 수 있다.

Powell(1990)은 네트워크를 시장 및 관료적 장치와 비교하여 분명히 다른 행동조정 형태라고 한다. 일반적으로 네트워크는 시장의 유연성과 계층제에 나타난 단단한 결속력을 겸비하고 있는 조직이라고 할 수 있다.

> "네트워크는 계층제보다는 훨씬 가벼운 개념이다. 자원배분의 네트워크 방식에서 거래는 구분된 교환이나 행정적 장치를 통해 이루어지는 것이 아니라 상호보완적, 혹은 상호 지지적 활동에 참여하는 개인의 네트워크를 통해 이루어진다. 네트워크는 복잡할 수 있다. 여기에는 시장의 명확한 척도도 없으며, 계층제의 익숙한 온정주의도 없다"(Powell, 1990:303).

Castells(1996)는 이것과 다른 주장을 한다. Castells에 따르면 기업은 새로운 시장에 뛰어들 때의 위험부담이 있고, 새로운 기술변화를 따라 잡기가 쉽지 않기 때문에 협력과 네트워크를 모색하고자 한다는 것이다. 즉 네트워크는 위험을 분산할 수 있고, 현재의 기술을 따라 잡을 수 있는 능력을 확보하게 해준다는 것이다.

> "다시 말해서 조직위기 및 변화, 그리고 정보기술 사이의 상호작용을 통하여 새로운 조직형태가 정보화 · 세계화 경제의 특징으로 등장하게 되었는데, 그것이 바로 네트워크 기업이다"(Castells,1996:168-171).

많은 조직이론가들은 네트워크 조직의 장점과 순기능에 관한 논의를 전개한다. 즉 네트워크 조직은 참여조직이 새로운 기술을 배우거나 지식을 습득할 수 있게 하고, 정당성을 획득하게 하며, 경제적 성과를 향상하고, 자원의존을 관리할 수 있게 한다는 것이다. 나아가서 네트워크 조직을 광범위하게 사용함으로써 기대하지 않은 사회복지 혜택까지 얻을 수 있다고 한다.

1) 네트워크 조직과 지식

네트워크 조직은 계층제 보다 다양한 탐색 관계를 지니고 있고, 시장보다 풍부하며, 복잡한 정보를 전달할 수 있기 때문에 지식을 강화한다. Powell(1990:304)에 따르면 가장 유용한 정보는 조직의 공식적 명령체계(관료제)나 가격신호(시장)로부터 나온 것이 아니라 과거에 관계를 맺으면서 신뢰를 쌓아온 사람으로부터 나온다고 한다.

지식전달과 관련하여 중요한 것이 정보기술이다. 정보기술은 컴퓨터 네트워크와 텔레커뮤니케이션 시스템을 통해 조직간 정보의 전달을 빠르게 하고, 분화된 생산단위의 통합을 가속화시킨다. 성공적 네트워크의 핵심적 속성 중 하나가 "연결성"(connectedness)과 "일관성"(consistency)이다. 연결성이란 구성요소 사이에 잡음없이 의사를 전달하는 구조적 능력이고, 일관성은 네트워크 목표와 구성요소 목표사이에 이익을 공유하는 정도이다(Castells,1996:171). 이 둘은 각각 구조적 통합과 사회적 통합을 이루기 위한 것이다. 즉 연결성은 의사전달과 조정을 의미하고, 일관성은 목표 및 목적의 공유를 의미한다.

연결성과 일관성은 정보와 지식을 교환한다는 점에서도 장점이 있다. 어떤 지식은 다른 조직과의 동맹을 맺지 않고도 접근될 수 있다. 이동식 지식(migratory knowledge)이 그것이다(Badaracco,1991). 공식, 디자인, 매뉴얼, 책 등을 통해 빠르고 쉽게 지식을 전달하는 것이다. 그러나 이 지식은 미묘한 저문적 지식을 깊게 전파하지 못한다. 신당동 떡볶기 할머니의 떡볶기 기술이 책으로 쉽게 전파되지 못하는 것도 이러한 이유에서 이다. 이러한 지식은 이동적 지식이 아닌 다른 지식을 통해 전달되어야 한다. 그것이 배태적 지식이다.

배태적 지식은 일반적으로 복잡한 사회관계 속에서 나타나는 지식을 말한다. 즉 친밀한 네트워크 관계 속에서 지식이 전달되는 것이다. 신당동 할머니의 떡볶기 기술이 친밀한 관계에 있는 며느리나 가족에게 전수되는 것이 여기에 해당한다. 이러한 점에서 배태된 지식은 문서로 쉽게 부호화하거나 공식화할 수 없는 지식이다. 과정 속에서만 존재하며, 상호의존적인 특징을 지닌다. 조직이 이러한 지식에 접근하고자 한다면 단순한 거래 이상의 것을 수행해야 하며, Badaracco가 말하는 지식연결망(knowledge link)을 수립해야 한다. 지식연결망이란 조직이 새로운 지식과 능력을 배우고 공동으로 창조하기 위한 동맹이다. 이 동맹 중 많은 것은 배태된 지식을 전파하기 위해 만들어진다. 어떤 조직이 다른 조직의 배태된 지식을 습득하기 위해서는 그 조직과 복잡하면서도 친밀한 관계를 맺어야 한다. 지식 연결망을 수립하는 전략적 동맹이 그것이다. Powell(1990:304)이 지적한 바와 같이 네트워크가 지니는 개방적 · 관계적 특징이 새로운 지식과 기술을 전달하고 배울 수 있는 능력을 크게 신장시킨다는 것이다.

네트워크 조직이 지식을 증진하는 방법은 두 가지이다. 첫째는 자신이 지니고 있는 정보를 신속하게 전달함으로써 지식을 증진하는 것이다. Hamel(1991)에 따르면 기업간 협력을 통해 이 협력에 참여한 기업은 서로의 기술을 내재화(자기 것으로 만듦)할 수 있는 기회를 얻게 된다고 한다. Hamel에 따르면 네트워크 조직은 기술습득 방식의 새로운 대안이라는 것이다. 네트워크를 통한 지식습득이라는 이러한 시각은 정보이전에 관한 초기 네트워크 연구와 흡사하다. 가령 구직활동에 관한 연구에서 Granovetter(1974)는 직장에 관한 정보는 밀접한 연결 관계를 통해 전달된다고 한다. 둘째, 네트워크 조직은 과거 마디(node)에 머물렀던 정보를 질적으로 다른 새로운 정보로 전환케 함으로써 지식을 증진시킨다고 한다. 즉 네트워크 조직은 지속적인 교환관계를 통해 두 개의 마디 사이의 정보이전을 단순히 촉진시키기 보다는 새로운 지식을 낳게 한다는 것이다(Powell and Brantley,1992). 네트워크는 정보를 전달하는 단순한 마디라기 보다는 혁신의 장소라는 것이다. Teece(1992:12-13)는 이것의 정당성을 다음과 같이 논한다.

"새로운 제품과 과정을 혁신하고 그것을 상품화 하는데는 많은 비용이 든다. 여기에 소요되는 자금의 규모와 범위는 한 개 기업의 능력을 벗어나는 경우가 많다. 협력만이 유일한 해결책이다. 협력은 중복연구 및 R&D에 따른 비용을 줄여준다. 혁신에는 많은 위험이 따른다. 혁신을 위한 기술개발이 비용은 많이 들고, 특히 연구진척이 더딜 때는 위험이 더 높다. 이 경우 협력은 이러한 위험성을 줄여줄 수 있는 유일한 해결책이다."

Teece(1992)는 혁신과 기술발전을 촉진하기 위해 전략적 동맹을 맺을 것을 주장한 대표적 인물이다. 조직의 이러한 협력적 장치가 일어나도록 영향을 미치는 정치-경제적 환경요소가 있다. 이 중 가장 중요한 것이 동종 산업내의 기업간 동맹을 촉진하거나 제한하는 정부의 정책이다. Teece에 따르면 미국에서의 독점금지정책은 혁신을 방해한 장애물이라는 것이다. 왜냐하면 이 정책은 기업간 협력이 지니는 장점을 빼앗기 때문이라는 것이다(1992:23).

Stuart와 Podolny(1996)는 특허인증 네트워크에 관한 분석에서 기업의 지위를 기술적 지위 차이로 보고, 네트워크와 지식증진 사이의 관계를 추적한다. 이들은 특허인증을 ⅰ)한 기업이 네트워크(동맹)파트너와 기술적으로 차이가 나는 정도, ⅱ)기업의 현재의 발명품이 과거의 발명품과 내용상 상당한 차이를 보이는 정도로 측정한다. 이들에 따르면 한 기업의 기술적 격차가 동맹파트너와 많이 날수록, 그 기업은 과거 발명품과 내용적으로 크게 다른 발명품을 생산할 가능성이 높다는 것이다. 결국 네트워크가 지식전달의 촉매제가 된다는 것이다. 그리고 혁신의 장소도 네트워크 그 자체가 된다고 한다.[24)]

2) 네트워크 조직과 지위

학자들에 따르면 네트워크 조직의 한 행위자가 상당한 정당성이나 지위를 소유한다면 그 파트너도 덤으로 그 정당성이나 지위를 소유하게 된다고 한다(Galaskiewicz et al.,2006) 그리고 이 정당성이나 지위는 조직의 생존은 물론 성장 및 이익에 이르기까지 많은 경제적 혜택을 가져다 준다는 것이다. 가령 데이케어(daycare)센터에 대한 연구에서 Baum과 Oliver(1992)는 교회나 정부법인과 같은 정당한 기관과의 유대관계가 조직의 생존에 커다란 영향을 미친다는 사실을 발견한다. 투자은행에 대한 연구에서 Podolny(1993)는 t시점에서 신디케이트를 보증하는 은행의 경영파트너의 지위가 높을

24) 생명공학 산업에 관한 연구에서 Powell과 그의 동료들(1996)의 연구도 같은 결론을 도출한다. 즉 생명공학산업에서 뛰어난 실적을 올린 기업은 그렇지 못한 기업보다 더 크고 다양한 동맹 네트워크를 지니고 있었다는 것이다.

수록, t와 t +1 시점 사이의 그 은행의 지위성장은 훨씬 커진다는 사실을 발견하였다. 그리고 이렇게 높아진 지위는 그 은행에 상당한 경제적 이익을 가져다 준다는 것이다.

앞서 언급한 Stuart와 Podolny의 연구도 네트워크 유대관계가 관계구성원의 지위 및 정당성을 높이는데 기여한다는 사실을 지적한다. 이들이 분석하고자 하는 것은 생명공학산업 내의 민간기업 네트워크 관계의 결과이다. 이들에 따르면 저명한 동맹파트너에 가입하는 것은 생명공학기업의 시장가치를 상승시켜 준다는 것이다. 이 연구에서 특히 주목할 사실은 연구자들이 그러한 유대관계로부터 나온 자원을 이 유대관계의 정당한 지위상승의 결과로 본다는 것이다. 그러나 이들에 따르면 저명한 행위자와의 관계에서 나타난 정당한 지위 상승의 결과는 조업개시 시점에 따라 달라진다고 한다. 조업개시 초기에는 투자자 사이에 품질에 대한 상당한 불안감이 존재한다. 그러나 점차 연륜이 쌓여감에 따라 이 불확실성은 낮아지는데, 그것은 투자자들이 자신들의 판단근거로 삼을 역사가 쌓이기 때문이다. 저명한 행위자와의 유대관계가 상징적인 경우와 실제 자원을 얻는 경우의 결과는 달라지는데, 상징적인 경우 창업초기의 기업에게는 품질에 대한 불확실성이 높기 때문에 유대관계의 결과 얻을 것이 많다는 것이다. 반면 연륜이 쌓인 기업의 경우 유대관계로 실질적인 자원 흐름의 도움을 받지 못한다는 것이다. 결국 Stuart와 Podolny는 유대관계가 정당성을 높여주는데 기여한다는 사실을 일관되게 지적한다. 그러나 네트워크는 특히 창업시절에 긍정적으로 기여하지만, 기업의 연륜이 쌓이면 그 결과는 현저히 낮아진다는 것이다.

네트워크 관계의 정당성과 관련한 가장 정교한 연구는 Stark(1996)의 헝가리 사회주의 이후의 조직형태의 변화에 관한 연구이다. Stark에 따르면 헝가리는 사회주의 붕괴 이후 많은 사회적 · 경제적 · 정치적 질서가 혼재되는 상황을 맞이하였는데, 이에 따라 조직 자원의 정당성에 관한 다양하고 모순된 주장이 존재하게 되었다는 것이다. 이것을 극복하기 위해 분권화된 네트워크가 등장하였고, 자산과 빚은 이 네트워크를 통해 재조정 되었다는 것이다.

3) 네트워크 조직의 그 밖의 장점

네트워크 조직의 그밖의 중요한 장점 중 하나는 네트워크 조직이 예견치 못한 환경적 변화에 쉽게 적응한다는 것이다(Perrow,1990). 네트워크 조직은 시장보다 훨씬 큰 의사소통을 함으로써 가격구조로는 그 의미를 완전히 전달하거나 이해할 수 없는 변화에 쉽게 적응하며, 관료제 보다 조직경계가 희박하기 때문에 이러한 변화에 대응하여 조직의 구성을 쉽게 수정할 수 있다는 것이다.

네트워크 조직은 관계의 중요기반으로 계약적 장치보다는 신뢰를 꼽기 때문에 비용보다는 품질을 더 강조한다. 가령 장기적 혹은 배태적 하도급 관계와 경원적 하도급 관계를 비교한 연구에서 Uzzi(1997)는 전자가 후자보다 더 품질 좋은 제품을 생산한다는 사실을 밝혀낸다. Uzzi에 따르면 그 이유는 품질을 포함한 여러 문제에서 수요자와 판매자 사이에 의사소통이 풍부히 이루어지기 때문이라고 한다.

네트워크 조직의 장점과 관련하여 자원의존 이론가들의 공헌도 빼놓을 수 없다. 즉 네트워크 조직은 조직이 특별히 의존하고 있는 원천(source)과의 관계를 강화함으로써 외부규제 내지 불확실성의 원인을 제거시킬 수 있다고 한다. Pfeffer와 Nowak(1976)은 이러한 일반적 통찰력을 공동 벤쳐사업 구성에 적용한다. 독과점 산업은 기업이 자신들의 경쟁자 행동에 불확실성을 가장 높게 느끼는 산업이기 때문에 기업들은 공동 벤쳐산업을 통해 이러한 불확실성을 감소시키려 한다는 것이다. 따라서 산업내 공동 벤쳐사업이 가장 많은 산업이 바로 독과점 산업이라는 것이다. 네트워크가 사회복지혜택을 준다는 것을 지적한 연구도 있다. Perrow(1993)에 따르면 중소기업 네트워크는 관료적인 조직형태와 비교할 때 개인에게 보다 많은 자율성을 주고, 평등하게 부를 배분하며, 공동사회라는 인식을 심어준다고 한다.

3. 네트워크 조직에의 의존요인과 제약요인

1) 네트워크 조직에의 의존요인

이상에서 제시한 네트워크 조직의 장점을 통해 우리는 네트워크 조직에 대한 많은 통찰력을 얻을 수 있다. 그러나 여전히 중요한 의문이 남는다. 즉 이러한 장점에도 불구하고 조직모집단 내 모든 행위자가 네트워크 조직에 전적으로 의존하지 않는다는 것이다. 다시 말해서 네트워크 조직이 그렇게 많은 장점이 있는데도 불구하고 사람들은 여전히 시장과 계층제를 선호한다는 것이다. 실제로 네트워크 조직과 관련한 논의는 경제적 행위자들이 네트워크 조직에 왜 의존하는가 하는 것을 설명한다. 그러나 네트워크 조직에 의존하지 않는 이유는 설명하지 못한다. 네트워크 조직에 의존하는 경우도 산업 혹은 경제적 행위자의 모집단 별로 차이가 난다. 그 이유는 무엇일까? 그것을 알기 위해서 우리는 두 가지 물음을 던지고자 한다. 첫째는 경제적 행위자들이 네트워크 조직에 의존하도록 하는 요인이 무엇인가 하는 것이다. 둘째는 경제적 행위자들이 네트워크 조직을 이용하고자 할 때 이 네트워크 관계를 제한하는 요인이 무엇인가 하는 것이다.

먼저 경제적 행위자들이 네트워크 조직에 의존하는 요인과 관련된 논의이다. 경제적 행위자들이 특정한 네트워크 조직을 선택하는데 영향을 미치는 요인은 크게 세 가지로 나누어진다. 권력관계, 네트워크 설립 당시의 조건, 그리고 국적이 그것이다.

먼저 권력관계이다. 기업과 투자은행 사이의 관계를 분석한 Baker에 따르면 기업과 투자은행 사이에는 세 가지의 뚜렷한 시장관계가 형성되어 있다고 한다. 상호작용관계(relationship interface), 교환관계(transaction interface), 하이브리드 관계(hybrid interface)가 그것이다. 상호작용관계는 기업이 소수의 은행과 장기적 유대관계를 갖는 경우이고, 교환관계는 여러 은행과 단기적 유대관계를 갖는 경우이다. 반면 하이브리드 관계는 그 중간쯤에 해당한다. 여기에서 상호작용관계가 네트워크 조직관계이다. 반면 교환관계는 시장 거버넌스를 지칭한다. 규모 혹은 대안적 자원이용력 등의 기업권력에 관한 지표를 사용하여 Baker는 교환관계, 즉 시장 거버넌스는 기업의 권력(힘)이 클 때 나타나는 관계라 한다. 힘이 약하고 투자은행에 보다 의존적인 기업은 상호작용관계, 즉 네트워크 조직을 더 선호한다는 것이다.

Baker의 연구에서 기업은 다른 조직 대안을 채택하기에 힘이 너무 약할 때 네트워크 조직을 채택하려 한다는 것이다. 그러나 앞서 지적한 바와 같이 네트워크 조직이 많은 장점을 지니고 있다면 힘이 없는 기업만이 네트워크 조직을 채택하려 하는지를 이해하기 어렵다. 한 가지 가능한 설명은 힘이 있는 기업은 동맹(네트워크)으로부터 얻게 될 이익이 많지 않기 때문이라는 것이다. 그러나 네트워크 조직의 장점이 광범위하다고 볼 때 이 전제 또한 받아들이기 어렵다. 다른 가능한 설명은 투자은행이 지니는 독특한 특징이 네트워크 조직의 장점을 제한한다는 것이다. 그러나 이 설명 또한 은행산업에서 네트워크 조직의 장점을 강조하는 연구가 많다는 점에서 받아들이기 어렵다(Eccles and Crane,1987).

둘째, 네트워크 설립 당시의 조건이다. 이 논의는 특히 관성(inertia)과 관련한 인구 생태론자들의 주장과 밀접한 관계가 있다. 조직각인(imprinting)에 관한 Stinchcombe(1965)의 주장을 근거로 인구 생태론자들은 조직구조의 중요한 특징은 조직역사의 처음에 수립되며, 이 특징은 변화하기 어렵다고 한다. 가령 IBM이나 DEC 같은 컴퓨터 산업의 오래된 기업은 수직적으로 통합된다. 처음 이 기업들이 컴퓨터 산업에 진출할 때 높은 수준의 수직적 통합을 요구하는 기능적 이유가 있었다. 그 당시 컴퓨터 부품과 관련한 능률적 시장이 부족한 상황이었기 때문에 수직적 통합을 할 수 밖에 없었다. 반면 SUN Computers, COMPAQ, 그리고 Silicon Graphics와 같은 젊은 컴퓨터 기업들은 수직적 분해 및 아웃소싱 관계에 크게 의존하였다. 이 기업들은 컴퓨터 부품을 공급하는 많은 기업이 존재하는 능률적 시장이 존재한 시기에 탄생하였다. 따라서 이러한 시장조건이 컴퓨터 산업의 네트워크 조직을 활성화시켰다는 것이다. 그러나 현재 이러한 능률적 시장이 존재함에도 불구하고 오래된 기업은 구조조정의 어려움 때문에 수직적으로 통합된 구조를 수정할 수 없으며, 수정하려고도 하지도 않는다. 이들 기업의 네트워크화가 그만큼 어렵다는 것이다.

셋째, 국적(nationality)이다. 국가간의 문화적 · 법적 차이가 네트워크 조직을 채택하려는 조직성향 차이의 근거가 된다는 것이다. 가령 Dore(1983)는 네트워크 조직의 근간이 되는 윤리(신뢰)가 집합주의 성향과 일치되며, 따라서 집합주의 성향이 강한 나라에서 네트워크 조직이 더 유행한다는 사실을 밝혀낸다. 이탈리아에서는 조세법 때문에 중소기업이 더 선호된다는 것이다. 그리고 이 법은 대규모 관료조직의 형성보다는 중소기업 네트워크 조직의 형성을 더 용이하게 했다는 것이다.

이상의 권력, 설립당시의 조건, 국적은 특정한 네트워크 조직을 채택하려는 이유이다. 이 이유 이외에경제적 행위자들이 네트워크 조직을 더 선호하는 이유가 있다. 연구에 따르면 네트워크 관계는 앞서 언급한 네트워크의 장점 중 하나를 강화할 때 생겨난다는 것이다. 가령 Lincoln과 그의 동료들(1992)은 대표적 일본기업 사이의 유대관계 유형의 근간이 되는 거래비용과 자원의존성향을 분석한다. 즉 일본의 대기업은 거래비용을 낮추고 자원의존을 줄이기 위해서 네트워크 관계를 형성한다는 것이다. 또한 Hamel(1991)에 따르면 기업은 자신이 필요로 하는 기술을 제공할 수 있는 가장 큰 능력을 지닌 기업과 기술적 동맹을 맺으려 한다는 것이다.

2) 네트워크 조직의 제약요인

네트워크 조직 이용이 모집단 내에서 차이가 나는 이유와 관련된 두 번째 문제는 경제적 행위자들이 네트워크 조직을 이용하고자 할 때 이것을 제한하는 요인이 있다는 것이다. 첫째는 기술의 차이이다. Mowery와 그의 동료들(1996)은 기술배분을 위한 동맹유형을 설명하기 위해 흡수 능력에 대한 Cohen과 Levinthal(1990)의 개념을 사용한다. 이들에 따르면 잠재적 파트너로부터 지식을 흡수할 기업의 능력은 관련된 지식의 양에 달려있다는 것이다. 따라서 기업은 기술이 자신의 것과 크게 차이가 나는 기업과는 동맹을 맺으려하지 않는다는 것이다. 동시에 과다한 기술을 소유하고 있는 기업과도 동맹을 맺으려 하지 않는다는 것이다. 결국 기업이 기술배분의 동맹을 맺으려 하는 것은 기술수준이 중간정도인 기업이라는 것이다. 다시 말해서 자신과 기술능력이 유사한 기업과 동맹을 맺으려 한다는 것이다.

둘째는 교환 당사자의 지위차이이다. Podolny(1994)는 투자은행 사이의 신디케이트 관계유형을 분석한다. Podolny에 따르면 재화나 서비스의 질이 매우 불확실한 시장에서는 행위자의 지위가 교환당사자를 선별하는데 영향을 미친다고 한다. 높은 지위의 행위자들은 자신의 지위 손실을 피하기 위해 낮은 지위의 행위자들과의 교류를 피하려한다는 것이다. 따라서 낮은 지위의 행위자들이 높은 지위의 행위자들과 교환관계를 갖는데는 제약이 따를 수 밖에 없다.

Gulati(1995)는 네트워크 유대관계의 형성유형에 영향을 미치는 규제를 가장 일반적으로 설명한 사람이다. 여러 산업에서의 동맹 네트워크와 관련된 연구에서 Gulati는 양자관계(dyad)에서 한 사람이 다른 사람과 동맹관계를 맺게 될 가능성은 이 둘 사이의 과거의 직접적 접촉과 그 산업내의 다른 사람을 통한 간접적 네트워크 관계에 달려있다고 한다. 이러한 간접적 관계가 조회관계(referral)와 통제기능에 영향을 미친다는 것이다. 이들은 잠재적 파트너의 신뢰성과 관련된 정보를 제공한다. 그리고 한 당사자가 동맹상황에서 신뢰적 행동을 하지 않을 때, 그것은 동맹형성의 제약요인이 된다. Powell과 그의 동료들(1996) 또한 과거의 유대관계 유형이 현재의 유대관계 유형을 예측한다는 가설을 제시한다. 이들에 따르면 규제의 의미로 네트워크를 구축한 기업은 다른 기업과 간접적 관계가 결여되어 있는 기업과는 유대관계를 맺으려 하지 않는다는 것이다.

물론 한 시점의 유대관계가 그 다음 시점의 유대관계의 기본이 된다는 유대형성의 내부적 설명은 다음과 같은 문제가 있다. 즉 관련된 최초의 유대관계가 어떻게 형성되었는가 하는 것이다. 특히 생명공학과 같이 급속히 성장하는 산업에서 (이곳에서는 새로운 수많은 조직이 유대관계 없이 매년 이 산업에 진입한다) 과거의 직접적 혹은 간접적 유대관계의 존재는 모집단내 유대관계의 분포를 이해하는데 중요한 설명변수가 될 수 없다. Gulati와 그의 동료들(1994)은 이 문제를 해결하기 위해서 내부적 역동성의 개념을 도입한다.

네트워크 관계 유형의 근본이 되는 규제에 관한 연구가 진척됨에 두 가지 사실에 귀를 기울일 필요가 있다. 첫째, 네트워크 관계 유형은 새로운 유대관계의 형성일 뿐만 아니라, 기존 유대관계 지속의 함수라는 것이다. Gulati(1995)의 연구가 대표적 예이다. 즉 다른 기업과 동맹을 형성하려는 기업의 능력은 그 기업의 기존의 간접적 유대관계의 존속여부에 달려있다는 것이다. 이 주장이 사실이라면 동맹으로 인한 가시적 이득이 없는 경우에도 다른 기업과 미래를 위해 동맹을 맺게된다는 것이다. 둘째, 네트워크 유대관계의 성공적 활동에 신뢰와 의무가 중요하다고 할 때, 이 신뢰와 의무는 한 행위자가 자신의 이익을 위해 네트워크를 변화시키는데 제약요인으로 작용한다는 것이다.

이와 같이 네트워크 유대관계 해체에 제한이 존재한다는 것은 네트워크 조직의 환경변화에의 적응과 관련된 앞서의 논의에 분명하고 구체적인 암시가 된다. 즉 의무와 신뢰에 바탕을 둔 네트워크가 해체로 인해 비용이 상당하다면 그것에 바탕을 두지 않는 시장과 계층제가 네트워크 보다 변화에 더 잘 적응할 것이라는 것이다. 그러나 유대관계 해체에 대한 규제가 있다면 네트워크 유대관계는 자신들의 순기능과 상관없이 오래 지속될 것이다. 또한 강력한 순기능적 이유로 탄생한 네트워크 유대관계는 그 명성을 지키기 위해서라도 존속하게 될 것이라는 것이다.

4. 네트워크 조직의 실패가능성

네트워크 조직과 관련하여 반드시 언급해야할 사항은 네트워크 조직의 역기능과 그로 인한 실패가능성이다. 그러나 놀랍게도 이것에 관한 문헌은 많지 않다. 그 이유 중의 하나는 네트워크 조직이 현재 우월한 조직형태가 되고 있기 때문이다. 많은 학자들(가령 Powell,1990;Perrow,1993)은 거의 묵시적으로 능률과 효과성 측면에서 동맹자본주의가 대규모 계층제간의 거래를 바탕으로 한 자본주의 보다 훨씬 효과적이고 유효하다고 주장한다. 그러나 네트워크 조직은 이러한 사실에도 불구하고 많은 문제를 안고 있다. 즉 네트워크 조직은 극단적으로 많은 단편들로 이루어져 있어 실제 의도한 가능을 수행하지 못한다는 것이다. 네트워크 조직의 실패와 관련된 실증적 연구는 없다. 그러나 많은 언론 및 경영실무진에서는 네트워크 조직의 공동유형, 즉 전략적 동맹의 대부분은 결국 실패할 것이라는데 의견의 일치를 보고 있다. 가령 항공산업(1995년 401개의 동맹을 맺은 산업임)에서의 동맹의 성과를 평가한 보스턴 컨설팅 그룹은 지역동맹의 40%미만, 그리고 국제동맹의 30% 미만 만이 성공을 거둔 것으로 평가했다(The Economist,1995). 마찬가지로 Savona(1992)는 공동 벤쳐사업의 경우 평균 3.5년 이하 존속하였고, 이 사업의 3분의 1 이하만이 성공한 것으로 평가하였다.

그러나 이러한 사실들은 과학적 근거가 빈약하다. 네트워크 조직 지지자들은 특별한 네트워크 조직의 역기능을 상대적이라고 주장함으로써 이러한 비판에 대응하고자 한다. 나아가서 동맹관계의 실패율과 다른 형태의 실패율을 비교한다(Podolny and Page, 1998). 비교의 공정성을 위해서이다.

네트워크 조직의 실패에 대한 연구가 거의 없는 이유 중 다른 하나는 네트워크 조직 모집단에 대한 장기적 데이타를 구하기 어렵기 때문이다. 실패는 특정한 날짜에 일어나지 않는다. 그리고 동맹이 특별한 날짜에 공식적으로 종료된다 해도 네트워크에 참여하는 행위자들이 그것을 공개적으로 선언하지는 않는다. 따라서 연구자들은 네트워크 조직의 실패와 관련된 자료를 구할 수 없는 것이다.

네트워크 조직의 순기능과 역기능을 조화시킨 최초의 시도는 Uzzi(1996,1997)의 연구이다. Uzzi에 따르면 배태성과 성과 사이의 관계는 역U자형으로 나타나지만, 배태적 거래가 비태적 거래(경원적 관계)보다 더 순기능적이라고 한다. 그러나 조직유대관계가 지나치게 많이 배태되어 있다면 조직은 이 관계의 덫에 걸릴 가능성이 높다. 그러나 이 경우에도 역기능은 개별관계 수준보다는 전체 네트워크 수준에서 나타난다. 네트워크 조직의 실패에 관한 위의 주장들은 대부분 전체 네트워크 수준이 아니라 개별유대관계 수준에서 논의되고 있다.

연구에 따르면 네트워크 조직에서 활동할 수 있는 능력은 학습되는 기술 혹은 역량이라고 한다. 따라서 실패 가능성은 네트워크 조직에 대한 행위자의 경험과 관련된다. 관련(계)없는 실체(혹은 조직)와 함께 일하는데 따른 어려움을 지적한 Powell과 Brantley(1992:371)는 "성공적 기업은 적을 만들거나 기회주의적으로 행동하지 않고, 외부연결조직으로부터 어떻게 이익을 얻는지 가장 빠르게 배우는 기업"이라고 한다. 즉 속담에 나오는 거위를 죽이지 않고 네트워크 관계를 통해 얻은 실질적 지식을 이용할 수 있는 능력이라고 한다(Powell et al,1996). 결국 네트워크 조직의 실패 가능성은 네트워크 조직에 대한 파트너의 경험 문제로 축소된다.

현장연구조사(field research)를 통해 네트워크 조직의 성공 및 실패요인을 추적한 연구들도 있다. 가령 Doz(1996)는 업무통합, 조직문화의 유연성, 그리고 조직목표의 공통성 수준 등이 동맹파트너가 서로로부터 배울 수 있는 능력에 영향을 미치는 요인이라고 한다. Parkhe(1991)는 또한 학습과 적응을 동맹관계의 수명과 유효성의 기본이 되는 핵심요인으로 보고, 특히 기업의 다양성이 학습과 적응에 어떠한 영향을 미치는지를 주목한다. 그러나 불행히도 이 현장조사연구는 조직이론의 연구범주를 벗어난다. 조직이론가들이 관심을 두는 이론적 작업을 시도하지 않기 때문이다. 따라서 네트워크 조직과 관련된 현장조사연구가 실질적 의미를 지니기 위해서는 이론적 작업과의 구체적인 연결 작업이 시도되어야 할 것으로 보인다. 특히 신뢰와 관련하여 네트워크 조직이 신뢰를 쌓거나 해치는 사회적 · 심리적 과정에 대한 직접적인 통찰력이 필요하다.

역기능에 관한 가설을 발전시키기 위해서 규제에 관한 분석을 수행한 연구도 있다. Gulati(1995)는 두 행위자 사이에 동맹이 형성될 가능성은 이 행위자들이 서로에 대해서 갖는 간접적 관계에 달려있다고 한다. 이 간접적 관계를 통해 평판에 관한 정보를 얻고, 동료 통제를 할 수 있다. 그러나 평판에 관한 정보가 적고 동료통제의 가능성이 낮으면 전략적 동맹은 실패할 가능성이 높다는 것이다.

5. 일본 기업의 사례를 통해서본 네트워크 조직의 성공과 실패

성공한 조직은 다른 조직의 모델이 된다. 네트워크 조직은 모방과 복제를 통해 성공한 기업을 벤치마킹한다. 일본 기업의 조직간 관계는 이러한 점에서 매우 중요한 사례가 된다. 일본의 기업은 간결한 생산 및 품질경영에서 하나의 모델이 되지만 성공적인 조직간 관계에 있어서도 의미있는 모델이 된다.

일본 기업에 대한 Michael Gerlach(1992)의 연구는 일본 대기업이 사용한 조직간 관계에 기반을 둔 독특한 자본주의를 규명하고 있다. Gerlach는 일본의 기업이 다른 조직 행위자와 제도화된 독특한 관계유형을 갖는 것을 기술하기 위해 동맹 자본주의(alliance capitalism)라는 용어를 사용한다. 이 자본주의 중심에는 기업 간 동맹을 상징하는 "keiretsu"가 있다. keiretsu(우리말로 계열이라는 뜻)란 긴밀한 거래 네트워크, 안정된 교환틀, 오랜 기간의 집합적 행동유형에 기반을 둔 기업사이의 제도화된 관계를 말한다(Gerlach,1992:3).

일본의 keiretsu 특징은 다음과 같다. 첫째, 기업간 동맹은 호의적 관계를 촉진하는 제휴적 유대를 바탕으로 이루어진다는 것이다. 그러나 그 관계는 계층제적 혹은 수직적 통합 기업처럼 단일 명령체계로 이루어진 것이 아니다. keiretsu하의 조직간 관계는 시장과 계층제 사이의 중간 형태로 이루어져 있다.

둘째, 기업간 관계가 오랜 기간에 걸쳐 발전해 왔다는 것이다. 이것은 비공식적이지만 신뢰, 상호성, 지속적 상호작용을 바탕으로 한 강력한 쌍방적인 규범적 의무를 낳는다. 높은 신뢰와 공유된 규범은 계약적 복종과 강제의 필요성을 줄여주어 거래비용을 낮춘다. 이러한 거래는 Ouchi(1980)가 주장한 "규범적 씨족"(clan)의 개념과 같다. 즉 비공식적 관계, 가족 같은 상호작용, 공동의 문화, 신뢰 및 충성심, 의무와 책임, 도덕적 차원을 특징으로 하는 관계라는 것이다.

셋째, keiretsu 기업 사이의 관계는 중복(multiplexity)을 특징으로 한다는 것이다. 조직간 관계는 생산 관련 거래를 넘어서 공동투자와 직원 상호교환 같은 "중복거래"까지 포함한다. 공동투자는 주식 공동소유의 형태를 띤다. keiretsu하의 각 기업은 다른 기업의 주식을 서로 소유한다(상호출자형식). 이것은 서로에게 이익이 되는데, 그것은 공동의 이익을 도모하고, 다른 기업이 단기간의 이익을 취하지 못하게 하여, 적대적 인수의 가능성을 줄여주기 때문이다. 이것은 결국 기업간의 경제적 유대를 더욱 강화시키게 된다.

넷째, keiretsu의 기업은 정보와 균등한 자본을 공유한 자회사를 포함한 확장된 네트워크로 구성된다는 것이다.

마지막으로 기업간 동맹은 공동의 문화, 조직사명, 그리고 일련의 목표에 기반을 둔 상징적 의미로 이루어진다는 것이다. 따라서 여기에는 합법적인 계약이 필요 없다. Gerlach에 따르면 keiretsu의 이러한 특징이 일본 조직과 경제의 성공을 이끌었다는 것이다.

일본 keiretsu의 대표적 예는 Mitsubishi이다. 전 세계의 가장 큰 기업집단의 하나인 Mitsubishi는 1999년 1,150억 달러의 수익을 올렸다. Mitsubishi는 36개의 공장과 15개의 연구시설을 지니고 있다. 이 기업의 대략 3분의 1은 "과정생산공정," 즉 시멘트, 화학, 플라스틱, 합성섬유 등을 생산하여 해당 제조 기업에 제공한다. 다른 3분의 1은 자동차, 컴퓨터, 에어컨 등을 생산하며, 나머지 3분의 1은 보험, 금융, 투자, 은행, 마케팅 등의 "유통업무"에 참여하고 있다.

Keiretsu 동맹의 중요한 측면 중 하나는 제조회사에 부품과 부속을 공급하는 Keiretsu 소속 기업의 특권적 지위이다. 이것은 일본 내 뿐만 아니라 일본의 해외진출 기업에서도 나타나는 현상이다. 일리노이에 있는 미쓰비시의 Diamond-Star 자동차는 미쓰비시 중공업으로부터 에어컨을, 미쓰비시 전자로부터 Starter를, 미쓰비시 자회사인 United Globe Nippon으로부터 ball bearing을 공급받는다. 이 부품들은 적기공급(just-in-time)을 위해 필요한 물품들이다.

Mitsubish는 기능적으로 관련 없는 광범위한 제품과 재료를 생산하는 수평적 혹은 시장간 Keiretsu의 전형적인 예이다. 반면 Toyota와 같은 수직적 Keiretsu에는 특정한 산업 생산단위와 계층적으로 관련된 공급 및 배분 네트워크가 포함된다. 하나의 수평적 Keiretsu에 다양한 수직적 Keiretsu가 존재하는 구조인 것이다.

1990년 Business Week는 Mitsubishi를 국제적 동력기로, 그리고 Keiretsu를 독자적인 서구기업에 비해 장점이 많은 "독특한 일본식 자본주의"로 묘사했다. 그러나 8년 후 일본이 2차 세계대전 이후 최악의 경제 불황을 겪고 있을 때 Keiretsu는 조직무능과 경제적 위기의 주범으로 지목되었다. Keiretsu가 지닌 확고하고 가족 같은 관계가 문제가 된 것이다. 일본경제위기에 관한 1998년 보고서에 따르면 Keiretsu는 일본의 "무너져 내리는 기둥"이라는 것이다.

> "정치세계에서 볼 수 있는 밀접한 사적 관계가 기업실제에서도 재생산 되고 있다. 상호 출자 방식인 Keiretsu 시스템하에서 관련된 기업은 서로 주식을 나눠 갖고, 주식값을 높이려 한다. Keiretsu에 속한 기업은 부실한 기업에 계속 대출할 수 밖에 없는 것이다"(1998a).

“그들은 값싼 자본, 지속적 경영, 신뢰할 만한 파트너, 우호적 주주가 되었다. 그러나 이 시스템은 일본 주식회사의 경쟁력을 약화시켰으며, 인내 수준을 벗어난 부채를 안겨주었다”(Japan:Wanted:A New Economy,"Business Week, November 30,1998:66).

오랫동안 낮은 비용으로 자본을 조달해 주었던 상호출자 시스템은 자금흐름을 자유롭게 하기 위해 폐기처분되었다. Mitsubishi 회장은 이러한 상호출자 방식을 “귀한 자본을 쓰레기로 만드는 것”으로 묘사한다. 이제 Keiretsu 해당 기업들은 다른 동맹 파트너와의 협약으로부터 빠져나오려고 하고 있다. Keiretsu 동맹이 깨지고 있다는 가장 극적인 표시는 Keiretsu가 아닌 기업에게 아웃소싱을 한 사례이다. 1998년 Mitsubishi는 Georgia에 생산시설을 갖고 있는 캘리포니아 소재 기업에게 핸드폰 생산을 맡기기로 했다고 발표했다. 점차 많은 미국 기업들이 일본 Keiretsu와 동맹을 맺고 있다. Toshiba와 IBM은 메모리칩 생산비용을 공동부담하고 있으며, GM의 Delphi는 Toyota에 부품을 납품하고 있다. Mitsubishi와 Caterpillar는 굴착기를 공동개발하고 있다(“Keiretsu Connections," Business Week, July 22,1996:52).

이러한 새로운 전략적 파트너십은 동맹구조가 여전히 중요한 조직간 관계의 형태라는 사실을 잘 말해준다. Keiretsu는 Keiretsu내의 의무와 책임 때문에 유연성을 확보하기가 어렵다. 시장 압력으로부터 보호받아야 한다는 섬나라 근성의 Keiretsu 구조는 비용을 포함시키려는 노력을 방해한다. 이들 모두가 현재 Keiretsu 시스템이 안고 있는 전혀 예견치 못한 부정적 결과이다. 그러나 일본 기업이 안고 있는 이러한 문제로 네트워크 조직 전체가 문제가 있다고 말할 수는 없다. 일본 기업의 네트워크 조직인 Keiretsu는 일본기업 만이 안고있는 고유한 문화이기 때문이다. 이것의 문제점을 극복하고 새로운 무기로 장착한 네트워크 조직이 범세계적으로 등장할 가능성은 얼마든지 있다.

Section 4 공간적 차원

지금까지 조직간 관계에 대한 논의는 주로 기업과 생산단위 사이의 관계에 국한되어 있었다. 즉 조직간 관계 구조로 가장 좋은 것이 무엇인가 하는 것이었다. 상호의존적 생산단위가 시장에서 교환되어야하는지 수직적 통합 계층제로 교환되어야 하는지 아니면 네트워크 체제로 교환되어야 하는지에 관한 것이다. 어느 거버넌스가 좋으냐의 판단여부는 각 거버넌스 체제가 지니는 상대적 비용 우위에 의하여 결정된다. 그러나 비용 장점 및 단점은 생산단위의 구조적 형태 뿐만 아니라 공간적 형태에 의해서도 결정된다. 공간적 형태란 일련적 혹은 상호의존적 경제 활동이 지리적으로 분산되어 있는 것을 말한다. 비용의 장점을 확보하기 위해서 공간적으로 근접한 것이 좋은지 아니면 분산된 것이 좋은지의 문제인 것이다. 그러나 이것도 조직간 관계처럼 일정한 긴장이 있다. 즉 지리적으로 분화된 단위를 생산적, 능률적, 비용 절약적 관점에서 어떻게 통합할 것인가 하는 문제이다. 역사적으로 볼 때 관련된 조직 활동을 공간적으로 집중시키려는 경향이 있었다. 이것은 두 가지 중요한 이유 때문이다. 수송비용과 의사소통의 문제를 극복하기 위해서이다. 생산과정에 필요한 물품을 한 지역에서 다른 지역으로 이동하는데 따른 비용은 생산 활동이 지리적으로 가까우면 줄어든다. 마찬가지로 지역이 가까워 조직이 정기적으로 상호작용하고 의사소통 한다면 활동의 통합 및 조정이 쉽게 이루어진다.

이러한 이유로 기업은 경제지리 학자가 말하는 응집(agglomeration), 즉 경제활동이 지리적으로 집중되는 것으로 나아가려는 경향을 보인다. 이 현상은 하나의 생산과정으로 기업을 연결시키는 것 뿐만 아니라, 핵심경제 섹타에 접근이 용이하도록 하는 것을 의미한다. 응집에는 또한 지식과 이념을 공유하는하는 것도 포함한다. 도시지역에 인구가 집중하는 것도 이러한 응집과정의 산물이다.

응집의 정반대 축에는 경제활동의 지리적 분산이 있다. 이 경우 지리적으로 서로 다른 지역에서 관련된 생산 활동이 일어나는데, 그것은 움직일 수 없는 천연자원, 비용과 관련된 정치·경제적 장점 활용, 역사적 이유(가령 기업주의 고향) 때문에 생기는 현상이다. 최근의 경향은 주로 비용과 관련된 정치·경제적 장점 때문에 경제적 활동의 분산이 일어나는 경우가 많다. 또한 정보기술의 발달로 지리적 분산의 경향이 강해지고 있다. 이러한 경향을 탈국경화, 탈응집화, 혹은 세계화(Globalization)라 한다.

조직의 형태를 공간적·구조적 차원으로 분류하면 전부 4가지의 조직간 관계유형이 생긴다. <그림 10-1>은 이것의 예시이다.

<그림 10-1> 공간적·구조적 조직 형태

1. 수직적 통합과 공간적(지리적) 집중(Vertically Integrated and Spatially Concentrated)

포드주의는 수직적 통합구조이며, 동시에 지리적으로 상호 관련된 행동을 일련적으로 집중시킨 형태이다. 대표적인 사례는 포드자동차의 River Rouge 공단이다. 1915년 미시간주 Dearborn의 River Rouge에 Henry Ford는 2,000에이커의 공단을 조성했다. 이 공단은 전 세계의 자동차 공단 중 가장 큰 규모로서 자동차와 관련된 모든 산업이 입주해 있다. 이것은 한때 전 세계에서 가장 위대한 산업단지라는 명성을 얻기도 했다.

완전히 통합된 생산시스템은 제조과정의 모든 측면을 원활하게 통합하기 위해서 설계된다. 이것의 목표는 시간낭비와 초과비용을 줄이는 것이다. 생산과 공급에 필요한 모든 사항을 통제하고 통합하는 것이 포드주의의 목표이다. 공간적으로 가까이 위치하는 것은 수송비용을 줄일 수 있고, 생산단위 사이의 직접적이고 즉각적인 의사소통을 용이하게 한다는 장점이 있다. River Rouge 공단을 건설하기 전 디트로이트 지역은 이미 중요한 철강 생산지였고, 자동차회사 뿐만 아니라 조선소 및 난로생산자들에게도 철강을 공급하고 있던 지역이었다. 5대호(the Great Lakes) 수송시스템에 접근하기 용이한 철강생산의 허브로서 이 지역은 강력한 응집의 효과를 보고 있었던 것이다.

2. 수직적 통합과 지리적(공간적) 분산(Vertically Integrated and Geographically Dispersed)

1) 지리적으로 분산되는 이유

관련된 경제활동을 지리적으로 분산시키는 이유는 무엇일까? 이를 설명하기 위해서 지리경제학에서 나온 간단한 예를 살펴보기로 하자(Clark,1981). 두 가지 중요한 활동을 수행하는 수직적으로 통합된 컴퓨터 회사가 있다. 이 회사는 신제품 및 소프트웨어에 대한 R&D, 그리고 퍼스날 컴퓨터의 제조와 어셈블리라인을 주 임무로 한다. 회사의 오너는 MIT에서 교육을 받은 사람이었기 때문에 Boston에 있는 COMPTECH이라는 회사를 설립하였다. COMPTECH 본사, R&D 사업부, 그리고 제조공장은 모두 Boston교외의 공단에 위치해 있었고, 경제활동은 공간적으로 집중되어 있었다. 그러나 장기적 전략에 따르면 이 활동들은 지리적으로 분산하는 것이 유리하다고 생각했다. 그 이유가 무엇일까?

가장 중요한 첫번째 이유는 COMPTECH의 상기 두 가지 핵심활동이 조직상으로나 노동시장 측면에서 서로 다른 입장을 반영하고 있기 때문이다. R&D 분야는 교육수준이 높고, 기술력이 뛰어난 엔지니어 및 컴퓨터 사이언스 노동자들을 필요로 한다. 이 노동자들의 수는 극히 제한적이고, 전문성과 기술에서 희소성을 보인다. 그러나 이들은 큰 집단에 소속되고 싶어 하고, 따라서 보스턴에 있는 MIT와 같은 큰 연구대학에서 근무하고 싶어 한다. Boston 지역은 다른 지역으로부터도 자격 있는 사람들을 끌어들이는 매력을 갖고 있는 것이다. 반면 컴퓨터 생산 활동은 비용 측면에서 지리적으로 다른 지역에 위치해도 괜찮다는 것이다. 생산에 필요한 반숙련 노동력은 결코 부족하지 않다. 이 기술은 희소하지도 않고, 이 기술을 지닌 노동자들도 소수가 아니다. 따라서 노동력 공급이 많은 지역을 찾으면 된다. 그것이 훨씬 비용이 적게 드는 길이기 때문이다.

Boston 같은 대도시에 생산시설을 두는 것은 기업 입장으로 볼 때도 매우 불리하다. 첫째, 대도시 지역은 생활비가 비싸, 이것이 임금상승 요인으로 작용할 가능성이 높다. 둘째, R&D 직원에게 제공된 높은 임금, 각종 혜택, 그리고 신분 보장 등이 생산직 근로자들의 요구사항에 영향을 미칠 가능성이 크다. 실제 이러한 "전시효과"가 생산직 근로자들의 노력과 협상에 미치는 영향이 큰 것으로 조사되었다. 특히 전문직 근로자와 생산직 근로자가 지리적으로 가까운 곳에 위치해 있을 때 이 전시효과는 더 큰 것으로 보고되고 있다. 셋째는 메사추세츠 지역의 전투적 노조의 전통과 힘이다.

이러한 이유로 COMPTECH은 North Carolina로 생산 공장을 이전하기로 결정하였다. COMPTECH 경영진 입장에서 볼 때 North Carolina는 여러 가지 장점이 있었다. 노동력은 싸고, 생활비도 적게 들었으며, 전시효과도 없었다. 그리고 노조는 있다 해도 그 힘이 약했으며, 전투적 전통도 없었다. 이처럼 생산시설을 North Carolina로 옮기게 된 최종 결과를 한 개 기업 내의 노동의 공간적 분업이라고 한다(Massey, 1984). 여기에서 경제활동을 지리적으로 분산시킨 결정적 이유는 노동관련 비용의 절감이다.

이 예는 자본 축적의 사회적 구조에 나타난 정치·경제적 환경 및 공간적 차이가 노동의 사회적 분화에 어떠한 영향을 미치는지를 보여주는 좋은 예이다. 즉 생활수준, 규제, 법적 요구, 사회 계급적 관계에 대한 공간적(지역적) 차이가 노동의 사회적 분화에 영향을 미친다는 것이다.

2) 세계화(Globalization)

공간적 차원을 국내 수준으로 한정할 필요는 없다. 비용 장점이나 다양성 등에서 세계화가 훨씬 유리할 수 있기 때문이다. 공간적 분산의 대표적인 예가 생산 활동의 세계적 배분이다. 오늘날의 세계화는 과거의 조직간 관계와는 질적으로 다르다. Peter Dicken(1992:1)은 국제화(Internationatization)와 세계화를 다음과 같이 구분한다.

> "경제활동은 보다 국제화되고 있을 뿐만 아니라 점차 세계화되고 있다. 국제화란 국가 경계를 넘어 경제활동이 지리적으로 확산되는 것을 말한다. 따라서 이것은 새로운 현상이 아니다. 경제활동의 세계화는 이것과는 질적으로 다르다. 이것은 국제화보다 훨씬 발전되고 복잡한 것이다. 즉 국제적으로 분산된 경제활동을 기능적으로 통합하는 정도이다."

Dicken에 따르면 선진국과 개발도상국 사이의 공업제품과 원료 및 농산품의 교환은 전통적인 교환방식인데, 이것이 매우 복잡하고 끊임없이 변화하는 구조로 바뀌고 있다는 것이다. 여기에는 국가간 경계에 따라 범지구적으로 생산과정을 쪼개는 것(Fragmentation), 지리적으로 분산시키는 것 등이 포함된다. Philip McMichael(1996:90-91)에 따르면 세계화란 "수출부문을 전략적으로 육성하는 대신 생산시설을 여러 국가에 걸쳐 생산 과정별로 전문화시키는 것"을 의미한다. 이와같이 공간적으로 분산시킬 수 있는 것은 기술, 통신, 수송 등의 변화(발전)로 인하여 지구상 어디에서든 생산이 가능하기 때문이다.

결국 세계화란 국가의 경계(국경)를 초월해 공간적으로 분산된 노동의 사회적 분업인 것이다. 세계화에는 국가를 초월한 기업(세계화 기업)이 사용하는 조직기법을 포함한다. 첫째는 지구적 포드주의이다. 이것은 세계의 여러 지역에 분산된 시설과 공장을 수직적으로 통합하는 구조이다. 즉 비용 때문에 여러 지역에 생산시설을 분산시켰지만, 그것을 수직통합하려는 포드주의 생산기법이다. 이 전략은 1970년대와 1980년대 낮은 임금을 찾아 생산시설과 공장을 저임금 지역으로 옮기려 했던 포드자동차의 전략이었다. 이것을 "low road" 조직전략이라 한다. 그러나 이것은 생산성 향상이나 생산과정의 획기적 혁신을 전제로 하지 않는다. 여기서의 주요전략은 전적으로 비용이며, 그밖에 자본축적의 저비용, 규제완화 등이 포함된다. 지구적 포드주의는 미국-멕시코 국경을 따라 형성된 Maquiladora공장에서 가장 극명하게 사용되었다. Maquiladora는 멕시코 국경에 있는 조립공장이다. 여기서는 무관세의 부품과 물자를 수입하여 특혜 관세로 미국과 캐나다에 최종 제품을 수출하게 된다. 멕시코 정부는 이 공장에 여러 가지 혜택을 주고 있는데, 느슨한 환경규제, 노동, 의료, 안전 조항의 완화 등이 그것이다.

두 번째 기법은 첫 번째와 관련된 것으로 외국인 직접투자 방식이다. 이것은 기업이 다른 나라의 기업을 사들이거나 그 나라에 자회사 혹은 지점을 설치하는 것이다. 그것이 어떤 형태이든 수직적으로 통합된 계층제가 지리적으로 분산되는 것을 말한다. 외국인 직접투자 방식은 세계의 어느 지역에서나 이루어질 수 있다. Maquiladora 공장도 이러한 직접 투자의 한 형태이다. 관세, 세금, 의무 등에서 특별히 장점이 있기 때문이다. 북미자유무역협정(NAFTA) 체결에 까지 이어진 멕시코와 미국의 쌍방 협약이 포드와 같은 초국가적 기업의 직접적 투자의 계기를 제공했다.

생산의 공간적 분산을 이끈 세번째 기법은 수출자유구역(Export Processing Zone)이다. 이것은 법 면제, 인프라 구축, 무관세 부품 수입 등과 같은 유인책을 제시함으로써 수출을 주 임무로 하는 외국인 직접 투자를 유치하기 위한 개발도상국 내의 특정한 지역을 지칭한다. 가령 중국 상하이의 Jinqiao 수출자유구역이 대표적인 예이다. 이곳은 지리적인 장점이 있고, 인프라도 완벽하게 갖추어져 있으며, 영사업무 및 세금 등에서 매우 유리한 지역이다. 이 지역에서 가장 보편적인 활동이 노동집약적 조립 및 제조 활동이다. 최종 제품은 대개 선진국의 수출시장을 겨냥한다.

생산이 점차 세계화되고, 수직적 통합기업이 공간적으로 분산됨에 따라 이러한 조직장치를 기술하기 위한 새로운 개념이 등장하고 있다. 이 중 가장 유용하고 널리 사용된 개념이 범지구적 상품체인(The Global Commodity Chain)이다(Gereffi, 1995). 범지구적 상품체인(GCCs)이란 특정한 상품을 개발, 생산, 판매하기 위해 기업 사이의 연결망과 네트워크를 구축하는 초국가적 생산시스템이다(Gereffi,1995:113). GCCs 의 특징은 다음과 같다.

i) 제품, 서비스, 자원의 부가가치 체인이 관련된 모든 산업 사이에 연결되어 있다.
ii) 국가, 지역, 세계적 수준에서 생산과 판매 네트워크가 지리적으로 분산되어 있고, 여기에는 크기와 유형이 다양한 기업이 포함된다.
iii) 금융, 물자, 인간자원을 체인 내에서 어떻게 배분할 것인가에 대한 기업 사이의 권위 및 권력관계 거버넌스 구조가 형성되어 있다.
iv) 지역, 국가, 그리고 국제적 상황이 체인의 각 단계에 어떻게 영향을 미치는가에 대한 제도적 틀이 형성되어 있다.

세계적 수준의 상품 체인은 공간적으로 분산되어 있다. 그러나 위의 iii)에서 볼 수 있는 바와 같이 구조적 특징은 차이가 있다. 수직적으로 통합된 본부가 지리적으로 널리 퍼진 생산단위를 통제하고 지휘하는 거버넌스 구조 형태이다. 이러한 조정 형태를 생산자 위주의 상품체인이라 한다. 기업의 본사를 통해 생산시스템을 조정하고 통제하는 초국가적 대기업을 말한다. 이 대기업은 수직적으로 통합된 핵심 제조공장을 갖고 있다. 이 공장을 통해 국제적 도급관계나 다른 기업과의 전략적 동맹을 맺는다.

3. 수직적 해체와 공간적 분산(Vertically Disintegrated and Spatially Dispersed)

이 구조의 형태는 매우 다양하다. 그러나 하청업체에 의존하는 생산자 위주의 상품체인과, 바이어 위주의 상품체인이 주류를 이룬다. 바이어 위주의 상품체인이란 대형 소매점과 브랜드 업체 중심의 상품체인이다. 즉 이것은 대형 소매점이나 구매자의 요구에 맞춰 후진국에서 최종제품을 생산하는 비교적 분권화된 생산시스템을 말한다(Gereffi,1995:116). 나이키와 리복 같은 신발회사, The Gap과 Liz Claiborne같은 의류회사, 그리고 Wal-Mart와 같은 대형 소매점이 대표적인 바이어 위주 상품 체인이다.

바이어 위주 상품 체인의 특징은 본사가 생산시설을 소유하거나 통제하지 않는다는 점이다. 이들은 제품 디자인, 마케팅, 그리고 기업의 체인통합에만 힘을 쏟는다. 실제의 제품 생산은 해외의 독립된 공장에서 이루어진다. 제품 디자인과 마케팅을 담당하는 이러한 바이어 위주의 기업을 "空洞기업"(hollow corporations)이라 부르기도 한다. 왜냐하면 이들 기업이 핵심 제조과정에 참여하지 않기 때문이다. 이들 기업은 싸게 사서 비싸게 파는 "상인"자본주의의 특징을 띤다. 이들에게 생산의 조건이나 방법은 문제가 되지 않는다. 낮은 가격으로 제품을 구매하는 이들에게 제품 생산에 필요한 업무조건이나 제조과정은 문제가 되지 않는다는 것이다. 이 시스템하에서의 "산업자본가"는 공장을 소유하고, 생산과정을 조직하며, 최종 제품을 생산하는 후진국의 기업가이지, 바이어가 아니다.

이것은 세계적 자본주의의 본질이 근본적으로 변하고 있다는 것을 의미한다. 생산체인에서 가장 강력하고 이윤이 많이 남는 연결고리는 제품을 생산하는 산업단위가 아니라 제품을 설계, 브랜드, 판매하는 상업단위라는 것이다. 바이어 위주 생산 체인에서는 이 상업단위(바이어)가 가장 큰 가치와 이익을 실현한다. 반면 제조단위는 노동집약적이며, 경쟁이 극심하다. 이곳은 세계적 아웃소싱의 대상이며, 노동을 통해 끊임없이 비용을 줄여야 하는 곳이다. 그 결과 많은 지구촌 공장에서 "노예 임금율"이나 최저 생계비에 못 미치는 작업환경을 양산하고 있다. 이것은 궁극적으로 열악한 환경에 대한 책임소재 문제를 낳는다. 공장을 소유하거나 통제하지 않으면서 제품을 구매하는 바이어인지, 아니면 기업을 소유하고 관리하는 후진국의 국내 자본가인지, 혹은 노동과 고용기준을 적용하지 못한 후진국의 정부인지가 그것이다. 이러한 이유로 많은 국가에서 노동조건 향상을 위한 중요 바이어 기업에 대한 소비자 운동과 보이콧이 전개되고 있다(Gereffi and Hamilton, 1996). 공정노동위원회와 같은 많은 조직이 이러한 범지구적 공장의 임금과 노동조건을 감시하고 있다("Sweatshop Reform : How to Solve the Standoff," Business Week, May3,1999:186-190).

4. 수직적 해체와 공간적 집중(Vertically Disintegrated and Spatially Concentrated)

이 장치는 과거의 공급자 및 배급자와 지리적으로 가까이 머무르기 위해서 수직적 해체를 하는 형태이다. 이것은 쉽게 복제하거나 재배치할 수 없는 독특한 응집력의 형태를 갖추고 있다. 이것은 또한 수직적 해체와 공간적으로 분산된 조직이 지리적으로 집중된 환경으로 되돌아가려는 결정 때문에 생기기도 한다.

1) 구조적으로 배태된 집중

수직적으로 통합된 기업이 여러 단위로 쪼개지면서도 지리적으로 집중된 지역에 있는 다른 기업과 계속 거래를 할 수 있다. 특별한 지역 혹은 지역사회와 오랫동안 유대관계를 갖고 있는 기업이 그것이다. 그 기업에게는 오랜 신뢰관계로 연결되면서 다른 기업으로 대치할 수 없는 특별한 공급자 및 배급자가 있다. 이 경우 그 기업은 쉽게 그 지역을 떠날 수 없다. Romo and Schwartz(1995)는 이것을 "구조적으로 배태되어 있다"라고 한다. 다른 지역과 순전히 비용 우위의 관점에서 관계를 맺기 보다는 오랜 기간 동안의 유대감을 통해서 관계가 이루어지는 것이 바로 구조적 배태 관계이다. 여기에서 다시 배태성의 개념이 시장이나 비용기반의 의사결정 방식의 대안으로 사용된다. 이 행동들은 경제적으로 볼 때 비합리적으로 보일지 모른다. 그러나 이 행동은 비용 보다는 불확실성을 줄이기 위해서 사용된다. 오랫동안의 친분 및 신뢰성을 쌓은 공급자와 배급자 사이의 관계는 비용면에서 불리하다 해도 그 관계를 지속시키려 한다는 것이다.

정시(JIT) 시스템은 특히 이러한 관계를 중시한다. 즉시 부품과 부속을 배급해 주는 공급자와의 관계를 돈독히 하는 것이 정시시스템의 핵심이기 때문이다. 정시시스템의 목적은 생산에 필요한 물자, 자원, 기타 여러 요소들이 필요한 곳과 장소에 즉시 배달되는 것이다. 이 시스템은 재고에 따른 관리비용을 줄여준다. 이 시스템은 또한 에러와 낭비를 줄이기 위해 생산과정과 직원에 압력을 가한다. 이 시스템이 공간적 조정을 하는 이유는 공급자와 소비자 사이의 긴밀한 조정을 하기 위해서이다. 나아가서 필요한 공급물량을 배달하는데 있어서의 수송 시간과 비용이 중요한 고려사항이다. 이러한 문제가 과거의 수직적으로 통합되고 공간적으로 집중된 산업단지로 복귀함으로써 해결될 수도 있다. 그러나 분명한 것은 해체된 JIT 장치가 비용과 금융 부담면에서 많은 편익을 준다는 것이다.

해체냐 통합이냐의 문제는 결국 분화와 통합 사이의 근본적 긴장문제와 관련된다. 분화되고 전문화된 생산 활동은 하나의 분명한 생산과정을 이루기 위해서는 통합되고 조정되어야 한다. 그러나 수직적 통합의 경우 조정은 쉽게 이루어지지만, 유연성은 떨어진다. 반면 분산은 유연성을 높이지만 조정은 방해한다. JIT 생산시스템은 높은 수준의 조정의 문제를 낳는다. 그러나 기업이 과거의 수직적 통합의 형태로 되돌아갈 수는 없다. 따라서 배태된 네트워크가 기업사이의 거래, 교환, 조정을 하기 위한 방안으로 대두되고 있다. 어떤 활동은 공간적으로 분산된 지리적 상황에서 비용을 크게 줄일 수 있다. 그러나 지리적으로 집중된 곳에서도 비용을 크게 줄인 생산시스템이 있다. 따라서 어느 것이 더 나은지에 대한 판단은 할 수 없다. 다양한 시나리오만이 존재할 뿐이다.

2) 지리적 응집과 혁신환경

경제활동의 영토확장(세계화)과 조직의 지리적 클러스터화는 강력한 응집력을 장점으로 한다. 그러나 이 응집력은 과거 디트로이트 지역에 자동차 부품회사가 몰리게 된 이유인 기능적 및 자원의존성과는 차원이 다르다. 즉 공간적 집중으로 인한 응집력은 급속한 혁신을 이루고 있는 분야에서 흔히 볼 수 있는 덜 공식적인 교환을 특징으로 한다는 것이다. 이것의 예가 정보기술 분야에서 흔히 볼 수 있는 혁신환경(Milieus of Innovation)이다. 실리콘 밸리는 이것의 대표적 예이다. Castells(1995:56)는 이것의 특징을 다음과 같이 기술한다.

> "정보기술 혁명은 끊임없는 시행착오를 거쳐 발견과 응용이 교차하고 검증되며, 실천함으로써 배우게 되는 혁신환경을 낳는다. 이 환경에는 연구센터, 고등교육기관, 첨단기술기업, 제품과 서비스 공급업자 네트워크, 벤처기업 창업 네트워크 등의 공간적 집중 등이 포함된다. 1970년대 설립된 Silicon Valley는 이러한 환경을 통합한 것으로서 자신의 역동성을 발휘하여 전세계의 지식, 투자, 능력을 끌어 모으고 있다."

이러한 혁신 환경의 공간적 클러스터는 독립기업, 신생기업, 벤처자본가, 그리고 Spin-Offs(파급효과)로 구성된다. 혁신환경은 생산체인에 일련적으로 통합된 기업을 포함하기 보다는 기본기술(가령 반도체)을 발전시키는데 관심있는 기업을 먼저 포함시키고, 그 다음에 이 기술을 다양하게 응용시킨다. 이 환경이 학습과정을 자극하고, 전술적 지식, 다양한 응용, 비공식적 정보흐름을 교환한다. 개인과 기업은 이러한 조직 및 문화적 환경에 자기 자신을 노출시키거나 깊숙이 관여한다. 이것이 바로 기업을 끌어들이고, 비용 없이 이윤을 남기며, 공간적 집중과 응집력을 강화하는 적극적 외부성, 혹은 외부적 경제의 예이다. 실리콘 밸리에서 조직간 관계를 면밀히 연구한 사람들에 따르면 이 지역의 지속적인 경제적 활성화와 혁신은 국내외적인 협력 네트워크에 그 뿌리를 두고 있었다고 한다(Gordon and Kimball,1998; Castells,1998).

> "1980년대 중반 이후 가장 두드러진 현상은 혁신과정에서 협력적 파트너십이 절대적으로 요구되고 있다는 것이다. 전략적 동맹이 전설로서 보편화하게 되었다. 즉 슘페터류의 개인주의적 기업가 방식이 지난 10년 사이에 보다 집합적 형식의 혁신으로 변화한 것이다. 기업주의는 그 초점이 하나의 조직원리(자기 종속, 공격적 경쟁, 소유자 기술)에서 전혀 다른 원리로 변하였다. 그것은 협력적 생산 체인에의 참여, 기업간 협력 네트워크, 그리고 개방적 기준 등이다"(Gordon and Kimball,1998:14).

실리콘 밸리의 역동성에 관한 이 논의는 조직이 지리적으로 밀집해 있으면 조직간 관계가 매우 경쟁력 있고, 협력적으로 변한다는 것이다. 이러한 경향은 조직간 역동성에서 흔히 볼 수 있는 트렌드이다.

혁신환경에서 핵심적인 두 가지 활동이 생산개념과, 연구 및 발전이다. 반도체, 웨이퍼, 그리고 기술적 장치의 실제 생산은 어느 지역에서나 가능하기 때문에 노동의 공간적 분화가 아직도 적용될 여지가 있다. 실리콘 밸리의 경우 생산은 그 지역이나 그 지역 밖에서 이루어진다. 그리고 생산부서 대 R&D부서 는 업무조건, 임금, 보수 등에서 큰 차이를 보인다.

3) 제조 부서와 연구부서의 통합

지리적으로 집중시키는 이유는 생산과 과정기술을 구분하고(Thurow,1992), 혁신 및 생산 활동을 연결시키기 위해서이다. 생산기술은 R&D, 제품디자인, 그리고 응용 활동을 의미한다. 반면 과정기술은 생산과정에 사용된 기술의 발전과 응용을 말한다. 혁신환경에서의 활동은 주로 생산기술과 관련된다. 반면 과정기술은 어셈블리 및 제조부서와 관련된다.

Richard Florida와 Martin Kenney(1990)에 따르면 조직은 R&D 부서와 제조부서 사이의 관계를 긴밀하게 연결하고 통합하기 위해서 이들 사이의 구조적 유연성을 기할 수 있는 전략을 추구해야 한다고 한다. 아울러 이 전략은 구조적 차원에서도 이루어지지만 지리적 차원에서도 이루어져야 한다고 한다. 이렇게 함으로써 제품설계와 과정기술 사이의 정보 및 상호작용이 물 흐르듯 빨리 이루어질 수 있기 때문이다. 혁신과 R&D를 전적으로 제품설계에 국한시키기 보다는 생산과정에 응용할 수 있어야 한다. 혁신과 생산 사이의 시너지 효과는 업무가 물리적으로 보다 가까이 있을 때 일어나기 쉽다. 이들이 결국 능률성, 생산성, 품질 수준을 높이게 된다. 이것은 또한 시장과 고객 욕구의 변화에 맞춰 생산시설을 신속하게 재배치할 수 있게 한다.

반도체 산업에 관한 연구에서 David Angel(1989)도 이와 유사한 주장을 한다. Angel에 따르면 경쟁적 우위를 유지하는데 필요한 조건은 "지속적인 혁신"이라는 것이다. 연구, 개발, 디자인 등은 생산 및 어셈블리 라인과는 전혀 다른 압력에 의하여 움직이기 때문에 지속적인 혁신을 달성하기 어렵다. 생산 및 어셈블리 라인의 핵심고려사항은 비용문제이고, 연구, 개발, 디자인은 기술적 혁신과 창조적 시너지의 문제이다. 이러한 이유로 생산시스템은 공간적으로 분산될 수밖에 없는데, 혁신 및 제품 개발은 하이테크 공단에, 일상적인 대량 생산 시설은 대도시 밖의 임금이 낮은 공단에, 그리고 노동집약적 어셈블리 라인은 해외의 임금이 싼 지역에 위치하게 된다는 것이다(Angel,1989:12). 생산 공정과 관련된 문제(가령 생산 전문 인력의 충분한 투입 없이 디자인을 개발하려는 것)가 이렇게 생산시설을 삼등분하고, 국제적 노동 분업을 낳았다. 그러나 이것은 결국 신제품과 신제조 공법을 공동으로 개발하는 것을 어렵게 한다. 이것을 극복하는 방안이 생산부서와 연구개발 부서를 통합하는 것이다. 그렇게함으로써 중요한 최종 사용자와 소비자를 연결하고 상호작용 시킬 수 있다는 것이다.

이러한 논리는 하이테크 기술의 경우 생산과 연구시설을 새롭게 통합하고 재배치함으로써 하나의 지리적 단위로 조직단위를 집중하는 것이 바람직하다는 것이다. 이것은 조직 단위와 기능이 공간적으로 분산되는 일반적 경향에 역행하는 것이다. 그러나 이러한 새로운 기능적 통합의 형태가 동맹과 네트워크를 통한 통합 및 조정을 의미하는 것은 아니다(Langlois and Robertson, 1995). 네트워크 관계를 통한 통합 및 조정과 다른 새로운 형태의 통합논리인 것이다. 이것이 최근의 조직간 관계에 대한 새로운 경향이다.

Section 5 최근의 경향 : 공급체인과 실질적 선택

노동의 사회적 분화에 대한 구조적 · 공간적 차원의 분석은 다양한 경향과 논리를 만들어냈다. 지난 10년간 대부분의 기업은 구조적으로 분화하고자 노력해 왔다. 구조적 분화가 시대적 대세였던 것이다. 그 결과 아웃소싱을 포함한 수많은 기업간 거래가 생겨나게 되었다. 문제는 이처럼 분화하고 해체된 노동의 사회적 분업을 통합하고 조정해야 한다는 것이다. "간결해 진다는 것"은 그 기업이 과거 통제한 기능을 다른 조직에 넘겨주고, 그것에 의존한다는 것을 의미한다. 경영 컨설턴트들은 주변 활동을 버리라고 주문하지만 그것은 결코 downside 없이 되는 것이 아니다. 아웃소싱과 관련하여 예측할 수 있는 문제는 다음과 같다. "예측할 수 없는 공급자가 핵심제품 생산을 지연시키고 고객(구매자)을 화나게 할 수 있다. 기업 중에는 경쟁력을 상실한 외부 공급자와 장기계약을 맺음으로써 곤경에 처하는 경우도 있다"("Has Outsourcing Gone Too Far?" Business Week, April 1, 1996:28). 이러한 이유로 수직적 통합이 선호되기도 하지만 기업들이 실제 이 과정으로 나가가고 있다는 증거는 없다. 대신 기업간 관계를 관리하는데 더 강조점을 두고 있다. 이것이 새로운 산업, 즉 공급체인 계획 및 관리가 주목을 받게 된 이유이다.

> "공급체인이란 원료를 구매해, 그것을 중간재로 바꾸고, 최종제품을 만들어 배달시스템을 통해 고객에게 전달하는 네트워크 시설을 말한다"(Lee and billington,1995:43).

이 체인을 관리하고 기획하기 위해서 조직은 정확한 수량, 정확한 장소, 정확한 시간, 그리고 가장 낮은 비용으로 자원을 획득하려는 끊임없는 목표를 실현한다. 즉 이것은 분화와 통합 사이의 긴장 때문에 발생한 조직 도전이다.

조직이론을 관리실제와 관련시키는 데 있어서 강조할 사항은 조직전략에 관한 결정에서 생겨난 모순, 긴장, 교환이다. 현재의 많은 이론과 실제는 불확실한 세계에서 조직이 핵심 역량에 집중하기 위해서 유연성이 필요하다고 한다. 수직적 해체의 정당성도 이 원리에 근거한다. 그러나 긴장과 교환이 상시화되면 이 전략은 결코 성공할 수 없다. 조직 및 관리연구에서 흔히 주장된 것처럼 현재 보편적인 주장은 이것과는 전혀 정반대의 전략이다. 실질적 선택이론(real options theory)이 주요 전략으로 등장하게 된 것이다.

실질적 선택이란 조직 구조에 중요한 기업재정을 다루는 접근이다. 모든 부서를 쪼개거나, 장기계약에 따른 매몰비용을 피하려는 것이 아니라 이러한 선택을 하는 것을 체계적으로 평가하는 것이다. 불확실한 환경은 기회이자 위기이다. 상황이 급격하게 변할 때 불확실성을 이용하는 선택을 하는 것이 중요하다. 이 선택은 경우에 따라서 이익보다는 비용을 낳는 활동에 투자할 수 밖에 없는 상황을 낳기도 한다. 그러나 상황이 바뀌면 이 선택이 엄청난 이익을 주기도 한다. 그러한 예가 있다.

"금년 6월 Envon Corp은 미시시피 북부지역과 테네시 서부지역에 효율성이 떨어질 것으로 판단된 세 개의 천연가스 발전소를 가동했다. 이 발전소가 전기를 생산하는데 드는 비용은 평균보다 50~70센트 정도 더 비싸다. 따라서 이 발전소의 생산단가는 경쟁하기에 너무 높은 수치인 것이다.

그러나 Envon의 결정은 결코 미친 것이 아니었다. 효율성이 떨어진 발전소를 건설함으로써 Envon은 건축과 관련된 비용 묶음을 줄일 수 있었다. 발전소를 놀려두었고, 가격이 올라갈 때만 가동하였다. 지난 6월 25일 중 서부지역의 시간당 전기요금은 40달러에서 7,000달러로 전혀 예상치 않게 뛰어올랐다. 이러한 변덕으로 인하여 Envon 경영진들은 일주일 혹은 일년에 한번만 공장을 가동해도 소위 말하는 피크기의 수익을 낼 수 있다고 판단하게 되었다("Exploiting Uncertainty," Business Week, June 7, 1999:118).

이 사례에서 보듯 실질적 선택은 JIT(just-in-time) 논리라기 보다는 JIC(just-in-case) 논리이다. 즉 이익을 낼 수 있는 기회가 있을 때를 대비해 자원을 확보(선택)해 두는 것이다. 이 접근은 위험한 의사결정일 수 있고, 판단에 따른 모험이 주어진다. 따라서 이러한 접근은 결코 많은 기업이 채택할 수 없다. 왜냐하면 대부분의 기업은 안정된 자원확보나 조직환경의 안정성을 필요로 하기 때문이다.

실질적 선택이론이란 똑같은 현실에서 서로다른 이론과 전략이 나온다는 것을 전제로 한다. 그리고 선택의 결과도 다르다는 것을 암시한다. 불확실성에 대한 선택적 판단이 전혀 다른 결과를 가져올 수 있다는 것이다.

조직과 경제

chapter 11

조직에 관한 경제이론은 엄밀히 말해 조직 보다는 개인, 그 중에서도 자기이익을 극대화하고자 하는 개인을 규명하는데 초점을 맞추고 있다. 그러나 모든 경제적 모델이 자기이익 추구적 개인에 초점을 맞추는 것은 아니다. 가령 조직경제이론의 하나인 기업에 관한 진화이론은 협력과, 집단이익 및 다양한 이해(가령 기업 안정성이나 예측력)에 초점을 맞추고 있고, 산업조직론은 비록 이윤극대화를 추정하지만 불확실성이나 만족에 영향을 받는 개인을 가정한다. 특히 산업조직론은 개인 변수 보다는 시장권력, 독과점, 그리고 가격조정 등의 변수를 강조한다. 이러한 이유로 산업조직론을 조직경제이론의 일부로 볼 것이냐에 대해 논란이 있기 때문에 본 장에서는 이것을 배제하고자 한다.

조직경제론의 뿌리는 경제학 만큼이나 오래되었지만, 조직분야에 실제 적용되기 시작한 것은 비교적 최근의 일이다. 조직이론에 경제학적 요소를 도입하려고 한 시도는 Chester Barnard의 조직기여에 따른 유인책 논의와, 조직에 참여 여부에 자기이익을 계산하고자 하는 합리적 개인에 대한 James March와 Hebert Simon의 논의에서 시작되었다. 그러나 조직에 관한 경제이론이 꽃을 피기 시작한 것은 최근의 일이다. 현재 많은 학자들이 조직경제이론을 근거로 조직과 경제 사이의 관계분석을 시도하고 있다. 조직경제이론은 경제적 관점에서 조직을 분석하고자 하는 시도이지만, 경제학과 달리 이론 전개에서 정치적 암시를 담고 있다. 일반적으로 경제학자들은 경제를 움직이고, 재화와 용역을 생산하며, 그것을 규제하거나 논란을 중재하는 조직적 요소에 관심을 기울이지 않는다. 그들이 관심을 기울이는 것은 사회생활의 단순함이다. 즉 조직도 개인이나 개별 기업가와 마찬가지로 자원을 수집하고, 재화를 생산하며, 이익을 도모하는 존재라는 것이다. 따라서 경제학은 조직이 경제를 다룰 때 발생하는 복잡한 상황을 추정하지 않는다.

경제학이 다루고자 하는 대상은 경제적 행위자들이 재화와 용역을 사고팔고, 자원을 배분하며, 완전경쟁의 균형을 이루고 있는 시장이다. 그러나 경제학은 시장에서 나타나는 개별기업 사이의 차이, 시장의 불완전성(가령 독점), 그리고 정보를 제한하는 각종 비밀과 사기행각 등을 추정하지 않는다. 이러한 이유로 경제학이 추정하는 시장 전제는 현실과 맞지않다. 또한 경제학이 추정하는 비용없는 정보, 보이지않는 손에 의한 자율적 경제, 인간의 합리성, 거래에서의 비용없음, 그리고 이윤극대화 등의 전제도 현실과 맞지않다. 이러한 이유로 본 장에서는 시장의 본질과, 그 본질이 지니는 한계에 대한 논의부터 시작하고자 한다.

시장은 완전경쟁 보다는 독과점이 더 현실적이다. 경제학자 Joseph Schumpeter (1954)도 완전 경쟁시장 보다는 독과점 시장이 현실에 더 적합하다고 한다. 나아가서 Schumpeter는 시장이 보이지 않는 손에 의해서 자율적으로 작동하는 것이 아니라 기업가의 전략에 따라 좌우될 수 있다는 사실을 강조한다. 즉 이익과 손실이라는 관점에서 기업가는 협력을 모색할지 아니면 경쟁을 추구할지, 아니면 사기행각을 벌일지 혹은 협상을 할지 여부를 결정한다는 것이다. 여기에서 가장 중요한 개념이 시장수요, 새로운 제품 생산, 생산비용, 정부규제, 그리고 경쟁자의 동향 등에 대한 불확실성이다. 따라서 이와관련한 중요한 명제가 생겨난다. 즉 정보가 제한적이고, 상황이 불확실할 때 어떻게 해야하는가 하는 것이다. 이 문제와 관련하여 경제학은 다양한 공식으로 설명하고자 하지만 유용한 데이터를 만들어내지는 못한다. 다만 최근 발전한 정보경제학을 통해 이 문제를 해결하고자 한다. 그럼에도 불구하고 근본적인 차원에서 경제학은 문제에 봉착한다. 분석단위로 개인에만 초점을 맞추고 있는 것, 개인을 이익극대화를 위한 합리적인 존재로만 보는 것, 기업을 이윤극대화라는 능률적 관점으로만 보려는 것, 그리고 모든 거래와 경제적 행동을 균형적 관점에서만 보려는 것 등에서 경제학은 여전히 많은 문제를 안고 있다는 것이다. 경제학은 기업주의 이익극대화가 능률의 기준이며, 능률이 사회 보다 더 우선할 것이라고 보지만 많은 경우 그렇지않다. 이러한 한계를 극복하기 위해 탄생한 것이 바로 조직경제이론이다.

일반적으로 조직경제이론은 기업분석을 중심으로 하는 거래비용분석, 대리이론, 진화이론, 그리고 재산소유권 이론을 통칭한 학문이다. 따라서 조직경제이론은 기업에 관한 논의에서 출발한다. 조직경제이론과 유사한 학문적 흐름으로 경제사회학이 있다. 경제사회학은 조직경제학의 기업연구에 기반을 두지만, Weber의 유산과, 문화와 의미가 수행하는 역할을 더 강조한다는 점에서 조직경제학과 차이가 난다. 이러한 차이로 인해 조직경제학과 조직사회학 사이에는 적대감이 존재하고, 그것을 어떻게 극복할 것인지가 과제로 남아 있다.

앞서 지적한 바와 같이 조직경제이론은 현대경제학에서 기업분석을 주조로 하는 학파를 일컫는다(가령 Barnes and Ouchi,1986). 기업 분석에는 대리인이론과 거래비용 경제학이 우선적으로 포함되지만, 진화이론, 재산소유권 연구를 기반으로하는 여러 접근법 등도 여기에 포함된다. 경제학에서 기업에 관한 연구는 1937년 기업의 본질에 관한 Coase의 논문을 제외하고는 1970년대 까지 거의 이루어지지 않았다. 기업도 시장에서의 수요자나 공급자의 하나로 간주되고 있었던 것이다. 따라서 기업이 지니는 고유한 특성 보다는 시장에서의 개별 경제적 행위자와 마찬가지의 정보의 대칭 및 완전성, 보이지않는 손에 의한 시장작동의 자율성, 그리고 행위자로서의 선택의 합리성 등이 기본적으로 전제되었다. 따라서 기업은 시장교환의 하나의 분석단위이며, 자원의 효율적 배분을 위한 시장 메카니즘의 하나로 인식된 것이다. 기업도 개별 경제적 행위자와 마찬가지로 이윤과 시장가치의 극대화를 도모하는 합리적 행위자로 간주된다. 따라서 1970

년대 이전 경제학은 기업의 내부를 살펴보지 못했으며, 단지 시장교환에서 나타난 생산량과 생산요소의 투입량과의 비교만을 살펴보는 데 국한되어 있었다. 이것이 경제학이 조직을 바라보는 1970년 이전 까지의 시각이었다.

경제학에서 기업에 대한 언급은 Adam Smith의 「The Wealth of Nations」(1776)로 거슬러 올라간다. 그러나 기업에 관한 연구는 1838년 Cournot에서 비롯되었다고 보는 것이 정설이다. Cournot은 기업을 이윤을 극대화하는 존재로서 기술과 수요의 제약을 받는 조직으로 본다. 20세기 기업의 경제적 역할을 분석하기 위해 사용한 유용한 도구가 생산기능이었다. Cournot는 이 생산기능을 특정한 투입물로 최대한 산출을 내는 기술적 관계로 정의한다. 즉 생산기능을 주어진 기술적 지식으로 정의하고 있는 것이다. 그러나 이 정의는 개별 기업의 비용곡선과, 생산요인의 수요곡선을 구축하는데 도움이 되지만, 기업의 조직구조가 생산기능을 어떻게 수행하는지는 알 수 없게 한다. 따라서 Cournot의 이 정의는 지난 수십간 끊임없는 비판의 대상이 되고 있다. 가령 Putterman (1986:5)은 Cournot의 기업 정의는 기업을 경제의 가장 초보적 단위로 보고, 시장에서 무개성의 소비자 및 공급자로서만 활동하는 외골수의 경제적 행위자로 간주하는 것이라고 비난한다.

이처럼 20세기 주류경제학이 기업의 조직구조를 무시하고 있지만 예외적인 경우도 있다. 기업에 관한 창의적 생각을 전달하고자 하는 Alfred Marshall이 그것이다. 그의 연구는 진화이론 및 공업지구에 관한 연구로 발전하고 있다. Marshall은 기업조직을 네 번째 생산요인으로 보아야 한다고 한다(Marshall,1920/1961:138-9,250-313). 이러한 Marshall의 주장은 경제에 관한 그 자신의 경험적 지식과 분석적 생각을 결합할 수 있는 그의 능력에서 나온 것이다. 이러한 생각은 그 이후 Hebert Simon, James March, 그리고 Richard Cyert 등의 기업행동이론으로 이어진다(가령 Simon and March, 1958;Cyert and March,1963). 여기에서 기업을 하나의 정치적 연합체로 보려는 창의적 생각들이 생겨난다. March에 따르면 기업은 경쟁없는 하나의 목표를 지닌 단위가 아니라 조직구성원, 투자자, 공급자 등과 같은 여러 집단으로 구성된 연합체라고 한다. 마지막으로 경제조직에 관한 Frank Knight의 연구와, 팀에 관한 Jacob Marschak의 연구에서도 기업에 관한 중요한 생각들이 등장한다.

Section 1 시장의 본질

1. 시장 정의에 관한 세가지 관점

많은 경제학자들은 시장을 인간이 있는 곳에서는 어디에나 존재하는 것으로 본다. 심지어 결혼과 같은 극단적 사회적 관계 조차 시장에서 거래되는 것으로 본다(가령 Becker,1976). 소유권이나 가격 자유와 같은 조건이 충족되면 시장은 언제든지 존재한다는 것이다. Oliver Williamson(1983:20)은 태초부터 시장이라는 현상이 인간세계에 있었음을 지적한다. 그러나 Hebert Simon의 생각은 다르다. Simon은 조직, 시장, 계약적 관계는 다른 개념이며, 이들 각각이 지배하는 정도도 국가마다 다르다고 한다. 따라서 Simon에 따르면 경제학자들이 주장하는 것 처럼 시장이 모든 것을 지배한다는 것은 있을 수 없고, 시장과 조직이 국가경제의 유일한 거버넌스 메카니즘이라는 것도 받아들일 수 없다고 한다.

그러나 이러한 주장들은 시장 문제의 일부에 불과하다. Coase(1988)는 현대 경제이론에서 시장은 기업 보다 더 불투명한 개념이라고 한다. 따라서 경제적 담론에서 시장이 자주 논의되는 것이 시장 개념의 의미와 내용의 합의가 있다는 것을 전제로 하는 것 처럼 보이지만 자세히 들여다 보면 그 의미와 내용에서 많은 혼란이 있다는 것이다. 이러한 혼란이 빚어지는 이유는 시장의 본질적 요소를 명확히 하여 체계적으로 분석한다고 해도 시장 개념 그 자체를 명확히 하기가 어렵기 때문이다(가령 North,1977). 실제 시장이라는 말은 많은 사람들이 어원대로 쓰지않음으로 해서 문제가 되고 있다. 시장은 수요와 공급, 판매자와 수요자, 경쟁과 교환 등을 의미한다. 그러나 이 중 어느 것도 시장이 지니는 공동의 특성, 즉 시장에서 일어나는 사회경제적 현상을 반영하지 않는다.

이러한 주장과 관련한 주요한 사례가 자본주의 체제로 이행하기 위한(즉 계획경제를 시장경제로 바꾸는 것) 사회주의 국가의 개혁 사례이다(가령 World Bank,1996). 이들 국가의 관심사는 시장이다. 계획경제를 시장경제로 바꾸기 위해서 이들은 시장존재를 위한 척도를 만들어야 했다. 그러나 이러한 척도란 없다. 이들은 적절한 선제조건을 갖추거나 중앙정부의 통제만 없다면 시장은 자동적으로 만들어질 것으로 생각했다. 많은 경제학자들은 시장의 승리는 곧 '역사의 종언'이 될 것으로 확신했다(Fukuyama, 1992). 그럼에도 불구하고 자본주의로 이행한 사회주의 국가체제에서 시장이 실제로 존재했는지의 여부는 판단하기 어렵다. 더군다나 시장의 등장을 설명할 이론이 부족한 상태에서 새롭게 등장하는 시장을 시장으로 보아야할지 아니면 시장이 아닌 것으로 판단해야 할지 알 수 없다.

시장 개념을 보다 구체화해야 한다는 필요성은 특히 규범적 상황에서 더욱 절실하다. 시장을 연구하는 학자들은 시장이 실제 언제 어디에서 존재하는지를 구체화해야 한다. 그렇게 하지 못한다면 그들의 정책적 권고는 시장 창조나 수행과 관련하여 의미가 없다. 경험적 타당성이 있다고 주장된 시장 기능과 속성에 대한 가설들은 연구자들이 시장이라는 사회적 대상의 특징과 가설적 관계를 바탕으로 이루어진 것이다. 가령 Arrow(1974)의 일반경쟁이론에서는 시장이 무엇인지 분명하게 규정하지 않는다. 다만 시장이 어떻게 작동하는지를 추상적으로 설명할 뿐이다. 나아가서 시장을 실질적으로 설명하지 못하는 경우 경제활동을 관장하는 조정 메카니즘의 존재를 무시하는 결과를 초래해 시장이 네트워크나 협동기제와 같은 거버넌스 체제를 왜 대체하는지에 대한 문제에 해답을 줄 수 없다.

시장 개념의 공통성과 명확성이 부족하다는 논거에 따라 시장 개념을 구체화하기 위한 다양한 방법의 강구가 필요하다. 이를 위해서 기존의 관점을 개관하고, 핵심문제를 논의할 필요가 있다. 그리고 거기에 따른 방법론적 문제를 논의해야 한다.

시장 정의는 크게 세가지 카테고리로 분류된다. 관찰적 정의와 기능적 정의, 그리고 구조적 정의이다. 첫째, 관찰적 정의이다. 즉 가격이나 상품 등과 같이 눈에 보이는 경험적 사실로 시장을 정의하는 방법이다. 신고전적 경제학의 시장 개념이 여기에 해당한다. 여기에서는 교환이 실제 일어나는 장소 및 지리적 위치를 시장으로 본다(Swedberg,1994). Cournot은 시장을 '구매자와 판매자가 수시로 만나 가격에 대한 일치를 쉽게 이루는 장소'로 규정한다(Hodgson,1988:173). 최근에도 이러한 견해에 근거하여 시장을 정의하려는 시도가 있다. 가령 Lipsey(1983:69)는 시장을 구매자와 판매자가 좋은 상품을 놓고 협상을 벌이는 장소로 규정한다. 물론 이 장소가 현대에 와서 무한정 커진 것도 있지만 Lipsey의 이러한 시장 개념은 전통적 관점을 그대로 따르고 있는 것으로 볼 수 있다. 특히 Lipsey의 정의가 불특정 상품보다는 구체적 상품을 강조하고 있다는 점에서 더욱 그러하다. 그러나 특정한 장소를 시장으로 보는 견해는 시장을 교환으로 보는 관점에서는 받아들여지지 않는다. 그러나 시장에 대한 관찰적 정의 또한 교환을 시장 개념의 핵심으로 보고 있다. 신고전적 경제학의 대가인 Marshall의 시장 정의가 이것의 대표적 예이다. 「경제학의 원리(1938)」에서 Marshall은 시장을 수요와 공급의 원리로 생각하고, 이것의 균형을 이루는 그 지역의 가격을 단일 시장의 핵심으로 본다.

시장을 교환의 특정한 장소로 개념 정의하는 관찰적 정의와 달리 기능적 정의는 시장이 실제 수행하는 것을 강조하는 시장관점이다. 가령 시장은 탁월한 배분적 메카니즘이어서 이것에 바탕을 둔 정책을 시행해야 한다는 견해가 그것이다. 기능적 정의는 다시 두가지로 구분된다. 첫째는 시장을 배분 메카니즘으로 보는 것이고(가령 아담 스미스의 보이지 않는 손), 둘째는 시장을 수요와 공급의 상대적 가격 결정으로 보는 것이다. 이러한 두가지 정의는 전부 정통 경제이론에 나온 시장에 대한 분석적 역할을 반영한 것이다. 이들 정의에 담겨진 공통적 생각은 왈라스가 제시한 일반 균형이론에 근거한다. 여기에서 시장은 보이지 않는 가설적 수요와 공급을 지칭하며, 제도적, 공간적, 사회적 특징이 없는 상태이다. 이 시장은 다른 시장과 관련되어 전체 경제를 형성하고, 상대적 가격과 여기에 따른 상품의 배분을 결정한다. 이 관점에서 시장의 가격 결정 기능과 배분 기능은 동전의 양면이다. 이 두가지 관점 말고 기능적 정의에는 세 번째 관점이 있다. 이것은 시장의 본질에 보다 가까운 관점으로서 시장을 사회적 활동의 자연적 질서 내지는 균형을 가져다주는 것으로 보는 관점이다. 이것은 하이에크가 제시한 자발적 질서의 개념과 유사하다).

시장을 자발적 질서의 개념으로 보는 것은 시장이 사회의 영향을 받지 않은 고유한 것 이라는 시각에 근거한 것이다. 즉 시장과 사회는 전혀 별개의 것으로 각자 뚜렷한 영역이 있다는 것이다. 시장과 사회는 과거 뿐만아니라 현재에도 언제나 다른 것이었다는 것이다. 여기에서 시장 개념은 매우 추상적이다. 즉 시장은 현실적으로 존재하는 것이 아니라 필요할 때만 존재하는 것이다. 따라서 시장에 대한 현실적 모습은 존재하지 않는다. 이러한 상황이 발생하게 되는 것은 이 두 영역 사이에는 인간의 동기를 유발시키는 것과, 이 세계를 어떤 의미로 보아야 하는 지에 대한 다툼이 있기 때문이다. 그러나 시장은 알게 모르게 성장하고 있었고, 점차 사회의 영역을 잠식해가게 된다. 칼맑스는 그 결과 시장에서 소외 개념이 등장하게 되었다고 한다. 즉 경제적 영역의 시장에서 사회적 의미가 탄생하게 된 것이다. 소외의 의미가 탄생했다는 것은 인간을 동기부여 시키는 힘이 다르다는 것을 의미한다. 시장에서 인간을 동기부여 시키는 것은 경제적 동기이지만 사회에서 인간을 동기부여 시키는 것은 사회적 동기이다. 그러나 시장의 개념이 확대됨에 따라 시장에서 사회적 요인이 나타나고 있다.[25)]

---

25) 그러나 이러한 신고전적 이론과는 다른 이질적 접근이 있다. 이들은 가격과 수량은 서로 다른 많은 요인에 의하여 결정되는 것으로 본다. 시장이 제대로 작동하기 위해서는 비시장적 요소(사회적 요소)들이 시장상황에 반영되어야 한다는 것이다. 따라서 수요와 공급으로서의 시장은 제도, 생산, 기술, 혹은 수입에 의하여 변하거나 대체될 수 있는 것으로 본다. 이들은 이러한 요인들이 실제 특정한 가격이나 수량에 영향을 미치는 것으로 파악한다. 따라서 여기에서 시장은 실제 교환이 이루어지지 않아도 가격이나 수량이 존재할 수 있다는 것을 가정

이러한 사회적 요소는 시장에서 나오는 것도 아니고, 그렇다고 사회가 시장에 완전히 종속되거나 그것의 영향을 받는 것도 아니다. 결국 시장과 사회 사이의 관계는 시장을 어떻게 정의하느냐에 따라 달라진다는 것이다. 이 관점에서 시장의 성장은 앞서의 두가지 관점의 것과 본질적으로 다르다. 그것은 시장이 사회의 다른 영역과의 관계에서 발전하는 것이 아니라 시장 같은 것이 그것의 생각과 개념을 다른 영역에 심는 것이다. Geoffrey Hodgson(1988)은 이러한 가능성이 일어날 수 있다는 것을 인정한다. 그러나 시장 그 자체를 위험에 빠뜨리지 않고 시장에 사회의 모든 요소를 심을 수는 없다. Hodgson은 이것을 시장과 사회사이의 관계에 대한 불순수(impurity) 관점이라 한다.

시장에 대한 세 번째 관점은 구조적 정의이다. 이 정의는 시장에 대한 근본적이지만 쉽게 관찰할 수 없는 구조에 관심을 기울인다. 즉 시장 현상을 나타내는 메카니즘이나 구조에 관심을 기울이는 것이다. 가령 Hodgson의 시장 정의가 여기에 해당한다. Hodgson(1988)은 시장을 특정한 형태의 수많은 상품이 정기적으로 교환되는 일련의 사회적 제도로 본다. 이 제도에 의하여 교환이 쉽게 이루어지고, 구조화된다는 것이다. 즉 '교환에는 계약적 합의나 소유권의 교환 등이 포함된다. 따라서 시장은 이러한 활동을 구조화, 조직, 정당화하는 메카니즘'이라는 것이다. 이러한 관점의 대표적 예가 Karl Polanyi(1944)와 Mark Granovetter(1985)의 논의이다. 시장은 화폐나 기업 등의 제도를 포함한 사회에 배태되어 있다는 것이다. 시장의 성장은 사회의 영역 내에서 가능하고, 그것의 경계를 결코 벗어날 수 없다. 시장은 끊임없이 사회와의 관계 속에서 성장한다. 시장이 자신의 정체성을 찾으려는 상황에서도 이 관계는 계속 유지된다. 시장과 사회는 밀접히 연관되어 있기 때문에 시장이 사회에 미치는 영향을 구체적으로 적시하는 것은 어렵다.

실제 경제사회학이나 신제도주의 경제학이 지적한 것 처럼 시장과 사회 사이의 경계를 구분짓는 것 자체가 위험한 발상이다. 시장 확대는 분명 물질적 풍요를 가져온다. 그러나 그것의 결과에 대해서는 아무도 예단할 수 없다. 경제사회학이나 신제도주의 경제학은 시장의 확대는 그것에 따른 비용이 따른다는 것을 강조한다. 시장의 증대는 필연적으로 사회적 변화를 초래하여, 거기에 따른 비용을 증가시킨다는 것이다. 문제는 그 비용을 추산하는 것이 어렵다는 점이다. 파레토 최적은 시장과 사회 사이의 균형을 추산함으로써 비용없는 상태를 가정한다. 그러나 파레토 최적은 시장과 사회의 분리를 전제로 한다. 그러나 시장과 사회는 밀접한 관계에 있어 이러한 파레토 최적을 추정하

한다. 실제 교환이 없어도 시장은 언제든지 존재할 수 있다는 것이다. 하이에크는 이것을 중앙기획이라고 한다.

는 것은 불가능하다.

케인즈의 복지국가론 관점에 시장은 배분적 정의와 같은 사회적 가치의 일부로 본다. 따라서 시장은 그러한 가치의 통제를 받아야 하는 것으로 추정된다. 최근 뉴거버넌스 논의에서 제기된 민주화와 민영화 등과 같은 개혁 프로그램들은 국가의 역할을 과소평가하고 있다. 이들은 개인을 강조하고 국가를 부정적인 것으로 봄으로써 자유라는 가치관이 정립되도록 하는 계기를 만들었다. 이 관점에서 국가는 강제력의 상징이고, 시장은 자유의 상징이라는 것이다. 이처럼 시장이 사회와 전혀 다른 영역이라는 개념은 시장이 복지에 기여한다는 생각에서 나온 것이다. 정통경제학에서 시장은 항상 주어져 있는 것으로 간주된다. 이들은 시장이 능률적 통로여서 복지와 편익을 언제든 만들어 내는 것으로 생각한다. 그러나 시장과 사회는 쉽게 분리될 수 있는 것이 아니다. 신제도주의 및 사회경제학은 그것의 논리를 제공하고자 한다.

2. 시장에 관한 경제적 관점

1) 시장본질주의

직장, 배우자, 상품 등 우리주변의 모든 것이 시장에서 사고 팔리는 시장의 시대에 우리는 살고 있다. 시장이라는 거대 담론이 우리의 일상생활과 정치 현실을 지배하고 있는 것이다. 많은 경제학자들은 시장을 인간이 있는 곳에서는 어디에나 존재하는 것으로 본다. 러프킨은 그것을 "우리가 알고 있는 세계는 시장에서 물건을 사고 파는 과정에 너무나 깊이 얽혀 있어, 이제 우리는 인간사를 시장이 아닌 다른 틀로 이해한다는 것을 상상도 하지 못하게 되었다"라고 한다(이정전,2008:14). 이제 결혼과 같은 사회적 관계 조차 시장에서 거래되고 있는 것이다(가령 Becker,1976). 이러한 현상이 생기게된 것은 시장이 지닌 장점 때문이다(이정전,2008:23-47). 시장은 첫째, '보이지않는 손'을 통해 한정된 자원을 효율적으로 운영하고, 이를 통해 인간에게 물질적 풍요를 가져다준다는 것이다. 둘째, 시장은 자유로운 거래를 통해 인간의 자유와 자주를 신장시킨다는 것이다(마이클 샌델,이창신 역,2010). 셋째, 시장은 유용한 정보를 전달함으로써 사회적 문제를 효과적으로 해결하는 제도적 장치가 된다는 것이다.

경제학자들은 시장을 독립된 완벽한 합리적 행위자들이 물질적 이익추구를 위해 비용없는 균형상태로 나아가기 위해 어떠한 외부 간섭없이 거래행위를 조정하는 공식적 거버넌스 구조로 정의한다. 이것이 시장에 대한 가장 전형적인 관점이다. 즉 시장에 대한 본질적 관점, 즉 경제적 관점인 것이다.[26]

이 관점에서 시장 특징은 크게 세가지이다. 첫째, 시장 참여자들의 자기이익 추구행위와 관련한 것이다. 인간은 자신의 이익을 극대화하기 위해 합리적으로 행동한다는 것이다. 여기에서 사회적 가치란 중요하지 않다. 인간은 사회적 가치를 배제한 채 자신의 이익을 극대화하기 위해 가장 합리적으로 행동한다는 것이다. 이 때 시장은 이러한 이익극대화를 위한 최적의 메카니즘이다. 이 메카니즘에서 소득배분이나 공공재 공급 등과 같은 것은 투표로 결정된다. 그러나 어떤 소득배분이 올바른지, 공공재는 어느 정도 공급되어야 하는지, 그리고 사람을 행복하게 하는 가치는 어떠한 것인지 등의 주관적 판단은 시장에서 배제된다(中谷巖,2009).

둘째는 시장에서 개인의 경제적 행동은 다른 사람에 대한 완전한 정보, 사람 사이의 관계에서 나타난 비용없음을 근거로 이루어진다는 것이다. 즉 시장은 비용 없는 상태와 완전한 정보를 가정하여 질서있게 조직되며, 개인은 이러한 상태에서 자신의 이익을 가장 능률적으로 추구한다는 것이다. 이 때 중요한 것이 시장 참여자가 공정성(Ouchi,1980:129)을 근거로 자유롭게 시장에 참여하고, 규제없는 시장에서 경쟁을 통해 자신의 이득을 최대한 확보하는 것이다. 이 경우 보이지 않는 손에 의해 모든 시장의 참여자들은 최대한의 만족을 얻는다.

셋째는 시장에 대한 국가개입과 관련한 것이다. 시장은 1980년 전후 '작은 정부'를 기치로 탄생한 대처리즘과 레이거노믹스 이후 거의 모든 경제활동을 통괄하는 가장 중요한 메카니즘이 되었다. 정부의 개입이나 사회적 선의가 아니라 개인의 책임하에 자유롭게 경쟁함으로써 개인의 행복과 경제의 발전이 가능하다는 것이다. 이를 위해서는 정부의 간섭을 가능한 최소화 하여, 자유경쟁을 도입하는 것이 중요하다. 결국 시장원리란 국가의 간섭이 없는 자유경쟁의 원리인 것이다.

그러나 이와같은 시장 개념에는 문제가 많다. 첫째, 교환관계에 참여하는 인간에 대한 가정이다. 시장에서 인간은 주어진, 그리고 안정된 선호를 지니며, 효용을 극대화하는 행동 대안을 선택하는 합리적인 사람으로 추정된다. 시장에 관한 모든 정보를 알고 있고, 그것을 바탕으로 수단과 방법을 가리지않고 자신의 이득을 최대한 높일 수 있는

26) 이것을 시장본질주의라 한다. 가령 Gary Becker(1976)는 이의 대표적 인물이다. Becker는 경제적 접근은 모든 인간에게 적용될 수 있다고 한다. "그 사람이 부자이든 가난하든, 남자든 여자이든, 어른이든 아이이든, 환자이든 의사이든, 똑똑하든 바보이든, 학생이든 선생이든 마찬가지이다"라는 것이다. 이러한 보편적 주장을 발전시키기 위해 경제적 접근은 사회적 차이를 인정하지 않는다. 불평등은 경제적 접근에서 큰 비중을 차지하지 않는다(Lie,1992). 다시 말해 계급, 인종, 성별, 민족성 등의 사회적 속성은 본질적으로 경제적 접근의 영역 밖이다. 사회적 불평등과 차이를 인정하지 않는 접근이 바로 경제적 접근인 것이다.

대안을 선택한다는 것이다. 그러나 의사결정에 필요한 모든 정보를 입수하는 일은 비용적으로나 물리적으로 불가능하다. 설령 모든 정보를 입수했다 해도 그것을 분석하는 일은 더더욱 어렵다. 시장이 전제하는 합리적 인간에 대해 Veblen(1994)은 '쾌락과 고통의 번개 계산기'라 하며, Simon(2003)은 '전지전능한 신과 같은 존재'라고 한다. 그러나 현실적으로 이러한 인간은 존재하지 않는다. 오히려 인간은 '제한적 합리적 인간'인 것이다(Powell,1990:297). 시장에서 인간은 모든 상황을 염두에 두고 거래관계를 맺지 않는다. 그들이 맺는 거래는 최적의 수준이 아니라 만족의 수준이다. 또한 시장에서 인간은 반드시 자신의 이익을 극대화시키기 위해서 행동하는 것이 아니라 다른 사람과의 관계속에서 자신의 이익을 제한받으면서 행동한다.

둘째, 가격이 시장의 유일한 존재 이유가 아니며, 따라서 시장은 비용을 발생시킨다는 것이다. 시장은 가격 이외의 다른 요소에 의해서도 결정되기 때문이다. Stinchcombe (1985)은 다른 요소로 계층제나 권력을 들며, Goldberg(1976)는 조직간 협력을 든다. 결국 시장에서의 경제적 활동은 합일된 가격이 아닌 복잡하고 다양한, 그리고 장기간에 걸친 경제적 및 사회적 관계에서 이루어진다는 것이다.[27] 따라서 시장은 특별하고, 복잡하며, 동적인 교환 메카니즘이다. 교환 관계는 현대의 시장에서 더욱 복잡해지고 있으며, 따라서 이것을 통제하고 탐지하는 비용이 상승할 수 밖에 없다. 결국 가격이 시장의 유일한 존재이유가 될 수 없으며, 시장의 교환관계를 규정할 다른 방식이 필요하다.

셋째, 시장은 자율적 교환 메카니즘 이라기 보다는 지역, 종족, 문화, 그리고 국가규제가 복잡하게 얽힌 사회적· 문화적 구축물이라는 것이다(Zelizer,1983).[28] 시장은 사회적 구조에서 결코 벗어날 수 없으며, 이러한 이유로 시장 참여자의 평등 및 자유도 보장할 수 없다. 시장 참여자는 누구나 자유롭게 정보에 접근할 수 있는 것도 아니며,

27) Milton Friedman(1962:14)에 따르면 수요· 공급 일치를 이루고자 하는 시장의 특징은 기업이나 화폐가 없는 단순 교환경제에서만 가능하다고 한다. 이것은 시장에 대한 사전적 개념이다. 여기에서 시장이란 재화 및 서비스의 수요와 공급이 일어나는 상황으로서 이것이외의 어떠한 물리적 속성도 필요치 않은 것을 말한다(Pearce,1986:263). 다시말해서 신고전적 경제학에서 시장이란 사회적 관계, 제도, 혹은 기술이 포함되지 않는 것이며, 권력, 규범, 그리고 네트워크 등과 같은 기본적인 사회적 속성이 빠져있는 상태인 것이다.

28) 이 입장의 가장 대표적인 논의는 Karl Polanyi(1944)와 Mark Granovetter(1985)의 논의이다. 시장은 화폐나 기업 등의 제도를 포함한 사회에 배태되어 있다는 것이다. 시장의 성장은 사회의 영역 내에서 가능하고 그것의 경계를 결코 벗어날 수 없다는 것이다. 시장은 끊임없이 사회와의 관계 속에서 성장한다. 시장이 자신의 정체성을 찾으려는 상황에서도 이 관계는 계속 유지된다. 시장과 사회는 밀접히 연관되어 있기 때문에 시장이 사회에 미치는 영향을 구체적으로 적시하는 것은 어렵다. 실제 경제사회학이나 신제도주의 경제학이 지적한 것 처럼 시장과 사회 사이의 경계를 구분짓는 것 자체가 위험한 발상이라는 것이다.

동일한 혜택을 받는 것도 아니다.

이러한 이유로 시장에 관한 경제적 접근은 자신을 탄생시킨 시장과 경제의 영역에서도 비판받고 있다. 신고전적 경제학자들은 시장을 논의할 때 흔히 Walras(1954: 83-84)의 설명을 근거로 월스트리트의 주식시장을 예로 든다. 그러나 월스트리트의 주식시장은 신고전적 경제학자들이 생각하는 것과는 다르다. 이곳에는 배태적 네트워크 관계가 상존하고, 내부정보가 만연한다. 실제 주식시장은 시간과 공간을 막론하여 정치적 개입, 네트워크, 그리고 권력적 요소들이 상존해 있는 것이다.

2) 경제학 내에서의 시장에 대한 대안적 관점

경제학 내에서도 시장에 관한 정통 경제학적 관점을 비판하고 그것에 도전하려는 움직임이 있다(Heilbroner and Milberg,1995). Thorstein Veblen, Karl Polanyi, Piero Sraffa, Joan Robinson, Paul Sweezy, Gunnar Myrdal, 그리고 Joan Kenneth Galbraith 등이 그들이다. 이들을 수정주의 경제학이라 한다. 그러나 이 수정주의 경제학을 체계적으로 정리하기는 쉽지않다. 그러나 몇 개의 그룹으로 구분하여 정리할 수 있다. 첫째는 독점 자본주의를 논의한 초기의 이론가들인 Chamberlin이나 Robinson 등을 따르는 소수의 경제학자들이다. 둘째는 정통 미시경제학의 엄격한 가정을 뛰어넘으려는 다양한 탈 왈라스 학파이다(가령 Bowles,et al.,1993). 셋째, 혁신적 연구를 통해 정통이론과 다른 가정을 제시한 George Akerlof(1984)이다.

그밖에 시장에서 갈등을 진지하게 고려한 사람도 있고(Garfinkel and Skaperdas, 1996), 지나친 경쟁이 오히려 경제적 능률을 해친다고 주장한 사람도 있다((Lie,1997: 344). 또한 행동경제학에서는 시장에서의 인간행동의 합리성과 사익추구 활동을 비판함으로써 정통 경제학의 입장을 수정하고자 한다(Kahneman and Tversky,1983: 293-315).[29] 그러나 시장에 관한 정통 경제학의 관점을 가장 격렬하게 비판한 사람들은 신제도주의 경제학과 맑스주의 경제학이다.

신제도주의 경제학은 정통경제학이 주장하는 경제적 행위자의 완벽한 정보, 안정된 선호에 기반한 합리적 행동을 거래비용, 기회주의, 그리고 정보불균형을 근거로 비난한다(Simon,1995:19). 경제적 행동은 다른 무엇의 간섭도 받지않는 자유로운 사람들의

---

29) 시장의 이념적 요소로 중요한 것이 경제적 합리주의이다. 이에 따르면 시장은 일정한 유형의 합리성의 규칙에 따라 행동하는 인간 개체의 집합체라는 것이다. 경제적 관점에서 합리적 행동이란 희소한 자원으로 일정한 목적을 효과적으로 달성하는 것을 뜻한다. 따라서 여기에서 합리성은 목적이나 수단의 선택 같은 문제에 관심을 두지 않는다.

자발적 행위에 의하여 결정되는 것이 아니라 거래비용, 기회주의, 정보 불균형 등으로 인하여 이것을 규제하기 위한 공식적·비공식적 제도에 의하여 결정된다는 것이다. 제도에 대한 논의는 정통 경제학에서는 없었던 내용이다. 정통 경제학에서는 제도를 불필요한 것으로 보고 비용이 없는 세계를 추정하기 때문이다.

신제도주의 경제학자들에 따르면 시장 참여자들은 자신이 지닌 제한된 합리성이나 정보불균형으로 인해 자기이익 극대화 추구 행동에 나설 수 없다고 한다. 신제도주의 경제학자들은 경제적 행동을 제한하는 계약, 재산권, 법, 규제, 국가 등과 같은 공식적 규범의 역할을 강조한다. 이들이 인센티브구조에 영향을 미치는 방식으로 경제적 행동에 영향을 미친다는 것이다. 그러나 사회적 관계를 전제로 한 비공식 규범에 대한 논의는 비교적 약한 편이다. 비공식 규범에 대한 논의는 경제사회학에서 주로 다루어진다. 신제도주의 경제학은 그것을 주장하는 논거에 따라 크게 세 그룹으로 구분된다. Williamson의 거래비용 이론, North의 공식적 제도론, 그리고 Greif의 비공식적 제도론 등이 그것이다(Nee, 2005: 49-74).

Williamson은 Coase가 제시한 거래비용의 개념을 널리 확산시킨 사람이다(Williamson에 대한 자세한 사항은 후술함). Williamson은 Coase의 통찰력을 그대로 받아들여 시장과 기업을 생산의 대안적 방법, 즉 Williamson의 용어에 따르면 서로 다른 '거버넌스 구조'로 본다. 그럼에도 불구하고 Williamson의 통찰력에는 독창성이 있다. 특히 거래비용의 개념을 정립하는데 큰 공헌을 하고 있다.

> "거래비용이란 합의 계약을 작성하고, 협상하며, 그것을 담보하는데 드는 비용이다. 특히 거래비용은 오류, 생략, 예견치 않은 돌발사태로 인해 계약이 이행되지 않을 때 생기는 조정 및 재조정 비용이다"(Williamson, 1975).

Coase는 두개의 거버넌스 구조, 즉 시장과 기업만을 언급하고 있지만, Williamson은 여기에 한가지 덧붙여 세번째 구조, 즉 'hybrid'를 제시하고 있다. 즉 장기적 계약관계를 근거로 한 독자적 조직형태이다(Williamson,1991:102). Williamson에 따르면 경제적 행동은 기회주의적이고 제한된 합리성 상황에서 선택이 이루어지는 존재라고 한다. 이러한 상황에서 거래비용은 증가한다. 결국 시장에서 비용없음은 결코 이루어질 수 없는 전제라는 것이다.

North의 주장은 Williamson과 다르다(North,1981,1990). Williamson의 거버넌스 구조 논의와 달리 North는 경제제도가 경제적 행위자의 인센티브구조, 그리고 나아가서 경제성과를 결정한다고 한다. 정치적, 경제적, 사회적 상호작용을 결정하는 "인간이 고안한 규제"라는 North의 제도개념(1991: 97)은 헌법, 법률, 그리고 재산권과 같은 공식규칙과, 규제, 금기, 관습, 전통, 그리고 행동규범과 같은 비공식요소로 구성된다. North는 게임의 기본규칙 혹은 헌법 및 법률이 제시한 공식규칙을 특히 강조한다. 이것이 바로 경제적 행위자들을 통제하고, 시장에서 경쟁과 협력을 규정하는 재산권 구조의 규칙인 것이다.30) North에 따르면 장기간 거래, 전문화, 그리고 노동의 분업 등이 기관문제, 계약협상, 계약강제 등의 문제를 낳았다고 한다. 이들을 해결하는 데는 대인적 관계, 사회규범, 그리고 추방 등과 같은 제도적 장치가 필요하다. 그러나 이들은 비공식적 제도여서 합의의 신뢰를 확보하는데는 효율적이지 않다고 한다. 왜냐하면 효과적인 공식적 제도적 장치가 없는 상태에서 비공식적 제도만으로는 교환 당사자간의 일탈을 막을 수 없고, 이로 인해 교환의 불확실성이 가중되기 때문이다.

Greif(1998)는 이러한 North의 주장에 매우 비판적인 입장을 지닌다. Greif에 따르면 공식규칙과 국가권력을 강조한 North의 생각은 경제적 행위자들이 어떤 규칙은 따르고 다른 규칙은 따르지 않는 이유를 설명하지 못한다고 한다. North는 이념의 역할, 문화적 신념, 규범, 관습 등을 인정하고 있지만 경제적 행위자들이 국가에 의해서 강제되지 않은 규칙(즉 비공식적 규칙)을 내재적으로 왜 따르려 하는 지에 대한 적절한 프레임웍을 제시하지 못하고 있다는 것이다. Greif의 이러한 생각은 Shasta카운티 주민들의 분쟁해결방식에서도 찾을 수 있다. 미국 캘리포니아 농촌지역인 Shasta카운티에서 울타리를 침범한 소를 둘러싼 논쟁을 연구한 Ellickson(1991)의 연구에 따르면 법과 같은 공식적 제도보다는 비공식적 규범이 분쟁해결에 더 효과적이라는 것이다.

이러한 논의에도 불구하고 신제도주의 경제학의 관점은 여러가지 점에서 문제가 있다(안희남,2007:10-11). 첫째, 신제도주의 경제학은 지나치게 능률적 관점이라는 것이다. Charles Perrow(2002)는 미국의 거대섬유공장과 철도회사의 등장에 관한 연구에서 신제도주의 경제학이 지닌 이러한 능률적 관점을 비판한다. Perrow에 따르면 이들 기업이 등장하게된 결정적 이유는 이들이 능률적이었기 때문이 아니라 법이 관료들에게 산업을 규제할 권력을 주지 않았기 때문이라고 한다.31) 즉 권력이 기업 등장의 주요요

---

30) Michael Burawoy의 저서 「Manufacturing Consent(1977)」에 따르면 노동자들은 노동과정의 특징인 생산성 증가라는 게임에 빠져든다고 한다. 이 게임은 생산량에 따라 성과급을 지급하는 시스템이다. 노동자들의 분노는 본질적으로 정치적인 것이었지만, 이 게임하의 노동자들은 경영진에게 정치적 의도의 불만을 표시하지 않았다는 것이다. 결국 노동과정이 덜 추상적인(보다 구체적인) 게임에 의하여 작동될 때 Marx가 생각한 계급갈등은 사라진다는 것이다.

31) 미국 기업엘리트는 19세기 초 자신들에게 유리한 소유권을 획득했다. 이들은 대기업에 온갖 종류의 특혜를 부여하는 사법부 결정에서 승리를 거두었던 것이다. 그 결과 미국의 공장 소유자들은 노동집약적 생산방식보다는 자본집약적 생산방식을 더 선호하게 되었고, 이로인해

인이었다는 것이다. 둘째, 신제도주의 경제학은 전통 및 규범 등의 비공식적 규제를 높게 평가하지 않는다는 것이다. 생산시장에 관한 White(2002)의 이론에 따르면 생산시장은 시장에서 나타나는 불확실성에 대응하기 위해 생산자들이 구축한 사회적 구조라고 한다. 그리고 이 사회적 구조는 시장에서 자신의 지위를 확보하기 위해 동료기업들이 보내는 신호 및 정보를 해석하려는 기업의 시도 때문에 만들어진다고 한다. 즉 시장은 동료기업이라는 정체성에 의하여 만들어진다는 것이다. 결국 경제적 행동은 신제도주의 경제학자들이 주장하는 공식적 규칙은 물론 사회적 관계를 통제하는 비공식적인 상호연관된 규범에 의해서도 유발·규제·통제된다는 것이다.

맑스주의 경제학자들은 이러한 신제도주의 경제학과는 전혀 다른 각도에서 정통 경제학의 관점을 비판한다(Dobbin,2005). 첫째, 개인의 시장에서의 행동과 관련된 것이다. 즉 시장에서의 개인의 경제적 행동은 개인의 선호에 의해서 결정되는 것이 아니라 개인이 처한 사회적· 역사적 맥락에 의해서 결정된다는 것이다. 따라서 시장은 독립적으로 움직이는 것이 아니라 사회적· 문화적으로 제도화해 간다는 것이다. 맑스주의는 합리성의 가정에 기초한 행위나 행위자의 개념을 거부하고, 구체적인 사회관계 속의 실제적이고 살아있는 현실적인 행위자를 설정하고자 한다(박길성,이택면,2007:57). 둘째, 시장에서의 가격결정과 관련한 것이다. 즉 시장은 수요와 공급이 교차하는 일반 균형에 의해서 결정되는 것이 아니라 시장 내에서 진행되는 다양한 집단의 권력투쟁에 의해서 결정된다는 것이다. 결국 시장은 안정된 일반 균형의 상태로 가는 것이 아니라 불연속적이고 혼란스러운 상태로 가는 것이다.

그러나 이러한 주장에도 불구하고 맑스주의 경제학자들은 시장에 대한 신고전적 경제학의 입장을 수용한다. 즉 경제가 사회의 일부분이기는 하지만 경제와 사회에는 명확한 경계가 존재하며, 따라서 경제는 그것의 원리에 의하여 작동된다는 것이다. 그러나 현재 Piero Sraffa의 고전적 정치경제학, 분석적 맑시즘, 그리고 맑스와 왈라스의 융합이론 등의 새로운 맑스이론들은 이러한 시장관을 거부한다(Lie,1997:345). 이들은 경제와 사회의 경계 구분을 거부하며, 시장의 역사적 맥락을 강조한다.

자본가들은 노동자들에 대한 의존을 줄일 수 있게 되었다. 자본집약적 방식이 정착됨으로써 섬유공장의 규모는 더 커지고 강력해졌다. Perrow에 따르면 결국 능률성이 아니라 권력이 미국 초기의 대기업 등장을 설명하는 유력한 요인이 된다는 것이다.

3. 시장에 대한 경제인류학적 관점

시장은 참여자들이 교환이라는 경제적 행동을 하는 공간이다. 경제학은 시장에서의 경제적 행동을 합리성을 근거로 논의한다. 개인은 자유의지를 갖고 비용과 편익을 합리적으로 계산하며, 어떠한 외부 간섭없이 자유롭게 자신의 이익을 극대화한다는 것이다. 그러나 이러한 행동에 대한 새로운 시각이 최근 사회과학에서 등장하고 있다. 즉 사람들의 경제적 행동은 합리성이 아니라 그 사람이 처해 있는 역사적 요인과 의미에 의해서 이루어진다는 것이다. 이것을 시장에 관한 경제인류학 관점이라 한다.

시장에 관한 경제인류학적 관점은 시장을 행위자의 자유로운 행동의 공간으로 보는 것이 아니라 그 사회가 부여하는 특수한 의미로 보는 것이다. 이 특수한 의미가 문화이고, 이것은 역사적으로 구축된다. 이 관점과 관련하여 가장 주목을 받은 연구가 중국 농촌 지역의 거래 네트워크를 규명한 G.William Skinner의 연구(1964-1965)이다. Skinner는 중국 농촌지역의 시장이 그 지역의 역사적 사실과 밀접한 관계에 있다는 것을 실증적으로 규명한다. 또한 나이지리아의 Hausa지역 경제를 분석한 Polly Hill(1972)의 연구도 지역경제에 사회적·역사적 요인이 미치는 영향을 자세하게 분석한다.[32)]

이 관점에서 경제적 행동은 특히 문화와 밀접한 관계를 갖는다. Jean-Christophe Agnew와 William Reddy의 연구는 이 관점의 대표적 예이다. Agnew는 영국의 경제가 일정한 공간의 시장에서 공간없는 시장으로 변화해가는데 따른 문화적 근거를 제시한다. 문화적 근거가 변함에 따라 경제적 변화도 가속화되었다는 것이다. 반면 Reddy는 프랑스 사회를 분석한다. 현대 프랑스 사회는 시장사회의 신기루라는 것이다. Reddy에 따르면 프랑스 사회는 시장사회라기 보다는 시장문화라는 것이다. 누군가가 시장이라는 말을 은연중에 사람들에게 심어주었고, 이것이 신기루 처럼 사람들에게 문화로 다가섰다는 것이다(Reddy,1984:1-2). 시장이라는 카테고리가 지배함으로써 그것이 문화가 되었고, 여기에서 자본주의 질서가 생기게 되었다는 것이다. Reddy에 따르면 이러한 점에서 사회주의 혁명노선은 실패했다고 한다. 그것은 이들이 시장카테고리를 분명히 비

---

32) 경제인류학은 경제적 접근이 놓친 풍부한 서술을 제공한다. 나아가서 경제인류학은 시장에 관한 새로운 통찰력을 제시한다. 거래의 분명한 영역이 있다는 것을 논의한 Paul Bohannan의 연구, 그리고 제한적 거래에 대한 Mary Douglas의 분석은 현대 시장을 분석하는데 매우 유용한 자료가 되고 있다. 그밖에 시장과 불평등 사이의 관계(Hill,1982), 국가와 시장 사이의 관계(Harris,1984b) 등을 규명한 연구들도 있다.

판하고 있음에도 불구하고 그것을 상징하는 언어를 사람들에게 명확하게 심지 못했기 (문화화시키지 못했기) 때문이다. Viviana Zelizer(1983,1987)는 시장연구에 문화를 접목시킨 대표적 사람이다. Zelizer는 '다중시장'모델을 제시한다. 시장은 문화적, 구조적, 경제적 요인의 복합체라는 것이다. 이를 위해 Zelizer는 경제적 행동 위주의 과소사회화와, 제도 위주의 과다사회화를 피하고자 한다(Blau,1993).

이러한 논의에도 불구하고 시장과 문화사이의 관계를 가장 포괄적으로 논의한 사람은 Max Weber이다. 이것을 사회적 행동으로서의 경제적 행동이라 한다. Weber(1978)에 따르면 사회제도, 관습, 전통 등 많은 문화적 요인이 경제적 행동을 결정한다고 한다. 「The Protestant Ethics」, 「세계종교에 대한 연구」, 그리고 「Economy and Society(1978)」 등에서 Weber는 서로 다른 여러 사회의 실제적 관습, 이 관습 뒤에 담겨있는 사상, 그리고 관습을 변화시키는 힘 등이 경제적 행동에 주요한 영향을 미치기 때문에 경제적 행동을 이해하기 위해서는 이들을 이해하는 것이 필수적이라고 한다. 이들은 행위자의 행동의 의미를 이해하는데 없어서는 안될 중요한 요소이다. 따라서 Weber는 행위자의 행동의 의미를 이해하는 것이 그 사람의 경제적 행동을 이해하는데 매우 중요하다고 한다. 결국 시장에서의 경제적 행동은 사회적 사실이며, 사회적 형태이다. Weber는 이것을 "사회적 행동" 및 "사회적 질서"로 본다(Smelser and Swedberg,2005:3-25). 여기에서 사회적 행동이란 행위자가 의미에 따라 행동하고, 그것을 바탕으로 다른 행위자와 상호작용하는 것을 말한다. 따라서 경제적 행동은 행위자가 자기이익을 추구하기 위해 행동하는 사회적 행동의 일환인 것이다(Weber,1978: 63-64).

사회적 행동으로 경제적 행동을 보는 관점은 크게 두가지이다. 상호성과 재분배이다. 「The Great Transformation(1944)」에서 Polayni는 19세기 영국을 서술한다. 그 당시 영국은 시장 중심의 사회라는 이전에 없었던 혁명적 시도를 하였다고 한다.[33] 어떠한 외부의 권위도 없고, 모든 것을 시장 맡겨두는 시장국가를 만들려했다는 것이다. 1840년대와 1850년대에 이러한 계획을 현실로 옮기기 위한 일련의 법이 도입되었고,

---

33) 「The Great Transformation」의 이론적 부분은 Polanyi의 "배태성"과 "행동의 원리"라는 개념으로 채워져있다. 이것을 완벽하게 개정한 것이 「Trade and Market in the Early Empires,1957,1971)이다. Polanyi에 따르면 경제이론은 본질적으로 형식적이라고 한다. 즉 경제와 시장형태를 동일한 것으로 보려는 경향이라는 것이다. 경제학의 형식적 개념에 Polanyi는 실체적 개념을 추가한다. 즉 논리가 아니라 현실에 입각한 개념이다. 경제학의 실체적 개념은 사람들이 자신의 삶을 자연과 다른 사람에게 의존하고 있다는 의미이다. 실체적 경제학에서 경제적 이익은 "인간의 삶"과 연결되어 있는 반면, 형식 경제학에서는 인위적으로 구성되어 있을 뿐이라는 것이다.

이에 따라 토지와 노동도 일반 상품이 되었다. 화폐가치 조차 정치적 권위에서 벗어나 시장으로 옮겨졌다. Polanyi에 따르면 그러나 이러한 진행은 결국 파국을 맞았다는 것이다. 20세기 파시즘의 등장은 19세기 영국에서 모든 것을 시장에 맡긴 잘못된 시도의 결과물이었다.

Polanyi에 따르면 합리적 자기이익은 너무 불안정해서 사회의 기본이 될 수 없다고 한다. 따라서 이것을 극복하기 위해서 경제는 사람들에게 지속적으로 물질을 공급하여야 한다. 그것이 통합이다. Polanyi에 따르면 통합의 형태는 세 가지라고 한다. 상호성, 재분배, 그리고 교환이다. 상호성은 가족, 친지, 이웃 등과 같은 동질적 집단에서 생겨나는 통합형태를 말하며, 재분배는 국가와 같은 사회의 핵심으로부터 재화가 배분되는 통합형태를 말한다. 반면 교환은 재화가 시장에서 배분되는 통합형태이다. 그러나 교환을 전제로 한 시장은 자기이익 추구를 전제로 한 것이어서 진정한 의미의 통합의 형태가 될 수 없고 따라서 사회의 기본이 될 수 없다. 결국 경제적 행동은 상호성과 재분배라는 두가지 통합의 형태로 이루어져야 한다는 것이다.

Richard Whitley(1992)는 이러한 생각을 다양한 자본주의에 적용한다. 특히 경제적 관습이 행위자에 대해 갖는 의미와, 광범위한 제도와 맺고 있는 관계를 이해하기 위해 각 국가의 자본주의 체제를 규명한다. Whitley에 따르면 각 국가의 자본주의 체제(제도)는 능률을 어떻게 보느냐 하는 관습에 따라 다르며, 이것이 경제적 행동에 미치는 영향도 다르다고 한다. Whitley에 따르면 결국 국가경제 및 정치제도가 그 국가의 산업, 수요자와 공급자, 재정과 산업사이의 관계를 이해하는 관건이라는 것이다. 제도는 여러 가지 역사적 이유와 사건으로 탄생하며, 시간이 흘러감에 따라 전통과 관습이 된다. 제도화되는 것이다. 이 제도가 문화가 된다. 사람들은 그것을 당연한 것으로 받아들이고, 그것이 어떻게 작동할지 알게 된다.

가령 동아시아의 기업체제가 대표적 예이다. 일본의 경우 대기업인 “Kaisha”가 지배한다. 은행지배의 기업집단인 Kaisha는 2차세계 이전 기업집단인 “Zaibatsu”의 후계자로서 다양한 기업들을 한데로 묶는 역할을 수행한다. 한국에서는 가족통제의 통합기업인 재벌이 지배한다. 통합기업 사이의 상징적 관계가 기업간 관계의 특징인 것이다. 타이완과 홍콩에서는 소규모의 중국 가족기업이 지배한다. 기업간 관계는 비교적 느슨한 구조이다. 중소규모의 가족집단(“jituangiye”)이며, 국가는 이 기업에 거의 간섭을 하지 않는다. 동아시아의 국가들은 종교(유교)적으로 비슷한 상황에 놓여있음에도 불구하고 이처럼 서로 다른 기업체제를 지니고 있었는데, 그것은 이들 국가가 처한 역사적 상황이 다르기 때문이다. 결국 한 국가가 처한 역사적 상황이 그들 국가의 시장과 이에 따른 경제적 행동에 영향을 미친다는 것이다.

문화가 경제적 실제에 영향을 미친다는 Weber의 주장을 Frank Dobbin(1994)은 초기의 정치제도가 정부의 산업전략과 산업 그 자체에 영향을 미친다는 사실로 전환하여 설명한다. Dobbin에 따르면 대부분 국가의 산업전략은 초기의 정치제도인 국가-개인(민간)부문 관계의 논리를 따르고 있다는 것이다. 미국에서 정치는 지방자치를 근간으로 한다. 연방정부는 기업의 자유시장에 중재자로서의 역할만 수행한다. 프랑스에서 정치는 강력한 중앙집권 정부를 근간으로 한다. 이들은 국가의 주권에 위협이 될 수 있는 다양한 집단을 통제하는 것을 목적으로 한다. 이러한 정치형태는 미국의 그것과는 정반대이다. 프랑스는 철도산업에 이러한 중앙조정의 원리를 적용한다. 즉 국가가 개인 철도체제의 최종입안자이고 운영자라는 것이다. 영국의 정치는 이들과 전혀 다르다. 시민들에게 최대한의 자치를 부여하는 것을 이념으로 한다. 영국이 철도산업을 고려할 때 미국이나 프랑스의 그것처럼 시장을 규제한다는 것은 상상도 할 수 없는 것이다. 영국은 철도업자에게 모든 것을 맡긴다. 그로인해 기존의 철도업자들은 경쟁으로부터 자신을 보호하기 위해서 카르텔을 만들었다는 것이다.

Dobbin에 따르면 이들 국가에서 정치구조가 사회질서의 이해(문화)를 결정하고, 산업을 조직하려는 생각에 영향을 미친다는 것이다. 따라서 경제는 정치를 반영하는 것이 된다. 즉 미국은 연방정부가 시장 중재자의 역할을 하고, 프랑스는 중앙정부가 핵심산업의 수호자 및 기획가가 된다는 것이며, 영국은 국가가 개인의 창의성을 최대한 보장하는 역할을 한다는 것이다. 정치구조는 대표적인 제도화이다. 그런데 이 제도화는 대부분 문화가 된다. 결국 문화, 즉 제도화가 경제(혹은 시장)에 영향을 미치고 이것이 다시 개인의 경제적 행동에 영향을 미친다는 것이다.

결국 시장은 그 국가가 처해있는 문화적, 역사적 상황과 밀접한 관계를 갖는다. 이러한 관점에서 보편적인 시장원리란 존재하지 않는다. 시장은 보편적 원리가 아니라 그 국가가 처한 역사적 상황에 따라 이루어지는 것이다. 개인의 경제적 행동도 이것의 영향을 받지않을 수 없다. 즉 개인의 경제적 행동은 합리성이라는 경제적 원리가 아니라 시장이 처한 문화적, 역사적 맥락에 의하여 이루어지는 것이다. 개인의 합리성은 이 점에서 분명한 제한을 받는다.

시장과 문화의 관계에서 제기되는 또다른 문제는 도덕이다. 도덕은 탐욕과 관련된다. 많은 경제학자들은 시장은 보이지 않는 손에 의해서 자율적으로 조정됨으로 비용없는 상태가 구현된다고 주장하지만 도덕 정치학자들은 시장은 필연적으로 탐욕과 연관된다고 한다. 이것은 시장에 도덕 혹은 정치적 속성이 있는지의 문제이다. 이 문제와 관련하여 자주 인용되는 사람이 급진적 철학자인 John Ruskin이다(Sherburne,1972). Ruskin에 따르면 탐욕과 이것의 부정적 결과(가령 사회구조의 해체나 자연파괴 등)가

20세기 내내 진행되고 있었다고 한다. 시장의 발전도 여러 가지 점에서 이러한 탐욕의 부정적 결과와 비슷한 결과를 낳는다.

도덕적 근거에서 시장을 비판한 것은 오랜 역사를 지닌다. 가령 아리스토텔레스는 도덕철학의 관점에서 경제적 질서를 비판한다(Meikle,1995). 시장과 도덕이 밀접히 연관되어 있다는 것은 비단 학문적 세계에서만 논의된 것이 아니다. 17세기 영국의 공개시장은 당시의 정치적 규제 및 도덕경제와 밀접히 연관되어 있었다(Lie,1993). 도덕은 언제나 경제사회학의 중심문제였다. 「Review of Social Economy」라는 저널을 중심으로 이루어진 경제사회학은 제도주의 경제학의 한 분파이다. 여기에서 경제사회학자들은 과학적 근거는 물론 도덕적 근거에서 신고전주의 시장관을 비판한다.

그밖에 시장 연구에서 과학과 도덕을 결합하고자 하는 시도도 있다. 가령 시장 및 자유방임과 사회정책을 결합하려는 시도도 있고, 시장과 그것의 폐해를 비난한 급진적 비판가들도 있다. 시장은 사회적 불평등, 환경파괴, 공동사회 해체와 같은 부작용을 낳는다는 것이다(中谷巖,2009). 이러한 점에서 Robert Lane(1991)은 시장 효용성에 대한 평가를 순수한 경제적 기준에서 정치적·도덕적 기준으로 바꾸어야 한다고 주장한다.

도덕적 관점에서 시장을 비판한 사람들은 공공 담론에 있어서 없어서는 안될 사람들이다. 이들은 특히 시장에 대한 사회적 및 과학적 이론을 형성하는데 매우 중요한 역할을 한다. 경제와 도덕을 결합시킨 이론은 사회과학의 지적 탐구영역에 새로운 토양이 되고 있다. 그럼에도 불구하고 경제와 도덕을 결합하고자 하는 이러한 시도는 아직까지 시장에 대한 우리의 이해와 설명을 명확히하는데 불충분한 것으로 받아들여지고 있다.

Section 2 시장과 국가

1. 시장과 국가개입

시장원리는 경쟁원리이다. 자유로운 경쟁이 능률과 역동성을 생산하여 경제성장을 가능하게 한다는 것이다. 이 과정에서 국가는 규범적 의미의 역할을 수행한다. 즉 국가가 경제적 행위자의 행동을 방해해서 안되며, 영향을 미치는 경우에도 경쟁과 계약을 촉진하는 방향으로 하여야 한다는 것이다. 그러나 실상은 그렇지않다. 산업혁명 이후부터 경제활동에 국가의 개입은 늘상 있어왔고(Fligstein,2008), 새로운 시장의 성장이나 활성화가 민간부문에 전적으로 맡겨진 예는 없었다. 정부라는 제도의 도움없이 경제활동이 이루어진 경우는 없었다는 것이다. 그렇다고 새로운 시장 및 산업의 탄생에 기업의 개별적 역할이나 경쟁이 중요하지 않다는 것은 아니다. 단지 정부나 안정된 사회적 구조의 도움없이 이러한 활동이 일어나기 어렵다는 것이다.

국가는 특정 시장에서 세가지의 방식으로 영향력을 행사한다. 첫째, 세금, 기업담보대출, 고용관계, 특허 및 소유권, 경쟁 및 독점을 규제하거나 촉진하는 법이나 규칙을 만드는 것이다. 둘째, 정부가 구매자로 나서거나 기업에 필요로하는 R&D 자금을 대주는 것이다. 정부는 대학에 연구자금을 대주기도 하고, 기술발전을 위한 자금공급자가 되기도 한다. 셋째, 정부는 특정산업의 가장 강력한 기업의 요청으로 특정 기업에 혜택이 돌아가는 규칙을 만들기도 한다. 지난 30년 동안 많은 국가의 정부가 회피하고자 한 시장개입 방식은 기업을 직접 소유하는 것이었다. 그러나 정도의 차이는 있지만 공기업 방식은 지금도 이어지고 있다. 정부에 의한 이러한 시장개입이 경제성장에 어떠한 영향을 미치는지를 알아보는 것은 매우 유용한 일이다. 정부는 새로운 기업과 산업을 탄생시키기 위한 인프라 여건도 구축한다.

최근 시장 원리가 작동하지 않는 것을 상징하는 두가지의 사건이 있다. 기업의 주주이익 보호 개념의 등장과 실리콘 밸리의 등장 및 성장이 그것이다. 이러한 사건들은 기업활동의 결과 생긴 것이 아니다. 기존의 배태된 사회관계의 결과인 것이다. 그리고 그 과정에서 국가가 기업활동의 여건을 조성하는데 중요한 역할을 했다는 것이다. 기업의 주주이익 보호 개념은 기업의 특정 문제에 대한 해결책이었다. 기업들은 1970년대에는 낮은 경제성장, 그리고 1980년대에는 높은 인플레이션으로 인해 이 개념을 재정적으로 실천할 수 없었다. 기업의 관리자들은 이것을 비난하였고, 이것을 바꾸기 위한 재정적 도구들을 개발하기 시작하였다. 정부는 독점금지법을 유예하고, 법인세를 삭감해줌으로써 진행과정을 도왔다.

1980년대와 1990년대 실리콘밸리가 추구한 IT 혁명은 기업자본주의의 상징이 되었다. 그러나 좀더 자세히 관찰하면 미국 정부가 지난 40년 동안 연구기금, 교육, 제품구매 등에서 깊숙이 관여해다는 사실을 알 수 있다. 미국 정부는 또한 벤처산업의 생산자와 투자자를 보호하는 세금감면 혜택과 특허법 등을 제공하고 있다. 그러나 벤처 시장에서는 이러한 조치만으로 시장을 안정시키기에 충분치않다. 기업들은 과점이나 독점의 방법들을 모색하였고, 대기업들은 혁신기업들을 선별적으로 사들였다. 이것이 양 당사자 모두에게 이득이 되기 때문이다. 소규모 벤처기업들은 큰 이득을 위해 모험을 무릅쓰려 하고, 대기업들은 신기술을 확보함으로써 안정을 꾀할 수 있기 때문이다.

이러한 사실에도 불구하고 그동안 국가와 시장 관계에 대한 논의는 대단히 단순한 논리에 입각해 있었다. 정부와 기업은 분리해서 보아야 한다, 기업을 경쟁시켜야 한다,

그리고 노동시장의 규제를 풀어야 한다는 것 등이 그것이다. 사회학자들 조차도 실리콘 밸리에서 일어난 일이 전체 생산 시스템 보다는 기업 사이의 조직 내부 네트워크와 더 관련된다는 생각을 가졌다(Castells,1996;Saxenian,1994). 그러나 이러한 생각은 잘못된 것이다. 정부와 기업은 밀접히 관련된다. 부를 생산하고 자본을 축적하며, 소득을 배분하는 자본주의 경제의 상대적 성공은 이러한 연결관계에서만 가능하다. 경제에 국가가 개입하는 것을 반대하는 입장은 정부를 지대추구자로 볼 것인지 아닌지를 논하는 경제학파로부터 나온 것이다(Buchanan and Tullock,1962). 이것은 시장에의 정부개입은 시장의 능률적 활동을 근본적으로 떨어뜨리는 것이기 때문에 정당하지 않다는 것이다(Block,1996). 그러나 지난 15년동안의 많은 학자들은 1980년대 일본과 동아시아 국가들의 기적을 주목한다(Dore,1986;Hamilton and Biggart,1988). 이들은 일본, 한국, 대만 등의 국가가 어떻게 그렇게 빨리 발전할 수 있었는지에 관심을 기울인다. 그 이유로 이들은 국가의 역할을 꼽는다. 국가가 중요한 역할을 했다는 것이다.

경제학에서 조차 경제성장에서 국가가 수행하는 적극적 역할을 주장한다. 신제도주의 경제학은 정부의 지출과 정책이 성장에 적극적 영향을 미치는 여러 메카니즘을 제시한다. 내생적 성장이론은 교육, 보건, 통신 및 수송 인프라에 대한 정부 지출이 성장에 긍정적 영향을 미친다고 주장한다(Romer and Schwartz:1995). North(1990)와 Maddison(1995)도 국가가 정치적 안정, 법 제도, 안정된 화폐제도, 그리고 정부신뢰 등을 제공하여 기업가들이 안정적으로 자신의 돈을 투자하고, 새로운 시장을 개척하도록 한다고 한다. 최근 Evans와 Rauch(1999)는 관료의 능력이 경제성장에 적극적 역할을 한다는 사실을 밝혀냈다. 또한 연구개발에의 투자, 벤쳐산업에 자본제공, 그리고 군사비 지출 등이 산업정책에 매우 효과적임을 밝혀낸 학자들도 있다(Tyson,1992). 이제 적어도 선택은 정부에 대항해서 할 것이 아니라 경제성장에 도움을 주는 정책을 겨냥해서 하여야 한다는 것이다(Evans,1996). 국가가 공공재, 안정된 법 체계, 그리고 어떤 상황하에서는 적절한 산업정책 등을 제공함으로써 경제성장에 기여하는데 중요한 역할을 한다는 것을 입증할 충분한 이론적 근거가 있다. 발전 초기 단계에서 연구개발에의 투자, 고등교육, 그리고 기술에의 보조금 등은 모두 경제성장을 촉진하는 정책들이다. 소유권과 경쟁 및 교환을 통제하는 규칙은 기업간 안정된 시장관계를 촉진한다. 이들이 투자와 경제성장을 유도한다는 것이다.

권력과 부의 배분, 그리고 거대조직의 구조와 과정 등은 사회과학의 오랜 연구과제 중 하나이다. 국가는 이것과 관련된 가장 중요한 논제이다. 특히 시장에 대한 국가의 개입이 문제가 된다. 현대 자본주의 사회에서 국가는 조직, 집단, 제도와 더불어 그 사회의 경제적 관계를 결정하는 규칙을 만들고 강제한다(Krasner,1984). 현대자본주의 국가는 경제발전과의 관계에서 건설되었고, 경제의 거버넌스가 그러한 국가건설의 핵심이 되었다(Fligstein,2008). 국가는 시장 행위자들이 조직, 경쟁, 협력, 그리고 교환을 하도록 하는 안정되고 신뢰적인 조건을 제시한다. 즉 국가는 시장형성과 그것의 지속적인 안정에 중요한 역할을 한다는 것이다.[34]

그러나 시장에 관한 경제적 관점은 국가를 시장에서 철저하게 분리시키고 있다. OH Taylor(1955:116)는 경제학자들의 이상은 영원히 자유방임일 것이라고 주장한다. 그러나 국가는 기업활동이나 개입주의 국가를 이해하는데 없어서는 안될 중요한 경제적, 사회적 사실이다. 인플레이션과 같은 난해한 경제적 현상에서 조차 정치(국가)는 중요한 요인이 된다. 1990년대 풍미했던 기업 다운사이징에서도 정치는 중요한 요인으로 작용한다. 많은 경제학자들은 대량해고를 경제적 요인 탓으로 보지만 David Gordon(1996)은 기업 의사결정이라는 정치적 요인으로 본다. 다시말해서 기업 및 경영권력이 핵심요인이라는 것이다. 따라서 이것을 소홀히 다루게 되면 경제에서 중요한 요인을 보지 못하는 결과를 초래하게 된다.

2. 계획경제와 시장경제

국가와 시장간의 관계에서 문제가 되는 또 한가지 사실은 1990년대 초에 있었던 동유럽 국가의 계획 경제에서 시장 경제로의 이전이다. 실제 1996년 「World Development Report」에 따르면 1996년 세계경제에서 가장 큰 문제는 민영화 내지 시장 이전이었다고 한다(World Bank,1996).

사회주의 국가의 몰락은 봇물처럼 과거 국가 소유였던 기업을 민영화해야 한다는 제안으로 이어졌고, 그 결과 계획 경제를 시장경제로 이행하게 하였다. 일반적으로 경제학자들은 민영화 및 시장을 지지한다(Sachs,1993). 민영화의 문제가 있다면 그것은 기존 정치권력의 문제라는 것이다(Boycko et al.,1995). 이것에 대한 신고전적 경제학의 처방은 즉각적이고 전면적인 계획경제에서 시장경제로의 이전이다. 그러나 많은 실증적 연구에 따르면 이것은 많은 문제를 낳고 있다는 것이다.

동유럽의 경제는 국가마다 서로 다른 제도적 유산을 갖고 있다. Stark(1992)에 따르

34) 물론 국가가 어떻게 시장에 개입하고, 어느정도 중요한 의미를 갖는지는 상황 및 국가에 따라 다르다. 어떤 국가는 다른 나라에 비해 시장개입의 정도가 높다. 결국 개입의 정도는 그 국가의 상황과 제도적 역사에 따라 다르다는 것이다(Evans,Skocpol, and Rueschmeyer, 1985).

면 탈사회주의 헝가리에서 민영화(시장경제로의 이전)는 많은 경제학자들이 주장한 것처럼 결코 해결책이 아니었다는 것이다. 민영화의 결과 헝가리의 주요기업들은 1990년대 초 국가소유에서 개인소유로 지배구조가 변경되었다. 그러나 그 과정에서 많은 문제가 노출되었다. 국가소유와 개인소유 사이의 경계가 희박해졌고, 개인기업 사이의 경계도 희박해졌다는 것이다. 그것은 대인간 관계, 문화적 신념, 규범, 그리고 과거의 제도적 장치에 배태된 사회적 장치가 새로운 제도적 장치를 탄생시키는데 걸림돌로 작용하였기 때문이다.[35] 결국 민영화를 전제로한 시장경제로의 이전이 모든 국가의 문제를 해결하는 만병통치약은 아니라는 것이다. 많은 비교연구에 따르면 계획 경제에서 시장경제로의 이전은 해결책이 될 수도 있지만 문제의 시작일 수도 있다는 것이다.

최근 활발히 진행되고 있는 글로벌화도 국가와 시장간 논의에서 빠뜨릴 수 없는 연구주제이다. 글로벌화는 국경없는 글로벌 시장을 낳을 것으로 예고되고 있기 때문이다. 그러나 글로벌화 논의는 많은 과대포장과 논란을 낳고 있다. 시장 본질주의는 동유럽의 시장체제로의 이전처럼 글로벌화도 당연히 진행되는 과정으로 본다. 여기에서 국가간 역사적, 비교적 차이는 문제되지 않는다. 경제적 접근에서 글로벌화는 교환관계가 제약없이 자유롭게 국경을 넘어 이루어지게 함으로써 세계시장의 팽창을 가져와 모든 국가에 혜택을 준다고 한다. 그러나 이 생각은 각 국가가 지니고 있는 고유한 상품교환 네트워크를 무시하는 것이다. 가령 글로벌화의 충격은 특히 라틴 아메리카에서 심하다. 그것은 글로벌화가 라틴 아메리카의 각 국가가 지닌 특수성을 무시하기 때문이다. 결국 글로벌화는 민영화 및 시장경제로의 이전이 동유럽에 미친 나쁜 결과 보다도 훨씬 더 라틴 아메리카에 나쁜 영향을 미치고 있는 것이다.

---

35) Wolfgang Streek은 「Social Institutions and Economic Performance(1992)」에서 국가 사이의 산업관계체제를 비교하여 이것을 글로벌 경제에서의 성공여부와 연관시킨다. Streek에게 역사는 각 국가가 자신만의 제도적 모습, 즉 노동시장, 공공고용정책, 교육제도 등을 만들어 내는 장본인이다. 바로 이 제도적 모습이 산업관계체제에 영향을 미쳤다는 것이다. Streek에 따르면 강력한 제도를 지닌 국가(가령 독일과 일본)는 어떤 산업과 교육의 모습을 갖출지 선택할 수 있고, 이것이 시장 중심 국가(가령 영국과 미국)보다 비교적 우위를 가져다 준다는 것이다.

Section 3 조직경제학

1. 거래비용이론

1) R.H.Coase의 거래비용분석

거래비용이론의 기반은 경제학을 거의 알지못했던 R.H.Coase가 20대에 쓴 "The Nature of the Firm"(1937)이라는 논문에서 비롯된다. 그 당시에는 거의 알려지지 않았던 Coase의 이 논문은 1970년대 Oliver Williamson이 이것을 근거로 많은 연구를 수행하게 되면서 세상에 알려지게 되었고, 이 논문과, 1960년대 쓴 "The Problem of Social Cost"라는 논문으로 Coase는 1991년 노벨경제학상을 수상하게 된다. "The Nature of the Firm"(1937)이 1970년대 까지 거의 읽혀지지 않았다는 사실은 그 내용이 당시 시대를 앞서고 있었다는 것을 대변한다. 즉 1970년대 까지 경제학은 시장에서 기업조직의 역할을 거의 설명하지 못했던 것이다. Gary Becker, James Buchanan, 그리고 Anthony Downs 등과 같은 사람들이 1950년대와 1960년대 비경제적 분야에 경제이론을 적용시키려는 노력을 시도하고 있지만 적어도 1970년대 까지는 경제학은 기업조직의 시장에서의 역할을 거의 주목하지 못했다.

"The Nature of the Firm"에서는 Coase는 경제적 영역에서 일어나는 모든 것이 자발적이라는 경제학자들의 주장을 따르지만, 분야에 따라서는 그러한 자발성이 나타나지 않는 곳이 있다고 주장한다. 대표적 예가 기업이다. 따라서 Coase는 자본주의 경제에서 일이 이루어지게 하는 방식은 두가지라고 적시한다. 즉 기업조직과 시장이다. 중요한 것은 이러한 기업과 시장이 혼재된 것이 아니라 서로 생산의 대안적 방법이라는 것이다(Coase,1937/1993:19).

여기에서 중요한 것은 경제에서 이 두가지 방식이 존재한다면 언제 이 방식이 저 방식 보다 더 사용되는가하는 것이다. 특히 보이지않는 손에 의하여 자발적으로 존재하는 능률적인 시장이 존재함에도 불구하고 기업조직은 왜 존재하는가 하는 것이다. Coase는 그 이유로 시장은 교환에 따른 비용을 발생시키기 때문이라고 한다. 일반적으로 정통경제학은 비용없는 시장을 상정한다. 시장은 정보의 완전성과, 행위자의 합리성의 결과 보이지않는 손에 의하여 완벽하게 작동하기 때문에 비용이 발생하지 않는다는 것이다. 그러나 Coase는 이러한 사실에 의문을 제기한다. 즉 Coase에 따르면 시장교환은 비용없음이 아니라 거래에 따른 비용을 필연적으로 발생시킨다고 한다. 그리고 그

비용은 다음과 같은 두 가지의 경우에 발생한다고 한다. 첫째, 거래의 당사자가 자기이익을 위해서만 행동할 때(기회주의 행동), 둘째 필요한 자원의 품질, 신뢰성, 그리고 장기적 이용가능성에 대해 확신이 없을 때(불확실성)이다. 만약 기업이 자기이익을 위해서만 움직인다면 시장에서의 거래는 기업의 선의에 매달려야 하는데, 인간 속성의 불확실성으로 인하여 현실적으로 그것을 기대할 수는 없다는 것이다. 따라서 이것을 방지하기 위해서 시장에서의 모든 거래는 당사자들이 지켜야 하는 계약을 수립할 수 밖에 없다. 문제는 계약에는 협상, 작성, 강제에 따른 비용(통제비용)이 든다는 것이다. 계약과 관련한 불확실성이 있게 되면 기업은 그것을 줄이기 위해 자원의 가치, 값, 품질, 이용가능성 등에 관한 정보를 수집해야 한다. 이것 또한 비용(정보비용)이 든다. 결국 시장은 통제비용과 정보비용 같은 거래비용이 든다는 것이다.

2) Oliver Williamson의 거래비용이론

Coase가 거래비용의 개념을 처음 도입한 사람이라면, 그것을 대중화하고 경제학 및 다른 사회과학에 널리 알린 사람은 Oliver Williamson이다. Williamson은 1970년대와 1980년대 다양한 저서와 논문을 통해서 이를 실현했으며, 특히 「Markets and Hierarchies」(1975)라는 저서를 통해 자신의 생각을 널리 알렸다. 특히 Williamson의 거래비용이론은 기업조직이 부품이나 제품을 사내에서 제조 내지 조달할 하는 것이 바람직한 것인가에 대한 해답을 제시한다. 이 책의 생각은 거의 Coase의 1937년 논문을 바탕으로 한다. 즉 시장과 기업을 생산을 조정하는 두가지 대안적 방법으로 보고 있는 것이다. 다만 Williamson은 이들을 거버넌스라는 용어로 사용하고 있고, 기업을 계층제로 바꾸어 표기했을 뿐이다. Williamson은 거래비용에 대한 자신의 생각을 대부분 Coase로부터 빌려왔지만, 여기에 자신의 생각을 더했고, Coase의 생각 몇가지는 빼버렸다. 가령 거래비용이라는 용어는 Williamson이 덧붙인 대표적 사례이다.

> "합의를 추후 작성하고, 협상하며, 보호하는 비용, 특히 계약 집행이 차이, 에러, 누락, 그리고 예견치못한 파기 등으로 이루어지지 않았을 때 나타나는 사후 조정의 비용이 거래비용이다. 이것은 경제체제를 파괴하는 비용이다."(Williamson,1991:103)

Williamson은 경제적 관계를 시장과 계층제, 두가지 거버넌스로 보는 것이 비판을 받자 곧 세 번째 거버넌스를 추가한다. 장기적 계약관계에 기반을 둔 하이브리드 혹은 독자적 조직형태가 그것이다(Williamson,1991:102). 거래비용분석에 대한 Williamson

의 해석에서 경제적 행위자는 기회주의적이고, 제한된 합리성으로 선택을 하는 사람이다. 중요한 것은 Williamson이 어떤 상황에서 기업 보다는 시장이 더 선호되는지에 대한 Coase의 통찰력을 계량적으로 검증하고자 한 것이다. Williamson에 따르면 기업(계층제)은 거래가 빈번히 나타나고, 불확실하며, 특별한 투자의 요구(이것을 자산특화성이라 한다)가 있을 때 사용된다는 것이다. 반면 시장은 자산특화성이 없고, 거래가 확실이며, 일회성일 때 사용된다는 것이다.

SSCI(사회과학 인용지수)에 따르면 Williamson의 연구는 조직이론의 어떤 이론가 보다 많이 인용되는 것으로 나타났다. Williamson 자신도 거래비용 분석이 경험적 성공 스토리라고 한다. 그러나 Williamson의 이론을 실증적으로 검증하고자 한 여러 논문에 따르면 Williamson의 주장 중 절반만이 검증되었다고 한다(David and Han, 1996:53). 그 이유는 Williamson이 경제이론이 분석적이고, 현실적이어야 한다는 Coase의 주장을 소홀히 다루었기 때문이다. Coase의 주장은 주류 경제학이 경험적 현실과 너무 동떨어져 있어, 이것과 일정한 긴장관계를 유지하고 있지만, Williamson의 주장에는 이것이 없다.

앞서 언급한 바와 같이 거래비용이론에서 거래는 중요한 분석의 초점이다. 거래를 관리하는 것이 기업의 중요한 구조적 결정요인이기 때문이다(Williamson,1981). 여기에서 거래는 재화나 서비스가 기술적으로 분리된 행위주체 사이에 이동하는 것을 말한다(Williamson,1981:552). 거래비용이론은 거래가 다스려지는 방식에 관심을 기울인다. 그리고 거래비용이론은 이러한 임무를 수행하는 거버넌스 메카니즘 세가지를 제시한다. 시장, 계층제, 그리고 하이브리드가 그것이다. Williamson(1981,1991)은 먼저 시장을 독자적 경제행위자 사이에 재화를 규칙적으로 거래하는 것으로 보는 정통 경제학자들의 개념을 따른다. 반면 계층제는 공식조직과 같은 개념이다. 시장과 계층제의 특징이 결합된 것이 하이브리드이다. 장기계약 혹은 프랜차이즈가 그 예이다(Williamson,1991).

Williamson은 각각의 거버넌스는 거래를 관리하는데 드는 비용을 최소화하고자 한다고 한다. 따라서 거래의 속성이 거버넌스 구조의 차이를 결정짓는 중요한 요인이다. 즉 조직세계의 구조적 차이를 이해하기 위해서는 거래가 달라지는 차원을 이해해야 한다는 것이다. Williamson에 따르면 거래의 차이를 발생시키는 가장 중요한 차원으로 반복성(거래빈도), 불확실성, 그리고 자산특화성(asset specificity)을 든다. 반복성이란 거래가 일어나는 빈도를 말한다. 반복성이 높다는 것은 일정한 방식으로 거래가 자주 되풀이된다는 것을 의미한다. 불확실성은 거래 결과의 예측 정도이다. 불확실성이 높으면 높을수록 결과를 예측하기 힘든다. 마지막으로 자산특화성은 어떤 거래를 이루기 위해 이루어진 투자가 쉽게 다른 용도로 전환될 수 없는 것을 말한다. 즉 비용을 최소화하기 위해 거래와 특정한 투자를 연결시키는 것을 말한다. 자산이 특화된 거래에서 거래의 당사자들은 거래에 특이한 요구사항을 충족시키기 위한 투자를 한다. 이 투자는 다른 용도로 쉽게 전환될 수 없다. 따라서 자산특화성은 거래당사자들을 하나로 묶고, 다른 파트너와의 거래로 쉽게 옮겨가는 것을 막는 일종의 출구장벽이다.

위에서 논의된 차원 이외에 Williamson은 인간행동에 관한 두가지 근본적인 가정을 한다. 첫째는 인간의 제한된 합리성이다(Simon,1997;Williamson and Ouchi,1981). 이것은 인간이 합리적인 의사결정을 하고자 하지만, 그러한 기준을 완전히 충족시킬 수 있는 시간과 정보처리 능력이 부족해 합리적인 결정을 할 수 없는 것을 말한다. 특히 인간은 대안과, 효용을 극대화하는데 필요한 결과를 포괄적으로 평가할 인지적 능력이나 여유가 없다는 것이다.

둘째, Williamson은 거래에 참여하는 행위자들이 잠재적 기회주의자라는 것을 추정한다. 즉 이 행위자들은 거짓말하고, 정보를 감추며, 다양한 형태의 기만적 행동을 하는 자기이익을 극대화하고자 하는 존재라는 것이다. 모든 경제적 행위자들이 기회주의적으로 행동하는 것은 아니다. 그러나 그럴 개연성은 언제나 존재하기 마련이고, 따라서 기회주의가 거래의 신뢰적 행동을 위협하는 중요한 위험요인이 된다. 제한된 합리성과 마찬가지로 Williamson은 기회주의 가정 또한 정통 경제이론의 인간행동 가정과 다른 것이라고 한다.

Williamson에 따르면 대부분의 경우 시장은 경제적 행위자 사이의 거래를 만족시키는 거버넌스라고 한다. 시장은 경제적 행위자가 자신의 경제적 동기를 극대화시키는 역할을 수행하기 때문이다. 시장에서 작동하는 가격 메카니즘 또한 생산에 사용되는 자산을 능률적으로 배분하는 역할을 한다. 그러나 시장 거버넌스는 환경의 불확실성과, 자산특화성이 높을 때 문제가 발생한다. Williamson에 따르면 이 경우 시장은 문제가 발생한다고 한다. 이 문제를 해결하기 위해서 시장 거버넌스를 벗어나 계층제나 하이브리드로 나아가야 한다고 한다. 계층제와 하이브리드는 시장 보다 모니터링, 통제, 지속성 등을 더 잘 제공하고, 행정적 장치를 통해 교환의 당사자 혹은 일방에 의한 기회주의적 행동을 제어하기 때문이다. Williamson에 따르면 기업조직이 불확실성과 자산한정성을 극복하는 방식은 크게 두가지이다. 첫째, 기업 혹은 조직이 직접 자원을 생산하거나, 그 자원을 생산한 기업을 사들이는 것이다(가령 인수합병). 이것은 시장을 통해 자원을 획득하는 데 따른 불확실성을 줄임으로써 거래비용을 줄일 수 있는 방법이다. 둘째, 조직 혹은 기업이 직접 시장을 지배함으로써 거래비용을 줄이는 것이다. 시장거래를 지시와 명령으로 대치하는 것이다. 그렇게 함으로써 정보를 획득하고, 계약의무를 수립하는데 따른 거래비용을 줄일 수 있다(문제는 이것이 시장의 독과점을 낳는다는 것이다).

이 방식들은 Williamson의 조직경계 개념과 관련된다. 즉 거래를 조직의 경계내에 두려는 것이다. Williamson에 따르면 조직은 능률적 방식, 즉 거래비용을 최소화 하는 방식으로 거래와 관련된 경계를 설정하고자 한다고 한다. 이것은 근본적으로 자산특화성이 높은 거래를 조직에 내부화하는 것을 의미한다. 가령 완성업체의 부품구입이 부품공급업체에 특화적이고, 특이한 투자를 필요로 한다면 이 부품 공급업체를 완성업체에 내부화하는 것이 좋다는 것이다. 반면 부품이 표준화되어 있고, 다른 많은 부품 업체로부터 쉽게 조달할 수 있다면 부품공급업체를 내부에 둘 필요가 없고, 외부에 그대로 두는 것(외부화)이 더 좋다. Waker와 Weber(1984)는 이 주장을 증명하기 위해 미국의 자동차 회사의 한 부서의 의사결정(자동차 제작과 부품구입에 관한 의사결정)을 분석한다. 여기에서 이들은 Williamson의 주장이 맞는 것도 있고, 틀린 것도 있다고 주장한다.

조직경계는 수직적 통합 문제와 연결된다. 실제 Barney와 Hesterly(1996:120)는 수직적 통합을 거래비용이론의 현실적용의 가장 대표적 예로 본다. 앞서 언급한 바와 같이 거래비용의 논리는 거래에 자산특화성이 높고, 거래 당사자가 서로 의존적일 때 수직적 통합이 바람직하다는 것이다. 즉 수직적 통합을 통해 업스트림 거래나 다운스트림 거래를 내부화하는 것이 바람직하다는 것이다[36]. 특히 관리자들은 자산특화성이 높은 경우 계층제를 통한 모니터링 및 통제를 수행함으로써 비용을 내부화하고자 한다. Williamson은 이것의 예로 1920년대 GM에 의한 Fisher Body사 인수를 든다. GM은 두 기업 사이에 자산특화성이 증대하자 아예 Fisher Body사를 GM의 자회사로 합병했다.

2. 대리인 이론

1) 대리인 개념

대리인 이론이란 주인(principal)이 대리인(agent)으로 하여금 자신의 이익과 관련된 행위를 재량으로 해결해 줄 것을 부탁하는 주인-대리인 관계에서 나타나는 여러가지 문제를 다루는 이론이다. 대리인 이론에서 사용되는 대리인 개념은 이 이론이 등장하기 훨씬 전부터 있어온 개념이며, 특히 법학 분야에서 주로 사용되었다. 대리인이라는 개념은 법률적 용어로 중세교회법과 영국의 법사상에서 나온다. 여기에서 대리인은 어떤

---

36) 기업의 영업활동 가운데 제품과 용역생산의 첫 단계에서의 활동 또는 수익을 가리킴. 가령 석유회사의 경우 원유의 탐사와 생산은 업스트림 활동이고, 정유제품의 판매와 수송은 다운스트림 활동이다.

사람이 법적 문제가 발생했을 때 그 사람을 대변할 제3자라는 의미이다. 법적 문제를 해결하기 위해서는 주인과 대리인이라는 두가지 개념이 필요하다. 즉 주인과 대리인이라는 사회적 관계가 계약을 통해 법적 문제를 해결한다는 것이다. 이 개념은 현재 사회과학에서도 다양하게 사용되고 있다. 즉 사회심리학에서 권위를 규명하고자 할 때, 정치경제학에서 민주주의, 정치철학에서 의무 및 대표성, 그리고 정치적 행위에서 이익집단, 부패, 합리적 행동을 규정할 때 대리인 개념이 사용된다. 그러나 대리인 개념을 최초로, 그리고 본격적으로 연구한 것은 경제학이다.

경제학은 1970년대 대리인 개념을 본격적으로 채택했으며, 복지경제학, 기업내부조직, 기업이론, 그리고 계약관계 등의 분야에 폭넓게 적용해왔다. 최근 대리인 개념은 회계감사, 회계사와 고객 사이의 관계의 본질을 밝히고자 한 회계연구에 광범위하게 적용되고 있다. 경제학에서 대리인은 제3의 경제적 행위자로서 주인 대신에 기관을 감시하는 사람, 혹은 모니터 역할을 하는 사람을 의미한다. 경제학에서 보는 대리인 이론의 기본구조는 다음과 같다. 먼저 이 이론은 무엇인가 이루기를 원하는 주인과. 그 임무를 수행하기 위해 보수를 받지만, 자신의 이익도 추구하려는 대리인으로부터 출발한다. 이를 위해 주인(위임자)은 다른 사람(대리인)에게 자신의 이익과 관련한 일정한 행위를 위임하는 것을 내용으로 하는 계약을 수행한다. 위임관계는 대개 주인이 대리인 보다 전문지식이 부족할 때 발생한다. 그러나 이 경우 대개 다음과 같은 문제가 발생한다. 첫째, 대리인의 선호 내지 이익이 주인의 그것과 일치한다는 보장이 없다는 것이다. 가령 주인은 이윤극대화를 원하지만 대리인은 돈을 더 받고 일은 적게하고자 한다는 것이다. 둘째, 대리인이 주인을 위해 최선을 다할지를 감시할 수가 없다는 것이다.

경제학에서 발전한 이러한 대리인이론은 다른 학문에도 광범위하게 전파되고 있으며, 많은 사람의 주목을 받고 있다. 이러한 점에서 대리인 이론은 일반적 개념 프레임워크와, 제한적 모델을 포함한 '우산적' 의미를 지닌다고 할 수 있다. 그러나 이러한 이론적 진척에도 불구하고 대리인 이론은 아직까지 엄밀한 의미의 일반적 이론 수준 까지는 이르지 못한 것으로 평가된다. 거래비용분석이 실증적으로 자신의 논리를 검증하려는 많은 시도를 하고 있는데 반해 대리인이론은 아직까지 그렇게하지 못하고 있다는 것이다. 이 점과 관련하여 Kenneth Arrow(1985)는 매우 인상적인 언급을 한다. 대리인 이론은 많은 경우 인센티브 구조가 매우 복잡하다고 주장하지만 실제 그렇지않다는 것이다. Arrow는 또한 대리인 이론이 가격을 결정하는 사람이 주인이라고 주장하지만, 이것 또한 실제 그렇지않다는 것이다. Arrow가 예로 들고 있는 것이 의사와 환자 사이의 관계이다. 이론상 가격을 결정하는 것은 환자이지만, 실제 그렇지가 않다는 것이다. 결론적으로 대리인 이론은 많은 중요한 이론적 기여에도 불구하고, 실제 적용에서는 문제가 많다.

2) 주인-대리인 관계

일반적으로 대리인 이론은 주인 대신 일하는 대리인을 포함한 다양한 사회적 관계가 선호구조, 노력수준, 보상체계, 정보특화 및 획득, 통제 및 감시 메카니즘, 그리고 규범 등과 같은 공통의 변수를 지닌다고 추정한다. 이를 위해 대리인이론은 엄격한 수학적 모델을 사용하기도 하고, 보다 확장된 모델을 사용하기도 한다.

대리인의 형태는 다양하다. 그러나 대리인은 대개 공식성을 근거로 분류되며, 크게 두가지의 형태가 있다. 공식적 직업과 지속적인 구조적 대리인이 그것이다. 공식적 직업이란 대리인이 자신의 전문성을 바탕으로 사회적으로 공식적으로 승인된 역할(가령 의사, 사회복지사 등)을 수행하는 것을 말한다. 여기에서 판단기준은 대리인의 행동이 사회가 인정하는 적절한 전문성을 지녔느냐하는 것이다. 반면 지속적인 구조적 대리인은 대리인의 사회적 역할이 공식적으로 정해져 있지는 않지만, 주어진 관계에서 비교적 지속적으로 대리인 역할을 수행하는 것을 말한다. 지속적인 구조적 대리인 관계가 성립되기 위해서는 특별한 유인책이 필요하다. 기업에서 고용관계를 수립할 때 나타나는 대리인 관계가 이것의 전형적인 예이다.

일반적으로 주인-대리인 관계는 다음과 같은 구조적 특징을 띤다. 첫째, 대리인의 행동에 관한 대리인과 주인 사이의 승인 수준, 둘째 대리인의 행동을 구체화하기 위한 근거, 셋째 대리인이 소유하게될 자유재량의 범위 등이 그것이다. 가령 대리인이 자신의 목적이 아니라 주인의 목표에 따라서만 행동해야 한다는 수탁규범과 같은 것이 대리인의 행동에 영향을 미친다. 이러한 차원들이 대리인 관계 유형을 결정하며, 대리인의 행동을 이해하는데 중요한 요소가 된다.

주인이 대리인 관계를 맺고자 하는 이유는 다양하다. 첫째, 주인은 자신이 근원적으로 달성할 수 없는 성과 때문에 대리인 관계를 맺고자 한다. 식당 주인이 전문요리사를 고용할 때 나타나는 대리인 관계가 여기에 해당한다. 둘째, 주인이 수행하는 것 보다 대리인이 수행했을 때 비용이 적게드는 구조적 이유 때문에 주인은 대리인 관계를 맺고자 한다. 셋째, 제3자에게 맡기는 것이 더 좋다는 상징적 이유 때문에 대리인 관계가 성립되기도 한다. 그리고 넷째, 대리인을 통해 집합적 행동 딜렘마를 해결하고자 한 필요성 때문이다. 그러나 주인-대리인 관계에서는 대리인의 선호 혹은 관심 사항과 주인의 그것이 일치하지 않거나, 주인이 대리인에 비해 전문지식과 정보가 부족하기 때문에 대리인이 주인의 이익을 충실하게 대변하거나 확보하지 못한다는 대리인 문제(agency problem)가 발생한다.

대리인 이론은 바로 이러한 대리인 관계에서 발생하는 다음과 같은 세가지 대리인 문제를 해결하는 것을 목적으로 한다. 첫째, 주인과 대리인 각자에서 나타나는 기회주의적 행동이다. 즉 주인과 대리인은 모두 자신의 개인적 이익을 위해 기회주의적으로 행동한다는 것이다(가령 주인은 이윤극대화를 도모하고, 대리인은 일을 덜하고 더 많은 보수를 받기를 원한다는 것). 둘째, 정보의 비대칭성이다. 즉 주인과 대리인 사이에 서로에 관한 정보가 균형을 이루지 못하는 데서 발생하는 문제이다. 주인과 대리인이 서로가 하는 일을 탐지하거나 증명하는 것이 어렵고, 그것을 하는데 비용이 든다. 이로인해 지원자에 대한 정보가 부족하여 잘못된 선택을 할 가능성이 생긴다. 대리인 이론에서는 정보의 비대칭(가령 숨겨진 정보하에 사람을 채용하는 것) 때문에 생긴 문제를 역선택(adverse selection)의 문제라 한다. 셋째, 인센티브 장치이다. 즉 주인 입장에서 대리인을 자신의 의도에 따르도록 여러 가지 인센티브를 제공하는 것이다. 이것은 주인과 대리인이 위험을 보는 태도가 다르다는데서 기인하는 문제이다. 대리인은 이것을 피하고자 하며, 이 과정에서 대리인의 노력수준은 저하될 수 밖에 없고, 이로 인해 도덕적 해이가 발생한다. 위험을 보는 태도가 다르기 때문에 이것을 보장하는 인센티브 문제가 대리인 관계에 상존한다. 일반적으로 위험에 대해서 주인은 중립적이고 대리인은 위험을 회피하고자 한다. 즉 위험에 대한 선호도가 주인과 대리인이 서로 다르다는 것이다. 문제는 이 세가지 상황에서 주인과 대리인이 제한된 합리성으로 행동하면 대리인 관계에서 발생하는 대리인 비용은 더욱 커지게 된다.

주인-대리인 관계에서 주인과 대리인은 서로 많은 문제에 봉착한다. 대리인은 주인의 선호를 어떻게 확인할 것인가, 이 선호와 일치된 행동을 하려면 어떻게해야 하는 것일까? 이 행동과정에서 비용을 최소화하는 방법은 없을까? 등의 문제에 직면한다. 다른 역할을 맡을 수도 있다는데 따른 기회비용의 문제도 있다. 주인의 경우 자신의 선호를 대리인에게 전달하는데 따른 비용, 이 선호를 충족시키기 위해 대리인을 훈련시키는 비용, 대리인의 성과를 탐지하는 비용, 바람직한 성과 수준에서 대리인이 벗어나지 않도록 하는데 따른 비용이 든다.

이러한 이유로 대리인 관계는 결국 통제시스템 문제로 귀착된다. 주인은 대리인의 행동을 통제하고자 하고, 대리인은 주인을 만족시키기 위해 자신의 환경적 요소들을 통제하고자 한다는 것이다. 따라서 대리인 모델은 이러한 통제를 보장하거나 낳는 유인체제에 논의를 집중한다. 주인과 대리인 사이에 존재하는 유인책 관계에서 주인은 대리인의 행동에 따라 얼마의 보상을 하는 것이 바람직한지에 대한 보상 및 인센티브 메시지를 정하고자 한다. 이를 위해 주인은 주인의 선호를 만족시키는 대리인의 행동을 구체화하는 시방서 원가(specification cost)와, 탐지와 복종의 강요에 따른 강제비용(policing cost)을 지불한다. 대리인의 경우에도 시방서 비용과 주인의 통제비용과 유사한 비용(대리인의 행동이 주인이 원하는 대로 행동해야한다는 데 따른 비용)을 지불한다. 따라서 이들 비용 사이의 순 편익 계산이 대리인 행동의 선택을 이해하는 필수조건이다. 시방서 비용을 줄이기 위해 주인은 미리 계획된 방식으로 대리인의 행동을 디자인하고자 한다. 통제비용을 줄이기 위해 주인은 자신의 목표대로 대리인이 움직이도록 훈련시키거나 신탁규범 같은 규범을 내재화하고자 한다. 결국 대리인 이론은 주인과 대리인 사이의 상호작용과, 주인의 통제메카니즘의 형태 및 다양성을 밝히는 것이다.

결국 대리인 문제는 대리인의 사적 이익을 최대한 억제하고, 주인의 이익을 최대한 보호하는 문제라 할 수 있다. 이를 위해 대리인을 감독하고, 임무가 수행되었는지의 여부를 알아보기 위해 모니터를 도입하고, 그것이 여의치 않은 경우,[37] 대리인에게 인센티브를 지급하는 것이다. 즉 대리인 이론은 대리인에 대한 통제와, 인센티브 지급이라는 두가지 문제로 귀결된다고 할 수 있다.

3) Armen Alchian과 Harold Demsetz의 대리인 이론

대리인 이론은 사회생활이 일련의 계약으로 이루어져 있다고 추정한다. 전통적으로 한 당사자인 재화와 용역의 구매자는 주인이고, 다른 당사자인 재화와 용역의 공급자는 대리인이다. 주인과 대리인 관계는 대리인이 무엇을 해야하고, 주인은 그 댓가로 무엇을 지불해야 하는지에 대한 계약으로 이루어진다. 그러나 주인-대리인 관계는 속임수, 정보 부족, 제한된 합리성 등의 문제로 어려움을 겪는다. 두가지 서로 다른 학문적 분야에서 이 어려움을 극복하고자 시도한다. 자료는 없지만 제한된 변수를 사용한 수학적 공식을 이용해 해결하고자 한 시도와, 자료이용을 바탕으로 복잡한 모델을 사용한 시도가 그것이다. 그러나 수학적 공식을 사용한 시도는 엄격한 논리를 따르고 있어 순수 대리인 이론을 정립하는데 장점이 있지만, 타당성이 없는 가정을 근거로 한다는 점에서 문제가 있다. 이 모델에서 규명하고자 한 내용은 다음과 같다. 주인과 대리인의 선호, 불확실성의 본질(어떤 상황이 불확실성을 낳는지의 여부), 그리고 정보의 이용가능성 여부(주인이 대리인의 행동을 어떻게 알 수 있는지)이다. 그러나 이러한 수학적 공식만으로 대리인 관계를 명확히 파악하는 것은 어렵고 보다 현실적이고, 포괄적인 모형이

---

37) 모니터에게 비용을 지불해야 하기 때문에 당연히 비용이 든다. 또한 모니터도 통제대상이기 때문에 문제를 한 곳에서 다른 곳으로 이동하는 것에 불과하다.

필요하다.

대리인이론의 대표적 이론가인 Armen Alchian과 Harold Demsetz가 이 문제를 해결하고자 시도한다. 이 모형은 많은 업무에는 근본적으로 협력적 노력 혹은 팀워크의 요소가 있다고 추정한다. 협력적 노력에서는 구성원 각자의 노력의 투입정도를 알기 위해서 그 사람의 한계생산량을 계산할 수 있어야 한다. 그러나 모든 사람의 한계생산량 혹은 노력의 투입 정도를 계산하는 것은 불가능하다. 따라서 대리인 관계에서 이것을 정하는 계약을 수립하는 것도 불가능하다. 가령 네사람이 트럭에 물건을 싣는다고 할 때 그들 모두가 똑같이 힘들다고 가정할 수는 없다. 이 일에서 보상을 공정하게 하기 위해서는 각자가 상대적으로 기여한 것을 정할 수 밖에 없고, 그 해결책은 자본주의적 방식으로 해야 한다.

협력적 업무를 수행하는 집단 구성원들은 노력에 대한 보고서를 제출하는 상대방을 신뢰할 수 없다. 따라서 그들은 각자의 투입과, 거기에 따른 보상을 정하기 위해 누군가를 고용해야 한다. 이 고용된 사람(대리인)의 보수는 집단의 이익(윤)에서 나온다. 따라서 이 보수를 지급하기 위해서 각 구성원에게 돌아갈 몫은 줄어든다. 그러나 업무가 충실히 수행되기 위해서 대리인은 게으름뱅이나 무능한 구성원을 대체하고, 구성원 사이의 상대적 노력의 정도를 정할 권한을 가져야 한다. 그리고 이러한 통제업무를 충실히 수행하기 위해서 대리인은 보수 보다 더 많은 것을 할 수 있어야 하며, 기여 대 댓가 이상의 이윤을 얻어야 한다. 대리인의 이윤을 잔여순이익이라 한다. 즉 받은 댓가가 추정된 한계생산량과 같게되는 것을 말한다. 대리인에게 이런 잔여순이익이 나는 이유는 대리인의 일이 화물을 트럭에 옮기는 것 보다 덜 힘들고, 덜 위험하며, 반면 더 즐겁기 때문이다. 즉 대리인 업무를 수행하는 인센티브가 다른 비교대상의 업무에 비해 높기 때문에 대리인에게는 잔여순이익이 난다는 것이다. 기여(회사의 이익)에 따라 대리인은 보수를 받고, 그 만큼 조직 구성원들은 이익이 줄어든다.

대리인이 잔여순이익을 내지 못한다면 위축될 수 밖에 없고, 필요한 모니터링을 실제적으로 하지 못하면서 구성원들 보다 더 많은 것을 해야 한다. 초과이윤은 열심히 일한 것에 대한 유인책이다. 그러나 대리인 또한 고용하거나 해고할 권한을 갖고 있기 때문에 거의 자본가나 마찬가지이다. 대리인이 자본을 투자한 것은 아니다. 그러나 대리인은 자본의 저장고이고, 그러한 의미에서 소유주 혹은 자본가이다.

4) Michael Jensen과 William Meckling의 대리인 이론

기업의 본질을 밝히기 위해 대리인 모델을 사용하는 경우가 많다. 특히 소유와 경영의 분리가 현대 조직의 특징으로 되어 있는 상황에서 대리인 모델은 이것의 역동성을 밝히는데 매우 유용한 것으로 평가된다. 소유와 경영의 분리와 관련하여 문제가 되는 것은 이것이 분리된 대부분의 기업에서 경영자들은 기업 소유주의 이익을 희생시켜 자신의 이익을 더 추구하려 한다는 것이다. 한 개인이 다른 사람을 대신해서 행동할 때 주인과 대리인 관계가 발생한다. 이 경우 행동하는 주체는 대리인이고, 대리인의 행위로 영향을 받는 사람은 주인이다. 가령 법률문제가 발생할 때 변호사는 대리인이고, 의뢰인은 주인이다. 기업 상황에서 기업경영자가 주인이고, 그가 고용한 종업원은 대리인이며, 기업경영자는 주주의 입장에서 대리인이다. 따라서 기업은 여러 층의 주인과 대리인 관계로 형성된 조직이다.

대리인 연구의 예로 가장 많이 인용되는 Michael Jensen과 William Meckling의 "Theory of the Firm: Managerial Behavior, Agency Costs, and Ownership Structure" (1976/1986)는 이러한 소유와 경영의 분리로 인해 발생하는 기업주와 경영자(관리자) 사이의 대리인 관계를 밝히고자 한다. 이 논문에서 젠센과 멕클링은 대부분의 조직은 개인들 사이의 다양한 계약관계의 상황으로 이루어진 법적 픽션이라고 한다. 대리인 관계는 계약관계이고, 결국 그 관계는 계약의 내용을 구성하는 비용을 어떻게 최소화할 것인가의 문제로 귀착된다고 한다. 이를 해결하기 위해 젠센과 멕클링은 각종 인센티브, 모니터링, 유대 및 사회적 통치를 제시하고, 이를 위해 주인과 대리인의 선호, 불확성의 본질, 그리고 계약 실제에 대한 정보구조 등을 분석해야 한다고 한다. 젠센과 멕클링은 이러한 분석을 통해 계약환경과, 계약이행여부의 모니터링 및 유대, 그리고 계약을 존속시키기 위한 구조를 파악한다. 이 논문의 주요 목적은 기업이 어떤 소유구조를 지녀야 하는지에 대한 이론을 발전시키는 것이다. 그리고 이를 위해 소유와 경영이 어떻게 분리되어야 하는 지를 기술하고 있다. Jensen과 Meckling에 따르면 경영자(대리인)가 기업을 100% 소유하지 않는다면 기회주의적으로 행동하려고 하고, 기업주의 이익 보다 자신의 이익을 우선시하게 될 것이라고 한다. 이 경우 관리자는 기업을 희생시켜 자신의 이익을 만족시킬 특권이나 다른 방식에만 관심을 둔다고 한다. 이러한 경영자의 기회주의적 행동에 대처하기 위해서 젠센과 멕클링은 기업주가 관리자를 통제할 수 있는 여러 가지 방법을 제시한다. 특히 이 경우 중요한 것이 전술한 인센티브 전략이다. 즉 대리인과의 유대와 같은 보상을 통해 관리자의 행동을 조정하는 것이다. 그리고 이 모든 것에는 비용이 든다. 그러나 Jensen과 Meckling은 경쟁적인 자본주의 시장에서는 최종적으로 대리인 비용을 지불하는 사람은 관리자가 될 것이라고 한다. 따라서 관리자는 이것을 최소화하고자 하며, 이를 위해 기업에 자본구조를 도입하고자 한다는 것이다.

5) 기업 고용관계에의 대리인 이론 적용

재화와 용역을 생산하는데는 개인이 홀로 하는 것 보다는 조직이나 팀을 이루어서 하는 것이 훨씬 효과적이다. 기업은 이러한 역할을 수행하기 위해 탄생한 조직이다. 기업이 형성되기 위해서 기업주는 노동자를 채용하여 재화와 용역을 생산하고자 한다. 이때 기업주가 직면하는 상황은 두가지이다. 첫째, 자기를 대신하여 과업을 수행할 사람(노동자)을 선정하는 것이고, 둘째 그 노동자로 하여금 주인이 하는 업무를 대행하게 하는 것이다.

첫째, 노동자를 선정할 때 따르는 문제이다. 회사의 주인(기업주)이 노동자를 고용하는 것은 일종의 투자이다. 노동자가 일을 잘하여 회사의 실적을 올릴 수 있지만, 반대로 일안하고 꾀만 피워 회사에 손실을 끼칠 수도 있다. 그렇다면 어떻게 옥석을 가릴 것인가? 이를 위해 조직은 다양한 판단기준(가령 훈련, 교육정도,성별 등)을 제시한다. 이들은 노동자의 공헌 가능성을 보여주는 신호(signal)이다. 가령 출신대학, 출신지방 등은 이러한 신호의 예이다. 특히 선택이 학연, 지연, 금력, 권력과 결부되면 거래비용은 크게 증가한다. 이 비용이 클 때 조직의 경쟁력은 저하되며, 자원배분의 왜곡이 생겨 조직의 생산성이 감소한다.

둘째, 기업주가 노동자를 채용할 때 이 노동자가 기업주(주인)를 대신해 노력을 경주할 것인가의 문제이다. 사용주는 노동자의 노력의 댓가로 임금을 지불하는데, 시장경제학에서는 임금은 노동의 한계생산량으로 결정된다고 한다. 그러나 이것은 이론상으로 가능할지 몰라도 실제 적용에서는 문제가 있다. 우선 임금과 생산량을 결부시키려면 개인의 노력의 정도와 생산량을 정확히 측정할 수 있어야 하는데, 현실적으로 이것이 불가능하다. 따라서 이것을 실제 측정하기 위해서는 앞서 제시한 모니터링이 필요하다. 여기에서 모니터링의 의미는 세가지인데, 첫째 생산요소의 투입과 노력의 수준을 측정하는 것, 둘째 산출량(생산량)의 측정, 그리고 셋째 관리나 감독의 의미이다.

한편 노동자의 입장에서 노력에 따른 보상(성과급)이 명확하지않고, 들쭉날쭉하는 경우에 문제가 된다. 이것을 위험이라 하는데 노동자들은 이것을 회피하고자 한다. 이 경우 노동자들의 노력의 수준은 저하될 수 밖에 없고, 이로 인해 도덕적 해이가 발생한다. 가령 화재보험을 실제자산 가치 보다 높게들 경우 고의적으로 방화를 일으킬 가능성이 높다. 자동차 사고에 대비하여 자동차 보험에 드는 경우 운전자가 방심하기 쉬워 사고율을 높이는 것도 도덕적 해이에 해당한다. 도덕적 해이는 주인이 대리인의 노력수준을 모니터할 수 없는데서 발생하는 문제이다. 주인이 종업원의 노력수준을 정확하게 감지하여 보상을 하는 경우 노력의 기피현상(도덕적 해이)은 줄어든다. 그러나 그러한 모니터 과정에는 언제나 비용이 따른다. 또한 노력정도의 탐지에는 자연적으로 발생한 문제를 고려할 수 없다는 문제가 있다. 가령 소작인의 수확이 소작인의 노력의 결과인지 아니면 강우량 및 일조량 같은 자연적인 현상에 기인한 것인지 알 수 없다는 것이다. 따라서 정보비용 못지않게 정보의 부정확성이나 불확실성 등의 문제가 존재한다. 이로인해 산출량은 언제든 변하게 되어 있다. 문제는 변동의 위험을 누가 부담하느냐 하는 것이다. 대리인 이론은 대개 주인은 위험에 대해 중립적이라고 가정한다. 주인은 평균이윤이나 평균소득에만 관심있고, 변동의 폭에는 관심이 적기 때문이다.

고용관계에 따른 대리인 문제를 해결하는 방법이 있다. 첫째 기회주의적 행동에 대한 해결책이다. 이것을 해결하기 위해서는 대리인(고용인)의 노력수준을 대리인 스스로 선택하게 하는 방법이다. 대리인의 자발적 노력의 수준을 높이기 위해서는 조직의 목적과 대리인(개별 노동자)의 목적을 일치시키는 것이 좋다. 개별 노동자와, 회사 및 조직 소유주의 목적이 서로 다른데서 기회주의적 행동이 발생하기 때문이다. 둘째, 정보의 비대칭성 문제를 해결하는 방법이다. 이 문제는 고용주와 피고용인 사이에 발생하는 정보의 불확실성과, 정보에의 접근차단 때문에 발생한다. 따라서 노동자의 노력의 투입수준을 정확히 판단하는 정보의 수집이 필요하다. 피고용인 입장에서 자신의 노력수준에 대한 정당한 댓가가 주어진다면 노력의 기피를 하지않을 것이다. 정보에 대한 해석에서 서로 다른 견해를 지닐 수 있기 때문에 고용 계약시 이것을 방지할 계약의 명료성이 필요하다. 정보에 대한 공개 및 공유, 그리고 접근의 용이성도 정보의 비대칭 문제를 해결하는 방법이다. 셋째, 위험부담 문제와 관련하여 기존 문헌은 기업주가 위험에 대해 중립적이라는 견해를 갖고 있다. 여기에서 중립적이란 기업주가 평균이윤에만 관심있고, 그 변경정도에는 관심이 적다는 것을 의미한다. 반면 피고용인들은 위험을 회피하려는 사람으로 간주된다. 이들은 위험부담에 따른 임금수준의 감소를 막고 일정한 임금수준을 확보하기 위해 할증금을 지불하고자 한다. 할증금을 지불한다는 것은 피고용인들의 임금수준이 더 높을 수 있다는 것을 의미한다. 위험부담을 피하기 위해 보험에 가입할 수 있지만 고용계약과 관련한 보험은 없다. 고용주만 보험에 가입할 수 있을 뿐이다. 이 경우 고용주가 많은 부담을 안게된다. 따라서 위험문제와 관련하여 고용계약이 지녀야할 사항은 신축성이다. 상황에 따라 신축적으로 위험부담에 따른 인센티브를 정해야 한다는 것이다.

3. 진화경제학과 소유권 이론

1) 진화경제학

진화경제학은 경제변동을 진화의 관점에서 살펴보려는 시도이다. 여기에서 진화란 외부의 자극이 아니라 자신의 논리에 의하여 변화하는 것을 의미한다. 즉 경제시스템 내부에 균형을 파괴하고 교란시키는 힘이 작용한다는 것이다(박길성·이택면,2007:173-205). 진화경제학은 기업을 자본주의 경제체제를 유지하는 핵심행위자로 본다. 따라서 기업을 통한 자본주의 체제의 진화적 과정 탐구가 진화경제학의 기본 논리이다.

진화의 개념은 찰스 다윈의 진화론에 뿌리를 두고 있다. 다윈에 따르면 지구상에 존재하는 모든 생물체는 환경의 변화에 대응하여 자기증식 및 생존능력을 통해 환경에 적합한 형태로 진화해간다는 것이다. 이것을 적자생존의 법칙이라고 한다. 다윈의 이러한 생각은 많은 경제학자들에 의하여 경제학에 접목되고 있다. 가령 맑스는 인간사회는 사회모순을 계급투쟁을 통해 극복하며, 궁극적으로 계급갈등 없는 사회로 진화해간다고 주장한다. 오스트리아 학파의 경우에도 경제제도는 역사적 발전의 의도하지 않은 결과로 발전해간다고 주장한다. 즉 경제제도는 개인들간의 상호작용의 결과 생겨나는 우연적 요소가 진화해가는 과정이고, 그것의 누적적 결과라는 것이다. 환경에 잘 적응한 제도가 살아남으며, 그것이 후대로 전수되어 개인의 행동을 규제한다고 한다.

그러나 오늘날 우리가 알고 있는 진화경제학의 대부분은 조지프 슘페터에 의해서 이루어진 것이다. 슘페터에 따르면 경제학이 가정하고 있는 일반균형이론은 현실에 맞지않는 이론이라고 한다. 완전경쟁과 균형을 가정하고 있기 때문이다. 그러나 현실적으로 경제 세계에서는 불균형과 불완정이 더 많이 생겨난다. 슘페터에 따르면 그것은 기업가가 추진하는 혁신에 대한 생각 때문이라고 한다. 즉 기업가들에 의해서 야기된 변이(즉 혁신)에 의하여 경제적 세계에서는 항시 불균형이 나타나게 된다는 것이다. 슘페터는 이러한 변이를 '창조적 파괴'라고 명명한다. 결국 기업가가 추진한 창조적 파괴에 의하여 경제제도는 진화해간다는 것이다.

진화경제학은 경제현상을 경제적, 정치적, 문화적, 자연적 과정들간의 복잡하고 상호모순적인 중층결정으로 파악한다(박길성·이택면,2007:183). 따라서 경제현상은 하나의 요인에 의하여 결정되는 것이 아니라 다양한 요인에 의하여 결정되며, 따라서 필연적으로 안정 보다는 불안정을 특징으로 한다. 즉 개별 경제적 행위자의 경제적 행동은 하나의 요인에 의하여 결정되는 것이 아니라 다양한 요인이 복합적으로 작용한 결과에 의하여 결정된다는 것이다. 따라서 경제적 현상의 진화도 복잡한 요인의 복잡한 작용의 결과이다. 그 결과 경제현상의 분석은 설명과 예측 보다는 진화의 실제 메카니즘을 파악하는데 주안점을 둔다는 것이다. 이를 위해 진화경제학은 역사의 기록을 분석하고자 하며, 그 속에 나타난 일정한 변화의 유형을 추적하고자 한다.

그렇다면 진화경제학에서 말하는 진화적 변화란 무엇인가? 그것은 첫째, 시스템 자체가 변화하는 것이고, 둘째 역사적 시간속에서 변화가 일오나는 것이며, 셋째 최종 귀착점이 없는 변화라는 것이다. 따라서 진화경제학에서 추구하고자 하는 것은 변화를 낳는 원인이 무엇인지, 그 변화를 다음 세대로 이전하게 하는 메커니즘은 무엇인지, 경제적 주체들간 생존경쟁을 낳는 원인은 무엇인지, 그리고 특정 주체들만 살아남는 이유가 무엇인지를 규명하는 것이다. 이러한 규명의 출발점으로 진화경제학은 인간의 합리성 한계라는 명제를 제시한다. 즉 경제적 행위자로서 인간은 능력의 한계나 정보의 제약으로 합리적 의사결정을 할 수 없다는 것이다. 결국 인간이 지니는 이러한 제한된 합리성으로 인해 변화가 일어나고, 그것이 계속해 진화해간다는 것이다.

진화경제학은 기업의 행동을 분석하는데 응용된다. 이것을 기업진화론이라 한다. 기업진화론은 기업을 진화의 당사자로 보고, 개별 기업들에서 나타나는 변화의 이유를 추적하려는 이론이다(박길성·이택면,2007:193). 정통경제학에서 보는 기업에 대한 생각은 두가지이다. 기업은 이윤극대화를 추구한다는 것과, 균형을 이루고자한다는 것이다. 이러한 가정은 두가지 사실을 근거로 한다. 첫째, 기업이 모든 정보를 완벽하게 지니고 있다는 것과. 둘째 이를 바탕으로 이윤극대화 추구행위가 균형을 이루어야 한다는 것이 그것이다. 그러나 기업진화론은 이 두가지 가정 모두를 거부한다. 개별기업들의 의사결정은 불확정이고 불확실한 상황을 근거로 하기 때문이다. 따라서 기업진화론은 개별기업의 행동은 시행착오로 전철된 진화적 과정이라고 한다. 따라서 기업진화론은 기업들이 처한 변화의 요인을 찾고자 하며, 어떤 기업은 선택되고, 다른 기업은 도태되는지에 대한 원인을 밝혀내고자 한다. 이를 위해 기업진화론은 개별기업이 제한된 합리적 상황에서 어떤 의사결정을 내리는지, 그리고 그것을 다음 세대로 어떻게 전달하는지를 규명하고자 하며, 개별 기업이 처한 상황적 변화요인을 추적하여 설명하고자 한다.

일반적으로 기업진화론은 앨치언(A.Alchian)과 프리드만(M.Friedman)에 의하여 시작되었다고 보는 것이 정설이다. 이들은 다윈의 적자생존의 개념을 이용하여 기업간 경쟁에서 기업이 생존하는 방식을 규명하고자 하였다. 이들에 따르면 기업이 생존하는 가장 중요한 변수는 이윤극대화라고 한다. 즉 이윤을 극대화하는 기업만이 적자생존할 수 있다는 것이다. 코스(R.Coase)와 윌리암슨(O.Williamson)의 거래비용이론도 기업진화론의 일종이다. 즉 거래비용을 줄이는 방식으로 기업은 진화해간다는 것이다. 그러나 기업진화론과 관련하여 가장 중요한 사람은 넬슨과 윈터((R.Nelson and S.Winter,

1982)이다.

넬슨과 윈터의 기업진화론은 인간의 제한된 합리성 논제로부터 시작한다. 즉 기업들이 완벽한 정보에 입각하여 이윤극대화를 위한 의사결정을 하는 것은 불가능하다는 것이다. 따라서 기업의 의사결정은 합리적 결정이 아니라 학습된 의사결정이라는 것이다. 학습을 잘한 조직은 선택되지만 그렇지못한 조직은 쇠퇴한다는 것이다. 결국 넬슨과 윈터에게 기업은 과거의 선택결과를 평가하고 저장할 수 있는 능력을 갖춘 조직으로 간주된다(박길성·이택면,2007:198). 이때 중요한 것이 루틴과 탐색이다. 루틴이란 과거에 선택된 것을 그대로 따르려는 속성이다. 이것을 관성이라 한다. 즉 과거 성공한 내용을 기업이 스스로 지속적으로 복제하고자 하는 것을 말한다. 그러나 기업은 과거의 것만 그대로 반복하려하지 않는다. 새로운 루틴을 정립하고자 한다. 이것을 탐색(search)이라 한다. 즉 탐색이란 기존의 루틴을 평가하고 수정하며 새로운 것으로 대체하는 것과 관련된 기업의 모든 활동을 일컫는 말이다(박길성·이택면,2007:200). 결국 이러한 루틴과 탐색에서 성공한 기업이 살아남는 기업이 된다. 넬슨과 윈터는 이것을 혁신과 모방으로 설명한다. 즉 이윤극대화를 위한 모방과 혁신을 단행한 기업은 살아남고 그렇지못한 기업은 쇠퇴하거나 소멸한다는 것이다. 결국 기업진화론에서 중요한 것은 역사이다. 그리고 그 역사가 최종 종착점을 향해 나아가는 것은 아니라는 것이다.

2) 소유권이론

Alchian과 Woodward(1988)에 따르면 기업은 개별적 자원소유자들의 연합이라고 한다. 이는 기업(팀)이 자원의 개별 시장가치를 합한 가치 이상의 것임을 의미한다. 따라서 기업은 이런 가치를 소유하고 있는 자원소유자들 사이의 상호보완적이고 지속적인 특화된 지식으로부터 생겨난다. 이 가치는 지속적인 연합에 의존하는데, 만약 자원이 상호의존성에서 이탈한다면 기업의 가치는 감소한다. 이 가치를 보호하고, 그 몫을 지키기 위해 팀자원의 이용이 필요하며, 이를 위해 자원소유자 사이에 계약이 이루어진다. 자원소유자 중 자신의 자원 가치가 팀 성과에 많이 의존하는 경우 그 사람이 팀 통제권리에 대한 댓가를 가장 많이 지불하게 된다고 한다. 자원의 중요성에 따라 기업의 잔여가치, 즉 이윤은 그들 몫이되는 경우가 많다. 결국 그들이 기업의 소유주가 되는 것이다.

그러나 기업의 소유권 배정은 문제가 된다. 소유권 배정 문제는 소유권 이론의 중요한 분석단위이다. 일반적으로 소유권은 시장경제의 주요 기반이다. Alchian(1984)은 소유권의 의미를 사용의 결정권, 시장가치대로 판매할 수 있는 권리, 그리고 사용의 결정권과 시장가치 대로 판매하는 권리 사이의 교환 가능성으로 본다. 소유권이론에서 소유권은 외부비경제, 개인재산권을 할당할 수 없는데서 오는 문제, 재산권의 사용 문제, 그리고 재산권의 잘못된 할당 문제 등에 의하여 영향을 받는 것으로 본다.

외부비경제(외부성)를 처음 체계화한 사람은 Coase(1960)이다. 목장과 농장이 인접해 있어 소 떼들이 농장에 들어와서 곡식을 짓밟아 버리는 경우 발생하는 거래비용의 문제이다. 이 경우 목장주인과 농부가 서로 흥정할 수 있는 정도로 거래비용이 낮으면 변제액의 할당에 상관없이 자원배분은 동일하게 이루어진다. 이것을 Coase의 공리라 한다. 소들이 농산물을 짓밟으면 소는 그대로 인데 곡식은 줄어드는 문제가 발생한다. 이 경우 사회비용이 사비용 보다 커진다는 문제가 발생한다. 이 문제를 해결하기 위해 양방은 서로에게 유익한 계약을 체결한다. 가령 양방이 흥정을 하거나 농부가 담을 쌓을 수도 있고, 둘중 한 사람이 목장과 농장을 다 소유할 수도 있다. 채무부담의 할당이 목장주인에게 유익하면 농부가 손해를 보고, 농부에게 유리하면 목장주인이 손해를 본다. 그러나 사회의 총산출량에는 변화가 없다.

Demsetz(1993)는 외부성을 외부비용과 이득을 포함하는 개념이라고 한다. 그리고 금전적이고, 비금적인 영향 모두가 여기에 포함된다고 한다. 해로운 영향이나 이로운 영향 모두 사회에는 외부성이다. 소유권은 이러한 외부성을 내부화하는 것이다. Coase는 협상이 내부화를 위한 중요한 수단이며, 파레토 최적을 이룰 수 있는 길이라고 한다. 그러나 협상을 통한 내부화라는 Coase의 주장은 거래비용이 낮거나 없을 때 가능한 방식이다. 문제는 이 가정은 비현실적이라는 것이다. 실제 외부성은 소유권의 규정, 교환, 집행하는데 드는 비용과 관계가 있다. 이 비용이 거래비용이다. 만약 거래비용이 높다면 계약이 해롭고, 유익한 효과를 충분히 낼 수 없기 때문에 시장에 의한 해결방법은 문제가 발생하게 되고, 여기에서 교환된 소유권의 시장가치는 사회적 가치와 불일치하게 된다. 이를 해결하기 위해서 정부규제가 필요하다. 그러나 정부규제는 소유권 사용의 제한 등으로 효율적인 자원배분이나 적정 생산물의 혼합을 해칠 수 있으므로 사회적 한계비용과 한계이득의 산정을 정확히 해서 규제를 도입해야 한다. 기술의 개발은 거래된 재화의 소유권 명세사항을 개선하여 사비용과 사회비용의 차이, 그리고 개인이익과 사회이익간의 차이를 줄이거나 제거할 수 있다.

사유재산권으로 규정할 수 없는 것으로는 공기와 물을 예로 들 수 있는데, 이들은 개인소유라기 보다는 사회구성원 공동 소유이다. 공동소유의 자원은 한계비용이 0이기 때문에 과잉소비가 되고, 시장에서 값을 받고 팔지 못한다. 신선한 공기의 소유권을 규정할 수 있다면 공기자원의 소유자는 사용자에게 시장가격으로 팔 수 있다. 이 경우 담배연기를 내뿜거나 자동차 배기 가스를 배출하는 경우, 공장에서 매연을 배출하는 경우 신선한 공기 사용료를 지불해야 한다. 이 사용료를 줄이고자 한다면 신선한 공기 사용을 줄여야 한다. 반면 신선한 공기 소유자는 공기를 생산하고 유지해서 공기오염을 줄이고자 한다. 생수시장의 발달로 인해 물의 소유가 가능해졌고, 물 시장도 형성되어 있다. 그러나 냇물, 강물, 호숫물, 그리고 바닷물 등은 소유권 규정이 어려워 과도한 사용이 이루어지고, 신선한 물 생산도 이루어지지 않아 물 오염이 심화되고 있다. 신선한 공기와 맑은 물의 과도한 사용에 대한 해결책으로는 국가의 개입으로 공기와 물에 오염물을 방출하는 경우 세금과 벌금을 부과하는 것을 들 수 있다.

오늘날 대부분의 기업에서 소유와 경영은 분리되어 있다(Berle and Means,1932). 기업의 소유권은 자본을 투자한 자본가의 몫이다. 일반적으로 기업의 소유권은 두가지로 구분된다. 자원의 이용권과 처분권이 그것이다. 그 중 이용권의 행사는 소유자와 이용자가 다르다. 기업의 소유자는 주주이고, 주주는 기업자원의 이용을 경영자에게 맡긴다. 기업이 소유하고 있는 자원의 소유와, 소유권 행사 중 이용권이 다르다는 점 때문에 대리인 문제가 발생한다.

기업의 경영자가 기업자원의 이용을 기업소유주의 목적에 사용하는지 아니면 자신의 이익을 위해 사용하는지의 여부는 기업지배구조 문제로 귀착된다. 기업지배구조(corporate governance structure)는 회사가 필요로 하는 자본이 투자자로부터 원활하게 유입되도록 하기 위해 도입된 제도이다. 대부분의 선진 시장경제는 막대한 자본이 기업으로 유입되도록 보장하였고, 이윤이 자본조달자들에게 돌아가도록 보장하고 있다. 그러나 기업의 경영과 소유 분리에서 발생하는 지배구조는 기업의 모든 당사자들을 전부 만족시킬 수는 없다는 문제를 안고 있다. 기업의 지배구조 문제는 소유와 경영이 분리된 상황에서 기업경영자가 재산권을 사용할 때 기업소유주의 이익에 반해 경영자 자신의 이익을 추구하는데서 발생한다. 자본이 주식구입 형태로 투자자에 의해 기업으로 조달되면 기업경영인들은 자신들의 이익추구로 기업소유주들의 이익을 소홀히하게 된다.

Jensen과 Meckling(1976)에 따르면 소유권이 분리된 기업에서 작은 소유지분을 가진 경영자는 자신들의 이익추구에 열중한다고 한다. 소액주주의 경우 자신들이 경영자들을 감시하면 기업이익이 증대되는데, 이는 결과적으로 전혀 비용을 들이지않은 다른 소액주주들과 이익을 같이 나누는 무임승차의 문제를 낳기 때문에 경영자들에 대한 감시를 소홀히한다는 것이다. 만약 소액 주주 전체가 감시를 하게되면 전체 이익이 감시비용 보다 크지만, 소액주주 한 사람이 감시하는 경우 이익 보다 비용이 더 크다는 것이다. 따라서 이 경우 경영자에 대한 감시가 부족하게 된다. 전문경영인을 채용하는 경우 이 문제가 더 심각할 수 있다. Jensen(1988)은 경영자들이 기업의 이윤을 기업주인 주주에게 배당하지 않고, 수익성이 적은 곳에 투자하여 기업의 규모만 확대한다고 한다. 경영자의 보수가 회사의 규모에 따라 달라지기 때문에 경영자는 자신의 보수를 늘리기 위해 회사를 필요 이상으로 확대한다는 것이다. Jensen은 이에 대한 해결책으로 기업의 자본조달을 회사채에 더 많이 의존해야 한다고 한다. 경영자가 회사 빚을 갚지 못하면 기업파산을 초래해 자신들의 직장을 잃기 때문에 기업을 효율적으로 운영한다는 것이다.

이상에서 논의한 바와같이 거래비용이론, 대리인 이론, 기업진화론, 소유권이론 등은 조직경제학에 귀중한 기여를 하고 있다. 그럼에도 불구하고 이 중 어느 것도 기업과 관련된 경제이론을 완전히 발전시키지는 못하고 있다는 것이다. 따라서 현 시점에서 중요한 것은 여러갈래로 나뉘어진 조직경제학의 요소에서 공통점을 찾는 것이다. 어떤 특정한 이론적 관점을 보다 발전시키는 것 보다 여러 관점의 생각을 성공적으로 축적시킴으로써 조직경제학의 미래가 결정될 수 있다는 것이다. 그 중 한가지 시도가 관례에 초점을 맞춘 Richard Nelson과 Sidney Winter의 「An Evolutionary Theory of the Firm」(1982)이라는 저서이다. 진화적 관점의 핵심인 이 주장은 기업이 어떤 상황에서 새로운 방향으로 발전할 수 있다는 것을 강조한다. 이 논의는 조직을 반복된 게임의 해결책으로 보고 있는 최근의 게임이론에도 자주 등장한다(가령 Axelrod,1984). 산업조직에서 거둔 게임이론의 성공으로 볼 때 게임이론이 언젠가 조직에 대한 성공적 이론으로 발전할 것이라는 강력한 희망이 있다. 그러나 지금까지 게임이론은 기업행동의 여러 가지 측면을 밝히는데 주로 사용되고 있다(가령 Baron and Kreps,1999). 소유권 관점도 조직경제이론에 흥미로운 빛을 던져준다. 가령 기업 소유와 경영의 분리에 대한 생각은 소유권 의미로 쉽게 개념화할 수 있다. 한 기업에서 노동자와 다른 조직구성원들이 지니는 지위도 소유권 관점으로 밝혀낼 수 있는 내용이다.

4. 조직경제학과 경제사회학

조직경제학의 대부분의 연구는 정치조직, 종교조직 등이 아닌 기업조직에 집중되어 있다. 이러한 점에서 조직에 관한 경제이론은 경제사회학과 다르다. 경제사회학은 종류를 망라한 다양한 조직을 탐구하고자 하고, 조직에 관한 일반이론을 발전시키기 때문이다(경제사회학의 다양한 학파에 대한 논의는 Perrow,1986과 Scott and Davis,2007 참조할 것). 기업조직을 연구하고자 하는 경제사회학은 소수에 그치고 있으며, 기업에 관한 사회학적 이론을 발전시키기 위한 노력은 거의 없는 실정이다. 그럼에도 불구하고 기업은 여러 가지 점에서 다른 조직과 다르다. 기업이라는 기관은 자신의 역사를 지니며, 이러한 점에서 종교적, 정치적 및 다른 조직과 다르다. 기업의 법적 지위는 특별한 법에 명시되어 있고, 다른 조직과 달리 기업은 이윤추구를 목적으로 한다. 기업은 또한 경제적 힘과 밀접한 관련을 갖는 현대사회의 대부분의 경제적 자원을 통제한다. 이러한 점에서 조직에 관한 경제이론과 사회학 이론을 비교한다는 것은 매우 의미있는 일이다. 따라서 기업이 경제사회학에서 분석되는 방식을 말하는 것 또한 의미있는 일이다. 경제사회학이란 경제적 토픽에 적용된 사회학적 접근을 의미한다(Smelser and Swedberg, 2005).

경제사회학과 관련하여 Max Weber의 기여는 매우 크다. Weber 자신의 생각과, 이 생각이 사회학자들에 의하여 동화된 방식에 관하여 언급할 사항이 많기 때문이다. 반면 경제학자들은 Weber의 조직분석에는 실제 관심이 없다. Weber의 기여와 관련하여 강조할 주요 사항은 주로 경제사회학자들에 의하여 이루어진 학문적 노력이다. 기업조직에 대한 분석에서 Weber의 기여는 세가지이다. 첫째, 역사를 통해 기업의 진화를 설명하는 것(가령 Weber,1922/1978,1924/1981), 둘째, '정신'(spirit)이 기여하는 역할을 강조함으로써 기업에 관한 문화적-사회학적 분석을 시도한 것, 셋째 자본주의 기업의 분석에 기업가의 역할을 강조한 것 등이 그것이다(가령 Swedberg,2000).

Weber 조직에 관한 논의는 주로 관료제에 집중되어 있다. 전반적으로 이 문제에 대한 Weber의 생각은 많은 점에서 부족함이 나타난다. 그러나 관료제 연구는 경제조직 연구에 중요한 기폭제가 되었다는 점이다(가령 Gouldner,1954;Crozier,1964). Weber의 생각을 비판하거나 더욱 발전시킨 창조적 시도는 건축산업을 분석한 Stinchcombe의 연구이다. 여기에서 Stinchcombe는 관료제 보다는 기업이 일을 이루는 중심 축이 된다는 사실을 지적한다. 관료제는 대부분 사람들이 무엇을 해야 하는지를 말하지만, 기업은 어떤 생산단위에 어떤 지식이 관련되는 지를 말한다는 것이다. Paul Hirsch(1972)는 이러한 Stinchcombe의 통찰력에 힘을 보탠다. 즉 건축 뿐만아니라 책이나 기록 같은 문화적 아이템도 관료제가 아니라, 작고 독자적인 사람 사이의 집합체에 의해서 생산된다고 보고 있는 것이다.

경제학자들이 하나의 기업에 연구초점을 맞추려는 경향을 가진데 반해, 경제사회학은 전형적으로 많은 기업을 연구하고자 한다. Granovetter(1994:453)는 개별기업에서 기업집합으로의 이러한 이동은 개인에서 기업으로의 이동과 마찬가지로 사회과학 분석의 질적 도약을 반영하는 것이라고 한다. 경제사회학이 규명하고자 하는 분야는 크게 5가지이다. 첫째, 조직의 장(필드)', 둘째 조직이 다른 조직에 의존하는 것을 분석하는 자원의존, 셋째 조직의 전체 시리즈를 보고자 하는 인구생태. 넷째 기업의 어떤 집단을 연구하기 한 '기업집단,' 그리고 다섯째 네트워크이다. 이들이 경제사회학에서 분석하고자 하는 기업관점들이다.

조직의 장의 개념은 미국과 유럽의 사회학자들에 의해서 독자적으로 발전해왔다. 그리고 그것을 가장 정교하게 분석한 사람은 Pierre Bourdieu이다. Bourdieu(Bourdieu and Wacquant,1992)는 분석적 의미에서 조직의 장은 지위 사이의 객관적 관계 네트워크, 혹은 배열형태라고 한다. 장은 또한 자신 만의 독특한 역사를 지닌다고 한다. 즉 행위자의 행동은 그들의 과거 행동에 의하여 일정부분 결정된다고 한다(habitus). 장에는 끊임없는 갈등이 발생한다. 그 속의 행위자들은 자유롭게 처분할 수 있는 다양한 형태의 자본(가령 돈, 사회적 자본, 상징적 자본 등)을 소유한다. 경제는 특별한 형태의 장으로 구성된다. 개별 기업도 마찬가지이다(Bourdieu,2000). 경제적 장의 행위자들은 그들 나름의 성향을 지닌다(economic habitu). 즉 자본의 구성도 독특하고, 행위자 사이의 갈등도 자신만의 논리를 따른다.

자원의존의 개념은 조직사회학에서 1970년대 등장하였다. 그리고 기본적으로 생존하기 위해서 조직은 환경, 즉 다른 조직으로 부터의 자원을 필요로 한다는 것이다. 이것의 결과 조직은 자신의 환경에 의존하게 된다는 것이다. 즉 환경의 관리가 외부의 규제에 어떻게 대처하는가 하는 전략을 발전시키게 된다는 것이다. 자원의존의 생각은 여러 가지 이유에서 경제사회학 분석에 꼭들어맞는다. 특히 Ronald Burt(1983)는 이것을 적절하게 사용한다. Burt에 따르면 자신이 상대할 공급자와 고객은 많고, 자신의 품목을 생산할 경쟁기업은 적은 경우 '구조적 독자성'을 지닌다고 한다. 반면 경쟁이 심할수록 독자성은 낮아지고, 이윤은 줄어든다.

인구생태이론에서 관련된 연구단위는 개별기업이 아니라 이 기업의 수나 개체군이다. 개체군은 대개 최초의 느린 성장과정에서 시작하여, 폭발적 성장과정을 거쳐 최종 안정단계로 정착된다. 이 과정을 설명하는 요인에는 새로운 조직이 거쳐야 하는 경쟁정도와 합법화 과정 등이 포함된다. 경제에서 잘 알려진 연구단위가 산업이다. 인구생태이론은 맥주회사, 투자은행, 그리고 생명공학 산업 등을 포함한 많은 산업을 이해하는데 많은 기여를 하였다. 그러나 인구 생태이론에는 많은 비판이 따른다. 특히 이 관점을 사용하여 어디까지 갈 수 있는 지에 대한 문제가 제기된다.

기업집단 개념은 1990년대 초 Mark Granovetter(1994,1995)에 의하여 제기되었다. Granovetter는 기업집단을 공식 혹은 비공식적으로 묶여있는 기업의 집합으로 규정한다. Granovetter에 따르면 사회학자들은 개별기업과 거시경제적 현상 사이의 중간지점의 조직을 연구하는 것이 중요하다고 한다. Granovetter는 기업집단을 다음과 같은 6가지 차원을 통해 그 특징을 규정한다. 소유권, 연결원리, 권위구조, 도덕적 경제, 재무, 그리고 국가와의 관계가 그것이다. 기업집단의 예로는 일본의 게이레츠, 한국의 재벌,

그리고 라틴 아메리카의 그루포스 에코노미코스 등을 들 수 있다.

사회학자들은 또한 네트워크 이론을 강조함으로써 기업을 포함한 조직연구에 중요한 기여를 하고 있다. 분석방법으로서 네트워크 접근법은 매우 유연하고, 기업 사이는 물론 기업 내 관계를 추적하는데 사용될 수 있다. 개인은 물론 조직이 네트워크의 노드가 된다고 주장하는 학파도 있다(가령 Callon,1997). 일반적인 네트워크 사용은 어떤 사람이 여러 이사회의 회원이 될 수 있다는 사실에서 발생한 패턴을 탐구하기 위한 것이다(가령 Mizruchi,1996). 네트워크에 대한 생각은 공업지대, 조직간 협력의 형태, 그리고 네트워크 조직 등과 같은 여러 형태의 경제조직 구조를 분석하기 위해서 사용된다. 네트워크는 또한 탈 포드주의 경제의 특징이다. 반면 어떤 이들은(가령 Piore and Sabel,1984;Castells,1996) 네트워크를 새로운 자본주의의 유연한 생산방식으로 보기도 한다.

Section 4 결 론

조직과 경제의 관계에 대한 논의는 결국 시장에서 시작하여 시장으로 끝난다. 시장 참여자가 개인이든 조직(기업)이든 상관없이 이 논리가 적용된다. 많은 사람들은 시장을 이해하기 위해서 시장에 관한 연구를 경제학의 영역으로 한정해서 보려고 한다. 그러나 시장에 대한 이해는 다양한 사회과학의 관점에서 볼 때 보다 완벽하게 이루어질 수 있다는 것이다. 그럼에도 불구하고 경제학에서 바라보는 시장이라는 거대 담론은 그것이 고용시장이든 혹은 거시 경제정책이든 할 것 없이 많은 사람들에 의해서 지지되고 있다. 사람들은 시장이 그것에 참여하는 개개인의 자유를 최대한 존중해 경쟁을 통해 개인의 이익을 보장하고 종국에 가서는 전체사회의 물질적 풍요를 이루게 한다고 보기 때문이다. 이것이 바로 시장에 관한 경제적 관점이고 시장본질주의 사상인 것이다.

경제적 관점에서 시장은 시장 참여자가 합리성을 근거로 자신의 이익을 최대한 확보하는 자발적 조정 메카니즘이다. 따라서 여기에서의 시장은 몇가지 특징을 전제로 한다. 첫째, 시장은 시장 참여자가 자신의 이익을 극대화하기 위해 합리적으로 행동하는 공간이라는 것이다. 시장은 개개의 독립된 단자화된 참여자들이 사회적 유착이나 구습에 얽매이지 않고 자유로운 지성을 바탕으로 자주적인 의사결정을 하는 곳이라는 것이다. 이렇게 행동하는 것을 시장에서의 경제적 행동이라 한다. 둘째, 시장은 자발적인 조정 메카니즘(보이지 않는 손)을 통해 비용없음을 전제로 한다는 것이다. 이러한 비용없음을 전제로 참여자는 시장에서 최대한 만족을 추구한다. 셋째, 이를 위해 시장에 과도한 국가개입은 문제가 된다는 것이다. 시장에의 국가개입은 큰 정부를 낳고, 큰 정부는 공적부문을 확대하여 국민부담을 가중시키며 비능률을 낳기 때문이다. 이러한 점에서 국가개입 없는 시장은 언제나 효율적이다.

이러한 논리는 일정 부분 타당성을 지닌다. 그러나 이러한 타당성에도 불구하고 시장이 완전하고 현명하다는 증거는 없다. 시장에 참여하는 사람들이 합리적인 것도 아니고, 비용문제가 없는 것도 아니다. 시장은 오히려 기회주의나 불확실성으로 인한 많은 폐해가 나타난다. 이러한 점에서 시장에 관한 경제적 관점은 한계가 있다. 시장은 이익과 번영을 만들지 모르지만 평화와 자유를 만들 수는 없다(Polanyi,1957). 시장은 자유로운 경쟁이라는 담론에 치우친 나머지 안전, 신뢰, 평등, 연대라는 공동체적 가치를 무시한다. 이러한 점에서 James Tobin(1980:46)의 논의는 커다란 시사점을 준다. 시장체제가 강력한 자기조정 체제, 즉 완전한 균형이라는 안정성을 지녔다는 생각은 이론적으로나 경제적 변동이 일어날 수 밖에 없는 오랜 기간의 자본주의 역사를 볼 때 결코 받아들일 수 없는 것이라는 것이다.

이러한 인식을 근거로 시장과 관련한 몇가지 중요한 결론을 도출하고자 한다. 첫째, 시장에서 참여자의 경제적 행동은 결코 합리적이 아니라는 것이다. 합리성이란 인간의 완벽성을 근거로 한다. 인간은 누구나 자신의 자유의지에 의해 시장거래에서 최대한의 이익을 추구한다. 그러나 시장에서의 거래에는 인간의 합리성을 제한하는 많은 요소들이 상존해 있다. 시장이 처한 문화, 정치, 제도 등이 그것이다. 따라서 시장에 참여한 행위자의 경제적 행동은 이것의 영향을 받지않을 수 없다. 이러한 점에서 경제적 행동은 사회적 행동이고, 문화, 정치, 제도에 의해서 영향을 받는 존재이다.

둘째, 시장에서 비용없음이란 결코 일어날 수 없는 전제라는 것이다. 시장은 단자화된 독립된 개인이 경제적 활동을 하는 공간이다. 그러나 그 개인이 고립무원의 상태에서 행동하는 것은 아니다. 시장거래를 위해서 필연적으로 다른 사람과 관계를 맺어야 하고, 이 과정에서 비용이 발생한다. 다른 사람에 대한 정보가 제한적이고, 신뢰할 수 없기 때문이다. 또한 시장은 인간의 탐욕이 전제된 곳이기도 하다. 따라서 시장에서의 비용없음이란 있을 수 없고, 단지 이것을 줄이기 위한 방안만이 강구될 뿐이다. 배태성을 전제로한 네트워크 관계가 그 예이다. 이러한 점에서 시장은 사회적 조직이고 네트워크이다.

셋째, 시장에서 국가개입은 필연적이라는 것이다. 국가 마다 정도의 차이는 있지만 시장에의 국가 개입은 많은 국가에서 시장의 실패를 극복하기 위해 이루어져 왔다. 그러나 최근 기업경쟁력 제고나 새로운 기술개발을 위해 국가가 시장에 개입하는 일이 많아지고 있다. 또한 최근 금융위기에서 보듯 모든 경제적 행위를 시장에만 전적으로 맞겨서도 안된다. 문제는 개입의 정도이다. 그러나 이것과 관련하여 분명한 해답을 내릴 수 있다. 즉 개입의 정도는 그 국가의 상황과 제도적 역사에 따라 다르게 이루어진다는 것이다

시장 관점과 관련하여 한가지 더 논의할 사항은 시장원리의 특수성과 보편성 논쟁이다. 시장 본질주의는 시장원리의 보편성을 주장한다. 시장원리는 어느 시대 어느 국가를 막론하고 보편적으로 적용된다는 것이다. 가령 앞서 논의된 계획경제에서 시장경제로의 이전처럼 시장원리는 모든 국가 모든 사회 문제의 유일한 해결책이라는 것이다. 그러나 시장원리는 언제 어디서나 보편적으로 적용되는 것이 아니다. 시장원리는 경제적 이익이라는 한 가지 원리에 의해서 결정되는 것이 아니라 다양한 이유에 의해서 결정되기 때문이다. 각 국가가 처한 역사적 및 문화적 맥락은 이러한 특수성에 기여한다. 따라서 시장원리는 국가간 역사적 및 사회적 상황에 따라 다르게 적용된다는 것이다.

시장의 한계 때문에 최근 시장에 대한 시장을 대체하는 대안적 개념이 등장하고 있다. 시장 사회주의가 그것이다. 어법적으로 모순된 이 시장 사회주의는 신고전적 경제학자들과 맑스주의자들이 제시한다(가령 Stiglitz,1994). 그리고 일부 학자들(가령 Roemer,1994)이 이것을 이론적 혹은 실증적으로 증명하고자 한다. 협력적 및 참여적 경제도 시장 메카니즘의 대안적 개념으로 제안되고 있다.

그러나 이러한 중립적 개념은 시장연구에 있어서 대안적 관점이 될 수 없다. 시장을 이해하기 위해서는 사회생활에서 사람사이의 관계, 권력의 중요성이나 역할, 그리고 국가를 포함한 거시 사회학적 기반 등을 알 필요가 있기 때문이다. 이들은 분명히 시장에 대한 경제적 접근과 모순된다. 이러한 점에서 시장에 관한 경제적 접근은 사회과학의 다른 기본적 내용과 양립할 수 없다. 시장에 관한 이론적 작업을 발전시키기 위해서는 시장 본질주의 가정을 벗어던질 필요가 있다. 그리고 현재 존재하는 시장의 다양성을 기술하고 이것을 실증적으로 분석하여야 한다. 나아가서 사람 사이의 관계, 권력 및 거시 사회학적 기본 요소들을 이론화할 필요가 있다. 이를 위한 한가지 방법이 본 논문에서 제시한 다양한 대안적 관점을 통합하는 것이다.

결국 시장을 제대로 이해하기 위해서는 경제적 접근 이외에 보다 다양한 시각이 필요하다. 그것은 시장에 대한 다양한 사회적, 문화적, 정치적 시각을 갖는 것이다. 이러한 시각을 이해할 때 떠오르는 문구가 있다. "우리가 시장을 알면 알수록 시장은 그곳에 없고, 그곳에 있을 필요도 없다는 것이다. 시장은 사회의 산물이기 때문이다"(Wicksteed,1950:784). 시장은 경제학의 논의에만 맡겨두기에는 문제가 많은 너무나 중요한 사회적 산물이다.

색인 Index

(ㅈ)